佐原康夫著

漢代都市機構の研究

汲古叢書31

汲古書院

目次

第二部　都市の財政と官僚機構

第三部　市場と商工業

漢代都市機構の研究

序論

序論

本研究は、漢代の都市に見られるさまざまな国家的・社会的機構を実証的に解明し、その沿革とメカニズムの分析を通じて、当時の社会と国家の動きを具体的に理解することを目指している。ここでいう都市機構とは、都市における国家的制度のみならず、都市を結節点として発現する社会的メカニズム全体を指しており、必ずしも都市論や都城制度論に限定されない論点を含んでいる。

「世界四大文明」と呼ばれる古代の先進文化の研究において、都市の存在は、金属や文字の使用と並ぶ「文明化」の重要な指標とされてきた。これは中国についても例外ではない。アジア最古の「文明」の一つである中国古代の社会において、定住して農耕を営むこと、城郭に囲まれた都市を築くことは、その民族的、文化的アイデンティティーの根底をなしている。換言すれば、中国において都市は、あちこちで自然発生的に形成される大集落ではなく、自覚的に築いていくべき、文化と秩序の象徴であった。

中国古代史研究において、都市の問題は常に重要な研究テーマとして、様々な角度から取り上げられ、検討されてきた。歴史地理的な都市の立地論や形態論をはじめ、国制論、社会経済論、また風俗や心性に及ぶ社会史論など、その観点は極めて多様である。いうまでもなく、都市は生き物であり、絶えず活動しつつ変貌していく。いつの時代についてであれ、都市を理解し尽くすことは、人間を理解することの次に困難であろう。そもそも都市とは何か。これを経験的、感覚的イメージとして思い浮かべることは容易だが、簡潔に定義することは極めて難しい。では漢代の都市について、何を論ずべきなのか。まず、本研究の基本的視点を明らかにするために、都市をめぐる従来の研究を整理しておこう。

（1）都市国家論と集落論

戦後日本において、都市の存在とその沿革を、中国古代史の基礎的範疇として位置づけたのが、宮崎市定氏の一連の研究[1]である。その概要は次のようになる。中国古代史は殷末から春秋時代までは都市国家、戦国時代は領土国家、秦漢時代は大帝国の時代であった。春秋時代、多くの都市国家が覇を競った末に、戦国時代には少数の強国がそれらを併呑し、郡や県として領土的支配を広げ、最後に秦漢の統一帝国の時代を迎える。漢代の地方行政の区分である県や郷・亭・里も、元をたどれば都市国家の時代に遡る集落形態に対応したものであり、六朝時代に村という新たな集落形態が現れるまで、農民は城壁に囲まれたこのような集落に居住していた。

このような宮崎説は、漢代の農民的集落を、独自の都市国家論と結びつけた点に特色がある。歴史地理的な集落論というよりも、国制論としての集落論であるといえよう。ここでは城壁に囲まれた農民的集落が「農業都市」とも呼ばれている。その場合、漢代の農民的集落のほとんどすべてが「都市」だったことになり、都市という概念そのものが集落一般に解消されてしまうことになる。宮崎説では、戦国時代の商業の発展と「都市の商業化」が語られてはいる。しかし戦国時代の都市は基本的に政治的、軍事的都市であり、例外的な現象として、列国の首都あるいはそれに準ずる特別な都市において商業の発展が見られたとされるにとどまる。

（2）　都市と貨幣経済

宮崎説において付随的に扱われた都市と商工業について、宇都宮清吉氏は積極的に評価した研究を行なっている。「西漢時代の都市」と題する研究では、漢代各地に発達した都市について、『史記』貨殖列伝に基づく経済地理的位置づけがなされ、独特の自由主義的経済観から商工業の発展が謳歌されている。「西漢の首都長安」はその続編にあたり、長安の繁栄とともに、その裏側に蠢く任侠などの活動にも注意を払い、都市社会史に踏み込んだ内容となっている[2]。これらの研究は漢代都市論の古典的研究であり、宮崎説の国制論的集落論に対して、自由主義的商業都市論といえる。

このような商業都市論の根底をなす商業について、その後も市制、商人と商業経営、手工業、専売制など多様な角度からの研究が、多くの研究者によって進められてきた。詳しくは本論に譲るが、これらの研究の関心は、資料的な限界もあって、多くの場合国家の商業規制や、商工業者への身分統制と差別的課税など、都市論よりも財政論あるいは専制国家論に、より強く結びついていた。一方貨幣経済全般について、戦国から漢代にかけての発展と、前漢武帝時代を画期とする衰退という枠組みが、長い間共有されている。

これらの研究では、専制国家対商人あるいは商業といった政治的図式や、マクロ的な財政論あるいは貨幣経済論が前面に出ている結果として、都市を舞台としたそれらの具体的展開については、漠然としたままであることが多い。つまり従来の商工業論、財政論、貨幣経済論は、都市論と必ずしも有機的に結びつけられてこなかったように思われる。中国の古代都市が本質的には政治的・軍事的都市であったとすると、その経済的機能は、国家の政治や財政の動きと切り離して考えることができない。しかし同時に、秦漢帝国の諸制度の分析は、その基盤となる政治的・軍事的都市で具体的に作動するメカニズムとして考えていく必要があろう。

（3）都市と都城

宮崎市定氏の集落論は、城郭を、いわば社会の枠組としてとらえ直そうとした点で、画期的な研究であった。そして中国各地で城郭の遺跡調査が進むにつれて、都市を囲む城郭の歴史的沿革への新たな実証的関心を呼び起こしてきた。中国では、城郭の形態の歴史的変遷を踏まえて、歴代都城の沿革をたどった楊寛氏のユニークな研究がある(3)。また日本では、平城京のような日本の古代都城への関心から、日本史研究者を含めて中国の都城制度への関心が高い。

しかし、唐の長安城を一つの到達点とする都城制度史において、最初の統一王朝の都城である漢長安城の位置づけは、なかなか困難である。漢長安城の平面プランには、『周礼』考工記に見える都城のプランを、簡単に当てはめることができず、また先行する時代の城郭や、後の時代の城郭との影響関係もはっきりしない。漢長安城については、城郭の平面プランに基づく比較研究が必ずしも成果を上げていないようである。

むしろ、統一国家の首都がどのように形成されたのか、その都市としての成長過程を綿密にたどりなおしてみる必要があろう。そこに、皇帝の「みやこ」はいかにあるべきかが、デザインの試行錯誤として見えてくるのではないだろうか。その意味で漢長安城は、都市論と都城論の応用問題であるといえる。

（4）本研究の視点

以上、中国古代の都市をめぐる研究の問題点を概観してきた。ここで本研究の基本的視点と具体的なテーマを明確にしておきたい。最初に、漢代の都市をどのような視角でとらえるべきかを整理しておこう。前述の宮崎説によれば、中国古代の都市は、城壁に囲まれた集落であり、本質的に政治的・軍事的な農業都市であった。しかしこれが単なる大集落ではなく、都市であるためには、さらに踏み込んだ検討が必要である。

ある城郭集落の政治的・軍事的な重要性は、一般的にそこに置かれる行政的・軍事的官庁の地位——ここでは封侯など、支配者の地位をも含めて考えることにする——によって示される。国都や郡県といった行政的ヒエラルキーは、そのまま集落の格付けと一致すると考えてよい。そこに集住する官僚や兵士などの消費人口や、官庁や支配者による財政的支出が主要な経済的要因となって、商工業も発達し始め、そこはその地域における交換経済の中心地ともなっていく。すなわち政治的・軍事的集落が、市場集落としての性格を持つことになる。

ただし集落の政治的・軍事的性格が、このような市場の性格を全面的に規定し続けるとは限らない。官庁の格がさほど高くない割合には人口が多く、商業の発達したところもあり得るし、逆に地位の高い官庁が置かれているのに、大きな市場の見られないところもあり得る。これは、市場が官庁や官僚・兵士の消費的支出に依存する度合い、また官庁の財政支出などが市場を通じて行なわれる度合いにもより、かなりバラエティに富んだ姿を予想する必要がある。このような相互的性格は、市場の規模や経済地理的性格だけでなく、その行政的規制や管理のあり方に、より強く反映されていると考えられる。

このような市場は、周辺地域との交易を本質とするローカルな性格を持っている。周辺地域との経済的関係の希薄な、遠隔地交易や中継貿易のような事業は、このような局地的市場の発展に対して、二次的な誘因として働くだけである。また、純粋な市場集落が大都市に発展した例は、中国古代については知られていない。つまり市の立つムラは必ずしも都市とはいえず、同様に官庁ムラもそれだけでは都市とはいえない。両者が複合してはじめて、都市といえる集落になるのである[4]。

このように考えると、漢代の都市はむしろ簡便に定義することができる。すなわち、地域の軍事・行政の中心となる官僚組織が置かれ、かつ行政的に管理された市場の機構を持った城郭集落を、都市とみなすことができる。具体的には、県以上の役所の置かれるところは、ほとんど例外なく都市であったことになる。さらに郡や都尉以上の役所は、実際には必ずある県に置かれ、その都市の行政自体は常に県の管轄である。正確には県こそが都市の実体であると考えて差し支えない。

では、このような漢代の都市はいかにして生まれてきたのだろうか。これが本研究の第一の関心事である。都市国家ともいわれる春秋戦国時代の都市が、どのようにして秦漢時代の県に変貌を遂げたのか、そのプロセスを明らかにしたいと思う。具体的には、都市の構成要件として城郭、行政機構、市場といった都市的機構を取り上げ、それらの構造と機能、またその変遷を重ね合わせてみてみたい。都市機構の研究と題する所以である。

第一部では、春秋戦国時代から漢代に至る城郭の変遷をたどりながら、都市の中の都市であった長安の位置づけを明らかにする。第二部では、財政機構を中心として、都市に置かれた官衙の構造を詳細に検討する。これは官僚機構の入れ物としての役所を、具体的な空間の中に位置づけて分析しようとする研究であり、いわゆる官僚制度史とは視点を異にする。第三部では市場と商工業を取り上げ、都市における市場管理、工房と手工業者の位置づけ、古代を代表する商品である鉄器の問題を論ずる。特に鉄器専売制度は、古代貨幣経済の分水嶺とも言われる、前漢武帝の財政改革の重要な一環であり、財政論や貨幣経済論とも必然的に関わっている。続く第四部では、都市の経済的機能と本質的に結びついている貨幣経済を、財政との関わりにおいて考察する。

さらに、本研究のもう一つの柱は、過去数十年間に劇的な成果をあげてきた考古学的発掘調査と出土資料の検討である。すでに膨大な数と種類に達する遺跡と出土資料を、どのように整理し、そこからどのような意味を読みとっていくか。これが本研究の横糸をなす関心である。もはや、都合のよい資料だけをつまみ食い式に取り上げる、投機的研究手法には別れを告げるべきだろう。結果として、本研究の各章では、ある種類の出土資料が集中的に分析されることが多くなった。さほど意図的ではないが、考古学的分析のケーススタディとして読んでいただければ幸いである。

注

（1）宮崎市定「中国上代は封建制か都市国家か」（初出一九五〇）「中国における聚落形態の変遷について——邑・国と郷・亭と村とに対する考察——」（初出一九五七）「戦国時代の都市」（初出一九六二）、ともに『宮崎市定全集』三（岩波書店　一九九一）所収。

（2）宇都宮清吉『漢代社会経済史研究』（弘文堂　一九五五）

（3）楊寛著　尾形勇・高木智見訳『中国都城の起源と発展』（学生社　一九八七）

（4）この点では、マックス・ヴェーバーによる前近代の都市に関する考察が参考になる。マックス・ヴェーバー著、世良晃志郎訳『都市の類型学』（創文社　一九六四）第一項「都市の概念と種類」参照。

第一部　城郭都市の形態

第一章　春秋戦国時代の城郭について

はじめに

中国古代史上、秦漢統一帝国の成立以前の春秋・戦国時代は「都市国家」の時代であると言われる。宮崎市定氏の提唱したこの説は学界に様々な影響を与えたが、中でも都市の形態を特徴づける城郭の成立と変遷の問題は、幾多の研究者によって取り上げられ、研究が進められている。宮崎市定氏、および先行する那波利貞氏の先駆的研究[1]は主として文献記録に基づくものだったが、中国で城郭や都市関係の遺構や遺跡の考古学的調査が進むにつれて、そのデータを利用して文献記録とつきあわせる研究が現れた。その最も早いものは、戦前からの都城遺構調査をまとめた駒井和愛氏の業績である。[2] 一九六〇年代になると、中国で活溌になった都市遺構調査の成果を踏まえて、伊藤道治氏が詳細な紹介と問題点の整理を行なっている。[3] 以後一九七〇年代から現在に至るまで、様々な観点からの研究が数多く発表されている。杉本憲司氏は伊藤道治氏の方法を継承して各都城の整理を進め、[4] 飯島武次氏は日本も含めた東アジアの都城の系譜を問題としている。[5] また秋山進午氏は都市と王陵の関係と変遷を位置づけ、[6] 五井直弘氏は城郭の成立の政治的背景を取り上げた。[7] 考古学的資料に基づく都市研究はかなり盛んになってきている。[8]

ところで、このような研究の基礎となる考古学的調査はすでに数多く発表されているが、調査の規模や精度、調査の観点が様々で、データの粒がそろわないため、我々をしばしば困惑させる。何らかの方法でこれまでの調査の成果をまとめ、大まかな傾向をつかんでおくことも無意味ではあるまい。これが本章のテーマである。

さて、中国における都城遺構調査は一九三〇年代、日本の考古学者による調査と試掘からはじまった。これらは邯鄲の趙王城、楽浪郡治、牧羊城の各調査報告にまとめられている。その後一九五〇年代から一九六〇年代にかけて、各省で遺構調査と発掘が組織的に行なわれるようになった。長安城、洛陽城、臨淄、易県燕下都、といった大規模な都城の重点的な調査、発掘が始まったのはこのころである。これと並行して陝西、山西、河北、山東の各省で遺跡の現状調査が進められた。現在利用できる報告の多くはこの時期のものだが、反面で調査方法の不備や不統一も目立つ。例えば平面図に周囲の地形や門など重要な要素が落ちていたり、実測図なのか概念図なのか判然としないものも多く、ひどい場合には平面図が実際の遺跡の状況とかけ離れていた例さえある。だが、一九七〇年代以降、各地の代表的都城の発掘調査が精力的に行なわれ、曲阜魯城のようにその成果が単行本として出版されるまでになった。この過程で都城遺構調査の手順や方法も次第に確立されてきている。(9) しかし現状では、各地で一応代表的な大城の発掘報告はあるが、中小規模の城址の詳細な調査は十分でない。また特に山西省や河南南部、湖北以南の地域では標準となる発掘例に乏しく、中国全体として見れば調査の精度に地域的ばらつきが大きい。

このような現状で都城遺構の発掘データを整理する際、統一的な観点でまとめることが可能なのは城壁の形状と規模ぐらいであり、内部の平面プラン、例えば門と道路、宮殿址、手工業址、住居址の分布はごく少数の発掘例に頼らざるをえない。またその時代についても、春秋中期以前まで確実に遡れるものは稀であり、大部分は春秋末、戦国時代から漢代にかけての遺跡である。したがって本章ではこの時代に限定して整理することとし、とび抜けて古い城壁、例えば登封王城崗や盤龍城などは一応除外する。そこで城壁の規模と形状について実測図入りで報告された例をできる限り網羅して検討し、問題点を整理することとしたい。

まずはじめに、本章での資料整理の方法をあげておこう。末尾に付した表は、春秋から漢代にかけての城郭址のうち、実測図の発表されているものの省別一覧表である。項目は所在地、比定された古城名、城郭の形状と規模、時期を中心とする。時期の推定についてはその根拠もあげる。これは発掘調査における時期の推定の方法が様々で、綿密な調査に基づく報告と表面採集程度のものを区別するためである。城内で出土した陶器などがその根拠となっているものが多いが、厳密にいえばこれは必ずしも城壁そのものの築かれた時期と一致するとは限らない。また城壁を地山まで切って層位の関係と出土遺物を調べている場合でも、いつごろには既に城壁が存在した、といった漠然とした推定が成り立つに過ぎないことが多い。したがって時期についての報告は鵜呑みにできないことに注意しなければならない。

表のあとに付した図は、縮尺と方位をそろえ、判明するものについては地形、宮殿址や手工業生産址、道路なども示してある。現在の集落や道路は省いた。最後に発掘報告の文献一覧を付した。いずれも番号は表と一致させてある。以下これに基づいて邯鄲（16）のように表す。

Ⅰ　城郭の立地条件

城郭の立地には、ほとんど全てに河川との関連が認められる。城壁の周囲の地形のわからないものが多いが、多くは川沿いの台地上にあると報告されている。典型的なのは華陰岳鎮（6）や偃師滑城（30）で、城壁が等高線に沿って築かれている。揚州（40）では南部の崖を城壁の代わりにしている。また、山すそから川に出る傾斜地にあるものもある。安邑（7）や霊寿城（19）、邯鄲（16）などがそれにあたる。傾斜は高低差四〇メートルから一〇メートルと様々である。城内の地形も必ずしも平坦ではない。霊寿城（19）や紀南城（38）、曲阜（24）の内部には小高い山あるいは丘があり、方形城郭でも内部の地形は一様ではないことを示している。[10] さらに、少数ではあるが、山と山の間をつないで城壁を築き、谷の部分に人が住んだ例もある。福建崇安（41）がそれにあたり、南北の城壁は山の尾根づたいに築かれている。また紀王城（23）は南部の城壁が山の尾根を結び、北部の城壁は平地に築かれているが、その東西端から北に、山まで伸びる城壁がある。これらは山を利用した築城の例である。しかし全体としては、山城といえるものは見られず、朝鮮の城のように平地の住民が戦時に避難する「逃げ込み城」としての山城もない。[11] また逆に平坦な低地にあるものも少なく、明らかなのは紀南城（38）ぐらいである。これが中国の城郭の立地の特色であるといえよう。

以上のような立地条件を踏まえた上で、次に城郭の形状を整理してみよう。

Ⅱ　城郭の形状

城郭の形状は次の四通りに分類できる。

A　内城外郭式……方形の外郭の内部に方形の内城があるもの。臨汾（10）、曲沃（12）、鄢陵（34）が代表例。内城には四面を囲うものと外郭の一部を利用したものとがある。安邑（7）はやや特殊で、不規則な方形の大城と小城が戦国時代。漢代に大城を仕切るようにして中城が築かれている。滕城（22）は内城だけが調査されたものである。内城外郭式は内蒙古の秦漢の小規模な辺塞に多くみられる（42、43、48）ものの、絶対数としてはむしろ少数である。[12]しかし紀南城（38）のように内城らしきものが壁と濠とで区切られている例もあり、内城が存在したか否かをにわかに決められない場合もあるので、注意しなければならない。

B　外郭式……内部に内城が仕切られていない、一重の方形城郭である。調査例の約半数を占め、最も一般的な形といえる。しかし正方形に近いのは聞喜大馬（9）ぐらいで、長方形あるいは四辺形が圧倒的に多く、縦横の比率も様々である。この形式の中には、後に外部に城壁が連結された例（燕下都18、臨淄20）もあり、築城の基本が方形の外郭にあったことを窺わせる。

C　連結式……二つの方形城壁が連結されているもの。典型的な例は燕下都（18）と臨淄（20）、小規模なものでは懐来（17）や寧城県（50）がこの形式に属する。燕下都、臨淄、寧城県はいずれも後に外郭の外に接続する城壁を築いた結果この形状となっており、城郭の規模を拡大する一つの方法として、城壁の連結が行なわれたことがわかる。侯馬（11）は最も複雑な例だが、残念なことに各城壁がどのような順で築かれたのか、また同時代にどの範囲の城壁が利用されていたのかが不明である。[13]邯鄲（16）は二つの城がつながってはいないがごく近くに接しており、最近の報告では西南部の趙王城の方が後で築かれたのではないかといわれている。当初は渚河をはさむ形になっていたのかも知れない。霊寿城（19）、新鄭（32）は不規則な形の外郭の内部が南北に区切られた形であるが、内城・外郭の区別がつけにくいため、ここに分類しておく。

D　自然形式……方形へのこだわりがあまり見られないもの。大規模な城では前述の安邑（7）、霊寿城（19）、新鄭（32）、漢長安城（4）、中小規模では華倉城（5）、華陰岳鎮（6）、懐来（17）、滑城（30）、崇安（41）、楽浪郡治

（52）がある。[14]これらはいずれも地形の制約によると思われ、台地上の等高線に沿って城壁が築かれているもの（華倉城、華陰岳鎮、滑城、崇安）、河川の流れに沿って城壁を築いたもの（霊寿城、新鄭、懐来）に分けられる。もっとも、Bタイプの中の不規則な方形とこの自然形との区別は困難で、BタイプとDタイプのどちらに分類してもよいような形のものもありそうである。報告書の図に地形が書き込んでないことが多いため、この区別は流動的なままにせざるを得ない。

以上、城郭の形状を大まかに四つに分類したが、全体を通じての特色として、方形へのこだわりが非常に強いこと、東西南北の方位を明確に意識したものが多いこと、の二点がやはりあげられよう。これは地域や立地条件、規模の差を越えて一般にあてはまる。とはいえ、方形へのこだわりも普通は大まかな長方形までで、正方形をよしとしたとも思えない。またAタイプ、中でも回字形の内城外郭を備えた城郭はごく少ないことも強調しておくべきだろう。『管子』立政篇に「凡そ国都を立つるに、大山の下にあらざれば必ず広川の上においてす。高きも旱に近きことなくして水用足り、下きも水に近きことなくして溝防省かる。天材に因りて地利に就く。故に城郭は必ずしも規矩に中らず、道路は必ずしも準縄に中らず」とあるが、これが城郭の立地と形状を最もよく説明している。このような条件の中で、方位と方形へのこだわりが様々な程度で実現された、というのが実状だったと思われる。いずれにせよ、『周礼』考工記に見えるような都城の姿は、理念として存在したとしても、現実への影響を持ったかどうか疑問である。

最後に特殊な事例として、城壁が四面を覆っていない例があることを指摘しておかねばならない。はっきりしているのは揚州（40）で、三面は壁を廻らしているが、南面だけは天然の崖を城壁の代わりとしている。また櫟陽（3）は、西壁と南壁は残っているが、北と東については、かなり熱心に調査されたにもかかわらず、痕跡さえ定かでない。これについては、北と東には城壁がなかったか、あるいはあったとしても他の壁ほど頑丈ではなかったのではないか、という可能性も排除できないだろう。出て来ないものについては推測を控えるべきだが、城郭が常に同時に四面を覆う形で、厚みや高さもそろえて造られたとは限らない[15]ことは、考慮に入れた方がよいと思われる。

Ⅲ　城郭の規模

城郭の規模を記述、比較する方法はいくつかある。一つは言うまでもなく城郭に囲まれた面積を測る方法だが、中国では城郭の規模を四周の城壁の総長で表したり、「方某里」というように一辺の長さを示したりする方法が、伝統的に採られてきた。この背景には、中国の城郭に方形のものが多く、縦と横の長さをあげれば面積は自ずからわかるという考え方があるだろう。

ところで、実際の城郭遺跡についてその規模を比較してみようとする時、扱いに窮することは、かなりの数の城郭が不完全にしか残っておらず、囲まれた面積や総長が測定できないことである。できるだけ多くの資料を利用するためには、何らかの方法で不完全な城郭の資料の扱いを考えておかねばならない。

その一つの便法として、本章では残存する城壁の最長辺を比較してみることにしたい。方形城郭といっても最長辺は直線とは限らず、両端の距離を表す数値ではないし、もちろん面積の指標ともならない。二つの城郭を比べて最長辺の長さの短い方が、面積では長い方を上回ることも十分ありうるからである。しかし面積についていえば、どんな場合でも少なくとも最長辺の自乗（最長辺を一辺とする正方形の面積）よりは小さいはずである。したがって、極端に細長い形でない限り、最長辺にある程度大きな差があれば、面積においてはさらに大きな差が出ることが予想される。

ここでは城郭の規模を細かく順位づけることを目的とはしていないので、大まかなグループに分けるための一つの指標として、最長辺の値を用いることとしたい。なお、前述のDタイプの城郭については、長い方のさし渡しを採る。

さて、この観点で各城郭の残存する最長辺を比較してみよう。

1　最長辺四五〇〇メートル以上

このグループには、安邑（7）、邯鄲（16）、燕下都（18）、霊寿城（19）、臨淄（20）、新鄭（32）、紀南城（38）、と漢長安城（4）が入る。漢長安城以外はいずれも戦国時代の雄国の国都であり、新鄭と臨淄以外では、考古学的調査においても、春秋末以前の遺物はほとんど見られない。このグループは戦国期の都城を中心とする巨大城郭のグループとして一括できそうである。[16] このグループの特色は、第一に規模が非常に大きいこと、また邯鄲や燕下都、臨淄のように、もともと巨大な城郭をさらに拡大していることである。最大のものは燕下都で、約四五〇〇メートル四方の東城にほぼ同じ大きさの西城が接続されており、漢長安城を上回る面積を占める。また霊寿城や新鄭のように、自然形の城郭の南北に仕切りの入る形のものはこのクラスにのみ見られる。

2　最長辺二五〇〇〜三六〇〇メートル

このグループに属するものは、雍城（1）、襄汾（10）、曲沃（12）、晋陽（14）、薛城（21）、紀王城（23）、曲阜（24）、東周洛陽城（25）、上蔡（35）の十例を数える。このうち雍城、曲阜が三六〇〇メートル前後で最も大きく、次いで上蔡が約三二〇〇メートル、曲沃が三一〇〇メートル、その他は二五〇〇〜三〇〇〇メートルの間である。前述の戦国期都城グループと比べると、最小でも九〇〇メートル前後の差があり、はっきりと第二のグループを形成することがわかる。[17] 図によって面積を比較すれば一目瞭然といってよい。このグループの特色は、春秋時代の秦、晋、魯といった列国の国都クラスの城が多く含まれている点である。ただし、雍城と曲阜以外は表面調査程度の報告しかないので、本当に春秋時代の城壁かどうか即断できない。例えば薛城は戦国時代、孟嘗君父子の居城として知られている城である。また、紀王城については、最長辺が前述のように山の尾根をうねうねと辿る南壁であり、他の三辺は長くても一五〇〇メートル前後だから、面積をとればもう一ランク下に入れた方がよいかもしれない。が、このグループについては一応、細かい報告のある雍城や曲阜を代表として、春秋の列国に比定される城郭のグループとして一括することができるだろう。なお、侯馬（11）の複合した三つの城壁は、すべてが同時に機能していたとすれば、このグループに入れられるかもしれない。

3　最長辺二〇〇〇メートル以下

前述の二つのグループ以外の約五〇例はこのグループに属する。最大のものは滎陽（27）、滑城（30）、陽城（33）、宜城（37）でいずれも約二〇〇〇メートル、前述の春秋列国のグループと比べて明らかに五〇〇メートル以上の差がある。これらはいずれもやや細長い方形を呈するので、面積としてはもっと大きな差を持つことは明らかである。このクラスで中位の例を上げるのは容易でないが、時代のはっきりしている例をとれば、鄭州（31）の戦国期城壁が約一五〇〇×一二〇〇メートル、漢河南県城（25）が一四六〇×一四〇〇メートル、揚州（40）が一四〇〇×一九〇〇メートル、寧城県（50）の漢代城壁が一八〇〇×八〇〇メートルといったところである。小さいものでは、河南南部から湖北にかけて分布する小城と内蒙古の漢代辺城が、大きくても一〇〇〇メートルに満たない規模である。なお参考までに、漢代の小砦のサイズを挙げておくと、哈隆格乃石城（49）が六八メートル四方で、この程度の大きさが純粋に軍事的な小砦のサイズと見てよいだろう。[18]このグループは、数は最も多いがきちんとした調査と報告のないものがほとんどで、時期の推定も表面採集された陶片によるに過ぎない。また古城名の比定にも問題があり、春秋時代の城名に比定できるものはみな春秋時代にしてしまっている傾向もないとはいえないようである。報告書による時期推定が春秋からとなっているものも、せいぜい春秋末からぐらいで、春秋の初めからあったとは考えないほうがよさそうである。規模の面からいえば、今後このクラスの城郭の調査の充実が望まれる。

このように、城郭の規模は大まかに三つのグループに分類することができる。さらに、城郭の調査が各地の代表的な大城からなされている現状を考えれば、3のグループに入る城郭の数はさらに増えると思われる[19]。とすれば、城郭の規模は、1、2のグループが比較的少数の大城、3のグループが多数の中小規模の城、というように、もっと大きく分けることもできるだろう。3のグループの規模を文献の記述方法に合わせて示せば、方三里から方五里（正方形として一辺一二〇〇～二〇〇〇メートル）で大体中位の規模の城郭、周三里から周七里（総長一二〇〇～二八〇〇メートル、正方形として一辺三〇〇～七〇〇メートル）で小振りな城郭、というのが目安となろう。文献に出てくるこのような決まり文句は、実際にほとんどの城郭に当てはまっていたことになる。

Ⅳ　城壁の厚さ・高さと濠

城郭の規模の中には、当然城壁の厚さと高さも含まれる。一覧表には城壁の厚さとして、現在残っている城壁の基部の厚さの数値をあげた。この数値には城壁が崩れたりして長い間に堆積した表土の厚さも入っており、また逆に人為的に削られた後の現状である場合もあって、一概にこれらが城壁そのものの厚さであるとは限らない。が、ある程度多くの例を集めれば、何がしかの傾向は読み取れよう。城壁の高さが本来どのくらいあったかはほとんど分からないが、この点は城壁の厚さから類推するしかない。

周知の如く、中国の古代城壁のほとんどは横に板を当てがって土を詰め込み、棒でつき固める版築によって築かれており、固められた土を夯土と呼ぶ。最も古い夯土壁に属するのは鄭州（31）の商代城壁で、厚さは二二メートルほどもある。これは後の時代の例から見てもかなり厚い方だが、現在のところこれは例外的にしか扱うことができない。春秋から漢代の幅で見てみると、薄いもので五メートル前後から厚いもので五〇メートル以上まで、実に様々である。三〇メートルを超えるような厚さの城壁はさすがに邯鄲（16）や燕下都（18）、曲阜（24）、新鄭（32）といった代表的な大城に多いが、雍城（1）や漢長安城（4）、東周洛陽城（25）のように、規模の割に厚みの少ない例もある。また中小規模の城壁でも二〇～三〇メートルの厚さを持つ例は多く、城郭の規模と城壁の厚さは単純には対応していないように見える。以下この点について、詳しく報告された例に基づいて考えてみよう。

曲阜（24）の城壁は西周から漢代まで一貫して修築され続けたことが確認された希有の例である。城郭の東北と南東などで西周早・晩期、春秋早期、同じく後期、戦国期の各夯土層が重なった断面が調査されている。最下層、地山の上には西周期の城壁があり、崩れた所を補修した跡もある。このころの城壁の厚さは五メートル前後の部分と、一一・七メートルに及ぶ部分があるが、残高は大体二メートルほどである。この後、春秋早期には城の内側に、春秋後期には外側に、増築された城壁がかぶさっている。さらに春秋後期の城壁の真上に厚さ三五メートルに及ぶ戦国期の城壁が重なっている。修築を重ねるにつれて次第に城壁が厚く、高くなっていることがわかる。また、城壁の周囲の地表が、時間がたつに従って堆積土に覆われて次第に高くなり、修築の際にはその表土をならしてから新たな城壁を版築する、ということが繰り返された結果、戦国期城壁の基部が西周期のそれよりも三メートル以上高くなっている。曲阜では表土面が高くなるに従って、上へ上へと城壁が重ねられていったのである。しかも、絶えず前の城壁をすっぽりと覆うように増築された結果、三五メートルにも及ぶ厚さを持つに至ったと考えられる。

このような修築の例は魏城（7）にも見られ、下層にある城壁の内外に厚みを加え、その上に高さを加える、という手順で城壁が修築されている。また東周洛陽城（25）では、城壁の厚さは五メートル前後だが、修築されて八〜一〇メートルの厚さを持つ部分もある。他にも新鄭（32）などで修築の跡が認められる。[20]

このように、城壁の高さを増すには厚さも加えねばならないのは当然だが、城壁を高くする方式は他にもある。それは広い基層を固めた上に階段状に城壁を高く築いていく方法である。典型的な例は邯鄲（16）に見られる。西南部の「趙王城」では、城壁の内側が階段状になっており、各段の上面は内側に向けて傾斜を持たせ、瓦を敷いたり排水管を埋め込んだりしている。城壁の外側は崩れていてわからないが、これは当初から計画的に階段状に築かれた城壁だとしてよいだろう。土壁の弱点である水に対する配慮も窺える。このような例は曲阜などとは異なり、築城の当初からかなり高く厚い城壁を一度に築いてしまう例である。

ところで、板を横に当てがって版築した城壁においては、城壁の立つ角度はどうしても垂直に近くなる。上からついて固める以上、横にあてた板を斜めに倒したのでは頑丈につき固められないからである。しかし軍事施設としての城壁は、外側は急角度でそそり立つ方がよいが、内側は防戦する兵士などが駆け上がれる程度のなだらかな傾斜の方が望ましい。版築で築かれた城壁だけでは不都合な場合も出て来ただろう。また、如何に固く築いた夯土であれ、雨などによる浸食にさらされれば、いずれは表面から崩れていかざるを得ない。そこで城壁の効率的なメンテナンスが問題となる。さらに、戦国時代に攻城戦法が変化し、城壁にトンネルを開けたり、城壁を破壊して攻め込む方法も現れた。これらの問題にたいする解決策となったと思われるのが「護城坡」である。

護城坡は城壁本体の内側・外側に土を被せ、本体を保護するとともに、内外に適当な傾斜をつける機能を持った盛り土である。盛り土といってもある程度はつき固めてあるのだが、城壁本体ほど強固ではない。その分崩れ易いので、現在残っている例はあまり多くない。宜城（37）では、城壁の基礎を一三・五メートルの幅で固めた上に、厚さ八・

六メートルの本体を築き、その内外を護城坡が覆っている。外側の方が内側よりも傾斜が急だったらしい。現在残っている城壁の厚みが二四〜二八メートルあるが、これはもちろん城壁が崩れて堆積した部分を含んでいる。また紀南城（38）では城壁本体の厚さが約一〇メートル、傾斜が七五度ある。その外側六メートルにわたって護城坡があり、比較的堅固で急な傾斜をつけている。内側の護城坡は約一〇メートル、傾斜が緩やかで固め方も雑になっている。[21] また護城坡がはっきりしないものでも、邯鄲（16）では階段状の城壁本体に被せて固めた層の上に排水設備があったし、曲阜（24）では護城坡らしき地層が観察されている。燕下都（18）西城では城壁の中心部分八・五メートルが整然と固められ、その内外はつき方が雑だとされている。[22] これらは護城坡の名残りと見ることができる。

このように、現在残っている城壁も詳しく見ればいくつかの部分から成り、堅固に版築した部分は、実はそう厚くはなさそうである。城壁本体が幅五〇メートル以上にも及ぶことはまずないと考えてよいだろう。護城坡の方がむしろ本体よりも厚いのである。報告書に記されている城壁の厚さは、かなり割り引いて読まなければならないかもしれない。護城坡がいつごろからつけられるようになったかは、今のところはっきりしないが、戦国時代の城壁にその例が多い。少なくとも戦国時代には、城の守備を固める際に有効な手段として、よく用いられたものだろう。こうして、戦国時代には城壁本体が厚く、高くなったばかりでなく、護城坡をつけることでさらに厚くなっていった。

ところで、城壁の本体は、一旦地山まで基槽を掘り込んだ上に築かれていることが多い。これは地盤の悪い場所に大きな建築物を建てられないのと同じことである。曲阜（24）では城壁の下の地質の変わる所から城壁に亀裂が走っている個所がある。また陽城（33）では城壁の下に石を敷いてある。城壁を造るには、地盤への何らかの配慮がなされた。しかし表土の上にいきなり城壁を築いた例もないわけではない。櫟陽（3）がそうである。この城壁は築城当時の地表上に直接版築したもので、固め方も相当雑である。櫟陽は一時期戦国秦の国都となった城だが、どうやら急ごしらえだったらしい。しかも城壁の上には漢代の地層が被っており、漢代にはすでに城壁ではなくなっていた。どのような事情でこうなったのかわからないが、こんな城もあったことがわかったのは最近の成果である。

次に濠について見てみよう。「金城湯池」と言われるように、城壁と濠はセットになって城を守るものである。現在残っている城濠の多くは近くの河川から水を引いて城を囲んでいるが、雍城（1）では空濠だったらしい。城郭は河川沿いとはいえ高台にあり、しかも傾斜地に築かれることが多かったから、濠の設計は土木技術の面で興味深いテーマだが、筆者の手には負いかねるので、ここでは濠の規模や特色を城壁との関係からまとめておきたい。

現在報告されている濠の例は十数個所ほどあるが、城壁の厚さほどバラエティに富んでいない。大規模な城では安邑（7）で幅三〇メートルの濠、燕下都（18）では幅二〇、深さ四メートル、城壁から一〇～六〇メートル離れている。臨淄（20）も同様で、幅二五～三〇メートル、深さ三メートル、城壁から一〇メートルほど離れている。中規模の城では、聞喜大馬（10）が幅二〇～二五メートル、城壁からの距離三～一〇メートル、臨汾（10）では幅一五、深さ四～五メートル、城壁からの距離一〇メートル。鄂王城（39）のような小城でも同じ位の濠がある。[23] 漢代の濠もほぼ同様で、漢魏洛陽城（26）で幅一八～二八メートル、曲阜（24）の漢代城壁で幅一八～二三メートル、城からの距離一〇～一五メートルである。無理に一般化するのは危険だが、調査例の多くに共通することとして、濠の幅が二〇～三〇メートル前後、深さ三～四メートル、城壁からの距離一〇メートル前後である。これは城の規模に関わらず認められる傾向である。軍事的に見れば、濠は簡単に橋を掛けて渡れるようなものでは役に立たないのだから、城の規模に関わらず一定の幅と深さを必要としたのは当然であろう。城を攻める側はといえば、城内から矢を射かけられる危険を覚悟の上で、濠を埋めるという困難な任務が、兵士に課せられたのである。[24]

Ⅴ 門と道路

次に城壁から目を門と道路に転じてみよう。門には門闕と呼ばれる楼閣式の建物があり、堅固に守られていたことが知られている。現在までのところ、紀南城（38）の西垣北門の様子が詳しく調べられている。この門を通る道は三つに区切られており、まん中の道幅が七・八メートル、左右の道幅が四メートル弱、それぞれの道の仕切りの幅が三・六メートルとなっている。門の両側には門房があり、門番の詰所になっていたようである。門房の柱穴は直径四〇～五〇センチあり、かなり太い柱が立っていたから、単なる門番小屋よりは大きな建物が建っていたと思われる。このように門道を三つに区切る形式は、漢長安城（4）の諸門にも見られる。こちらは幅八メートルの門道三本が四メートル間隔で通っている。この両者は形式が共通するだけでなく、門道の幅、仕切りの幅ともによく似ており、門の設計に戦国初期から漢代まで一貫した流れを感じさせる。

他の例ではこれほど詳しく調べられていないが、門道の幅と長さはある程度わかっている。臨淄（20）では一一個所の門が調査されたが、広いところで幅二〇メートルから一五メートル、中位で一〇～一二メートル、狭いところで八メートルの門道が通っている。門道の長さは短いもので二〇メートル、長いものでは八六メートルにもなっている。これは門のところで城壁が厚くなっていたり、内側や外側にかなり長い張り出しを付けてあるからである。曲阜（24）でも一一個所の門が調査されている。門道の幅が八～一四メートル、長さが三〇～四二メートル、両側の城壁が張り出した門がある。このような門は小規模な城にも見られ、華陰岳鎮（6）では四・八メートルの門道の内部に夯土台があって上の建物を支えていた。また漢代の例では崇安（41）の門道の幅が一二・八メートル、長さが二〇メートルと広く、漢魏洛陽城（26）の諸門では、門道の幅が七～一五メートル、長さが一七～三三メートルと様々である。これらの例から見て、戦国時代の門は比較的狭い道がかなり長く門内の壁の間を通っており、通行の便より防衛に重点を置いた門といえるだろう。また当時の城郭には東西・南北の対称の位置に門がつけられる例がほとんどなく、城壁の各面の都合のよい場所に門が設けられている。わずかに宜城（37）が整った門の配置を感じさせるだけである。

城内の道路がはっきりわかる例はさほど多くないが、櫟陽（3）、臨淄（20）、曲阜（24）などが詳しい。櫟陽では東西に幅一〇～一七メートルの道路がまっすぐに通り、南北の道路は少し狭く、東西の通りにつきあたるたびにT字路となっている。不思議なことに、幅の同じ二本の道路が一五メートル足らずしか離れずに南北に並行しているところがある。道を付け替えた跡だろうか。また東西の通りが東に行くに従って狭くなっている点も興味深い。臨淄では小城内の道路が幅七～一七メートル、大城では幅一五～二〇メートルの大道と四～六メートルの小道があるが、城内を整然と区画した印象はない。曲阜も同様で、幅一〇～一五メートルと六～八メートルの二種類の道がある。ここの特色として、門を入ったところで道が斜めに分かれ、それぞれ異なる場所に達するようになったところが三個所ある。聞喜大馬（9）は小規模ながら整った区画を感じさせるが、これはむしろ例外的といえる。このように戦国から漢代の道路は、城内を碁盤の目のように整然と区画していたとはいえず、また道幅もせいぜい二〇メートル足らずで、さほど広くはなかった。

しかし漢長安城（4）と漢魏洛陽城（26）では様子が一変している。漢長安城では一直線になった大道の幅が四五メートル、中央の二〇メートルが皇帝専用の馳道、両側が幅一二メートルの一般道路となっていた。戦国期の道路と比較して極端に幅が広くなっている。また道路が三つに区切られている点は門の構造とも一致する。漢魏洛陽城では東西の大道が幅二六～五一メートル、南北の大道が幅一二～四二メートルで、やはり非常に広く、しかも一直線である。長安、洛陽はともに、規模や形状の面では戦国期の城郭と特に変わった点はみられないが、道路に代表される城内の区画の面では、はっきりとそれ以前の例と異質な要素を持っていたといえる。

おわりに

中国の古代都市において、城郭はいわばその外枠である。本章では都市論の準備作業として、城郭だけを取り上げて初歩的な資料整理を行なった。ひとまずの締め括りとして、城郭の変遷を時代順にまとめておきたい。

春秋時代の城郭は、現在確認されている限りではあまり多くない。雍城・臨淄・曲阜・新鄭・上蔡がその代表だが、これらの城はいずれも春秋時代の列国の国都である。共通する特色として、第一に当初からかなり大規模な城郭を築き、修築を重ねていること、第二に『左伝』等の文献史料から指摘されてきた傾向とは異なり、内城と外郭の区別がはっきりしないことがあげられる。宮殿の固まっている地区を内城と見なしたり、雍城の宮殿のように、それぞれの建物の周囲に廻らせた墻壁を内城と見なすことはできるだろうが、方形の内城壁の中に宮殿があったわけではなさそうである。現段階では文献史料とはうらはらに、まず内城が先に存在し、外郭が後から造られたという図式は成立し難いようである[25]。

また、これら春秋時代列国の国都級の城郭が、戦国時代の一般的な例に比べて相当大きかったこともはっきりした傾向で、こと城郭に関する限り、時代を追って単純に大規模化したのではないことを示している。さらに、現在までに調査されている城郭のうち、春秋以前まで遡る時代に築かれたものは非常に少ない。古くからの国でも、始めから巨大な城郭を持っていたわけではないと考えられる。

降って戦国時代になると、城郭の規模は二種類に分化する。一つは燕下都や臨淄、邯鄲などのような強国の国都で、春秋時代に比べてさらに巨大化した城郭である。いま一つは圧倒的多数を占める中小規模の城郭で、春秋時代の列国の国都よりも普通は小さい。両者に共通する現象として、城郭が次第に高く、厚くなり、さらに護城坡を付加することによって非常に厚く、破壊しにくい城壁となったことがあげられる。春秋時代に比べて城壁の持つ軍事的な機能が強化されたことが窺えよう。中小規模の城郭の増加と軍事的機能の強化は恐らく関連をもっていたと思われる。

このように、戦国時代にもたらされた城郭の変化は、巨大な国都の成立と中小城郭の爆発的増加という二つの並行した流れとして把握できる。[26]この流れは、君主が百官を従えて住む都城の下に、行政的・軍事的に多数の都市が従属するという、都市の政治的二元化を反映しているように思われる。そしてこの流れは秦漢に受け継がれていった。

漢代になると、戦国時代の大城はいずれも縮小化していく。安邑や曲阜では城壁そのものを小規模に造り替えているし、臨淄や邯鄲では、城郭の規模は変わらないものの、人の住んだ区域が顕著に狭まっていく傾向が見られる。[27]これは戦国時代に国都だった城が地方都市化し、いわば格が下がったことにもよるだろう。だが、これらの都市は漢代になっても依然として有数の大都市だったことに変わりはない。また多くの中小都市は漢代以降も一貫して人が住み続けており、必ずしも戦国時代の城郭が捨て去られたわけではない。

戦国時代の銅器や貨幣の銘文に見える地名の多くは、県クラスの城郭都市だったと考えられている。しかしその地名は、秦漢以降の地名と容易に同定できないことが多い。秦による征服戦争の過程で敗滅したり、征服後に地名が変わったりした可能性はあるとしても、それだけではあるまい。大多数の小規模な城郭は――残念ながら本章で視界に入ってこなかったが――生きながらえ、秦によって行政的に再編成されて、新たに郡県制の中に位置づけられていったと考えられる。列国の国都が地方の県となったのと同様、秦以外の六国の都市の、あるものは県となり、あるものは郷や亭となる。後者の場合、もはや戦国時代のように多くの人口を集め、立派な城壁を維持する理由はない。

商業の繁栄に見られるような都市の経済的発展が、むしろ漢代になってから本格化したことを考え合わせれば、このような都市の再編成を、都市の「衰微」として捉える必要はない。もっぱら軍事的な観点から都市を「充実」させ続ける必要がなくなったこと、これが漢代の都市に見られる、いわば平和の配当だったとも考えられる。この過程で城郭都市は、立て籠もって戦うための都市から統一国家の郡県としての都市へ、変貌を遂げていったのではないだろうか。

これらの都市に新たに君臨したのが皇帝の都長安城である。長安城はその規模において、また門などのプランにおいても戦国期都城の延長上にあった。しかし幅広く直線的な道路によって区切られる大きな方形の区画においては、前代と一線を画する存在でもある。では、統一国家の皇帝の都という新生事物として、長安はどのように形成されたのだろうか。これが次章の課題である。

注

(1) 那波利貞「支那都邑の城郭と其の起源」(史林一〇—二　一九二五)、序論注1宮崎市定論文参照。
(2) 駒井和愛「中国の都城」(『中国都城・渤海研究』　雄山閣　一九七七所収)
(3) 伊藤道治「先秦時代の都市」(神戸大学『研究』三〇　一九六三)
(4) 杉本憲司a「中国古代の城」(『城』日本古代文化の探求　社会思想社　一九七七)、b「中国城郭成立試論」(『戦国時代出土文物の研究』京都大学人文科学研究所　一九八五)
(5) 飯島武次「東アジアの都城の系譜」(『日本古代学論集』古代学協会　一九七九)
(6) 秋山進午「中国における王陵の成立と都城」(『小林行雄博士古希記念考古学論考』平凡社、一九八二)
(7) 五井直弘a「城市の形成と中央集権体制」(歴史学研究　一九八二別冊)、b「中国古代城郭史序説」(西嶋定生博士還暦記念『東アジアにおける国家と農民』山川出版社　一九八四)

（8）近年の概説書として、杉本憲司『中国古代を掘る――城郭都市の発展』（中公新書八一三　一九八六）、愛宕元『中国の城郭都市――殷周から明清まで』（中公新書一〇一四　一九九一）がある。
（9）張連喜「古城遺址鎖鑽探瑣談」（考古与文物一九八二―二）
（10）文献に見える「某丘に城きずく」といった表現の中の「丘」は、実はあまり高い山ではなく、この程度のものだったのかも知れない。注1宮崎市定a、注4杉本憲司b参照。
（11）李進熙「朝鮮と日本の山城」（『城』社会思想社　一九七七）
（12）詳細な報告はないが、河南固始県北山口の城址、同じく信陽長台関の城址もこの形式に属するようである。詹漢清「固始県北山口春秋戦国古城址調査報告」（中原文物　特刊　一九八三）、欧潭生「信陽楚王城是楚頃襄王的臨時国都」（同）参照。
（13）侯馬の重なり合った城壁のうち、白店の城壁がやや古く、その上に平望、牛村、台神の各城壁があり、この三つが晋の新田城にあたるとされているが、詳しい報告は依然として発表されない。『新中国的考古発現和研究』（文物出版社　一九八四）二七三頁参照。
（14）図はないが、河南の舞陽北舞渡、湖北の黄陂の城郭もこれに当てはまる。朱幟「河南舞陽北舞渡古城調査」（考古通訊一九五八―二）、黄陂県文化館「黄陂県作京城遺址調査簡報」（江漢考古一九八五―四）参照。
（15）曲阜（35）の西周期城壁は、まず東面が、次いで北、西、南面が造営されたことが明らかになっている。
（16）秦の咸陽城もかなりの規模があったと考えられるが、現在北側の城壁が一〇〇〇メートルほど残っているだけである。陝西考古研「秦都咸陽故城遺址的調査与試掘」（考古一九六二―六）参照。他に、詳細な報告はないが河南固始県北山口の城郭がここに入るかもしれない。この城は河南南部から江蘇にかけての地域では最も大きい城郭で、近くに侯古堆春秋墓もあるので、注目に値する。注12参照。
（17）漢魏洛陽城（26）は残存する最長辺四二九〇メートルで、数字だけでは1のグループと2のグループの中間に入るが、もっと長かったことは明らかなので、1のグループに入れるべきかと思われる。
（18）漢代の木簡が大量に出土した居延破城子の甲渠候官址は約四五メートル四方の塢に二三メートル四方の鄣が接する形になっており、内蒙古の辺塞と似た大きさである。文物一九七八―一参照。

（19）江村治樹「戦国時代の都市の性格」（同『春秋戦国秦漢時代出土文字資料の研究』汲古書院　二〇〇〇所収）は、発掘報告に言及のある城郭遺構を網羅し巨大な表と分布地図を作製している。本章で取り上げなかったもののほとんどは、一辺一〇〇〇メートル程度までの中小規模の城郭である。

（20）漢魏洛陽城（26g）では、中心部が西周時代に築かれ、東周時代には北側に、秦代に南側に城郭が拡張されている。さらにその上に漢代以降の修築が加えられているため、非常に入り組んだ地層関係が見られる。なお、図はないが、河南扶溝県の古城址でも、城郭の修築の跡が確認されている。周口地区文化局「扶溝古城初歩勘査」（中原文物一九八三―二）参照

（21）このような例は扶溝県（注20参照）や黄陂（注14参照）のような小規模な城にも見られる。

（22）河南の共城は六〇メートルに及ぶ分厚い城壁を持っているが、堅固な部分が三二メートル、軟らかい部分が二八メートルの二つの部分に分かれている。軟らかい部分は護城坡だったと考えられる。崔墨林「共城考察」（中原文物　特刊　一九八三）参照。なお、ここは輝県琉璃閣や固囲村の戦国遺跡とも近く、注目される。

（23）概略の調査だが、薛城（21c）では濠の幅が二五～三〇メートル、城壁からの距離が三〇メートル前後である。黄陂（注14参照）でも、同程度の濠が発掘されている。

（24）雲夢秦簡に引く魏の奔命律には「贅胥後父」を攻城戦の際濠を埋めるのに用いてよいとされている。差別された人々がこの種の任務に駆り出されていたことがわかる。『睡虎地秦墓竹簡』（一九七八年平装本）二九四～五頁参照。

（25）杜正勝「周秦城市的発展与特質」（歴史語言研究所集刊五一本四分）は、春秋時代の変化を城から郭への拡大として把えている。これは通説的見解といえるものだが、杜氏の引く城郭遺跡の例はあまり説得力がない。

（26）霊寿城西北郊の中山王墓（一号墓）から出土した鉄足大鼎の銘に、前四世紀の終わりころ中山国が燕の内紛を治めるために出兵し、「邦疆数百里、列城数十」を取ったことを記している。このころにはすでに、軍功を取った城の数で表すことが行なわれていた。杜正勝氏前引論文はこの動きを「築城運動」と呼んでいる。また、この動きは大国だけでなく、小国にも及んでいたと思われる。『孟子』梁恵王下に、滕の文公が孟子に斉と楚のどちらに事えるべきか問うたところ、孟子は濠を掘り、城を築き、民とこれを死守するほかはないと答えている。前四世紀末までには、中国全体で中小規模の城郭の築造が見られたと考えられよう。

（27）伊藤道治氏は、注3に引いた論考でこの傾向を指摘し、大都市を支えていた政治的要因の変化が都市の衰微を招いたのではないかとしている。この傾向は、江村治樹氏も確認している。注19参照。都市の縮小は、このような大都市に限ったことではない。湖北雲夢県にある楚王城では、漢代に城郭が東西に半分に区切られ、西側の半分は早々に姿を消したようである。ちなみに有名な睡虎地などの秦墓は、西側の城外にあたる。湖北省文物考古研究所他「九二年雲夢楚王城発掘簡報」（文物一九九四－四）参照。

・城郭の規模、E,S,W,Nはそれぞれ東南西北の城壁を、またEW、NSはそれぞれ東西寛、南北長を表す。＋は末端まで確認できないもの。
・城壁の厚さは断らない限りすべて基部の現在の厚さを採った。

城壁の厚さ(m)	時期	時期推定の根拠
4.3～15	春秋～漢	夯土層、建築址等
5.2～12.9	漢？	出土陶器、陶範
南：6　西：8～16	戦国～漢	夯土層、建築址等
12～16	漢、恵帝4年より	建築址、瓦当、陶器等
6,2～9,7	戦国～漢	戦国陶器、陶範。漢代倉庫
7.4	戦国初？～	板瓦、瓦当。方足布
大11.5～22	戦国初～漢	夯土、城内各層
中5.8～10		
小11～16.5		
13～15	春秋晩～漢	春秋晩期墓、戦国陶器等
8～10	春秋晩～漢	夯土層、陶器
頂部6～9	春秋晩～漢	夯土中の東周瓦片
牛村：4～4.5	春秋晩～戦国	灰坑中の陶瓦片・銅器範
平望：6		
12	?	?
11～17	戦国～漢	夯土下より候馬早期陶片
30	春秋?～	夯法?
12	春秋?～	城外に春秋晩～戦国墓　尖足布
大北城：20～30	戦国～漢	夯土層、城内建築、墓葬等
趙王城：20～30		
8	戦国～漢	採集陶片、刀・布・五銖銭範
西：40～68	戦国	夯土層、冶銅・鉄・窯址・墓葬等
	戦国	建築址、墓葬
大城：17～43	春秋～漢	城内陶器・陶範等

春秋戦国・秦漢城郭遺跡表

凡例　・この表は、城郭の実測図の発表されている遺跡に限って整理したものである。
・番号は文献一覧と対応している。
・形状分類、B→Cなどは時代的変遷を、D/Cなどは二つの分類基準を満たすことを示す。

番号	省	所在地	古城名	形状	城郭の規模(m)
1	陝西	鳳翔県南	雍城	B？	W3200,S約3600,N450＋ 西南角に南古城（2）
2		同	（南古城）	B	雍城の西南角、E287,S245,W214,N254。南墻中央より夯土壁
3		臨潼県東北	櫟陽	B	W1420＋,S1640＋
4		西安市西	漢長安	D	E5940,S6250,W4550,N5950
5		華陰県西	華倉城	D	EW約1120,NS700
6		同　岳鎮	陰晋城	D	W285、N140のみ残存
7	山西	夏県、禹王城	安邑	A/D	大城：W4980,N2100 中城(漢代)：N1522 小城：E495,S990,W930,N855
8		芮城県北	魏城	B	E1268,S1150,W1000
9		聞喜県大馬	清原城?	B	E980,S998,N980
10		襄汾県趙康	臨汾	A	外城：E2600,S1650,W2700,N1530 内城：E770,S700,N660
11		侯馬市	新田	?	牛村古城：NS1400,S1200 白店・台神・平望の各城複合。 馬荘、呈王の両小城
12		曲沃県	曲沃	A	外城：W2600＋,N3100 内城：W1000＋,N1100
13		洪洞県東南		B	EW1300,NS580
14		太原市	晋陽	?	W2700＋のみ残存
15	河北	磁県講武城	魏武城?	B	NS1150＋,N1140
16		邯鄲市	邯鄲	B→C	大北城：W5604,S3090,E約4800,N約1820 趙王城：西城W1426,N1394,E1422,S1372, 東城S834,N950,E1574, 北城S1440,W1544,N1272,E1592
17		懐来県		D/C	西城：EW1500,NS1000 東城：500×500
18		易県	燕下都	B→C	東城(戦国初)：E3980,N4594,東西隔壁4460 西城(後代)：N4452,W3717
19		平山県三汲	霊寿城	D/C	EW約4000,NS約4500
20	山東	臨淄	臨淄	B→C	大城：E5209,S2821,W2812,N3316

城壁の厚さ(m)	時期	時期推定の根拠
小城：20～56		
10～20	春秋晩?～漢	夯土中陶片、城内陶器、冶鉄址
5～8	春秋晩?～漢	城内出土陶器等
東10～21,南3～4,西7.8	春秋晩?～漢	城内出土陶器、戦国陶文
40～50、西33	西周～漢	夯土層、陶器、墓葬、建築等
東5、北8～10	春秋～漢	夯土中陶片、墓葬等
20～30、東14	漢～北魏	建築址
24	戦国～漢	採集陶器、漢代冶鉄址
26～30	?	遺物なし
13～15	戦国～	採集陶器
11	春秋?～漢	採集陶器
商代22、戦国8	二里崗～戦国	夯土中陶片、墓葬
40～60	春秋～漢	夯土層、建築、冶鉄址等
30	春秋～漢	採集陶器・瓦片、戦国冶鉄址
10	春秋～戦国	夯土中陶片
15～25	春秋～	宮殿区採集陶器、窯址
20	戦国晩～	採集陶器・瓦。戦国冶鉄址
24～28	春秋?～漢	城内出土銅器、貨幣
	春秋晩～三国	河道堆積、門址層位、建築、墓葬
20	東周?	採集瓦、銅鏃
	春秋?～	城内出土陶器、瓦
15～21	漢代	建築址、陶器、瓦当等
9	漢代	採集陶器、瓦当等
	漢代	夯土、灰坑等出土陶器

番号	省	所在地	古城名	形状	城郭の規模(m)
					小城：E2195,S1402,W2274,N1404
21		滕県南	薛城	B	E2480,S3010,W1860,N3265
22		同　西南	滕城	A?	外城の規模不明　内城?：E555,S850,W590,N800
23		鄒県紀王城	邾?	B	E980,S2530,W1180,N1520 東西北端より嶧山にのびる城壁を伴う
24		曲阜県	曲阜	B	E2531,S3250,W2430,N3560 漢代城壁：E1880,N2560
25	河南	洛陽市西	東周	B?	N2890,W一部断続、内部に漢河南県城：EW1460×NS1400
26		同	漢魏洛陽	B	E3895＋,W4290＋,N3700
27		鄭州古滎鎮	滎陽	B	E1860,S2012,W2016,N1283
28		滎陽県東北	（漢王城、楚王城）	B	漢王城：S1200　楚王城：S1000、鴻溝を挟んで対す
29		宜陽県西北	宜陽	B	E1332,N1392
30		偃師県	滑城	D	NS2000,EW（北部）1000,（中部）700,（南部）500
31		鄭州市		B	早商期大城　周6960、南部に戦国期城壁が重なる
32		新鄭県	新鄭	D/C	東城：E5100,S2900,W4300,N1800 西城：N2400のみ
33		登封県告成鎮	陽城	B	EW700×NS2000
34		鄢陵県西北	芮城	A	外城：N998,S800,NS1595 内城：EW148×NS184
35		上蔡県	上蔡	B	E2490,S2700,W3187,N2113
36		商水県西南		A	外城：EW800,NS500 内城：EW250,NS250（外城北中部）
37	湖北	宜城県楚皇城	鄢	B?	外城：E2000,S1500,W1840,N1080。内城（外城が廃れた後）：0.38平方km
38		江陵県紀南城	郢	B?	E3706,S4502,W3751,N3547
39		大冶県西南鄂王城	鄂?	D	EW500,NS400,周1533
40	江蘇	揚州市	芮城→広陵	B	NS1400,EW1900、南は断崖、城壁なし
41	福建	崇安県南	閩越王城?	D	EW550,NS860,周2860
42	内蒙古	呼和浩徳市東		A	外城：EW850×NS900、内城：230×230
43		同東南、美岱古城		A	外城：EW440×NS470 内城：EW300×NS330

城壁の厚さ(m)	時期	時期推定の根拠
	前漢末～隋唐	トレンチ出土陶器
6.7	秦～漢代	夯土、トレンチ・墓葬冶銅冶鉄址
10	漢代	採集陶器、冶鉄址
9～13	漢代	採集陶器、冶鉄址
	漢代	採集陶器
5.3	漢代	
花城：14、外羅城10～15	戦国～漢	夯土中陶片、採集陶器
	戦国?～漢	明刀、瓦当等
	漢代	トレンチ出土品

番号	省	所在地	古城名	形状	城郭の規模(m)
44		和林格爾県	漢成楽県	B→A/D	南区：EW670×NS655（成楽県城） 中区：遼金　北区：北朝隋唐
45		準格爾旗川掌公社	広衍県	?	E390＋,N87＋のみ残存
46		布隆淖古城	臨戎県	B	E637.5,S450,W620,N450
47		保爾浩特古城	窳渾県	B	EW250,NS200
48		陶升井古城	三封県	A	外城：北西の一部残存、内城：EW118×NS118
49		吟隆格乃石城		B	石積みの城砦、68×68
50	遼寧	寧城県黒城		B→C	花城(戦国)：N200,W280 外羅城(漢代)：EW1800×NS800 黒城：(遼～元)
51		旅大市、牧羊城		B	EW90＋,NS146＋
52		平壌	楽浪郡治	D	EW約700,NS約600

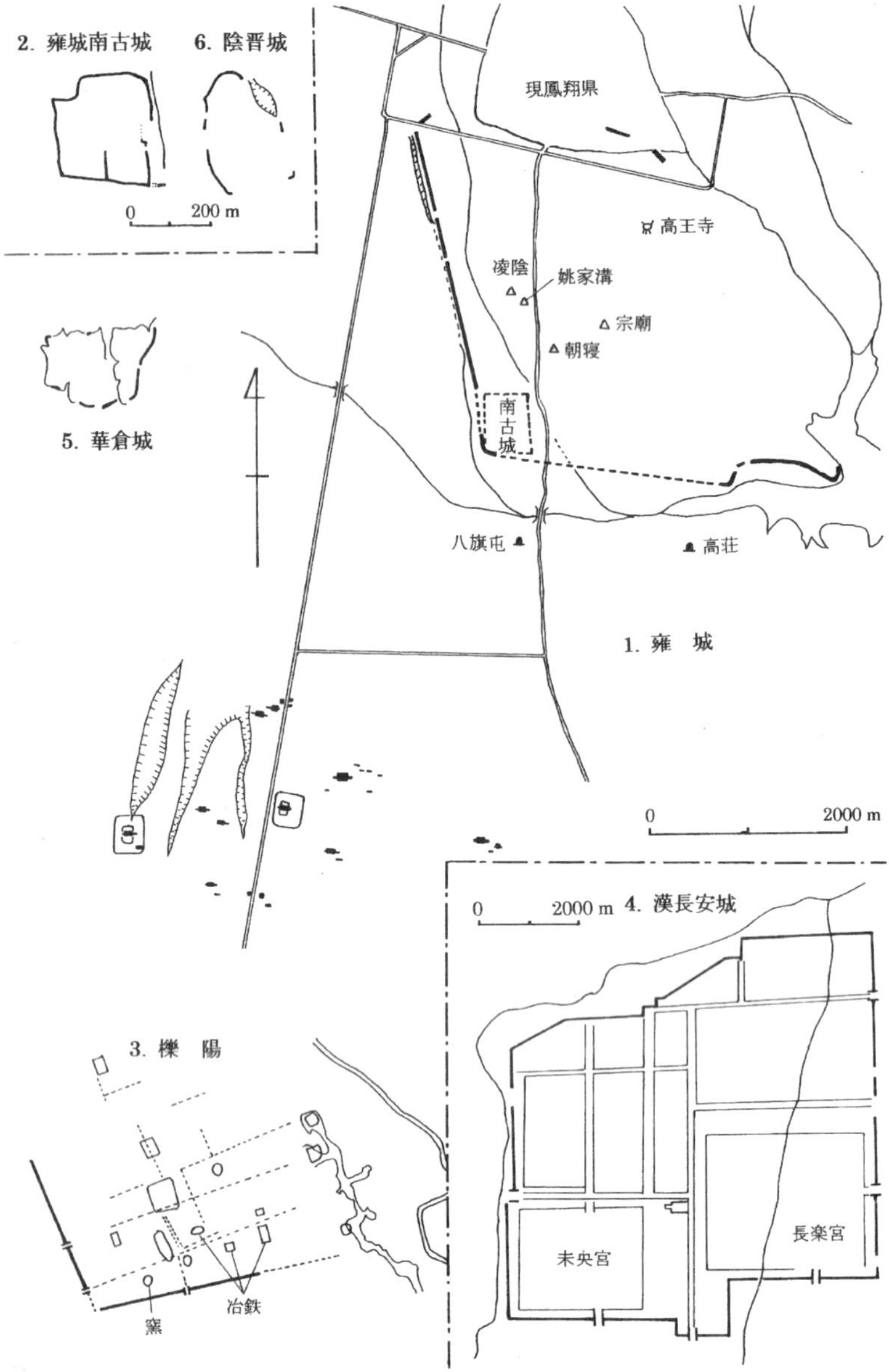
2. 雍城南古城
6. 陰晋城
0
200 m
5. 華倉城
現鳳翔県
高王寺
凌陰
姚家溝
宗廟
朝寝
南古城
八旗屯
高荘
1. 雍　城
0
2000 m
0
2000 m
4. 漢長安城
未央宮
長楽宮
3. 櫟　陽
冶鉄
窯

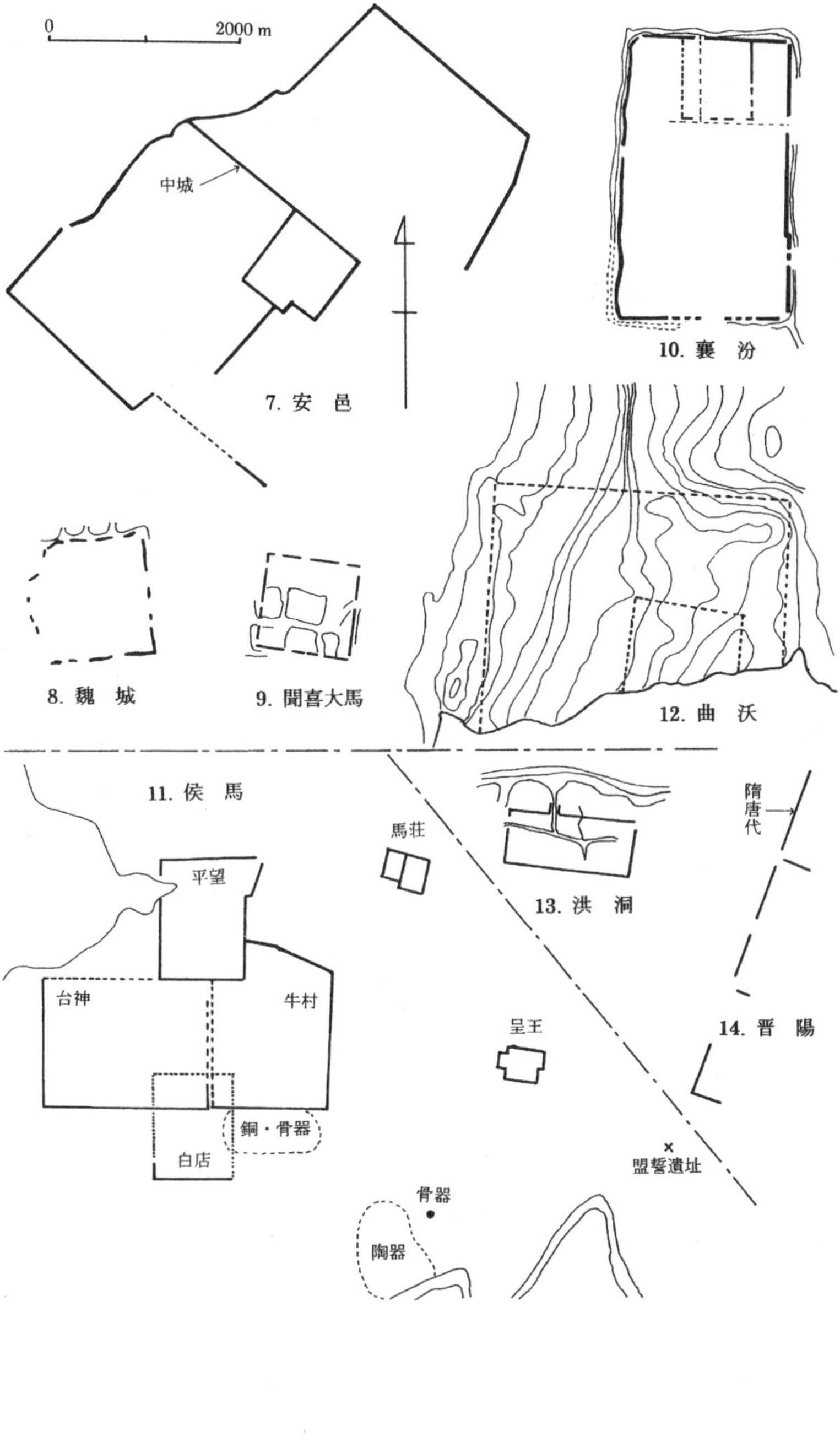
0
2000 m
中城
7. 安　邑
10. 襄　汾
8. 魏　城
9. 聞喜大馬
12. 曲　沃
11. 侯　馬
平望
台神
牛村
銅・骨器
白店
馬荘
13. 洪　洞
隋唐代
14. 晋　陽
呈王
盟誓遺址
骨器
陶器

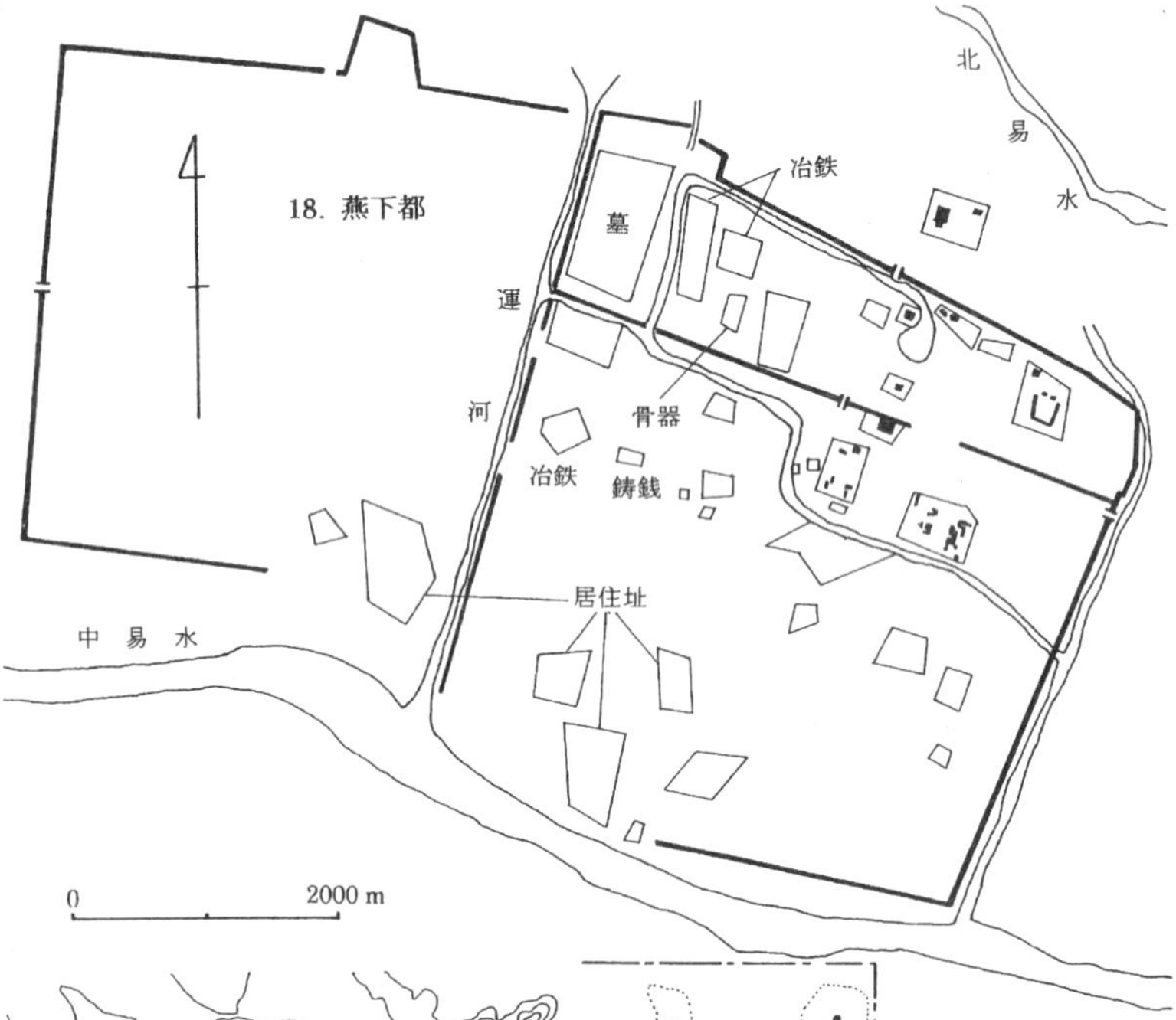

18. 燕下都

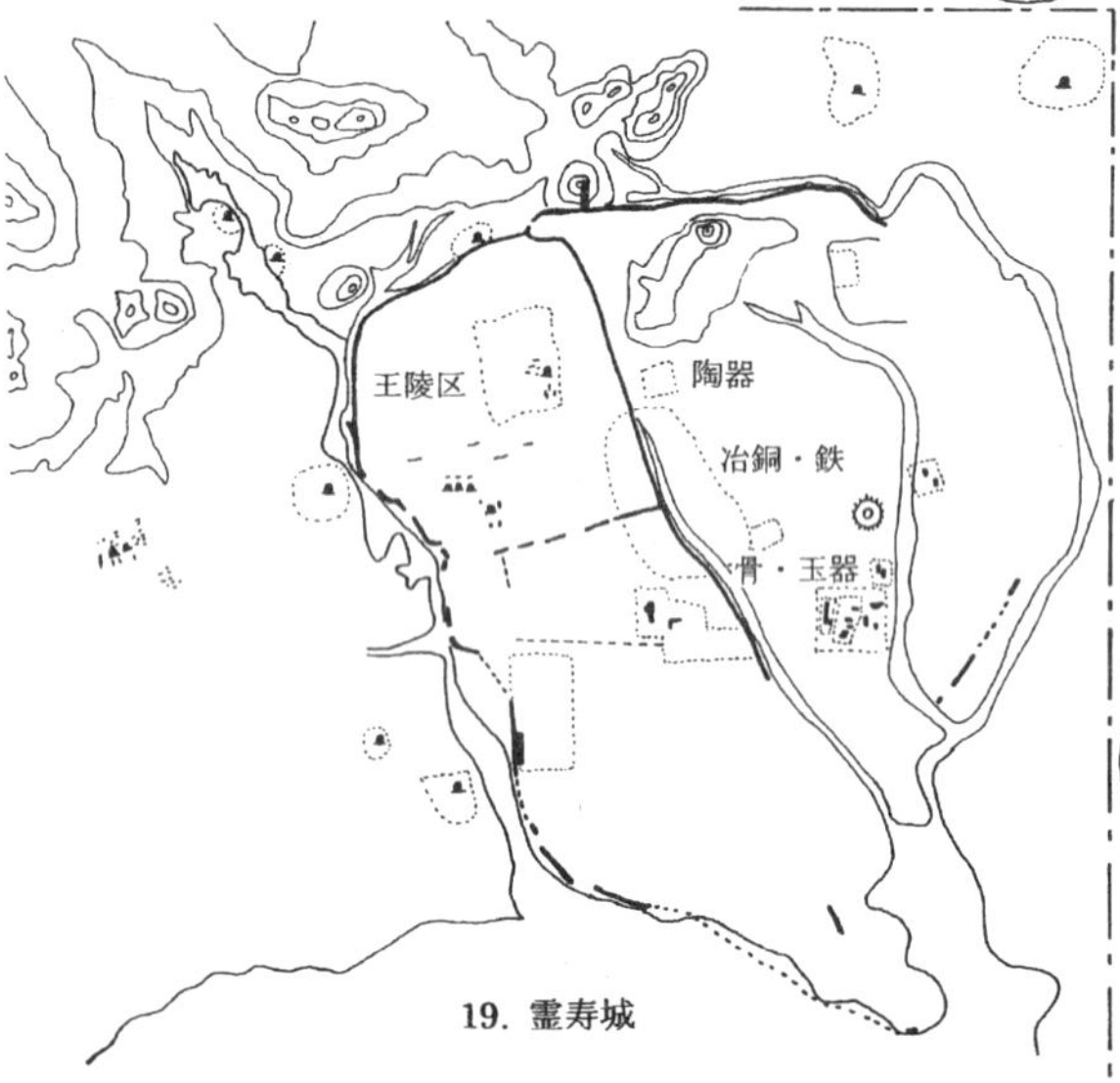

19. 霊寿城

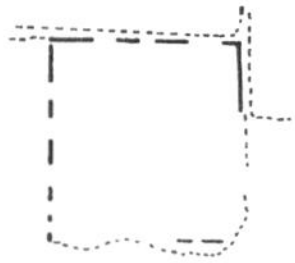

15. 講武城

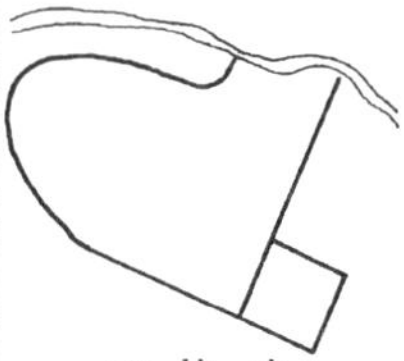

17. 懐　来

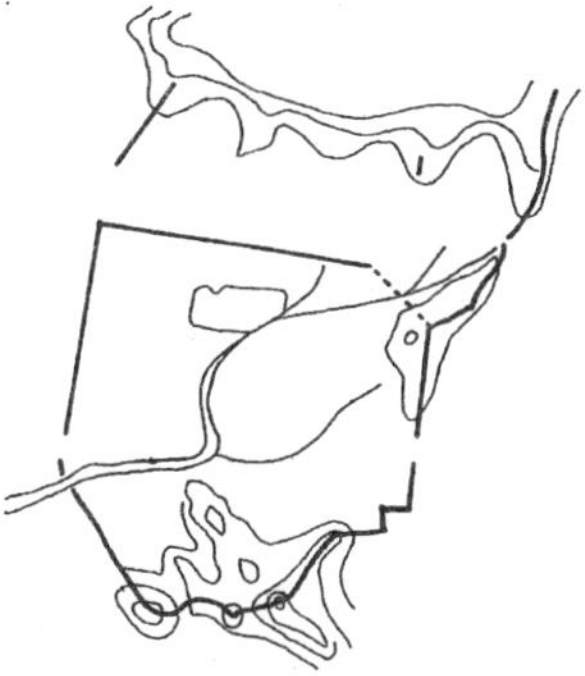

23. 紀王城

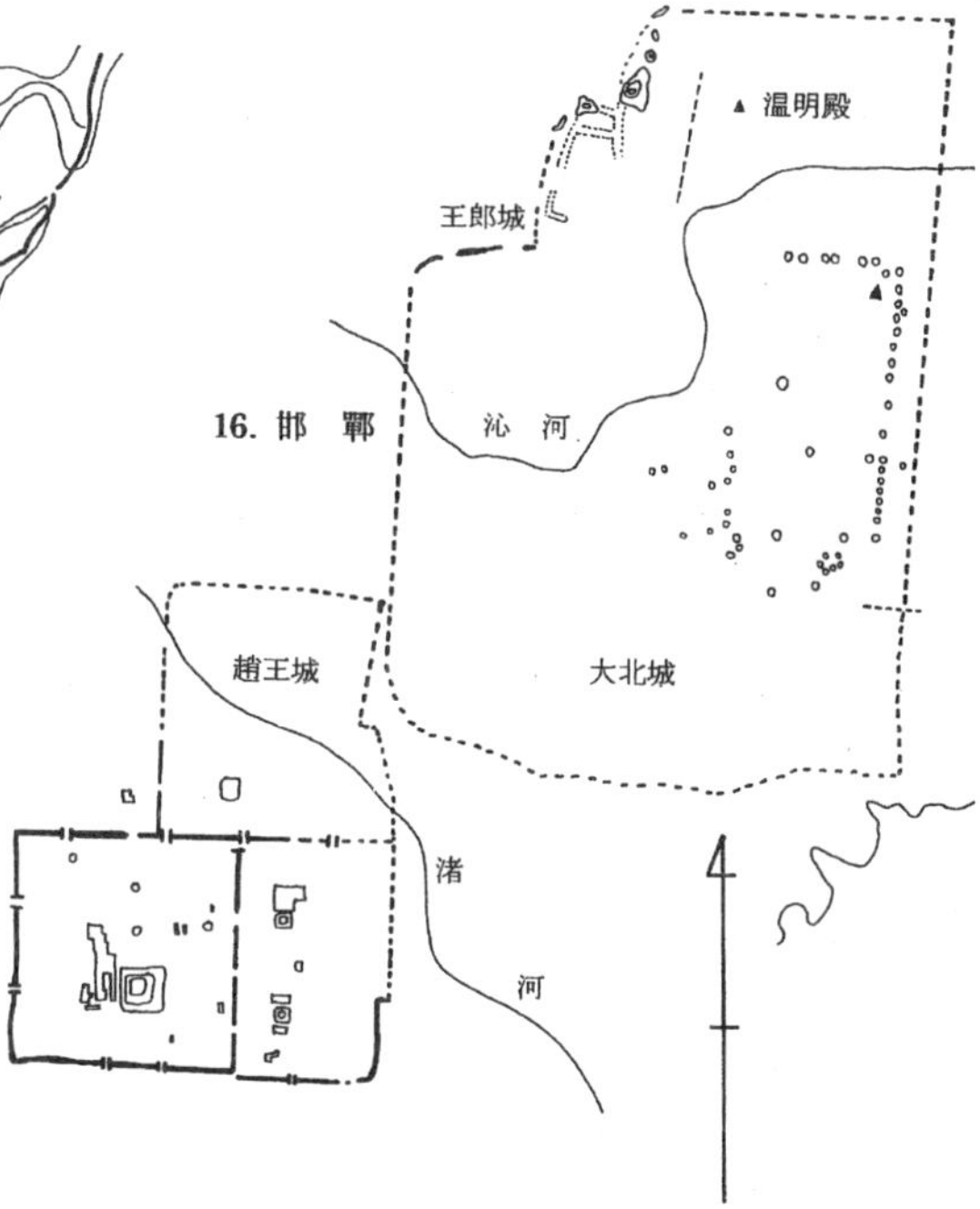

16. 邯 鄲

22. 滕城（内城）

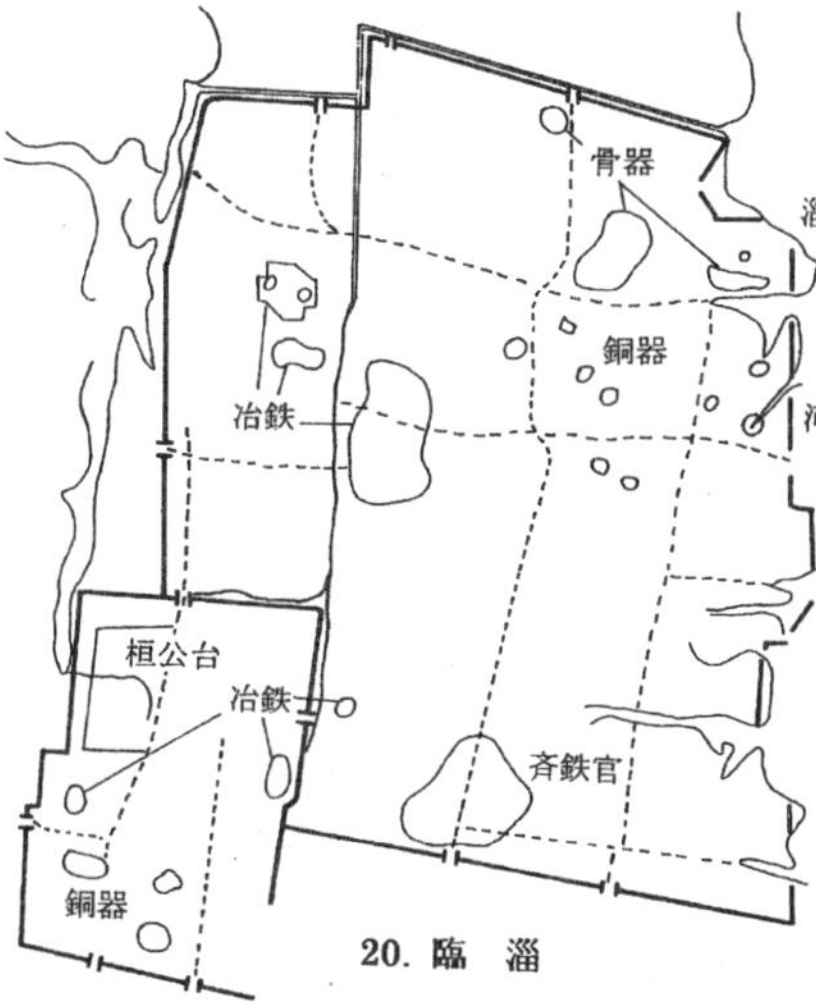

20. 臨 淄

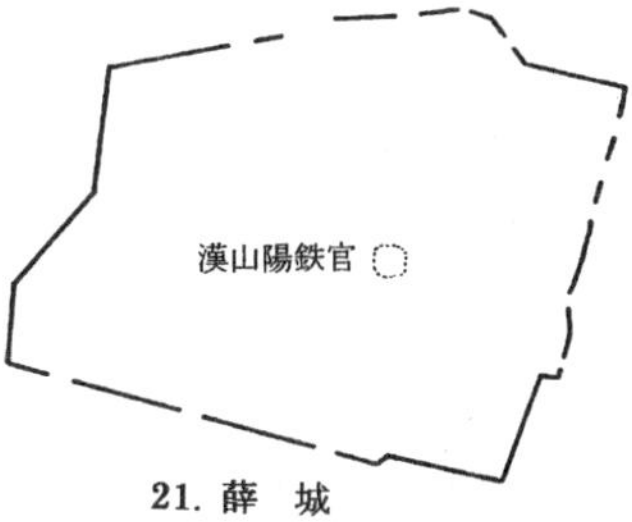

21. 薛 城

0　2000 m

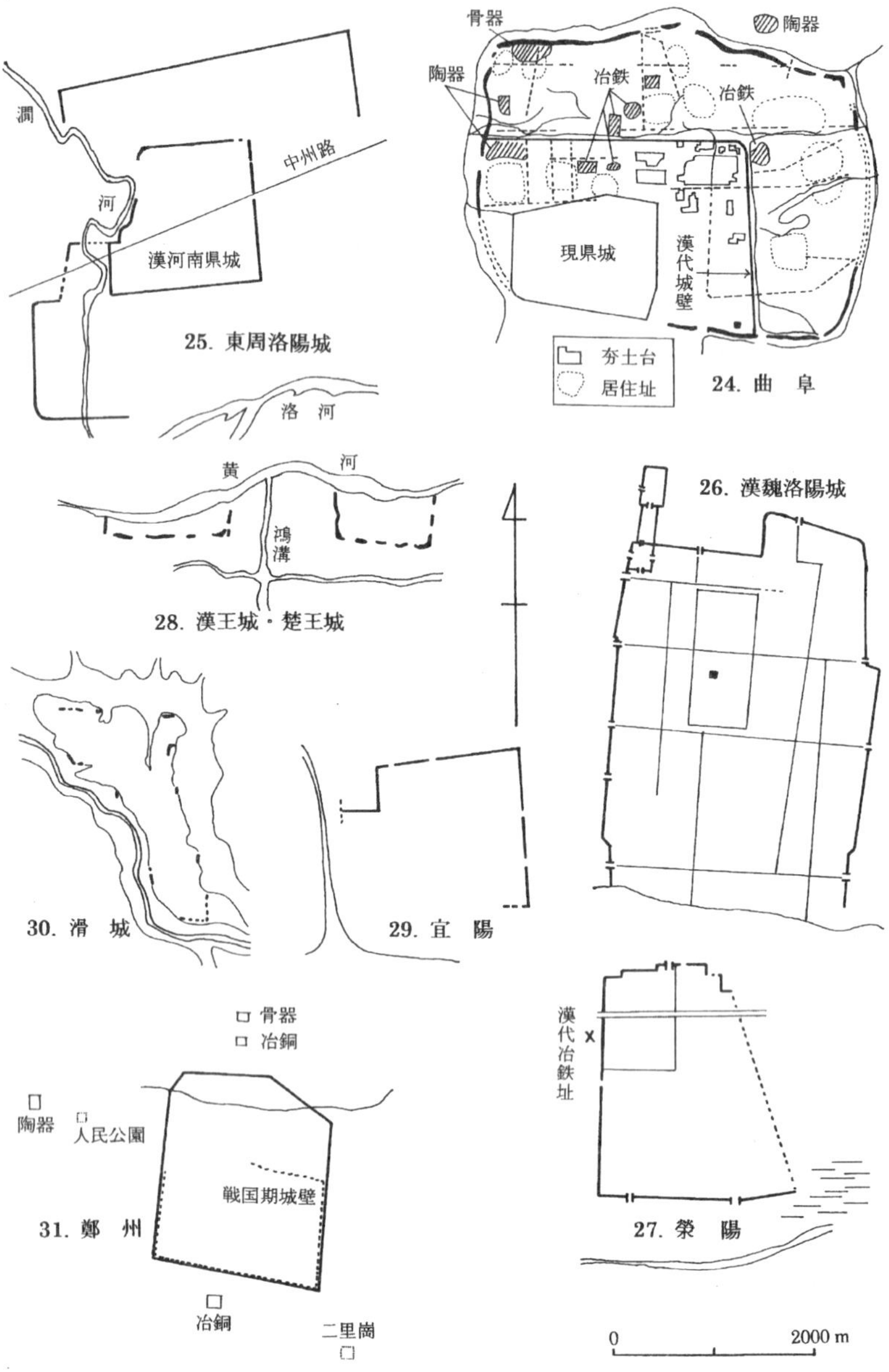
澗
河
中州路
漢河南県城
25. 東周洛陽城
洛　河
骨器
陶器
陶器
冶鉄
冶鉄
現県城
漢代城壁
夯土台
居住址
24. 曲　阜
黄
河
鴻溝
28. 漢王城・楚王城
26. 漢魏洛陽城
30. 滑　城
29. 宜　陽
骨器
冶銅
陶器
人民公園
戦国期城壁
31. 鄭　州
冶銅
二里崗
漢代冶鉄址
27. 滎　陽
0
2000 m

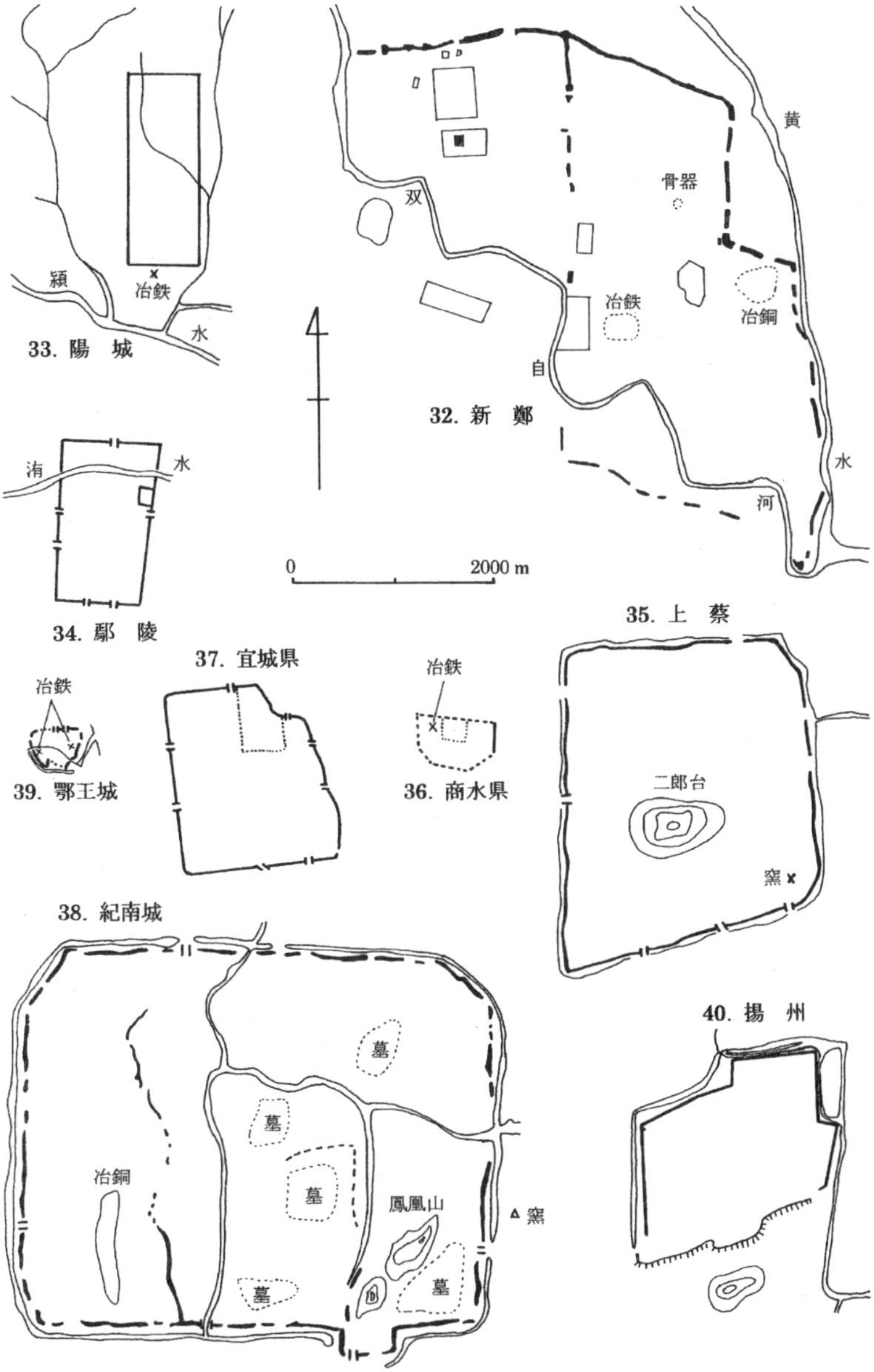
潁
冶鉄
水
33. 陽　城
双
自
河
黄
水
骨器
冶鉄
冶銅
32. 新　鄭
0
2000 m
洧
水
34. 鄢　陵
35. 上　蔡
二郎台
窯
37. 宜城県
冶鉄
36. 商水県
冶鉄
39. 鄂王城
38. 紀南城
冶銅
墓
墓
墓
墓
墓
鳳凰山
窯
40. 揚　州

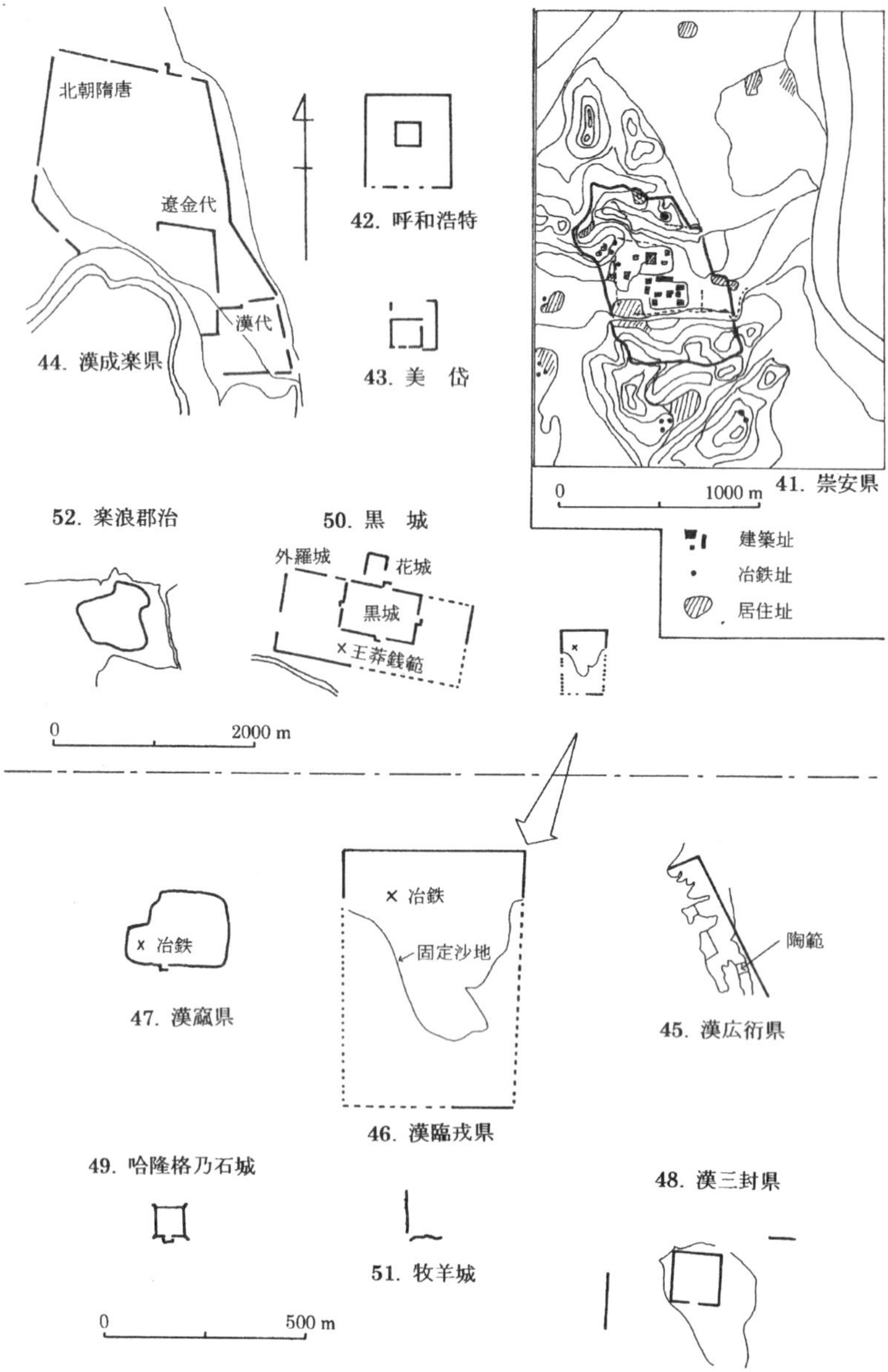
北朝隋唐
遼金代
漢代
44. 漢成楽県
42. 呼和浩特
43. 美　岱
41. 崇安県
0
1000 m
建築址
冶鉄址
居住址
52. 楽浪郡治
50. 黒　城
外羅城
花城
黒城
×王莽銭範
0
2000 m
× 冶鉄
47. 漢窳県
× 冶鉄
固定沙地
46. 漢臨戎県
陶範
45. 漢広衍県
49. 哈隆格乃石城
48. 漢三封県
51. 牧羊城
0
500 m

都城遺址発掘報告文献一覧

陝西省

1　a陝西省考古研「秦都雍城遺址勘査」考古一九六三―八
b鳳翔県文化館「鳳翔先秦宮殿試掘及其銅質建築構件」考古一九七六―二
c雍城考古隊「陝西鳳翔春秋秦国凌陰遺址発掘簡報」文物一九七八―三
d同「陝西鳳翔八旗屯秦国墓葬」文物資料叢刊三　一九八〇
e韓偉・曹明檀「陝西鳳翔高王寺戦国銅器窖蔵」文物一九八一―一
f呉鎮烽・尚志儒「陝西鳳翔高荘秦墓」考古与文物一九八一―一
g雍城考古隊「鳳翔馬家荘春秋秦一号建築遺址」考古与文物一九八二―五
h同「鳳翔秦公陵園鑽探与試掘」文物一九八三―七
i同「一九八二年鳳翔雍城秦漢遺址調査簡報」考古与文物一九八四―二
j同「鳳翔馬家荘一号建築群遺址発掘簡報」文物一九八五―二
k同「秦都雍城鑽探試掘簡報」考古与文物一九八五―二
2　秦晋「鳳翔南古城遺址的鑽探和試掘」考古与文物一九八〇―四
3　a陝西文管会「秦都櫟陽遺址初歩勘探記」文物一九六六―一
b社会科学院考古研「秦漢櫟陽城遺址的勘探和試掘」考古学報一九八五―三
4　第一部第二章文献リスト参照
5　陝西省考古研「漢華倉遺址勘査記」考古与文物一九八一―三

6　黄河水庫考古隊「陝西華陰岳鎮戦国古城勘査記」考古一九五九―一一

山西省

7　a陶正剛・葉学明「古魏城和禹王城調査簡報」文物一九六二―四・五
　b考古研「山西夏県禹王城調査」考古一九六三―九

8　7a参照

9　陶正剛「山西聞喜的〝大馬古城〟」考古一九六三―五

10　山西省文管会「山西襄汾趙康附近古城址調査」考古一九六三―一〇

11　a楊富斗「侯馬西新発現的一座古城遺址」文物参考資料一九五七―一〇
　b暢文斎「侯馬地区古城址的新発現」同一九五八―一二
　c山西省文管会「山西省文管会侯馬工作站工作的総収獲」考古一九五九―五
　d同「侯馬東周時代焼陶窯址発掘記要」文物一九五九―六
　e同「山西侯馬東周遺址発現大批陶範」文物一九六〇―八・九
　f同「一九五九年侯馬〝牛村古城〟南東周遺址発掘簡報」同
　g同「侯馬牛村古城南東周遺址発掘簡報」考古一九六二―二
　h山西省文物工作委『侯馬盟書』文物出版社　一九七六

12　11cおよび山西省文管会「侯馬東周殉人墓」文物一九六〇―八・九

13　張徳光「山西洪洞古城的調査」考古一九六三―一〇

14　謝元璐・張頷「晋陽古城勘察記」文物一九六二―四・五

河北省

15　河北省文管会「河北磁県講武城調査簡報」考古一九五九－七

16　a関野雄・駒井和愛『邯鄲――戦国時代趙都城址の発掘』（東方考古学叢刊乙種第七冊）東亜考古学会　一九五四
b関野雄「邯鄲遺跡発見記」一九三九（『中国考古学研究』東大出版会　一九五六所収）
c駒井和愛「河北省邯鄲における遺跡調査」考古学雑誌三一－六　一九四一（『中国都城・渤海研究』雄山閣　一九七七所収）
d邯鄲市文物保管所「河北邯鄲市区古遺址調査簡報」考古一九八〇－二
e河北省文管処他「趙都邯鄲故城調査報告」考古学集刊四　一九八四

17　安志敏「河北懐来大古城村古城址調査記」考古通訊一九五五－三

18　a楊宗栄「燕下都半瓦当」同一九五七－六
b歴史博物館考古組「燕下都城址調査報告」考古一九六二－一
c河北省文化局「河北易県燕下都故城勘察和試掘」考古学報一九六五－一
d同「河北易県燕下都第十六号墓発掘」考古学報一九六五－二
e同「燕下都第二二号遺址発掘報告」考古一九六五－一一
f同「一九六四－一九六五年燕下都墓葬発掘報告」同
g河北省文物管理処「河北易県燕下都四四号墓発掘報告」考古一九七五－四
h同「燕下都第二三号遺址出土一批銅戈」文物一九八二－八
i許宏「燕下都営建過程的考古学考察」考古一九九九－四
j河北省文物研究所『燕下都』文物出版社　一九九六

19　a同「河北省平山県戦国時期中山国墓葬発掘簡報」文物一九七九－一
　b陳応祺「略談霊寿古城址所反映中山国的幾個問題」中国考古学会第三次年会論文集　一九八一
　c河北省文物研究所「河北平山三汲古城調査与墓葬発掘」考古学集刊五　一九八七

山東省

20　a関野雄「斉都臨淄の調査」考古学雑誌三二－四・六・一一　一九四一（『中国考古学研究』所収）
　b山東省文管処「山東臨淄斉故城試掘簡報」考古一九六一－六
　c群力「臨淄斉国故城勘探紀要」文物一九七二－五
　d劉敦願「春秋時期斉国故城的復原与城市布局」歴史地理創刊号　一九八一
21・22・23　a関野雄「滕城と薛城の遺跡について」考古学雑誌三三－六　一九四三（『中国考古学研究』所収）
　b考古研「山東鄒県滕県古城址調査」考古一九六五－一二
　c済寧市文物管理局「薛国故城勘査和墓葬発掘報告」考古学報一九九一－四
24　a関野雄「前漢魯国霊光殿の遺跡」考古学雑誌三一－九　一九四一（『中国考古学研究』所収）
　b駒井和愛「曲阜旧県の故城」考古学雑誌三四－五　一九四四（『中国都城・渤海研究』所収）
　c同『曲阜魯城の遺跡』東大考古研　一九五一（同書所収）
　d田岸「曲阜魯城勘探」文物一九八二－二
　e張学海「浅談曲阜魯城的年代和基本格局」同
　f山東省文物考古研他『曲阜魯国故城』斉魯書社　一九八二

河南省

25　a黄展岳「一九五五年春洛陽漢河南県城東区発掘報告」考古学報一九五六－四
b洛陽発掘隊「洛陽澗濱東周城址発掘報告」考古学報一九五九－二
c洛陽市博「洛陽戦国糧倉試掘紀略」文物一九八一－一一
26　a郭宝鈞「洛陽古城勘察簡報」考古通訊一九五五－一
b洛陽発掘隊「一九五四年秋季洛陽西郊発掘簡報」考古通訊一九五五－五
c郭宝鈞「洛陽西郊漢代居住遺跡」考古通訊一九五六－一
d同「一九五四年洛陽西郊発掘報告」考古学報一九五六－二
e考古研「漢魏洛陽城初歩勘査」考古一九七三－四
f同「漢魏洛陽城一号房址和出土瓦文」同
g考古研洛陽漢魏城隊「漢魏洛陽故城城垣試掘」考古学報一九九八－三
h同「漢魏洛陽故城金墉城址発掘簡報」考古一九九九－三
27　秦文生「滎陽故城新考」中原文物　特刊　一九八三
28　張馭寰「漢王城、楚王城初歩調査」文物一九七三－一
29　洛陽発掘隊「一九五九年豫西六県調査簡報」考古一九六一－一
30　同「河南偃師〝滑城〟考古調査簡報」考古一九六四－一
31　河南省博他「鄭州商代城遺址的発掘」文物資料叢刊一　一九七七
32　a劉東亜「河南新鄭倉城発現戦国鋳鉄器範」考古一九六二－三
b河南省博「河南新鄭鄭韓故城的鑽探和試掘」文物資料叢刊三　一九八〇

33　a歴博考古組他「河南登封陽城遺址的調査与鋳鉄遺址的試掘」文物一九七七―一二
b河南省文物研究所・歴博考古部『登封王城崗与陽城』文物出版社　一九九二
34　劉東亜「河南鄢陵県古城址的調査」考古一九六三―四
35　尚景熙「蔡国故城調査記」河南文博通訊一九八〇―二
36　商水県文管委「河南商水県戦国城址調査記」考古一九八三―九

湖北省

37　a湖北省文管会「湖北宜城〝楚皇城〟遺址調査」考古一九六五―八
b楚皇城発掘隊「湖北宜城楚皇城勘査簡報」考古一九八〇―二
38　a湖北省博「楚紀南城」文物一九八〇―一〇
b紀南城考古工作站「一九七九年紀南城古井発掘簡報」同
c湖北省博「楚都紀南城的勘査与発掘」考古学報一九八二―三・四
39　大冶県博「鄂王城遺址調査簡報」江漢考古一九八三―三

江蘇省

40　a陳達祚他「邗城遺址与邗溝流経区域文化遺存的発現」文物一九七三―一二
b紀仲慶「揚州古城址変遷初探」文物一九七九―九

福建省

41　a福建省文管会「福建崇安城村漢城遺址試掘」考古一九六〇―一〇
b福建省博「崇安城村漢城探掘簡報」文物一九八五―一一

内蒙古自治区

42　呉栄曾「内蒙古呼和浩特東郊塔布禿村漢城遺址調査」考古一九六一－四
43　内蒙古文物工作隊「一九五九年呼和浩特郊区美岱古城発掘簡報」文物一九六一－九
44　a駒井和愛「綏遠にある漢成楽県のあとについて」『内田寛一先生還暦記念論叢』一九五二（『中国都城・渤海研究』所収）
b内蒙古文物工作隊「和林格爾県土城子試掘記要」文物一九六一－九
45　崔璿「秦漢広衍故城及其附近的墓葬」文物一九七五－五
46～49　侯仁之・兪偉超「烏蘭布和沙漠的考古発現和地理環境的変遷」考古一九七三－二

遼寧省

50　a寧城県文化館「遼寧寧城県黒城王莽銭範作坊遺址的発現」文物一九七七－一二
b馮永謙・姜念思「寧城県黒城古城址調査」考古一九八二－二
51　原田淑人・駒井和愛『牧羊城――南満洲老鉄山麓漢及漢以前遺跡』（東方考古学叢刊二）東亜考古学会　一九三一

朝鮮半島

52　駒井和愛『楽浪郡治址』東大考古研　一九六五

第二章　漢長安城の成立

はじめに

中国歴代の「みやこ」の中で、漢長安城は特殊な位置を占めている。最初の統一帝国の首都である秦咸陽城が、渭水の浸食によってほとんど消滅している現在、漢長安城は全体像を調査研究することの可能な、最古にして最大の城郭と多数の遺跡を持つ、貴重な都城遺構である。しかし同時に、漢長安城は非対称形の城壁内部に、後世の常識では奇妙に感じられる独特の宮殿配置を持ち、他の都市遺構と容易には比較できない。『周礼』的なステロタイプを当てはめた安易な「都城論」が通用しない、困った都市なのである。

さて、漢長安城に関する前近代の研究は、専ら『三輔黄図』や『長安志』のような古蹟案内的な地誌文献をもとに行なわれ、最終的には『水経注疏』や『水経注図』のような考証学的歴史地理研究として実を結んだ。このような文献的知識を踏まえて、現地の科学的な調査や発掘が可能になったのは、一九五〇年代の終わりからである。まず予備調査として城壁の実測と周辺の建築遺跡などの分布調査が行なわれ、六〇年代にかけて城郭の北東部にある宣平門と、南郊の礼制建築群が発掘された。さらにボーリング調査によって、城内の道路や宮殿区画の大まかなプランも判明している。七〇年代には専門機関として、社会科学院考古研究所の分室である漢城工作隊が置かれ、組織的で継続的な発掘調査が可能となった。その最初の成果が武庫遺跡の発掘である(1)。

一九八〇年代以降、未央宮前殿周辺の建築遺跡が相次いで発掘され、東西市や道路の調査も進んでいる。巨大な都市遺跡のこと、にわかに全貌がわかるものではないが、漢長安城の発掘と研究は新たな局面を迎えつつある。その過程で近年、漢長安城のユニークさが改めて注目され、その性格をめぐる論争も起こっている。実のところ長安城は、以前にもましてわからなくなってきているのである。そこで本章では、近年の発掘調査の成果を概観し、学説の対立点なども踏まえて、漢長安城の沿革とその特色を検討しなおしてみたい。なお、引用する発掘報告や論文は末尾に掲げた文献一覧の番号で示す。

Ⅰ　長安城の発掘調査

次頁の図1は、文献53に掲載された漢長安城の図をもとに、その後明らかになった遺跡も書き込んだ概念図である。参考までに『水経注』に記述される官署や施設を、［　］で囲んで示した。この図では諸々の宮殿のうち、外周が確認され、宮殿名の比定もほぼ確かだと思われる未央宮・長楽宮・桂宮・北宮が示され、明光宮のように位置や範囲の判明していない宮殿は略されている。従来一般に使われてきた図（文献18）より、宮殿の面積が減ったことになるが、それでも漢長安城は宮殿ばかりが広いような印象を与える。この点には今後も留意したほうがよさそうである。以上を踏まえて、近年の発掘成果と学説を概観しながら、注目すべき点や問題点をまとめてみよう。

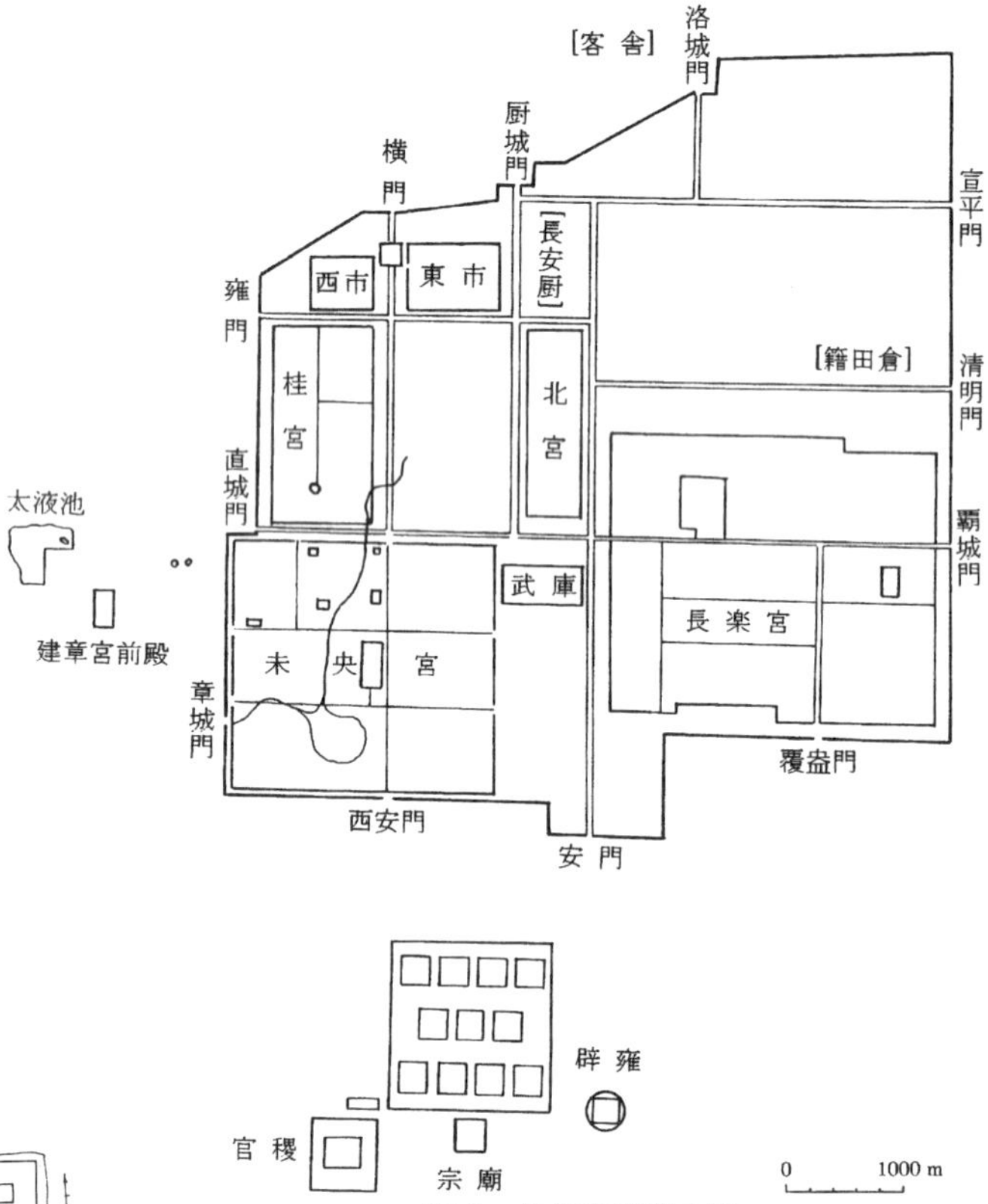

図1　漢長安城概念図

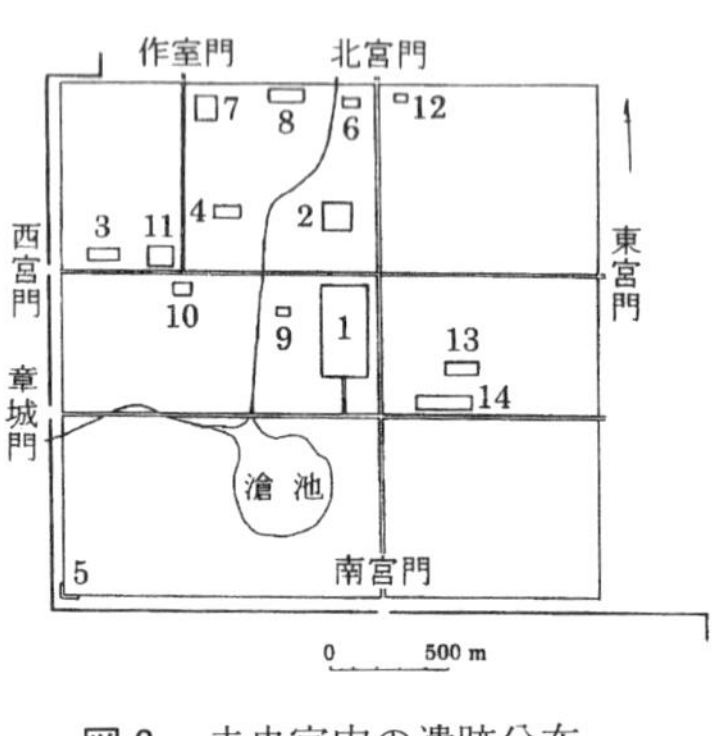

図2　未央宮内の遺跡分布

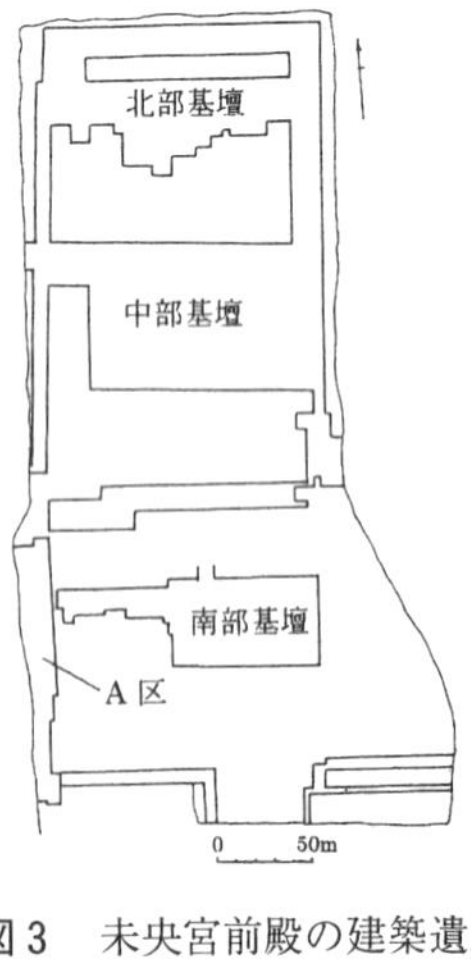

図3　未央宮前殿の建築遺跡

（1）未央宮

一九八〇年代、中国社会科学院考古研究所の漢城工作隊は、未央宮の発掘調査を重点的に行ない、その成果が単行本として発表された（文献54）。その一部については、『文物』や『考古』誌上ですでに簡略な報告が公表されているが、改めて詳細な報告がなされているほか、初めて発表される遺跡や遺物の報告も多く、注目に値する。内容の概略を紹介しておこう。

周垣と門、道路

未央宮域は東西二二五〇メートル、南北二一五〇メートルの長方形をなし、外周には基礎部分の幅七〜八メートルの城壁がめぐっている。城壁は現在すべて地下に埋もれており、版築された基礎部分が厚さ一メートル程度残っているに過ぎない。西面と南面は長安城の城壁と、北面は長楽宮から伸びる街路と、それぞれ八〇メートル程度離れている。北・東・西の各面の城壁に二ヶ所、南面に一ヶ所の門が確認され、門と門を結んで宮域を縦横に区切る、幅八〜一二メートルの道路が四条判明している（図2）。

北面東側の門は、未央宮の正門に当たる北司馬門に比定され、この外側に北闕があったと考えられている。門道の幅は八メートル、城壁の切れ目の壁は特に厚くなっていない。大きな門ではあるが、他の門と比べて特別な点は見当たらない。ここでは未央宮の警備に当たる衛尉を示す「衛」字の瓦当が出土している。

北面西側の門もほぼ同じ大きさで、こちらは文献史料に見える作室門に当たるとされている。この門は未央宮の通用門のような役割を果たしており、名称の如く作室を始めとする少府関連の役所や施設に通じていたと考えられる。

東面北側の門は、長楽宮にあい対するもう一つの正門であると考えられている。この外側に東闕が聳えていたはずだが、門の外には道を挟んで大規模な建築基壇が確認されている。今後の調査が期待される。東面南側の門から東に伸びる道路の両側には、厚さ三～五メートルの壁が発見され、甬道の跡ではないかと考えられている。西面南側の門は、長安城の章城門にあい対しており、南面の門は同じく西安門に対している。

なお、前殿の南には東西約四〇〇メートル、南北五一〇メートルに及ぶ広大な池と、これにつながる水路が確認され、文献に見える滄池と明渠に比定されている。ここに王莽が最期を遂げた漸台があったはずである。[2]いずれにせよ、前殿の南西側は広大な庭園区域だったことが判明したことになる。

未央宮周垣の西南の角の部分では、城壁が外に張り出す形で分厚く作られ、壁の内側には太い柱穴の列が確認された。この上に大規模な角楼が設けられていたと考えられる。時代は多少隔たるが、この種の見張り台のような軍事的機能を持った楼閣は、和林格爾漢墓壁画の「寧城図」にも見えている。[3]

建築遺跡の分布

未央宮内では、現在前殿を筆頭に一四の建築遺跡が確認され、番号が振られているが、報告書では建築の性格から付けられた名称で呼ばれているため、ややわかりにくい点がある。以下に遺跡の番号と、比定される建築の性格を列挙しておこう。

一号建築遺跡　　前殿
二号建築遺跡　　椒房殿

三号建築遺跡	中央官署
四号建築遺跡	少府（或所轄官署）
五号建築遺跡	角楼
六号建築遺跡	天禄閣（未発掘）
七号建築遺跡	石渠閣（未発掘）
八～一四号建築遺跡	未発掘

前殿の遺跡については説明の必要はあるまい。二号遺跡は前殿の真北にあり、非常に大規模で複雑な建築群の一部が発掘された。建築遺跡は三つの部分からなり、庭院を囲んで厚い夯土基壇を持つ正殿・配殿と廂房に分かれていた。現在明らかな範囲で注目される点として、建築の基壇を掘り込む形で作られた地下室と通路があげられる。この遺跡は、その位置と規模から皇后の住む椒房殿ではないかとされるが、この建築群は未発掘の部分になお相当な広がりを持っており、即断はできない（文献43）。建築名としての椒房殿というよりは、後宮関連施設と一般化して考えておいた方がよいだろう。

遺跡の名称に関するこのような傾向は他の場合にも共通して見られる。三号遺跡は、工官による器物製造に関わる文字を記した骨片が大量に出土したことで知られる（文献28・30・34・44）。付論で改めて考察するが、もともと未央宮内に「地方官署」のあるはずがないのだから、この遺跡を「中央官署」と呼ぶのはいかがなものか。

四号遺跡は作室門の南にあり、東西一一〇メートル、南北五九メートルの範囲が発掘され、大きな柱の礎石を持った二つの建物と複雑な付属建築群が確認された。ここからは「湯官飲監章」などの封泥が出土している（文献45）。特殊な構造を持った建築であることから、ただの役所ではなく、少府に属する施設の一つではないかと考えられている。その結果「少府（或いは所轄官署）」という名称が導かれたのだろう。この場合も、日本の皇居に宮内庁所轄の建物があるというのと同様の意味合いになってしまい、あまり励みにはならない。漠然とした比定を押し通すよりは、中立的な番号で遺跡を表示する方がよかったのではないかと思われる。

六、七号遺跡は該地で出土したと伝えられる文字瓦当などに基づいて、長安城の考古学的調査が始まった当初から、天禄閣と石渠閣に比定される遺跡である。今の段階では、遺跡というよりも伝承的古蹟に近いと受け取っておくべきだろう。もっとも現地名で「講武殿」と呼ばれる地で、広大な武庫遺跡が実際に見つかった例もあるので、眉唾扱いするわけにはいかない。今後の調査が待たれる。

前殿遺跡

前殿は、その性格に疑問を差しはさむ余地のない、唯一の遺跡である。文献史料から知られているように、自然の丘陵地形を利用し、その四周と上面を版築で整形して固めた台基を持っている。現存する遺構は東西二〇〇メートル、南北四〇〇メートル、南端部の高さ〇・六メートル、北端部の高さが一五メートルとなっている。

この台基の上に築かれた建築の基壇部分がボーリング調査され、大まかな平面プランが明らかになった（図3）。基壇は南部、中部、北部の三つの部分に分かれ、それぞれが南側に中庭状の空間を持つ。中部・北部は四周を回廊状の建物に囲まれ、大まかには日字形になっている。中部の基壇は東西一二一メートル、南北七二メートルの長方形、北部は凹凸の多い形状である。大きさと形から見て、中部の基壇が未央宮の正殿にあたる宣室殿、北部の基壇が「非常室」とか「更衣」と呼ばれる便殿の部分だと考えてよい。南部の基壇はやや小振りで東寄りに位置し、宮殿群のほぼ中軸線に沿った位置に北向きに門道が延びているほか、西側に張り出した翼部を持っている。台基の南端には回廊状の基壇が残り、中央の部分に幅四〇メートルにおよぶ開口部がある。この宮殿群全体の正門がこのあたりにあったと考えられる。

前殿台基の西南端部分では、台基に寄りかかるようにして建てられた建築が発掘されている（前殿A区建築遺跡）。台基の西南の角から、東西のへりに沿って三室、南北のへりに沿って四三室の長屋状の建築址である。各室はおおね奥行き六メートル前後、幅が三〜五メートルで、さらに奥に小部屋を設けている部分もある。ここでは瓦やさまざまな陶製生活用具などに加えて、一一四点の木簡が出土した。これは長安城内で発掘された最初の木簡資料である。前殿B区建築遺跡は、現在は断崖状になっている前殿台基の北のへりの東端にあり、前殿台基を挟んでB区と対角線上に位置する。ここでは前殿台基に沿った傾斜路や回廊状の通路、小部屋に分かれた建築の一部が出土している。

ここで前殿A区で出土した木簡について付言しておこう。一一四点の木簡に完形品はなく、焼け残りの断片で、報告書では医療関係の記事が多いとされている。内容の詳細な紹介はできないが、発表されている模本と釈読を見ると、いささか疑問なしとしない。確かに植物の形態などを詳細に記すものが多いが、中には夢占いに関係すると思われるもの、鼎が出てくるものもある。また植物の中でも霊芝や桃、柏が目立つ。これらは薬草というよりも、祥瑞の類に関係するように思われる。(4)

もちろん医学が占卜や呪術と不可分の関係にあった時代の遺物であり、厳密に区別する必要はないだろう。とはいえ、未央宮最後の主であった王莽は、即位にあたって全国から祥瑞やお告げの報告を集め、彼自身も半ば本気でこれを信じていた。『漢書』五行志や緯書の類に反映される、この時代の濃密な神秘学の流れが、未央宮で出土した木簡にも伺われるように思う。

(2) 長楽宮

一九八五年のボーリング調査によって、長楽宮内の道路が三本検出された。このうち東西を貫通する道路は直城門から未央宮の北側を通る街路にまっすぐ接続し、東端は覇城門に至る。街路の幅は宮殿外の主要街路とほぼ等しい。またこの道路に直交して覆盎門に通ずる道路、さらに西部で宮外に通ずる南北の道路も確認された。東西の道路以南の区域で三組の大型建築遺跡も検出されたが、東よりに位置する建築群が最大で、これが長楽宮の中心となる建築だろうと推定されている(文献26)。

しかし新たに検出された東西の道路は、宮殿内の道路としては不自然に大きい。これが皇帝専用の馳道を備えた街路だったとすると、長楽宮は南北に両断されることになり、この道路を挟んで建築群が展開するという平面プランを考慮する必要があろう。中心建築が随分東に偏っている点も奇妙である。秦の離宮を拡充したものといわれる長楽宮の原型を考える上でも興味深い。

(3) 桂宮と北宮

一九九七年から九八年にかけて、社会科学院考古研究所と日本の奈良国立文化財研究所によって、桂宮の合同調査が行なわれている(文献58・59)。桂宮の中心建築の西側で、未央宮の作室門の反対側のあたりで、前漢後期の大型の宮殿建築が発掘された。桂宮は武帝が造営し、皇太子時代の元帝が居たことでも知られている。

一方一九九四年には、北宮の範囲が調査された。南北が直城門大街の北二二五メートルから雍門大街の南三五メートルまで一七一〇メートル、東西が厨城門大街の東五〇メートルから安門大街の西四〇メートルまで六二〇メートルの長方形をなしている。南北に二つの門があい対し、南門は東南角から二五九メートルの位置にあり、幅七メートル、長さ一二メートルの門道が確認されている。またこの門から直城大街まで、幅九メートルの道路が通じ、道の西側で磚瓦窯址が発掘されている（文献52）。

桂宮、北宮ともに、城内で巨大なスペースを占める割合には文献記録が少なく、何に使ったのかよくわからない宮殿である。今後の地道な調査が望まれる。

(4) 東西市

一九八五年から翌年にかけてボーリング調査が行なわれ、東市（東西七八〇メートル×南北約七〇〇メートル）、西市（東西五五〇メートル×南北約四八〇メートル）を囲む市墻が確認された。両市とも壁の厚さは基部で五～六メートル、各面に二つずつの門が設けられ、内部は道路で「井」字形に区切られている。両市の間、横門から伸びる街路をまたぐようにして、約三〇〇メートル四方の範囲で大型の建築群も発見され、「市楼」の跡ではないかとされている（文献26・29）。ただしこれが道路を遮っていたのかどうか、などの詳細は未報告。今後の本格的な発掘調査が期待される。さらに西市の西側、現在の六村堡付近では裸体の人物や動物の陶俑、五銖銭範などが大量に出土し、その窯址も発掘されている（文献20・35・40・46・47）。報告者はこれを民間業者の経営したものと考えているが、もちろんまだ断言はできないだろう。同じ地区に銅器や鉄器の鋳造施設もあった（文献50・55・57）

(5) 城外の遺跡

城外では、未央宮に隣接する建章宮と太液池、門と道路の一部が調査されているが、外周を囲む城壁があったかどうかは未確認。池の周辺からは鯨などの大きな石像が発見されている（文献13・14）。また図示できなかったが城外南方の昆明池では、池の範囲が調査されるとともに、文献資料に見える織女と牽牛の石像に比定される像がみつかっている（文献16）。さらに秦の阿房宮周辺で漢代の建築遺跡も検出されている（文献17）。以上は城外西南部、漢代の上林苑に含まれる遺跡である。このほか、西南部では渭水の古い河道から漢代に遡ると思われる木製の橋の遺跡が発掘され、武帝時代に架けられた便門橋に比定されている（文献36〜39）。地理的な定点が見つかったことから、この地域の新たな歴史地理研究も始まった。

一方、城外東南部では、長楽宮の南に位置する覆盎門の南正面にあたる地点で、前漢全期に及ぶ四〇数基の墓葬群が発掘された。そこから東南城外が漢代長安の墓地であったとする説も提出されている（文献22・23）。その当否を含めて、調査の進んでいない城外東部や東南部にも注目する必要があろう。特に目立った遺跡がないとしても、そのこと自体が貴重なデータとなるはずである。

以上の発掘調査の成果を踏まえて、文献史料を読み直しながら、漢長安城の形成過程を検討してみよう。

Ⅱ　漢長安城の形成

（1）咸陽と渭水南岸地域

漢長安城は、渭水北岸の秦咸陽城にあい対し、有名な阿房宮のすぐ北西に位置している。秦末の戦乱で、未完のまま焼き払われたとはいえ、ここは始皇帝の大土木工事の舞台となった地域である。漢長安城は、始皇帝の構想した統一帝国の首都とどのような関係があるのだろうか。[5] まず長安城前史として、咸陽と渭水南岸地域の沿革を整理しておこう。

始皇帝は東方諸国を併呑しながら、秦都咸陽の北に、次々に豪奢な宮観を建てていった。すでに発掘された咸陽一〜三号宮殿遺址は、このような宮殿の一部ではないかと推定されている。[6] 咸陽の北側の東西に伸びる丘陵上に、見渡す限りにわたって様々な趣向の宮観が建てられ、すべてが複道によって数珠つなぎになっていたのだろう。渭水の南岸には「諸廟・章台・上林」があったとされている。章台は和氏の璧を携えた藺相如が秦の昭王に謁見した場所とされているから、[7] これらの建物はかなり以前からあったと考えてよい。

渭水南岸では、始皇陵の造営と連動して、「信宮」あるいは「極廟」という宮殿が造営された。位置は不明だが、始皇陵への中継地点となる施設となるべきものだったと考えられる。[8] さらに始皇三五年（前二一二）には、この地域で阿房宮の造営が始められた。ここは「豊鎬の間」、すなわち古く西周の文王・武王の都と伝えられる場所であり、始皇帝はこれを「帝王の都」に相応しいとして、阿房宮を中心とした巨大な「朝宮」を作り、渭水を跨いで北岸の咸陽城と閣道で結ぶことを計画した。[9]

始皇の思い描いた「帝王の都」は、咸陽を渭水の南岸、「豊鎬の間」まで拡張し、その真ん中を東西に貫流する渭水を天の川に見立てたものであった。漢長安城は、この始皇帝の夢の跡の真上に作られたのである。

（2）長安造営

漢の高祖は当初、洛陽を都とするつもりだったが、婁敬などの勧めで翻意して長安を都とし、長楽宮に居を定めた。[10] 長安は秦代の郷名、長楽宮ももと秦の離宮であった興楽宮を増改築したものだったとされる。[11] 項羽による徹底的な破壊を免れた、数少ない宮殿だったのだろう。長楽宮の工事は高祖五年（前二〇二）後九月に始まり、七年（前二〇〇）に完成して、丞相以下の百官が長安に集結した[12]。同年二月には、蕭何の手で未央宮造営が始まり、東闕・北闕・前殿・武庫・太倉が建てられて、高祖九年（前一九八）に完成した[13]。

続く恵帝の時代、長安城にはようやく城壁が巡らされた。『漢書』恵帝紀によれば、恵帝元年（前一九四）正月から築城が始まり、三年（前一九二）春と五年（前一九〇）正月には、長安から六〇〇里以内に住む男女一四万人あまりを三〇日間動員して工事が進められた。この間三年六月には、諸侯王・列侯の徒隷二万人も動員されている。城壁が完成したのは五年秋九月であった。さらに六年（前一八九）六月には長安西市が立てられ、二代にわたって造営された長安城が全貌を現した[14]。

以上の基本的な事実を踏まえながら、改めて前掲の長安城図を観察してみよう。最初から存在したのは長楽宮である。前述のように、この宮殿の真ん中を大きな道路が通り、覇城門から直城門に抜けている。未央宮は後からこの道路に面して作られているから、長楽宮のもとになった離宮だけでなく、そこを通る馳道クラスの大きな道路も、秦から受け継がれたとみられる。このような秦代の主要道路はすべて、始皇帝の拡張した咸陽において、渭水の南北をつなぐ交通の要所、漢代に「横橋」と呼ばれた橋を渡る道路につながっていたはずである。横橋の厳密な位置はわからないが、長安城の北面西寄りの「横門」の北にあったとされる[15]。未央宮は、北に横橋を介して旧咸陽城にあい対していたことになる。

未央宮の中心に位置する前殿は、「龍首山」という南北に伸びる丘陵の突端部分を利用して建てられ、版築による盛り土の必要がなかったという[16]。未央宮の位置は、こうした地形と、上記の交通条件によって決まったと考えてよい。従来、未央宮は何もない更地に作られたように考えられてきた。しかし前殿A区の建築遺跡の下から、秦代の瓦類が大量に見つかったことから、前殿周辺には戦国から統一秦代に遡る大きな建築が存在したことが明らかになった（文献54）。報告者は、前殿の前身を秦の章台に求め、次のように述べている。

章台は、咸陽の南、渭水南岸地域で最も有名な宮殿であった。『史記』の蘇秦列伝や藺相如列伝など、戦国時代の人物を主人公とした列伝にも見えている。『史記』樗里子列伝では、彼は章台の東に葬られ、その墓は未央宮と長楽宮、武庫に挟まれた地にあったとされている。[17] すなわち章台と未央宮は極めて接近していたことになる。章台は名称の如く相当な高さを持っていたはずだが、未央宮付近の遺跡において、ふさわしい高さを持つのは前殿の置かれた丘陵だけである。漢代になっても、長安城の西面南端の門は「章城門」と呼ばれ、「章台街」という街路もあった。[18] したがって未央宮、特に前殿は、秦の章台の故地にほかならない。

前殿の下に、戦国秦に遡る建築遺跡があるのかどうかは、実際に前殿の台基部分をはがして、地山まで発掘してみないとわからないだろう。だが、この説は妥当なものだと思われる。未央宮は渭水にかかる横橋を挟んで秦咸陽城と南北に対しており、その中心となる建築が自然の丘陵地形を活かしたものだったとすれば、その位置は秦代においても重要だったに違いない。未央宮域が、章台を含む秦代の宮殿群と重なり合うのはむしろ当然とも言えるだろう。蕭何は渭水南岸の秦の宮殿の中でも、最も古くから有名だった章台の焼け跡に、わざわざ新たな王朝の中心となる宮殿を建てたことになる。

ちなみに、漢長安城の城門や街路などは、唐の長安城のように、王朝によって名付けられためでたい名前ではなく、きわめて便宜的な名前しか持っていないものが多い。たとえば「章台街」は、章台に通ずる秦代の街道をそのまま長安城内の街路として取り込み、前漢後期までその名で呼ばれたのだろう。そもそも肝心な未央宮の中心である前殿からして、いかにも殺風景な名前ではある。「前殿」とは、始皇帝時代に有名な阿房宮が「前殿阿房」、甘泉宮が「甘泉前殿」と呼ばれたように、渭水北岸の咸陽を本拠として、皇帝の出先あるいは離宮のような意味で使われたのではないかと考えられる。これを襲名した未央宮前殿は、当初こそ長楽宮に対する「前殿」だったかもしれないが、後に歴代皇帝の本拠となっても、相変わらず前殿と呼ばれたわけである。このような奇妙な大らかさは、漢長安城の不思議の一つである。

さて、武庫を挟んで対する長楽宮と未央宮は、名称と位置が示すように、本来ペアをなす宮殿である。未央宮の造営を非難したと伝えられる高祖は、結局長楽宮で崩じており、少なくとも高祖の時代、長楽宮は皇帝の私生活の場、未央宮は公的な儀式や政務の場として使い分けられたとみられる。

しかし未央宮の構造は不思議である。顔師古も指摘するように、中心である前殿は南面して建てられているが、正門は北闕の置かれた北司馬門で、西と南には闕が設けられなかった[19]。ちなみに成帝の綏和二年（前七）、男子王褒なる者が帯剣して北司馬門を通り抜け、「殿の東門」から前殿に上って「非常室」まで入り込んだ事件があった[20]。これは前掲の図で、北司馬門から前殿の東に伸びる道路を通り、横から前殿に入ったと考えればわかりやすい。いずれにせよ未央宮は、主要な建物は南面しながら、宮殿全体としては北を向いた、ねじれた構造を持っている。

顔師古はこれについて、北の咸陽を睨んで厭勝するためではないかとしているが、いかにも苦しい説明だろう。未央宮は、長安の中心となる宮殿であるにもかかわらず、都の南端に位置する。実はこの点で、未央宮は秦の阿房宮と共通している。前述のように阿房宮は、北に咸陽を、南に終南山を望むとされるが、逆に言えばこれは、南面しても見えるのは遠山の景色だけだったことを意味する。つまり始皇帝の拡張した咸陽は、南端部に新たな中心となる阿房宮が置かれ、都市自体はその北側から、渭水北岸の旧咸陽に向かって展開していた。同様の都市構造を持つ漢長安城は、明らかにこのような始皇帝の咸陽拡張構想を下敷きにしている[21]。

この都市構造は、長安の東西市によく現れている。その具体的な位置については議論があるとしても、両市が長安城の北に偏っていたことは間違いない[22]。従来このことは、渭水の水運の便や横橋との位置関係から説明されている。しかし太倉が長安の東南城外にあったことから明らかなように[23]、東方からの物資がすべて長安城の北側に集中したわけではない。長安において主要な市場が北に偏ることは、この都市が横橋によって結ばれた渭水北岸地域の存在を前提として成り立っていたことを示している。

では漢長安城において、渭水北岸の旧咸陽城はどのように位置づけられたのだろうか。秦の首都行政区であった内史の地は、高祖の初期に三郡に分割されていたが、高祖九年（前一九八）に合併されて、内史という名称に戻っている。広域行政的には、長安城の造営とともに旧秦の首都圏が復活したわけである。また咸陽は秦の滅亡後、一時「新城」と呼ばれたが、高祖七年（前二〇〇）に長安県に併合され、武帝の元鼎三年（前一一四）に渭城県として切り離された。つまり行政上の長安県は、首都として機能し始めてから前漢半ばに至るまで、渭水の南北にまたがる始皇帝の咸陽を、ほぼそっくり引き継いでいたことになる[24]。しかしもちろん旧咸陽城は、都市として復興されることなく、廃墟となったまま放置された。漢長安城は、新たな統一帝国の首都として構想された咸陽を受け継ぎ、その南半分だけが生まれ変わった、一種変則的な都市だったのである。

その変則性をより複雑にしているのが、非対称的な平面プランを持つ城壁である。その形状は、北面と西面が概ね現在の泡河に沿う形になっており、東面と南面が直線的になっている。東北の角と南面の安門周辺に、やや外に張り出した部分がある。ここには城壁の工事が始まる前にすでに何らかの施設があり、それらを迂回して城壁が作られたのだと思われる。長安城の城壁は、恵帝初年の段階で存在した主要な施設や建築群をざっと囲い込み、主要な道路と交差するところにとりあえず門を設けた、いたって便宜的な城壁である。その結果この城は、城内を直線的に貫通する道路をほとんど持たず、中軸線も存在しない。この城壁は、都市の外枠として内部の区画に整然とした秩序を与えるのでもなく、全体の形によって何かの思想を表現したのでもない、極論すればただの壁であった。

このような城壁が誕生した理由は、その成立した恵帝期の事情に求めるべきだろう。もともと皇帝の代替わりは常に王朝の危機である。しかも擁立された恵帝を傀儡とした呂太后及びその一族と、高祖以来の功臣たちとが権力の綱引きを演じていた。東方の諸侯王の動きも警戒される。長安の築城は、この政治的危機の中で、漢王朝の連続性と威信を示す事業として選択されたのではないだろうか。とはいえ、この時代の政策の最重要課題である、民力の休養も考慮しなければならず、始皇帝並みの大土木工事は問題外である。長安の城壁は、こうした政治的リアリズムの産物だったと解されよう。

次に、以上のような長安城の沿革を踏まえて、都市としての長安の住民の問題を中心に、その特色を考えてみたい。

Ⅲ　長安の生活空間

(1)　民居の位置

漢長安城をめぐってしばしば議論となる点として、長安の巨大な人口がどこに住んでいたのかという問題がある。『漢書』地理志によれば、前漢末における長安の戸口は八万八〇〇戸、二四万六二〇〇人とされる。この人口が

長安は閭里一百六十、室居櫛比し、門巷修直す。宣明・建陽・昌陰・尚冠・修城・黄棘・北焕・南平・大昌・戚里あり。(25)

と記されるように多数の里に分かれて居住していた。現在名称の判明する里はわずかで、その位置ももちろん不明である。平帝の元始二年（後二）には、長安城内に新たに五つの里と宅二〇〇区が起てられたという記録があり(26)、里の総数も増減したと考えられる。

長安の居住領域をめぐる様々な学説は、どれも長安の城壁と人口とを直接結びつけて解決しようとしており、次の重要な点を見落としているように思われる。すなわち、長安は民政上一つの県であり、その枠組みにおいて人口の把握や徴税などの行政が遂行されていた、という事実である。常識に属するが、漢代の県は、県城の外にも下位行政区分として複数の郷とそれに所属する里を持っていた。上記の長安県の人口も、県の領域全体としての人口であり、その一部分が城内に住んでいたと考えるべきである。

さて、前漢の地方行政において、戸数一万戸を越える県は大県とされる。これが百戸をめどとして里に分けられ、一戸あたり人口は平均五人と考えられる。一方長安県の人口は八万戸、一戸あたり人口は三人である。一戸あたり人口の少なさは、総人口に占める単身者の多さ、すなわち全国から絶えず流入してくる人口を抱えた大都市圏特有の現象として説明できるだろう。この人口がすべて一六〇の里に住んでいたとすれば、一里あたり戸数は五〇〇戸にもなり、いかにも不自然である。これは里の総数ではなく、城内に置かれた里の数だとしなければならない。

では宮殿だらけの長安城内に、一六〇もの里が存在し得るだろうか。『三輔黄図』巻二に引く『廟記』は、長安の市について「長安の市に九あり。各おの方二百六十六歩。……凡そ四里を一市と為す」と記す。ここに見える「里」は一般的な民居の里と共通すると考えられ、一里のサイズは道路を含めて約一八〇メートル四方となる。したがって一六〇里の占める面積は約五・二平方キロ、長安城の総面積のわずか七分の一前後である。ちなみに一里あたり一〇〇戸が住んだとすると、一戸あたりの面積は三二四平方メートルとなり、家屋の平均的敷地として不自然ではない。

つまり、一六〇の里は城内に十分存在し得るし、一里一〇〇戸として一万六〇〇〇戸、総人口の最低二割以上は城内に居住可能だったと考えられる。

残りの人口は、城外に分布する郷や里に住んだことになるが、もちろんその分布は明らかでない。北部城外から横橋にかけての地域は、旧咸陽城との関係や市の分布からみて、かなりの人口密度があったと考えてよい。これに対して城外東部から東南部にかけては、文献史料と出土資料の双方が不十分だが、相対的に人口がまばらだったように思われる。また城外西部から西南部にかけては、禁苑である上林苑に属する地域である。もっとも上林苑の範囲は漠然としており、厳密な意味での禁苑の周囲に、禁猟区や鳥獣保護区のような領域が広がって、民居と重なり合っていたとしても不思議ではない。例えばここを通って茂陵に至る街道筋など、次第に人が住みついたと思われる所もある。このように、長安城外の人口分布には、かなりの偏りや変動があったと考えられる。

ところで、周知のように長安は、前漢屈指の大都市ではあったが、人口的に全国最大の県だったわけではない。長安の都市としての最も際だった特色は、この都市に多くの貴人や高官が屋敷を構え、また上から下まであらゆる段階の役所が集中していたことだろう。長安は皇帝の首都であるとともに、お屋敷と役所の街、役人と家事使用人の街でもあった。次にこの点を検討してみよう。

（2）第・官署

高祖は一二年（前一九五）三月の詔において、列侯に「大第室」、吏二千石に「小第室」を賜った[27]。未央宮の完成を承けて、高位高官の屋敷が国家によって造られて下賜されたのだが、このような屋敷は未央宮の北闕付近に固まっていたらしい[28]。長安でわずかに知られる里名のうち、「尚冠里」は列侯や高官の屋敷が多く、「戚里」には宗室ゆかりの貴人が住んだとされる[29]。これらの里の内部には「巷」と呼ばれる道路があり、この道を挟んで第室が並んでいた[30]。中でも「甲第」と呼ばれる最上級の屋敷は、里内の道によらず、直接大道に面して門を設けていた[31]。これらの里は、長安で最も広壮な住宅の建ち並ぶ「お屋敷町」であり、一般の里よりも遙かに大きかったと思われる。もちろん里内の巷も、立派な車馬行列がすれ違うことのできる道路だったに違いない。ただし二千石クラスの高官の顔ぶれは常に変動し、列侯の家系も新設や断絶によって次々に変わっていくから、このお屋敷町の住人はかなり頻繁に入れ替わっていただろう。

一方、各種の役所は必ずしも特定の場所に固まっていなかった。例えば前掲の図において、横門の東に位置する厨城門内には、祀廟の供物を司る長安厨があったとされる。その職掌上、東西市や廟などの付近に置かれたのだろう。末端の役所はそれぞれの便宜に応じて配置されたと考えてよい。中央の最高官庁は、当然ながら未央宮周辺にあった。御史大夫・衛尉・太常・少府などの宮中諸官庁は宮内に、丞相府を始めとする外朝諸官庁は宮外に置かれたが、正確な位置はわからない。興味深いのは三輔の行政を司る役所である。『三輔黄図』によれば、

京兆は故城の南、尚冠里にあり。馮翊は故城内、太上皇廟の西南にあり。扶風は夕陰街の北にあり[32]。

とされる。京兆尹の役所は列侯などの第室の立ち並ぶ尚冠里に置かれているが、ここで空いていた第室を改造して、役所に転用したのかもしれない。『長安志』(巻七)が指摘するように、漢代には官衙などと民居が城内に雑居しており、これが官庁街として整然とまとめられるのは隋唐の長安になってからだと考えられる。

また左馮翊の前身である左内史については、次のような史料がある。

内史府は太上皇廟の壖中に居る。門は東出し、便ならず。(鼂)錯乃ち両門を穿ちて南出し、廟の壖垣を鑿つ。丞相(申屠)嘉聞きて大いに怒る。……上曰く、「此れ廟垣にあらず、乃ち壖中の垣なり。法に致さざれ。」と。

丞相謝す。[33]

太上皇廟は長楽宮の北にあったと思われる。「壖中」とは、顔師古によれば「外垣と内垣の間にある空き地」を指す。したがって左内史府は、太上皇廟の敷地西南部の空いた所にあったことになる。当初その門が東向きだったのは、廟の南門から敷地外へ出る道路を共用していたことを示す。鼂錯は未央宮方面へまっすぐに出るために、左内史府とその南にあたる廟の外垣に勝手に門を設けたのである。これは景帝のとりなしで許されたが、本来なら重罪にあたる行為である。[34]

ちなみに『漢書』食貨志によれば、趙過の代田法の実験が離宮の「壖地」で行なわれている。[35] このように、長安の宮殿や廟などの施設は、広大な敷地に二重の垣をめぐらしていたが、外垣と内垣の中間にはかなりの空き地があった。手狭になった役所が新築されたり、新たな役所や施設が設けられたりする際、このような空き地が利用された可能性が高い。二千石の高官を長とする左馮翊の役所が、さほど見すぼらしかったはずはないが、これが職掌とは無関係に、太上皇廟の敷地の一画に置かれたことは、壖地の広大さとともに、官衙の配置の無計画さをも物語っている。

(3) 廬　舎

よく知られていることだが、漢代の官吏は原則として勤務先の役所の周囲に設けられた官舎に、多くは妻子とともに住んでいた。雲夢秦簡によれば、役所の倉庫の周囲には火の用心のため、官吏の舎を建ててはならないとされている（内史雑律）。官舎は倉庫などと同様、役所の付属施設として同じ敷地に適宜建てられたと見られる。規模は様々だとしても、これも官衙の敷地内にある「壖地」利用の一つと考えてよい。つまり漢代の官吏は事実上役所に住み込んでいたのであり、長安の街路に役人の通勤風景はなかった。

しかし未央宮内の役所では、事情は少し異なる。宦官や官女ならばもとより宮中に住み込みになるが、士人の下級官吏の場合、宮内への出入りが厳重に取り締まられ、通行資格も制限されているから、妻子とともに役所に住み込むことはできない。それで未央宮の外側には、御史大夫府の吏舎「百余区」をはじめ、宮中諸官庁に属する多数の官吏の舎が設けられていた[36]。その大きさや設備は、官吏の役職や階級によって多少の違いがあったようである[37]。宮中諸官庁の属僚たちは、当直の時以外、勤務が終わるとこのような宮外の官舎に引き上げたわけである。このような官舎の候補地として、未央宮の外周と街路、城壁との間にある、幅八〇メートルほどの帯状の空間が注目される。

一方エリート候補生である郎官たちは、「宿衛の官」として天子の護衛などにあたるから、各自の持ち場に「直宿の止る所」として設けられた「廬」に寝泊まりしていた[38]。もちろん妻子を帯同することはなく、洗沐の休日に外出が許可されるだけである[39]。彼らの部署は建物や施設ごとに細分化され、それぞれに管理責任者として「署長」が定められていた。これらの施設管理部門で働く人々は、文献史料にはほとんど登場しない、いわば「見えない」存在だが、実際の仕事においては、もっとも人手のかかる部分を担当していたはずである。このような宮中の部署の中でも、「著作の庭」といわれる承明殿や金馬門には、「待詔」として学者が集められていた[40]。金馬門はもと宦者署の門だが、帝に親近する場所にあることから、ここが帝の下問を待つ学者たちの詰め所となったという。このような学者も、郎官と同様、詰め所として指定された場所に「廬」をあてがわれていた。「西都賦」には、宮中に仕える人々が「虎賁贅衣、閹尹閽寺、陛戟百重し、各おの典司あり。周廬千列、徼道綺錯す」と描写されている[41]。

これについて、未央宮前殿に付随するA区とB区に見られる長屋状の建築遺跡が注目される。これらの建築群は、役所の事務室か、倉庫か、あるいは生活空間かが判然としないが、これを無理に決めてしまわずに、周廬の一種と考えておく方が、おそらく実態に近いだろうと思われる。未央宮内の殿閣や施設の一画には、士人だけでなく宦官や官奴婢などの住む廬がびっしりと並んでいた。さらに未央宮の周囲には、一年交代で地方から上番して来て宮門などの警備にあたる、衛士の兵営もあったことを忘れてはならない。このように長安の宮殿や官衙、あるいは列侯の第室のような大きな建物の周囲には必ず、そこで働く人々の住む小さな宿舎が密集していたのである。壮大な宮殿や官庁の建築が、粗末な長屋や小屋にびっしりと囲繞されている。このいわく言い難い景観こそ、長安の一つの姿であろう。

廬舎の類は、基本的には宮殿や官衙の敷地内の一画にあり、城内の主要な街路から直接に出入りしたり覗いたりはできない。当然その住人の大部分は、里を基準として作られた長安県の人口統計には載らなかったと考えられる。しかしこのような、いわばマスクされた空間の住人こそ、最も長安らしい人々でもあった。例えば妻のために化粧していた京兆尹張敞が、「張京兆の画き眉毛」と喧しい噂を立てられたように[42]、長安では高官・貴人たちの様々な行状や人事消息などが、いつの間にか口さがない噂話として喧伝される。『漢書』はしばしばこれを逸話として記録するが、その主体となった事情通の長安雀たちは、このような廬舎をねぐらとしていたに違いない。

おわりに

以上、漢長安城をめぐる近年の発掘成果を紹介しつつ、この都市の沿革と特色を論じてきた。所論を要約しておこう。

始皇帝は、渭水南岸地域に統一帝国の政治の新たな中心となる施設を建設し、咸陽は渭水を挟んで南北に広がる都市として拡張された。その結果、新咸陽は南端に南面する巨大な宮殿を置き、都市自体はその北側に展開するという構造を持つ。この計画は始皇帝の死と秦の滅亡、咸陽の破壊によって挫折したが、その基本的なプランは漢長安城のおおまかな下敷きとなっている。

首都長安の行政の枠組みである長安県には、前漢半ばまで渭水北岸の旧咸陽城が含まれていた。これは当初長安県が、始皇帝によって拡張された咸陽を引き継いでいたことを示す。皇宮である未央宮が南端で南面し、そこから渭水方面へ北向きに都市が展開するという長安城独特のプランは、始皇帝の「大」咸陽計画の南半分を新たに蘇らせたものと考えられる。しかしそれを囲む城壁は、新王朝のモニュメントというよりも、漢初の政治情勢に規制された、多分に便宜的なものとならざるを得なかった。

このような長安城において、最盛期に二四万人を数えた人口は、一六〇ほどあったとされる城内の里と、城外に散在する郷里に分かれて居住していた。城内にはこのような民居の里や宮殿だけでなく、列侯など貴人の第室や多数の官衙もあったが、官庁街といった区画は形成されず、宮殿の周囲などに適当な空き地をみつけて官衙が建設されたと考えられる。さらに官衙や宮殿の周辺には、そこで働く官吏や家族の廬舎が密集していた。このように長安はかなり雑然とした都市であり、もちろん隋唐期の都城とは比ぶべくもない。儒教的な様式美に固着しない、雑多なエネルギーを持った前漢時代にこそふさわしい首都だったのかもしれない。

漢長安城の成り立ちは、以上のようにその時々の歴史的経過を離れて理解しにくい。しかしその都城としての全体的性格を抽出することはできないのだろうか。次にこの点を検討してみよう。

注

（1）参考文献1～12参照。

（2）陳直『三輔黄図校証』（陝西人民出版社　一九八〇）一〇七頁参照。

（3）第二部第三章参照。
（4）祥瑞については拙稿「漢代祠堂画像考」（東方学報　京都　第六三冊　一九九一）参照。
（5）『史記』巻六秦始皇本紀　始皇二六年
徙天下豪富於咸陽十二万戸。諸廟及章台、上林皆在渭南。秦毎破諸侯、写放其宮室、作之咸陽北阪上、南臨渭。自雍門以東至涇渭、殿屋複道周閣相属。
（6）咸陽考古工作站「秦都咸陽第一号宮殿建築遺址簡報」（文物一九七六—一一）、秦都咸陽考古工作隊「秦咸陽宮第二号建築遺址発掘簡報」（考古与文物一九八六—四）、咸陽市文管会他「秦都咸陽第三号建築遺址発掘簡報」（考古与文物一九八〇—二）、劉慶柱「秦都咸陽幾個問題初探」（文物一九七六—一一）参照。
（7）『史記』巻八一廉頗藺相如列伝参照。
（8）『史記』巻六秦始皇本紀　始皇二七年
作信宮渭南、已更命信宮為極廟、象天極。自極廟道通酈山、作甘泉前殿、築甬道、自咸陽属之。
（9）同、始皇三五年
於是始皇以為咸陽人多、先王之宮廷小、吾聞周文王都豊、武王都鎬、豊鎬之間、帝王之都也。乃営作朝宮渭南上林苑中。先作前殿阿房、東西五百歩、南北五十丈、上可坐万人、下可以建五丈旗。周馳為閣道、自殿下直抵南山。表南山之顛以為闕。為複道、自阿房渡渭、属之咸陽、以象天極閣道絶漢抵営室也。
（10）『漢書』巻一高帝紀下　高祖五年
帝乃西都洛陽。夏五月、……戍卒婁敬求見、説上曰、「陛下取天下、与周異。而都雒陽、不便。不如入関、拠秦之固。」上以問張良、良因勧上。是日、車駕西都長安。
（11）『三輔黄図』巻二「長楽宮、本秦之興楽宮也。」
（12）『漢書』巻一高帝紀下　高祖五年「後九月、治長楽宮。」『史記』巻八高祖本紀　高祖七年「長楽宮成、丞相已下徙治長安。」
（13）『漢書』巻一高帝紀下　高祖七年二月
蕭何治未央宮、立東闕・北闕・前殿・武庫・大倉（師古曰、未央殿雖南嚮、而上書奏事謁見之徒、皆詣北闕、公車司馬亦在北焉。是則以北闕為正門、而又有東門・東闕。至於西南両面、無門闕矣。蓋蕭何初立未央宮、以厭勝之術、理宜然乎）。

『史記』巻八高祖本紀　高祖九年

未央宮成。高祖大朝諸侯群臣、置酒未央前殿。

（14）『漢書』巻二　恵帝紀

（元年正月）城長安。

三年春、発長安六百里内男女十四万六千人城長安、三十日罷。

（同）六月、発諸侯王・列侯徒隷二万人城長安。

（五年）正月、復発長安六百里内男女十四万五千人城長安、三十日罷。秋九月、長安城成。

（六年六月）立長安西市。

なお、『史記』巻九呂太后本紀には、

三年、方築長安城、四年就半、五年六年城就。諸侯来会、十月朝賀。〔索隠、漢宮闕疏、四年築東面、五年築北面。〕

とあり、多少の食い違いがある。

（15）孫徳潤・李纓成・馬建熙「渭河三橋初探」（考古与文物叢刊第三号、陝西省考古学会第一届年会論文集　一九八三）参照。

（16）『三輔黄図』巻二

未央宮、周回二十八里、前殿東西五十丈、深十五丈、高三十五丈。営未央宮、因龍首山、以制前殿（原注　……疏山為台殿、不仮板築。高出長安城）。

（17）『史記』巻七一樗里子甘茂列伝

昭王七年、樗里子卒、葬于渭南章台之東。曰「後百歳、是当有天子之宮夾我墓」。樗里子疾室在於昭王廟西渭南陰郷樗里、故俗謂之樗里子。至漢興、長楽宮在其東、未央宮在其西、武庫正直其墓。

（18）『三輔黄図』巻二「香室街・夕陰街・尚冠前街。……華陽街……章台街……藁街……」

（19）本章注13、『漢書』巻一　高帝紀注参照。

（20）『漢書』巻二七五行志下之上

成帝綏和二年八月庚申、鄭通里男子王褒衣絳衣小冠、帯剣入北司馬門・殿東門、上前殿、入非常室中。

(21) 文献48は漢長安城の中軸線が、南の子午谷と北の「天斉祠」（三原県天井岸村で発見された祭祀遺跡）を結ぶ線と一致するという。長安城の立地における偶然と必然の要素の判別はなかなか困難であろう。

(22) 第三部第一章参照。

(23) 『三輔黄図』巻六「太倉、蕭何所造、在長安城外東南。」

(24) 『漢書』巻二八地理志上

京兆尹、故秦内史、高帝元年属塞国、二年更為渭南郡、九年罷、復為内史。

長安、高帝五年置、恵帝元年初城、六年成。戸八万八百、口二十四万六千二百。

左馮翊、故秦内史、高帝元年属塞国、二年更為河上郡、九年罷、復為内史。

右扶風、故秦内史、高帝元年属雍国、二年更為中地郡、九年罷、復為内史。

渭城、故咸陽、高帝元年更名新城、七年罷、属長安。武帝元鼎三年更名渭城。

(25) 『三輔黄図』巻二

長安閭里一百六十、室居櫛比、門巷修直。有宣明・建陽・昌陰・尚冠・修城・黄棘・北煥・南平・大昌・戚里。『漢書』万石君石奮徙家長安戚里。宣帝在民間時、常在尚冠里。劉向『列女伝』節女、長安大昌里人也。

(26) 『漢書』巻一二平帝紀　元始二年

夏、起五里於長安城中（如淳曰、民居之里）、宅二百区、以居貧民。

(27) 『漢書』巻一高帝紀下　高祖一二年

三月詔曰、「……為列侯食邑者、皆佩之印、賜大第室。吏二千石、徙之長安、受小第室。……」

(28) 『漢書』巻九三　佞幸董賢伝

詔将作大匠為（董）賢起大第北闕下、重殿洞門、土木之功、窮極技巧、……

(29) 『漢書』巻四六石奮伝

於是高祖召其姉為美人、以奮為中涓、受書謁。徙其家長安中戚里（師古曰、於上有姻戚者、則皆居之。故名其里為戚里）、以姉為美人故也。

（30）『漢書』巻六八霍光伝

（霍）雲尚冠里宅中門亦壊。巷端人共見有人居雲屋上、徹瓦投地。就視、亡有、大怪之。

（31）『文選』巻二九古詩十九首第二首「長衢羅夾巷、王侯多第宅（李善注、『魏王奏事』曰、出不由里門、面大道者、名曰第）。」

『文選』巻二西京賦「北闕甲第、当道直啓。」

（32）『三輔黄図』巻二

京兆、在故城南尚冠里。馮翊、在故城内太上皇廟西南。扶風、在夕陰街北。

（33）『漢書』巻四九鼂錯伝

内史府居太上皇廟壖中（師古曰、壖、内垣之外游地也）、門東出、不便。（鼂）錯乃穿両門南出、鑿廟壖垣。丞相（申屠）嘉聞大怒、……上曰、「此非廟垣、乃壖中垣、不致於法。」丞相謝。

（34）『史記』巻五九五宗世家に「（臨江閔王栄）四年、坐侵廟壖垣為宮、上徴栄。……王恐、自殺」とあり、廟垣の破壊は重罪となり得た。

（35）『漢書』巻二四食貨志上

（趙）過試以離宮卒田其宮壖地（師古曰、……壖、余也。宮壖地、謂外垣之内、内垣之外也。諸縁河壖地、廟垣壖地、其義皆同。）、課得穀皆多其旁田畝一斛以上。

（36）『漢書』巻八三朱博伝「是時御史府吏舎百余区、井水皆竭。」

（37）同　巻七七孫宝伝

以明経為郡吏。御史大夫張忠辟宝為属、欲令授子経、更為除舎、設儲偫。……後署宝主簿。宝徙入舎、祭竈請比隣。忠陰察怪之、使所親問宝、「前大夫為君設除大舎、子自劾去者、欲為高節也。……」

（38）『漢書』巻六四上　厳助伝

君厭承明之廬（張晏曰、承明廬在石渠閣外。直宿所止曰廬）、労侍従之事、懐故土、出為郡吏、……

（39）『漢書』巻九三佞幸董賢伝

毎賜洗沐、不肯出、常留中視医薬。上以賢難帰、詔令賢妻得通引籍殿中、止賢廬、若吏妻子居官寺舎。

（40）『文選』巻一西都賦「又有承明・金馬、著作之庭。」とある。承明殿で待詔を命ぜられた学者として揚雄（『漢書』巻八七本伝）、金馬門での例として王褒・賈捐之（同巻六四下、各本伝）があげられる。『史記』巻一二六滑稽列伝東方朔に「金馬門、宦者署門也。門傍有銅馬、故謂之金馬門」、『漢書』巻五四蘇武伝に「宣帝即時召武、待詔宦者署、数進見（師古曰、……以其署親近、故令於此待詔也）」とある。

（41）『文選』巻一、西都賦「虎賁贅衣、閹尹閽寺、陛戟百重、各有典司、周廬千列、徼道綺錯。」

（42）『漢書』巻七六張敞伝

又為婦画眉、長安中伝張京兆眉憮。有司以奏敞。上問之、対曰「臣聞閨房之内、夫婦之私、有過於画眉者。」上愛其能、弗備責也。然終不得大位。

参考文献（発表年代順）

1　兪偉超「漢長安城西北部勘査記」考古通訊一九五六―五
2　唐金裕「西安西郊発現漢代居住遺址」文物参考資料一九五六―一一
3　劉致平他「西安北郊古代建築遺址勘査初記」同一九五七―三
4　祁英濤「西安的幾処漢代建築遺址」同一九五七―五
5　雒忠如「西安西郊発現漢代建築遺址」考古通訊一九五七―六
6　王仲殊「漢長安城考古工作的初歩収獲」同一九五七―五
7　同「同続記―宣平城門的発掘」同一九五八―四
8　唐金裕「西安西郊漢代建築遺址発掘報告」考古学報一九五九―二

9　考古研究所漢城発掘隊「漢長安城南郊礼制建築遺址群発掘簡報」考古一九六〇－七
10　唐金裕「西安市北郊漢代磚瓦窯址」考古一九六四－四
11　陝西省博「長安窩斗寨漢代銭範遺址調査」考古一九七二－五
12　考古研究所「漢長安城武庫遺址発掘的初歩収獲」文物一九七八－四
13　黒光「西安漢太液池出土一件巨形石魚」文物一九七五－六
14　王漢珍・傅嘉儀「西安漢建章宮遺址出土帯字磚」文物一九七九－一二
15　武伯綸『西安歴史述略』陝西人民出版社　一九七九
16　胡謙盈「漢昆明池及其有関遺存踏察記」考古与文物一九八〇－一
17　李家翰「阿房宮区域内的一個漢代建築遺址」同
18　中国社会科学院考古研究所『新中国的考古発現和研究』文物出版社　一九八四
19　楊寛「西漢長安布局結構的探討」文博一九八四－一
20　周蘇平・王子今「漢長安城西北区陶俑作坊遺址」文博一九八五－三
21　李遇春「西安市漢長安城未央宮遺址」『中国考古学年鑑　一九八五』一九八五
22　呼林貴「漢長安城東南郊」文博一九八六－二
23　陝西省考古研究所「西安北郊大白楊秦漢墓葬清理簡報」考古与文物一九八七－二
24　楊寛著　尾形勇・高木智見訳『中国都城の起源と発展』学生社　一九八七
25　劉慶柱「漢長安城布局結構弁析――与楊寛先生商榷」考古一九八七－一〇
26　劉慶柱「漢長安城」『中国考古学年鑑　一九八六』一九八八

27　劉慶柱『長安春秋』人民出版社　一九八八
28　劉慶柱「西安市漢長安城未央宮三号遺址」『中国考古学年鑑　一九八七』一九八八
29　劉慶柱「西安市漢長安城東市和西市遺址」同上
30　考古研漢城工作隊「漢長安城未央宮第三号建築遺址発掘簡報」考古一九八九－一
31　何漢南「漢長安城門考」文博一九八九－二
32　黄展岳「関于王莽九廟問題―漢長安城南郊一組建築遺址的定名」考古一九八九－三
33　楊寛「西漢長安布局結構的再探討」考古一九八九－四
34　佐原康夫「漢長安城未央宮3号建築遺址について」（本章付論）
35　社科院考古研漢城工作隊「漢長安城1号窰址発掘簡報」考古一九九一－一
36　張徳臣・馬先登「咸陽沙河古木橋遺址Ｔ2第一次調査簡報」文博一九九一－三
37　呉春・段清波「西渭橋地望再考」考古与文物一九九一－四
38　時瑞宝・鄧霞「対陝西咸陽沙河古橋的初歩認識」文博一九九一－四
39　陝西省考古研「西渭橋遺址」考古一九九二－二
40　社科院考古研漢城工作隊「漢長安城二－八号窰址発掘簡報」考古一九九二－二
41　劉運勇「再論西漢長安布局及形成原因」考古一九九二－七
42　劉慶柱「再論漢長安城布局結構及相関問題」考古一九九二－七
43　社科院考古研漢城工作隊「漢長安城未央宮第二号遺址発掘簡報」考古一九九二－八
44　李毓芳「略論未央宮三号建築与漢代骨籤」文博一九九三－二

45　考古研漢城工作隊「漢長安城未央宮第四号建築遺址発掘簡報」考古一九九三―一一

46　同「漢長安城窰址発掘報告」考古学報一九九四―一

47　同「漢長安城23―27号窰址発掘簡報」考古一九九四―一一

48　秦建明・張在明・楊政「陝西発現以漢長安城為中心的西漢南北向超長建築基線」文物一九九五―三

49　劉慶柱「漢長安城未央宮布局形制初論」考古一九九五―一二

50　中国社会科学院考古研究所漢城工作隊「一九九二年漢長安城冶鋳遺址発掘簡報」考古一九九五―九

51　中国社会科学院考古研究所漢城工作隊「漢長安城西南角楼遺址発掘簡報告」考古一九九六―三

52　中国社会科学院考古研究所漢城工作隊「漢長安城北宮的勘探及其南面磚瓦窯的発掘」考古一九九六―一〇

53　劉慶柱「漢長安城的考古発現及相関問題研究」考古一九九六―一〇

54　中国社会科学院考古研究所編『漢長安城未央宮――一九八〇～一九八九年考古発掘報告』中国大百科全書出版社　一九九六

55　中国社会科学院考古研究所漢城工作隊「一九九六年漢長安城冶鋳遺址発掘簡報」考古一九九七―七

56　李毓芳「漢長安城的布局与結構」考古与文物一九九七―五

57　李京華「対漢長安城冶鋳遺址的簡報談幾点意見」華夏考古一九九七―四

58　考古研・奈文研　中日連合考古隊「漢長安城桂宮二号建築遺址発掘簡報」考古一九九九―一

59　考古研・奈文研　中日連合考古隊「漢長安城桂宮二号建築遺址B区発掘簡報」考古二〇〇〇―一

60　劉慶柱『古代都城与帝陵考古学研究』科学出版社　二〇〇〇

61　呉栄曾「西漢骨籤中所見的工官」考古二〇〇〇―九

第三章　都城としての漢長安城

はじめに

前章の検討によって、①漢長安城はその立地上、始皇帝の咸陽拡張計画の南半分をやむなく受け継いでおり、その成立にはトータルな都城造営プランが見あたらないこと、②特に城壁は恵帝（事実上の呂氏政権）時代の政治不安の反映であり、当時存在した主要な施設をとりあえず囲んだに過ぎないこと、が明らかになった。本章ではこれらの点をふまえて、都城としての漢長安城を、戦国から統一国家への流れの中で位置づけ直してみたい(1)。

とはいえ、上述のような長安城の特色は、都城としての分析に即座に役立てられるものではない。正確には、そのわかりにくさの由来が判明したという段階であり、なかなか一筋縄ではいかない。現に中国では、漢長安城の性格をめぐる長い論争が続いている。まずこの論争の整理を手がかりに、漢長安城を分析するための方法論を検討してみたい。

Ⅰ　漢長安城の性格

一九八〇年代以来、各地で城郭遺構の発掘調査が進められるのと並行して、漢長安城の性格をめぐる論争が始まった。口火を切ったのは楊寛氏である。氏は、漢長安城の内部が宮殿ばかりに見えるという一般的印象、特に未央宮が城内の西南隅に位置することと、戦国時代の列国の国都の形態とを結びつけ、次のようなユニークな論旨を展開した。すなわち、西南の隅は家屋の中でも特に神聖な場所であり、都城においても中心的宮殿の場所として重視された。これは戦国斉の臨淄や漢長安城に典型的に見られる傾向である。したがって漢長安城のプランは、直接には秦制を承けながらも戦国時代の都城の制度を襲うもので、宮城と外郭が東西に接続した形である。また漢長安城のはるか外側に「外郭門」のあったことから、漢長安城の城壁は本来、宮殿を囲む内城であり、その東と北に広大な外郭部分が存在した、とする（前章文献7・12）。このような華麗だがややレトリカルな楊寛説に対して、長安城の発掘に携わる劉慶柱氏が全面的な反論を加えた。戦国時代の列国の国都に楊氏の主張するような明確な「設計思想」は看取できず、現存する長安城も内城ではあり得ないとする（同文献13）。

その後両者の間で反論と再反論が繰り返された（文献21・30）が、そこでは現存する長安城が内城か外郭かを判断する決め手として、長安の東西両市と庶民の居住する里が城壁の内外どちらにあったのかが争われている。だが両者とも、共通の史料を掲げて異なる解釈を提示しあっており、容易に決着しそうにはない。どう考えたいかの違い、といえばそれまでだが、ここで一旦、両説の長短を整理しておいた方がよいだろう。

楊寛説の中では、戦国時代の都城プランは重要な前提となっているが、第一章で整理したように、この時代の都市プランはどれが典型とも定めがたい多様性を持っており、主張されるような「設計思想」が存在したかどうか、微妙なところである。また長安城の「東郭」については、門の存在を示唆する史料があるだけで、その内部がどのような都市機能を担ったのかがわからない。史料の上で、現存漢城の東郊は瓜の産地として知られるだけである。(2)北の城外、すなわち「北郭」部分については、東西の市がここに置かれたとするが、根拠となる城門名の比定がいかにも強引である。(3)市の位置の比定は、史料から導かれたというよりも、長安城を内城とすることから要請されたもののように見える。

一方劉慶柱説は、現存する長安城を外郭だとする立場から、上記のような楊寛説の弱点を列挙しながら、東西市はもとより、一六〇余りあったと伝えられる里もすべて城内にあったと主張する。確かに、現存する漢城が内城（＝宮城）だったとすれば、城内に市場や庶民の居住する里があるのは不自然である。とはいえ、劉慶柱説が完全に正しいとすることもできない。例えば劉氏が全面否定する東・北の「郭」については、首都の防衛線となる軍事施設として実在した可能性もあろう。そのような周辺的な施設の存在によって、長安城内部の性格がすべて変わってしまうわけではない。

このように楊寛・劉慶柱論争は、文献史家と現場の考古学者のすれ違いに似た対立という印象が強く、どちらにも軍配をあげることができないが、両者に傾聴すべき論点が含まれている。まず注目したいのは、個々の論点よりも、両者の都市に対するイメージの違いである。楊寛氏は、始皇帝の咸陽拡張事業を例にとりながら、都城が城壁の内部に限定されない思想的広がりをもっていることを強調する。一方劉慶柱氏は、文献史料や実際の遺跡調査の裏付けを基に、もっぱら都市機能の面から、城壁内部の完結性を強調する。問題は、巨大な統一国家の首都が、城郭の内部で完結していたか否かが争われること、それ自体である。同じ問いが、唐の長安城に対して発せられることはおそらくあり得ない。

次いで都城の理念の問題。これを強調する楊寛説の意義——当否はともかくとして——は、『周礼』に基づく陳腐な解釈によりかからず、都城の理念の変遷を歴史的な変化の中でとらえようとしたことにある。これは秦・前漢のような、儒学が伝統としての絶対的な権威を獲得する以前の時代について、とりわけ有効な方法だろう。ただし楊寛説のように、戦国時代の都城プランが漢長安城に反映しているとするだけでは、もちろん不十分である。漢長安城は、劉慶柱氏が力説するように、なによりも漢代史の産物として存在するからである。

このような論争を踏まえて、漢長安城をいかに分析していくべきかを考えてみよう。注意すべきは、前漢長安の分析において、城壁の存在が必ずしも所与の枠組みとならないという歴史的経過である。従来の都市あるいは都城研究において、城壁はほとんど自明の外枠として扱われ、それ自体が検討の対象となることはなかった。しかし漢長安城の考察においては、「はじめに城郭ありき」という方法論は適用できない。漢長安城の成立過程には、渭水北岸地域、すなわち秦帝国の中枢たる咸陽城の存在が強く作用している。漢長安城と秦咸陽城の関係は、単なる地理的な位置関係や時代的な前後関係ではなく、同時代の地理的空間の中で展開した、新たな都市の生成としてとらえなければならない。

秦の咸陽と漢の長安。地理的空間をほぼ共有するこの二つの都市は、史上最初の統一帝国の首都であり、新たな支配者としての皇帝の都である。しかも儒学による皇帝＝天子の理論化と体系化はまだなされておらず、基本的には儒教以前の段階で成立した都市である。この点から見て、二つの都市には準拠すべき前例や思想体系はなく、後世の儒教的都城と単純に比較することもできない。皇帝のみやこは如何にあるべきか。この問いに最初に直面した時代にあって、立派な都市や宮殿を作る個別具体的な事業は、そのまま皇帝とは何かを空間的に表現する行為とならざるを得ない。その中で城郭がどのように位置づけられるかが問題なのである。したがって、この二つの都市を分析するには、機能的都市論や伝統的都城論（実は単なる城郭プラン論）のどちらかに寄りかかるのでは不十分である。むしろその前提となる、皇帝の「みやこ」の空間認識論が是非とも必要だろう。この観点から、使い古された史料をいま一度見直してみたい。

Ⅱ　咸陽と帝王の都

秦の咸陽は、始皇帝の全国統一に伴って、列国の国都から統一国家の皇帝の首都へと、必然的に性格を変えた。その具体的な現れが、始皇帝の悪名高い土木事業であることはいうまでもない。始皇陵や阿房宮の造営など、次々に着手された工事も多くは未完成に終わったが、これらの事業は全体として、首都咸陽をどのように変えようとしていたのだろうか。この観点から、始皇帝の土木事業を詳しく見直してみよう。

始皇二六年（前二二一）、天下統一が成ると、始皇帝は次のような事業に着手した（以下、史料はすべて『史記』始皇本紀）。

a　天下の豪富を咸陽に徙すこと十二万戸。

b　諸廟及び章台、上林は皆な渭の南にあり。

c　秦　諸侯を破るごとに、其の宮室を写放し、これを咸陽北阪上に作りて、南のかた渭に臨む。雍門より以東、涇渭に至るまで、殿屋・複道・周閣あい属す。

aの記事では、全国から一二万戸にのぼる富豪を咸陽に強制移住させている。これは地方の民間の富を、その所有者ごと咸陽に吸収する方策である。bは渭水南岸地域に、もとからあった施設をあげている。cの記事は一部が実際に発掘されたことで有名になったが、咸陽北部の丘陵地帯に東西に連なる宮殿群である。これらは、咸陽を充実させるとともに、咸陽の北に広がる丘陵地帯の地形を利用して、見渡す限りを東方六国に対する戦勝記念のモニュメントで飾ったものである。

さらに翌年には、始皇陵の造営と連動して、

d　信宮を渭南に作る。已に更め命づけて信宮を極廟と為して天極に象り、極廟より道　酈山に通ず。

e　甘泉前殿を作りて甬道を築き、咸陽よりこれを属す。

とされる。渭水南岸地域では、dに見えるように、まず「信宮」の造営が始まり、これが途中で「極廟」と改名されて、始皇陵と道路で結ばれた。さらにeに見える甘泉宮が、最も西に位置する離宮として作られている。帝陵と星辰の世界が結びつけられ、地上の施設として表現されていることに注目される。これは始皇三五年（前二一二）に始まった阿房宮の造営でより鮮明になっている。

f　ここにおいて始皇以為らく、「咸陽は人多く、先王の宮廷小さし。吾聞く、周の文王は豊に都し、武王は鎬に都すと。豊鎬の間は、帝王の都なり」と。乃ち朝宮を渭南上林苑中に営作す。先ず前殿阿房を作り、東西五百歩、南北五十丈、上には万人を坐せしむべく、下には以て五丈の旗を建つべし。

g　周馳を閣道と為し、殿下より直ちに南山に抵る。南山の顛に表して以て闕と為す。複道を為りて、阿房より渭を渡し、これを咸陽に属す。以て天極閣道の漢を絶りて営室に抵るに象るなり。

fは始皇帝の考えとして、渭水南岸の上林が、周の文王や武王に遡る、由緒ある「帝王の都」の地であるとし、ここに阿房宮を中心とする「朝宮」、すなわち皇帝への謁見のための宮殿が造られたとする。もはや戦国以来の咸陽と、

そこに設けられた宮殿では物足りなかったのだろう。gでは、阿房宮の正門の門闕が終南山のいただきとされ、北には咸陽まで伸びる複道が作られたとされる。渭水が天漢に、複道が星座の閣道に、咸陽が営室に見立てられることで、渭水の両岸にまたがる地域全体が星辰の世界になぞらえられたことになる。(4)そしてこれらすべての中心が、北岸の咸陽であった。

始皇帝の構想を整理してみよう。手狭になった咸陽は、その外部に巨大な付属施設を作って連結することで拡張されている。その範囲は、東が六国を睥睨する始皇陵、西が甘泉宮、北が北阪の宮殿群、南が阿房宮によって示されている。南山の頂は、実際の門闕というよりも、この広大な空間の遠近法上の消滅点、すなわち無限の彼方を表す機能を持ったと考えられる。南山を都の南端としたことは、咸陽から眺望できる範囲のすべてが新都に含まれることを意味する。阿房宮は、関中＝渭水盆地の中で「見渡す限り」という、途方もない反面で明瞭な視覚的現実でもある、新たな首都空間の中心であった。

しかしこの範囲の中で、都市としての機能を持っているのは、相変わらず昔からの咸陽城だけである。始皇帝の事業が、都市としての咸陽城を充実させることを目指す、富豪の強制移住から始まったことを忘れてはならない。むしろ、その後展開された巨大な付属施設の造営は、戦国以来のこの都市から、皇帝の「みやこ」の要素が止めどなくあふれ出したもののように思われる。

渭水南岸地域は、もともと禁苑である上林や諸廟が置かれており、君主にとっては祭祀と遊楽の地であった。ここに展開された始皇帝の大土木事業は、「朝宮」と極廟、帝陵とを結びつけることによって、この地を、世界の支配者たる皇帝を讃仰する、巨大な祝祭的儀礼空間に変えたといってよい。このような「みやこ」の空間は、咸陽を中心とする渭水盆地を見渡す限り含むだけでなく、天上の世界から地下の冥界まで及ぶ点において、またその空間が官僚的行政区域とは何ら関わりを持たない点において、もはや地上のものではない。そこでは「みやこ」全体を一つの都市として城郭で囲むことなど、考えられもしないのである。

Ⅲ　都城としての漢長安城

漢の長安は始皇帝の「みやこ」から、渭水南岸の廃墟を受け継いだ。前章で論じたように、まず宮殿が作られて皇帝が住み着き、次いで官署や列侯・官僚たちの第宅が整えられて、次第に人が住み着いていったのであり、長安は城郭から計画的に造営された都市では決してなかった。

文帝以後の歴代、長安城は基本的には改造・拡張がなされなかった。普請道楽といってよい武帝は、西側城外の建章宮を始めとする多くの宮殿を造営したが、そのことが直接、長安の都市としての枠組みを変えたわけではない。むしろ変貌を遂げていったのは、長安城を取り巻く周辺地域であった。この地域で確実に増えていったのが、歴代の帝陵とその山下に造営された陵県である。

渭水北岸の丘陵地には、高祖以来の帝陵が距離を置いて並んでいる。長安の東に位置する文帝の覇陵、南に設けられた宣帝の杜陵は例外。これらの帝陵に付属する陵県は、陵の造営と平行して建設された新しい都市であり、富人や高級官僚などが強制的に移住させられた。とはいっても当時陵県への移住を命ぜられ、ここを本貫とすることは名誉と見なされたが。対照的に長安城内には、諸侯王・列侯・公主といった貴人の邸宅は多数あったものの、富人などの移住が促進された形跡はない。

このように、前漢王朝は長安城内よりも、むしろ陵県を含んだ首都圏を全体として充実させることに努めたようで

ある。班固「西都賦」では、長安を取り巻く風景が

若し乃ち其の四郊を観、近県を浮遊すれば、則ち南のかた杜・覇を望み、北のかた五陵を眺め、名都　郭を対し、邑居相い承く。

と描写される。[5]未央宮から北を眺めれば、長安の街を近景として、渭水対岸に広がる咸陽の廃墟の彼方に、歴代の帝陵が望まれ、それぞれを富裕な新興都市が守っている。これは、漢家歴代の功業を、そのまま首都の景観として演出したものにほかならない。長安は何よりもまず、「漢家の都」だったのである。

つまり長安は、城郭都市としてはいかにも半端だったが、「みやこ」としての空間の演出には極めて凝っていたのであり、その点にこそ、始皇帝の咸陽との連続性を見ることができる。もちろんこの「みやこ」空間は、秦の咸陽とは相当に異なる。天上から冥界までを支配しようとした始皇帝に対して、漢代の「みやこ」空間には、秦を倒して国家を建設してきたことを強調する歴史主義的な特徴がある。秦を倒したこと以外に正統性の根拠を持たぬこの新興王朝にとって、これは当然のことであった。むしろ、どちらを向いても始皇帝の偉業と項羽の破壊の跡ばかりという景観に、漢王朝の正統性という新たな文脈を与えていくことが、長安県を城郭都市として整えること以上の重みを持っていたと考えられよう。逆にそのことによって、長安はより強く秦の咸陽に呪縛されていったともいえる。

とはいえ、漢の「みやこ」空間は、歴史的モニュメントとしての咸陽の廃墟、帝王の功業を示す帝陵と陵県、さらに富豪の強制移住といった点で、秦のそれを換骨奪胎したものであった。しかも陵県は、県でありながら郡には属さず、帝陵を管轄する太常に所属した。[6]陵県の制度は、郡県の地方行政区画を超越した、長安の「みやこ」空間の装置だったと考えられる。長安は、地上の城郭都市としての京兆尹長安県とは明らかに異なる、別の次元の空間を持っていたのである。

しかしこの「漢家の都」は、儒教的な「天子の都」と必ずしも一致しなかった。そもそも儒学において、都の条件として最も重要なのは、城郭の規模や門の数、「面朝後市」の配置などではなく、君主の権能の基盤となる社稷と宗廟である。前漢後期、次第に力を得ていった儒者たちの眉をとりわけ顰めさせたのは、漢室の宗廟の問題であった。

長安城周辺には、長楽宮の北にあったと伝えられる太上皇廟、先に城内に、次いで渭水北岸に建てられた高祖廟と恵帝廟、南の城外に作られた文帝の顧成廟があった。これ以後の帝廟はそれぞれの陵に建てられている。元帝の時代には、「祖宗廟の郡国にあるもの六十八、合わせて百六十七所。京師は高祖より宣帝に至るまで、太上皇・悼皇考とともに、各自陵旁に居りて廟を立て、并びに百七十六と為す」といわれる多数の廟が、それぞれに盛大な祭祀の対象となっていた[7]。天子だけが行なうべき宗廟の祭祀が、長安を含む全国で、昭穆の秩序や直系・傍系の区別もなく行なわれていたのである。貢禹の批判をきっかけに丞相韋玄成らが宗廟の整理に乗り出したのは、廟祀の財政負担を軽くするためだけではなかった。儒者の立場からすれば、この状況自体が本来あってはならぬことなのである。しかし宗廟や郊祀などの改革は事実上、統一国家の礼制そのものを新たに創設することにほかならなかった[8]。

そして長安の「みやこ」空間全体が、前漢の半ば頃から次第に変化していく。まず武帝の時代に、それまで渭水の南北に跨る行政区域を持っていた長安県から、北岸の地域が切り離され、渭城県が設置された[9]。また元帝の陵には陵県が置かれず、歴代の陵県もそれぞれ三輔の属県に格下げされている[10]。成帝時代には、一旦始まった陵県の造営が中止され[11]、それ以後は陵県が設置されなくなった。武帝以後の行政機構の整備と、国家イデオロギーとしての儒教の浸透という大きな流れの中で、長安の「みやこ」空間は徐々に再編されていった。秦から前漢にかけて、地上の城郭都市から乖離して展開した、誇大なほど雄弁な「みやこ」空間は、次第に儒教的天子の都城の枠の中に押し込められていったように見える。後世、漢長安城の奇妙な形の城壁は、北斗の形を模したものと強弁される。これは期せずして、秦から前漢の「みやこ」空間の運命を物語っているように思われる。

王莽が長安城南郊に明堂・辟雍や太学などを立てたことも、突飛さや強引さはあるにせよ、前漢後期からのこのような動きの延長線上にあると考えられる[12]。これらが長安城の南にあるのは、単にこの地域に広大な空き地があったからだけではない。思想的な要請として、どうしても皇宮の南になければならなかったからである。王莽が長安城全体の改造計画を持っていたかどうかは不明だが、このことはそれまで未央宮から北向きに展開してきた長安城に、南向きの方向性を与えたことを意味する。すなわち長安城に、初めて天子を中心とした思想的な意味を持つ軸線が引かれたのである。

長安城は前漢一代にわたって、どちらかといえば歴史的な行きがかりや成り行きで成長してきた感の強い、「漢家の都」であった。前漢末から王莽時代にかけての、陵県制度の改廃や国家的祭祀を見直す機運は、長安を儒教的な天子の都として新たに整備しようとする動きとして考えることができる。もちろんこれは萌芽にとどまり、現実には前漢王朝の否定と王莽政権の崩壊を経て、長安全体が廃墟と化した。しかし班固の「両都賦」では、長安については天子の威勢と豪華さの側面が専ら強調されるのに対して、洛陽はその中庸の節度と儒教的な「正しさ」が強調される。これは必ずしも文飾ではなく、儒教的な天子の都を地上に現出することが、歴史的課題として洛陽に持ち越されたこと、また長安城がその点でもはや模範とはなり得なかったことを示している。漢長安城の都城としての位置づけの困難さは、このような歴史的位相にも由来しているのである。

おわりに

以上のように、統一秦の咸陽と前漢の長安は、城郭だけを見ていたのでは到底理解しがたいような、独自の歴史的特色を持っている。しかも始皇帝の良かれ悪しかれ強烈な個性と、彼の事業が未完に終わったことによって、その特色は背景に退いているように見え、歴史的な脈絡がわかりにくい。しかし本章で「みやこ」空間と呼んだものは、戦国時代の列国の都城に、その萌芽的形態を見出すことができる。

陝西鳳翔県で調査された、春秋から戦国前期にかけての秦の首都雍城では、宮殿や宗廟らしき建築が発掘され、『左伝』の舞台を彷彿とさせる遺跡として評判になった。[13] また城外西南に位置する陵墓群では、春秋の秦公のものと思われる巨大な木槨墓が発掘されている。この都市では奇妙なことに、城内の建築の中軸線が南北方向から大幅に傾いている。報告者は特に触れていないが、これは明らかに、宮殿や宗廟を始めとする大建築が、城外の陵墓の地の方角に向けて建てられたことを示している。支配者の墳墓が、都市全体に影響を及ぼす強い磁場を持っていることに注意しておこう。

戦国期の列国都城の中で、城郭と王陵の位置関係が明瞭なのは、河北平山県の中山国霊寿城である。[14] 不整形な城郭の西北の部分には、城壁で仕切られた区画があり、ここに大規模な陵墓群があることから、「王陵区」とされている。さらに城外西側から西北部にかけての丘陵地帯にも王陵クラスの陵墓が点在し、有名な中山王陵はここで発見された。また戦国期最大の都城の一つである斉の臨淄では、北の城外の丘陵に、巨大な陵が三つ並んで作られているのが目立つ。[15]

戦国時代、列国で強力な専制君主権力が次第に樹立されていくのに伴い、君主の墓はより大きな山陵となっていく。巨大な陵墓が国都から十分に見える、あるいは陵墓が国都を見下ろすという位置関係は、国家が王家のものであり、国都が王家の城にほかならないことを示していよう。上述の戦国期都城は、王陵を首都の空間の重要な要素とするという点で、明らかに統一秦の咸陽や前漢長安城の先蹤となっている。咸陽と長安は、その延長線上で、既知の要素を最大限の空間に配置することによって、宇宙の支配者の「みやこ」たることを示した、モニュメンタルな都市だったといえよう。

前漢後期における先帝の廟祀改革や陵県の変遷は、長安における「みやこ」空間の再編、「漢家の都」の性格が脱色されていく過程として位置づけられる。この過程は、首都の空間が、戦国以来の「王家のみやこ」から礼教主義的な国家秩序の中心へ、その性格を変化させていく過程であり、後世の儒教的都城に向けた下準備の役割を果たしたものと考えられる。その意味で、咸陽と長安は戦国時代最後の、バロック的都城だったといえるかもしれない。

注

（1）日本における先行研究として、池田雄一「咸陽城と漢長安城――とくに漢長安城建設の経緯をめぐって」（中央大学文学部紀要　史学科二〇　一九七五）、古賀登『漢長安城と阡陌・県郷亭里制度』（雄山閣　一九八〇）、鶴間和幸「秦漢比較都城論――咸陽・長安城の建設プランの継承」（茨城大学教養部紀要二三　一九九一）参照。また前章参考文献60参照。

（2）『漢書』巻六三武五子伝　昌邑王賀
賀到覇上、……旦至広明東都門、遂曰「礼、奔喪望見国都哭。此長安東郭門也。」
同巻三九蕭何伝
召平者、故秦東陵侯。秦破、為布衣貧、種瓜長安城東。瓜美、故世謂「東陵瓜」、自召平始也。

（3）前章文献19に、妥当な門名比定が示されている。

（4）このようなプランは隋唐洛陽城に受け継がれたと考えられている。『元河南志』巻二「成周城闕宮殿古蹟」（永楽大典本同じ）、『唐両京城坊考』巻五「外郭城」参照。

（5）『文選』巻一西都賦
若乃観其四郊、浮遊近県、則南望杜覇、北眺五陵、名都対郭、邑居相承。

（6）『漢書』巻一九百官公卿表上
奉常、秦官。掌宗廟礼儀。有丞。景帝中六年更名太常。……又博士及諸陵県皆属焉。

（7）宗廟の位置については『三輔黄図』巻五参照。『漢書』巻七三韋玄成伝
凡祖宗廟在郡国六十八、合百六十七所。而京師自高祖下至宣帝、与太上皇・悼皇考各自居陵旁立廟、并為百七十六。……至元帝時、貢禹奏言「古者天子七廟。今孝恵・孝景廟皆親尽、宜毀。及郡国廟不応古制、宜正定。」……永光四年、乃下詔先議罷郡国廟、……。

（8）『漢書』巻七三韋玄成伝
司徒掾班彪曰、漢承亡秦絶学之後、祖宗之制、因時施宜。自元・成後、学者蕃滋、貢禹毀宗廟、匡衡改郊兆、何武定三公、後皆数復、故紛紛不定。何者。礼文欠微、古今異制、各為一家、未易可偏定也。

（9）前章注24参照。

（10）『漢書』巻九元帝紀、永光四年
冬十月乙丑、罷祖宗廟在郡国者。諸陵分属三輔。以渭城寿陵亭部原上為初陵。詔曰、「……今所為初陵者、勿置県邑。……」

（11）『漢書』巻一〇成帝紀
（鴻嘉元年二月）行幸初陵、赦作徒。以新豊戯郷為昌陵県、奉初陵、賜百戸牛酒。

（同二年）夏、徙郡国豪傑貲五百万以上五千戸于昌陵。賜丞相・御史・将軍・列侯・公主・中二千石冢地・第宅。

（永始元年）秋七月詔曰、「……其罷昌陵、及故陵勿徙吏民、……」

（12）『漢書』巻九九王莽伝上

是歳（元始四年）、莽奏起明堂・辟雍・霊台、為学者築舎万区、作市・常満倉、制度甚盛。

（13）第一部第一章文献一覧１k参照。

（14）同25b参照。

（15）同31c参照。また第一部第一章注６に引く秋山進午論文参照。

付論　漢長安城未央宮三号建築遺址について

はじめに

近年、漢長安城の未央宮内から相次いで大規模な建築遺跡が確認され、中国社会科学院考古研究所の漢城工作隊による発掘調査が行なわれている。このうち、一九八六年から翌年にかけて発掘された「未央宮第三号建築遺址」では、器物の名称や製造した工官を刻した骨片が、約五万点出土した。前漢王朝の中枢である未央宮からまとまった文字資料が発掘されたのは、初めてのことである。

筆者は一九八八年一〇月、たまたま日本秦漢史訪中団の一員として西安を訪問した際、発掘責任者である劉慶柱氏のご厚意によって、件の骨片を手に取って見る機会に恵まれた。その後この遺跡の発掘報告が発表されたが、大量の骨片のほとんどは現在なお整理中で、一部分が紹介されたに過ぎない(1)。それでも遺跡と出土遺物に関する初歩的な検討は可能になった。五万点の骨片を含む完全な発掘報告も計画されているとはいえ、その出版には今後かなりの年月を要するだろう。本付論は発掘報告を批判的に検討しながら、遺跡と遺物について現段階で可能な限りの位置づけを試みることを目的とする。

ところで発掘報告では、刻字を伴った骨片を「骨籤」、すなわち骨製のラベルと名付けて報告している。この命名が正しいかどうかは、骨片の形態と用途の検討を経て判断しなければならない。したがって、本付論ではこの遺物をとりあえず「骨片」と呼ぶことにする。では、まず発掘報告の記述に沿って、建築遺跡から検討をはじめよう。

Ⅰ　遺跡の概要

未央宮第三号建築遺跡は、未央宮前殿の西（やや北より）に八八〇メートル、未央宮を囲む宮墻の西壁から東一〇五メートルに位置する。遺跡の南六・三メートルのところには、未央宮を東西に貫通する道路が走っている。建築遺跡は、耕土層・擾土層、大量の瓦や焼土を含む漢代文化層の三層からなる地層堆積の下から発見された（図1）。遺跡は東西一三四・七メートル、南北六五・五メートルの長方形で、排水渠を挟んで東西五七メートルの東院と東西七二・二メートルの西院に分かれ、それぞれ外壁に囲まれている。南側の外壁は現在の道路の下になっているため、部分的な発掘とボーリング調査が行なわれたが、この他は全面発掘された。排水渠は上部の幅三・二メートル、下部の幅一・三メートル、深さ〇・六メートルで北に流れ、北端は外壁の下を潜る暗渠になっている。建築の外周は、南側以外の三面に散水坡がつけられ、また東側以外の三面と排水渠の両側には幅〇・九～二・三メートルの廊道があった。廊道は磚で縁取られている。

建築の外壁は、地山から高さ一・二五～一・七メートルの夯土台の上に版築され、東・西・北側の壁が厚さ一・五～一・七メートル、南壁が厚さ二・七メートルある。排水渠を挟んで東西院を仕切る壁も厚さ一・五メートルほど。これら各壁の裏表対称の位置に角柱を埋め込んだ跡がある。北壁の西端付近と南壁の両端付近には外側に向けて張り出し壁もついている。門は四個所が確認された。西院の東南端には南向きに幅三・五メートルの門があり、東院の東北端には北向きに幅一・一メートルの門があって、外側に門房や井戸がある。また排水渠の南端両側に、幅一・二メートルほどの門が向かい合っている。さらに、未調査だが東院の東南端にも門があった可能性がある。

東西の院内には、外壁の一部を利用して二列の土壁の建物があり、東院では六部屋、西院では七部屋を数える。東院のＦ７と西院のＦ８は門房である。建物の壁は厚さ一・五メートルほどで、やはり両側に柱を埋め込んである。柱の間隔は総体に西院の方が密である。各部屋には南向きに幅二・一〜二・四メートルの出入り口が設けられている。ただし東院のＦ３とＦ６は南北二個所に出入り口がある。また各院の南側の列の建物の北側には、梯子の土台が築かれており、この列の建物が平屋でなかったことがわかる。

二列の建物と外壁に囲まれた中庭のような空間には、「天井」と呼ばれる四角い中庭が五個所あり、うち三個所から西向きに排水管が出ている。「天井」の周囲には柱の礎石が並び、回廊があったことを示している。また西院の四号天井の東西両側に回廊とは異なる礎石の列があり、二棟の木造建築も存在したことが知られる。なお、東院のＦ６の東よりに焼失した木製の仕切壁があり、遺跡全体から赤く変色した焼土が出ていることから、この遺跡は火災にあって放棄されたものであると推測されている。

次に出土遺物を整理しよう。報告では、出土遺物の報告は簡単で、出土位置の記述もほとんどない。まず建築材料からあげると、大量の磚と板瓦・筒瓦、瓦当が出土している。建物全体が瓦葺きだったと考えられる。瓦当は雲文のものが多く、「長生無極」「長楽未央」「千秋万歳」といった文字瓦当も見られる。

次に農工具類について見ると、鉄製の鏟・鍤（各二点）、鐴（一点）といった農具類、また鑿・斧・鏨、刀子や刷毛などの工具類も出ている。生活用具としては、陶製の灯・碗・盤・盆・甑、石臼の断片もある。このほか、鏡の破片

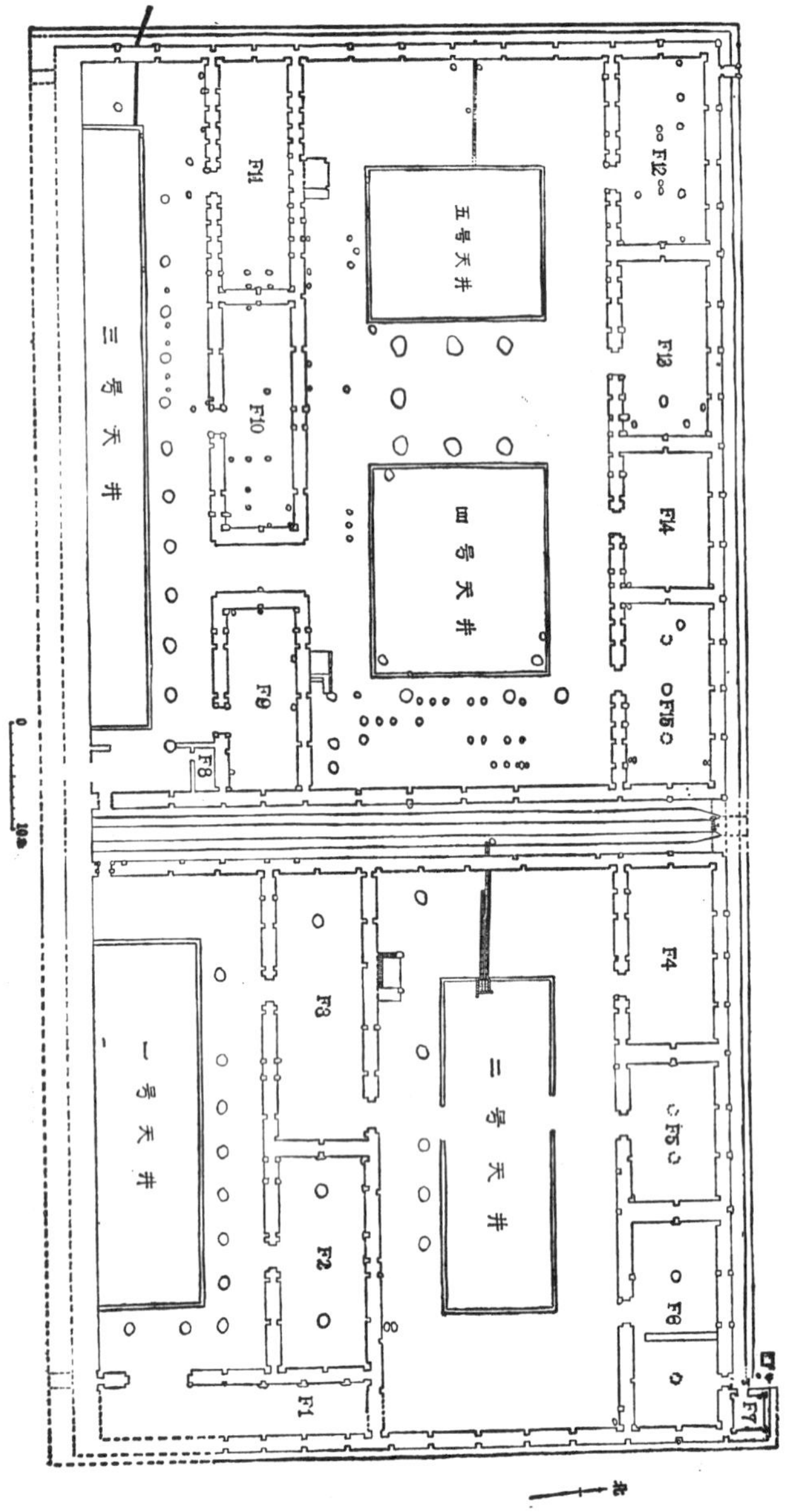

図１　未央宮第三号建築遺址平面図

や帯鈎、半両・五銖・王莽銭のような青銅製品が若干見られる。これらの生活遺物は、遺跡の面積の割合に非常に少なく、時代も前漢代から王莽時代までに限られている。なお、ここからは五銖銭残範が出土しているが、遺跡の状況から明らかなように、ここで鋳造が行なわれたとは考えられない。後の時代に混入したものではないだろうか。(2)

生活遺物と比べて、武器類はかなりの数に上る。まずト の字型の鉄製戟が二点、東院Ｆ３の北側門外から出ている。火災の際、門衛が放り出して逃げたのかもしれない。このほかは出土位置の報告がないが、弩機の完形品が二点、一点は青銅製で各部品に「南陽工官第……」といった製造番号が刻され、一点は鉄製で一回り大きい。鉄製の弩機の完形品の出土は極めて珍しく、形態や部品の材質などの詳細な報告が望まれる。(3)また青銅製、鉄製の鏃が多種類出土している。さらに陶製の弾丸が多数出土した点が注目される。直径一・五～五・五センチメートルと種類も豊富である。これらは竹の弦を張った弓で飛ばし、鳥などを打ち落とす、パチンコのような狩猟用具で、当時一般的に使われていたものである。(4)このほか、甲冑の断片や、珍しいところでは蒺藜と呼ばれる防御兵器もある。

最後に、「骨籤」と名付けて報告された五万点以上の骨片があげられる。これも出土位置の詳細な報告がないが、大部分が建物の房内、特に壁際にあたる部分から発見され、一部は火災で焼け落ちた瓦や壁土と混在して焼結していたという。火災の激しさを物語る事実である。

以上の遺跡の概要から、この建築の性格をひとまずまとめておこう。一見して明らかなように、この建築は非常に閉鎖的な構造になっている。門は西院東南端の一個所が幅三・五メートルと広めであるが、この門は、入るとすぐに門番が見張る回廊にぶつかるようになっている。このほかの門は、いずれも幅が一メートル強、すなわち成人が一人ずつ出入りできるだけの広さしかない。当時の官衙や宮殿が、壮大な門闕を通って内部の中庭に出るようになっていることと比較すると、この建築は官衙や宮殿とはかなり異質だと考えられる。(5)

さらに、この遺跡の二列の土壁の建物は、壁の厚さが正味一・五メートルと、極めて分厚いことが指摘できる。咸陽の宮殿建築や漢長安城南郊の礼制建築のように[6]、かなりの高さを持ったモニュメンタルな建築でも、壁の厚さはこれほどはない。また、この建築は東西二つのブロックに分かれ、それぞれの内部に、長屋状に大きな部屋を区切った細長い建物が平行に配置されている。このような建築配置は、未央宮の東側で発見された「武庫」と共通している[7]。もちろん「武庫」の方がはるかに大規模ではあるが。これらの点を考慮すると、この建築は一種の倉庫建築ではないかと思われる。生活遺物の少なさも、これを傍証するかもしれない。おそらく土壁の倉庫を回廊でつなぎ、西院の中心部に木造の管理棟か見張り櫓を設けた結果、容易に通り抜けることのできない複雑な建築群が形成されたのだろう。

以上の検討によって、未央宮三号建築遺跡が倉庫であり、出土した大量の骨片もここに収蔵された物品と密接な関係を持っていると予測することができた。これを踏まえて、次に骨片自体の検討に移りたい。

Ⅱ　骨片の形態と用途

未央宮三号建築遺址で出土した大量の骨片は、独特の形態を持っている。紹介された骨片の写真のうち、完形品と見られるものと途中で折れたもの、それぞれ1点の写真を図2として掲げる。

骨片は動物の骨の先端部（主として牛の骨。部位は不明）を加工して作られ、長さは概ね五・八〜七・二センチメートル、幅二・一〜三・二センチメートル、厚さ〇・二〜〇・四センチメートル前後。背面は平面で、正面が中高の曲面になっており、その上部の長さ三・五〜四センチメートル、幅一・五〜二センチメートルほどが平面に磨かれて文字が刻されている。刻字部分の下には半円形の窪みがあり、その下端が上端より横に張り出している。窪みの上の部分も、緩やかに内湾した浅いへこみになっている。また骨片上端は、窪みのある側の角を丸く落としてあるものが多い。ただし図2－1は上端が欠損しているのか、これが本来の形なのかわからない。骨片には、このような半円形の窪みが右側にあるものと、左側にあるものの二種類があり、それに応じて刻字の内容も異なる。前者には物品の名称や規格、番号が一行に刻され、後者には器物を製造した工官の官吏名や年代が二～四行にわたって刻されている。図2－1が前者の例、2が後者の例である。

報告はこのような骨片を「骨籤」と名付け、二種類を背中合わせにして、窪みの部分を紐でくくって用いたと解釈している。しかしこれが木簡と同様の書写材料だとすると、なぜこのような形になるのか、なぜ背中合わせに二枚ず

2　　　　1

図2　未央宮3号建築遺址出土の骨片

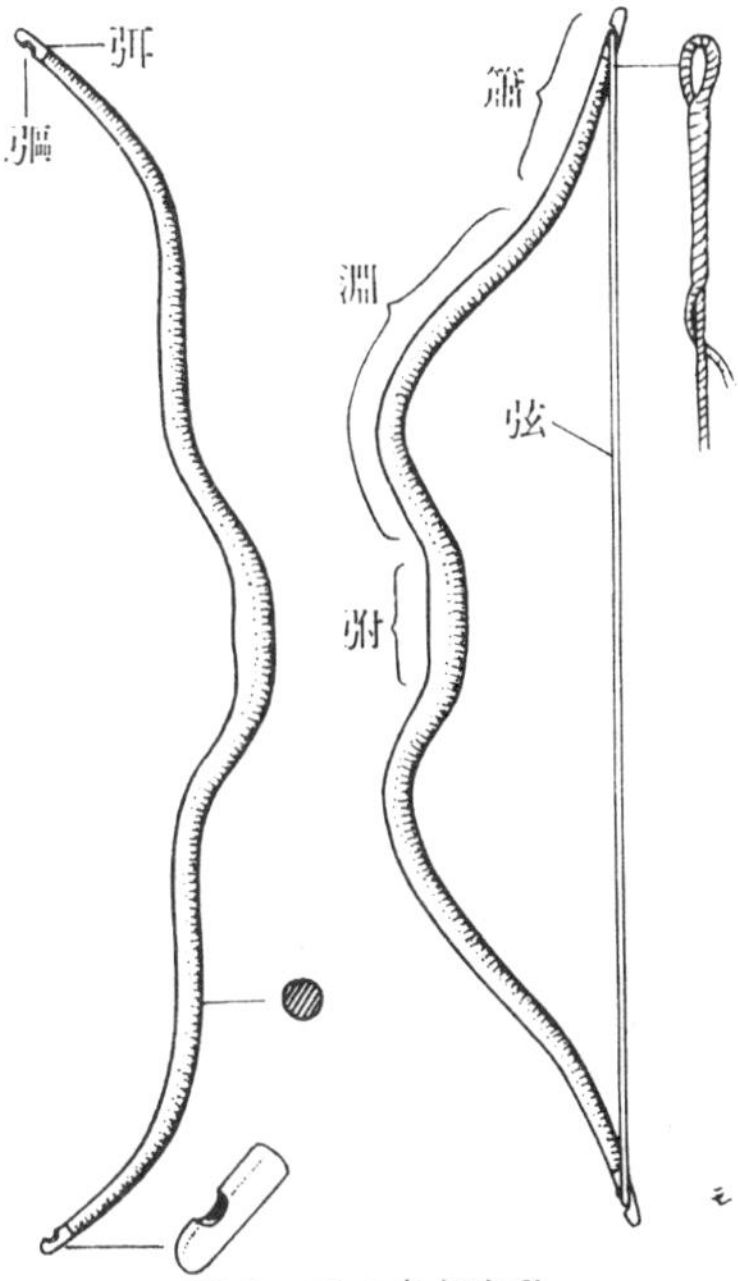

図3　弓の各部名称

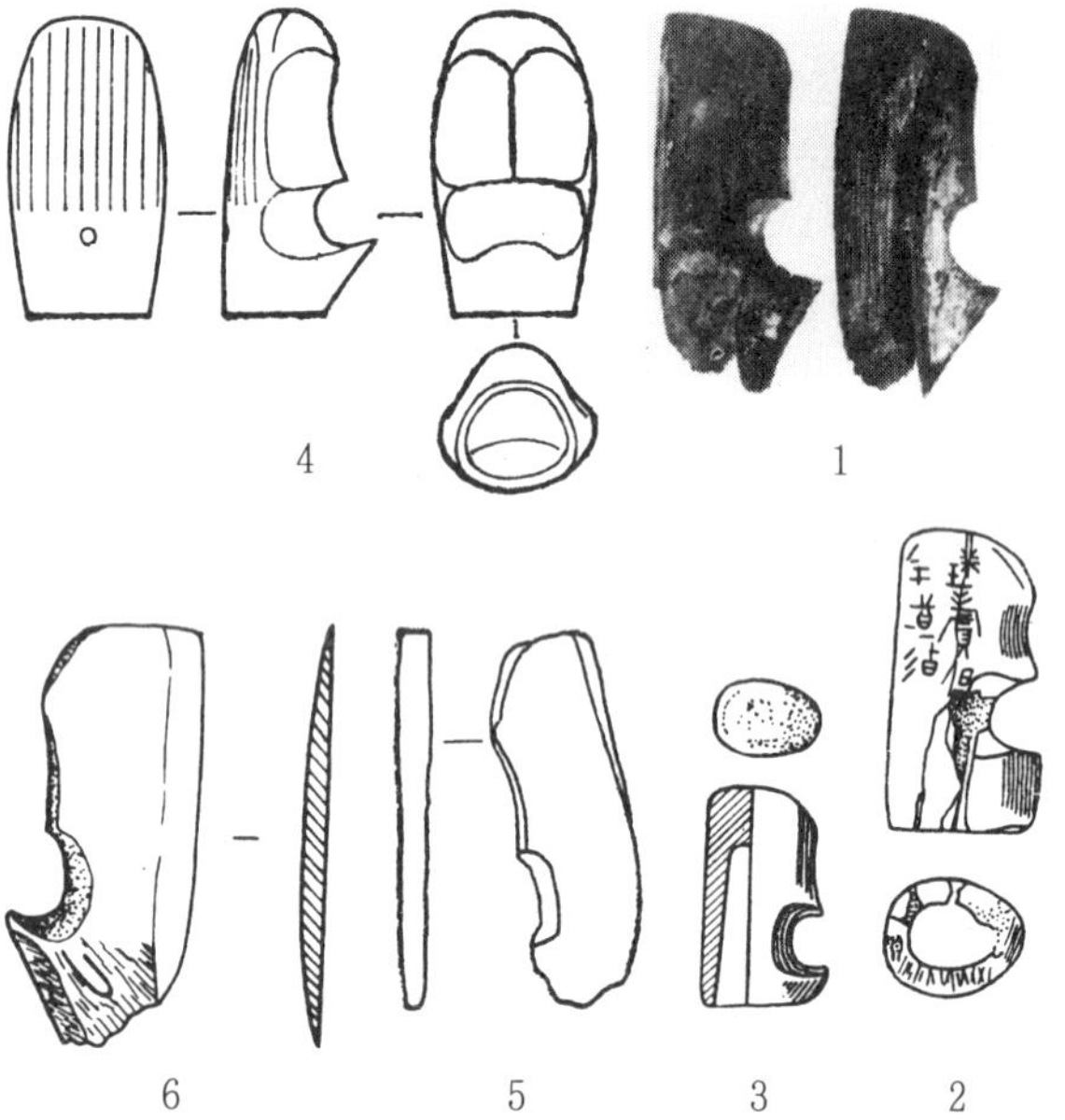

図4　戦国－漢代の弭（×1/2）
1:長沙五里牌406号墓出土　2・3:燕下都22号遺址出土
4・5:斉王墓随葬器物坑出土　6:始皇陵1号兵馬俑坑出土

つ使われたのか、またなぜ骨を素材にしているのか、といった疑問が即座に湧いてくる。したがって、刻字内容を検討する前に、まずこの骨片が何に使われたものかを改めて考えてみる必要がある。

　このような形態の骨角製品は、「弭」、すなわち弓の両端で弦をかける「ゆはず」の部分にしばしば見られる。弦をかける窪みは「彄」という[8]（図3）。「弭」の遺物は、各地の戦国から漢代の墓や遺跡で出土している。長沙五里牌四〇六号戦国墓では、竹製の弓に装着された図4－1のような角製の弭が発見された。弭は長さ五センチメートル、二枚で両側から弓の先端を挟んで固定されていたという[9]。彄の下端部が横に張り出し、同じ側の弭の上端部が丸くなっている点は、未央宮出土の骨片と極めてよく似ている。またその大きさとともに、二枚一組で使用されていることも、共通点としてあげられてよい。

　河北易県燕下都二二号遺址は、馬や牛の骨を加工する骨器製造廠の跡と考えられているが、ここからも骨製の弭が出土している[10]（図4－2・3）。2は長さ五センチメートル弱、3は小振りで長さ三センチメートル強で、ともに骨の先端部をキャップ状に切り取り、彄の部分を削り込んである。彄の上は内湾したへこみになり、その上の先端部に丸みをつけている。板状とキャップ状の違いはあれ、側視形は長沙五里牌の弭、また未央宮の骨片と共通する要素を持っている。さらに2の弭は、文字は判読しにくいが、二行にわたる刻字を伴っており、弭の刻銘の貴重な前例となっている。(11)

一九七八年秋、山東淄博市にある、戦国から漢代の臨淄故城の西南郊外で、前漢初期の斉王の墓と考えられる大型墳墓が発見された。(12) 墓道の両側に五個所の随葬器物坑があり、そのうち第三号坑には弓・弩・鏃など武器類が大量に収められていた。七一点にのぼる大小様々な弓のうち、二点の両端に弭が残っていた。図4―4は青銅製のキャップ状の弭で、長さ四・三、幅二・四センチメートル。形態・大きさともに燕下都の骨製の弭に似ている。図4―5は骨製の弭で、長さ五・三、幅一・七、厚さ〇・五センチメートル。彄の部分がやや浅いが、形も大きさも前述の例と共通する。ただしこの弭は弓の両端にそれぞれ一枚ずつはめ込まれており、二枚一組になった長沙五里牌の弭と使用法が異なる。これは弓の種類や強さによる違いではないだろうか。

ところで、有名な秦始皇陵一号兵馬俑坑では、戦車を引く馬俑の前脚や首の前から、図4―6のような骨片が十一点出土している。(13) 大きさは長さ四・七、幅二・〇九、厚さ〇・六五センチメートルで、背中合わせに二枚一組で使われたようである。形・大きさともに前述の弭に似ているが、先端部分が刃のように薄くなっている点が異なり、弓と組み合わされてもいない。出土位置からいって、馬具に関係があると考えたほうがよい。『詩経』小雅采薇「象弭魚服」の句の毛伝に「象弭は弓の反末なり。紒を解く所以なり」、すなわち弭は「ゆはず」であるとともに、轡などの結び目やもつれを解くためにも用いる、という。(14) 弭には車馬用の工具としての使用法もあったことになる。兵馬俑坑の出土品を見ると、弭の彄にあたる部分の下端が鈎状になっており、ここを馬具の皮紐の結び目などに引っ掛けて使うことができそうである。しかしその形態は、弓の部品としての弭から十分に分化しておらず、二枚背中合わせにされている点も共通する。このような使用法を含めて考えれば、これも弭の一種であるとしてよいだろう。

以上によって、戦国から漢代の弭の特徴が明らかになった。弭の素材には青銅と骨角の二種類があり、形態にはキャップ状と板状の二種類があるが、その大きさと弭を中心とした部分の作りは共通している。骨角製の板状の弭は、二枚一組で弓の先端を挟み込む形式のものと、一枚だけをはめ込む形式のものがある。さらに弭には馬具としての二次的な使用法もあったことが確認できる。未央宮出土の骨片は、形態的な特徴がこのような弭と基本的に共通しており、これも弭であると考えるのが妥当である。実際に弓に装着されていたとすれば、弓の両端に背中合わせに二枚ずつ、都合四枚が一セットとして使われたに違いない。また未央宮出土の弭はしばしば彄のあたりで破断しているが、彄の部分には弦の強い張力が加わるから、この部分が壊れやすいのは当然である。未央宮の弭は実際に使用されたものであるだけでなく、大量の廃品も混じっているかもしれない。もちろんこれは出土状態の詳細が判明してから判断すべき問題だが。

未央宮出土の骨片は、書写材料として加工されたものではなく、弭としての実用的な用途を持った骨器である。これを「骨籤」と呼ぶのは誤りであり、正しくは「弭」あるいは「骨弭」と呼ぶべきである。したがってそこに刻された文字は、書類や帳簿、ラベルなどの記載事項ではなく、弓類の本体に直接彫り込まれた銘文そのものだと考えなければならない。必然的に、これらが出土した倉庫建築も弓矢の類と関係が深いことが予想される。このことを踏まえて、次にいよいよ刻字の内容の分析に移ろう。

Ⅲ　刻字内容の検討

未央宮三号建築遺跡出土の骨弭には、彄が右側にあるものと左側にあるものの二種類があり、刻字の内容もこれに応じて大まかに二種類に分かれる。いま仮に前者をⅠ類、後者をⅡ類と呼ぶことにしよう。以下、一点ずつ検討していこう。括弧内の番号は出土時の整理番号である。釈文は基本的には「簡報」と「報告」に従うが、図版を検討して改めた個所もある。

Ⅰ類の刻字は、その内容からさらにⅠａとⅠｂの二種類に分けることができる。Ⅰａは以下に示すように、物品の名称や規格を記している。

1　乗輿御弋六石（三：〇一七〇〇「簡報」図版七―5）
2　大御弋六石（「簡報」　図版六―4、本付論図2―1）
3　大黄力廿石（三：一三一四三「報告」図版一一一―1）
4　力八石三斤（三：〇九九二七「報告」図版一〇九―6）
5　服六石（三：〇〇〇四一「報告」図版一〇九―1）

1には「乗輿御弋」と記され、これが天子の御物の弋であることを示している。[15]2も同様な弋だろう。「六石」は弓の強さ。漢代の一石を約三〇キログラムとして、一八〇キログラム相当の力に耐えられる性能を表す。[16]3の「大黄」は大型の弩の名称として、敦煌や居延の漢簡、『史記』李将軍列伝にも見える。[17]ただし居延漢簡に現れる「大黄」の弩の強さは十石（約三百キログラム相当）であり、3の「力廿石」はさらにその倍、非常に強い弩である。ちなみに居延で実戦配備された弩は、普通は力一石から八石まで、中でも六石のものが多かったようである。従って4の「力八石」は、やや強い弓か弩ということになる。5には「服六石」とあるが、居延漢簡で「服」は「えびら」を指す言葉として用いられる。[18] しかし「六石」は弓弩の強さを示すと考えられるから、この「服」は何か別の言葉の省略だと思われる。

このように、Ⅰa類の刻字内容は、いずれも弓や弩、弋の名称と強さの規格を記すものである。前節で紹介した弭の事例は弓に限られていたが、骨製の弭が弩や弋にも用いられたことがわかる。ただしこの遺跡では弩機が少数しか出土していないから、弩の骨弭は相対的に少ないかもしれない。弓弩の種類や強さによって、弭の大きさや形態に違いがないかどうかが、今後の検討課題となろう。またこの遺跡の倉庫に極端に強い弓弩が収められたことは、遺跡全体の性格とも関係する興味深い事実である。

続いてⅠb類の刻字を検討しよう。Ⅰb類はすべて番号が記されている。

1　甲四千七百卅二（「簡報」図4左）
2　乙六百七十九（同、図版七－4）
3　丙一千三百卅六（同、図5左）
4　丁四千廿七（同、図5右）
5　戊百廿四（同、図版六－6）
6　第二百七十五（同、図版六－5）

番号のつけかたには、十干と数字の組み合わせと、「第……」という数字だけのものが見られる。十干は甲から戊まで（「報告」はなぜか戊の組を省いている）の五種類に限られるようである。「報告」に紹介されている中だけでも、数字は一桁から万の位までであり、非常に大きな数字になっている。これが何を意味するかは、後で改めて考えてみたい。

Ⅱ類に属する刻記は、弓類の性能と製造者に関するものである。内容からabの二種類に分かれる。まずⅡa類は、弓類の射程距離を記している。

1　射三百歩　（三：〇六二五〇「報告」図版一一三―1）
2　射三百卅八歩（三：一〇二二九「報告」図版一一四―1）
3　射三百五十歩（三：一〇二二九「報告」図版一一四―3）

「射……歩」は、弓や弩の射程距離を表す。居延漢簡の事例では、五石の弩で射程一二〇歩（約一六五メートル）、六石の弩で一八五歩（約二五〇メートル）という数値が知られる。3に記される「三五〇歩」という距離は、五石の弩の三倍、六石の弩の二倍に近く、やはり恐ろしく強い弓弩だったことになる。

Ⅱbは、弓類の製造と修理の記録である。まず製造関係から見てみよう。

1　三年、河南工官令定、丞立、／広、作府圾、工策造
（「簡報」図版六―2、本付論図2―2。／は行の変わる個所を示す）
2　五年、河南工官令定、丞広、／□、作府充、工尹造　（同、図版六―3）
3　六年、河南工官令定、丞緩、／広、嗇夫宑、工元造　（同、図版七―2）
4　大始元年、河南工官令曾子／酔、丞菱・猜、作府佐喜、／工堯・舘・充・甘造　（同、図版七―3）
5　始元二年、潁川工官令広、丞成、護／工充、令史成、作府佐寛、守／工柱、工偈造　（同、図版七―1）
6　始元五年、潁川工官護工卒史／春、令□、丞福、掾／広、作府嗇夫陵・友、工／審、守工茂、工石造　（同、図版六―1）

7　元鳳元年、河南工官守令著、丞／千秋、護工卒史安世、作府嗇夫／相、佐宛、守工充・楽・陽、工爰造（同、図版七－6）

8　五年右工室工師吏主、／丞乙、佐談、工渭造／第九十三（三：一二四六〇「報告」図版一四三－3）

まず冒頭には年代が記されるが、年号を記すものと記さないものとがある。年号は武帝の半ば以後に制度化されたが、改元当初から年号が定められたのは元封年間（前一一〇～一〇五）からである[19]。したがってⅡ類の中で年号のないものは武帝の半ば以前と考えられるが、現段階では細かい編年は不可能である。年号のついたものでは、4が「大始元年」、すなわち武帝の太始元年（前九六）のもの[20]。「報告」によれば、年号の最も古いのは武帝の太初元年（前一〇四）である。以下5・6・7は昭帝時代のもので、それぞれ前八五年、前八二年、前八〇年にあたる。「簡報」によれば、刻記に現れる年号は前漢末までに限定され、王莽時代の例は見当たらないという。

次に記されるのは、工官の官吏名。1～4と7は河南工官のもの、5・6は潁川工官のものである。このほか南陽工官のものもある。『漢書』地理志によれば、工官はこの三個所を含む八個所に置かれていた[21]。河南工官・潁川工官ともに、最初に書かれるのが工官の令・丞の名である（6は例外）。1～3では、丞が二名連記になっている。この時代、官衙の規模によっては複数の丞が置かれることもあったから、これは必ずしも不思議ではない。令丞の下には、「作府某」あるいは「作府嗇夫某」「作府佐某」といった人名が記されることが多い。「作府」は恐らく工官の生産現場の管理機構で、嗇夫・佐といった斗食クラスの役人がその監督にあたったのだろう[22]。3には「作府」の刻記がないが、「嗇夫宄」がそのような現場監督だと考えられる。その下で実際に弓類を製造した工人が、最後に記される「工某」や「守工某」である。工人は一人の場合もあれば、数人の場合もあるが、それは製造した弓の種類によって異なるのかもしれない。年代の古い1～4の例では、刻記される人名はこの三クラスに限られるが、やや新しい5～7では、令丞と「作府」の間に「護工卒史」が入ったり、さらに「令史」(5)「掾」(6)が加わる場合もある。周知のように、このような刻記は同時代の蜀郡工官製造の漆器銘にも見られる。(23)

なお、8は少府に属する右工室で作られたものである。数は少ないとしても、この骨製品が必ずしも三つの工官だけで作られたわけではないことがわかる。Ⅰb類の「第……」の要素が同時に刻されている点が、工官の例と異なる。そのためか、向きが逆である。

Ⅱbには、修理に関するものもあり、「報告」で初めて紹介された。

9　六年衛尉／工猪繕　(三：〇八三五四「報告」図版一四四―4)

10　神爵四年衛尉旅賁令鎧、丞／万年、嗇夫臨、工易繕、六石　(三：〇〇三五九「報告」図版一四四―1)

11　永光四年光禄弩官郎中／晏、工輔繕、力六石　(三：〇〇四九五「報告」図版一四三―6)

これらは「繕」、すなわち修繕に関するもので、衛尉や光禄勲の属官がこれを行なっている。ただし「弩官郎中」は『漢書』百官公卿表に見えない。地方の工官で作られて未央宮に配備された弓弩の修理は、当然の事ながら未央宮の中で行なわれたと見られる。衛尉や光禄勲は職掌として日常的に武器を扱う役所である。ここに属する工房が修理にあたったものだろう。

以上四種類の刻記は、互いにどのような関係にあるだろうか。戦国時代と異なり、前漢代の武器の銘文の事例は非常に少ないので、同時代に地方から献上された青銅容器類の刻銘と比較して考えてみよう。一九六一年、漢長安城の西南城外にあたる西安三橋鎮高窰村から、前漢の上林苑所蔵の青銅容器が二二点出土した。(24) その中には、地方から献上されたり、地方の離宮から移管されたことを明記したものがある。例えば

1　昆陽乗輿銅鼎一、有蓋、容十斗、并重六十六斤、三年、陽翟守令当時、守丞千秋、佐楽、工国造(一一号鼎)

は、武帝の半ば以前の年代で、潁川郡昆陽県から「乗輿」の器物として献上される鼎を、陽翟県の官吏が製造したことを示している。また

2　上林宣曲宮、初元二年受東郡」白馬宣房観鼎、容五斗、重十九斤六両、神爵三年、卒史舎人、工光造、第十五

第五百一十一（器身別刻）　上林第九（蓋別刻）（一四号鼎）

からは、神爵三年（前五九）に東郡の官吏と工人によって作られた銅器が、郡内の離宮に納められ、のち元帝の初元二年（前四七）に上林苑に移管されたことがわかる。」をつけた所より下が製造時の刻記、それより上は移管の時点で加えられた刻記である。

3　泰山宮鼎、容一石、具蓋、并重六十二斤二両、甘露三年、工王意造、第百一十六（器身）

第廿六（蓋、朱書）（一二号鼎）

も同様に、泰山郡の工人によって甘露三年（前五一）に製造され、離宮に納められた鼎が、上林に移管されたものだろう。

このように、地方郡県レベルの官営工房では、製品に同じ形式の刻記を施しており、その記載事項は、器名と重量・容量などの規格、製造年と製造者、製造番号にまとめることができる。さらに器物の納品先では、別に整理番号を記すこともあった。これを未央宮の骨弭と比較してみると、Ⅰａの刻記が青銅器銘の器名と規格の部分に、Ⅱｂが製造年代と製造者の部分に対応している。Ⅰｂの番号は、製造元の工官でつけられた製造番号か、あるいは納品先であるこの倉庫建築での整理番号だろう。したがって骨弭の刻記は、この三種類がそろってようやく、器物の刻記として首尾整ったものに近づくことがわかる。

では、Ⅱa類はこのような一連の刻記のどこに入るのだろうか。居延漢簡に次のような備品検査の記録がある。

官第一六石具弩一、今力四石卌斤、射百八十五歩、完▨（A33地湾、三六・一〇　労三四）

弓の射程距離は、弦の張力と密接に関係するのだから、Ⅱa類に表される「射……歩」は、Ⅰaの「力……石」とセットになる数字であり、Ⅰaの後にⅡaが入るはずである。これと前述の製造関係の刻記の組み合わせについては、次のような敦煌漢簡の記録が参考になる。(25)

1　杜充　□刀一完、鼻縁刃麗厲不硜硭、神爵四年繕
盾一完、元康三年、南陽工官造（TVIbi-1　疏二八　C三九、大庭図3）

2　□□　□刀一完、鼻縁刃麗厲不硜硭、神爵四年繕
盾一完、元康元年、寺工造（TVIbi-10　疏三五　C四〇、大庭図3）

3　田可　六石具弩一完、服一完、弓神爵三年繕、辟四年繕、緯毋余初置
矢五十、其四千斥呼、卌六完、蘭一完、□布□小毋余初置（TXI-i　疏二九三　C六八二　大庭図19）

これらは兵士に支給された兵器類をチェックして、個人別に記した名籍である。二人の兵士の持つ盾のうち、1は南陽工官で、2は寺工で製造されたものである。□刀については、二つとも神爵四年に修繕されている。3に見える六石の弩の、弓の部分は神爵三年に、辟の部分は同じく四年に修繕されている。これらはいずれも、兵器自体に書き込まれた記載を、備品チェックの際に書き写したのだろう（必ずしも全文とは限らないが）。骨弭の刻記についても、同じように考えることができよう。

以上の検討によって、骨弭の刻記が弓の個々の部品に関するものではなく、互いに関連して、完成した弓全体に関する記録であることが判明した。前述のように、これらの骨弭は弓の両端に裏表一組ずつ、計四点をセットとして使

用されたものである。四種類の刻記を組み合わせて、弓の種類と強さ（Ⅰa）→射程距離（Ⅱa）→製造・修理の記録（Ⅱb）→番号（Ⅰb）の順に読めば、弓類の銘文として首尾整ったものになる。骨弭が倉庫の壁際の部分から多く出土したことは、これらの弭をつけた弓類が壁につけられたラックに掛かっていたことを示している。

しかし、この遺跡は火災で焼け落ちており、その際に弓類の木質部も焼失したと考えられるから、骨弭の本来の組み合わせを復原することは非常に困難だろう。しかも破損して交換された廃品も混じっているとなればなおさらである。Ⅰ類の刻記からは製造した工官と年代がわからず、Ⅱ類の刻記からは、各地の工官で作られた器物が弓類だという以上のことはわからない、といった事態はある程度覚悟しておかねばなるまい。一点ごとの出土状態の把握が今後の整理の鍵である。(26)

以上、建築の性格と骨片の用途、刻記の内容をそれぞれ分析してきた。最後にこれらを総合して、この遺跡が何であるのかという問題について、初歩的な考察を試みたい。

おわりに――所属機関の推定

未央宮三号建築遺跡は、前述のように火災で焼けた倉庫建築の跡であった。ここから鏃や弾丸とともに、弓・弩・弋の類に着けられる弭が大量に出土したのだが、これらは「乗輿」、すなわち天子の御物として各地の工官で製造され、上納されたものだったと見られる。この中で弋は、鳥類（特に群れをなす大型の水鳥）の狩猟に用いられるもので、対人殺傷用の兵器ではない。(27)またこの遺跡では、弓類以外の武器はほとんど見当たらない。これらの事実は、この建築が未央宮内で天子の狩猟用弓矢の類を専門に収蔵した武器庫だったことを物語る。ではこの武器庫はどのような機構に属していたのだろうか。

一つの候補としてあげられるのが、「左弋」あるいは「佽飛」と呼ばれる機構である。『漢書』百官公卿表上によれば、少府の属官に「左弋」という官名が見え、武帝の太初元年（前一〇四）に「佽飛」と改名されている。「佽飛」は「弋射を掌」り、九丞両尉が置かれた。[28] 丞が九人というのは他に例がなく、少府の属官で尉が置かれるのも珍しい。おそらくここには軍隊式に編成された弓矢の専門家多数が属し、尉に率いられていたのだろう。『漢旧儀』には、佽飛は弋射によって毎度水鳥一万頭以上を捕獲し、太官を通じて、「祭祀・置酒に給」した、とある。[29] また佽飛は狩猟用の池田も管理していた。[30] 班固「西都賦」には、このような苑囿で天子が期門・佽飛を率いて巻狩をする様子が歌われているが、その際には弋だけでなく弩も使われたようである。[31] この弋や弩を操る者は「射士」と呼ばれた。宣帝の神爵元年（前六一）、西羌の反乱鎮圧に派遣された軍団の中には、羽林孤児などの騎兵とともに、募に応じた「佽飛の射士」の一隊が見える。[32] 少なめに見積っても数千点にのぼる各種弓類――中にはよほどの豪の者でもなければ引けないような強い弓もあった――と、矢や弾丸を収めた未央宮三号建築遺跡は、ここに紹介した少府の佽飛に属する弓矢の倉庫ではないだろうか。もちろんこれは現段階で断定できる問題ではないが、一案として提出しておきたい。

ところで、佽飛の擁する多数の射士は、西羌反乱の鎮圧部隊に加わっていることからも明らかなように、軍事力としても機能し得る存在であった。「西都賦」で佽飛の射士は期門の騎士とともに巻狩に参加しており、前述のように羽林孤児で編成された騎士と行動を共にすることもある。[33] 佽飛は、「執兵送従を掌る」期門・羽林の騎士と同様に、未央宮において天子の直轄親衛部隊としての軍事的役割をも担っていたと考えられる。職業的な射撃手と騎士という組み合わせは、地方の郡における職業軍人としての「材官・騎士」にも通じよう。[34] Ⅱb類の刻記に見られるように、衛尉や光禄勲とも関係があったことも、そこから理解できる。

以上、未央宮三号建築遺址について初歩的な検討を試みてきたが、これはいうまでもなく現段階で可能なことに限られている。発掘の詳細とともに大量の刻記の全容が明らかになれば、この遺跡の性格に関する推測の当否が確かめられるだけでなく、ここで詳しく取り上げられなかった各地の工官について、従来とは比べものにならない精度の分析が可能となるに違いない。次の機会が来ることを期待したい。

注

（1）最初の簡報は、中国社会科学院考古研究所漢城工作隊「漢長安城未央宮第三号建築遺址発掘簡報」（考古一九八九―一）。後に中国社会科学院考古研究所編『漢長安城未央宮――一九八〇～一九八九年考古発掘報告』（中国大百科全書出版社　一九九六）が出ている。本付論は主としてこの単行本の報告に基づいて整理を進めるが、簡報だけに収録された図版などもあり、両方を参照する必要がある。以下、単行本の方は「報告」、雑誌の方を「簡報」と略記する。なお、この遺跡については『中国考古学年鑑　一九八七』（文物出版社　一九八八）にも概要が報告されているが、遺跡の性格についての評価は簡報と異なっている。具体的な整理状況については、籾山明「出土文字資料ノート――木簡・骨籤・瓦書」（古史春秋第六号、朋友書店一九九〇）に報告されている。また研究論文として、第一部第二章文献44、61参照。なお、山田勝芳「弋射と二つの新発見――未央宮三号建築遺址と揚州胡場五号漢墓――」（歴史七八輯　一九九二）にも言及がある。

（2）漢長安城における銭範の出土状況を簡単にあげる。城内西北部、東・西市に比定される相家巷付近では大量の前漢後期の五銖銭範が出土する。また城壁西面南端の門である章城門外にあたる好漢廟付近では王莽銭範が、さらに未央宮内の北部、石渠閣の跡とされる地点でも王莽銭範が出土したことがある。少し古いデータだが、陳直「石渠閣王莽銭的背面範」（考古通訊一九五五―二）参照。

（3）鉄製の弩機の技術的位置づけについては、第三章付論一参照。

（4）このような弾丸を発射する弓を「弾弓」という。『説苑』善説篇に「弾之状如弓、而以竹為弦」とある。また『漢書』巻八宣帝紀、元康三年に「夏六月詔曰、……其令三輔、毋得以春夏適巣探卵、弾射飛鳥。具為令。」とあり、弾弓が小型鳥類の狩猟用具として広く使われていたことがわかる。吉田光邦「弓と弩」（東洋史研究一二巻三号　一九五三、のち同氏『中国科学技術史論集』所収　日本放送出版協会　一九七二）参照。

（5）当時の宮殿や官衙の建築については、第二部第三章参照。

（6）第一部第二章注6、同参考文献8、および陶復「秦咸陽宮第一号遺址復原問題的初歩探討」（文物一九七六―一一）参照。

（7）第一部第二章参考文献12参照。

（8）『爾雅』釈器に「弓有縁者謂之弓、無縁者謂之弭」とあり、疏に引く孫炎の説に「縁謂繳束而漆之。弭謂不以繳束、骨飾両頭者也」という。弭には、弓全体を指す場合と、特に骨製の「ゆはず」を指す場合とがあった。『儀礼』既夕礼には「弓矢之新沽功、有弭飾焉（鄭注、弓無縁者謂之弭。弭以骨角為飾）、亦張可也（同、亦使可張）」、すなわち故人の弓に弭を取付けて、また張ることができるようにしておく、とある。弭が弓に弦を張るために必須の部品であることがわかる。このほか、弓の各部分の構造と名称については、林巳奈夫『中国殷周時代の武器』（京都大学人文科学研究所　一九七二）二四四～二四六頁に詳しい。

（9）中国科学院考古研究所『長沙発掘報告』（科学出版社　一九五七）五九～六〇頁、また『中国殷周時代の武器』二八七頁参照。

（10）河北省文化局文物工作隊「燕下都第二二号遺址発掘報告」（考古一九六五―一一）、『中国殷周時代の武器』二九一頁参照。

（11）図にはあげなかったが、この遺跡からはもう一点、「□北宮」という刻字を伴った「骨蓋弓帽」も出土している。これは車蓋の部分であり、当然その形態は弭とは少し異なる。

（12）山東省淄博市博物館「西漢斉王墓随葬器物坑」（考古学報一九八五―二）参照。

（13）陝西省考古研究所・始皇陵秦俑考古発掘隊『秦始皇陵兵馬俑坑　一号坑発掘報告　一九七四―一九八四』（文物出版社　一九八八）二四三頁参照。

（14）『詩経』小雅　采薇「象弭魚服」毛伝「象弭、弓反末也。所以解紒也。」鄭箋「弭、弓反末彆者。以象骨為之、以助御者解轡紒、宜滑也。」『説文解字』一二下「弭、弓無縁、可以解轡紒者」。

（15）『独断』巻上「漢天子、……車馬衣服器械百物曰乗輿。……乗輿出於律。律曰、敢盗乗輿服御物。謂天子所服食者也。……」

(16) 一石の重さについては、国家計量総局編『中国古代度量衡図集』（文物出版社　一九八一）参照。また注4に引いた吉田光邦論文参照。

(17) 居延漢簡、A8破城子出土の守御器簿に

　　大黄力十石弩一、右深強一分、負一算
甲渠候鄣　八石具弩一、右弭去、負一算（下段略）
　　六石具弩一、空上蜚、負一算
　　六石具弩一、衣不上、負一算（五二・一七＋八二・一五　労一九〇）

またA33地湾出土簡にも「▨石大黄具弩十四▨」（四三三・一　労八）の例がある。『史記』巻一〇九李将軍列伝には「而（李）広身自以大黄（集解、韋昭曰、角弩色黄而体大也）、射其裨将、殺数人、胡虜益解。」とある。労榦『居延漢簡考証』辺塞制度、兵器の条参照。

(18) 注17に引いた労榦書、また『中国殷周時代の武器』三七五～七頁参照。

(19) 『史記』巻二八封禅書「其後三年、有司言、元宜以天瑞命、不宜以一二数。一元曰建、二元曰以長星曰光、三元以郊得一角獣曰狩云。」この条の会注考証に諸説がまとめられている。

(20) 簡報は「元始元年」と釈読するが、「元」字は上下で明らかに異なる。

(21) 河内郡（懐県）・河南郡（県不明）・潁川郡（陽翟）・南陽郡（宛県）・済南郡（東平陵）・泰山郡（奉高）・広漢郡（雒県）・蜀郡（成都）

(22) 伝世の雁足燈銘に「元康元年、考工工賢友繕、作府嗇夫建・護万年・般長当時主、令長平・右丞義省、重二斤十三両」という例がある（『貞松堂集古遺文』巻一三）。工官の「作府」は、ここに見える考工の「作府」と同様の機構かもしれない。

(23) 梅原末治『支那漢代紀年銘漆器図説』（桑名文星堂　一九四三）、佐藤武敏『中国古代工業史の研究』（吉川弘文館　一九六二）第四章参照。

(24) 西安市文物管理委員会「西安三橋鎮高窰村出土的西漢銅器群」（考古一九六三―二）、陳直「古器物文字叢考」（同）、黄展岳「西安三橋高窰村西漢銅器群銘文補釈」（同一九六三―四）参照。

(25) 敦煌漢簡の引用については下記のとおり。「T……」は出土番号、「疏」は林梅村・李均明編『疏勒河流域出土漢簡』(文物出版社 1984) の番号、「C」はシャヴァンヌの整理番号、「大庭図」は大庭脩『大英図書館蔵 敦煌漢簡』(同朋舎 一九九〇) を示す。É.Chavannes. *Les documents Chinois découverts par Aurel Stein dans les sables du Turkestan Oriental.* Oxford. 1913. 参照。

(26) 「報告」によれば、実際に背中合わせの状態で出土したものもあるようだが、なぜかその刻字については紹介されていない。また、骨弭に刻字のないものが一万点ほどあるとされているが、その中で完形品がどの程度あるのかも問題となろう。

(27) 弋射については、四川成都揚子山二号墓出土の有名な画像磚がある。なお、弾弓については、長安城の武庫から弾丸が出土している(注7参照)ので、狩猟だけでなく戦闘にも用いられた可能性がある。

(28) 『漢書』巻一九百官公卿表上「少府、……属官有……考工室・左弋……十六官令丞。……武帝太初元年、更名考工室為考工、左弋為佽飛、……。佽飛掌弋射、有九丞両尉」。なお居延漢簡に「左弋弩力六石廿☐」(A35大湾出土五一〇・三〇、労八一一)という例がある。「左弋」所属の弩の中古品が居延に回されたのかもしれない。

(29) 『漢旧儀』下(平津館叢書本)「佽飛具繒繳、以射鳧鴈、応給祭祀置酒。毎射収得万頭以上、給太官」。

(30) 『漢書』巻九元帝紀、初元二年(前四七)三月「詔罷黄門乗輿狗馬、水衡禁囿、宜春下苑、少府佽飛外池(如淳曰、漢儀注、佽飛具矰繳、以射鳧鴈、給祭祀。是故有池也)、厳籞池田(晋灼曰、厳籞、射苑也。許慎曰、厳、弋射者所蔽也。池田、苑中田也)、仮与貧民」。

(31) 『文選』巻一 班固 西都賦「爾乃期門佽飛、列刃鑽鍭、要趹追蹤。鳥驚触絲、獣駭値鋒。機不虚掎、弦不再控。矢不単殺、中必疊雙。颮颮紛紛、矰繳相纚。風毛雨血、灑野蔽天」。

(32) 『漢書』巻八宣帝紀、神爵元年(前六一)三月「西羌反。発三輔・中都官弛刑、及応募佽飛射士・羽林孤児、胡・越騎、三河・潁川・沛郡・淮陽・汝南材官、金城・隴西・天水・安定・北地・上郡騎士、羌騎、詣金城。夏四月、遣後将軍趙充国・彊弩将軍許延寿撃西羌」。同、巻六九趙充国伝「充国子右曹中郎将卬、将期門佽飛、羽林孤児、胡・越騎為支兵、至令居」。

(33) 『漢書』巻一九百官公卿表上「郎中令、……武帝太初元年、更名光禄勲。……期門掌執兵送従。武帝建元三年初置、比郎、無員、多至千人。有僕射、秩比千石。……羽林掌送従、次期門。武帝太初元年初置、名曰建章営騎。後更名羽林騎。又取従軍死事之子孫養羽林、官教以五兵、号曰羽林孤児。羽林有令丞。宣帝令中郎将・騎都尉監羽林、秩二千石」。
（34）大庭脩「材官攷――漢代の兵制の一班について――」（龍谷史壇三六　一九五二）参照。

図版出典一覧

図1　中国社会科学院考古研究所漢城工作隊「漢長安城未央宮第三号建築遺址発掘簡報」考古一九八九―一、図1
図2―1　同、図版六―4
　2　同、図版六―2
図3　林巳奈夫編『漢代の文物』（京都大学人文科学研究所　一九七六）挿図10―52
図4―1　中国科学院考古研究所『長沙発掘報告』（科学出版社　一九五七）図版二七―3
　2・3　河北省文化局文物工作隊「燕下都第二二号遺址発掘報告」考古一九六五―一一、図6―2・4
　4・5　山東省淄博市博物館「西漢斉王墓随葬器物坑」考古学報一九八五―二、図30―2・19
　6　陝西省考古研究所・始皇陵秦俑考古発掘隊『秦始皇陵兵馬俑坑　一号坑発掘報告　一九七四―一九八四』（文物出版社　一九八八）図一四四―5

第二部　都市の財政と官僚機構

第一章　戦国時代の府・庫

はじめに

中国古代史において、強大な秦漢統一帝国がどのように形成されたのか、という問題は常に大きな研究課題であり続けている。特に秦漢の様々な制度の構造と変遷については、多くの実証的研究が積み重ねられてきた。そして多くの場合、秦漢の制度の淵源が戦国時代に遡ることが考えられている。伝統的な評価において乱れきった悪しき時代としかみなされなかった戦国時代は、現在では古代専制帝国の形成過程として重視されている。

しかしこの時代は『漢書』のような体系的歴史記述を持たないため、秦漢の制度を遡って調べようとしても、多くの場合は蕪雑な史料の中に立ち消えてしまう、という研究上の困難を伴っている。また、戦国時代の列国の官制などを復元する試みは明の董説『七国考』以来様々な業績があるが、それらは文献中に偶然残された零細な資料を羅列するのみに終わり、官制の体系を復元するにはほど遠い。

これを補うのが考古学的発掘による出土文字資料である。統一以前の秦については、雲夢秦簡の発見によって大きな成果が得られており、他の国についても金文資料などを利用した研究がなされつつある(1)。本章では近年充実してきた出土文字資料とその研究成果を手がかりに、主として戦国時代の各国の財庫として府・庫をとりあげ、各国の制度を比較しながらその制度的な沿革と歴史的意義を検討する。

さて、「府庫」はしばしば二字で熟して財庫の総称として用いられ、また「府」は役所一般の意味としても用いられるが、原義においては「府は宝蔵貨賄の処を謂うなり。庫は車馬兵甲の処を謂うなり」（『礼記』曲礼下、鄭注）と言われるように、府は財貨の蔵を、庫は武器庫をそれぞれ指している。本章では金文などに見られる府や庫をこの原義に即した観点から整理し、その職掌などを同時代資料から帰納して考察しながら、財庫のシステムを通じて戦国時代の財政機構の特色を明らかにしたい。なお、本文中に引用する金文は出土品を優先し、伝世品は補助的に用いることどめる。釈字は特に問題のない限り通行の字体をもってし、必要な場合にはその根拠を註記する。

Ⅰ　府系統の機構

戦国時代の鼎、鍾など青銅製礼器には、しばしばその器を製造あるいは管理した官名が刻されている。その中に「腐」なる官名があり、研究者の注目を集めてきた。これは言うまでもなく「府」の繁文であり、各国にその例が見られる。

まず、各国の「府」のうち研究の進んでいる楚について整理してみよう。楚の最後の都寿春の置かれた安徽省寿県周辺からは数多くの有銘青銅礼器が発見され、「大府」なる官名を刻したものが見られる。数例をあげれば、

1　秦客王子斉之歳、大腐為王僉晋鎬。集脰（鎬、寿県朱家集出土、文物一九八〇―八）

2　大腐之器（銅牛、同、文物一九五九―四）

3　郢大府之□□（量、鳳台県出土、文物一九七八―五）

のように、楚の大府は青銅礼器を管理するとともに、付属する工房で青銅礼器を製造していたことがわかる。[2]さらに、一九五七年に発見された「鄂君啓節」にも大府が登場し、楚の封君である鄂君啓の「府」に対して車・船それぞれに各地の関の免税通行証として節を交付したことが記録されている。[3]楚の大府は楚の宮廷で王の起居に供される奢侈的青銅器を製造、管理するとともに、関市の税の収取にも関与する財庫だったと考えられる。[4]

このような「府」は他の諸国にも見出せる。一九七九年、内蒙古準格爾旗西溝畔で発見された戦国晩期の匈奴墓から、「少府、二両十四朱」「冑工、二両十二朱」などの刻銘を伴った銀製の虎頭が出土した（文物一九八〇―七）。字体は秦篆と共通するものを持っているが、「府」を繁文で表す点で秦の例と異なっている。報告者が指摘するように、この銀器は三晋の最北端に位置した趙で作られたと考えられる。したがってこの銘文から、趙に「少府」があり、貴金属製馬具を製造する「冑工」と呼ばれる工房を具えていたことがわかる。

また、一九七四年から七八年にかけて発掘された河北平山県の中山国墓葬、一号墓主室からは、墓域の平面設計図である「兆域図」が出土した（文物一九七九―一）。青銅板に金銀で記された文字の中に中山王の詔とみられる文があり、その末尾にはこの設計図について「其の一は従い、其の一は府に蔵せよ。」と記されていた。「兆域図」は二つ作られ、一つは墓に副葬され、一つは「府」に納められたのである。中山国において、王陵の造営と関連を持つような王の財庫が「府」と呼ばれたことがわかる。また陝西鳳翔県高荘で発掘された秦墓から、明らかに中山国で作られた鼎が出土し、銘文の末尾に「侍府儲」[5]と記されていた（文物一九八〇―九）。「兆域図」に見える「府」は「侍府」であったかもしれない。

中山国と隣接する燕の遺物の中に、河北易県の燕の下都遺址から出土した数多くの青銅器がある。その中には象の形を摸した尊があり、「右廥尹」と刻されていた（『河北省出土文物選集』図一三三、以後『河北』と略称）。「右廥尹」がこの器を作った責任者なのか、それとも完成した器の管理責任者を示すのかは不明である。しかしこのような装飾的な青銅酒器を製造あるいは管理した「右府」は、宮廷で王に供される器物の納められた財庫であったと考えられる。この他、文献によれば韓の「少府」は強力な弩を作ることで有名だったと言われている[6]。精巧な武器を作り得る工房を具えた少府が韓にも存在したことを示している。さらに、魏では他国に比べて豊富な資料が得られる。

一九六六年、咸陽塔児坡で一基の戦国墓が発見され、二十数件の青銅器が出土した（文物一九七五―六）。このうち鍾には次のような銘文があった。

4　安邑下官鍾　十年九月、廥嗇夫栽、冶吏翟𣪘之。大斛斗、一益少半益[7]。

この器は戦国前期魏の国都であった安邑の「下官」所蔵、一〇年（何王かは不明）九月に府の嗇夫の栽なる官吏の責任の下で、冶吏の翟なる工人が製造したものである。この銘文は、所蔵者あるいは製造命令者、紀年、製造責任者、直接製造者、容量、重量の六項目を構成要素としており、戦国魏の青銅礼器刻銘の典型的なパターンを示している。

さて、この銘文に表れた「府」、「下官」といった官署はどのようなものだったのか。魏の金文をもう少し見てみよう。

伝世の金文に

5　梁上官、容三分。宜信冢子[8]、容三分。（鼎、『三代吉金文存』三―二四。以下『三代』と略称）

6　朝歌下官鍾（『中日欧美澳紐所見所拓所摸金文匯編』六三〇）

とあり、「下官」と対をなす官署として「上官」のあったことがわかる。5の「宜信冢子」という官名については後述する。また、

7　廿八年、平安邦□客財。四分齋、六益半釿之冡。（蓋）
卅三年、単父上官冡子熹、所受平安君者也。（鼎、河南泌陽秦墓出土、文物一九八〇－九）

というように、平安君所蔵の鼎が単父の「上官冡子」に移管された例が見られる。(9)同様の例としては、

8　信安君私官、視事欨、冶会。容半。
十二年、再二益六釿。下官。容半。（鼎、陝西武功県出土(10)）

がある。この場合はやはり魏の封君である信安君の「私官」で製造された鼎が「下官」に移管されている。製造責任者である「視事」は、恐らく前出の「嗇夫」や「冡子」と同様の職掌を持った官名であろう。

これらの諸例から、魏には各地に「上官」「下官」が置かれ、「冡子」なる属官がいたこと、魏の封君のもとには「私官」という、恐らく「上官」などと同様の職掌を持つ官が置かれ、「視事」なる属官がいたこと、またこれらの官には青銅器を作る工房があったことがわかる。

これら「某官」と名のる官名は東周や秦にも見られるが、朱徳熙、裘錫圭両氏は、「某官」はすべて宮廷の食官、すなわち君主の膳食を掌る官であり、漢代にも例が少なくないとしている。(11)さらに付け加えれば、前引の例で「上官」の属官として見えた「冡子」について、『左伝』閔公二年に

大子は冡祀、社稷の粢盛を奉じて以って朝夕に君の膳を視る者なり。故に冡子と曰う。

と記されている。『左伝』では君主の太子を指して「冡子」と呼んでいるが、これが官名として用いられれば、「朝夕に君の膳を視る」ことを職掌としたと考えても不自然ではない。したがって魏における「上官」や「下官」は君主の食生活に供される青銅器などを管理する官であったと考えられる。

前引4の銘文で製造責任者は「府」の嗇夫であった。この「府」は恐らく「安邑下官」に属する財庫であり、「冶

吏」が置かれたことから明らかなように、青銅器製造の工房を伴っていた。魏の「上官」「下官」などは、先に紹介した各国の府と似通った職掌を持っていたと考えられる。このような、君主の宮廷生活に供する財貨を管理する官署を総称して「府系統の機構」と名づけよう。

さらに魏における府系統の機構の特色として、上官、下官が地方の県令の下にも置かれていたことがあげられる。伝世の鼎銘に

9　十三年、梁陰令□、上官冢子疾、冶□鋳。容半斗。（『三代』三―四〇）

とあり、上官冢子の上級として梁陰県令の名が記されている。また、

10　卅年、虒令癰、視事鳳、冶巡鋳。容四分。（鼎、『商周金文録遺』五二二。以下『録遺』）

11　二年、寧冢子导、冶諸為財。四分齋。（鼎、『三代』三―二四）

のような例も見られる。これらは上官、下官の官名を記さないが、冢子、視事という官名からみて上官、下官が置かれたことが推定できる。このような節略した記載法から考えれば、678に見られる「朝歌下官」「単父上官」「下官」も本来その地の県令に属した可能性がある。上官、下官といった府系統の機構は、首都におけると同様の名称で、地方の県レベルにも置かれていたと思われる。以上から、これらの財庫は君主の膳食官に由来してはいるが、それにとどまらない側面を持っていたといえよう。

最後に秦の事例を見てみよう。秦の中央政府に王の私的財政を扱う少府が置かれていたことは、すでに『漢書』百官公卿表の記事からよく知られている。同時代資料としては「少府」銘をもった銀器が臨潼上焦村の始皇陵陪葬墓から出土し（考古与文物一九八〇―二）、河北易県燕下都址からは「少府、二年作」なる刻銘をもった戈が出土している。(12)貴金属装飾品を製造あるいは管理している点で前述の趙の少府と、また兵器の製造にも関与している点で韓の少府と

通ずる面を持っている。[13]

また、近年出土した雲夢秦簡には、大内、少内という財庫官が見える。これらについて工藤元男氏らの研究[14]を参考に整理してみよう。まず大内については、出土した秦律の中の金布律に二条の言及があり、首都咸陽に「大内」なる財庫があり、廃棄処分となった官有の器物の管理[15]や官給の衣服の管理[16]にあたっていたことがわかる。またその手続き上、大内の業務は咸陽に遠い各県においても行なわれており、県単位にもこのような財庫の置かれていたことが推測できる。県における財庫の管理者としては「少内」があげられる。雲夢秦簡によれば、少内は官吏からの弁償金の取りたてを行ない[17]、また民間から奴隷を買上げる際の金銭支出を担当しているから[18]、県などの金銭出納責任者であったと思われる。そして県の少内は「府」とも呼ばれたらしい[19]。

以上から、戦国時代各国の財庫としての「府」について簡単にまとめておこう。燕、中山、趙、魏、韓、秦、楚の各国にはいずれも財庫としての「府」もしくは府系統の機構が認められる。その中で各国共通に、王の宮廷の財庫を掌ったと思われる府があり、楚では「大府」、趙、韓、秦では「少府」と呼ばれた。これらの財庫は王の宮廷生活に供される財貨を管理するだけでなく、付属する工房で青銅礼器や貴金属器の製造をも行なっている例が多い。さらに楚の大府は関税の収取にも関与しており、単なる財庫だけでなく財政機構としても機能している。このような宮廷の府を、漢代、帝室財政を掌った少府の先蹤として位置づける説もある[20]。

他方、魏では上官、下官といった君主の膳食官に由来すると思われる府があったが、これらは首都の他、地方の県令の下にも置かれており、単なる膳食官ではなかったと考えられる。秦においては咸陽の財庫官として大内が、県では少内が置かれ、官有の財貨を管理していた。このように府系統の機構は、直接には王の宮廷の財庫管理に起源を持つとしても、すでに財政機構として国家的広がりを示しつつあったと考えられる。

Ⅱ　庫系統の機構

次に府とは性格を異にする庫の機構をみてみよう。戦国時代の青銅製兵器には、しばしばその器を製造した官吏や工人の名が刻され、統括する機構として様々な「庫」が見出される。特に一九七一年に河南新鄭の鄭韓故城から出土した大量の青銅兵器に刻された銘文が発表されて、[21] 戦国時代の兵器銘の研究は格段の進歩を遂げた。その代表的業績は黄盛璋氏の一連の研究である。[22] 日本では兵器の器形や使用法の発展を詳細に論じた林巳奈夫氏[23]と、戈の器形と銘文を論じた江村治樹氏[24]の業績がある。これらの業績によりながら、戦国時代の庫の機構を分析してみよう。

ただし各国の兵器銘はその記載法や記載事項がそれぞれ異なっており、一概に比較することができない。例えば燕では王名と兵器の種別だけを鋳型に印記した銘文が圧倒的に多く、[25] 王のもとにどのような機構が置かれてその器を作ったのかを知る術がない。また南方の楚では、兵器製造を行なった官名などを記した銘文がほとんどないため、そのような機構があったか否かもわからない。こういった資料の偏在にあらかじめ注意した上で、資料の絶対数とその質において比較検討が可能と思われる韓・魏・趙の三晋と秦の制度をとりあげることにする。

まず韓の事例について。先に触れた新鄭出土の資料から代表的な例をあげる。

12　鄭武庫（戈）

13　鄭左庫（矛）

14　鄭右庫（戈）

15　王三年、鄭令韓熙、右庫工師史狄、冶□（戈）

16　九年、鄭令向弝、司寇零商、武庫工師鋳章、冶狃（矛）
17　十五年、鄭令肖距、司寇彭璋、右庫工師陳坪、冶贛（戈）
18　十六年、鄭令宵距、司寇彭璋、生庫工師皇隹、冶瘖（戈）
19　廿一年、鄭令艇□、司寇呉裕、左庫工師吉忘、冶緝（戈）
20　卅一年、鄭令槅涌、司寇肖它、生庫工師皮耴、冶尹啓（戈）
21　三年、鄭令槅涌、司寇芋慶、左庫工師□沂、冶尹□造（矛）
22　四年、鄭令韓□、司寇長朱、武庫工師弗□、冶尹敁造（戈）
23　五年、鄭令韓□、司寇張朱、右庫工師皂高、冶尹𪓰造（戈）

これらはすべて韓の首都新鄭で作られたものである。銘文の形式は四種類ある。12～14は庫名のみを記す簡単な形式で、武庫、左・右庫がある。二番めは15の例で、紀年、令名、庫工師名、冶名が記される。三番めは16～19で、さらに詳しく紀年、令、司寇、庫工師、冶の名を記す。最後は20～23で、末尾の冶名が「冶尹某」と記され、「造」字でしめくくる。また、武・左・右庫に加えて「生庫」が現れる。銘文の繁簡の差は、庫の機構の拡充とともに、記載事項が増えていったためであろう。韓の庫は、兵器庫であるだけでなく、かなりの規模を持つ兵器工場を直轄しており、時を追って大規模化したことが窺われる。最も発展した段階での韓の庫の官制は左のように表せる。

鄭令－司寇－各庫工師－冶（冶尹）

鄭令はいうまでもなく首都新鄭の行政責任者であるが、韓の場合首都の長官を県令と同様の呼称で記している点が興味深い。司寇は首都の官営手工業を統轄する官であろう。工師は技術者のリーダーなのか単なる下級の役人なのか判然としないが、その下にある「冶」は鋳物工であると見て間違いない。「冶尹」とも記されるから、庫に所属する官工だったと思われる。

韓ではこのほか地方の県にも庫が置かれていたようである。伝世の兵器銘に

24　八年、新城令韓定、工師宋費、冶拧（戈、『録遺』五八一）

25　王三年、陽人令卒止、左庫工師□、冶□（戈、『小校経閣金文拓本』十－五三。以下『小校』）

26　六年、安陽令韓望、司寇□□、右庫工師若父、冶□□□刺（矛、『陶斎吉金図録』二－二五）

27　十七年、彘令解朝、司寇鄭害、左庫工師□□、冶□□（戈、『小校』十－五九）

28　六年、格氏令韓臾、工師□公、冶良（戈、湖南省博物館蔵[26]）

などがあり、県にも左、右の庫が置かれている。銘文にはやはり繁簡の差があり、28では庫名が出てこない。しかし韓の県にも首都と同様に

県令－（司寇）－左・右庫工師－冶

という機構を持った庫があったことはほぼ推測できよう。

次に趙の庫について見よう。趙の有銘兵器は韓のそれと比較して出土例は少ないが、庫の機構の一端を窺うに足る。邯鄲百家村戦国墓群の三号墓からは

29　甘丹上（考古一九六二－一二）

という銘をもつ戈が出土した。伝世の戈銘に

30　甘丹上庫（『痴庵蔵金』五九）

という例があるから、29の「上」は明らかに「上庫」を指している。時代の降る出土品では、

31　四年、相邦春平侯、邦左庫工師身、冶匋□執斉

32　大攻尹肖間（背面）（剣、遼寧荘河出土、考古一九七三―六）
七年、相邦陽安君、邦右庫工師吏□朝、冶吏痀執斉
大攻尹韓□（背面）（剣、吉林集安出土、考古一九八二―六）
33　十五年、守相□波、邦左庫工師采斉、冶句執斉
大攻尹公孫桴（背面）（剣、河北承徳出土、『河北』一三六）
34　丞閵相女、邦左工師鹿智、冶陽（内）
趙（内　別刻）
相邦（援）（戈、吉林長白朝鮮族自治県発現、文物一九九八―五）

といった例がある。この他伝世品にも「相邦春平侯」「相邦建信君」[27]銘をもつ兵器が多数あるが、銘文の記載法と記載事項は一致している。百官の長である相邦が命令者として表され、庫名に「邦」字を冠することから見て、これらは趙の都邯鄲で製造されたものである。また銘の末尾に「執斉」の二字を置き、背面に大工尹名を刻することは趙の兵器銘の特色である。官名から考えて、趙の大工尹は韓の司寇と同様、官営手工業の統轄者であろう。34には有名な藺相如が登場するが、銘文のパターンは少し異例である。これが剣と戈の器種の違いによるのか、他の要因があるのかは現在よくわからない。だが「邦左」は「邦左庫」の略と見てよい。したがって邯鄲の庫の機構は

相邦―大工尹―邦左・右庫工師―冶

と整理できる。韓と同様、邯鄲の庫には兵器工場も属しており、相邦以下官僚機構を通じて運営されていたのである。

このような庫は邯鄲以外の地にも置かれていた。

35　二年、邢令孟柬慶、□庫工師楽参、冶明執斉（戈、河北臨城県出土、文物一九八八―三）

36　王立事、□令肖世、上庫工師楽星、冶朗執斉（剣、河北磁県白陽城出土、『河北』一〇一）
37　六年、㾓令肖𢧵、下庫工師天□、冶句執斉（戈、河北邯鄲出土、『河北』一〇二）

三つともに「執斉」で銘を結んでおり、趙に属する県に上、下庫が置かれていたことがわかる。邯鄲の例と異なり、命令者は県令で、大工尹のような中級の官名は記されていない。伝世品で趙のものとされる兵器銘でも同様であるから、趙の県では県令に庫が直属したと考えてよいだろう。県レベルの庫は首都に比べて規模が小さかったと思われる。趙の県における庫の機構は次のとおり。

県令―上・下庫工師―冶

この機構は基本的に韓の県レベルの庫と一致している。

次に魏の場合。魏については青銅礼器とは対照的に兵器銘の事例が少ない。一九七〇年湖南衡陽白沙洲二号戦国墓から次のような銘を帯びた戈が出土した。

38　卅三年、大梁左庫工師丑、冶□（考古一九七七―五）

この銘文から魏の首都大梁に左庫がおかれ、兵器を製造していたことがわかる。この器は恐らく戦利品として楚にもたらされ、楚人の墓に副葬されたのだろう。伝世品では

39　七年、邦司寇富无、上庫工師戍閒、冶□（矛、『三代』二〇―四〇）
40　十二年、邦司寇野岪、上庫工師司馬瘨、冶□（矛、『三代』二〇―四一）

という例がある。「邦司寇」なる官名は韓や趙では見出されず、字体は三晋のものと見られるから、これらの器は魏の首都で作られたものと考えられる。わずかの例ではあるが、ここから窺われる魏の大梁の庫の機構を示せば、

邦司寇―庫工師―冶

となろう。韓、趙と異なり、邦司寇の上級が記されていないが、邦司寇が魏の最高官とも思えない。官制としてはこの上に梁の長官か魏の相邦が位置すると考えられるが、確かめることができない。

魏の地方の県に置かれた庫の例としては

41　十三年、鄴下庫（戈、江陵張家山発現　江漢考古一九八九－三）
42　廿三年、郚令垠、左工師大□、冶良（戈、湖南省博物館蔵）
43　十八年、莆反令籥、左工師即、冶□（戈、山西芮城出土、考古一九八九－一）
44　卅四年、邨丘令□、左工師哲、冶夢（戈、湖北江陵拍馬山五号墓出土、考古一九七三－三）
45　十二年、寧右庫、卅五（剣、『録遺』五九〇）
46　朝歌右庫工師□（戈、『三代』一九－四六）
47　卅二年、鄴令□□、右庫工師巨、冶山（戈、『三代』二〇－二三）

などがあり、魏に属する県に左、右の庫が置かれていることから明らかである。また41と47から、同じ県の庫の名称や機構が変化していることがわかる。しかし銘文から読みとれる庫の機構は

県令－左、右庫工師－冶

であり、韓や趙と共通である。

以上紹介してきた三晋諸国の庫は、見られるように首都における統轄者の官名こそ相違するものの、庫自体の機構はよく似ており、兵器庫兼兵器工場という性格を持っている。また首都のみならず地方の県にも同様の庫が置かれ、県令が命令者として表される点も共通である。注目すべきことは、魏において前節で検討した府系統の機構と庫の機

構が截然と異なっていることである。このことは、戦国魏において財庫と兵器庫が官制上明確に分かれ、その機構を異にしていたことを示している。魏の庫は府に比べてより大規模かつ官僚的な機構であるのに対し、府は宮廷の財庫のおもかげを強くとどめている。またそれぞれに付属する工房で作られるものについては、府では青銅礼器や貴金属製品に偏り、庫ではほとんど兵器ばかりである。わずかに例外もあるので[28]、府・庫に付属する工房は基本的には礼器、兵器の双方を製造し得る施設だったはずである。しかし、質的に同様な工房の製品の種類が異なる傾向を見せることは、工房の付属する府・庫の管理機構の分化を示しているように思われる。

同様のことが、韓と趙についても見られる。まず韓について。

48　十八年、冢子韓矰、邦庫嗇夫□湯、冶除⿰⿱東白戈戈（戈、湖南省博物館蔵[29]）

49　卅年、冢子韓担、吏□、大官上庫嗇夫□□庫□□□征造（鈹、河南長葛出土、文物一九九二―四）

50　十九年、冢子□□、上庫嗇夫吏□、庫吏高、冶光（矛、新鄭発現、中原文物一九九二―三）

「冢子」という官名は魏の府系統の官名としておなじみのものだが、48の「邦庫」という名称の示すように、首都新鄭に置かれた官名である。庫名には「大官上庫」もあり、管理者の官名は工師ではなく嗇夫である。「大官」はいうまでもなく食官の系譜を引く官名。新鄭には鄭令の管轄する庫以外に、府系統の兵器庫もあり、兵器が製造されていたことがわかる。王宮直属の軍隊が、府系統の機構で武器を調達していても不思議ではない。韓の少府が優秀な武器製造で知られていたことが想起される。

趙の場合は、前項で紹介した「少府」付属の工房と思われる「导工」で作られた兵器が知られている。

51　十年、导工嗇夫杜相女、左导工工師韓□、冶尹朝撻剤（剣、山東莒南出土[30]）

52　王何立事、导工冶対戽、教馬董史（内）

宜安（胡）（戈、山西臨県出土、文物一九九四—四）

趙においても、首都の府系統の工房でも兵器が作られていたが、その機構は庫系統とは明らかに異なる。

最後に秦における庫の機構をとりあげよう。

53　少府（面）武庫受属邦（背）（矛、河北易県西沈村出土、『河北』一四七）

この矛は少府が管理あるいは製造し、「武庫」から「属邦」に移管されたものである。少府と武庫がどのような関係にあったのかはわからないが、この武庫は首都咸陽の武庫であろう。秦末の反乱を鎮圧するため章邯が酈山陵の刑徒たちを武装させた際には、このような武庫に大量に貯えられていた兵器を用いたのだろう(31)。

さて、秦における兵器の製造がどのように行なわれていたのかについては、すでに李学勤氏、角谷定俊氏らの詳細な研究があり(32)、二、三の新たな資料を除いて付け加える点はほとんどないと言ってよい。他国との比較のため典型的な例をあげて簡単に整理しよう。

54　□年、大良造鞅之造戈（戈、『三代』二〇—二一）

55　四年、相邦樛斿之造、櫟陽工上造間、吾（戈、『三代』二〇—二六・二七）

56　十三年、相邦義之造、咸陽工師田、工大人耆、工頽（戟、『録遺』五八四）

57　廿年、相邦冉造、西工師□□鬼薪□（戈、湖南岳陽城出土(33)）

58　廿一年、相邦冉造、雝工師栄。　雝　壊徳（戟、『双剣誃吉金図録』下三二）

59　三年、相邦呂不韋造、寺工詔、丞義、工寫（戈、臨潼一号兵馬俑坑出土、文物一九八二—三）

60　元年、丞相斯造、櫟陽左工去疾、工上□　武庫　石邑（戈、遼寧寛甸県出土、考古与文物一九八三—三）

これらはいずれも相邦や丞相が命令して作られた兵器である。54の大良造鞅は商鞅を、56の相邦義は張儀を、57は魏冉を、60は李斯を指すとされており、文献と相俟って作器の絶対年代を定めることが可能である。作器の場所は櫟陽、咸陽、雍、寺工である。前三者は地名、寺工は恐らく宮廷付属の工房名であろう。55、58、60の末尾に記されるのは兵器の配備された場所を示している。以上から秦の中央における兵器製造機構を整理すれば、

相邦（丞相）┬首都及び周辺諸県工師―丞―工
　　　　　　└寺工―――――――――丞―工

となる。これを三晋の例と比較すると、まず秦では三晋と異なって庫が直接兵器製造に関与していないことが目につく。武庫は完成した兵器の収蔵場所として記される。また秦の中央では趙と同様相邦が兵器製造の命令者であるが、趙と異なって首都咸陽のみならず周辺の諸県にも命令を下している。製造の現場では、監督者の工師の職名は三晋と共通だが、その副として「丞」が記され、鋳物工は「工」と呼ばれている。これらが三晋との相違点である。

　次に秦の地方の兵器の製造、管理について整理してみよう。

61　十二年、上郡守寿造、漆垣工師□、工更長犄、　洛都　広衍（戈、内蒙古秦広衍故城出土、文物一九七七―五）

62　五年、上郡守廟造、高奴工師竈、丞甲、工鬼薪戠（戟、朝鮮平壌出土、『楽浪郡時代の遺蹟』上一〇一）

63　二年、上郡守冰造、高工丑沐□、工隷臣徒、　上郡武庫（戈、内蒙古準格爾旗納林公社出土、文物一九八二―一一）

64　廿六年、隴栖守□造、西工宰閹、工□、　武庫（戟、陝西宝鶏県出土、文物一九八〇―九）

65　廿六年、蜀守武造、東工師宦、丞業、工□（戟、四川涪陵小田渓三号墓出土、文物一九七四―五）

66　廿二年、臨汾守曋、庫係工歅造（戟、江西遂川県出土、考古一九七八―一）

67　四年、邘令輅、庶長工師郢、□□□尊（戈、『奇觚室吉金文述』一〇―二七）

68　廿四年、莒傷丞寺、庫斉、佐平、聝（斧、山東沂南県出土、文物一九九八―一二）
61～63は上郡の郡守が郡内の漆垣や高奴の工師に命じて作ったもの。61の「高工丞」は恐らく「高奴工師丞」の省略であろう。また63に「上郡武庫」が見えることは、郡守の管轄する兵器が郡の武庫に収蔵されたことを示している。上郡関係の兵器は伝世品にも数例ある。64、65はそれぞれ隴西郡守、蜀郡守の命令によって作られた兵器である。上郡と相違することは、工師や工宰の肩書に東、西がつけられている点である。これが何らかの地名の省略であるのか、それとも郡守のもとに東西に分かれた工房があったのか明らかでない。以上五例の郡はいずれも辺境地帯であり、軍事的に特殊な地域であるが、66～68の例は内郡にあたる地域で作られた兵器である。66の臨汾は河東郡の県名だが、「守」と記される点がおかしい。67は河内郡の邘（漢の野王県）の県令が命令したものだが、秦の兵器銘で県令の記されるのはこの一例だけである。また工の肩書が「庫係工」とある点も他と比べて異質である。68では県令ではなく丞が登場し、庫が兵器製造を管理している。秦の内郡では、上郡など辺郡に比べて制度が整っていないような印象を受ける。秦が東方六国の地を占領した場合、その地に以前からあった兵器生産施設をそのまま接収することもあり、辺郡のように統制のとれた官制を施行しにくかったのではないだろうか(34)。

ともあれ、これら諸例から秦の辺郡では、三晋と異なって郡単位に武庫が置かれ、郡守が兵器製造に責任を持っており、その権限は郡内の諸県に及ぶものだったことは明らかである。ただし次々に新たに占領されていく東方六国の地については、辺郡とは異なる事情があっても不思議ではない。

では秦の県ではどうだろうか。わずかながら雲夢秦簡に資料が散見する。「秦律雑抄」に

●卒に兵を稟するに、完善ならざれば、丞、庫嗇夫、吏は貲すること二甲、廃す。（『報告』三四三、『図版』秦律雑抄一五、『釈文』一三四頁）

とあり、兵士に支給する兵器に故障があると、関係する官吏は貲二甲を科せられた上免職という厳しい罰を下されたことがわかる。ここに現れる庫嗇夫は県の庫の役人と考えられるから、秦では県単位に兵器庫が置かれていたことになる。この他「工律」に

公の甲兵は各おの其の官名を以てこれに刻久せよ。其の刻久すべからざるものは、丹もしくは髹を以てこれを書せ。其れ百姓に甲兵を叚するには、必ず其の久を書し、これを受くるにも久を以てせよ。(以下略)(『報告』一六九～一七〇、『図版』秦律十八種一〇二～一〇三、『釈文』七一頁)

とあり、兵器の管理の詳細が記されている。この条文は工律に属するが、工律の他の様々な規定から、県には県令のもとに工師、丞、工があって器物の製作にあたっていたことが明らかにされている(35)。県の場合も、三晋と異なって工師などが直接庫に属していない点、金文から考えられることを裏書きしている。しかし公の甲兵の管理規定が工律に含まれることは、両者の関係が近かったことを同時に考えさせる。県の工師などが、庫に納める兵器の新造や修繕にかなりの力をさいたことは十分考えられよう。「秦律雑抄」に

歳紅に非ず、及び命書なくして敢えて它器を為れば、工師及び丞は貲すること各二甲。(『報告』三四六、『図版』秦律雑抄一八、『釈文』一三七頁)

とあり、工師には歳功(年間ノルマ)の他、上級からの命令書による特別な仕事も課せられていたことがわかる。相邦や郡守の命令による兵器製造はこの「命書」によるのではないかと思われる。

これらの事例から、秦では首都咸陽を始め各郡県に庫が置かれて兵器を管理していたこと、しかし三晋と異なり、兵器の製造は直接庫が管轄したのではないと思われることが明らかになった。さらに三晋との相違で重要なことは、秦において郡の機構が県の上級として見出されることである。このことは首都についても言える。趙の相邦と異なり、

秦の相邦は首都周辺の諸県に権限を及ぼすことができた。秦の県は中央、地方を問わず何らかの上級機構の統制を受けていたのである。さらに前引60の例は、少なくとも首都の兵器製造・管理については、始皇帝の統一後にも以前と同じ方式がとられたことを示している。ただし新たに占領された東方六国の地域については、首都や辺郡と同一の制度をにわかに適用することができなかったように思われる。

Ⅲ　府・庫の歴史的位置

Ⅰ、Ⅱにおいて、各国に財庫としての府と兵器庫としての庫が存在し、それぞれに異なった機能を果たしつつ、その機構を発展させていたことが明らかになったが、このような機構は歴史的にどのような過程を経て生まれたのだろうか。まず前提として考えておくべきことは、一口に「くら」といっても、納める物によって性質が異なるという自明の事実である。穀物、兵器、財宝などがそれぞれの物理的、社会的性格に応じて管理されなければならない以上、納める場所や管理方法が異なるのは当然である。府や庫、あるいは穀物倉などは、名称は別として、それぞれに非常に古い歴史を持っていると考えられる。

しかし本章で扱ってきたような府や庫が史料的に確かめられるのは春秋時代からである。各国の事例を二、三あげてみよう。

『左伝』哀公三年（前四九二）夏五月に魯に火災があり、宮殿に延焼した記事がある。その際のこととして

　火を救う者皆な曰く、「府を顧みよ」と。……百官官ごとに備え、府庫慎守し、官人は粛給す。

と記されている。魯の宮殿には府・庫のあったことがわかる。魯の庫は「大庫」[36]あるいは「大庭氏の庫」[37]と呼ばれた

らしい。同じく昭公一八年（前五二四）には宋や衛の火災をこの庫に登って望んだというから、魯の庫はかなり高い建物をもっていたことが想像できる。

この時、鄭でも大風にあおられて火災が発生した。

火作る。子産、晋の公子公孫を東門に辞し、司寇をして新客を出さしめ、旧客を禁じて宮を出づるなからしむ。……府人・庫人をして各おの其の事を儆《おさ》めしむ。

鄭においても火災の際には人々を避難させるとともに府・庫を守ることに意を用いている。府人・庫人と分けて記されることは、府・庫それぞれに役人が置かれていたことを示していよう。時は前後するが、魯の襄公一〇年（前五六三）、鄭で公子の暗殺事件が起こった時にも、

子西盗を聞き、儆めずして出で、尸して盗を追う。盗北宮に入る。乃ち帰りて甲を授く。臣妾多く逃れ、器用多く喪う。子産盗を聞き、門者を為し、羣司を庀え、府・庫を閉じて閉蔵を慎み、守備を完うし、列を成して後出づ。

とあるように、子産はまず自分の屋敷の府・庫の守りを固めてから暗殺者を追った。府・庫は事ある時にはまず守らねばならぬ場所であった(38)。

『左伝』襄公九年（前五六四）によれば、宋においても魯や鄭と同様の事態が起こった。

九年春、宋災あり。楽喜（子罕）司城と為り、以て政を為す。伯氏をして里を司らしむ。火の未だ至らざる所は小屋を徹し、大屋に塗《つちぬ》る。……皇鄖をして校正に命じて馬を出し、工正に車を出して甲兵を備え、武守を庀えしむ。西鉏吾をして府守を庀えしむ。

この例では、魯や鄭で庫にあたる部分が工正の任務となり、車や甲兵を備えている。宋において庫に納めるべき甲兵

の管理が工正、すなわち官営工房の長の職掌に含まれていたことは、宋における庫と兵器生産の親近性を示している。

以上から、春秋時代各国の国都には府・庫が置かれ、それぞれ官司があって管理にあたったことがわかる。しかしその官司が府人・庫人と呼ばれることは、その職掌が主として倉庫番であり、それ以上に細かく分かれていなかったことをも示しているように思われる。

降って戦国前期には、考古学的資料として前引12～14、29～30のように庫名を記した兵器が現れる。江村治樹氏によれば、これら庫名のみを記す戈は戦国前期に多い(39)。このことは戦国前期に主要な都市において庫が左右、上下などに分かれ、次第に大規模になっていったことを表している。銘文からは明らかでないが、三晋では恐らく春秋の宋にみられたような、兵器の製造と密接に結びついた庫が発達し始めたと思われる。

さらに戦国中期、後期になると、Ⅰ、Ⅱで紹介したタイプの金文が急増する。兵器については、このころの兵器は実用的で大量生産むきの造りになり、銘文資料の多さは兵器が事実大量に作られたことを物語っている。銘文の記載事項が次第に増えていくことから、庫の機構がさらに大規模化して官僚的組織を整えたことがわかる。青銅礼器については、それ以前にはほとんど見られなかった製造、管理担当官名の刻記が銘文の主流となり、青銅礼器が春秋以前のように子々孫々に伝えるべき記念物としての性格を失い、官有の器物としての性格を強めたことを示している。銘文に現れる府は、宮殿で君主の財宝を管理する財庫から、次第に多数の属官を配した官僚的財政機構へと脱皮したと考えられる。

特に魏の事例で見られたように、地方の県レベルにも府・庫の機構が見られることは重要である。寧（のちの修武）では11に見られたように府系統の官である冢子と、45に見られる庫とがともに置かれ、朝歌には6、46のように下官と右庫が置かれている。この二つの都市については県令が銘文に現れないが、庫については県令の統轄する庫が三晋の多数の県に置かれたことがすでに明らかである。魏において見られる府・庫の機構は戦国後期にはかなり官僚的・組織的に配置されたと考えられる。

同時代資料から窺われるこのような傾向は文献史料にも見出せる。

春秋末の晋、范氏・中行氏はすでに滅び、強盛を誇る智氏は韓、魏と連合して趙鞅を攻めた。その際のこととして『国語』晋語九は次のように記す。趙鞅（襄子）は自らの依るべき地として、城壁の完備した長子や倉・庫の満ちた邯鄲ではなく、趙氏が歴代善政を布いてきた晋陽を択んでたてこもり、水攻めにあってかまどが水に漬かるほどになっても民は趙鞅（襄子）に従った。(40)『国語』はこの後の事情を記さないが、包囲攻撃に耐えた趙襄子は逆に攻撃軍の離間に成功し、韓・魏とともに智氏を滅したとされている。智氏滅亡の故事は縦横家の好んで引用するところとなり、現在残っている文献中に言及されている例は枚挙に暇がない。しかし『国語』の例の中で記される大規模な水攻めは春秋時代にはあり得ず、この説話が戦国時代の潤色を経ていることは明らかである。このような、いわば智伯滅亡物語の最もまとまった形が『韓非子』十過篇に見られる。智氏との戦争が避けられないことを悟った趙襄子は、張孟談の勧めで晋陽に奔ることにした。そして

乃ち延陵生を召し、軍車騎を将いて先に晋陽に至らしめ、君（趙襄子）因りてこれに従う。君至りて其の城郭及び五官の蔵を行《めぐ》るに、城郭治めず、倉に積粟なく、府に儲銭なく、庫に甲兵なく、邑に守具なし。襄子懼る。……張孟談曰く、「……君其れ令を出し、民をして自ら三年の食を遺して余ある者は、これを倉に入れしめ、三年の用を遺して余銭ある者は、これを府に入れしめ、遺（脱文か）、奇人ある者は城郭の繕を治めしめよ」と。君夕に令を出し、明日、倉は粟を容れず、府は銭を積むなく、庫は甲兵を受けず。居ること五日にして城郭已に治め、守備已に具わる。君張孟談を召してこれに問いて曰く、「……吾れに箭なきを如何せん」と。張孟談曰く、「……

公宮の垣は皆な荻・蒿・楛・楚を以てこれを牆す。楛は高さ丈に至るあり。君発してこれを用いよ。」と。……君曰く、「吾が箭已に足れり。金無きを如何せん」と。張孟談曰く、「……公宮令舎の堂は皆な錬銅を以て柱・質と為す。君発してこれを用いよ」と。ここにおいて発してこれを用い、余金あり。号令已に定まり、守備已に具わる。

このような準備のかいあって、趙襄子は三ケ月に及ぶ包囲攻撃に耐えることができたのである。この物語は節略した形で『戦国策』趙策一にも採られているが、いずれも『国語』の徳治主義的説話と比較してみると、明らかに大幅な潤色が加えられている。この潤色は戦国後期の法家や縦横家によって、当時の現実を踏まえて加えられたと考えられるから、『韓非子』に描かれた晋陽は三晋分裂前夜の史実というよりも、むしろ戦国後期の都市の姿を強く反映していると見てよいだろう。

ここに描かれるのは、長期の包囲に耐えられる軍事的都市の条件である。堅固な城壁を具えることは勿論だが、城内に府・庫・倉があってあり余るほどの食料や武器が貯えられていること、のみならず城内に兵器などを生産、補給できる能力を持つこと、がその必須の条件であった(41)。このような軍事的都市において、金銭を納める府、兵器を納める庫、食料を納める倉(42)が、いわばセットで財政的中核をなしていたのである。Ⅰ、Ⅱで検討してきた府や庫の例から見て、『韓非子』に描かれた晋陽の府・庫は戦国後期の現実の制度をかなり正確に踏まえていると言えよう。府・庫の機構は、軍事的都市に配置されたすぐれて戦国的な財政機構だったのである。府・庫が同一の都市に併在している例は前述の寧と朝歌の二例にとどまるが、府・庫・倉がセットで設けられた都市は恐らくかなりの数にのぼると考えられる(43)。

いま一つ注意すべきことは、『韓非子』において府が特に金銭を納める蔵として描かれている点である。これは府

の機構と貨幣流通が深く結びついていることを示している。『荀子』富国篇に

今の世は而ち然らず。刀・布の斂を厚くして以てこれが財を奪い、田野の税を重くして以てこれが食を奪い、関市の征を苛にして以て其の事を難くす。

と記されるように、戦国後期、次第に銭納化されたと思われる軍賦、発達した商業を背景とした関市の税の徴収に府の機構が関与していたと考えられる。秦において少内が金銭の出納を専門にしていたこと、楚の大府が関税徴収に関係していたこともこれを傍証する。

黄盛璋氏は三晋の兵器銘の研究の中で、庫の置かれた都市と戦国時代の貨幣の発行された都市が大半一致することに注目した(44)。これは庫において貨幣が鋳造されたことを意味するものではないが、少なくとも貨幣流通の中心となるような都市には庫とともに、貨幣を扱う財政機構、すなわち府が置かれたのではないか、という推測が成り立つ。とすれば、府・庫がセットで置かれた都市は具体例の得られる魏のみならず三晋全体に広がっていたと考えられよう。

換言すれば、三晋の都市の多くは官僚的に運営される財政機構として府・庫・倉を具えた軍事的都市であり、これが県という行政単位をなしていた。そして魏において見られたように県の府・庫は首都のそれと規模以外に質的な差がなく、韓や趙の庫についても同様の傾向が認められた。このことは三晋各国の首都が地方の県と異質な存在だったのではなく、軍事的都市としての課題を共有していたことを示している。戦国時代三晋の首都はしばしば包囲攻撃を受け、かなり長期の籠城を強いられた(45)。これは三晋の兵が弱かったからというよりも、城にたてこもって戦うことが、攻撃を受けた際の基本的な戦術だったからに他ならない(46)。

このことは秦についてより明瞭である。秦の首都や各県に府・庫・倉があり、官吏によって厳密に管理されていたことはすでに明らかになっている。米田賢次郎氏によれば、商鞅の変法によって造られた県は、邑制と兵制を一致さ

せた極めて軍事的色彩の濃いものであった。[47] 秦の郡県制の基本単位となる県も、官僚的に管理される府・庫・倉が財政的中核をなす軍事的都市であったと考えて間違いないだろう。この点で秦の県と三晋の県は共通する面を持っている。

ところで秦と三晋の重要な相違は、兵器銘の中に秦では県の上級として郡が現れるのに対し、三晋では郡の機構が見出されないことである。戦国時代、郡は国境や占領地の県を特別軍政地域として統轄するために設けられたといわれている。[48] このような郡制における軍事的観点の重視が、秦の兵器銘にも反映していると考えられる。しかし前述のように、統一後に旧六国の地域では、秦の首都や辺郡と同一の制度がすぐに適用されたわけではないと思われる。また漢代になっても、郡はまだ行政全般に関与する機構ではなく、その職掌は県の監察や軍事に限られていた。[49] このことから考えれば、秦の郡制を過大に評価することはできない。むしろ、秦と三晋の県が行政単位をなす軍事的都市として共通の性格を持っていたことを強調すべきだろう。[50] すなわち、秦が新たに占領した地域を次々に郡県として編成し、速やかに新たな勢力基盤とすることができた背景には、三晋の行政単位となる県の機構が、秦の県と共通する性格を持っていたことがあると考えられる。

おわりに

以上の考察のまとめとして、戦国時代の府・庫について明らかになったことを整理しておこう。

財貨を納める府と兵器を納める庫は、春秋時代には君主の財庫としてすでに存在していたが、そこに置かれた官司の職掌はまだ倉庫番としてのそれを出るものではなかった。また、一部には庫と兵器製造とが結びついている例も見られる。戦国前期になると、このような府・庫は、中原諸国で同一の都市に複数の庫が置かれるなど、次第に発達し始めた。

さらに戦国中期ごろには、魏の例にみられたように、府・庫ともにより大規模な官僚組織を持つようになり、それぞれに機能と職掌を異にする財政機構として整備されたと思われる。器物の製造に関わる各級の官職と人名を列記する銘文資料が、紀元前四世紀から三世紀にかけて急増することは、この時期に各国で急速に官僚機構の整備が進んだことを物語っている。この時期に府・庫は宮廷の財庫から国家的財政機構へと発展したのである。

この過程で、府の機構は君主の宮廷生活に供する器物の管理とともに貨幣による財政収入の管理を行なうようになった。これは戦国時代に貨幣経済が顕著に発達したことを背景にしている。またこのような府は漢代の帝室財政の機構にも結びつく要素を持っているように思われる。

庫の機構については、三晋では兵器庫兼兵器工場という性格を持ち、秦では兵器の製造と管理が区別される、という国による差が認められる。しかしいずれも府と比較してより大規模で官僚的な機構を持っていた点で共通している。特に秦や趙の首都では、百官の長である相邦以下、各級の行政機構を経て兵器製造が命ぜられており、軍備の強化が国家行政の大きな関心事であったことを窺わせる。

このような府・庫の機構は三晋諸国の場合県レベル以上の軍事的都市に、穀物倉である倉とセットをなして設けられていたと考えられる。しかし首都と地方の県において質的差違はみられない。他方秦においては、府・庫・倉がやはり県単位に置かれていたが、三晋と異なって郡県の統属関係が明瞭である。この差異を含みつつ、秦と三晋は、官僚的に支配される軍事的都市を行政の基本的単位である県として把握しており、その点で共通する側面を持っていた。

さて、金文資料からみた各国の府・庫が紀元前四世紀から三世紀にかけて急速に官僚的機構を整備していったことは何に起因するだろうか。楊寛氏は著書『戦国史』（改訂版）の中で、紀元前五世紀から四世紀半ばにかけて、各国で中央集権的な体制樹立を目指す、変法が実行されたことに注目し、この動きを「変法運動」と名づけた。[51] 府・庫の官僚機構の拡大、整備がまさにこの時と相前後していることは、単なる偶然とは考えられない。文献史料のみからは窺い難い変法の具体的成果が、金文資料に現れていると考えられよう。

さらに、府・庫の機構が春秋から戦国へと受け継がれながら、次第に戦国的軍事都市の性格を強く反映するようになったことは、春秋後期に顕著にみられる県の再編、すなわち采邑としての封建的な県から中央集権的な県へ、という動き[52]の延長としても把えられる。春秋・戦国時代は「都市国家から領土国家へ」、中国社会が変貌した時代であるともいわれる。[53] この流れの中で、府・庫の機構の整備は、春秋末から戦国中期にかけて、中原の諸都市が国の相違を問わず、官僚的に支配される軍事的都市＝県へと変貌をとげたことを物語っているように思われる。

ただしここで検討の材料となったのは、青銅器の製造管理に関する金文資料に限られており、文字通りの管見に過ぎないことを忘れてはならない。性急な結論を出す前に、対象を府庫から財政機構に広げ、秦漢時代を視野に入れて考察する必要がある。では続く秦漢時代において、都市の財政と工房の機構はどのようになっていったのだろうか。次に漢代の郡県の財政機構を検討してみよう。

注

（1）　先駆的業績として李学勤「戦国題銘概述」（文物一九五九―七～九）がある。その後七〇年代以降、資料や研究が激増しているが、江村治樹『春秋戦国秦漢時代出土文字資料の研究』（汲古書院　二〇〇〇）がこれらを網羅しており、非常に有用である。

（2）寿県楚器には、ここにあげた大府関係の器の他、「冶師」の製造に係わるもの、「鋳客」所造のものがあるが、三者の関係は銘文からは判断できない。大府付属の工房の製造責任者が「冶師」であるかもしれない。「鋳客」について、佐藤武敏氏は『中国古代工業史の研究』（吉川弘文館、一九六二）で、他地の手工業者が楚に雇われたものと解している。なお、寿県楚器については、唐蘭「寿県所出銅器考略」（国学季刊第四巻一号、一九三四）、李景聃「寿県楚墓調査報告」（田野考古報告第一冊、一九三六）参照。

（3）鄂君啓節については多くの業績が発表されているが、船越昭生「鄂君啓節について」（東方学報　京都　第四三冊、一九七二）に諸説がまとめられている。

（4）佐藤武敏「先秦時代の関と関税」（甲骨学第一〇号、一九六四）

（5）釈文は李学勤「秦国文物的新認識」（文物一九八〇－九）に従う。

（6）『史記』巻六九、蘇秦列伝「於是説韓王曰、……天下之彊弓勁弩、皆従韓出。溪子、少府時力・距来者、皆射六百歩之外。……」ほぼ同文が『戦国策』韓策一にも見える。

（7）釈文は黄盛璋「司馬成公権的国別、年代与衡制問題」（中国歴史博物館館刊二、一九八〇）に従う。また「冶」字の変遷については王人聡「関于寿県楚器銘文中但字解釈」（考古一九七二－六）参照。

（8）「冢」字の様々な異体については李家浩「戦国時代的冢字」（語言学論叢第七輯、一九八一）参照。

（9）平安君鼎は伝世品にも銘文のよく似たものがある。李学勤注5所引論文は、これらを戦国衛の器とするが、黄盛璋注10所引論文が反論して、この器を魏器と断じている。

（10）羅昊「武功県出土平安君鼎」（考古与文物一九八一－二）はこの鼎銘を「平安君」と釈するが、誤りである。李学勤「論新発現的魏信安君鼎」（中原文物一九八一－四）、裘錫圭「《武功県出土平安君鼎》読後記」（考古与文物一九八二－二）、黄盛璋「新出信安君鼎、平安君鼎的国別、年代与有関制度問題」（同）参照。

（11）朱徳熙、裘錫圭「戦国銅器銘文中的食官」（文物一九七三－一二）

（12）『河北』一四六に著録。銘文の模本と釈文は李学勤・鄭紹宗「論河北近年出土的戦国有銘青銅器」（古文字研究七、一九八二）による。

（13）近年出土した雲夢秦簡、「秦律雑抄」に「采山重殿、貲嗇夫一甲、佐一盾。……大官・右府・左府・右采鉄・左采鉄課殿、貲嗇夫一盾。」（『雲夢睡虎地秦墓』図版三四九－三五一簡、『睡虎地秦墓竹簡』線装本「秦律雑抄」二一－二三簡、『睡虎地秦墓竹簡』洋装本釈文一三八頁）とある。「采山」は山林資源採取を指している。後文の「左・右府」「大官」「左・右采鉄」は、山林資源の採取を通常の「采山」とは別枠で地方の県に命じうる中央官署であったと見てよい。夙に増淵龍夫氏の指摘した如く、山林藪沢資源は君主の家産に属すべきものだったと考えられるから、これらの官署は秦の少府の属官だったかもしれない。なお、以後雲夢秦簡の引用は発掘報告を『報告』、線装本を『図版』、洋装本を『釈文』と簡称する。

（14）于豪亮「雲夢秦簡所見職官述略」（文史第八輯、一九八〇）、工藤元男「秦の内史――主として睡虎地秦墓竹簡による――」（初出一九八一、『睡虎地秦簡よりみた秦代の国家と社会』創文社　一九九八所収）、「睡虎地秦墓竹簡に見える大内と少内――秦の少府の成立をめぐって――」（史観一〇五冊、一九八一）

（15）県・都官以七月糞公器不可繕者。有久識者、靡蚩之。其金及鉄器入以為銅。都官輸大内、内受買之、尽七月而觱。都官遠大内者輸県、県受買之。（以下略）（『報告』一五三～一五六、『図版』秦律十八種八六～八八、『釈文』六四頁）

（16）受衣者、夏衣以四月尽六月稟之、冬衣以九月尽十一月稟之。過時者勿稟。……已稟衣、有余褐十以上、輸大内、与計偕。都官……在咸陽者、致其衣大内。在它県者、致衣従事之県。県・大内皆聴其官致、以律稟衣。金布（『報告』一五七～六〇、『図版』秦律十八種九〇～九三、『釈文』六六頁）

（17）県・都官坐效・計以負償者、已論、嗇夫即以其直銭分負其官長及冗吏、而人与参弁券、以效少内。少内以収責之。……金布（『報告』一四七～八、『図版』秦律十八種八〇～八一、『釈文』六一頁）

（18）告臣　爰書、某里士五甲縛詣男子丙、告曰、「丙、甲臣、橋悍不田作、不聴甲令。謁買公、斬以為城旦、受賈銭。……」●令少内某、佐某以市正賈賈丙丞某前。丙中人、賈若干銭。（以下略）（『報告』六一七～二一、『図版』治獄程式四〇～四四、『釈文』封診式、二五九頁）

（19）府中公金銭私貣用之、与盗同法。●可謂府中。●唯県少内為府中、其它不為。（『報告』四〇二、『図版』法律答問三二、『釈文』一六五頁）

（20）楊寛「従〝少府〞職掌看秦漢封建統治者的経済特権」（秦漢史論叢第一輯、一九八一）

（21）郝本性「新鄭〝鄭韓故城〟発現一批戦国銅兵器」（文物一九七二―一〇）

（22）a黄茂琳「新鄭出土戦国兵器中的一些問題」（考古一九七三―六）、b黄盛璋「試論三晋兵器中的国別与年代及其相関問題」（考古学報一九七四―一）。この二論文は黄氏著『歴史地理与考古論叢』（斉魯書社、一九八二）に新たな注を付して収められている。

（23）林巳奈夫『殷周時代の武器』（京都大学人文科学研究所、一九七二）

（24）江村治樹「春秋戦国時代の銅戈、戟の編年と銘文」（注1前掲書所収）

（25）一九七三年、燕下都址から百八件の銅戈が一括して出土し、百七件の器に銘文があったが、ほとんどは王名と兵種を印記するタイプの銘文である。河北省文物管理処「燕下都第二三号遺址出土一批銅戈」（文物一九八二―八）参照。

（26）周世栄「湖南楚墓出土古文字叢考」（湖南考古学輯刊第一輯、一九八二）参照。後述の資料48も同じ。

（27）黄盛璋注22所引論文参照。春平侯、文信君は『戦国策』趙策などにしばしば登場するが、いずれも戦国末、呂不韋などとほぼ同時代の人と考えられる。

（28）伝世の鼎銘に「十一年、庫嗇夫肖不敚、賙□□命所為。空二斗。」（『三代』三―四三、器影は『貞松堂吉金図』上二三）という例があり、明らかに戦国時代三晋の器である。また中山国では青銅礼器を左・右使庫で製造している。張守中『中山王嚳器文字編』（中華書局、一九八一）、西村俊範「中山王墓出土銅器の鋳造関係銘文」（『展望アジアの考古学』新潮社　一九八三）参照。また、秦や韓の少府が兵器を製造していたことも想起すべきである。

（29）注26周世栄論文参照。

（30）黄盛璋「関于魯南新出趙𨚵工剣与斉工師銅泡」（考古一九八五―五）参照。

（31）『史記』巻六、秦始皇本紀「（二世）二年冬、陳渉所遣周章等将西至戯、兵数十万。二世大驚、与羣臣謀曰、奈何。少府章邯曰、盗已至、衆彊。今発近県不及矣。酈山徒多、請赦之、授兵以撃之。二世乃大赦天下、使章邯将、撃破周章軍而走、遂殺章曹陽。」

（32）李学勤「戦国時代的秦国銅器」（文物参考資料一九五七―八）、注5所引論文。角谷定俊「秦における青銅工業の一考察――工官を中心に――」（駿台史学第五五号、一九八二）

（33）注26に引いた周世栄論文に紹介されているが、発掘報告は未発表。
（34）広州一一一八号西漢前期墓から、「□都成□、工師司馬狄、丞狄」なる銘をもった戈が出土した。器形は残欠のため不明とせざるを得ないが、銘文の形式、字体は三晋のものに近い。しかし工師の下僚が「丞」である点はむしろ秦のものに近く、三晋には例がない。これは秦と三晋の中間的な形式を示している。『広州漢墓』挿図八三参照。
（35）角谷定俊前掲論文。呉栄曾「秦的官府手工業」（『雲夢秦簡研究』中華書局、一九八一）参照
（36）『左伝』昭公五年「仲（叔孫仲壬）至自斉。……南遺使国人助豎牛、以攻諸大庫之庭。司宮射之、中目而死。」
（37）同、昭公十八年夏五月「戊寅、風甚。壬午、大甚。宋・衛・陳・鄭皆火。梓慎登大庭氏之庫、以望曰、宋・衛・陳・鄭也。数日皆来告火。」
（38）鄭の庫は「襄庫」と呼ばれた。『左伝』襄公三十年秋七月に「癸丑、（伯有）自墓門之涜入、因馬師頡、介于襄庫、以伐旧北門。駟帯率国人、以伐之。」とある。
（39）江村治樹前掲論文。
（40）『国語』晋語九「（趙）襄子出、曰、吾何走乎。従者曰、長子近、且城厚完。襄子曰、民罷力以完之、又斃死以守之。其誰与我。従者曰、邯鄲之倉庫実。襄子曰、浚民之膏沢以実之、又因而殺之。其誰与我。其晋陽乎。先主之所属也。尹鐸之所寛也。民必和矣。乃走晋陽。晋師囲而灌之、沈竈産鼃、民無叛意。」なお、趙氏はこれより前、范氏・中行氏の乱の際にも晋陽にたてこもっている。『左伝』定公十三年参照。
（41）『墨子』七患篇に「故倉無備粟、不可以待凶饑。庫無備兵、雖有義不能征無義。」とある。また雑守篇の末尾に城が守れない五つの条件を記すが、その一つは「畜積在外」、すなわち物資の集積が城外にあることである。軍事的観点から倉・庫を重視する点、『韓非子』と共通する。
（42）本章では直接倉の問題に触れることができなかったが、近年工藤元男氏の業績（前掲）や太田幸男氏「湖北睡虎地出土秦律の倉律をめぐって」（東京学芸大学紀要社会科学第三一、三二集、一九八〇）があり、秦の倉のシステムが明らかになっている。また、古くは木村正雄「支那倉庫制度発達の基礎条件」（史潮第十年第三・四号、一九四二）があるが、倉の軍事的条件には触れていない。

（43）『呂氏春秋』懐寵篇に「分府庫之金、散倉廩之粟、以鎮撫其衆。不私其財。」『淮南子』人間訓に「西門豹治鄴。廩無積粟、府無儲銭、庫無甲兵、官無計会。人数言其過於文侯。文侯身行其県、果若人言。」『戦国策』秦策五に「令庫具車、厩具馬、府具幣、行有日矣。」など、府・庫などの財庫を対句的に用いる修辞は戦国から漢代に多く見られる。これは現実の制度において府や庫が対になっていたからこそ生まれたのだと考えられる。

（44）黄盛璋注22所引論文。

（45）例えば紀元前二八三年、二七五年に魏の大梁が秦軍に包囲され、後者では韓の援軍を得て危地を脱した。また長平の戦勝の余勢を駆って秦が趙の邯鄲を包囲した（前二五七）が、一年以上の籠城の末に韓・魏・楚が来援して秦軍を撤退させた（いずれも『史記』六国年表、各国世家）。このように長期の包囲に耐えながら各国に来援要請の使者を出すという必要が、縦横家に活躍の場を与えたとも考えられる。

（46）『墨子』末尾の十一篇はすべて包囲攻撃にあった都市の守備方法にあてられている。岑仲勉『墨子城守各篇簡注』（古籍出版社、一九五八）参照。また『商君書』兵守篇、境内篇にはそれぞれ守城、攻城の作戦が書かれており、『墨子』の内容と対応している。戦国後期、攻城戦の激しさを窺わせる。

（47）米田賢次郎「二四〇歩一畝制の成立について――商鞅変法の一側面――」（東洋史研究第二六巻四号、一九六八）

（48）鎌田重雄「郡県制の起源について」（東洋史学論集一、一九五三）

（49）紙屋正和「前漢郡県統治制度の展開について――その基礎的考察――」（福岡大学人文論叢第一三巻四号、一四巻一号、一九八二）

（50）江村治樹氏は「戦国時代の出土文字資料と都市の性格」（注1前掲書第二部）において、三晋地域の都市の制度的独立性と、その背景となる都市の経済的自立性を強調し、秦の統一によってこれが否定された結果、都市住民を主体とする自治的都市に発展する可能性を奪われたとする。本章の論述で明らかなように、三晋諸国の都市に見られる府庫は、銘文の上では首都の中央政府による直接の統御を受けていないように見えるとはいえ、その機構はむしろ画一的である。その点で三晋諸国の都市は、ギリシャのポリスであるよりも、やはり軍事的単位としての県であった。秦との違いは、中央政府や郡と県との制度的関係の表現の違いであり、そこから都市そのものの本質的な違いまで読みとることは困難である。江村氏の説は結果的に、かつて唱えられた新県と旧県の相違を、秦と三晋の地域性の相違に読み替えて強調したものになっている。

(51) 楊寛『戦国史』(上海人民出版社、一九八〇)第五章、戦国前期各諸侯国的変法運動

(52) 五井直弘「春秋時代の県についての覚書」(東洋史研究第二六巻四号、一九六八)

(53) 宮崎市定「中国における聚落形態の変遷について——邑・国と郷・亭と村に対する考察——」(『宮崎市定全集』三　岩波書店　一九九一所収)

第二章　漢代郡県の財政機構

はじめに

前漢代の財政機構は、大司農の管轄する国家財政と、少府の管轄する帝室財政に截然と分かたれ、それぞれが独立した賦税収入によって運営されていた。この区分は周知の如く加藤繁氏の研究によって明らかになり[1]、以後の財政史研究の基本的枠組みとして受け継がれている。現在学界では、国家財政の機構的解明とともに、二つの機構の区別がどのようにして生じたのか、また後漢代にかけてどのように変化していったのか、という複雑な問題が絶えず同時に追求されている。しかしこのような研究の方向は、とかく視角が中央の財政に限られがちになり、中央の財政を支える基礎となる郡県の財政については、ほとんど触れられることがない。

雲夢秦簡の発見は秦漢の財政史研究に新たな展開をもたらすこととなった。中でも、従来の文献史料で名称しかわからなかった大内や少内といった財庫については、特に活溌な議論が戦わされている[2]。しかしその議論も、秦簡に見えるこれらの財庫が、漢代の帝室財政と国家財政の区別とどのように結びつくか、という観点からのもので、秦簡についてては中央の財庫と地方の財庫の関係を問題にしながら、漢代についてては中央における財庫の機能分化ばかりが扱われる、という不整合も時として見られる。

中央における帝室財政と国家財政の区別が、郡県制支配機構の全体の中でどのような機能を果たしたか。これが漢代財政史の重要な問題であるとすれば、郡県の財政機構をいつまでも等閑に付しておくことはできない。もとより課題の大きさに比べて史料は決して十分ではなく、個々の史料の解釈にも諸説あるのが現状である。本章では漢代の郡県における財政機構の一端を、「ぜにぐら」としての財庫の形態と機能を通じて明らかにしたい。そのために、まず漢代の「ぜにぐら」がいかなるものであったかを整理することから始めよう。

I　財庫の名称と官名

(1)　財庫の名称

一口に財庫といっても、その実態はさまざまである。まず「ぜにぐら」一般の種類と名称を、漢代に行なわれた訓詁の面から整理しておこう。文献の中で「ぜにぐら」を指して用いられる言葉の定義を、以下に『説文解字』から列挙する。

府、文書の臧なり。（九篇下）

庫、兵車の臧なり。（同）

臧、善なり。（三篇下）

閣、扉を止むる所以のもの。（一二篇上）

内、入なり。（五篇下）

府について、許慎は文書庫を原義としているが、鄭玄は「府は宝蔵貨賄の処」（『礼記』曲礼下、「在府言府」注）としている。庫は本来兵器庫だが、『釈名』釈宮室に「庫、舎なり、物の在るところの舎なり」という如く、財貨や器物を貯える場所をも指す。以下段玉裁の注に従えば、臧は後世くさかんむりを付けて「藏」となる字。よい物は必ずしまっておくから「おさめる」こと、さらに「くら」という意味にもなる。閣は扉のストッパー。とめる、とどめるという意味合いから、棚のような収蔵手段を指すようになったらしい。内は「入れる」こと。そこから「入れる場所」をも指すようになるが、原義の方は後世「納」という文字で表すようになった。

最後にあげた「内」については、もう少し補足が必要である。『論衡』別通篇に、

富人の宅、一丈の地をもって内となす。内中に有るところ、柙匱の羸すところは、縑布絲帛なり。貧人の宅もまた一丈をもって内となす。内中空虚にして、ただ四壁立つのみ。故に名づけて貧という。(3)

とある。ここに見える「内」は一丈四方、すなわち現在の四畳半ぐらいの大きさで、衣類の入った長持などを入れておく小部屋、一言でいえば納戸である。中身の多少は別として、このような納戸が貧乏人の家にもあったのである。ところで建築用語としての「内」は、「一堂二内」というように、「堂」の奥につながる部屋を指している。(4)家屋を構成する部屋としての「内」と、納戸のような「くら」としての「内」とを、名称から厳密に区別することはできない。(5)

『太平経』六罪十治訣に、「願わくは仁者の行を聞かん」という問いに答えて、およそ次のような論が展開される。財物は天地のどちらにも属さず、人に属して困窮した者を救う役目を持っている。だから富める者が貧しい者を助けてやることこそ、仁という行為なのである。しかし富者は財を幽室深く隠匿して貧者を救おうとしないばかりか、困窮につけこんで倍もの利息を取ろうとさえする。このような者は天・地・人の怨み、百神の憎しみを買

うことになる。富者はたまたま財物の集まるところを得ているに過ぎない。それはちょうど、大きな倉の中の鼠がたらふく食べていても、倉の穀物が鼠のものだとはいえないのと同じである。少内の銭財とて、もとより一人の人間のためではなく、不足した者に使ってもらうためにあるのである。この理も知らず、財産をずっと自分ひとりのものだと思い込んでいる愚かな富者は、大不仁の人というべきである[6]。

ここに見える「少内」は、富者のぜにぐらを一般的に指していると考えてよい[7]。前引の『論衡』と対比すれば、「少内」は銭貨をしまっておく小部屋、いわば「小納戸」ほどの意味となろう。

このように「ぜにぐら」には、土蔵のような独立した建物から納戸やロッカーのような小規模なものまで、さまざまな形態があった。「ぜにぐら」を表す言葉は、「しまっておく」ことから派生して「しまっておく場所」を指すようになったものが多く、どこか漠然としている[8]。実際問題として、このような収納場所が「ぜにぐら」なのか、単なる物置きに過ぎないかは、持ち主の使い方や財力次第という面もあろう。そこで次に、漢・六朝時代の家屋の中で「ぜにぐら」が実際にどのように呼ばれ、配置されていたのかを確かめておきたい。

（2）墓室における財庫

漢代の家屋の中の財庫については、遺跡はもちろん、画像資料もない。手掛かりは、家屋に見立てた墓室を持つ墓葬である。河南省唐河県では、王莽の天鳳五年（後一六）の紀年を持つ「鬱平大尹馮君孺人」墓が発掘されている（図1）[9]。墓室は石と磚で築かれ、南北に耳室を持った前室と、回廊状の側室に囲まれた中・後室からなっている。各室の出入り口に「鬱平大尹馮君孺人車庫」といった題記があり、墓室の各部分の名称が知られる。墓門を入って左側の耳室は車庫である。右側の耳室には題記がないが、漢代の一般的な例から見て、ここは倉や厨房にあたると考えられる[10]。前室と中室の間の門は「中大門」、左右二室に分かれた後室の門は「内門」である。側室の南側の入り口は、「臧閣」と題されていた[11]。「閣」はもともと門の脇の潜り戸だが、建物の内部の小門をも指す[12]。したがってこの側室は、後室に葬られた墓主の調度などを納めた「くら」ということになろう。この墓は、三進院式の建築を模し、前院の左右に車庫と倉あるいは厨房を具え、中院の脇に「臧」を持った家屋なのである。

時代は下がるが、嘉峪関三号西晋墓も同様に家屋に見立てた墓室を持っている（図2）[13]。こちらは前・中・後の三室と、前室の左右下層に二つずつ設けられた耳室、その上層に三つずつならんだ壁龕からなる磚室墓である。墓門を入って右側手前の耳室が「炊内」、奥のやや大きな耳室が「臧内」である。左側手前は「牛馬圏」、奥には「車廡」があり、その上の壁龕には「各内」という題記があった。これは「閣内」の省略である。この墓が見立てた家屋には、家畜の囲いと車庫、炊事場、「臧内」という「くら」があり、「閣内」という棚あるいはロッカールームも設けられていたのである。

このように、漢・六朝期のある程度大きな家屋には、車庫や穀物倉とともに、家財を納める「くら」もあった。その規模や配置は一概にいえないとしても、文献に見られる「臧」「閣」「内」などの名称が、実際に広く民間の家屋で使われていたことは確かである。

ところで、次章で詳細に論ずるが、漢代の官衙は本質的にはその役所の長官の公邸であった。長官とその家族や使用人などが住む区画を中心とし、その周囲に属吏の事務所や倉・庫・獄などの附属施設が配置された官衙の建築は、当時の「第」などの大邸宅とほぼ同一の構造を持っている。そのどこかに、公金などを納める「ぜにぐら」があったはずである。もちろん官衙の大小や職掌によって、大きな土蔵から納戸、あるいはロッカーに至るまで、その規模や呼び名はさまざまだろう。ここにあげた民間の家屋の「くら」の例は、官衙のそれとまったく同じではないにせよ、

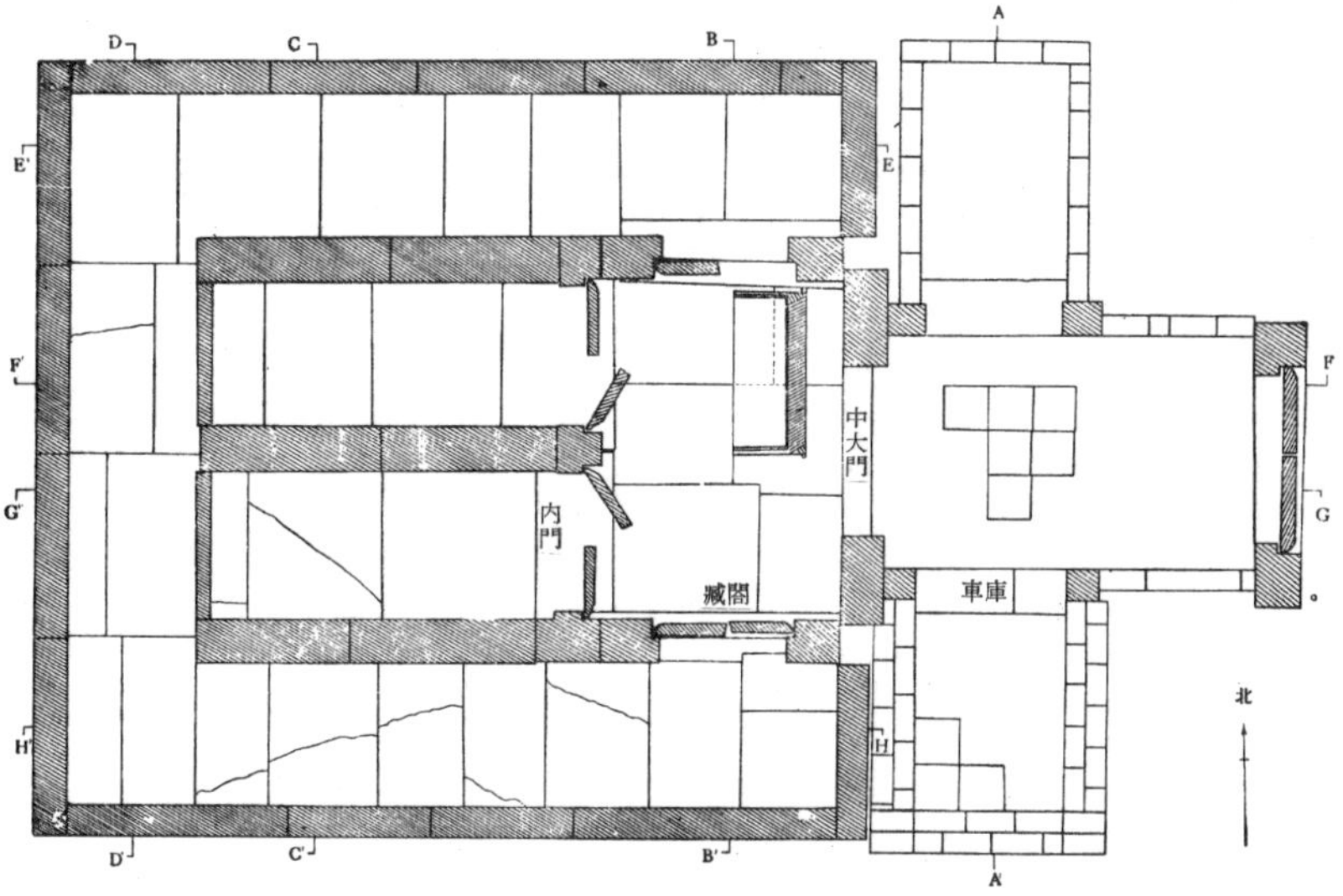

図１　鬱平大尹馮君孺人墓平面図

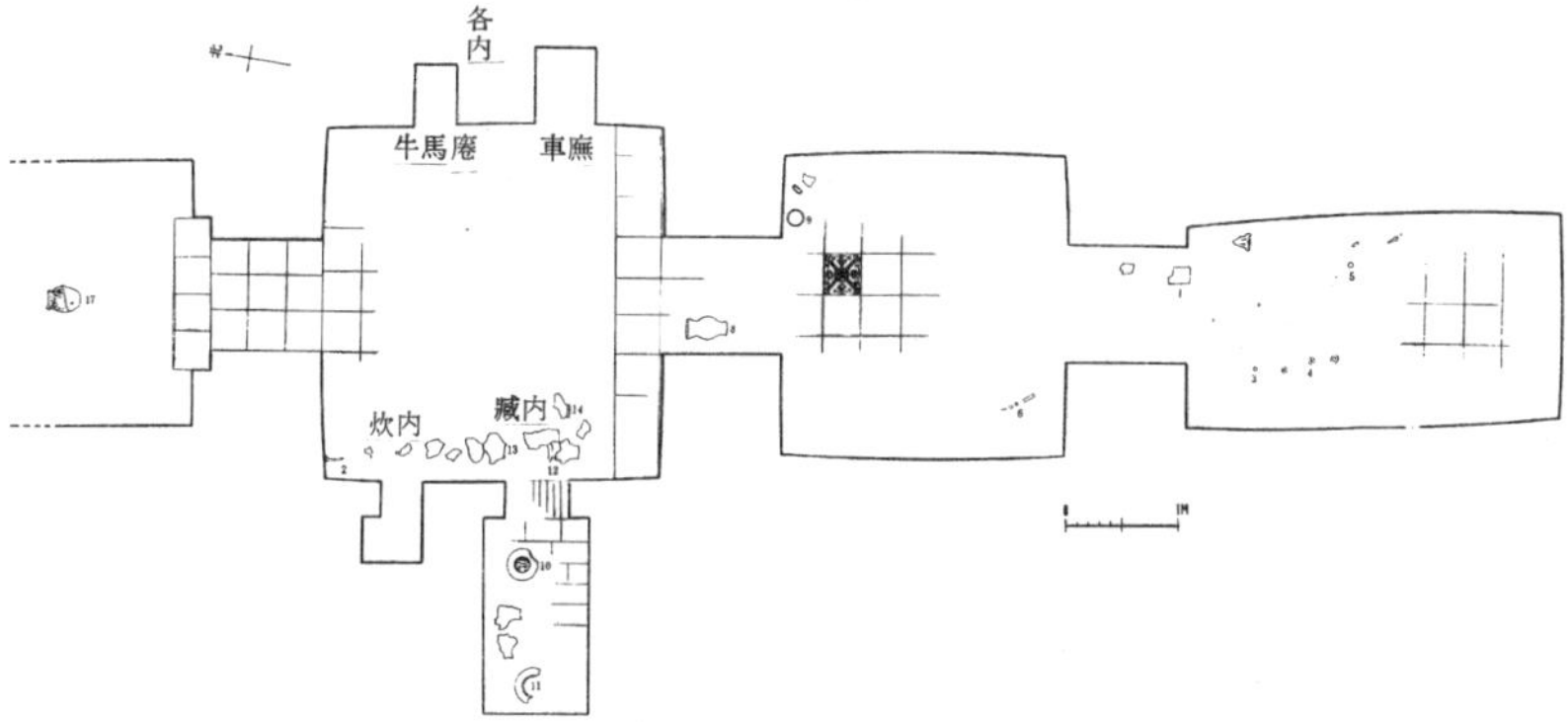

図２　嘉峪関３号西晋墓平面図

参考にはなる。このことを踏まえて、次に財庫の官名の特色を整理してみよう。

（3）財庫と官名

秦漢時代の財政機構の中には、「くら」に由来する官名が随所に見出される。例えば秦の咸陽には、「大内」という財庫が置かれていた。雲夢秦簡の金布律によれば、「大内」は咸陽の諸官から官給の衣服の残りを回収したり、咸陽への輸送が可能な範囲から、使えなくなった銅器・鉄器を回収して払い下げていたようである。[14] 前漢初期の長安にも、「京師の府臧」として「大内」が見出される。[15] 「大内」はその後おそらく武帝時代から、「都内」と呼ばれるようになったらしい。[16] 前漢後期の「都内」には一から順に番号のついた倉庫が建ちならび、大量の銭や布帛が納められていた。[17] 国家の「銭・穀を掌る」大司農の下で、「銭」の部分を担当する「都内」は、「穀」の部分を担当する太倉とともに、国家財政を支える二大収蔵機構であった。このような「大内」や「都内」の「内」が、前述のように納戸のような「くら」から来ていることは明らかである。後漢代になると、大司農の財庫は「庫」とか「帑蔵」と呼ばれるようになり、[18]「内」という名称は用いられなくなったようである。

さて、秦代の県には、「少内」という公金出納機関があったことがわかっている。公金出納を担当する「少内」は漢代にも見出されるが、秦代のそれと同一視してよいかどうかは検討を要する。ここではひとまず、秦漢時代を通じて、財政機構の中に「少内」という官名があったことを指摘するにとどめたい。「少内」は前述のように、銭財を納める「小納戸」という意味で、民間の家屋でも使われた言葉である。

ところで、帝室財政を預かる「少府」という官名について、応劭は次のように説明している。「少府」の「少」は「小」という意味で、天子の私養を国家の経用と区別するために、別に小さな蔵をつくったのである。[19] もちろん実際には、「少府」は「くら」自体の名前ではなく、九卿の一員を長官とする巨大な財政官庁の名称であった。しかし同時代において「少府」の「府」は「くら」を意味し、「少」は「小」に通ずると意識されていたことは間違いない。

ここに紹介した大内（都内）、少内、少府といった官名は、もともと宮殿や官衙の「くら」や「納戸」に由来する、「お蔵役」「お納戸役」といった意味あいの即物的な官名である。しかもその名称に含まれる「大」や「小」（少）は職掌の上下関係などの規準から統一的に区別されているわけではない。財庫は公金の出納をともなうあらゆる宮殿や官衙に何らかの形で存在し、その職掌や権限に応じて、上は九卿から下は斗食の吏に至るまで、さまざまな官職が置かれる。それらはそれぞれに、その宮殿や官衙の「くら」に由来する「お蔵役」「お納戸役」として、似通った官名を帯びていた。したがって、たまたま名称のわかる「お蔵役」だけをとりあげて、「少内は大内に属する」とか、「少内は少府と同じである」といった結論を導くことには意味がない[20]。財庫の分析は、それがどのような宮殿や官衙に属し、そこで如何なる機能を果たしていたかという問題を離れてはあり得ないのである。

以上のような、官衙の構造と財庫に関するいくつかの前提条件の考察を踏まえて、次に郡県の財政機構の中の財庫を、具体的にみていきたい。

Ⅱ　郡県の金曹と財庫

(1)　機構の沿革

秦漢時代に、郡県の財政がどのような機構で運営されていたかを、まず簡単に整理しておこう。

雲夢秦簡によれば、統一前後の秦の県には、「少内」という公金出納機関があった。金布律によれば、少内は官有物資などの弁償責任を負った官吏から、その債務を記した文書に基づいて取り立てを行なうとされる。[21] また封診式と呼ばれる書類の書式例では、奴隷を官で買い取ってほしいという民間からの訴えを受けて、少内の某と佐の某がその価格を調査し、県丞の立ち合いでこれを買い取るというものがある。[22]「少内」は、いわば県などの会計課にあたり、少内―佐という統属関係の官吏が置かれていたようである。官衙の財庫については、「内史雑」律に細かい規定がある。それによると、各役所で一日の事務が終わったら、財貨を納める「臧府」と文書類を納める「書府」に火の気がないことを確認して戸締まりをし、夜間は令史が巡回して警備にあたることになっている。[23] これはあらゆる役所にあてはまる一般規定であるから、「臧府」や「書府」も普通名詞として用いられていると考えた方がよい。県の「少内」が管理する「臧府」が実際にどのように呼ばれたかは確認できない。また、秦代の郡の機構についても、ほとんど考察の手掛かりがない。

前漢後期になると、郡県の官僚機構が次第に整備され、功曹・主簿をはじめ賊曹・戸曹など諸曹の部局分けが定着していく。各曹には掾・属以下令史・書佐などが置かれた。このうち財政関係の部局は倉曹と金曹である。[24] 倉曹は官の穀物倉を管理して、農民から納入される田租などの収入と、官吏などに支給される食糧の支出を担当する。一方金曹は、算賦や市租のように貨幣の形で納められる賦税収入と、官吏の俸給などの支出を管理する。郡県の財庫は、一般的には「庫」と呼ばれることが多い。このような機構は郡と県で基本的に変わらず、両者の違いは質的な差よりも、量的な差であった。漢代の金曹や倉曹の掾史は、職務の重要性にも関わらず、その事務の繁雑さが地位の上では逆に作用して、長官の側近グループである「門下」には数えられない。[25] そのせいか、文献史料の中に、金曹の官吏の職務に関する具体的な記述はほとんどない。

このように、秦の県の財政機構と前漢後期の郡県のそれとの間には、何らかの継承関係が想定できるとしても、違いがあることもまた事実である。諸曹の成立という、前漢後期の地方行政機構がたどった独自の過程の中に、財政機構の変化を位置づけてみることが必要だろう。以下居延漢簡を手掛かりとして、「くら」の管理が如何に行なわれたか、という観点から、漢代の地方財政組織を整理してみたい。

（2）財庫管理と文書行政

一万点にのぼる旧居延漢簡のうち約半数は、A8破城子、居延都尉に属する甲渠候官の跡から出土した。候官は配下の候隧に分配する銭貨や武器食糧を貯蔵し、帳簿を作成する、文書行政の末端である。候官の長は候（秩比六百石）、その下に丞・尉各一人が置かれる。五鳳四年（前五四）の例では、候官本部には士吏（百石）三人、令史三人、尉史四人（いずれも斗食）が所属した。(26) さらにその下に、「鄣卒」として十名ほどの兵卒がいる。ここから、次のような倉庫類の当直報告の断片が出土している。

1　☒五月戊寅尉史蒲敢言之迺丁丑直符倉庫戸皆完毋盗賊発者（二六四・九　労二一七）

2　☒年十月乙酉朔乙酉令史義敢言之（三三・四　労一七九）
　☒封皆完□盗賊発者門戸……

3　☒□壬申直符倉庫戸封皆完毋盗賊（二五七・二二　労二四八）

4　☒西直符倉庫戸封皆完☒（七二・六　労一八五）

5　☒倉庫戸封☒（一〇四・一六　労三二二）

6　☒直符一日一夜謹行視銭財物臧内戸（五二・四五　労一八八）

□言之
7　□謹行視銭財物臧内戸封皆完（二六六・一六　労三一三）
8　□直符一日一夜謹行視銭財物（八四・二三　労二七六）
□言之
9　□□敢言之廼壬子直符謹行視□□□（二三一・一二　労二八五）
10　□謹行視銭□（一九一・一　労四三二）

1〜5は倉・庫の当直報告で、報告の日付と担当者名を書いたあと、「某日直符したるに、倉・庫の戸封皆な完、盗賊の発く者なし……」と書かれる。「直符」は当直の意。[27] これに対して6〜10は財庫の当直報告。「臧内」という財庫の名称は、前章で紹介した嘉峪関三号墓の例と同じである。こちらは報告の日付と担当者名を記したあと、「一日一夜、謹みて銭財物を行視したるに」と書かれる点が異なる。ちなみに候官程度の規模では諸曹の部局分けはなく、各人への月俸支給事務も士吏や尉史・令史が交代で行なったようである。[28] 彼等が二四時間交代で「臧内」の「直符」となり、その見張りとともに中身の出納と帳簿つけの責任を負ったのではないかと考えられる。

一方、鄣卒の作業簿からは、彼等の日常の作業分担が知られる。「吏養」（炊事当番）「馬下」（うまや番）「守園」（菜園耕作）といった仕事の中に、「治計」も見られる。心得のある兵士が帳簿つけを手伝うこともあったのだろう。さらに「守邸」「守閣」という倉庫番もあった。[29] この「邸」「閣」が前述の倉・庫・臧内と同一の「くら」なのかどうかはわからない。[30]

このように候官では、吏が交代で財庫の警備、中身の管理と帳簿つけの責任を負い、おそらくその指揮監督下で、兵卒が分担して倉庫番などを行なっていた。これは、官衙における財庫管理のミニマムな姿を示していると考えてよい。

では、金曹のような財政専門の部局を持った官衙はどうだろうか。破城子からは、居延県の属吏の月俸支給をめぐる次のような爰書が発見されている。

自言、故居延高亭亭長、三年十二月中、送詔獄証觻得、便従居延迎銭、守丞景臨、取四年正
尉史李鳳　月奉銭六百、至二月中、従庫令史鄭忠取二月奉、不重得正月奉、今庫掾厳復留鳳九月奉、
不当留、庫証所言（一七八・三〇　甲一〇一二）

尉史李鳳はもと居延県高亭の亭長。在職中、三年（年号不明）十二月に、詔獄の囚人を証言のため郡治觻得県へ護送した。その間に居延県からの送金を得て、守丞の景（觻得県丞か）の立ち合いのもとに、四年正月の俸銭六百銭を受け取った。居延に帰ってから、二月に庫令史鄭忠から二月分の俸銭を受け取った。したがって正月分の俸銭を二重取りしてはいない。ところが現在、庫掾厳復が、正月分を二重取りしたとして李鳳の九月分の俸銭支給を差し止めているのは不当である。(31)

二月の俸銭を李鳳に手渡した居延県の庫令史鄭忠は、実際に銭を出し入れし、帳簿をつける係である。これは候官の令史や尉史が交代で行なっていた仕事と基本的に共通する。ただし「庫令吏」という肩書きは、居延県の「ぜにぐら」が「庫」と呼ばれたこと、その管理のために専門の令史が置かれたことを物語る。このような候官と県の相違は、県が領内の住民からの徴税業務をもった民政機関であることに起因するだろう。当然、「庫」は「臧内」より規模が大きかったはずである。

もう一人の居延県の役人、「庫掾」の厳復は、李鳳の俸銭支給差し止めの決定を下している。九月分が差し止めら

れたのは、この件が一〇月から九月までの会計年度末の帳簿検査で明らかになったからだろう。「庫掾」には会計検査の責任と、それに基づく処分の決定権があった。したがって「庫掾」は居延県の公金出納責任者、普通知られている肩書きでいえば金曹の掾史にあたると考えてよい。

ところで、李鳳が居延県からの送金を受け取る際、丞が立ち合っている。実際に手渡したのは、いうまでもなく觻得県の金曹の吏だろう。自県の吏であれば、それだけで済むはずである。しかし李鳳のように他県の吏の場合、金曹の掾史よりもさらに上位者、居延県に対して觻得県全体を代表しうる立場にある県丞が立ち合う必要があったのである。これは、前述の雲夢秦簡の中で、奴隷を買い上げる際に、少内の吏が代価を支払い、これに県丞が立ち合うという例と対応する。こちらは県丞が県全体を代表して、取り引きの公正を保証することになる。

このように、漢代の県の金曹の職掌と権限は、秦代の県の少内のそれを直接に引き継ぐものであった。県の会計課としての少内は、諸曹の名称の体系が定着するに伴って、金曹と呼ばれるようになっていったのである。では、漢代にも依然として存在した少内をどのように考えたらよいだろうか。

(3) 漢代の少内

王隆の『漢官解詁』は、下級の倉庫番の任務について次のように伝える。

小官嗇夫は各おの其の職を擅らにす。倉・庫・少内の嗇夫の属、各自その条理の職主するところを擅らにするを謂う。(32)

ここでは「小官嗇夫」の代表例として、倉・庫や少内の嗇夫があげられている。倉・庫・少内という収蔵施設の組み合わせは、甲渠候官の倉・庫・臧内とも一致する。名称はともかく、食糧倉、武器庫、ぜにぐらはたいていどこの官衙にも置かれていたのである。その番人に代表される「小官嗇夫」が上級者の職務を代行する時には、「小官印をもって某官の事を行なう」旨を断わった上で封印を押すことになっていたらしい。「小官印」は「半通印」とも呼ばれ、秩百石の有秩嗇夫が持つ小型の官印である。(33)「小官嗇夫」は、せいぜい秩百石までの小吏だと考えてよい。「その職を擅らにす」とは、それぞれの職務の条理（上下関係のすじめ）から定められた自己の職務に専念し、責任を持って遂行すること――変に融通のきく倉庫番はかえって厄介である――を意味する。その実例として、ある少内嗇夫があげられる。

前漢武帝時代の末、巫蠱の乱に連坐して郡邸の獄に繋がれた戻太子の孫――武帝の曾孫にあたることから皇曾孫と呼ばれる。のちの宣帝――は、当時まだ生まれて数ケ月であった。罪のない赤児を憐れんだ治獄使者丙吉の尽力によって、皇曾孫は処刑を免れ、前非を悔いた武帝の大赦を得て、晴れて自由の身となることができたのだが、獄を出ても行く所がない。丙吉は引き取り手を捜す間、乳母を手配して引きつづき郡邸に皇曾孫を置き、養育していた。しかしその後、少内嗇夫が「皇孫を養えという詔令はございません」と突っぱねたため、丙吉は自腹を切って幼な児を養わなければならなかった。(34)

顔師古はこの「少内」を「掖庭の府蔵を主るの官」とするが、山田勝芳氏の論ずるごとく、これは郡邸の少内でなければならない。(35)郡邸は「諸郡の邸の京師に在るもの」、地方の郡から長安に派遣される上計吏などが寝泊まりする官有の建物である。ただし郡邸の獄がそれぞれの邸にあったのか、郡邸全体で一つの獄が置かれたかは明らかでない。郡邸の管理は初め少府が管轄したが、中尉（執金吾）からさらに典客（大鴻臚）へと改属されている。(36)当時の郡邸がどこに属したにせよ、少内嗇夫は一介の小吏に過ぎない。「詔令」とはいっても、事実上は「正式な命令書」ほどの意味だろう。このような命令書は、中央官庁では「某月某日、某甲の詔書もて、某物若干を出だし、某官の某事に給せよ」という書式であった。[37] 公金を支出するには、いつ、誰の命令で、何を、誰に、何のために支出するかを明記した書類が必要だったのである。この少内嗇夫は、郡邸の「ぜにぐら」の金銭の出し入れと帳簿つけを担当しているが、公金の支出や用途に関する決定権のない小吏である。しかし正式な書類がなければ、丙吉のような高官の要求でも拒否することができた。

このような漢代の少内は、金曹の前身としての秦代の少内と比べて、いささか様変わりしている。秦代の少内は、広汎な職務と権限をもつ県の財政部局、いわば広義の「お蔵役」である。これに対して漢代の少内は官衙の「ぜにぐら」自体を指し、そこに置かれた官吏の官秩、職務も、県や候官の令史・尉史と基本的に変わらない。少内の意味合いは狭義の蔵番以上のものではない。官名は同じでも、少内の内実には変化があったのである。

漢代郡県の金曹は、秦代の少内を前身とする財政部局であった。これは、金銭の出し入れと帳簿つけという「くら」そのものの管理を基礎として、文書のチェックや伝達の機構が積み上げられ、金曹の掾史を介して最終的に長官・丞につながる、文書行政の組織である。金曹の末端にあたる「ぜにぐら」は、その規模などに応じて、庫、臧内などの名称で呼ばれた。少内もそのような「ぜにぐら」の一種である。これらの名称は必ずしも制度的に厳密に定められたものではなく、民間の家屋の「くら」とも共通する、多分に習慣的な名称であった。諸曹の名称が土地の事情によって全国一律ではなかったのと同様、「ぜにぐら」の名称も、土地によって、あるいは官衙によって異なっていたかもしれない。しかしその蔵番の任務や官秩は全国共通、最も小役人らしい小役人の世界だったのである。

Ⅲ　郡県の少府

（1）　少府と金曹

漢代郡県の財政機構の中に、「少府」というよくわからない財庫がある。その存在は、『漢書』循吏文翁伝の次のような記述から知られる。

景帝の末、蜀郡守となった文翁は、蜀が辟地で「蛮夷の風」のあることを惜しんで、郡県の小吏から才能のある者十数名を選んで長安に派遣し、博士について儒学を学ばせたり、律令を学ばせたりした。彼はそのために、「少府」の用度を節約して蜀の特産を買い、これを上計吏に託して博士に送った。数年後、学成って帰還した留学生を、文翁は郡の右職に就け、さらに能力に応じて中央に察挙した。[38]

ここに見える「少府」について、顔師古は「郡の財物を掌るの府、もって太守に供する者なり」と注している。さらに厳耕望氏は一歩進んで、少府が郡国の守相の「私蔵内庫」にあたるとしている。[39]一方、雲夢秦簡などから、前述の「少内」と少府を同一視する説もある。[40]史料はすでに出尽した感があるが、郡県の「少府」がいかなる「府」であったか、改めて検討してみなければならない。

蕭吉の『五行大義』に、劉向の『洪範五行伝』を引き、前漢末ごろの県の官制を十干十二支に割り振って、その職掌を説明した部分がある。[41]これを整理したのが表1である。上段の十干は功曹を始めとする諸曹、下段の十二支はその下に属するさまざまな下役である。漢代の官印や封泥には、これら十二支に分類される官名に対応するものが少な

甲	倉曹	共農賦
乙	戸曹	共口数
丙	辞曹	共訟訴
丁	賊曹	共獄捕
戊	功曹	共除吏
己	田曹	共群畜
庚	金曹	共銭布
辛	尉曹	共本使
壬	時曹	共政教
癸	集曹	共納輸
子	伝舎	出入敬忌
丑	司空	守将班治
寅	市官	平準売買
卯	郷官	親事五教
辰	少府	金銅銭布
巳	郵亭	行書駅置
午	尉官	馳逐追捕
未	厨官	百味悉具
申	庫官	兵戎器械
酉	倉官	五穀蓄積
戌	獄官	禁訊具備
亥	宰官	閉蔵完具

表1　県の機構（十干十二支）

からず見出されるが、いずれも半通印。前節で述べたような「小官嗇夫」に近い下級の属吏である。その中の辰に「少府」があり、「金銅銭布」を担当している(42)。このような「少府」の職掌は、上段に「共銭布」とされる金曹とよく似ているが、これが金曹の下役かどうかは断言できない。いずれにせよ郡県の「少府」は諸曹の掾史などよりも格の低い部署だったことは間違いない。

　一九六二年、山西右玉県大川村から一群の漢代青銅器が出土した(43)。そのうち銅盤の口沿には「上郡小府」の刻銘があった。伴出した銅温酒樽の銘文には、前漢成帝の河平三年（前二六）の紀年があるから、この銅盤も大体前漢後期のものとしてよさそうである。この例を始め、「少府」を「小府」と書く例は多数ある(44)。わずか四字の銘文ではあるが、ここから前漢後期の上郡太守府に「小府」があったこと、また「小府」が銅盤のような調度品を管理していたことがわかる。

　後漢末、竹邑侯の相の張寿は、「倹節を崇尚して窮みずから菲薄し、儲偫は法にあらずんば悉く留むるところなし。官を并せて相い領せしめ、倉□小府・御吏を省く」と伝えられる(45)。倉□はよくわからないが、御吏は長官の公用車の御者(46)。そして小府は、調度類の節約と呼応して省かれたのだろう。張寿はまず自分の身の回りの出費の節約と人員整理を行なって、節倹の範を垂れたのである。文翁が「少府の用度を減省して」博士への贈り物の費用を捻出したように、少府の財源は長官の裁量で他の用途に活かしたり(47)、いっそ廃止してしまうことさえ可能であった。

　前漢末の儒者翼奉は、県の属吏を五臓六腑に配当して、その役目を記している（表2）(48)。しかしテキストに混乱が

臓	官	五行	性	理　念	職　掌	府	府の職掌
肝	尉曹	木	仁	主士卒宜得仁	主士卒	獄司宅	獄閉捕亡
心	戸曹	火	陽	主婚道之礼	主名籍 (主民利戸口)	伝舎	伝舎主賓客
肺	金曹	金	堅	主銅鉄 (主市租)	?	兵賊嗇夫	主討捕
腎	倉曹	水	陰凝蔵物	冬収	主稟仮 (収以民租)	厨	厨主受付
脾	功曹	土	信 出稟四方	事君以信 授教四方	与四曹計議 (職在刑罰)	小府 游徼亭長	小府亦与四府則用 小府倉出納主餉種

表2　県の機構（五臓六腑）

あって、金曹の主な職掌が脱落している。その上、五曹を五行にあてはめた説明にも無理がある。例えば金曹は財政官のはずだが、五行における金はむしろ兵と関係が深いため、その「府」(＝腑)として「兵賊嗇夫」をあげざるを得なくなっている。そのあたり、翼奉の説明はいささか怪しげではある。さて、その中で功曹は他の四曹と計議するとされ、その「府」である「小府」も他の四府と「用を則《はか》る」とされている。表1の『洪範五行伝』と同様、少府はここでも諸曹に比べて地位が低いのだが、各「府」と用度の調整にあたるという独特の役割を与えられている。少府が官衙の調度類だけでなく、長官の判断で他の用途にも融通の利く財源となり得ることを考慮すれば、このような翼奉の説も理解できよう。

このように見てくると、郡県の少府は、金銭だけでなく長官の身の回りで使われる調度類をも管理する財庫であることがわかる。顔師古の「財物を掌るの府」という定義は、その点で確かである。少府の財物の用途は、長官の自由裁量に属しており、張寿の例から明らかなように、長官の御者と一緒に省かれてしまうこともあり得る。金曹の「ぜにぐら」を省いてしまったら、財政が成り立たないだろう。少府はどうやら金曹とは別の、長官自身の職務に密着した財庫だったと考えなければならない。では、少府は官衙の機構の中でどのように位置づけられるだろうか。

（2）少府の位置

一九四四年春、遼陽北園で大型の漢代壁画墓が発見された。石板を組み合わせた墓室の壁には、車馬行列や楼閣、宴飲などを描いた壁画と題記の一部が残っていた（図3）。墓門南側耳室の「代郡廩（庫？）」と題された倉庫の図、また墓室の一番奥にあたる東壁南部の、「教以謹、化以誠」という題記をもった楼閣図から、墓主は代郡太守を務めた人物と思われる。東壁に設けられた小室には墓主の宴飲の図が描かれる（図4）。宴飲図と楼閣図の間には侍立する二人の官吏が描かれ、「小府史」と題されていた（図5）(49)。この二人は代郡の少府の役人だろう(50)。しかし漢代の画像で墓主の宴席に侍立する官吏は、功曹・主薄をはじめとする郡県の右職であることが多い(51)。前節で述べたように、少府史は功曹などよりもはるかに下位の役人である。宴飲図との位置関係からいって、「小府史」は侍立する官吏の列の末端にあたると考えた方がよいだろう。墓主の宴席の隅に控えている少府史は、宴席の調度類の係であるとともに、宴会の費用にも気を配っていたのかもしれない。

やや後世の例だが、『三国志』の田豫伝には次のような記述がある。田豫は魏の護烏桓校尉だったが、「清倹約素、賞賜は皆なこれを将士に散ず。胡狄私に遺るごとに、悉く簿して官に蔵し、家に入れず」という高節の人物であった。この条の注に引く『魏略』はその具体例を挙げている。鮮卑の大人の素利らがやって来て、田豫に黄金を贈ろうとした。田豫は一応受け取っておき、彼らが帰った後でこれを全部「外」に引き渡し、帝に報告した。帝はこれを愛でて絹五百匹を賜わった。田豫はこれを半分だけ「小府」にしまっておいた——残りの半分はもちろん「将士に散」じたに違いない——が、これさえも私せず、後日やって来た鮮卑に与えてしまった(52)。

受け取った黄金を「外」に引き渡したというのは、『三国志』本文の「悉く簿して官に蔵す」と対応しよう。護烏桓校尉府の私室で受け取った黄金を外の「官」、おそらく金曹に引き渡し、きちんと帳簿に記録したのだと思われる[53]。黄金を公金の会計に繰り入れることによって、賄賂を受けたのではないことを証明したのである。一方帝からの賞賜の方は、手元に置いた半分を、金曹ではなく「小府」に納めている。「小府」は田豫の身近なところに置かれていたに違いない。「小府」に納められた財貨は、金曹の公的財政とは異なり、中央政府への遠慮なく使うことのできる、いわば長官の「お手元金」なのである。この例は、金曹と少府の役割と官衙における位置の違いをはっきりと示している。

居延漢簡から大庭脩氏が復元した、前漢宣帝の元康五年二月（三月に神爵と改元、前六一）の詔書冊[54]にも「小府」が登場する。詔書の内容は、夏至の日取りとそれに伴う行事に関する太史の要請を受けて、御史大夫が具体的な施行方法を上奏、制可を得たものである。これが丞相から中央各官庁、全国の郡太守と諸侯の相に伝えられ、夏至を期して井戸の水と竈の火を改め、夏至を挟んで五日間、軍事と政務を休むよう命ぜられた。この詔書を受けた張掖郡が、冊書の末尾に附けて発信したのが、次の執行命令書である。

三月丙午張掖長史延行太守事肩水倉長湯兼行丞事下属国農部都尉小府県官承書従事
下当用者如詔書／守属宗助府佐定（地湾一〇・三二　労二八）

これは張掖郡太守と丞（職務は他の者が代行している）から、属国都尉・農都尉・部都尉および県に下された命令だが、「部都尉」と「県官」の間に「小府」が見える。

居延漢簡の中で執行命令書が下される場合、発令者とともに、下命の対象となる官職名（時には人名まで）が必ず明示される。また、郡太守や都尉から属吏に命令が下る場合、所轄部局の長として諸曹の掾史クラスが指定されている。したがってこの「小府」も具体的な部局名で、命令の内容と関係する職掌をもっていたと考えなければならない[55]。こ

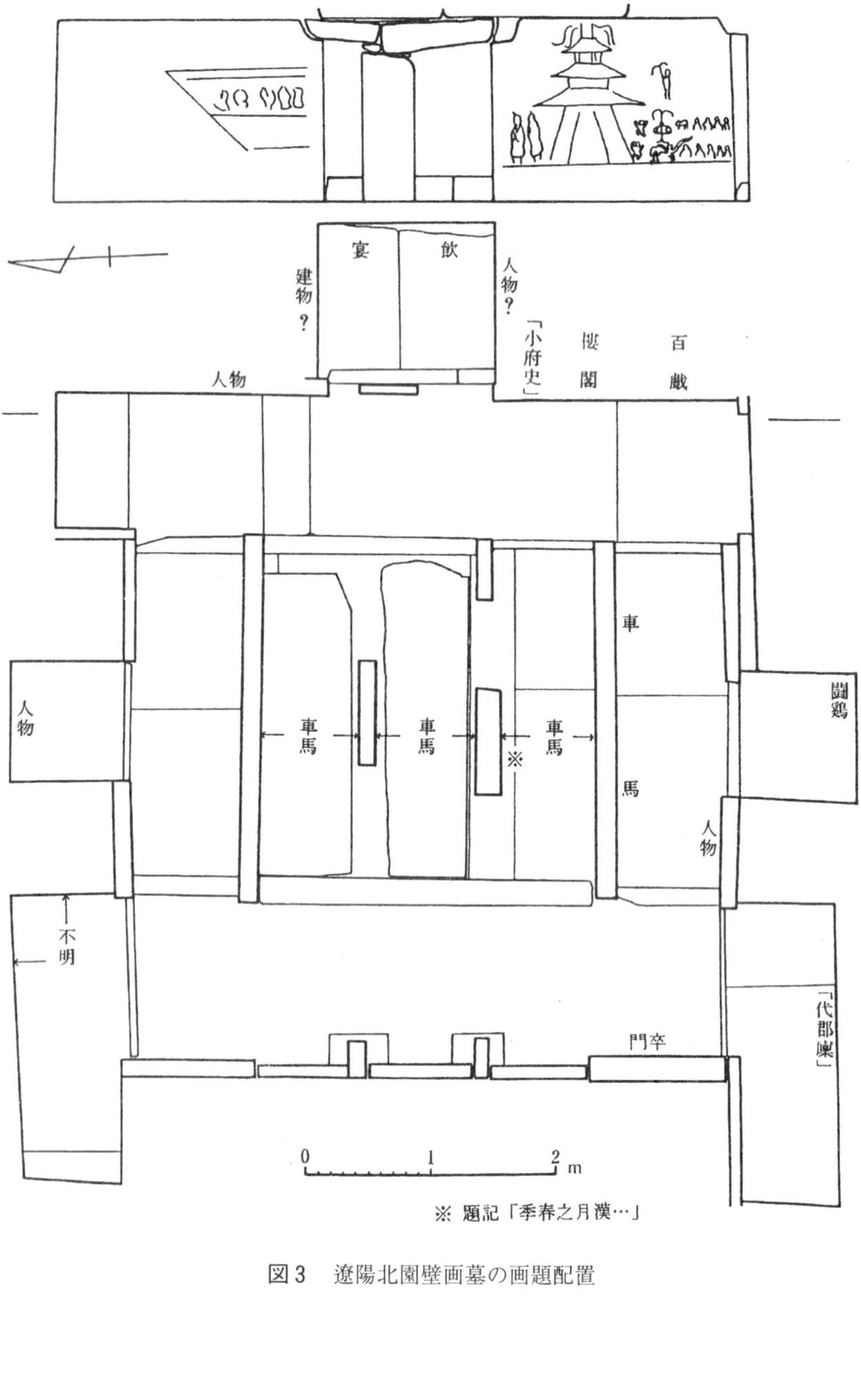

図3　遼陽北園壁画墓の画題配置

図4　宴　飲　図

図5　楼閣図と「小府史」(左端、部分)

の命令の内容、すなわち夏至の休暇に関する通達と、井戸の水と竈の火を更めよという命令のうち、「小府」の職掌と関係がありそうなのは、もっぱら後者の方だろう。ところで、井戸と竈はいうまでもなく厨房の主要な設備である。「小府」と厨房とはいかなる関係があるだろうか。

厨房の官は、前掲表1と2では、「厨官」とか「厨」と記されている。しかし和林格爾漢墓の壁画に描かれた護烏桓校尉府――後に田豫が任ぜられた官衙にほかならない――において、厨房は「共官門」内にあり、その責任者は「共官掾史」であった。(56)「共官」は「供官」の省略である。長官公邸としての官衙において、厨房は長官に奉仕する官であった。この点で厨房は、「小府」と共通する性格を持っている。前掲表2において「小府」は、厨を含む他の四府に対して、諸曹に対する功曹と似た関係にあった。つまり「小府」は厨など官衙の「まかない方」を統率する部局だったのである。漢簡で命ぜられた井戸の水と竈の火の更新は、単なる掃除ではなく、季節が陽から陰へと移り変わる節目にあたる夏至の、重要な公式行事である。これを遂行する部局は、厨房の上位にあたる「小府」でなければならなかったと考えられる。

郡県の少府は、長官の「お手元金」を中心に、官衙の調度類の管理にもあたる財庫であった。その職掌から長官の身近に置かれ、金曹とは別の小部局として長官に直属したと思われる。その官職としては少府史が知られているが、地位は諸曹の掾史よりも低く、倉・庫・獄など官衙の付属施設の管理にあたる吏とほぼ同程度、中央の少府とは比すべくもない小吏であった。しかし少府は単なる蔵番にとどまらず、官衙のまかない方を統率する役割を担っていた。長官公邸、さらにいえば一種のミニ朝廷でもある郡県の官衙において、長官の身の回りの世話にあたる部局が、帝室財政を担当する中央の少府になぞらえて「少府」と呼ばれたことは大いにあり得る。その意味で、前述の顔師古の解釈は基本的に正しい。

少府が管理する長官の「お手元金」の用途は、基本的に長官の自由裁量に属した。長官が自分の身の回りの経費を節約して財源を振り向ければ、少府は金曹の財政を補完する役割を果たし得る。しかし長官の裁量次第で、役得として私的に流用されやすいことにもなろう。このような少府の財政のあいまいさは、金曹の公的財政の厳格さと対照的である。とはいえ、郡県の少府を長官の家政機関としてしまうことはできない。郡県の長官は、いかに強い権限が与えられていたにせよ、国家から俸給を支給される官僚の一員に過ぎない。郡県の少府の財政は、このような長官の職務に伴う経費——例えば現在の官庁の「交際費」を思い浮かべればよいかもしれない——として、金曹の担当する公的財政から留保されたものであり、本質的には官衙の一消費部門に過ぎなかったのである。ここに、郡県の少府の財政的役割とその限界を見ることができよう。

おわりに

以上、わずかな史料から郡県の財政機構を論じてきたが、ここで論点をまとめよう。漢代、財庫は独立した倉庫建築から納戸、ロッカーに至るまで、その規模や形態によってさまざまな名称を持っていた。「くら」自体の名称からさまざまな官名も発生するが、これらはいずれも「お蔵役」といった漠然とした意味の官名であり、職掌や上下関係から統一的につけられていたとは考えられない。

秦代の県では、公金出納にあたる「お蔵役」は「少内」と呼ばれていた。しかし前漢後期に郡県の官制が整備され、諸曹の機構に分かれた部局構成が採用された結果、公金出納にあたる部局は金曹と呼ばれるようになっていった。金曹の末端では、令史や嗇夫クラスの小吏が「ぜにぐら」の当直としてその警備や財貨の出し入れ、帳簿つけなどを行ない、金曹掾史を始めとする上司が帳簿などのチェックにあたる。この分担関係は、金曹が「くら」そのものの管理を基礎として、その上に積み上げられた文書行政の組織であったことを物語る。このような組織の中で、秦代から引き継がれた「少内」の名称は意味あいが限定され、下級の蔵番の官名となった。これは従来漠然としていた「お蔵役」内部の官名が、役割に従って分化していった結果であった。

ところで漢代の郡県には、少府という財政機構もあった。少府は金曹とは別の機構として長官に直属し、長官の身の回りの調度類などの調達や営繕にあたる財庫で、官衙の「まかない方」を統括する機能を持っていた。少府の財貨は長官の「お手元金」とみなされ、長官の裁量で他の用途にも活かすことができた。ここに郡県の少府のユニークな役割があった。このような少府の機能は、戦国時代の県レベルの都市に見られた府の機構の系譜を引くものと考えてよい。

とはいえ、郡県の少府が漢初から史料に見えるのに対して、金曹など諸曹の機構が整ってくるのは前漢後期になってからである。この段階では、郡県の少府は長官の職務に伴う経費を管理する、官衙の一消費部門となっており、その官吏の地位も諸曹の掾史より一段低くなっている。したがって郡県では、公金出納にあたる金曹と食糧の出納にあたる倉曹の財政こそ、財政機構の基幹となったのであり、少府を過大評価することはできない。

このような郡県の財政機構を中央のそれと対比すれば、金曹と倉曹が国家財政を担当する大司農に、また少府が、少なくとも名称だけは、帝室財政を担当する少府にあたることは明らかである。これは、郡県の財政機構が中央のそれと見かけ上相似した構造を持っていたことを示している。さらに前漢後期以降、中央において少府が次第に縮小され、後漢代には財政機構というよりも宮廷の消費部門となっていったのと並行して、郡県の少府にも有為転変があり、次第に影が薄くなっていったのではないだろうか。

本章で扱った漢代郡県の財政機構は、戦国時代に登場した軍事的都市の府の機構を、直接の土台としていた。しかし郡県の行政機構はこの土台の上で確実に変化していることも事実である。特に郡県の財庫のシステムの変化が、中央のそれと構造的に似通っていることは、いかに解釈すべきだろうか。これを単なる制度史一般としてではなく、都市を舞台にした具体的な動きとして理解するために、ここで視野を広げて、そもそも漢代の役所という場所がいかなるものだったのかを、詳細に検討してみよう。

注

(1) 加藤繁「漢代に於ける国家財政と帝室財政との区別並に帝室財政一斑」(『支那経済史考証』上巻所収、東洋文庫、一九五二)

(2)
a A. F. P. Hulswe, The Ch'in documents discovered in Hu-pei in 1975, *T'oung Pao*, vol. 64, no. 4-5, 1978.
b 于豪亮「雲夢秦簡所見職官述略」文史八、一九八〇
c 楊寛「従〝少府〟職掌看秦漢封建統治者的経済特権」秦漢史論叢一、一九八一
d 羅開玉「秦国〝少内〟考」西北大学学報、一九八一―三
e 工藤元男「睡虎地秦墓竹簡に見える大内と少内」史観一〇五、一九八一
f 山田勝芳「秦漢時代の大内と少内」集刊東洋学五七、一九八七
g 彭邦炯「従出土秦簡再探秦内史与大内・少内和少府的関系与職掌」考古与文物一九八七―五

(3) 『論衡』別通篇「富人之宅、以一丈之地為内。内中所有、柙匱所蔵、縑絲帛也。貧人之宅、亦以一丈為内。内中空虚、徒四壁立。故名曰貧。」

(4) 田中淡「中国建築からみた寝殿造の源流」(古代文化　三九―一一　一九八七)参照。

(5) 雲夢秦簡の封診式、「穴盗」の条(六五三～六六三簡)に見える家屋は小堂・房内・大内に分かれていた。この場合の「大内」は寝室にあたると考えられる。前掲田中淡論文参照。一方首都咸陽には、後述するように「大内」という財庫もあった。こ

の二つを名称から区別することは困難である。

（6）『太平経』六罪十治訣（合校本二四六頁）

「……願聞仁者之行。」「然。夫天地生凡財物、已属於人、使其無根、亦不上著於天、亦不下著於地。物者、中和之有。使可推行、浮而往来、職当主周窮救急也。夫人畜金銀珍物、多財之家、或億万種以上、畜積腐塗。如賢知以行施、予貧家楽、名仁而已。助地養形、助帝王存良謹之民。夫億万之家、可周万戸。予陳収新、毋疾利之心、徳洽天地、聞於遠方、尚可常得新物、而腐塗者除去也。……夫仁可不為乎哉。或有遇得善富地、并得天地中和之財、積之迺億億万種、珍物金銀億万、反封蔵逃匿於幽室、令皆腐塗。見人窮困往求、罵詈不予。既予不即許、必求取増倍也。……与天為怨、与地為咎、与人為大仇、百神憎之。所以然者、此財物迺天地中和所有、以共養人也。此家但遇得其聚処。比若倉中之鼠、常独足食、此大倉之粟、非本独鼠有也。少内之銭財、本非独以給一人也。其有不足者、悉当従其取也。愚人無知、以為終古独当有之、不知迺万戸（↓戸）之委輸、皆当得衣食於是也。愛之反常怒喜、不肯力以周窮救急、令使万家之（↓乏）絶、春無以種、秋無以収、其冤結悉仰呼天、天為之感、地為之動。不助君子周窮救急、為天地之間大不仁人。……」

（7）後掲注20に引いた『周礼』職内の鄭注も「少内」を銭を入れる場所としている。ただし鄭玄のいう「少内」は官の「ぜにぐら」としての「少内」である。『太平経』有過死謫作河梁誡（合校本五七五頁）に、天神の罰として天候不順がもたらされると、「其国空虚、倉無儲穀、少肉無儲銭、歳歳益劇、無以給朝廷。復除者多、倉庫無入、司農被空文無以廩、食奪禄除、中国少所用。人民仰国家、而不各施、有難生之期。」とある。「倉」と対になった「少肉」は、恐らく「少内」の誤りだろう。『太平経』の「少内」は官の「ぜにぐら」をも含んだ一般的な名称だと考えられる。したがって、前注の「大倉」「少内」の所有者を皇帝であるとする王明氏の説（合校本序文）は、黄巾の革命運動に引きつけ過ぎた解釈としなければならない。注2c、f論文も同様である。見られるように、この文は富者の義務としての「仁」を説いており、その中に皇帝が含まれるとしても、皇帝だけについて論じているわけではない。渡辺信一郎「仁孝――あるいは二―七世紀における一イデオロギー形態と国家――」（史林　六一―二、一九七八）参照。

（8）この傾向は、穀物を収める各種の倉庫の名称がはっきり分かれていることと対照的である。秋山進午「漢代の倉庫について」（東方学報　京都　四六冊、一九七四）参照。

（9）南陽地区文物隊等「唐河漢鬱平大尹馮君孺人画象石墓」（考古学報　一九八〇—二）。
（10）前注8に引いた秋山進午論文参照。
（11）報告者がこれを「臧閣」と読んでいるのは誤り。
（12）詳しくは次章参照。
（13）甘粛省文物隊等『嘉峪関壁画墓発掘報告』（文物出版社、一九八五）。
（14）注2e論文参照。
（15）『史記』巻一一孝景本紀、中六年（前一四四）四月「以大内為二千石（集解、韋昭曰、大内、京師府蔵）、置左右内官、属大内（索隠、主天子之私財曰少内。少内属大内也）。」
（16）『漢書』巻一九　百官公卿表上、大司農の属官に見える。初出例は『史記』巻三〇平準書「当是時（元光五年＝前一三〇ごろ）、漢通西南夷道、作者数万人、……悉巴蜀租賦、不足以更之。乃募豪民田南夷、入粟県官、而内受銭於都内。」注2f論文参照。
（17）第四部第一章参照。
（18）山田勝芳「後漢の大司農と少府」（史流　一八号、一九七七）参照。
（19）『太平御覧』巻二三六引応劭『漢官儀』「少府掌山沢陂池之税、名曰禁銭、以給私養、自別為蔵。少者小也。故称少府。」
（20）前者の説は注15に引いた『史記』索隠に見える。注2a論文一九六頁参照。後者は『周礼』天官、序官、職内の鄭注「職内、主入也。若今之泉所入、謂之少内。」に関する賈疏に「案、王氏漢官解云、小官嗇夫、各擅其職。謂倉庫少内嗇夫之属、各自擅其条理所職主。由此言之、少内蔵聚、似今之小府、但官卑職碎、以少為名。」とある。両者ともに注釈の本筋からはずれた推測に過ぎない。
（21）県・都官坐效・計以負償者、已論、嗇夫即以其直銭分負其官長及冗吏、而人与参弁券、以效少内。少内以収責之。……金布（一四七〜八）
簡の番号は『雲夢睡虎地秦墓』（文物出版社、一九八一）による。以下同じ。
（22）告臣　爰書、某里士五甲縛詣男子丙、告曰、「丙、甲臣。橋悍不田作、不聴甲令。謁買公、斬以為城旦、受賈銭。……」●

令少内某・佐某以市正賈賈丙丞某前。丙中人、賈若干銭。……（六一七～二一）

(23) 毋敢以火入臧府・書府中。吏已収臧、官嗇夫及吏夜更行官。毋火、乃閉門戸、令令史循其廷府。節新為吏舍、毋依臧府・書府。内史雜（二六四～五）

(24) 厳耕望「秦漢地方行政制度」（『中国地方行政制度史』上編所収、中央研究院歴史語言研究所、一九七四）参照。

(25) 厳耕望前掲書一二四頁参照。

(26) 新出土のＥＰＴ五：四七簡。甘粛省文物考古研究所編『居延新簡釈粋』（蘭州大学出版社、一九八八）、大庭脩『木簡学入門』（講談社学術文庫、一九八四）一九〇頁参照。

(27) 陳夢家「漢簡所見太守・都尉二府属吏」（『漢簡綴述』所収、中華書局　一九八〇）、裘錫圭「漢簡零拾」（文史　一二輯、一九八一）参照。

(28) 前注17引拙稿のｃタイプの帳簿に見える。なお、この事務を士吏が行なう例として、破城子二一四・一〇一簡（労四五〇）参照。

(29)

　　　　　　　其一人守閣　二人馬下　一人吏養
八月丁丑鄣卒十人　一人守邸　一人使
　　　　　　　一人取狗湛　一人守園
　　　　　　　一人治計　一人助（破城子二六七・一七　労二七一）

(30) 次の例のように、卒から預かった私銭を「閣銭」と呼ぶのは、倉庫としての「閣」と関係があるかもしれない。

　　　吏奉銭十五万七百　私槖二百廿二
甲渠候官　卒閣銭六万四千　八月見穀
　（卒吏銭已発――別筆）（破城子二六四・一一　労二一七）

注27引裘錫圭論文、邸閣の条参照。

(31) 大庭脩注26前掲書、二四九～五〇頁参照。

(32)『周礼』天官の序官、職内の賈疏に引く。前注20参照。

(33)『漢代の文物』（京都大学人文科学研究所、一九七六）一一、書契（永田英正氏）、五〇九～一〇頁参照。「少内」半通印は羅福頤『秦漢南北朝官印徴存』（文物出版社、一九八七）一三・八一頁に、また封泥は『封泥攷略』巻一－四一に見える。桂馥『札樸』巻八少内印条、陳直『漢書新証』（一九七九年版）三一三～四、三八七頁参照。

(34)『漢書』巻七四丙吉傳

後元二年、……因赦天下。郡邸獄繋者、独頼吉得生、恩及四海矣。曾孫病、幾不全者数焉。吉数敕保養乳母、加致医薬、視遇甚有恩恵、以私財物給其衣食。……元帝時、長安士伍尊上書言、「臣少時為郡邸小吏、窃見孝宣皇帝以皇曾孫在郡邸獄。是時治獄使者丙吉見皇曾孫遭離無辜、……選択復作胡組養視皇孫、吉常従、臣尊日再侍臥庭上。……既遭大赦、吉謂守丞誰如、皇孫不当在官、使誰如移書京兆尹、遣与胡組倶送、京兆尹不受、復還。及組日満当去、皇孫思慕。吉以私銭顧組令留、与郭徴卿並養数月、乃遣組去。後少内嗇夫白吉曰、『食皇孫亡詔令（師古曰、少内、掖庭主府臧之官也。……詔令無文、無従得其廩具也）。』時吉得食米肉、月月以給皇孫。……」

(35) 注2f論文参照。

(36)『漢書』巻一九　百官公卿表上「典客、……武帝太初元年、更名大鴻臚。属官有行人・訳官・別火三令丞、及郡邸長丞（師古曰、主諸郡之邸在京師者也）。……初、置郡国邸属少府、中属中尉、後属大鴻臚。」

(37)『周礼』天官、職内、「凡受財者、受其貳令而書之。」（鄭注）受財、受於職内、以給公用者。貳令者謂若今御史所写下本奏、王所可者、書之若言、「某月某日、某甲詔書、出某物若干、給某官某事。」（賈疏）釈曰、其有官府合用官物而受財者、竝副写一通、敕令文書与職内、然後職内依数付之。故云「受其貳令書之。」

(38) 次章注71参照。

(39) 厳耕望前掲書、一二六～七頁参照。

(40) 前注2に引く諸論文のうち、少内＝少府説に立つのはcdfである。cは注20に引いた後世のあやふやな記述に基づいている。dfはその根拠として、雲夢秦簡、法律答問に分類される四〇二簡「府中公金銭私貣用之、与盗同法。●可謂府中。●唯県少内為府中、其它不為。」をあげる。「府の中の公金銭を私に貸し付けて用いた場合、盗と同様の法律を適用する」という律の、「府の中」は具体的には県の少内を指している。一方、「府」の一種として少府がある。だから少内は少府である、という論旨である。しかしここからは、少内と少府がともに「ぜにぐら」の一種であるということは言えても、両者が同じものだということにはならない。またこれらの論文では、漢代の金曹の機構と役割が無視されており、厳耕望氏に代表される漢代地方行政の研究との脈絡がつけられていない。

（41）『五行大義』（知不足斎叢書本）巻五。厳耕望前掲書二三五〜六頁に、同氏による校勘と研究がある。

（42）伝世の印や封泥に「少府」あるいは「小府」の半通印がある。「少府」封泥（『再續封泥攷略』巻一―一一）は中央の少府に比定されているが、二千石の高官が半通印を使ったとは思えない。「勃小府」半通印（故宮博物院蔵、『秦漢南北朝官印徴存』七五頁）は勃海郡の少府の印だろう。

（43）郭勇「山西右玉県出土的西漢銅器」（文物一九六三―一一）参照。

（44）注2f論文は居延漢簡の用例から、中央の少府が「少府」、郡県の少府が「小府」と書かれるとしているが、中央の少府を「小府」と書く例もある（地湾五三・一A　甲三五九）ので、どちらでもよかったと考えるべきである。

（45）『隷釈』巻七、竹邑侯相張寿碑（建寧元年＝一六八卒）「君下車、崇尚倹節、窮自菲薄、儲偫非法悉無所留。并官相領、省倉□小府御吏。朝無姦官、野無淫寇。」原石は現山東成武県孔廟蔵。この碑は明代に破壊され、引用した部分は現在「自菲薄、儲偫」と「所留。并官相」しか見えない。『山東秦漢碑刻』（斉魯書社、一九八四）二一参照。

（46）注2e論文はこれを竹邑侯の家吏、f論文は張寿の侍従とし、『後漢書』列伝七九儒林下、孫堪伝「嘗為県令謁府、趨歩遅緩、門亭長譴堪御吏。堪便解印綬去、不之官」を引く。しかし「御吏」は『漢書』巻七四丙吉伝「(丞相丙)吉馭吏耆酒、数逋蕩。嘗従吉出、酔欧丞相車上」に見える「馭吏」と同様、長官の御者だろう。『後漢書』の例は、郡太守府の門の所で待っていた御者が門番に、孫堪の態度が悪いとなじられたのである。長官の御者としての「御吏」は、仙人唐公房碑（『隷釈』巻三）にも見える。

（47）居延漢簡で、以下の簡は都尉府の小府に関係すると思われる。
□具移所付小府候長積□□府銭数□□□（破城子八・八　労一八四）
□候長龍輔千二百衷九百卅小府□

⧄……………………⧄（同六八・七三　労一八二）
言小府当償責小府下所移以君□拝　召（別筆）（同一四五・三六＋一四五・二四＋三二七・四　甲八二六）
いずれも釈読が困難だが、あるいは候長などに小府の銭が貸し付けられたのかもしれない。

（48）　注41に同じ。

（49）　この墓は一九四四年三月に発見された。最初の調査報告として、李文信「遼陽北園画壁古墓記略」（国立瀋陽博物院籌備委員会彙刊　第一期、一九四七）がある。一九四四年五月には駒井和愛氏を始めとする日本側調査隊の調査が行なわれた。その概報が駒井和愛「遼陽北園の漢代壁画」（『中国考古学論叢』所収、慶友社、一九七四）、同『遼陽発見の漢代墳墓』（東京大学文学部考古学研究室、一九五〇）である。さらに一九四四年夏には、北野正男氏らによる調査が行なわれている。その調査報告が Wilma Fairbank and Masao Kitano, Han Mural Paintings in the Pei-Yuan Tomb at Liao-Yang, South Manchuria, *Artibus Asiae*, vol. XVII. 3/4, 1954 である。この論文によって、墓室の実測図とともに未発表の写真が多く公表された。宴飲図と楼閣図はその図10と12に見える。ただし本章の図3～5は、日本側の二つの調査隊から水野清一氏に提供されたと思われる写真の焼付と、水野氏による実測図の写し（ともに現在京都大学人文科学研究所の考古資料として保存）に基づく。

（50）　「少府史」は蒼頡廟碑（西安碑林蔵、延熹五年＝一六二立）碑陰の拠金者リストにも見える。『金石萃編』巻一〇などの釈文は「少府史」に作るが、『増訂寰宇貞石図』（国書刊行会再刊、一九八二）巻一などの拓本では「小府史」に見える。

（51）　一例をあげれば、遼陽北園の壁画墓の北西数キロにある棒台子二号墓は、北園と似た構造の墓室を持っているが、壁画の宴飲図に侍立する官吏は「主簿」「議曹掾」である。王増新「遼陽市棒台子二号壁画墓」（考古一九六〇－一）参照。

（52）　『三国志』巻二六、魏書田豫伝
豫清倹約素、賞賜皆散之将士。毎胡狄私遺、悉簿蔵官、不入家、家常貧匱。雖殊類咸高豫節。（注）魏略曰、鮮卑素利等、数来客見、多以牛馬遺豫。豫転（北堂書抄三八作輒）送官。胡以為、前所与豫物顕露、不如持金。乃密懐金三十斤（書抄作四十斤）、謂豫曰、「願避左右、我欲有所道。」豫従之。胡因跪曰、「我見公貧。故前後遺公牛馬、公輒送官。今密以此上公、可以為家資。」豫張袖受之、答其厚意。胡去之後、皆悉付外、具以状聞。於是詔褒之曰、……乃即賜絹五百匹。豫得賜、分以其半蔵小府、後胡復来、以半与之。

（53）同様の表現として、曹全碑第九行「還師振旅、諸国礼遺、具二百万、悉以簿官」がある。『金石萃編』巻一八参照。

（54）大庭脩「居延出土の詔書冊」（『秦漢法制史の研究』所収、創文社、一九八二）参照。

（55）永田英正「簡牘よりみたる漢代辺郡の統治制度」（講座敦煌3『敦煌の社会』所収、大東出版社、一九八〇、のち同氏『居延漢簡の研究』、同朋舎、一九八九）は、ここに見える「小府」を張掖太守府の謙称としている。しかしそのような謙称の例は他に知られていないようである。正式な命令書の中で、このように属吏の官名と紛らわしい謙辞が使われたとは考えにくい。中国の研究者はほとんどが「小府」を郡太守府か都尉府の属吏の官名と考えている（注27引陳夢家論文参照）。書かれる位置からすれば、「小府」は都尉府の属官と考えられるが、その場合、郡太守から都尉を飛び越えてその属吏に直接命令が下ることになり、この種の文書としては不自然である。一方「小府」を郡の属吏だと考えると、書かれる位置が明らかにおかしいことになってしまう。したがって、この簡自体から「小府」がどちらの属官かを判断することはできない。ただしこれまでの論述から、少府は郡・都尉・県それぞれに存在しており、その限りではどこの属官であっても不思議ではない。なお、注2f論文はこの簡を、郡太守府の文書が、都尉を名指しすることを避けて、その侍官宛てになっていると解釈し、「小府」を都尉の側近の属吏としている。しかしその根拠としてあげる例は、太守府から直接兵卒個々にあてる形式で書かれた「檄」の例であり、この場合の参考にはならない。大庭脩『木簡』（学生社、一九七九）一四九—一五七頁、M.Lowe, Some Military Despatches of the Han period, *T'oung Pao* vol. 51, no. 4-5, 1964 参照。

（56）『和林格爾漢墓壁画』（文物出版社、一九七八）七七頁、八八頁。詳しくは次章参照。

第三章　漢代の官衙と属吏

はじめに

漢代の官僚制は中国歴代の官制の原点である。三公九卿を頂点とする官僚機構のピラミッドと、その中を上っていく人材登用のシステムは、三国以後の様々な書物で絶えず振り返られ、記述されてきた。現代の歴史学においても、漢代の官僚制度に関する研究は依然重要なテーマである。現代の研究の方向は大きく二つに分けられる。一つは官僚制度の機構的側面の分析。この中には各官庁の職掌と機構の具体的な研究に加え、居延漢簡などを利用した文書行政の実態の研究も忘れてはならない。いまひとつの方向は、官僚制度の中の人的側面である。郷挙里選に始まる人材の登用と官職叙任の仕組み、その中で形成される人間関係の現れとしての門生・故吏関係など、官僚制度を通じて漢代の国家と社会の性格を論じた業績は紹介しきれないほど発表されている。

しかし従来の研究は、漢代の役所が具体的にどのような場所であり、官僚たちはそこでどのように仕事をしていたのか、という素朴な疑問には十分答えていないように思われる。とりわけ漢代の官僚制度の顕著な特色として、官吏たちが法定の休暇以外には自宅にも帰れず、いわば役所に住み込んだ状態で仕事をしていたことがあげられる(1)以上、官僚機構の容れ物である官衙はそれ自体調べてみる価値がある。官衙が官僚たちの仕事の場であるとともに生活の場でもあったことを重視すれば、官僚たちの公式・非公式の人間関係を官衙という場において分析しなおしてみることも可能だろう。けだし官僚機構の分析は、単なる職掌のピラミッドの構築に終わるのでもなければ、出世の階段を一段ずつ辿ってみることに終わるのでもない。官僚機構を動かす制度的、人間的メカニズムの総体の分析を目指すべきである。制度の理念を抽出するだけでなく、ある役所でさまざまな人間がそれぞれの職務を果たしている、その状態にいま一度立ち返ってこそ、十全な分析が可能になるのではないだろうか。

近年、壁画などの画像資料の紹介と研究が進んだ結果、漢代の官衙についての視覚的イメージは飛躍的に豊かになった。特に和林格爾漢墓の多数の壁画は、漢代の官衙の実態を伝える貴重な資料である。本章ではまず和林格爾漢墓の壁画に見える漢代の官衙を分析し、文献史料と突き合わせてその空間的特色を明らかにしたい。さらにそれを手掛りに、文献に記される多くのエピソードが主題として伝える長官と属吏の関係に、別の方向から光をあててみたいと思う。まず漢代の画像に描かれた官衙を見てみよう。

Ⅰ　和林格爾漢墓壁画に見える官衙

（1）和林格爾漢墓壁画の構成と配置

一九七一年秋、内蒙古自治区和林格爾県の東南四〇キロの新店子で、後漢代の大型磚室墓が発見された。墓室はほぼ東に向き、前・中・後の三室と、前室の南北に付属する二つの耳室、中室の南につながるもう一つの耳室からなっている。この墓は早い時期に盗掘を受けており、副葬品はほとんど残っていなかったが、壁面を覆う漆喰に墓主の官歴を描く色彩豊かな壁画が残っていた[2]。この壁画と題記によって、墓主が孝廉に挙げられて郎官となり、西河郡長史、行上郡属国都尉事（西河長史のまま事務代行）、魏郡繁陽県令を経て護烏桓校尉となったことがわかった。また、壁画に描かれた西河郡治が離石城とされていることから、墓の年代が二世紀後半にしぼられることも判明した[3]。

和林格爾漢墓の最初の発掘報告は一九七四年に発表され、続いて図版を中心にした『和林格爾漢墓壁画』（文物出版社　一九七八年、以下『図版』と略称）でカラー写真と模本が出版されている。この『図版』は壁画を題記によって場面に分け、その位置の順にならべたものだが、中にはひと続きの画面を別の題で分割してしまったり、説明のみで図版のないものもある。

図1に示したのは和林格爾漢墓の墓室の平面図に壁画の位置を書き込んだ図である。画題は『図版』の命名によるが、題記をそのまま画題としたものと報告者が新たにつけた画題とがあるので、題記を採った画題には「　」をつけて区別することにした。画題に※を付したものは写真・模本を問わず図版のないものである。以下図1によって、壁画全体の配置について若干の説明を加えておこう。

①　耳室およびその甬道

三つの耳室とその甬道には、農耕・牧畜といった生産活動と、厨房における生産物の消費が描かれる[4]。これは耳室が墓主の死後の生活に必要な様々な副葬品を収めるためのスペースであることに関係するだろう。前室北側の耳室甬道に描かれた厨房には「共官掾史」と題された官吏がおり、この厨房が後述する寧城図に見える、護烏桓校尉府の「共官門」内の厨房にあたることは明らかである。

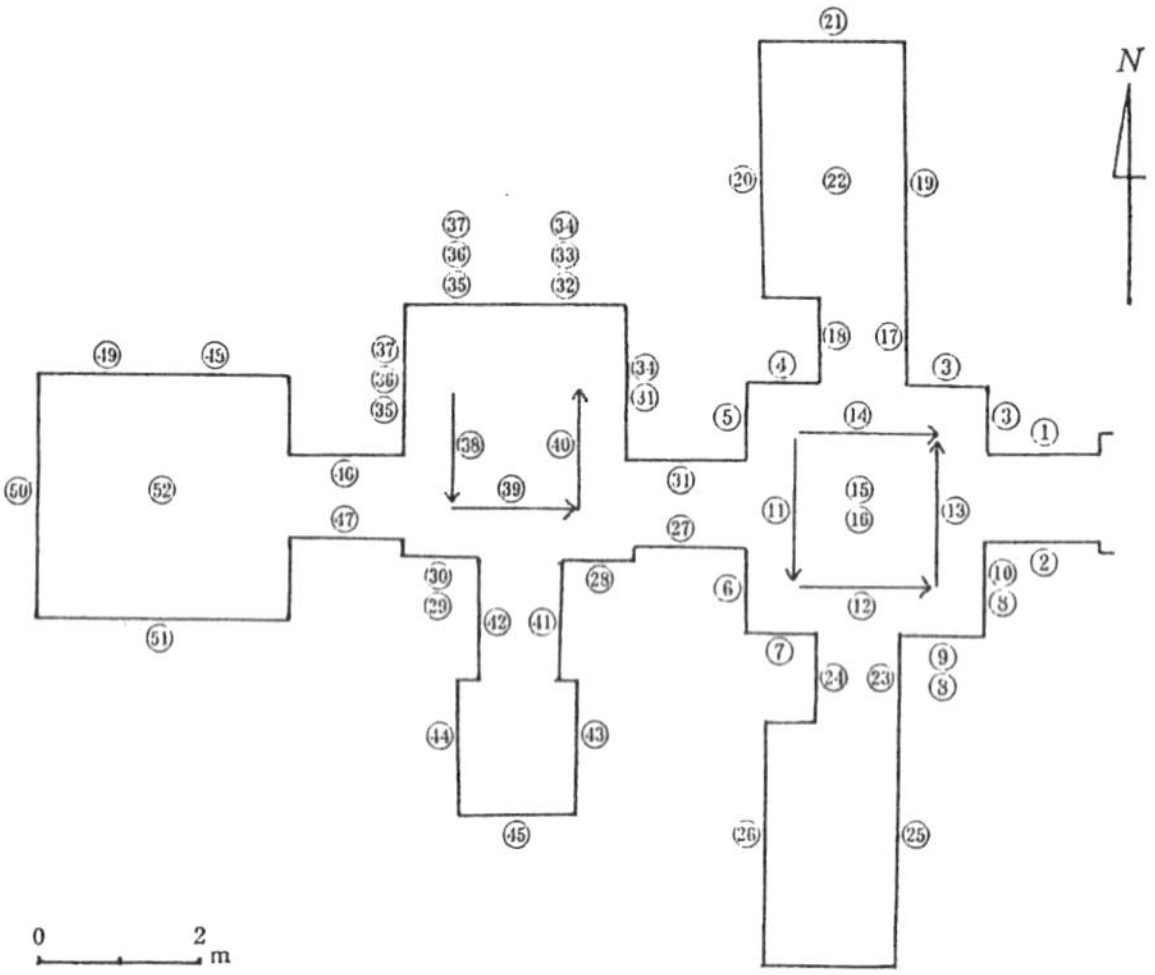

図１　和林格爾漢墓壁画の画題と配置

→は車馬行列の向き。同一個所の上下に画がある場合は数字の上下で位置関係を示す。
※印は図版のないもの。

1　「莫府門」
2　門衛
3　「莫府大郎」
4　拝謁・百戯
5　「護烏桓校尉莫府穀倉」
6　「繁陽吏人馬皆食大倉」
7　「上郡属国都尉西河長史吏兵馬皆食大倉」
8　「莫府東門」
9　諸曹
10　「兵弩庫」※
11　「挙孝廉時、郎、西河長史」
12　「行上郡属国都尉時」
13　「繁陽令」
14　「使持節護烏桓校尉」
15　「麒麟、雨師駕三□」※
16　「□人騎白象、鳳凰従九□、朱雀」
17　厨炊
18　「共官掾史」
19　牧羊
20　農耕
21　碓舂・穀倉
22　雲文・斗拱
23　厨炊
24　観漁
25　牧牛
26　牧馬
27　「繁陽令被璽□時」
28　「繁陽県令官寺」
29　「西河長史所治離石城府舎」
30　「行上郡属国都尉時所治土軍城府舎」
31　寧城図
32　楽舞百戯
33　迎迓※
34　爨舎※
35　厨炊・宴飲・祥瑞
36　燕居
37　歴史人物
38　「渭水橋」
39　軿車従騎
40　「使君従繁陽遷度関時」
41　五奴僕
42　果樹鴉雀
43　厨炊※
44　厨炊・器皿※
45　禽舎※
46　鼓吏※
47　「宮中鼓吏」
48　武成城図
49　「立官桂樹」
50　「臥帳」
51　荘園図
52　四神図※

②　墓室下層

三つの墓室の床から大体一・六メートル前後までの壁面と、墓室をつなぐ甬道の南側には墓主の日常生活が描かれている。このうち前室には護烏桓校尉府を中心に上郡属国都尉府や繁陽県寺の様子が描かれている。中室には墓主が歴任した官衙を表した城郭の図がある。北側には護烏桓校尉府が置かれた寧城図があって甬道からひと続きに描かれ、南東には繁陽県城が大きく描かれて甬道の「繁陽令被璽□時」に接し、南西には土軍城（上郡属国都尉府治）と離石城（西河郡治）が上下に描かれている。中室の残りの部分には迎迓図（詳細不明）とサーカス、墓主と夫人を中心とした宴席が描かれ、その下には様々な祥瑞、上には孔子、老子を始め多数の孝子や英雄、高徳の婦人を描き、墓主夫妻を取り巻くが如くである。さらにその下には厨房が描かれている。また、迎迓図の上から寧城図の上にかけて、報告者によって「觼舎」と名付けられた画があると思われる。[5] これは墓主の勉学に関係すると解釈されているのだが、図版は未発表。中室から後室へ通ずる甬道の南側は鼓吏と建鼓、侍婢が描かれ、後室に入ると壁面いっぱいに、南に荘園図、西に墓主夫妻の宴を描いた「臥帳」図、北には武成城図と「立官桂樹」図がある。

③　墓室上層の車馬行列

前室に四つ、中室に三つある出入口のアーチの上には、すべて墓主を中心とした車馬行列が描かれている。前室の行列は西から南、東にぐるりと続き、「挙孝廉時」「郎」「西河長史」（西壁）、「行上郡属国都尉時」（南壁）、「繁陽令」（東壁）、といった題記を伴う。北壁の行列は他の三つと向きが違うが、「使持節護烏桓校尉」の題記がある。どの行列も互いに交錯して描かれ、墓主の経歴が車馬行列で表されていると見てよい。[6] 中室の車馬行列は、西壁に「渭水橋」の題記を持つ橋の上を行列が通るところ（墓主の経歴との関連は不明）、東壁は「使君従繁陽遷度関時」という題記があって、墓主が護烏桓校尉として居庸関を越えて赴任する行列、南壁はこれに続く夫人の行列である。

④　墓室天井頂部

前室と後室のドーム形の天井の最上部にも画がある。前室天井には「麒麟」・「雨師駕三□」（北面）、「□人騎白象」「鳳凰従九□」「朱爵」（南面）という題記を持つ吉祥が描かれる。このうち特に白象に人が乗る図は、仏教的な画題の早期の事例として注目されている。[7] 後室天井には青龍・朱雀・白虎・玄武の四神が描かれる。

つぎに、本章の主題である官衙に関係する壁画を具体的に見てみよう。

（2）　官衙の空間構成

和林格爾漢墓の壁画で最も詳しく描かれている官衙は護烏桓校尉府である。[8] 中室の寧城図がその全景、前室下層の北側全部と南東の角の壁画はそれぞれ特徴的な建物を取り出して描いたものである。そこでまず中室の寧城図から見ていこう。

①　寧城図

寧城図に見える建物についてはすでに羅哲文氏によって整理されている。寧城図は前室から中室に至る甬道の北側と、それに接続して中室の東壁下層に描かれている。全体の構図は護烏桓校尉府に烏桓族が伺候するところを俯瞰的に見たもので、甬道側には烏桓族が寧城にやってくる行列を描き、[9] 中室ではその行列が城門、護烏桓校尉府の門を通って墓主の居る大きな堂の前まで続いている（図2）。行列の先頭が堂の前まで来ているのに、後尾がまだ城門もくぐっ

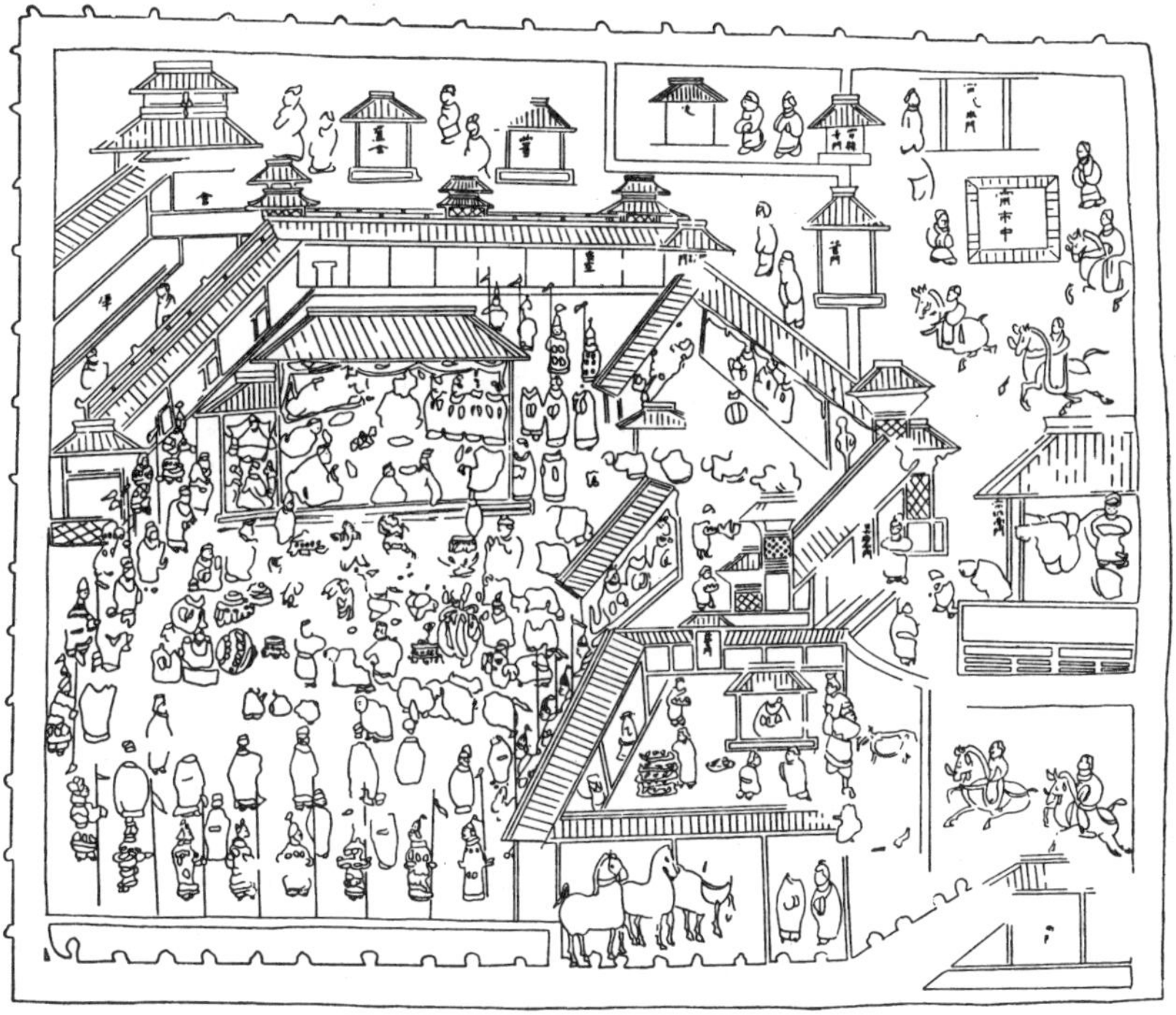

図2　寧城図

ていないというのはいかにも不自然である。この行列は烏桓族の移動経路を表していると考える方がよかろう。

寧城図は四方を城郭で区切り、右が南である。右端まん中が寧城の南門、その上下端が東門・西門になる。南門を入ると高い双闕をもつ「莫府南門」がある。これが護烏桓校尉府の正門だろう。この門をくぐると官吏が居並ぶ回廊状の建物に囲まれた広場に出る。[10] 門の広場側には太鼓がある。南門を入って左側は、別の回廊で仕切られた厨房で、その出入り口は「共官門」である。この厨房のまん中の建物に座っている官吏が前項で紹介した「共官掾史」かもしれない。さらに厨房の下に厩舎の区画がある。

さて、南門を囲む回廊の奥には中門があり、烏桓族の行列が畏まって通って行く。ここを抜けると広い廷を前にひときわ大きな堂が建っている。廷の周囲では甲冑を着けた兵士が物々しく警戒にあたり、その内側には官吏の列がある。堂の前では軽業の最中、堂上中央には赤衣の墓主が左右に官吏を従えて座っている。堂の左側には庇がのびて脇部屋が表され、ここにやはり赤い衣の人物が描かれるが、これは報告者によれば墓主の夫人である。烏桓族の行列は今しも堂の前に来たところである。常識的に見れば、南に正門がある以上、堂も南面していると考えられるから、どうやらこの堂と廷の部分だけは南北を上下にとってあるらしい。堂の後ろには長屋状の建物が描かれてかぎ形に堂を囲む。上には望楼のようなものがついている。右奥の小室には「斉室」の題記がある。その右、南門から伸びる回廊との接点に「東府門」があるが、この門が回廊側に通ずるのか、それとも「斉室」の方に直接通ずるのか、このままでは判らない。廷の左にはまた別の区画があって、高い楼のある建物が「倉」、平屋が「庫」である。これは廷の北になるのか西になるのか判らない。以上が護烏桓校尉府である。

護烏桓校尉府の上には、別の官衙があり、入り口の「営門」の奥に「営曹」、「司馬舍」がある。これはおそらく司馬の指揮する護烏桓校尉麾下の軍営だろう。[11] さらにその上の小さな区画は寧県の官衙である。「寧県寺門」を出て、「寧城東門」の下には「寧市中」の区画がある。[12] これらの官衙などは、護烏桓校尉府に比べて著しく小さく、ごく簡単にしか描かれていない。寧城図は都市全体の図というよりは護烏桓校尉府の図であり、そのほかの部分は単に説明のため描き添えられたに過ぎないように思われる。次に、寧城図と対照しながら前室に描かれた官衙を見てみよう。

② 「莫府大郎」図と拝謁・百戯図

前室に通ずる墓道には門衛とともに「莫府門」が描かれる。これは、この墓全体の入り口が護烏桓校尉府の門と見なされることを示している。墓門を入って前室の東壁の北側から北壁の東側の下層には、「莫府大郎」と題した官衙

図3　「莫府大郎」図（右）と拝謁・百戯図（左）

の画が描かれている。北壁の甬道のアーチを挟んで西側には、報告者によって「拝謁・百戯」と名付けられた画がある（図3）。「莫府大郎」図の東壁側は頭を剃り上げて弁髪を結った烏桓族が武装した兵士の列の前を通って行くところ。[13] おそらく墓道の「莫府門」を抜けてきたという見立てだろう。これにつながる北壁東側に描かれるのが「莫府大郎」と題される建物である。[14] 画面は上下三段に分けられ、上段と中段が建物、下段は右から続いてきた烏桓族の列である。中段の建物の右側は軒に赤い幕がつけられ、褐色の欄干も見える。その中には褐色に赤い縁の衣と黒い冠を着けた官吏が七人ほど見える。その左側は屋根が一段高くなった門であるらしく、烏桓族の行列が入って行く。その奥、画面上段にはやや大きな建物が描かれている。軒には灰色の地に黒い点の模様の幕が掛かり、欄干は赤、両端に黒衣の衛兵がいる。建物の中には、赤い縁の敷物がコの字形に敷かれ、灰色の地に黒の縁取りの衣、黒い冠の官吏が一〇人ほど座っている。手前左側で平伏している人物は赤の地に黒の縁取りの衣、黒の冠である。

耳室甬道のアーチを挟んでこれと並ぶのが拝謁・百戯図、大きな建物と広場の情景である。広場の周囲には兵士が並び、建物の前では軽業が行なわれている。広場の下端右寄りには、官吏の前を畏まって歩く烏桓族が一人だけ見える。赤褐色の衣を着け、頭を剃りあげた様子は「莫府大郎」図の烏桓族と同じ。上段の建物の屋根の上には赤いのぼりのような飾りが翻っている。軒には灰色の地に黒点模様の幕が掛かり、室内のまん中、黒い衝立の前に、墓主と思われる赤い衣を着た人物が大きく描かれる。(15) その左側には赤い縁の敷物に赤衣と灰衣の人物が交互に座り、右側には四人の灰衣の人物が侍立している。墓主の前には酒宴の支度がしてあり、それを前にして四人の黒衣の人物が平伏している。報告者はこれにちなんで画題をつけたのだろう。

しかしこの画は烏桓族の護烏桓校尉府への伺候を描いており、その点で「莫府大郎」図とつなげて解釈すべきである。すなわち、「莫府大郎」図で中門をくぐった烏桓族が、墓主の前にやってきたところを描いたのがこの図なのである。これはまさに寧城図と同じモチーフである。したがって、拝謁・百戯図は寧城図に見える護烏桓校尉府の堂と廷を拡大して描いた図、「莫府大郎」図は寧城図の「莫府南門」から中門までを描いたものといえるのではないだろうか。そして、「莫府大郎」図上段の建物は、幕や敷物、官吏の服装が拝謁・百戯図の堂と一致することから、これも護烏桓校尉府の堂だと見なすことができよう。この二つは、墓主が堂に出御する前と後とを描き分けたのだと考えたい。

③　「莫府東門」図

「莫府大郎」図と拝謁・百戯図の向かい、前室東壁の南側から南壁東側には、「莫府東門」と題された壁画がある。

『図版』ではこれを、「莫府東門」と諸曹、「兵弩庫」（図なし）の三つに分割しているが、本来ひと続きの画として見なければならない。『図版』のカラー写真を合成した模写を図4として掲げる。この画は、門とそれをコの字形に囲む官衙の図である。「莫府東門」と書かれた門には虎の画がかかれた大きな門扉があり、環がついている。その両側に建鼓も見える。[16] 門前の広場の四隅には樹木と黒衣の衛兵が立っており、建物を結ぶ通路が通っている。[17] 右上には門より大きな建物があり、欄干の奥に十数人の官吏が三群に分かれて座っている。みな灰色に黒縁の衣、黒い冠である。軒と官吏の間には題記のついた「工」字形の出入り口があって、右から「金曹」「倉曹」「閣曹」「右□□」「左□□」「塞曹」の六つを数える。この建物の左、「莫府東門」の上も、半分しか見えないがおそらく同じような建物だろう。このどこかに「兵弩庫」の題記があるはずである。門の正面には「功曹」と題された中型の建物があり、軒に赤い幕を掛け、欄干の内側に建鼓を立てている。中にいる官吏はみな褐色に赤い縁の衣、黒い冠である。画面下段には小さな建物が六棟描かれ、軒の幕は赤（「功曹」と違って模様はない）、それぞれ二人ずつ黒衣の官吏が座っている。やはり出入り口のところに題記があり、右から「左倉曹」「右倉曹」「尉曹」「左賊曹」「右賊曹」（左端は不明）となっている。

ここに描かれた官吏の服装は「莫府大郎」図、拝謁・百戯図と共通する。「莫府東門」図上段の灰色の衣の官吏たちは拝謁・百戯図で堂上の墓主に侍っており、中段の褐色の衣の官吏は「莫府大郎」図中段にも見出せる。そして下段の黒衣の官吏は、拝謁・百戯図で墓主の前で平伏する人物と共通する。官吏の服装は、描かれる高さと関係がありそうである。これはおそらく護烏桓校尉の属官の中のヒエラルキーを表しており、灰衣の官吏が上級職員、褐衣が中級、黒衣が下級の職員であることを示すと考えられる。[18]「莫府東門」図ではこのヒエラルキーが建物の大きさにも反映している。すなわち官位の上・中・下が建物の大・中・小に対応する。この画は、左右に見て行けば空間的配置を、上下に見れば官位の上下を表す、という複合的な画なのである。その結果、上段の「倉曹」の下役が下段の「左・右

門」と諸曹・兵弩庫

図４　「莫府東

倉曹」に分かれていたり、さらに中段の「功曹」は諸曹の最上位に位置するはずであるにもかかわらず、中級職員しか描けないことにもなる。こう考えれば、下段に描かれた下役の小屋が、実際にこのように並んでいたと考える必要はない。諸曹の建物は回廊状につながっていたと考えてよいのではないだろうか。

さて、この画を寧城図と対照してみよう。「莫府東門」は寧城図の「東府門」に比定できそうである。「東府門」周辺は寧城図ではあいまいだったが、「莫府南門」から中門に至る回廊が東に伸びて「東府門」に通じており、ここが諸曹に分かれた長屋になっていたと解釈できそうである。そして「東府門」が諸曹から軍営に通ずる通用門だったと考えれば、「塞曹」や「兵弩庫」の題記も生きて来るのではないだろうか。

ところで、「莫府東門」図は墓門を「東門」と見なしているのに対し、墓道の壁画や「莫府大郎」図は墓門を護烏桓校尉府の南門と見なしている。これはこの墓が東向きであることに関係するだろう。墓門は当然墓の正門なのだが、その方向からいえば東門でもあることになる。この墓門の性質が壁画の構図に反映していると考えれば、さほど不自然ではないように思う。

④　その他

前室の西壁には、穀物倉を描いた二点の壁画がある（図5）。向かって右側は「護烏桓校尉莫府穀倉」という題記をもち、二層の屋根の上層が換気孔になっている[19]。これは寧城図に描かれた「倉」と同じ描き方である。倉の前には穀物の山が二つ、その下には長い警棒をもった赤い衣の衛兵が大きく描かれている。左側は「繁陽吏人馬皆食大倉」と題される。上段には「繁陽県倉」と書かれた右と同様の倉が描かれ、中段には穀物の山や黒衣の衛兵、荷車が見える。下段は「功曹」と書かれた建物で、描き方は「莫府東門」図の下段と同様。これで繁陽県の官衙を代表させたも

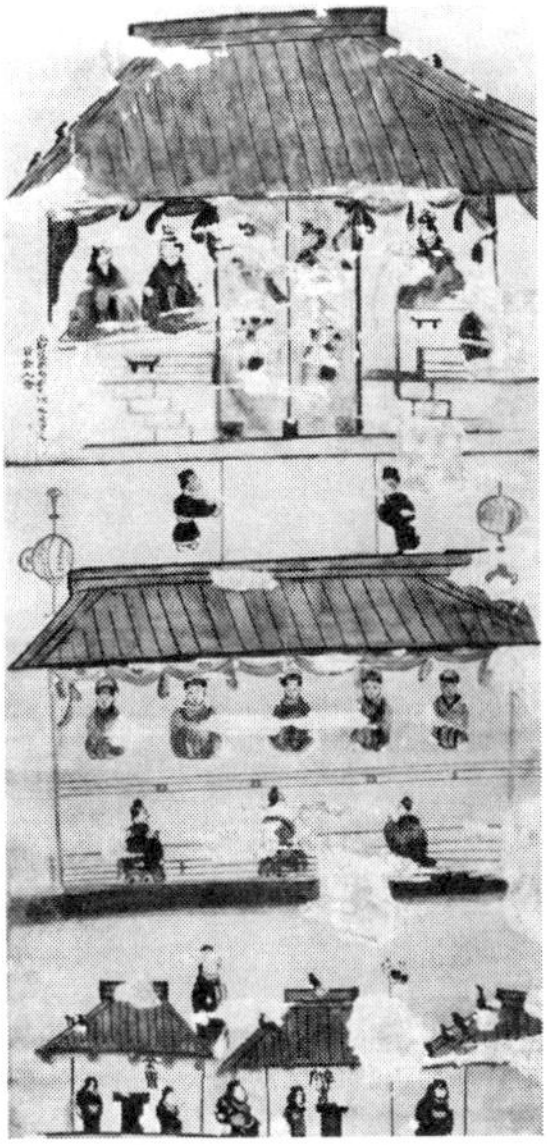

図６　「上郡属国都尉西河
長史吏兵馬皆食大倉」

図５　「護烏桓校尉莫府穀倉」（右）
と「繁陽吏人馬皆食大倉」（左）

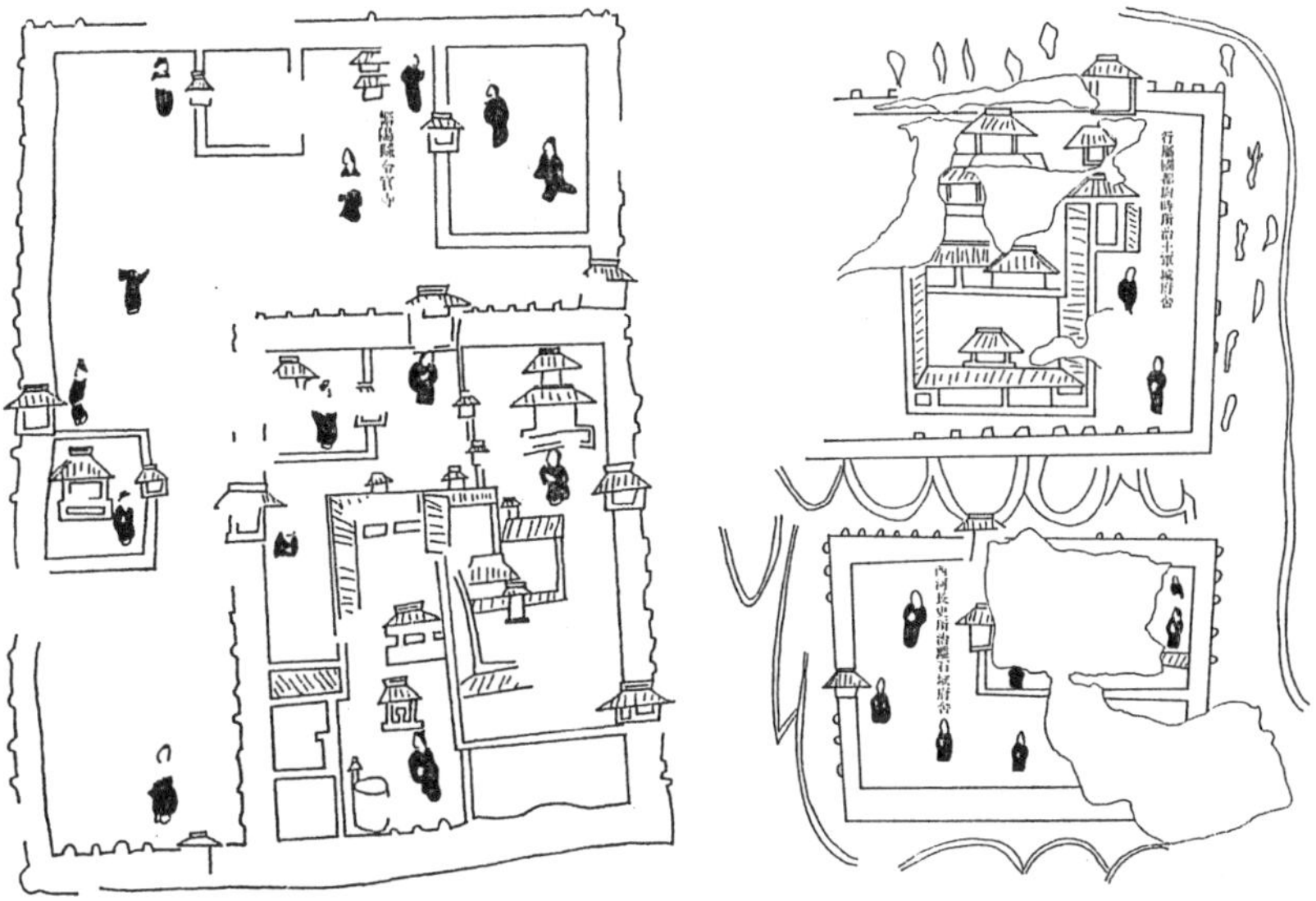

図７　「繁陽県令官寺」（左）と「土軍城・離石城府舎」（右）

のか。この二点でことさらに大きく描かれた衛兵は、画中の倉の警備と中室の警護を兼務しているのである。
その左、前室南壁西側の壁画は「上郡属国都尉西河長史吏兵馬皆食大倉」と題されている（図6）。構図は大・中・小の建物が上下に並び、下の建物に「金曹」「尉曹」と書かれており、全体として「莫府東門」図に似る。カラー図版がないので色彩はわからないが、官吏の描き方も共通するように見える。ただし上段の建物には門扉が描かれている点が異なる。題記から知られる如く、この画は上郡属国都尉府と西河郡府という全く異なる役所を一つの画面にまとめてしまったものである。また、題記から倉が描かれてもよさそうなところだが、周囲の護烏桓校尉府の画の構図にあわせて省かれたと考えられる。[20]
繁陽県、西河郡府、上郡属国都尉府の官衙の俯瞰図は、中室南壁に並んで描かれている（図7）[21]。ともに寧城図ほど丁寧に描き込んでないが、官衙の内部が回廊や塀で複雑に区切られていることは共通する。むしろ寧城図の方が、主要な建物だけを取り出して描いており、それだけ単純化されているように感じられる。
以上の検討によって、前室の入り口から南北壁に描かれた一連の壁画が、寧城図の一部分とはっきりした対応関係にあることが明らかになった。そこから窺われる護烏桓校尉府の空間構成は、諸曹の官吏のいる区画とその奥の堂・廷の区画を中心とし、その周囲に倉庫など付属施設の区画が配置されていたと考えられる。しかしこれが護烏桓校尉府のすべてだと考えるのは早計であろう。ここで個々の壁画を離れて、墓室構造と壁画の関係を再検討してみよう。

（3）　墓室構造と壁画

和林格爾漢墓壁画を、描かれた墓室ごとに見直してみると、前室と中・後室では主人公に違いがあることに気付く。前室壁画の主人公は拝謁・百戯図の堂上の墓主であるのに対し、中室の寧城図を始め、車馬行列や宴席図の主人公は墓主夫妻である。壁画全体の中で墓主の夫人は中・後室にのみ現れる。この差は前室と中・後室の空間的意味の相違を反映しているに違いない。まず漢代の他の壁画墓と比較してみよう。

和林格爾漢墓とならぶ漢代の壁画墓に、河北省望都県で発見された望都一号漢墓がある。(22)やはり前・中・後の三室に耳室のつく、後漢代末期の大型磚室墓である。ここの前室には二十数人の官吏が描かれ、それぞれに題記があって官吏の肩書きが知られる。墓室における題記の位置を図8に掲げた。墓門内には「門亭長」と「寺門卒」が描かれ、和林格爾漢墓と同様に墓室を官衙に見立てていることがわかる。前室の奥には「門下功曹主簿」と「主記史主簿」がならんで座る。西壁には「門下功曹」以下「門下史」に至る門下の諸吏、耳室入り口をこえて「追鼓掾」「□□掾」が描かれいる。「門下史」の下に「……皆食大倉」という題記があって、和林格爾漢墓と同様な総タイトルである。東壁は「門下小史」と墓主の供回りである「辟車伍伯」、耳室の手前に「賊曹」と「仁恕掾」が描かれる。すべて後室に葬られた墓主を拝して立っている。前室壁画の官吏たちは奥から官位の順にならび、これを「主簿」が統括しているが如くである。また耳室の入り口によって、墓主の側近である門下の諸吏と「賊曹」など諸曹の吏が区切られているようにも見える。和林格爾漢墓と同じく、前室は属吏とそのヒエラルキーを描いているといってよい。

しかし、中室に通ずる甬道に描かれた官吏は様相を異にする。甬道の奥には「侍閤」「小史」が前室の方を向いて立ち、手前側には奥に向かって平伏する「勉□謝史」と拝礼する「白事史」が描かれる。この二者は肩書きではなく、それぞれ「勤務ぶりを誉められて感謝する史」(23)、「事を白し上げる史」を意味する。「侍閤」「小史」は墓主への取り次ぎ役であろう。(24)「侍閤」が官名の示す如く「閤に侍する」吏であるとすれば、中室の入り口は「閤」という門と関係があることになろう。

これを傍証するのが、前章でも取り上げた嘉峪関三号壁画墓である。(25)この墓も前・中・後の三室からなり、前室に

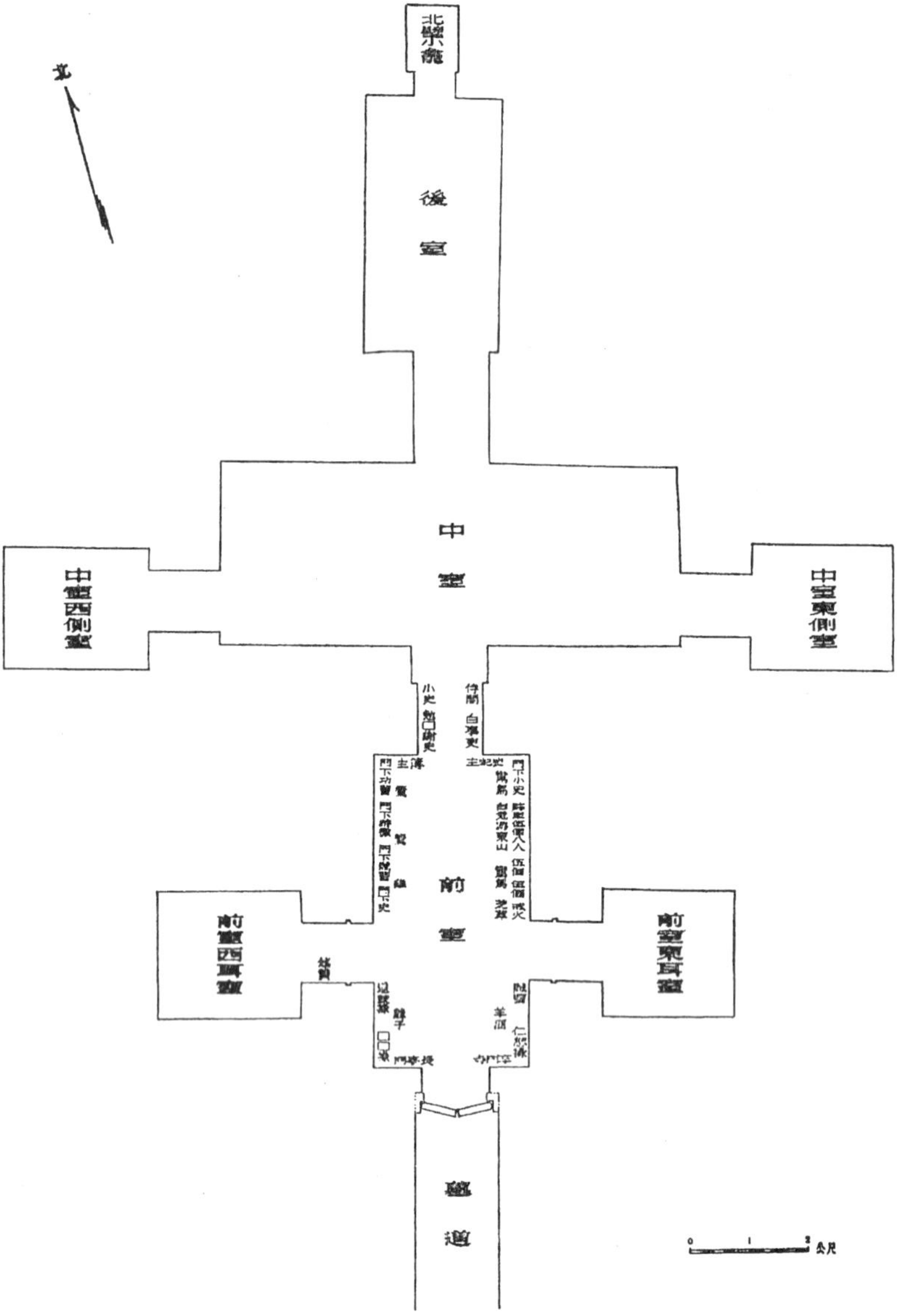

図８　望都１号漢墓前室の題記

は上下二層の壁龕がある。西側の壁龕には「炊内」と「臧内」、東側上層の壁龕には「各内」、下層には「牛馬圏」「車廡」の題記があった。壁龕は墓主の屋敷に見立てた墓室の、炊事場・倉庫・車庫・畜舎にあたる。[26] そして中室入り口の横に設けられた門のミニチュアは「中合」と題されていた。これは勿論「中閤」の省略である。[27] すなわち、官衙と私邸の差はあれ、ともに墓室を地上の建築と見なす望都一号漢墓と嘉峪関三号墓は、ともに中室入り口と「閤」を関連づけていることになる。中室入り口をそのまま「閤」と名付け得るかどうかはしばらく措くとしても、墓室構造において前室と中・後室を仕切る門が重要な意味を持っていることは明らかである。[28]

これを手掛かりに再び和林格爾漢墓の壁画を検討してみよう。和林格爾漢墓前室は、墓主の属吏がそのヒエラルキーに従って役目を果たす公務の場である。対照的に、中・後室は墓主夫妻が徳高く暮らす私生活の場であり、両者の間にははっきりした違いがある。その境界が前室と中室の境である。具体的には、寧城図に描かれた護烏桓校尉府の中門が、墓室においては中室入り口にあたるのではないだろうか。こう考えれば、前室は護烏桓校尉府の南門から回廊の突き当たりの中門までの空間にあたり、中室は堂と廷にあたることになろう。

では後室は護烏桓校尉府のどこにあたるのだろうか。手掛かりは後室北壁の武成城図にある（図9）。この画は中室の寧城図などと同じく、墓主のいた官衙を俯瞰的に描いたもので、四角い枠が城郭と官衙の塀を表している。左下の「南門」はおそらく城門、その上の「武成寺門」と「武成長舎」、「尉舎」は定襄郡武成県の官衙を表す。画面上端の「長史宮門」を入った「長史舎」が墓主の生活する建物、その下に「□中馬」がいて厩舎であることがわかる。墓主はどうやら晩年は定襄郡長史であったらしい（とすればあきらかに左遷であるが）。[29]「長史舎」は左右二つの部分にわかれている。右側の建物が「内」で竈を具え、その前に「井」がある。左の建物に「堂」という題記があるらしいが図版では確認できない。ここは軒に幕を垂らし、墓主が宴会をしているようである。この図の構図は中室の四つの城

図9　武成城図

郭図と共通するが、堂とつながる「内」が描かれる点ではっきり異なる。これは城郭図の中でこの図だけが後室に描かれていることに関連するだろう。後室は墓の一番奥で棺の置かれるところ、地上の建築でいえば主人の寝室にあたる。文献に見える漢代の住宅建築で「内」は堂の奥の部屋を指している(30)。ここに描かれた「内」は堂につながる主人のプライベートな場所であり、それ故に後室に描かれたと考えられる。

この点を考慮に入れて寧城図を見直してみよう。寧城図で「斉室」のある堂の後方は、画で見る限り、堂を取り巻く広場の延長にしか見えない。しかし実際には堂の後方には墓主とその家族のためのプライベートな空間があり、その一角に「斎室」があったのではないだろうか。寧城図にははっきり描かれていないが、護烏桓校尉府の空間構成にはもうひとつの要素、すなわち堂の奥の部分を加える必要がある。これが墓室構造でいえば後室にあたることになろう。

以上から、和林格爾漢墓の墓室構造と壁画の対応関係をまとめてみよう。前室壁画では墓主と属吏の関係だけがとりあげられ、中室では墓主夫妻が中心になるが、堂上の墓主は属吏に取り巻かれている。そして後室は寝室などの最もプライベートな空間にあたり、ここにはもはや属吏は登場しない。護烏桓校尉府の空間構成になぞらえていえば、南門から中門までの回廊が前室に、中門が前室と中室の境界にあたる。[31]その奥の堂と廷は中室、堂の後ろの「内」が後室にあたると考えられる。耳室はこの三段がまえの区画に付属する倉庫や厨房、厩舎などにあたるだろう。[32]

和林格爾漢墓の壁画は言うまでもなく墓の装飾である。これを描いた絵師は、護烏桓校尉府を始めとする各地の官衙に精通していたとは限らない。墓の装飾という条件の下で墓主の注文を生かした結果、このような壁画が描かれたのであり、現実の護烏桓校尉府がここに描かれたとおりであったという保証は依然としてない。しかし逆に、写実的描画でないからこそ、この墓と壁画は漢代の官衙の一般的モデルを提供しているともいえる。次の課題はこのモデルを文献史料に見える漢代の実際の官衙にあてはめて検討することである。

Ⅱ　文献に見える官衙

(1) 中央官庁

漢代の中央官庁のありさまを、前漢の丞相府を中心にまとめてみよう。宮中の諸官庁は特別なのでここでは一応除外する。丞相は「天子を丞けて万機を助理」する、外朝百官の総帥である。漢初の一時期は相国と呼ばれたが、以後前漢末まで丞相、哀帝の元寿二年(前二)に大司徒と改称され、後漢代に司徒となった。その属吏は秩百石以上四百石までの吏だけで三百余人を擁する大所帯であり、漢初には長史二人(秩千石)が、武帝時代からは司直(秩比二千石)がこれを統括していた。[33]事務部局としては東・西曹が知られている。東曹は地方官の人事を、西曹は府内の属吏の任用を分担していたが、当然これ以外の部局もあったはずである。後漢の太尉府ではこの二曹（掾の官秩は比四百石）の他、比三百石の掾を長とする次の諸曹があった。戸曹（戸籍・税務）奏曹（上奏文作成）辞曹（訴訟処理）法曹（郵駅）尉曹（転運）賊曹（警察）決曹（司法）兵曹（軍事）金曹（金銭出納）倉曹（食糧）[34]。中の幾つかは和林格爾漢墓壁画にも見られる。

属吏たちは丞相府の周囲に設けられた吏舎に住んでいた。曹参が相国であった時、昼間から酒盛りが行なわれたという、かの吏舎である。属吏はこういった吏舎に、よほどの堅物でなければ妻子とともに住んでいた[35]。御史大夫寺には「吏舎百余区」があり、それぞれ井戸や竈を備えていた。また府中には柏樹が植えられ、数千羽の烏が住みついていたともいう[36]。和林格爾漢墓「莫府東門」図に描かれた樹木と烏のような鳥を思い出させる。

丞相府は職務にふさわしく、巨大な官衙であった。丞相府には四方に門があり、昼夜の別なくさまざまな報告が受け付けられた。そのため他の役所と異なっていちいち太鼓の合図はしないことになっていたようである[37]。

丞相府の中心は、丞相が政務を執る堂とその前の中庭にあたる廷である。ここは「聴事」とも呼ばれ、後世「广」をつけて「廳」とされる場所である[38]。昭帝の後、帝位に迎えられた昌邑王賀を廃位する宮廷クーデターを準備していた霍光が、大司農田延年を丞相楊敞のもとに派遣したことがある。皇帝の首をすげかえるという企みに驚いた楊敞はなす術を知らなかったのだが、田延年が「更衣」（賓客用の着替え部屋）に起ったすきに、「東箱」から様子を窺っていた夫人が助言して、この謀議に加わることにしたという[39]。「東箱」とは、「殿の東堂」とも、「正寝の東西に付属する箱形の室」とも言われる[40]が、いずれにせよ賓客を迎える正堂の脇にある部屋と解釈できよう。和林格爾漢墓壁画寧城図で、夫人が描かれた堂の脇の部屋を思い浮かべればよい。この堂は「殿」とも呼ばれる大きなもので、属吏から日常の業務が報告されたり、賓客を迎えるほか、上計吏数百人を廷に集めて詔勅を読み上げる、といった公的な儀式にも使われた[41]。後漢代の司徒府の堂は「百官朝会の殿」といわれ、天子の臨席のもとに地方の実状が報告されたり、数百人の上計吏が司徒の前に平伏する、といった重要な政務の場であった[42]。

このような堂と廷は塀や回廊で囲まれていたが、この区画へ出入りする門は三種類が知られている。まず正門にあたる「中門」があった。哀帝の寵臣董賢が帝の勧めで丞相孔光を訪問した際、孔光はまず衣冠を正して門外で待ちうけ、董賢の車が見えると引っ込んだ。そして董賢が「中門」まで来ると今度は「閤」に入り、董賢が車を降りたあと拝謁して「送迎はなはだ謹」だったという[43]。「中門」はこのように、よほどの貴人の訪問か天子の来臨といった場合に開けられる特別な門だったと思われる。また董賢の例から見て、「中門」までは車で入れたことがわかる。後漢の三公府の「駐駕」という来客用駐車場も、おそらく「中門」の外側にあったと考えられる[44]。

これに対して、廷に日常的に出入りする属吏のための門が「黄閤」である。前漢の丞相府、及び後漢の三公府の「聴事の閤」、すなわち丞相の執務室から属吏の事務所に通ずる「閤」は特に「黄閤」と呼んで尊ばれた[45]。太尉府には「黄閤主簿」が置かれて諸曹から提出される書類の処理に当たっていた。これは、望都一号漢墓の壁画で「主簿」が前室の一番奥に描かれていたことと対応する。また太尉府には「閤下令史」も置かれ、「閤下の威儀の事」を担当した[46]。こちらは望都漢墓壁画の「侍閤」にあたるだろう。しかしこの門を開け閉めしたのは蒼頭だったらしい。例えば新任の吏が挨拶におもむく時はこの蒼頭の名前を大声で呼ばわって閤を開けてもらわなければならなかった。ちなみに秩百石以下の小吏は丞相に直接目通りはかなわない[47]。この門番を「宜禄」という縁起のいい名前の蒼頭が務めたことがあったらしく、官吏が報告のため閤に至るたびに「宜禄」と呼ぶことが、以後の慣例になったという[48]。後漢の司徒府において、「中門」の外で属吏が宿直に当たっていることから考えて[49]、少なくとも諸曹の事務所は「中門」の外側にあったことは確かである。

図10　門と閤

では「中門」と「黄閤」はどのような関係にあったのだろうか。『説文』には「閤、門の旁戸なり」とある。[50]門の横に設けられた潜り戸だという解釈である（図10）。嘉峪関晋墓の「中閤」が中室入り口の脇に作られていたことも参考になる。「中門」まで来た董賢を迎えた孔光は、その脇の潜り戸である「閤」を入ったのだと考えれば自然であろう。さらに、属吏の事務所が「中門」付近にあり、彼等の出入り口も「閤」であることから考えれば、「黄閤」は「中門」の脇にある「旁戸」ではなかったかと思われる。こう考えれば、「中門」の外の片側に駐車場などがあり、もう一方に属吏の事務所があったと解釈できよう。寧城図の中門付近の空間構成はおおむね丞相府にあてはまりそうである。

さて、丞相府の堂と廷の区画に出入りするもうひとつの門として「東閤」がある。武帝時代の丞相公孫弘は客館を建てて「東閤」を開き、賢人を招いて謀議に参加させた。顔師古によれば、賓客専用の小門を東向きに新設することによって、属吏が廷に出入りする門、すなわち前述の「黄閤」と区別したのである。「東閤」は廷の東側に開かれた小門だったに違いない。もっとも、客館は公孫弘の後ほどなく使われなくなり、公孫賀と劉屈氂の時には車庫や厩舎、奴婢の宿舎になっていたようである。[51]

さて、長官のプライベートな空間は「便坐」と呼ばれ、正堂の奥にあった。[52]ここも中庭を囲んで建物が建つ形式だったらしく、その中心となる堂を「後堂」という。

尹翁帰が東海太守として赴任する際、廷尉于定国を訪れた。東海郡出身の于定国は故郷の者を新太守に引き立ててもらおうと、「後堂」に彼等を待たせておいたのだが、終日尹翁帰と語りながら、ついにその話を切り出せなかったという。[53] 尹翁帰を迎えた正堂とは別に、私的な場所として「後堂」があったのである。正堂と「後堂」の関係は、和林格爾漢墓の中室と後室の関係に対応している。

後漢桓帝の頃、蘇不韋は父の仇大司農李暠をつけ狙っていた。彼は大司農寺の北垣に接する将作大匠右校のまぐさ置き場に忍びこんでトンネルを掘った。そして首尾よく寝室に侵入、李暠の愛妾と小児を殺したが、たまたま厠に行っていた李暠は無事であった。[54] 南向きの大司農寺で、李暠の寝室は建物の一番奥になるが、北からトンネルを掘れば却って近かったのである。丞相府では、このあたりに裏庭にあたる「園」があった。[55]

ところで前出の大司農田延年は、三千万銭という前漢代最大の横領事件をおこした。これが発覚すると、彼は「閤を閉ざして独り斉舎に居り」、さりとて自殺の決心もしかねていたのだが、廷尉からの召喚の使者が到来したことを告げる太鼓の音を聞くや、自刎して果てた。[56]「斉舎」はもちろん「斎舎」、寧城図の「斉室」にあたる。便坐の一角に設けられた斎戒の場所である。この他、丞相府には倉庫などの付属設備もあったはずだが、現在知る術がない。

このように、丞相府を始めとする中央官庁の空間構成は、大きく分ければ属吏の事務所の区画と堂・廷の区画、「便坐」と呼ばれるプライベートな区画の三つの主要な区画と、その他付属施設の区画にまとめて考えることができる。これらの区画にはそれぞれ門が設けられていたが、その中で堂と廷の区画と属吏の事務所を隔てる「閤」が特に重視されていたようである。前述のように「閤」が「門の旁戸」であるとすれば、なぜ脇の潜り戸ばかりが重視されたのだろうか。

「閤」の定義については、これまで『説文』に従って解釈してきたが、『爾雅』釈宮には「宮中の門、これを闈と謂う。其の小なるもの、これを閨と謂い、小閨これを閤と謂う」とある。『爾雅』は宮中の門を大小の順にならべており、この場合「閤」は「門の旁戸」とは限らないかもしれない。また「門の旁戸」ならばどこの門にもあり得るが、『爾雅』はこれを宮中の門に限定している。まずこの点を考えてみよう。

前漢の長安では、未央宮の門の警備には衛尉と郎中令（のち光禄勲）の二系統があった。衛尉は地方から輪番で上京して来る衛士を率いて正門の守りを固めている。(57)光禄勲は「宮殿の掖門の戸」、すなわち正門の脇の小門を担当するとされる。ここには光禄大夫など諫官や謁見の案内役の謁者が属する他、多数の郎官が「門戸を守り、出でては車騎に充」てられる。(58)衛尉と光禄勲の違いは、一口で言えば一般の警備兵と親衛隊の相違なのだが、この違いが管轄する門の違いとして表現されているのである。同じ場所に設けられた門でも、正門は外部を警戒し、排除する門であるのに対し、掖門は「九闈」の奥に住む天子に直結した、名誉ある門である。(59)正門の警備は衛士でもかまわないが、掖門は天子の最も信頼する、郎官の親衛隊によって守られなければならなかったのである。

このような正門と掖門の関係は、門と閤の関係に容易にあてはめることができる。「門の旁戸」はただの潜り戸ではなく、主人にとって特別な者、親しい者を通す門である。そこから特別な者しか入れない「宮中の小門」を限定的に指すことも可能となる。後者の場合、常にある門の「旁戸」でなくてもよいだろう。(60)董卓と父子の誓いを結んだ呂布が「中閤」、すなわち中門の閤を守ったように、(61)「閤」は主人の最も信頼する者によって守られなければならない。丞相府において、「中門」の「旁戸」であるとともに「宮中の小門」としても機能する「黄閤」が、属吏ではなく忠実な蒼頭によって守られたことは、このような「閤」の性格を物語っている。属吏にとって、ここを潜ることは丞相の身近に親しく仕えることを意味する。丞相に仕える者にとって、「閤」こそが名誉の門なのである。

さて、「黄閤」に出入りできる属吏は幹部に限られていたが、彼等は主簿を通じて面会を申し込めば、いちいち丞相に伝達せずに許可された[62]。しかしこれは「万機を助理する」丞相の任務に「節限」がなく、あらゆる報告が速やかに処理されなければならないからである。これは丞相府に特有のことで、他の役所ではおそらく長官の執務時間中に、長官本人の許可を得なければならなかっただろう。斎戒などのため「閤」が閉ざされていれば面会謝絶である。さらに許可を得ていても、「閤」を勝手に通ることは許されず、門番の蒼頭が頑張っていたことは前述のとおり。長官を煩わせて面会するには、属吏幹部でもなかなか面倒な手続きを要した。

彼等が丞相にまみえる際の礼は「師・弟子の如し」とされ、大袈裟な拝礼は省略される。「臣たらざるを示す」のである[63]。これは属吏幹部層が礼遇すべき存在として扱われたことを示している。後漢末期のこと、光禄勲陳蕃を主事范滂が訪れた。范滂は「公儀をもって」笏を持って「閤」に入ったが、座る時になっても陳蕃が笏を持たせたままだったので、范滂は憤然として笏を捨て、官を去った。范滂ほどの人物を「閤」に入ってまで部下扱いするのは失礼だというのである[64]。この例は、「閤」の外が官僚的ヒエラルキーの論理に支配されているのに対して、「閤」の内部では長官との人格的結びつきが重視されたことを示している。「閤」は人間関係の仕切りとしても機能していたようである。

ところで、丞相は公孫弘以後すべて列侯に封ぜられたから、丞相の居住空間には家丞を始め列侯の家吏たちもいたはずである[65]。したがって、「黄閤」の内部は列侯としての丞相の「家」の世界であり、外部は属吏の官僚的ヒエラルキーの世界であったともいえる。この境界は、和林格爾漢墓において前室と中室の境界に相当する。属吏の仕事場である前室で官僚的ヒエラルキーが強調されるのに対して、中室・後室では墓主夫妻の人徳が強調されていたことは、二つの空間の質の差を物語っている。規模の差はあれ、和林格爾漢墓壁画から得られた官衙のモデルは、中央官庁にもあてはまりそうである。

（2）地方官庁

では、地方の官衙はどうだっただろうか。州・郡・県の機構のうち、州刺史（秩六百石）はある時期まで「常治なし」とされ、管轄地域を巡回して京師に帰り、天子に報告することを本務とする特別職である。ここでは郡県に限って調べてみることにする。まず漢代の地方行政制度を簡単に整理しておこう。

前漢の郡の長官は太守（秩二千石）、副官が丞（六百石）である。辺郡にはこの他長史（六百石）も置かれる。前漢代には太守の補佐兼監現役として軍事を担当する都尉（比二千石）が置かれたが、後漢代には内郡の都尉は省かれ、太守に一本化された。辺郡に残された都尉のうち、異民族居住地に置かれた特別な都尉が属国都尉（比二千石）である。(66)和林格爾漢墓壁画に登場する護烏桓校尉もその一種である。これら郡の長吏は朝廷から任命され、自分の出身地以外の地方に赴任する。

これに対して郡太守府や都尉府の属吏は、長官が任命する地元出身者である。郡太守府は前項にあげた後漢の三公府と同様の諸曹に分かれていた。ただし人事担当の東西曹が功曹となり、属吏の規律担当の五官掾、属県の監察担当の督郵が置かれた。諸曹の文書をまとめる係として主簿や主記室史も置かれる。これが郡の「右職」である。だが、それ以下の諸曹の構成や人員は土地の実情に応じて多少異なることもあった。諸曹は掾・史・書佐といった職階に分かれるが、官秩は後漢の河南尹のような大郡は例外として、普通は幹部でもせいぜい二百石前後、圧倒的多数は百石以下の小吏である。官吏の数は後漢の河南尹の九二七人がおそらく最大、会稽郡で五百余人と伝えられる。(67)

一万戸以上の大県には令、それ以下の県には長が置かれた。前漢の県令は秩千石から六百石、県長は秩五百石から三百石で幅があったが、後漢代には県令が千石、県長が四百石と三百石にまとめられた。令長の下には丞・尉各一人

（大県は尉二人）が置かれた。ここまでが朝廷に任命される長吏である。地元で採用される属吏の部局の構成や官秩は、督郵がない他は大体郡太守府と同じだが、郡の五官掾が県では廷掾とされる。さらに県の下に、百石以下の郷亭の職として有秩・嗇夫・游徼がある。官吏の数としては、後漢洛陽県の七九六人という数値が知られている[68]。そして行政の末端に連なるのが郷里の代表である三老・里正・父老である。このような行政制度を踏まえて、地方の官衙を見てみよう。

建武五年（後二九）春、光武帝が全国平定に努めていたところ、薊城を奪って燕王を称していた漁陽郡太守彭寵が蒼頭に殺される事件があった。斎戒のため正室を避けて「便坐の室」にいた彭寵を、蒼頭子密ら三人が襲い、彼の妻や奴婢ともども縛りあげて家財を掠奪したうえ、彭寵夫妻の首をはねたのである。彭寵の部下はこの変事にまったく気付かず、翌朝閤門が開かないのを不審に思った官属が、塀を乗り越えて死体を発見する頃には、子密らはまんまと脱出して光武帝の恩賞にありついていた[69]。この事件が起こったのは恐らく王莽時代からの郡太守府だと思われる[70]。「閤門」が彭寵と官属の仕切りになっていたのだから、この門が丞相府の「黄閤」にあたることは明らかである。ただし「閤門」という表現は「中門」とその「旁戸」という区別を感じさせず、両者をまとめて指しているようである。ここに見られる空間構造は、中央の丞相府のそれとまったく同じである。すなわち主人夫妻が閤門の内で奴婢にかしづかれて生活しており、閤門が閉められている限り、外の属吏はその内部に立ち入ることができない。子密らはこれを利用したのである。

前漢景帝時代、蜀郡守文翁は成都に学官を建て、成績優秀な者は郡県の吏に任用した。また諸生の優秀な者を伝令として「閨閤」に出入りさせ、年少の者を選んで「便坐」に置いた。これを見た吏民は挙って学官の弟子となったという[71]。また武帝の初期、東海郡太守汲黯は病気がちで「閨閤」の内で臥せっていることが多かったが、それでも一年余りで東海郡は大いに治まったという。[72] これらの例は太守府の「閤」の内部が太守の私的な生活空間だったこと、またここへの出入りを許されることが名誉と見なされたことを示している。

閤門内には「聴事」の堂がある。[73] 掾史らを集めた年始や一〇月（会計年度の始め）の酒宴、といった公的な儀式にも使われる。[74] 後漢の末、漢陽郡の上計吏趙壹は、河南尹羊陟の面会を求めて堂に上がりこんだばかりか、さらに羊陟の寝室の前まで行き、故郷の郡の窮状を訴えて泣いたという。[75] 堂の奥が羊陟の私的な生活空間になっていたことがわかる。

さて、太守は毎日堂に出て政務を執るとは限らない。例えば後漢の九江太守宋均は「五日に一たび聴事」し、冬は正午から、夏は日の出から執務した。[76] 堂に出るまでもない書類の決済などは「便坐」で済ますことも多かっただろう。前述の蜀郡守文翁が学官の優秀な生徒を「便坐」に置いたのは、そのような折りに書類の取り次ぎや起草をさせて、官僚としての現場教育を施すためだったと考えられる。

堂の後ろの「便坐」はやはり「後堂」が中心になっていた。河内太守の周景は毎年、孝廉に挙げられた吏を再三「入りて後堂に上らしめ」、酒宴を催したという。これは家人の扱いである。[77] このほかに「園」もあった。[78]

閤門の外には属吏の勤務する諸曹があったが、その配置はよくわからない。ただ、賊曹や決曹といった司法関係の曹を「後曹」と呼ぶことがある。[79] どこから見て「後ろ」なのかわからないのが残念だが、少なくとも諸曹の配置に一定の順序があったらしいことは想像できる。恐らく一番奥には諸曹の文書をとりまとめる主簿がいただろう。閤には「閤下の書佐」とか「直符の史」と呼ばれる書記官が当直として控えている。[80] 太守は必要に応じて彼等を呼び入れ、書類を作らせた。王莽時代に河南郡太守となった陳遵は赴任早々に、政務をとるかたわら書吏一〇人を前に京師の故人にあてた書状数百通を口述したという。[81] また厳延年も同じく河南太守となり、厳刑を乱用して「屠伯」の異名を奉られたが、彼は「獄文」を書くのが得意で書記官の手を借りなかった。そのため主簿や「親近の史」でもその中身を知り得なかったという。[82] これらの属吏は通常は官舎に住み、夏至などに休暇が与えられてはじめて自宅に帰ることができた。[83]

この他郡太守府の付属施設として倉庫や厨房、厩舎があったはずだが、文献史料は多くを語らない。ただ、前漢宣帝時代、地方の官吏が使者の接待などと称して「厨伝を飾る」現状を警告する詔勅がある。[84] 勝手な理由を設けて官費で宴会を開いたり、公用車を乗りまわしたりすることが、一種の特権となっていたらしい。和林格爾漢墓壁画に見える厨房や宴会のようすは、あまり誉められたものではないのかもしれない。

ところで、司法は地方行政の根幹のひとつである。郡太守府に未決囚を収容する獄があったことは言うまでもない。獄吏の拷問によって、未決のまま獄死する囚人も多かった。獄は治下の吏民にとって最も恐ろしい場所だったに違いない。[85] 和林格爾漢墓の壁画に獄がないのは、半ば意図的に省略されたのだと思われる。また、府中の雑用には、輪番の徭役で官府に給事する「卒」[86] や、官奴婢・刑徒も使われた。雑用といっても、刑徒の場合律の規定どおりに働かされたら、死んだ方がましな位だったようである。[87] 郡太守府の付属施設として、獄の他に「卒」の宿舎や奴婢・刑徒の寄せ場も考える必要があろう。

次に県の官衙を見てみよう。官衙の中心は正堂である。後漢の章帝が元氏県に行幸して、光武帝・明帝を「県舎の正堂」に祠った例がある。[88] この堂は「聴事」とも呼ばれる。[89] その前は広い廷である。前漢元帝時代、右扶風美陽県令代行の王尊は廷を前に坐し、樹に不孝者をつるして騎吏にこれを射させたという。[90]

堂の後ろが「便坐」である。後漢章帝の建初七年（後八二）、中牟県令魯恭の「便坐の廷中」に嘉禾が生じた。[91] さらにこの後ろには園もあり、野菜などが植えてあったようである。[92] また後漢の膠東侯国の相呉祐が園に行くたびに、丞の舎から経典を読む声が聞こえて来たという。[93] 前漢の酷吏張湯が少年時代に鼠の裁判をしたのは、長安丞の舎の堂下であった(94)。県寺の周囲には丞以下の官舎があったのである。

県寺の付属施設についての文献史料はほとんどないが、雲夢出土の秦律のうち、「内史雑」と題される律には、県の倉などに関する規定が見出せる。それによれば、穀物倉やまぐさ倉の周囲には他よりも高い垣墻が設けられ、倉や「書府」「臧府」と呼ばれる重要な倉庫は、火の用心のため夜も宿直による見回りが行なわれる。これらの倉庫の付近には吏の舎を建ててはならない(95)。このような倉庫類の管理は漢代にも共通すると考えてよいだろう。さらに獄があったことはいうまでもない(96)。

ところで、このような県寺でも令長と属吏を隔てる門を「閤」と呼んだ。呉祐は「政唯だ仁簡」、民の裁判沙汰を裁くのに、まず「閤を閉ざして自らを責め」てから臨み、道理を諭して和解させた。吏民これを慕って欺かなかった。例えば嗇夫孫性なるものは税金を横領して買った衣を持って自首し、「閤に詣で」たという(97)。河内郡平皐県長の張歆は、父の仇討をして自首した者を、自分で取り調べをするという口実で「閤に詣でしめ」、こっそり逃がしてやって自分も亡命した(98)。閤内には属吏の手が届かなかったのである。

このような閤は都亭や伝舎にもあった。河南太守厳延年は母の許しを得ようと洛陽の都亭の閤の前に跪いた(99)。また左馮翊韓延寿は、兄弟の相続争いの訴訟を見て高陵県の伝舎に閉じ籠もり、「閤を閉ざして過を思」った。当事者が反省して訴訟を取り下げるや、彼は「閤を開きて延見し」和解の酒宴を催した(100)。都亭や伝舎には、駅伝用の厩舎・車庫のほか、公用旅行者のための宿泊施設もあったが、その建物構成は県以上の官衙と基本的に変わらないと考えてよかろう。

もはや明らかなように、漢代の官衙は、上は丞相府から下は伝舎に至るまで、大小の差はあるにせよ、皆な同じような空間構成を持っていることがわかる。その構成要素は、属吏の勤務する区画を手前に、閤門を隔てて堂と廷があり、さらにその奥に後堂を中心とした便坐が配置される。この三段構えの周囲に倉庫・獄・厩舎などの付属施設の区画が並ぶ。これは和林格爾漢墓で見出された官衙のモデルが、普遍的にあてはまることを示している。このような漢代の官衙とは、いかなる性格の建築なのだろうか。

（3）長官公邸としての官衙

ここまで見てきた漢代の官衙の空間構成は、役所というよりも屋敷といったほうがふさわしいように感じられる。官衙の建築を当時の大邸宅の例と比較してみよう。四川や山東の画像磚や画像石には、豪族の豪壮な屋敷を表したものがしばしば見られる。図11は後漢後期の成都の画像磚の例だが、ここには堂を中心とした主人の生活空間だけでなく、倉庫や厨房などが区画されて使用人が働く姿も描かれている。図12は山東画像石の例で、やはり後漢後期に属する。こちらは二重の門の内部が広い庭園になっており、その奥の門内には大小の堂が回廊に囲まれている。また河南の前漢前半期の家屋明器（図13）は、門の内側が厩舎になっており、さらにもうひとつの門を通って中庭に面した堂があり、その奥に厨房や廊、居間などがある。建物の横には菜園もある。このような構造の邸宅はかなり早くから存在していた[101]。長官の居住空間が当時の住宅に似ていることは当然としても、付属施設を含む官衙全体が個人の邸宅と同じ構造を持っているのである。

官衙に見られたような、中庭を囲む建築単位を連ねる建築様式は、当時民衆の一般的な住居として知られる「一堂二内」の住宅を前後に重ねた構造である[102]。同時代の大規模な屋敷に似たタイプを捜せば、天子が功臣などに与える「第」がこれに近い。「第」は「出づるに里門に由らず、大道に面する」、里内の住宅よりもはるかに大規模な宮殿である[103]。その内部は賓客をもてなす前堂と、婦女がかしづく後房とに分かれており、ここに後堂があった例も知られる[104]。

第の内部にはこのような建物だけでなく、広大な庭園もあり[105]、これら全体が垣に囲まれていた。このような建築様式の起源は、実例で知られる限り、西周時代の岐山の宗廟建築まで遡ることができる。後世の四合院式住宅に至るまで、この様式はまさに伝統的に受け継がれていく。

このような「第」の構成はこれまで述べてきた官衙の構成と明らかに一致する。事実、後漢朝が成立したばかりの洛陽で、もとの館陶公主の「第」が太尉府として使われていた例がある[106]。また例えば、文献の中で本来長官の公邸を示す「舍」は、しばしば官衙全体をも指している[107]。官衙は長官の公邸と事実上同義であった。さらに和林格爾漢墓の武成城図において、墓主の住んだ「長史舍」の門が「長史宮門」とされていたことは、長官の公邸が実際に宮殿とみなされ得たことを示している。これまでの分析から明らかなように、官衙の機能の中枢は長官の公邸、すなわち長官の「家」の空間にあり、これなくしては官衙全体が機能し得ない。官衙の一角に長官の公邸があったのではなく、長官の公邸そのものが官衙だったのである。

この点からいえば、属吏の事務所やさまざまな付属施設は、面積の多少にかかわらず、それぞれ長官公邸の外側の一角を占めているに過ぎない。長官以外の官吏はすべて、宿直勤務の時以外は官衙の外の官舎に住み、毎朝官衙に出勤して夕刻に退出する。この点では朝廷から任命される丞・尉などと長官の採用する属吏に区別はない。官衙という場においては、長官と丞以下の官吏という二分法にこそ意味がある。ある官衙の長官を務めた人にとって、その官衙は単なる勤務先や臨時の住居ではあり得ない。和林格爾漢墓や望都漢墓の墓主が、死後の住居として故郷の我が家ではなく、官歴の頂点にあった時の官衙を選んだことは、このような官衙の性格を最も雄弁に物語っていたのである。

このような官衙は極めて伝統的な建築であり、漢代を通じてあまり顕著な変化は認められない。漢代の官衙において、さまざまな変化を遂げていくのは、建築ではなく、そこで働く官僚の方である。「閤」の内と外には、長官と属

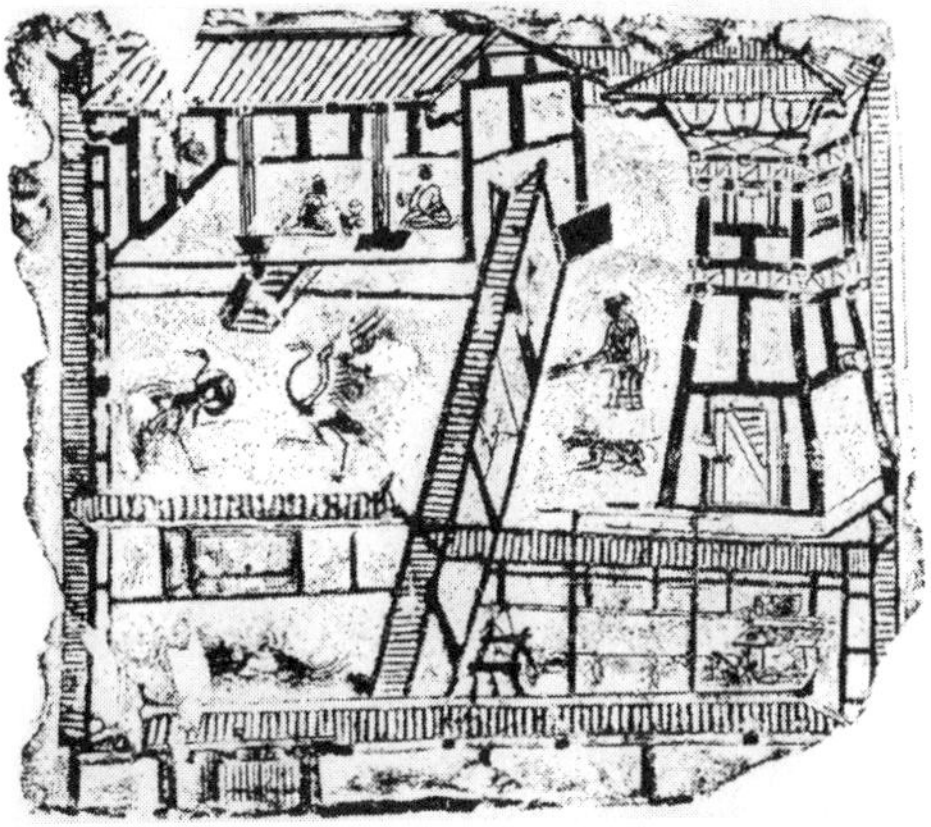

図11　成都揚子山２号漢墓出土画像磚

図12　山東諸城前涼台漢墓画像石（模本）

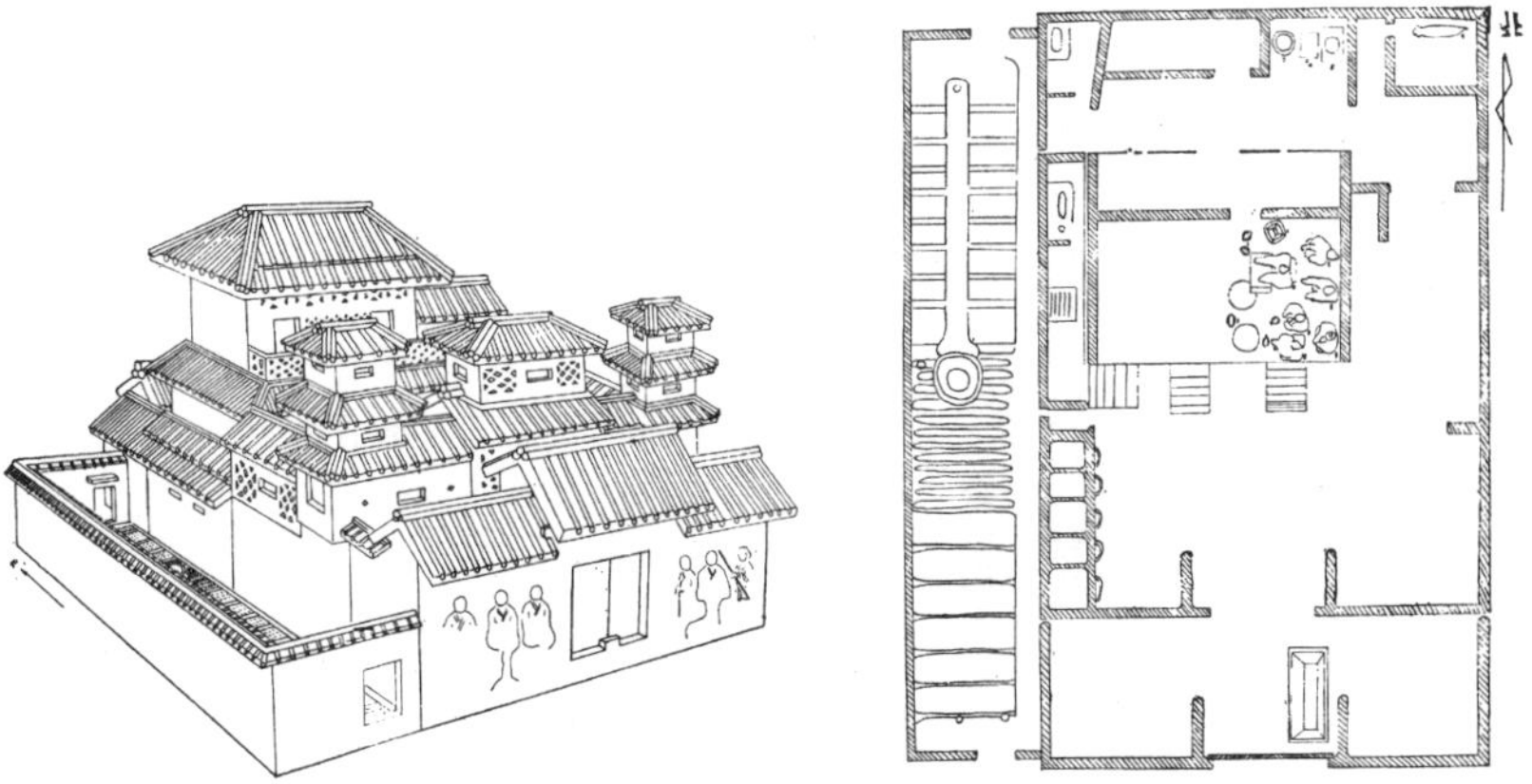

図13　河南淮陽于荘漢墓出土陶屋

吏のそれぞれの歴史があり、両者の関係もそれにつれて変化するだろう。次の課題は、このような官衙で展開する長官と属吏の関係の歴史的分析である。

Ⅲ　閣の内と外

（1）属吏制度と諸曹の形成

官衙の閣の外を仕事場とする属吏たちのヒエラルキーと職掌はどのように形成されたのだろうか。まずそのヒエラルキーの形成をたどってみよう。

漢代の属吏の主体は掾・属・史・書佐といった職務等級に分かれた下級書記官である。このような等級の起源は、少なくとも戦国秦まで確実に遡るようである。例えば湖北雲夢睡虎地一一号墓から出土した「大事記」あるいは「編年記」と呼ばれる一群の竹簡は、県の属吏であった墓主の「喜」なる人物の経歴を記している。彼は秦王政（のちの始皇帝）の三年（前二四四）に一九歳で「史」となり、安陸県（現雲夢県）の「令史」を経て鄢県の「令史」、さらに同県の「治獄」となっている[108]。彼は始皇帝の統一以前の段階で南郡に属する県の書記官を歴任していた。「大事記」とともに出土した法律書やその手引書、報告書の書式集といった書籍類が、彼の職務を物語っている。これらに見られる「掾」「令史」「佐」「史」や「有秩」「嗇夫」などの属吏の等級は、最近再発見された戦国秦の恵文王四年（前三三四）の紀年を持つ瓦書にすでに一部見られるから[109]、おそらくその起源は商鞅の変法の時期まで遡るだろう。

秦末の動乱前夜、蕭何は沛県の「主吏掾」として重んぜられた。これは漢代の功曹にあたるとされる[110]。おそらく

「喜」のような属吏たちの勤務評定や任免を担当していたのだろう。雲夢秦簡によれば、属吏の人事異動は例年一二月から三月末までに行なわれる。臨時の欠員が生じた場合は速やかに後任を任命しなければならない[111]。いずれも正式に辞令が交付されてはじめて任務につくことが許される[112]。

こうして任命された属吏のうち、「令史」が犯罪捜査の陣頭指揮や報告書の作成にあたっていること、また「官嗇夫」が欠けた時に「令史」がこの職務を代行でき、「佐」「史」にはそれができないことから見て、「令史」が行政実務の中核をなす書記官であり、その下に「佐」「史」が属したことがわかる[113]。「佐」は成人したての若者以外の壮丁が任ぜられ[114]、その下の「史」は、「喜」がそうだったように、一九歳の若者が初任で任命されるような下級書記官クラスである。

秦律では、役所への訴えなどはすべて書面で提出することが義務づけられ、口頭では受け付けないことになっている[115]。お役所仕事の特色ともいえる文書主義は、すでに統一以前から徹底していた。「史」を始めとする書記官の任務は、ありとあらゆる書類の作成であった。こうした書類作りの現場から、簡便な筆記体である隷書が広まったに違いない。このような書記官を中心とした属吏の職階は、すでに統一前の秦で成立しており、基本的に漢代に継承されたと考えてよい。

次に県の部局構成をみてみよう。雲夢秦簡から窺える県の機構は、県の令・丞をトップに、軍事と治安を担当する司馬、強制労働者を管理する司空、倉・少内といった財政機関、厩・工室などの付属施設に分かれている[116]。このような秦代の県の機構は、伝統的な官名か具体的な持ち場を示すことによって職掌を表している。部局のことを「曹」と呼ぶことがないわけではないが[117]、漢代のように「某曹」の上の一字で職掌を表す部局名の体系はまだ前面には出てこない。

前述のように、漢代の郡県の長官には属吏の任免などについて大幅な権限が与えられていた。掾史など属吏の官秩と職階はすでに制度が固まっていたとしても、彼等が分属する部局の構成や名称については、法的に統一されていたわけではない。しかし前漢宣帝時代ごろから、ようやく功曹・主簿・五官掾といった郡の右職の名称が各地で確認できるようになる。(118)「某曹」という名称の体系が普及、定着し、中央地方を問わずどこの役所でも同じような部局構成をとるようになったのは、おそらく前漢もかなり後になってからだろう。

このような過程を経た前漢末期に、県の部局名と職掌を列挙した史料として、前章でも紹介した蕭吉『五行大義』に引く劉向『洪範五行伝』がある。これをもう一度検討してみよう（一七八頁表1）。この表は県の属吏の官名を十干十二支に割り振ったものである。上段の十干に配当されているのは「某曹」の系列である。これに対して下段は「某官」という名称を持つものが多い。功曹のような右職が上段に、市官や郵亭、郷官といった行政の末端に位置する職が下段に現れることから見て、劉向は十干を上級の属吏に、十二支をその下に分属する下級の属吏にあてはめているようである。ただしどの「官」がどの「曹」に属するかははっきりわからないし、県の部局名がこれだけだったかどうかもわからない。(119)しかし、少なくとも前漢末の県の機構が諸曹に大別され、さらに各曹の下に職掌の細分化されたさまざまな係が置かれたことは、これによって十分に窺い得る。前漢末にはこのような部局構成が大体定着し、後漢に受け継がれていったのだろう。属吏の官秩と職階が早くから固定されていたのと対照的に、部局構成と名称が定着したのは、前漢後期であった。

このような機構で働く属吏には文字の知識が必須である。雲夢秦簡では、県に「学室」と呼ばれる一種の研修所があり、ここで文字の知識をはじめとする書類作成技術が伝授されたようである。(120)漢律では、一七歳以上の者に試験をして九千字の籀文を覚えている者に「史」となる資格を与えることになっていた。(121)一九歳で「史」となった「喜」もおそらくこういった教育と試験を経たはずである。ただし秦律では、「学室」で学ぶのは「史」の子に限られる。「史」は一種の世襲的職務なのである。とはいえ秦の段階では、すでに書記官の初等教育を県が行なっている以上、文字の知識そのものは父から子へと世襲される独占排他的な知識ではなくなっている。その意味で「史」の世襲的性格は希薄化しつつあるともいえよう。

しかし一方で文字の知識を身につけることは、圧倒的多数の農民にとっては経済的余裕の産物であり、誰もができることではない。「史」の世襲的な資格制限を定めた律が漢代に継承されたかどうかは不明だが、属吏の多数を占める書記官の任用が世襲的色彩を帯び続けたことは十分想像できる。『史記』には、漢代になってようやく平和と安定がもたらされた結果、官吏はずっと同じ官職を務め、官職を姓とするまでになったと記される。[122]これは漢代になって始まった現象ではあるまい。属吏たちの世界は混乱の時代を経て、ようやく常態に復したと考えたほうがよい。

漢代の地方官衙の属吏たちは、このように土着的で、世襲的ですらある一種の職能者であった。彼等の職能の中心をなす文字の知識は、彼等の生活のための技術であり、学問的な教養とは異なる。彼等は、文字と職務に必要なだけの法律、書類の書式を知っていれば十分であった。しかも彼等の給与は非常に低く、しばしば袖の下や公金のつまみ食いに頼らなければならない。これが漢初の官僚機構の底辺で働く属吏の姿であった。

池田雄一氏が指摘したように、[123]景帝時代の蜀郡守文翁が成都に学官を建てたのは、単なる文化政策ではなく、このような属吏の質の改善が狙いであった。[124]また丞相公孫弘が元朔三年（前一二六）に、博士弟子員とともに郡県に文学卒史や文学掌故を設けたのも、地方の吏には美辞麗句をちりばめた詔勅がよく理解できないために、上意下達が妨げられているという現状認識に立っていた。[125]武帝時代になっても地方の属吏の実情は一向に改まってはいなかったのである。この後、下級官僚の待遇改善や、『孝経』の普及を中心とした儒教的教化が図られていく。[126]前述のような官衙の機構面での整備は、属吏層の質的改善を主軸とする地方行政への取り組みの結果でもあっただろう。閤の外に並ぶ諸曹は、何よりもこのような前漢後期の歴史の産物だった。

この過程は、もう一つの副産物を産み出した。「門下」と呼ばれるユニークな属吏の階層である。

(2)　ふたつの「門下」

「門下」という言葉の歴史は戦国時代に遡る。当時の用例では、門番としてまさに門の下にいる人間を指したり[127]、現在も「門下生」というように、弟子を意味することもある[128]。また平原君などが召しかかえた食客が「舎人」とか「門下」とか呼ばれている[129]。このような「門下」と郡県の属吏としての「門下」はどのような関係があるのだろうか。

漢代、長官の身の回りには「舎人」と呼ばれる私従が見出される。例えば曹参が斉国の丞相から中央の相国となる時、旅の支度を「舎人」に命じた[130]。また武帝時代、司馬遷の友人として知られる任安は大将軍衛青の「舎人」として「門下に居り」、外出の供まわりも務めたが、貧乏なため「家監」の命で噛みつき癖のある馬の世話に甘んじなければならなかった[131]。このように、「舎人」は官衙の閤内にあって長官の「家」に属する私従であり、その中には下僕といったほうがよい者も含まれている。

しかし、同じく「門下」にいても、下僕とは扱いの異なる場合もある。前漢文帝時代、賈誼は年一八にして河南郡守に見出され、「門下に置」いてその才を愛された[132]。また前節で紹介した景帝時代の蜀郡守文翁は、成都の学官の生徒の優秀な者を閤閣に出入りさせたり、便坐で使ったりしている[133]。賈誼もおそらくこのような存在だったと思われる。彼等は属吏ではなく、かといって任安のように家事にこき使われたのでもなさそうである。こちらはいわば長官の私設秘書のような存在だろう。

さらに長官の周囲には、このような下僕や私設秘書に加えて、「客」として扱われる食客もいたことを忘れてはならない。戦国時代の「食客三千人」の遺風は前漢前期にも広く見られる。武帝の前半期に長らく大農を務めた鄭当時は貴賤となく賓客を好んだことで知られているし、[134]司馬相如は蜀郡臨邛県令王吉の「客」としてその地の豪族の注目を浴びた。[135]このような「客」の中には、斉国の丞相時代の曹参が特に重んじた蓋公のように、政治顧問を務める者もいた。[136]公孫弘が東閣を開いて尊重し、謀議に加えたという賓客も、このような顧問格の客人だった。特に自分の出身地以外の土地を治める地方長官にとって、地元の事情に明るい上に、学があって筆も立つ顧問や補佐役――属吏にはめったにいなかっただろう――は重宝である。後世の幕友のような存在は漢代にも必要とされたに違いない。

このように「閤」の内部には、長官や家族以外にも、ボディーガード兼雑用係、私設秘書、政治顧問など、さまざまな人間がいた。戦国時代の孟嘗君を始め四公子の「門下」に、一流の学者から鶏鳴狗盗の徒に至るまで多様な人間が蝟集したのと同じことが、漢代の官衙についてもいえるのである。[137]「門下に居る」とか「門下に置く」といった表現は、従属の度合いはともかく、一貫して長官の私的保護を受けることを意味する。その中には長官の補佐役を務める者がいたとしても、彼等は決して属吏として禄を食んでいたわけではない。

ところが前漢後期になると、郡県の属吏に「門下」の肩書きを帯びる者が現れる。武帝の末、繡衣使者暴勝之に従った「門下の諸従事」はその早い例である。[138]宣帝時代の長安の任侠萬章は京兆尹の「門下督」となっている。[139]「門下督」は「門下賊曹」と同じく長官のボディーガード。通常の警察業務を担当する「賊曹」とは異なる。似たような官名でも、「門下」を冠することによって区別されている点に注意しておきたい。[140]

このほか「門下」の一員として「議曹」がある。宣帝時代の渤海郡太守龔遂は宮中に召されて帝の下問を受けたが、その応答は予め「議曹」の王生なる者の入れ知恵で用意した言葉であった。王生は酔いどれの役立たずとして功曹ににらまれていた人物、『史記』滑稽列伝では「文学卒史」とされる。[141]「議曹」のメンバーは、前述のように公孫弘によって郡県に設けられた儒官である文学卒史や掌故だろう。成帝時代にはすでに「議曹」は全国に見られ、郡太守を歴任した朱博は行く先々で、うるさがた揃いの「議曹」を廃止している。[142]彼等の職務はもちろん言論をもって長官を補佐することである。「議曹」は後漢代には「門下議生」[143]というように、はっきり「門下」の一員となっている。

さらに後漢代には、望都漢墓壁画に見られる「門下小史」や、文献に見える「門下書佐」[144]のように、「門下」という以外には職掌を示さない書記官も出てくる。長官秘書といったところかもしれないが、官秩はごく下級である。「門下」の内部に、幹部から下級の書記官までのヒエラルキーが形成されていったことがわかる。

前漢後期から現れるこのような「門下」の属吏のリーダー格が「門下掾」である。宣帝時代、東郡の「門下掾」が古い例である。[145]成帝時代の琅邪郡太守朱博は、数百人の弟子を教える大儒であった門下掾の拝礼が気に入らないと、主簿に命じて拝礼の仕方を教えさせたという。[146]大儒が郡の「門下掾」となる例は両漢交替期にも見られる。[147]また哀帝時代、河南都尉公孫仁は、天水郡清水県長に赴任する息子の公孫述が年少なのを案じて、門下掾について行かせた。[148]南陽郡宛県の人卓茂は、王莽政権を嫌って故郷に帰り、「門下掾」の祭酒となって「職吏」となることを肯んじなかった。[149]「職吏」は諸曹で事務をとる吏であろう。「門下掾」は特に忙しい仕事をあてがわれなかったらしい。

このように、「門下掾」は長官の文教顧問のような名誉職であり、おそらく毎日出勤する必要もなかっただろう。「門下」の「掾」という漠然とした名称はその現れである。成帝時代の御史大夫張忠は、息子に経典を教えるために孫宝を「属」として招いたが、孫宝はこれを嫌って去った。ところが主簿として招くと、喜んで帰ってきた。当時「高士」は主簿となることを嫌っていたので、孫宝のこの行動は不審に思われたという。[150]この事例は、長官の家庭教師として禄を食む属吏もありえたこと、「高士」はむしろこのような仕事を名誉と見なし、主簿のように書類書きに追われる仕事（といっても諸曹の最高幹部である）を卑しんだことを示している。郡県の「門下掾」たちもこのような「高士」や「大儒」だったに違いない。

このように、前漢後期に現れる「門下」の属吏は、諸曹の実務には関わらず、長官のボディガードや秘書、顧問を務める側近グループである。彼等の多くは、儒学の教養に基づいた言論や人徳で長官を補佐することを任務と心得る文化人であり、その中でも「高士」や「大儒」は長官に「師友」として重んぜられる。[151] 彼等は本来の要職である功曹などとともに、補佐官や顧問として側近を務める長官官房を形成した。[152]「門下」とは、このような長官官房のスタッフを、諸曹で実務に携わる「職吏」と区別するための、名誉ある称号にほかならない。望都漢墓壁画において、「門下功曹」以下「門下小史」までのグループが、諸曹の一員である「賊曹」や「仁恕掾」よりも墓主に近いところ、まさに「閤」の門下に描かれていたことは、官衙における「門下」の属吏の位置付けを明確に示していたのである。

このような長官官房としての「門下」は、前節で述べたような、前漢後期に進められた地方行政機構の整備にともなって出現した、新たな機構であった。その契機となったのは、郡県に学問をもって仕える儒官が設けられたことであろう。[153] 学問的教養と立派な人格を持つことを条件とした新たな属吏が産み出されたのである。これはそれまでの、一種の職能者としての属吏、端的にいえば書類作りの労働力に過ぎなかった属吏とは決定的に異なる。儒学の浸透が、このような末端の属吏の質的改善をもたらしたかどうかはともかく、少なくとも郡県の官衙に新たなエリートの階層を産み出したことは間違いない。

このような新しい官名としての「門下」は、従来の「門下」の一部とある程度系譜的関係を持っている。すなわち、地方行政が機構的に整備され、儒教イデオロギーの枠がはめられていくにともなって、長官の私従が果たしていたさまざまな役割の一部が、官僚機構によって果たされるようになったのである。長官官房としての「門下」の役割が、純粋な政務補佐だけでなく、長官の身辺警護をも含んでいることは、新たな「門下」が長官の「家」の世界での「門下」を雛形として形成され、名付けられたことを示している。ただし、これは従来の「門下」が官僚化することによって実現したとは言い切れない。私設秘書や「舎人」は長官の身の回りで常に必要とされ続けるに違いない。長官の私従としての「門下」と、長官の私的空間から排除されていた属吏の間に、属吏でありながら「門下」を称するグループが現れたのである。

新たな「門下」は郡県の誇り高い文化的エリートの集団である。彼等が「門下」を名乗るからといって、そのまま彼等を長官の私従とみなすことはできない[154]。本来私従として主人の身近に仕えることを意味した「門下」という言葉は、側近として仕えることを媒介に、エリートの官名に転化したのである。これは、本来私従を意味した「舎人」が、側近という意味で官名化し、例えば「中書舎人」となるのと同様である。このような新たなエリートとしての「門下」の形成過程で、属吏幹部層が、「閤」内では長官から官僚的ヒエラルキーを離れて礼遇されるべきだという考えかたも産み出されただろう。

このように「門下」という言葉は、図式的に分けてしまえば、長官の「家」の世界である「閤」内では長官の私従を、官僚的ヒエラルキーの世界である「閤」外では長官側近のエリート官僚を指している。このようなふたつの「門下」の成り立つ場こそ、ここまで分析してきた漢代の官衙にほかならない。諸曹の機構と「門下」の漸進的形成は、前漢後期における地方行政機構の整備を物語る。しかしこの過程は、長官の公邸としての官衙の本質を変化させるものではなく、むしろこのような官衙を前提として進んだのである。

では、この過程で長官と「門下」を含む属吏とはどのような関係で結ばれ、その関係はどのように変化したのだろうか。

（3）長官と属吏のアラベスク

ここまで見てきた地方官衙における諸曹と「門下」の形成は、前漢後期に顕著に進んだように思われる。武帝時代末期の政治的混乱を承けたこの時代、地方行政の背負った課題は、地方における公権力そのものの再建にあった。さらに、漢代、中央・地方を問わず長官には定まった任期がなく、特に地方行政に熱心に取り組んだ宣帝の時代にはむしろ長びく傾向もあった[155]。しかも、官僚の出世コースはまだ確立されておらず、郡県の属吏から叩き上げた能吏が位九卿に至ることも稀ではない。このような歴史的背景のもとで、幾多の有能な郡太守が輩出し、彼等のこらした工夫は後世の模範となった。この流れの中で形成された諸曹と「門下」は、いずれもある時点で法令によって強制されたのではなく、中央の意向を体した長官と、地元採用の属吏たちとの相互関係から生まれてきた。したがって、この時期の郡府における太守と属吏の関係を具体的に分析することによって、漢代全般にわたる地方行政の基本構造を知る手掛かりが得られるのではないだろうか。この観点から、太守と属吏の様々な動きを追ってみよう。

前漢随一の循吏として、宣帝時代の黄覇が有名である。彼は潁川郡太守として赴任すると、良吏を選択して上意下達に努め、管轄内の細かいことまでよく把握して「神明」と称されるに至る。「教化を行なって後に誅罰し」、よく人心を得て「天下第一」の治績をあげた[156]。このような柔和なタイプには、前述の韓延寿も加えていいだろう。こちらは淮陽、潁川、東郡の太守から左馮翊を歴任したが、至る所で教化に努め、賢士を礼遇して謀議に加え、諫争を納れた。「下吏を接待するに、恩施甚だ厚くして約誓明らか」、彼に背いた門下掾は自殺して詫びようとしたほどであった。左馮翊の時、兄弟の相続争いの訴訟を見て伝舎に閉じ籠もり、「閤を閉ざして過を思った」ことでも知られる[157]。

このようなタイプの太守が上計による勤務評価で上位を占めると、各地の太守が毎年の勤務評価を少しでも上げようと、一斉にそれに倣うようになる。とりわけ新任の太守は、新たに赴任してから一年間は「守太守事」、つまり「太守心得」であり、一年たって適任と判断されてはじめて正式に太守となる。[158]彼等は、始めの一年で少なくとも前任者や他郡に見劣りのしない治績をあげなければならない。彼等が各地の成功例を率先して取り入れるには、それなりの事情があった。[159]こうして、諸曹の統一的名称や、儒官などを「門下」と称するしきたりが、どこの郡にも見られるようになるには、案外短い時間しかかからなかったかもしれない。

しかし、黄覇や韓延寿のまねがいつも成功するとは限らない。哀帝時代の潁川郡太守厳詡は孝行をもって官となった人物、掾史を師友と呼び、何か過ちがあるとすぐに閤を閉ざして自らを責めるという、やはり典型的な儒吏であったが、韓延寿と違って治績が一向にあがらず、郡は乱れていった。郡を去る時、彼は見送りに集まった官属に向かって哭し、こう言った。「柔弱な自分の次には剛猛な太守が来るに違いない。諸君の中には非業の死を遂げる者も出よう。それを弔っているのだ」と。[160]これはただの脅しではなかった。

元帝時代の安定郡太守王尊は赴任早々に、属吏の能力・素行を箇条書きにして報告させ、「一郡の銭ことごとく輔の家に入る」とまで言われた五官掾張輔を獄死させている。[161]新任の太守が厳しい綱紀粛正を行なえば、不正を働いてきた属吏が処刑されることも十分ありえた。また宣帝時代の酷吏厳延年は、涿郡太守として赴任早々に豪族弾圧に乗り出したが、掾の趙繡には新太守がどこまでやる気かわからない。そこで彼は豪族に対する告発状を二通用意し、罪状の軽い方から報告して様子を見ようとした。厳延年はこれを見破って即座に趙繡を投獄、処刑したので、属吏は震えあがって太守に従ったという。[162]こちらは職務に忠実でない属吏の粛清である。このように、太守には属吏の任免だけでなく、運用によっては属吏の生殺与奪権ともなり得る強い権力があった。

また、太守が右腕と頼む属吏幹部に、常に儒吏を配置したわけではない。やはり宣帝時代の尹翁帰は、右扶風となるや、「廉平疾姦の吏を選用してもって右職となし、接待するに礼をもってし、好悪ともにこれを同じうす。その翁帰に負くや、罰もまた必ず行なう」という、公平だがこわい上司であった[163]。

斉の地は万事ゆるゆるともったいぶる土地柄。成帝時代の琅邪郡太守朱博が赴任してみると、重要な部局の掾史は皆な病気欠勤している。聞けば、慣例として新任の太守が存問してからでないと職務に就かないのだという。怒った朱博は病欠の掾史を下着のまま官衙から追い出し、諸曹の史や書佐、属県の幹部から適当な者を選んで昇進させた。また議曹を廃止したり、大儒であった門下掾を侮辱するなど、それまでの官衙の慣習をひっくり返してしまった。朱博は亭長を振り出しに出世した典型的な叩き上げの実務官僚、口先ばかりの儒者が大嫌いだったのである。しかしよく下の者を「操持」して治績をあげ、大いに風俗を改めたため、左馮翊に栄転することができた[164]。属吏の人事権を握る新太守は、その気になれば幹部の総入れ替えも可能であった。

このような循吏や廉吏、酷吏にも一貫しているのは、部下の賞罰を公平にし、自分の方針を末端の属吏にまで徹底して、それぞれの職分を尽させることである。前述のように末端の属吏は、上司の目を盗んで賄賂や公金横領に手を染めることも多い。太守にとって、彼等に手柄を立てさせること以上に、不正を行なわせないことが大事である[165]。そのために必要とあらば、属吏の抜擢や更迭はもちろん、処刑も辞さないだけの権力が与えられていたのである。属吏を出し抜いても、属吏に出し抜かれてはならない。太守には、このような韓非子流の統治技術が要求されていた。属吏幹部を礼遇することと威圧することとは、このテクニックの両面である。循吏か酷吏かの区別は、その現れ方の相違に過ぎない。属吏は常に「操持」の客体である。官衙における長官と属吏のこのような関係は、君主と臣下の関係に近かったともいえよう[166]。

長官の補佐役をもって任ずる「門下」も例外ではない。如何に長官の礼遇を受けるにせよ、彼等に許されたのは進言や諫言の範囲にとどまる。長官と決定的に対立した場合、処罰を覚悟の上で諫め続けるか、さもなければ「病を称して」官を去るしかない[167]。

このような権力と統治技術をもった太守の交替は、属吏にとって大きな試練である。特に旧太守の側近グループの去就は微妙である。たとえ新太守が前任者の方針を踏襲するとしても、彼等の地位が新太守によって安堵されるまでは、事実上レイオフ状態に置かれるといってもよい。琅邪郡において、右曹の掾史が病欠届けを出して新太守の存問を待ったのは、必ずしも尊大な行動ではなく、むしろ謹慎の意思表示であった。

しかし、太守とて官僚の一員、地元出身で中央の大官になった人物や、中央にコネのある有力者がいた場合は、無用の刺激は禁物であったろう[168]。太守の権力には、上計や刺史による監察以外にも、有形無形の制約があったことは確かである。普通は属吏に焼きを入れ、一罰百戒を狙って一部の幹部を更迭する程度で済んだに違いない[169]。太守との折り合いが大きく作用する幹部クラスとは異なり、大多数の属吏はこつこつと勤め上げ、「功労を積む」ことで昇進することができた[170]。また官僚志願者や属吏経験者にとって、太守の交代は官途につくチャンスである。県の属吏だった者が、引き抜かれて郡府に仕えることも稀ではない[171]。さらに少なくとも前漢の間は、属吏が「廉を察せられて」昇進を繰り返し、いつかは出身郡の枠を越えて出世するという、淡い夢を持つこともできたのである[172]。

また、地方の儒者たちにとって、前漢の賢良・文学の推挙や後漢における孝廉科の人材登用は、中央に出るチャンスであった。孝廉科は、郡太守が人口二〇万人に一人の割合で、学問や徳行のある人材を朝廷に推薦し、朝廷はこれを郎官として能力を試したうえで、地方の長官や中央官庁の官吏に任命する制度である。太守がこの人選を誤れば、「選挙不実」として連帯責任を負うはめになる[173]。このような孝廉科の人材登用は、後漢代には次第にエリートコース化し、叩き上げ官僚を排除していく。孝廉の人選の責任者である太守たちが儒生や名士を顧問格で「門下」に迎えることは、次第に文化政策以上の意味を帯びていくだろう。儒生にしてみれば、太守の知遇を得ること、あるいは少なくとも自己の徳行が郡府に知られることが必要である。こうして郡府の「門下」は肥大し、地方名士のサロン化して行く。もちろん「門下」は、朱博のような太守の下では文化的飾り物となってしまうこともあり得る。また、孝廉に挙げられる人材が常に郡県の「門下」出身だったわけでもない。しかし、中央における孝廉の重視と郡県における「門下」の出現は、ともに漢代官僚機構の中での儒学の勝利を物語る事象として呼応している。

こうして、新太守は属吏の恐れと期待、さらに地元の利害関係者のさまざまな思惑を一身に集めて赴任する。その際には、多額の官費を費やして太守の居住空間の調度が整えられた。前述の黄覇が長吏の人事異動を好まなかったのは、そのたびに費用がかさむ上に横領を企む輩も現れて、結局民が苦しむ、という理由からであった[174]。後漢代の魏郡では、太守が交代するたびに、調度の新調に巨額の官費を費やしていた[175]。しかしその反面、前漢後期から後漢代にかけて、官舎に妻子を入れないとか、粗末な衣食に甘んずることが長官の廉潔な行ないの代表となる[176]。とはいえ、節倹につとめて「儲偫は法に非ざれば悉く留むるところなし[177]」という廉潔な長官は、珍しい存在となっていったことも事実である。官衙はこうして、さながら長官の宮殿となっていった。

このような官衙において、長官と属吏を結び付け、あるいは切り離す空間的装置が「閤」である。すでに指摘したように、韓延寿や呉祐が「閤」を閉ざしたのは、属吏に対する謹慎や反省の意思表示であった[178]。後漢の河内郡懐県令の胡紹は、倉から俸米を受け取ると、わざわざ「閤」の外でこれを「ほしいい」にした[179]。臨戦体制でいくぞという無言のアピールであろう。このように「閤」の開閉や長官の出入りは、それだけで属吏と地元民への意思表示となり得た。

しかし「閤」の役割は教化だけではない。再び朱博の例。彼が琅邪郡から左馮翊に栄転した時のこと、功曹が「大姓」から賄賂を受けて守尉の人事を行なったことがわかった。朱博はこの功曹を召すと「閤」を閉ざし、責め立ててすべての収賄を白状させ、二度と不正を行なわせなかった[180]。「閤」内は礼遇の場から一転して裁きの庭と化す。また後漢光武帝時代、会稽郡の主簿鍾離意は、呉県の獄吏の処罰をめぐって行太守事宰鼂を諫めたが、宰鼂は逆に彼を縛りあげて投獄しようとした。功曹彭脩が「閤」をこじ開けて入って諫めたので、鍾離意は事なきを得た。同様な例は後漢末にも見られる[181]。長官と対立して「閤」内に閉じ込められた属吏は、しばしば命がけの事態に直面したのである。

礼教主義が行き渡ったかに見える後漢代にあっても、一旦「閤」を閉ざして長官の強権が振るわれれば、もはや「門下」たちも出る幕はない。長官への報告に赴いたり、書類の決済を待ったりで日常的に「閤」をくぐる「門下」以下の属吏の前に、「閤」は突如権力の壁として立ちはだかることもある[182]。「閤」は、名誉の門であるとともに恐怖の門でもある。「閤」の動静は、さまざまな思惑を秘めて常に注目され続けた。長官と属吏の織り成すアラベスクには、どこかに必ずこのような「閤」が織り込まれているに違いない。

おわりに

以上三節にわたって漢代の官衙とそこに展開する官僚のありさまを論じてきた。論点をまとめてみよう。

和林格爾漢墓壁画に描かれた護烏桓校尉府の分析から、漢代の官衙は属吏の仕事場である諸曹の区画を手前に、中門を挟んで堂と廷の区画があり、さらにその奥に長官のプライベートな区画がある、という三段構えになっていたことがわかる。大別すれば、中門の奥は長官とその家族が奴婢や私従にかしづかれて暮らす私的な空間、外は属吏たちの公的空間である。倉庫・監獄・厩舎・厨房などの付属施設はその周囲に設けられる。これら全体を垣墻が囲んでおり、官衙の内部は回廊や建物によって迷路のように複雑に区切られていた。官衙の周囲には属吏たちの官舎が設けられ、彼等は日常はそこで暮らしている。このような官衙は、上は丞相府から下は県寺、伝舎に至るまで、ほとんど普遍的に見出されるだけでなく、両漢を通じて基本的に大きな変化はない。建築として見れば、官衙は当時の大邸宅の代表である列侯や公主などの「第」と非常によく似ている。漢代の官衙は、第一義的には長官の公邸であり、これに付属施設を加えた全体が役所として機能していたのである。

このような官衙の空間的性格は、公私の接点ともいえる中門の「閤」に集約されている[183]。「閤」は本来門の脇の潜り戸を指すが、これは単なる通用門ではなく、主人に親しい者を通す名誉ある門であった。属吏は幹部でも、許しを得なければ「閤」内に立ち入ることができない。この名誉を与えられた属吏は、長官から官僚的ヒエラルキーを離れて礼遇される。「閤」の外は官僚的ヒエラルキーの世界であるのに対して、「閤」の内部は長官の「家」の世界であった。このような官衙における長官と属吏の関係は、家における主人と臣妾の関係に類比される[184]。属吏の忠誠は、まずその長官に向けられるべきであった。漢代の官衙は、空間的にも、また人間関係の面でも、長官を主人とする一種のミニ朝廷であった。漢代の官僚機構は、このようなミニ朝廷の累層として捉えられる。

ところで官衙に働く属吏たちは、最低限の法律や文字の知識を持っているだけの職能的な存在であり、待遇も恵まれなかったから、賄賂や横領などの不正行為が後を絶たなかった。前漢後期には、彼等の質的改善が地方行政の大きな課題となる。この過程で、属吏層の待遇の改善とともに官衙の機構的整備も進められた。その結果、官衙の「閤」の外に居並ぶ部局名が次第に共通化し、どこの役所でも似たような部局名が見出されるようになったと思われる。属吏層の質的改善のもう一つの柱となったのが、儒学の浸透による教化である。この動きは、郡県に行政実務を離れて、学問や人格をもって長官に仕える新たな属吏の階層を産み出した。彼等は言論や人格で長官を補佐する側近となり、功曹・主簿などの要職とともに長官官房を形成する。この長官官房が「門下」である。「門下」は本来「閤」の内部で長官の身の回りに仕える私従を意味するが、これが側近という意味で官名化し、長官の側近を務めるエリートの称号となったのである。「門下」の形成過程には、当時の官衙の空間構造が強く反映している。

巨視的に見れば、両漢の地方行政は、「門下」の形成に代表されるように、前漢後期を画期として次第に礼教主義的色調を強めていく。しかし長官には属吏の任免権だけでなく、事実上生殺与奪権として機能する強い権力があった。長官にはこの権力を巧妙に使って属吏を操る統治技術が要求されていた。官衙における礼教主義的協調の裏に、このような権力者である長官と、地元の利益や自分たちの既得権益を守ろうとする属吏の思惑がせめぎあう、緊張した状態があった。強大な権力を持ったよそ者が中央から任命され、任期も定まらないという基本構造が変わらない限り、「閤」を挟んでにらみ合う長官と属吏の潜在的緊張関係も変わらない。現任の長官に忠節を尽すという建て前とはうらはらに、属吏たちは自分を取り立ててくれたり、目をかけてくれた長官にのみ、終生「故吏」として忠誠心を懐き続ける。[185]このユニークな心情は、このような官衙の実態の中に位置付けてみる時、より明瞭に理解できよう。

時に苛酷、貪欲、運がよければ温厚、廉潔。次々に赴任してくる長官の個性は様々である。上計や州刺史による監察制度が完全に機能したとしても、長官の交代が早まるだけのこと、新たな長官が望ましい人物であるとは限らない。属吏を始め地元の民は長官の個性に振り回され続けた。しかし後漢の桓帝時代になると、地方官衙の構造に変化の兆しが現れる。建和元年（後一四七）四月壬辰の詔勅で、刺史・二千石に長吏の汚職摘発の強化を命ずるとともに、州郡で「長吏を迫脅駆逐」することを禁じている。[186]時に外戚梁冀が専権を振るい、慢性化する苛斂誅求の下で、各地に反乱が相次いでいた。この情勢で、不正蓄財に明け暮れる長吏を取り締まるのは当然だろう。しかし「迫脅駆逐」してはならないというのは逆に、良かれ悪しかれ権力者の脅しの利かない地方官吏の出現を物語る。党錮事件に端を発する「漢末のレジスタンス運動[187]」のはるか以前に、地方官衙において先鋭な対立が醸成されつつあった。和林格爾漢墓や望都漢墓の壁画は、実は古き良き時代の地方官衙の思い出だったのである。

注

(1) 大庭脩「漢代官吏の勤務と休暇」(『秦漢法制史の研究』所収　創文社　一九八二)参照。

(2) 最初に本章で参考にした和林格爾漢墓関係の文献を列挙しておく。
内蒙古博物館「和林格爾発現一座重要的東漢壁画墓」文物一九七四―一
呉栄曾「和林格爾漢墓壁画中反映的東漢社会生活」同
羅哲文「和林格爾漢墓壁画中所見的一些古建築」同
黄盛璋「和林格爾漢墓壁画与歴史地理問題」同
「再論和林格爾漢墓壁画的地理与年代問題」考古与文物一九八二―一
金維諾「和林格爾東漢壁画墓年代的探索」文物一九七四―一
内蒙古博物館『和林格爾漢墓壁画』文物出版社　一九七八
蓋山林『和林格爾漢墓壁画』内蒙古人民出版社　一九七八(書名が紛らわしいがA5判の概説書で文物出版社版とは別)
夏超雄「和林格爾漢墓壁画荘園図和属吏図探討」北京大学学報一九八〇―二
李逸友「和林格爾壁画所反映的東漢定襄郡武成県的地望」考古与文物一九八五―一

(3) 前掲金維諾論文。『後漢書』順帝紀、永和五年(後一四〇)九月に「丁亥、徙西河郡居離石、上郡居夏陽、朔方居五原(注、西河本都平定県、至此徙於離石)」とある。

(4) 漢代の画像に見える厨房については田中淡「中国古代画像の割烹と飲食」(『論集　東アジアの食事文化』所収　平凡社　一九八四)参照。

(5) この語は『後漢書』列伝六九儒林伝上に「順帝感翟酺之言、乃更修黌宇、凡所造構二百四十房、千八百五十室(注、説文曰、黌、学也。黌与横同)。」とあるのに基づく。ただし今本説文に黌字はない。

（6）車馬行列の画像については林巳奈夫「後漢時代の車馬行列」（東方学報　京都　第三七冊　一九六六）参照。車馬行列の題記で墓主の官歴を表した壁画として、河南滎陽萇村の壁画墓、また山西夏県王村の壁画墓の例がある。このような壁画は後漢後期には珍しくなかったと考えられる。鄭州市文物考古研究所・滎陽市文物保護管理所「河南滎陽萇村漢代壁画墓調査」（文物一九九六―三）、山西省考古研究所他「山西夏県王村東漢壁画墓」（文物一九九四―八）参照。

（7）兪偉超「東漢仏教図像考」文物一九八〇―五、のち同氏『先秦両漢考古学論集』（文物出版社　一九八五）所収。

（8）護烏桓校尉については、『後漢書』列伝八〇烏桓伝によれば「（建武二五年）於是始復置校尉於上谷寧城、開営府、并領鮮卑、賞賜質子、歳時互市焉。」とあり、光武帝時代に上谷郡寧県に置かれたことがわかる。『続漢書』百官志五には「護烏桓校尉一人、比二千石。本注曰、主烏桓胡（注、応劭漢官曰、擁節。長史一人、司馬二人、皆六百石）。」とある。

（9）前注に見える「互市」と「質子」のためであろう。

（10）『漢書』巻五二竇嬰伝「陳廊廡下」注に「師古曰、廊、堂下周屋也。廡、門屋也」とあり、廊は本来堂を囲む回廊を指すが、これが幾つかの区画に分かれていたと考えれば矛盾はない。『漢書』巻七六張敞伝に見える広川王の殿屋の「重轑」の注に「蘇林曰、轑、椽也。重轑、重棼中。師古曰、重棼、即今之廊舎也。一辺虚為両夏者也」とある。回廊の建築は、片側が壁、片側が吹き放しになっていたようであり、寧城図の回廊もそのように見える。

（11）ここにいう「営」とは、注8に引いた『後漢書』烏桓伝に見える「開営府」の「営」にあたる。「営曹」は文献に見えないが、「営門」については『後漢書』列伝七〇文苑下、禰衡伝に曹操の「営門」の用例がある。

（12）渡部武「漢代の画像に見える市」東海史学一八号、一九八三参照。

（13）模本によれば、この右上に「……食大倉」という題記が見える。『図版』の解説ではこれを「□□□□穀倉」と読んでおり、食い違いがある。いずれにせよ、この題記は一連の護烏桓校尉府の図の総タイトルだったと考えられる。後で触れる上郡属国都尉府・西河郡府、繁陽県寺の図の題記も「……食大倉」であるから、護烏桓校尉府についてもこのような題記があっても不思議ではない。後述の望都一号漢墓壁画にも同様の題記があり、やはり壁画の総タイトルである。「食大倉」という表現については佐伯有清「食大倉考――徳興里高句麗壁画古墳の墓誌に関連して――」（日本常民文化紀要　第一三輯　一九八七、のち同氏『古代東アジア文化論考』吉川弘文館　一九九六所収）に多数の用例が挙げられている。

（14）この題記は模本のみに見え、カラー図版ではすでに剥落している。壁画の現状が思いやられる。「莫府大郎」はもちろん「幕府大郎」の省略である。
（15）衛立の前に座る墓主の画像は他の漢代壁画墓にも見られる。李文信「遼陽発現的三座壁画古墓」（文物参考資料一九五五―五）参照。また屋根の上の同様の飾りは同じく遼陽北園の壁画に見える。李文信「遼陽北園画壁古墓記略」（『国立瀋陽博物院籌備委員会彙刊』第一期　一九四七）参照。
（16）『漢書』巻七七何並伝「抜刀剥其建鼓」注に「師古曰、……建鼓、一名植鼓。建、立也。謂植木而旁懸鼓焉。県有此鼓者、所以召集号令、為開閉之時。」とある。
（17）通路は墨色でぼんやりした描き方になっているが、実際には磚が敷いてあったと思われる。明確な事例は沂南画像石墓の前室東壁の横額に刻された、カギ形の建物の前に見られる。南京博物院等編『沂南画像石墓発掘報告』（新華書店　一九五六）図版28参照。
（18）人物の地位を衣服の色で描き分けた壁画として注15に引いた遼陽北園の壁画墓があげられる。大まかに分ければ、「宴飲図」の主人と賓客が青袍、侍者が黒褐色の袍。その他「小府史」、「倉廩図」の倉吏がやはり黒褐色の袍を着ている。また「車騎図」の従騎等は赤色の短衣である。和林格爾漢墓壁画では文吏と武吏の描き分けははっきりしないように思われる。文献史料では、大体文吏が黒、武吏が赤という色分けになっていたようである。『論衡』商蟲篇には、穀物を食い荒らす害虫の頭が赤で身が黒なら武官が、頭が黒で身が赤なら文官が、悪事を働いているのだとする「変復家」の説が見えるし、同じく謝短篇には文吏（刀筆の吏）が黒衣であったとされる。前漢代長安の悪少年は、くじを引いて黒丸を引いた者は文吏を、赤丸を引いた者は武吏を殺すことにしたという（『漢書』巻九〇酷吏尹賞伝）。文官たちは裾を引きずるような長い袍を好んだらしく、『続漢書』輿服志下に「今下至践吏小史、皆通制袍・単衣・皂縁領袖中衣、為朝服云。」とある。武官は職掌柄長い袍を着るわけにはいかず、短めだったらしい。蓋寛饒は司馬を拝命するや、門を出ないうちに衣の裾を切って短くし、その足で兵士の廬室に赴いたという（『漢書』巻七七本伝）。
（19）秋山進午「漢代の倉庫について」（東方学報　京都　第四六冊　一九七四）参照。
（20）このことは「食大倉」という表現が、注13で指摘したように壁画の総タイトルであることを傍証する。

（21）上郡属国都尉府が土軍に置かれたことは文献に見えない。黄盛璋氏は前掲注3に引いた『後漢書』順帝紀によって、西河郡とともに上郡郡治が徙されたのにともなって、属国都尉府も徙ったのではないかとしている。なお、上下に並べられた離石と土軍の図は、その間に山や樹木、河川らしいものも描かれており、両者が山や河川で隔てられていることを表している。ちなみに実際の地理で離石は土軍の東北五〇キロ前後にある。ところで、池田雄一「漢代の河南県城をめぐって――漢代の地方「都市」について――」（唐代史研究会報告Ⅵ『中国都市の歴史的研究』刀水書房　一九八八）は、これらの「都城図」を用いて漢代の「都市」のありさまを論じている。しかしこれらの「都城図」の主題は寧城図と同様、墓主が赴任した官衙であり、それ以外の要素、例えば密集した民家などにはもともと関心をもたない。したがってこれらの壁画は、厳密な意味で都市の地図とみなすことはできない。ここに描かれた城郭は、官衙とその関連施設を描いた壁画の、いわば額縁に過ぎないのである。

（22）姚鑒「河北望都県漢墓的墓室結構和壁画」（文物参考資料一九五四―一二）、北京歴史博物館等『望都漢墓壁画』（中国古典芸術出版社　一九五五）参照。

（23）二字めは上半分しか見えない。陳直「望都漢墓壁画題字通釈」（考古一九六二―三）はこれを「勉労謝史」と釈読し、「民衆が小史に感謝して慰労するようす」としているが、この壁画はここに描かれない墓主との関係において解釈すべきである。「勉労」という言葉は見慣れないが、文献には上司が下僚の忠勤ぶりを賞賛し慰労するという意味で「労勉」なる言葉が用いられる（例えば『漢書』巻七四丙吉伝、同巻八三薛宣伝、同巻九三佞幸石顕伝、『後漢書』列伝一二景丹伝注引東観漢記）。「勉労」も同様の意味だと考えれば、ここに平伏する人物は長吏である墓主に慰労されて感謝していると解釈するのが自然である。

（24）侍閤については『続漢書』輿服志上、公卿から三百石の県長に至るまでの車馬行列の規定の中に、「鈴下・侍閤・門蘭部署・街里走卒、皆有程品、多少随所典領」と見えている。職掌や官秩は判らないが、『後漢書』章帝紀、建初七年九月に「己酉、進幸鄴、労饗魏郡太守已下、至于三老・門蘭・走卒、賜銭各有差。」とあり、侍閤と併記される門蘭などが官吏の最下層に位置することは確かである。おそらく侍閤も同程度の下っ端だろう。また『後漢書』列伝六七、酷吏周紆伝注に引く『漢官儀』に「鈴下・侍閤・辟車、此皆以名自定者也」とあり、官名どおりの職掌だったようである。なお、「鈴下」については注152参照。
(25) 甘粛省文物隊等『嘉峪関壁画墓発掘報告』（文物出版社　一九八五）参照。平面図は前章図2参照。
(26) 林巳奈夫編『漢代の文物』（京都大学人文科学研究所　一九七六）四　建物（四）建物の配置参照。また、墓を建物と見なす風習は前漢代からすでに見られる。町田章「華北地方における漢墓の構造」（東方学報　京都第四九冊　一九七七）参照。呉曾徳・蕭元達「就大型漢代画象石墓的形制論〝漢制〟」（中原文物一九八五－三）は、この傾向を墓室の「第宅化」ととらえている。
(27) 後掲注61引『後漢書』呂布伝参照。
(28) 前節で取り上げた、河南省唐河県の「鬱平大尹馮君孺人」墓では、前・中・後の三室と、前室の両側の耳室、中・後室を囲む回廊状の側室からなり、各室の入り口にはそれぞれ題記がある。耳室は「鬱平大尹馮君孺人車庫」、中室入り口は「鬱平大尹馮君孺人中大門」、後室入り口は「西方内門」、また側室入り口は「鬱平大尹馮君孺人臧閤」と書かれていた。この場合中室入り口は「中門」ということになろう（考古学報一九八〇－二参照）。また、江蘇省邳県では、後漢の元嘉元年（後一五一）の年紀を持つ「故彭城相繆宇」墓が発掘されている。こちらは前後二室にやはり回廊状の側室のつく形だが、後室入り口に刻された数人の官吏の画像は「守閤吏」と題されていた。墓の構造は違うが、墓室の入り口が「閤」と関係することを示している（文物一九八四－八参照）。
(29) 武成県については注2に引いた黄盛璋論文、李逸友論文参照。定襄郡治は善無県であるから、ここに描かれるのは郡府ではなく長史の役所としての「長史宮」である。なお、武成県に長史の役所が置かれたことは初見。長史は『続漢書』百官志五に「毎郡置太守一人、二千石、丞一人。郡当辺戍者、丞為長史。」とあり、また注8にあげたように護烏桓校尉などにも置かれた辺郡の官職である。官秩は六百石だから、比二千石からは三ランク下になる。
(30) 漢代の建築の堂と「内」については田中淡「中国建築からみた寝殿造の源流」（古代文化　三九巻一一号、一九八七）参照。
(31) 前引の「上郡属国都尉西河長史吏兵馬皆食大倉」図に見える門扉は、官衙の奥に描かれている。これは中門か「閤」ではなかろうか。
(32) 山東蒼山県城前村から、後世の墓に再利用された一群の画像石と題記が出土した。元嘉元年（後一五一）の紀年を持つ題記は各画像の墓室における位置と内容を説明しており、本来の墓室は「堂」「夾室」「便坐」「厨」に分かれていたらしい。考古一九七五―二、杉本憲司「画象石墓の一・二について――画象石再利用の六朝墓――」（大阪府立大学社会科学論集　一一・一二　一九八一）参照。

（33）『漢書』巻一九百官公卿表上

相国・丞相、皆秦官、金印紫綬、掌丞天子助理万機。秦有左右。高帝即位、置一丞相、十一年更名相国、緑綬。孝恵・高后置左右丞相、文帝二年復置一丞相。有両長史、秩千石。哀帝元寿二年、更名大司徒。武帝元狩五年初置司直、秩比二千石、掌佐丞相挙不法。

『漢旧儀』（平津館叢書本、以下同じ）巻上に「武帝元狩六年、丞相吏員三百八十二人、史二十人秩四百石、少史八十人秩三百石、属百人秩二百石、属史百六十二人秩百石。」とある。この数字は合計が合わないが、成帝時代の丞相府の官属が三百余人だったという記事もある（『漢書』巻八四翟方進伝）ので、参考にはなる。この他、斗食の吏も多数いたはずである。

（34）『続漢書』百官志一　太尉

長史一人、千石。本注曰、署諸曹事。掾史属二十四人。本注曰、漢旧注、東西曹掾比四百石、余掾比三百石、属比二百石……（注、漢書音義曰、正曰掾、副曰属）。西曹主府史署用、東曹主二千石長吏遷除及軍吏。戸曹主民戸・祠祀・農桑。奏曹主奏議事。辞曹主辞訟事。法曹主郵駅科程事。尉曹主卒徒転運事。賊曹主盗賊事。決曹主罪法事。兵曹主兵事。金曹主貨幣・塩・鉄事。倉曹主倉穀事。黄閤主簿録省衆事。令史及御属二十三人。本注曰、漢旧注、公令史百石、……御属主為公御。閤下令史主閤下威儀事。記室令史主上章表報書記。門令史主府門。其余令史、各典曹文書。

前漢の丞相府・大司徒府については、『漢書』巻七四丙吉伝に

（丙）吉馭吏耆酒、数逋蕩。嘗従吉出、酔欧丞相車上。西曹主吏白欲斥之。……此馭吏辺郡人、習知辺塞発犇命警備事。嘗出、適見駅騎持赤白嚢、辺郡発犇命書馳来至。馭吏……遽帰府、見吉白状。……吉善其言、召東曹案辺長吏、瑣科条其人。

とある。前漢においても東曹は地方官の人事を、西曹は府内の人事を担当していたことがわかる。また『史記』巻一〇一袁盎伝に

袁盎……乃之丞相舎上謁、求見丞相。丞相良久而見之。盎因跪曰、「願請間。」丞相（申屠嘉）曰、「使君所言公事、之曹与長

史掾議。吾且奏之。即私邪、吾不受私語。」とある。人事以外のことを担当する曹もあったとみてよい。さらに『漢書』巻九二游侠陳遵伝に（陳遵）並入公府、……又日出酔帰、曹事数廃。（大司徒）西曹以故事適之。侍曹輒詣寺舎白遵曰、「陳卿今日以某事適。」遵曰、「満百乃相聞。」故事、有百適者斥。満百、西曹白請斥。とあり、「侍曹」の例が知られる。侍曹は『周礼』の府・史・胥・徒の胥にあたる小吏、一種のメッセンジャーであろう。『周礼』天官宰夫、鄭玄注参照。

（35）『史記』巻五四曹相国世家
（曹）参代（蕭）何為漢相国。……相舎後園近吏舎、吏舎日飲歌呼。従吏悪之、無如之何。乃請参游園中、聞吏酔歌呼、従吏幸相国召按之。乃反取酒張坐飲、亦歌呼与相応和。
『漢書』巻九三佞幸董賢伝
上以賢難帰、詔令賢妻得通引籍殿中、止賢廬、若吏妻子居官寺舎。
なお、注1大庭論文参照。

（36）『漢書』巻八三朱博伝
是時御史府吏舎百余区井水皆竭。又其府中列柏樹、常有野烏数千棲宿其上。晨去暮来、号曰朝夕烏。
吏舎の什器類は官費で整えられた。『漢書』巻七七孫宝伝
御史大夫張忠辟（孫）宝為属、欲令授子経、更為除舎、設儲偫（師古曰、謂豫備器物也。偫音丈紀反）。宝自劾去、……後署宝主簿、宝徙入舎、祭竈請比隣。（張）忠陰察怪之、使所親問宝、「前大夫為君設除大舎、子自劾去者、欲為高節也。今両府高士俗不為主簿。子既為之、徙舎甚説。何前後不相副也。」

（37）『続漢書』百官志一、司徒条注「応劭曰、……丞相旧位長安時、府有四出門、随時聴事。明帝本欲依之、迫於太尉・司空、但為東西門耳」。四方に門を設けるのは前漢の丞相府と後漢の司徒府に特有のことであった。また同注に「荀綽『晋百官表注』曰、漢丞相府門無蘭、不設鈴、不警鼓。言其深大闊遠、無節限也」とある。『漢旧儀』巻上には「丞相府官奴伝漏、以起居不撃鼓。官属吏不朝旦白録而已」とある。

（38）『集韻』平声十五、青の韻に「聴、古者治官処謂之聴事、後語省直曰聴。故加广」とある。胡三省は『資治通鑑』巻八九、晋建興二年三月条の注で「中庭曰聴事。言受事察訟於是。漢晋皆作「聴事」、六朝以来乃始加广作廳」という。「廳」字は六朝以後に用いられるようになったらしい。

（39）『漢書』巻六六楊敞伝

明年、昭帝崩。昌邑王徴即位、淫乱。大将軍光与車騎将軍張安世謀欲廃王更立。議既定、使大司農田延年報（丞相楊）敞。敞驚懼、不知所言、汗出洽背、徒唯唯而已。延年起至更衣（師古曰、古者延賓必有更衣之処也）、敞夫人遽従東箱謂敞曰、「此国大事、今大将軍議已定、使九卿来報君侯。君侯不疾応、与大将軍同心、猶与無決、先事誅矣。」延年従更衣還、敞・夫人与延年参語許諾、請奉大将軍教令。遂共廃昌邑王、立宣帝。

（40）『史記』巻九六周章伝、及び『漢書』巻四二同伝

及（高）帝欲廃太子、……大臣固争之、莫能得。……而周章廷争之彊、上問其説。……上欣然而笑。既罷、呂后側耳於東箱聴（集解、韋昭曰、殿東堂也。師古曰、正寝之東西室皆曰箱、言似箱篋之形）。見周章、為跪謝曰、「微君、太子幾廃。」

（41）『初学記』巻二四に引く『蒼頡篇』に「殿、大堂也」とある。上計は、毎年郡国から中央に戸口・墾田・銭穀出納・刑獄などの帳簿を提出して監査を受けること。郡県から選抜された上計吏が一会計年度（十月から九月）分の計簿を持って上京し、朝廷の歳旦の儀式にも郡国代表として参加する。計簿のチェックと考課は丞相・御史大夫が行なう。鎌田重雄「郡国の上計」（『秦漢政治制度の研究』　日本学術振興会　一九六二）参照。この際の丞相府における儀式については『漢書』巻八九循吏黄覇伝に

五鳳三年、代丙吉為丞相。……時京兆尹張敞舎鶡雀飛集丞相府、覇以為神雀、議欲以聞。敞奏覇曰、「窃見丞相請与中二千石・博士雑問郡国上計長吏守丞、為民興利除害成大化条。其対有耕者譲畔、男女異路、道不拾遺、及挙孝子弟弟貞婦者、為一輩、先上殿（師古曰、丞相所坐屋也。古者屋之高厳、通呼為殿、不必宮中也）。挙而不知其人数者次之、不為条教者在後叩頭謝。丞相雖口不言、而心欲其為之也。長吏守丞対時、臣敞舎有鶡雀飛止丞相府屋上、丞相以下見者数百人。辺吏多知鶡雀者。問之皆陽不知。丞相図議上奏曰、『臣問上計長吏守丞以興化条、皇天報下神雀』。後知従臣敞舎来、乃止。郡国吏窃笑丞相仁厚有知略、微信奇怪也。……漢家承敝通変、造起律令、所以勧善禁姦、条貫詳備、不可復加。宜令貴臣明飭長吏守丞、『帰告二

千石、挙三老・孝弟・力田・孝廉・廉吏、務得其人。郡事皆以義法令撿式、毋得擅為条教。敢挾詐偽以奸名誉者、必先受戮、以正明好悪。』」天子嘉納敞言、召上計吏、使侍中臨飭如敞指意。覇甚慙。

とある。ただしこの時の黄覇の措置は前例がなく、非難されている。ここに見られる上計吏への教飭で特徴的なのは「帰りて二千石に告げよ」という言葉である。これは『続漢書』百官志一、司徒条注に引く『漢旧儀』に、

郡国守（丞）長史上計事竟、遣公出廷、上親問百姓所疾苦。記室掾史一人大音読勅。畢、遣勅曰、「詔書、『殿下禁吏無苛暴。』丞史帰告二千石、順民所疾苦。……詔書『無飾厨養』、至今未変、又更過度、甚不称。帰告二千石、務省約如法。……」

とあるように、上計吏の引見の際の決まり文句だったと考えられる。

（42）『周礼』地官槀人鄭注に「今司徒府中有百官朝会之殿、云天子与丞相旧決大事焉。是外朝之存者与」という。『続漢書』百官志一司徒条注はこれを『周礼』干宝注として引く。同条注はまた

応劭曰……国毎有大議、天子車駕親幸其殿。殿西、王侯以下更衣併存。毎歳州郡聴採長吏臧否、民所疾苦、還条奏之、是為之挙謡言者也。頃者、挙謡言者、掾属令史都会殿上、主者大言某州郡行状云何、善者同声称之、不善者各爾銜枚。

と伝える。ここに天子が来臨する例である。『後漢書』列伝巻七〇下、文苑趙壹伝には「光和元年、挙郡上計到京師。是時司徒袁逢受計。計吏数百人皆伏庭中、莫敢仰視。（趙）壹独長揖而已」とあり、上計吏の引見も行なわれた。

（43）『漢書』巻九三佞幸董賢伝

（丞相孔）光雅恭謹、知上欲尊寵賢。及聞賢当来也、光警戒衣冠、出門待、望見賢車、乃卻入。賢至中門、光入閤。既下車、乃出拝謁、送迎甚謹、不敢以賓客均敵之礼。

（44）『後漢書』霊帝紀、光和三年二月「公府駐駕廡自壊（注、公府、三公府也。駐駕、停車処也。廡、廊屋也）」。『続漢書』五行志一によれば、この時「南北三十余間」が壊れた。

（45）『漢旧儀』巻上「丞相、……掾史見礼如師弟子、白録不拝朝。示不臣也。聴事閤曰黄閤、無鐘鈴。掾有事当見者、主簿至曹請、不伝召。掾見、脱履。公立席後答拝。百石属不得白事。当謝者、西曹掾為謝。部吏二千石初除詣、東曹掾拝部、謁者賛之。」

（46）注34『続漢書』百官志参照。

（47）『漢旧儀』巻上「丞相府……諸吏初除、謁視事、問君侯応閤奴名。白事、以方尺板叩閤、大呼奴名。」謁見を許されない小吏については前注45参照。
（48）『宋書』巻三九百官志上「有蒼頭字宜禄。至漢、丞相府毎有所関白、到閤輒伝呼「宜禄」、以此為常」。
（49）『風俗通』怪神篇、世間人家多有見赤白光為変怪者条「謹案、太尉梁国橋玄公祖、為司徒長史。五月末所、於中門外臥。夜半後、見東壁正白、如開門明。呼問左右、左右莫見。因起自往手抆摸之、壁自如故。還牀復見之、心大悸動」。
（50）『説文解字』十二篇上「閤、門旁戸也。从門合声（段玉裁注、按漢人所謂閤者、門旁戸也。皆正門之外為之）」。
（51）『漢書』巻五八公孫弘伝
数年至宰相封侯。於是起客館、開東閤、以延賢人、与参謀議（師古曰、閤者、小門也。東向開之、避当庭門而引賓客、以別於掾史官属也）。……其後李蔡・厳青翟・趙周・石慶・公孫賀・劉屈氂継踵為丞相。自蔡至慶、丞相府客館丘虚而已。至賀・屈氂時、壊以為馬厩・車庫・奴婢室矣。

なお、『西京雑記』によれば、客館は欽賢館、翹材館、接士館の三つに分かれていたとされる。また『後漢書』列伝巻三六郭躬伝に「初、粛宗時、司隷校尉下邳趙興亦不卹諱忌、毎入官舎、輒更繕修館宇、移穿改築、故犯妖禁」とあるように、官舎の増改築は長官の一存で可能だったようである。
（52）『漢書』巻六武帝紀、建元六年四月「高園便殿火」条注「師古曰、凡言便殿・便室・便坐者、皆非正大之処、所以就便安也。園者於陵上作之、既有正寝以象平生正殿。又立便殿、為休息閑宴之処耳」。
（53）『漢書』巻七六尹翁帰伝「徴拝東海太守、過辞廷尉于定国。定国家在東海、欲属託邑子両人、令坐後堂待見。定国与翁帰語終日、不敢見其邑子。既去、定国乃謂邑子曰、此賢将、汝不任事也。又不可干以私」。
（54）『後漢書』列伝巻二一蘇不韋伝「時（李）暠為司隷校尉、収（不韋父）謙詰掠、死獄中。……不韋時年十八、……会暠遷大司農。時右校芻廥在寺北垣下。不韋与親従兄弟潜入廥中、夜則鑿地、昼則逃伏。如此経月、遂得傍達暠之寝室、出其牀下。値暠在厠、因殺其妾并小児、留書而去。暠大驚懼、乃布棘於室、以板籍地、一夕九徙、雖家人莫知其処」。
（55）注35引『史記』曹相国世家参照。
（56）『漢書』巻九〇酷吏田延年伝

初、大司農取民牛車三万両為僦、載沙便橋下、送致方上、車直千銭、延年上簿詐増僦直車二千、凡六千万、盗取其半。焦・賈両家告其事、下丞相府。……延年曰、……何面目入牢獄、……即閉閤独居斉舎（師古曰、斉読曰斎）、……数日、使者召延年詣廷尉。聞鼓声（晋灼曰、使者至司農、司農発詔書、故鳴鼓也）、自刎死、国除。

(57)『漢書』巻十九百官公卿表上「衛尉、秦官、掌宮門衛屯兵。有丞。景帝初更名中大夫、後元年復為衛尉。属官有公車司馬、衛士、旅賁三令丞（師古曰、『漢官儀』云、公車司馬掌殿司馬門、夜徼宮中。天下上事及闕下凡所徴召、皆総領之。令秩六百石）」。

(58)同「郎中令、秦官、掌宮殿掖門戸。有丞。武帝太初元年更名光禄勲。属官有大夫・郎・謁者、皆秦官。……大夫掌論議、有太中大夫・中大夫・諫大夫、皆無員、多至数十人。武帝元狩五年初置諫大夫、秩比八百石。太初元年更名中大夫為光禄大夫、秩比二千石。太中大夫秩比千石如故。郎掌守門戸、出充車騎。有議郎・中郎・侍郎・郎中、皆無員、多至千人。議郎・中郎秩比六百石、侍郎比四百石、郎中比三百石。中郎有五官・左・右将、秩皆比二千石。郎中有車・戸・騎三将、秩皆比千石。謁者掌賓讃受事、員七十人、秩比六百石。有僕射、秩比千石。……」

(59)吏民の上書は通常、衛尉の属官である公車司馬令で受け付けられる。「闕に詣りて上書する」とは、この手続きを指す。しかし上書が注目されて本人を召し出す時や、賞賜が下される場合は、指定された「掖門」に出頭するよう命ぜられた。例えば許慎の子許沖は、上書して父の著書『説文解字』を献上することを請うた。これが認められると、彼は「左掖門外」に召され、書物を献上した。さらに一ケ月後、今度は「朱雀掖門」に召され、詔書とともに布四十匹を賜わった（『説文解字』一五下）。このように、正門と掖門は明確に異なる役割を果していた。

(60)注28で紹介した「鬱平大尹馮君孺人」墓の側室入り口が「臧閤」と題されていたことは、「閤」が独立した門を指し得ることを示している。

(61)『後漢書』列伝巻六五呂布伝「(董)卓以布為騎都尉、誓為父子、甚愛信之。……卓又使布守中閤」。

(62)前掲注45引『漢旧儀』参照。

(63)同右。

(64)『宋書』巻一五礼志二「史臣按、……陳蕃為光禄勲、范滂為主事、以公儀詣蕃、執板入閤。至坐、蕃不奪滂板、滂投板振衣

而去。郭泰責蕃曰、以階級言之、滂宜有敬。以類数推之、至閤宜省。……」同じエピソードは『後漢書』列伝巻五七、党錮范滂伝にも見えるが、閤には触れられていない。

（65）『漢書』巻一九百官公卿表上「徹侯、金印紫綬、避武帝諱、曰通侯、或曰列侯。……又有家丞・門大夫・庶子」。丞相府に家丞がいたことについては、『漢書』巻六六陳万年伝に「丞相丙吉病。中二千石上謁問疾、遣家丞出謝。謝已皆去、万年独留、昏夜乃帰」とある。この他同巻八一匡衡伝にも見える。また同巻七六趙広漢伝に、「地節三年七月中、丞相傅婢有過、自絞死。（京兆尹趙）広漢聞之、疑丞相夫人妒殺之府舍。……遂自将吏卒突入丞相府、召其夫人、跪庭下受辞、収奴婢十余人去、責以殺婢事。丞相魏相上書自陳、妻実不殺婢。……願下明使者、治広漢所験臣相家事。事下廷尉治、実丞相自以過譴笞傅婢、出至外弟乃死、不如広漢言」とある。丞相夫妻に仕える奴婢は、丞相みずからが鞭打つべき存在であった。奴婢の起こした問題は魏相の「家事」なのである。

（66）『漢書』巻一九百官公卿表上
郡守、秦官、掌治其郡、秩二千石。有丞。辺郡又有長史、掌兵馬、秩皆六百石。景帝中二年更名太守。

郡尉、秦官、掌佐守典武職甲卒、秩比二千石。有丞、秩皆六百石。景帝中二年、更名都尉。

関都尉、秦官。農都尉・属国都尉、皆武帝初置。

『続漢書』百官志五
凡州所監、都為京都、置尹一人、二千石。丞一人。毎郡置太守一人、二千石。丞一人。郡当辺戍者、丞為長史。王国之相亦如之。毎属国置都尉一人、比二千石、丞一人。本注曰、凡郡国皆掌治民、進賢勧功、決訟検姦。常以春行所主県、勧民農桑、振救乏絶。秋冬遣無害吏案訊諸囚、平其罪法、論課殿最。歳尽遣吏上計。并挙孝廉、郡口二十万挙一人。尉一人、典兵禁、備盗賊。……中興建武六年、省諸郡都尉、并職太守、無都試之役。省関都尉、唯辺郡往往置都尉及属国都尉、稍有分県、治民比郡。……

（67）同前
皆置諸曹掾史。本注曰、諸曹略如公府曹。無東西曹、有功曹史、主選署功労。有五官掾、署功曹及諸曹事。其監属県、有五部督郵、曹掾一人。正門亭長一人。主記室史、主録記書、催期会。無令史。閤下及諸曹各有書佐、幹主文書。（注、漢官曰、

河南尹員吏九百二十七人、十二人（四）百石。諸県有秩三十五人、官属掾史五人、四部督郵吏部掾二十六人、案獄仁恕三人、監津渠漕水掾二十五人、百石卒史二百五十人、文学守助掾六十人、書佐五十人、循行二百三十人、幹小史二百三十一人）。会稽郡の属吏については『後漢書』列伝七一独行陸続伝に見える。また郡によって部局名がまちまちだったことは、『宋書』百官志下に「諸郡各有旧俗、諸曹名号、往々不同」とある。なお、尹湾漢簡の「東海郡吏員簿」（YM6D2）によれば、前漢末ごろの東海郡の官吏の総定員は二二〇三人（一八〇〇人が亭長）、うち大県は六〇～一〇七人、小県は二二人～八六人である。連雲港市博物館他『尹湾漢墓簡牘』（中華書局　一九九七）、謝桂華「尹湾漢墓所見東海郡行政文書考述」（『尹湾漢墓簡牘総論』科学出版社　一九九九）参照。前にあげた文献史料とは数字に隔たりがあるが、諸郡の間、また諸県の間で、属吏の数に大きな落差があったと考えられる。

（68）『漢書』巻一九百官公卿表上

県令・長、秦官、掌治其県。万戸以上為令、秩千石至六百石。減万戸為長、秩五百石至三百石。皆有丞・尉、秩四百石至二百石、是為長吏。百石以下有斗食・佐史之秩、是為少吏。大率十里一亭、亭有長。十亭一郷、郷有三老・有秩・嗇夫・游徼。三老掌教化。嗇夫職聴訟、収賦税。游徼徼循禁賊盗。

『続漢書』百官志五

属官、毎県・邑・道、大者置令一人、千石。其次置長、四百石。小者置長、三百石。侯国之相、秩次亦如之。本注曰、皆掌治民、顕善勧義、禁姦罰悪、理訟平賊、恤民時務、秋冬集課、上計於所属郡国。……丞各一人。尉大県二人、小県一人。本注曰、丞署文書、典知倉獄。尉主盗賊。……各署諸曹掾史。本注曰、諸曹略如郡員、五官為廷掾、監郷五部、春夏為勧農掾、秋冬為制度掾。（注、漢官曰、雒陽令秩千石、丞三人四百石、孝廉左尉四百石、孝廉右尉四百石。員吏七百九十六人、十三人四百石。郷有秩・獄史五十六人、佐史・郷佐七十七人、斗食・令史・嗇夫・仮五十人。官掾史・幹小史二百五十人、書佐九十人、循行二百六十人）。

（69）『後漢書』列伝巻二彭寵伝

遂攻抜薊城、自立為燕王。……（建武）五年春、寵斎、独在便室（注、便坐之室、非正室也。――『太平御覧』巻五百引『東観漢記』は「便坐室」に作る）。蒼頭（『御覧』「奴」に作る）子密等三人、因寵臥寐、共縛著牀、告外吏云、「大王斎禁、

皆使吏休」。偽称寵命教、収縛奴婢、各置一処。又以寵命呼其妻。……於是収金玉衣物、至寵所装之、被馬六疋、使妻縫両縑囊。昏夜後、解寵手、令作記告城門将軍云、「今遣子密等至子后蘭卿所、速開門出、勿稽留之」。書成、即斬寵及妻頭、置囊中、便持記馳出城、因以詣闕、封為不義侯。明旦、閤門不開、官属踰牆而入、見寵屍、驚怖。光武帝の与えた「不義侯」という封号は、蒼頭が主人を殺したことへの嫌悪感が込められている。

(70)　薊県は前漢を通じて燕王国あるいは広陽王国の首都だったが、王莽が即位して前漢の宗室諸王を廃すると、「広有郡」の「大尹」（太守）治である「伐戎」県となった。『漢書』巻二八地理志下、広陽国条参照。

(71)　『漢書』巻八九循吏文翁伝

文翁、廬江舒人也。少好学、通春秋、以郡県吏察挙。景帝末、為蜀郡守、仁愛好教化。見蜀地辟陋有蛮夷風、文翁欲誘進之、乃選郡県小吏開敏有材者張叔等十余人、親自飭厲、遣詣京師、受業博士、或学律令。減省少府用度、買刀布蜀物、齎計吏以遺博士（師古曰、少府、郡掌財物之府、以供太守者也）。数歳、蜀生皆成就還帰、文翁以為右職、用次察挙、官有至郡守刺史者。又修起学官於成都市中、招下県子弟以為学官弟子。為除更繇、高者以補郡県吏、次為孝弟力田。常選学官僮子、使在便坐受事（師古曰、便坐、別坐、可以視事、非正廷也）。毎出行県、益従学官諸生明経飭行者与倶、使伝教令、出入閨閤（師古曰、閨閤、内中小門也）。県邑吏民見而栄之、数年、争欲為学官弟子、富人至出銭以求之。繇是大化、蜀地学於京師者、比斉魯焉。至武帝時、乃令天下郡国皆立学校官、自文翁為之始云。

(72)　『史記』巻一二〇汲黯伝「遷為東海太守。……黯多病、臥閨閤内不出。歳余、東海大治、称之」。『漢書』巻五〇同伝は「臥閨閤内」を「臥閤内」に作る。意味は同じ。

(73)　『後漢書』列伝巻三八応奉伝注引華嶠書「(応)華仲少給事郡県……遷東平相。賞罰必信、吏不敢犯。有梓樹生於庁事室上。事後母至孝、衆以為孝感之応」。

(74)　『後漢書』列伝巻一七呉良伝「呉良字大儀、斉国臨淄人也。初為郡吏（注、東観漢記曰、良為郡議曹掾）。歳旦与掾史入賀、門下掾王望挙觴上寿、諂称太守功徳。良於下坐勃然進曰……。太守斂容而止。讌罷、転良為功曹。恥以言受進、終不肯謁」。同巻一九閻惲伝「(建武年間）太守欧陽歙請為功曹。汝南旧俗、十月饗会、百里内県皆齎牛酒到府讌飲。時臨饗礼訖、歙教曰、西部督郵繇延、天資忠貞、稟性公方、……太守敬嘉厥休、牛酒養徳。主簿読教、戸曹（風俗通過誉篇「戸吏」に作る）引延

受賜。惲於下坐愀然前曰、……案延資性貪邪、外方内員、朋党搆、罔上害人、所在荒乱、怨慝並作。……歙色慙動、不知所言。門下掾鄭敬進曰、君明臣直、功曹言切、明府徳也。……歙意少解、……遂不譴而罷。惲帰府称病、延亦自退」。また、山東諸城県前涼台村の後漢墓から発見された画像石のうち、報告者によって「講学図」と名付けられた画像は、北海郡太守であった墓主が、太守府の堂で属県の上計を受ける儀式を描いたものであるという説がある。任日新「山東諸城漢墓画象石」（文物一九八一―一〇）、王恩田「諸城涼台孫琮画象石考」（同一九八五―三）参照。

（75）『後漢書』列伝巻七〇文苑下趙壹伝「（趙）壹以公卿中非（羊）陟無足以託名者、乃日往到門。陟自強許通。尚臥未起、壹逕入上堂、遂前臨之、曰、……因挙声哭。門下驚、皆奔入満側」。

（76）『太平御覧』巻二六〇引司馬彪続漢書「宋均為九江太守、五日一聴事、冬以日中、夏以平旦」。「五日一聴事」には前漢宣帝の故事がある。後注155『漢書』循吏伝参照。また「三日一視事」の例もある。後注179司馬彪続漢書参照。

（77）『後漢書』列伝巻三五周景伝「稍遷豫州刺史、河内太守。……毎至歳時、延請挙吏、入上後堂、与共宴会。如此数四、乃遺之」。同じことを『風俗通』十反篇は「毎挙孝廉、請之上堂、家人宴飲、皆令平仰、言笑晏晏、如是三四」とする。対照すれば、後堂が家人の集まる寛いだ場所であることがわかる。

（78）『漢書』巻六四上、朱買臣伝「入呉界、見其故妻・妻夫治道。買臣駐車、呼令後車載其夫妻、到太守舎、置園中、給食之。居一月、妻自経死。買臣乞其夫銭、令葬」。

（79）『漢書』巻七八蕭育伝「後為茂陵令、会課、育第六。而漆令郭舜殿、見責問。育為之請、扶風怒曰……。及罷出、伝召茂陵令詣後曹（如淳曰、賊曹・決曹皆後曹）、当以職事対（師古曰、忿其為漆令言、故欲以職事責之）」。

（80）「閤下の書佐」は注67にあげた郡の属吏中に見える他、後掲注182朱博伝参照。「直符の史」は後掲注161王尊伝参照。後漢代の例は『後漢書』列伝三四張禹伝注に引く『東観漢記』に見える。「直符」については前章参照。

（81）『漢書』巻九二游侠陳遵伝「王莽素奇遵材、在位多称誉者、繇是起為河南太守。既至官、当遣従史西、召善書吏十人於前、治私書謝京師故人。遵馮几、口占書吏、且省官事、書数百封、親疎各有意。河南大驚」。

（82）『漢書』巻九〇酷吏厳延年伝「遷河南太守。……然疾悪泰甚、中傷者多。尤巧為獄文、善史書。所欲誅殺、奏成於手中、主簿・親近史不得聞知。奏可論死、奄忽如神。冬月、伝属県囚、会論府上、流血数里、河南号曰屠伯」。

(83)『漢書』巻八三薛宣伝「及日至休吏、賊曹掾張扶独不肯休、坐曹治事。（左馮翊薛）宣出教曰、蓋礼貴和、人道尚通。日至、吏以令休、所繇来久。曹雖有公職事、家亦望私恩意。掾宜従衆、帰対妻子、……斯亦可矣。扶慙愧、官属善之」。なお、夏至の休暇に関する全国への通達の全文が居延漢簡から発見されている。大庭脩「居延出土の詔書冊」（『秦漢法制史の研究』所収　創文社　一九八二）参照。

(84)『漢書』巻八宣帝紀、元康二年「夏五月、詔曰、……吏務平法、或擅興繇役、飾厨伝、称過使客。越職踰法、以取名誉。……豈不殆哉」。なお注41に引く『漢旧儀』で「詔書『無飾厨伝』、至今未変」というのは、この詔勅を踏まえている。

(85)『漢書』巻八四翟義伝「年二十出為南陽都尉。宛令劉立与曲陽侯（王根）為婚、又素著名州郡、軽義年少。義行太守事、行県至宛、……義既還、大怒、陽以他事召。立至、以主守盗十金、賊殺不辜、部掾夏恢等収縛立、伝送鄧獄。……立家軽騎馳従武関入、語曲陽侯。曲陽侯白成帝、帝以問丞相（翟方進）。方進遣吏勅義出宛令。宛令已出、吏還白状。方進曰、小児未知為吏也。其意以為入獄当輒死矣」。このことは、官僚が政敵を投獄したら判決を待たずに拷問死させるのが常識となっていたことを物語る。一度投獄されたらおしまい、という点で官吏も民衆も変わりはなかったとみてよい。

(86)『漢書』巻七六韓延寿伝「（東郡太守韓）延寿嘗出、臨上車、騎吏一人後至。勅功曹議罰白。還至府門、門卒当車、願有所言。延寿止車問之。卒曰、……今旦明府早駕、久駐未出。騎吏父来至府門、不敢入。騎吏聞之、趨走出謁、適会明府登車。以敬父而見罰、得毋虧大化。……帰舎、召門卒。卒本諸生、聞延寿賢、無因自達、故代卒（師古曰、代人為卒也）。延寿遂待用之。其納善聴諫、皆比類也」。

(87)『漢書』巻六六陳咸伝「起家復為南陽太守。所居以殺伐立威、豪猾吏及大姓犯法、輒論輸府（師古曰、府謂郡之府）、以律程作司空、為地臼木杵、舂不中程、或私解脱鉗釱、衣服不如法、輒加罪笞。督作劇、不勝痛、自絞死、歳数百千人」。同巻七六尹翁帰伝「豪彊有論罪、輸掌畜官、使斫莝、責以員程、不得取代。不中程、輒笞督、極者至以鈇自剄而死」。

(88)『後漢書』巻三章帝紀、元和三年二月「癸酉、還幸元氏、祠光武・顕宗於県舎正堂」。

(89)『風俗通』正失篇、葉令祠条「俗説、孝明帝時、尚書郎河東王喬、遷為葉令。喬有神術、……後天下一玉棺於庁事前、令臣吏試入、終不動揺……」。『後漢書』列伝巻七二上、方術王喬伝は「庁事」を「堂」に作る。

(90)『漢書』巻七六王尊伝「初元中、……転守槐里、兼行美陽令事。春正月、美陽女子告仮子不孝曰、児常以我為妻、妒笞我。

尊聞之、遣吏収捕験問、辞服。……尊於是出坐廷上、取不孝子、県磔著樹、使騎吏五人張弓射殺之。吏民驚駭」。

(91)『後漢書』列伝巻一五魯恭伝「魯恭字仲康、……拝中牟令。……是歳（建初七年）、嘉禾生恭便坐廷中。（河南尹袁）安因上書言状、帝異之」。

(92)『漢書』巻八三薛宣伝「（薛）宣子恵亦至二千石。始恵為彭城令。宣従臨淮遷至陳留、過其県。橋梁郵亭不修。宣心知恵不能、留彭城数日、案行舎中、処置什器、観視園菜、終不問恵以吏事」。

(93)『後漢書』列伝巻五四呉祐伝「（呉）祐以光禄四行遷膠東侯相。時済北戴宏父為県丞。宏年十六、従在丞舎。祐毎行園、常聞諷誦之音、奇而厚之、亦与為友。卒成儒宗、知名東夏、官至酒泉太守」。

(94)『史記』巻一二二酷吏張湯伝「張湯者、杜人也。其父為長安丞。出、湯為児守舎。還而鼠盗肉。其父怒笞湯。湯掘窟得盗鼠及余肉、劾鼠掠治、伝爰書、訊鞫論報、并取鼠与肉、具獄磔堂下」。

(95)『雲夢睡虎地秦墓』（文物出版社　一九八一、以下『報告』と略称）二六二～二六五簡「有実官、高其垣墻。它垣属焉者、独高其置芻廥及倉茅蓋者。令人勿紤舎。非其官人殹、毋敢舎焉。善宿衛、閉門輒靡其旁火、慎守唯敬。有不従令而亡、有敗、失火、有重辠。大嗇夫・丞任之。　内毋敢以火入臧府・書府中。吏已収臧、官嗇夫及吏、夜更行宮、毋火乃閉門戸。令令史循其廷府。節新為吏舎、毋依臧府・書府。　内史雑」

(96)『漢書』巻九〇酷吏尹賞伝「永始・元延間……賞以三輔高第選守長安令、得壹切便宜従事。賞至、修治長安獄、穿地方深各数丈、致令辟為郭、以大石覆其口、名為虎穴。乃部戸曹掾史、与郷吏・亭長・里正・父老・伍人、雑挙長安中軽薄少年悪子、……得数百人。賞一朝会長安吏、車数百両、分行収捕、皆劾以為通行飲食羣盗。賞親閲、見十置一、其余尽以次内虎穴中、百人為輩、覆以大石。数日壹発視、皆相枕藉死。便輿出、瘞寺門垣東、楬著其姓名、百日後、乃令死者家各自発取其尸」。

(97)『後漢書』列伝巻五四呉祐伝「（膠東相呉）祐政唯仁簡、以身率物。民有争訟者、輒閉閤自責、然後断其訟、以道譬之。或身到閭里、重相和解。自是之後、争隙省息、吏人懐而不欺。嗇夫孫性私賦民銭、市衣以進其父。父得而怒曰、有君如是、何忍欺之。促帰伏罪。性慙懼、詣閤持衣自首」。

(98)『後漢書』列伝三四張禹伝注引東漢漢記「（張禹父）歆守（平）皐長。有報父仇賊自出。歆召囚詣閤、曰、欲自受其辞。既

入、解械飲食、便発遣。遂棄官亡命」。「平」字は『御覧』巻二六六によって補う。

(99)『漢書』巻九〇酷吏厳延年伝「初、(河南太守厳)延年母従東海来、欲従延年臘、到雒陽、適見報囚。母大驚、便止都亭、不肯入府。延年出至都亭謁母、母閉閤不見。延年免冠頓首閤下。良久母乃見之、因数責延年。……延年服罪、重頓首謝、因自為母御、帰府舎」。

(100)『漢書』巻七六韓延寿伝「入守左馮翊、満歳称職為真。……行県至高陵、民有昆弟相与訟田自言。延寿大傷之、……是日移病不聴事、因入臥伝舎、閉閤思過。一県莫知所為、令丞・嗇夫三老亦皆自繋待罪。於是訟者宗族停相責譲、此両昆弟深自悔、皆自髡肉袒謝、願以田相移、終死不敢復争。延寿大喜、開閤延見、内酒肉与相対飲食……」。

(101)図は周口地区文化局文物科等「淮陽于荘漢墓発掘簡報」(中原文物一九八三―一)による。その後淮陽県博物館「淮陽出土西漢三進院落」(同　一九八七―四)が発表されたが、平面図が裏焼きになっている。この他鄭州南関一五九号墓出土の陶屋(文物一九六〇―八・九、「中国陶俑の美」展図録参照)も同様な庭院建築である。

(102)前掲注30田中淡論文参照。また労幹氏は『漢晋西陲木簡新考』(中央研究院歴史語言研究所単刊甲二七　一九八五)で和林格爾漢墓の寧城図を引き、この建築構造を四合院式に先行する単純な形式として「両進院」式と命名している。ただし氏は、第一節で論じた堂の後ろの部分の存在に気付いていない。正しくは「三進院」ではなかろうか。

(103)『文選』巻二九古詩十九首、第二首李善注引魏王奏事「出不由里門、面大道者、名曰第」。

(104)『史記』巻一〇七武安侯列伝「武安由此滋驕、治宅甲諸第。……前堂羅鍾鼓、立曲旃。後房婦女以百数」。『漢書』巻八一張禹伝「為(丞)相六歳、鴻嘉元年、以老病乞骸骨。……禹性習知音声、内奢淫、身居大第、後堂理絲竹筦弦。禹成就弟子尤著者、淮陽彭宣至大司空、沛郡戴崇至少府九卿。……禹心親愛崇、敬宣而疏之。……禹将崇入後堂飲食、婦女相対、……昏夜乃罷。而宣之来也、禹見之於便坐、講論経義、日晏賜食、不過一肉巵酒相対。宣未嘗得至後堂」。また『漢書』巻九二游侠陳遵伝には「封嘉威侯。……遵耆酒、毎大飲、賓客満堂、輒関門、取客車轄投井中、雖有急、終不得去。官有部刺史奏事、過遵、値其方飲、刺史大窮、候遵霑酔時、突入見遵母、叩頭自白当対尚書有期会状。母乃令従後閤出去」とある。酒宴の催された堂の奥は家人の居住する場所であり、この刺史のように許しを得ずに入り込むには、「突入」する決心が要った。なお「後閤」は「勝手口」のような裏門か。

(105)『漢書』巻八六王嘉伝「嘉復奏封事曰、……而駙馬都尉董賢亦起官寺上林中、又為賢治大第、開門郷北闕、引王渠灌園池」。同様な第には曲陽侯王根を始めとする王氏五侯の例もある（同書巻九八元后伝）。これほど大きな第でなくても、堂の前の中庭に池を設けて鳥を飼う程度のことは広く見られたと思われる（同書巻八四翟義伝）。

(106)『続漢書』百官志一太尉条注引『漢官儀』に「張衡曰、明帝以為司馬・司空府已栄、欲更治太尉府。時公趙憙也。西曹掾安衆鄭均、素好名節、以為……今府本館陶公主第舎、員職既少、自足相容。憙表陳之、即見聴許」とある。後漢の都洛陽が本格的に整備されたのは明帝の時代であり、それ以前にこのような状況があったことは十分に想像できよう。また、甘粛武威磨咀子一八号漢墓出土の「王杖十簡」には、「王杖」を授けられた老人の特権を記した制詔が含まれている。その中のひとつは、「得出入官府郎第」、すなわち役所の「廊第」に出入りしてもよいということであった。制詔のような法的拘束力を持つ文書で、官府の建物が「廊第」とされていることは重視されてよい。甘粛省博・考古研『武威漢簡』（文物出版社　一九六四）参照。なお最近発表された「王杖詔令冊」では、「郎第」を「節第」に作る。上文に「比於節」とあるのに引きずられての書き誤りである。武威県博「武威新出王杖詔令冊」（甘粛省博編『漢簡研究文集』甘粛人民出版社　一九八四）参照。

(107)注88に引いた『後漢書』章帝紀で、元氏県の正堂が「県舎の正堂」とされるのがその一例である。また、和林格爾漢墓壁画の武成城図で「武成寺門」の奥に「武成長舎」しか描かれていないことも、この傾向を示している。

(108)「大事記」によれば、「喜」は昭王四五年（前二六二）一二月甲午に生まれ、「今元年」（前二四六）一七才で成人、三年八月に「史」となっている。翌四年に「十一月、喜□安陸□史」とあるが、これはよくわからない。おそらく三年に「史」の資格を得、四年に安陸県の「□史」となったのだろう。さらに六年（前二四一）四月には安陸令史、翌年正月甲寅に鄢令史となって鄢県に移り、一二年（前二三五）四月癸丑に「治獄鄢」と記される。この書き方では「治獄」が官名かどうかあいまいだが、少なくとも仕事の内容はわかる。「治獄」担当の令史となったのではないだろうか。彼はこの後、六国統一後の始皇帝三〇年（前二一七）ごろに死亡するまで、一八年間はこの職にあったと思われる。以上、『雲夢睡虎地秦墓』〇〇一―〇四九簡。図版は線装本『睡虎地秦墓竹簡』（文物出版社　一九七六、以後『図版』と略称）「編年記」、釈文は洋装本『睡虎地秦墓竹簡』（文物出版社　一九七八、以後『釈文』と略称）一～一三頁。

(109)郭子直「戦国秦封宗邑瓦書銘文新釈」（『古文字研究』第一四輯　一九八六）参照。

(110)『史記』巻五三蕭相国世家「蕭相国何者、沛豊人也。以文無害為沛主吏掾（索隠、主吏、功曹也）」。
(111)『報告』二二四～二二五、『図版』秦律十八種一五八～一五九、『釈文』九四頁「県・都官・十二郡免除吏及佐・羣官属、以十二月朔日免除、尽三月而止之。其有死亡及故有欠者、為補之、毋須時。置吏律」
(112)『報告』二二六～七簡、『図版』秦律十八種一六〇～一、『釈文』九五～六頁「除吏・尉、已除之、乃令視事及遣之。所不当除而敢先見事、及相聴以遣之、以律論之。……（略）……置吏律」
(113)「封診式」と名付けられた各種報告書の書式集では、令史が検分に赴いて爰書を書くことになっている例が多い。また『報告』二二八簡、『図版』秦律十八種一六二、『釈文』九四頁に「官嗇夫節不存、令君子毋害者、若令史守官。毋令官佐・史守。置吏律」とある。
(114)『報告』二五七簡、『図版』秦律十八種一九〇、『釈文』一〇六頁「除佐、必当壮以上、毋除士五新傅。苑嗇夫不存、県為置守、如厩律。　内史雑」
(115)『報告』二五五簡、『図版』同一八八、『釈文』一〇五頁「有事請殹、必以書、毋口請、毋羈請。　内史雑」
(116)于豪亮「雲夢秦簡所見職官述略」（文史　第八輯　一九八〇）参照。
(117)「語書」と題された、南郡守から各県に発せられた執務心得の教書の末尾（『報告』〇六五～七簡、『図版』南郡守騰文書一二～一四、『釈文』一二〇頁）に、「……故如此者、不可不為罰。発書、移書曹、曹莫受、以告府。府令曹画之、其画最多者、当居曹奏令・丞。令・丞以為不直、志千里使有籍書之、以為悪吏」とある。ここに見える「曹」は、県の各部局を指すとともに郡の監察官のグループをも指している。
(118)厳耕望氏は、『中国地方行政制度史　上篇』一一九頁で、功曹は武帝時代の例が初見だとしているが、彼の基づいた『史記』滑稽列伝の記事は、宣帝時代の逸話が誤って武帝時代のこととされたものである。後掲注141参照。功曹の早い事例は、注172に引いた『漢書』尹翁帰伝で昭帝時代、五官掾の事例は注161に引いた『漢書』王尊伝の元帝時代の例が早い方だろう。主簿の例は注162に引いた『漢書』厳延年伝が宣帝時代である。このような職務分掌は、百石、二百石などの官秩とは直接関係していなかった。例えば秩二百石の卒史の中で、管理職的な仕事をする者が「掾」と呼ばれるわけである。仲山茂「漢代の掾史」（史林八一巻四号　一九九八）参照。

(119)　例えばここには主簿や廷掾が挙げられていない。これはこの二つが「某曹」というネーミングになっていないからだと思われる。

(120)　『報告』二五八簡、『図版』秦律十八種一九一、『釈文』一〇六頁「令敎史毋従事官府。非史子殹、毋敢学学室。犯令者有辠。内史雑」

(121)　『説文解字』十五上「尉律、学僮十七已上、始試、諷籀書九千字、乃得為史。又以八体試之、郡移大史并課。最者以為尚書史。書或不正、輒挙劾之」。同じ律について『漢書』巻三〇芸文志は「漢興、蕭何草律、亦著其法曰、太史試学童、能諷書九千字以上、乃得為史。又以六体試之、課最者、以為尚書・御史史書令史。吏民上書、字或不正、輒挙劾」としており、多少の出入りがある。なお、この律は最近江陵張家山の漢墓から出土した漢律にも含まれているようである。

(122)　『史記』巻三〇平準書「至今上即位教歳、漢興七十余年之間、国家無事、……為吏者長子孫、居官者以為姓号」。

(123)　池田雄一「漢代における地方小吏についての一考察」（中央大学文学部紀要　史学科一七号　一九七二）参照。

(124)　注71引『漢書』循吏伝参照。

(125)　『漢書』巻八八儒林伝
而公孫弘以治春秋為丞相封侯、天下学士靡然鄉風矣。弘為学官、悼道鬱滞、乃請曰、「丞相・御史言、……謹与太常臧・博士平等議曰、……為博士官置弟子五十人、復其身。……臣謹案、詔書律令下者、明天人分際、通古今之誼、文章爾雅、訓辞深厚、恩施甚美。小吏浅聞、弗能究宣、亡以明布諭下。以治礼掌故以文学礼義為官、遷留滞。請選択其秩比二百石以上及吏百石、通一芸以上、補左右内史・大行卒史、比百石以下補郡太守卒史、皆各二人、辺郡一人。先用誦多者、不足、択掌故以補中二千石属。文学掌故補郡属、備員（師古曰、云備員者、示以升擢之、非籍其実用也）。請著功令。它如律令」。制曰「可。」

『漢書』武帝紀によれば、元朔三年（前一二六）六月のことである。

(126)　渡辺信一郎「孝経の国家論――孝経と漢王朝――」（『中国貴族制社会の研究』所収、京都大学人文科学研究所　一九八七）参照。

(127)　『史記』巻七〇張儀列伝「張儀於是之趙、上謁求見蘇秦。蘇秦乃誡門下人不為通、又使不得去者数日。已而見之、坐之堂下、賜僕妾之食。……蘇秦已而告其舎人曰、張儀、天下賢士、吾殆弗如也」。ここでは門番が「門下」、弟子が「舎人」と呼ばれている。

(128) 『淮南子』道応訓「昔者公孫龍在趙之時、謂弟子曰、人而無能者、龍不能与遊。有客衣褐帯索、而見曰、臣能呼。公孫龍顧弟子曰、門下故有能呼者乎。対曰、無有。公孫龍曰、与之弟子之籍」。なお、戦国から漢代の師と弟子の関係については、宇都宮清吉「管子弟子職篇によせて」(『中国古代中世史研究』所収、創文社、一九七七)、吉川忠夫「鄭玄の学塾」(『中国貴族制社会の研究』所収、京都大学人文科学研究所、一九八七)参照。

(129) 『史記』巻七六平原君列伝「平原君趙勝者、趙之諸公子也。……賓客蓋至者数千人。……平原君家楼臨民家。民家有躄者、槃散行汲。平原君美人居楼上、臨見大笑之。明日、躄者至平原君門、請曰、……臣願得笑臣者頭。平原君笑応曰、諾。……終不殺。居歳余、賓客門下舎人稍稍引去者過半。平原君怪之。……門下一人前対曰、以君之不殺笑躄者、以君為愛色而賤士、士即去耳」。

(130) 『史記』巻五四曹相国世家「恵帝二年、蕭何卒。参聞之、告舎人趣治行、吾将入相。居無何、使者果召参」。

(131) 『史記』巻一〇四田叔列伝緒少孫補「(任安)乃為衛将軍舎人、与田仁会、倶為舎人、居門下、同心相愛。此二人家貧、無銭用以事将軍家監。家監使養悪齧馬。……衛将軍従此両人、過平陽主。主家令両人与騎奴同席而食。此二子抜刀、列断席、別坐。主家皆怪而悪之、莫敢呵」。

(132) 『史記』巻八四屈原賈生列伝「賈生名誼、雒陽人也。年十八、以能誦詩属書聞於郡中。呉廷尉為河南守、聞其秀才、召置門下、甚幸愛」。

(133) 注71引『漢書』循吏伝参照。

(134) 『史記』巻一二〇汲鄭列伝「至九卿……遷大農令。鄭荘為太史、誡門下、客至、無貴賤無留門者。執賓主之礼、以其貴下人」。この場合の「門下」は門番と取り次ぎ役などをまとめて指している。

(135) 同巻一一七司馬相如列伝「会梁孝王卒、相如帰。而家貧、無以自業。素与臨邛令王吉相善。吉曰、長卿久宦遊不遂、而来過我。於是相如往、舎都亭。臨邛令繆為恭敬、日往朝相如。……臨邛中多富人。而卓王孫家僮八百人、程鄭亦数百人。二人乃相謂曰、令有貴客、為具召之。并召令」。

(136) 『史記』巻五四曹相国世家「孝恵元年、除諸侯相国法、更以参為斉丞相。参之相斉、斉七十余城。天下初定、悼恵王富於春秋。参尽召長老諸生、問所以安集百姓。如斉故諸儒以百数、言人人殊、参未知所定。聞膠西有蓋公、善治黄老言、使人厚幣請之。既見蓋公。蓋公為言治道貴清静而民自定、推此類具言之。参於是避正堂、舎蓋公焉。其治要用黄老術。故相斉九年、斉国安集、大称賢相」。

（137）『史記』巻七項羽本紀「秦二世元年七月、陳渉等起大沢中。其九月、会稽守通謂（項）梁曰（集解、楚漢春秋曰、会稽仮守殷通）、……吾欲発兵、使公及桓楚将。是時桓楚亡在沢中。梁曰、桓楚亡、人莫知其処。独籍知之耳。梁乃出、誡籍持剣居外待。梁復入、与守坐曰、請召籍、使受命召桓楚。守曰、諾。梁召籍入。須臾、梁眴籍曰、可行矣。於是籍遂抜剣斬守頭。項梁持守頭、佩其印綬。門下大驚擾乱、籍所撃殺数十百人。一府中皆慴伏、莫敢起」。項羽が斬り従えた「門下」はこれらのさまざまな人間の総称、抵抗もせずに降参したのが府中の属吏だったと考えられる。

（138）『漢書』巻七一雋不疑伝「武帝末、郡国盗賊羣起、暴勝之為直指使者、衣繡衣持斧、逐捕盗賊、督課郡国、東至海、以軍興誅不従命者、威振州郡。勝之素聞不疑賢、至勃海、遣吏請与相見。不疑……盛服至門上謁。門下欲使解剣、不疑曰、剣者君子武備、所以衛身、不可解。請退。吏白勝之。勝之開閤延請、望見不疑容貌尊厳、衣冠甚偉、勝之躧履起迎。登堂坐定、不疑拠地曰……。勝之知不疑非庸人、……聞当世所施行。門下諸従事皆州郡選吏、側聴不疑、莫不驚駭。至昏夜罷去」。ここには門番としての「門下」と、暴勝之を補佐する「門下の諸従事」の二種類の「門下」が見える。

（139）『漢書』巻九二游侠萬章伝「萬章字子夏、長安人也。長安熾盛、街閭各有豪侠。章在城西柳市、号曰城西萬子夏。為京兆尹門下督、従至殿中、侍中諸侯貴人争欲揖章、莫与京兆尹言者。章逡循甚懼。其後京兆不復従也」。

（140）厳耕望「秦漢地方行政制度」（『中国地方行政制度史』上編所収、中央研究院歴史語言研究所、一九七四）一二六頁参照。

（141）『漢書』巻八九循吏龔遂伝

上以為渤海太守。……数年、上遣使者徴遂、議曹王生願従。功曹以為王生素耆酒、亡節度、不可使。遂不忍逆、従至京師。王生日飲酒、不視太守。会遂引入宮、王生酔、従後呼曰、明府且止、願有所白。遂還問其故。王生曰、天子即問君、何以治渤海、君不可有所陳対、宜白、皆聖主之徳、非小臣之力也。遂受其言。既至前、上果問以治状。遂対如王生言。天子説其有譲、笑曰、君安得長者之言而称之。遂因前曰、臣非知此、乃臣議曹教戒臣也。上以遂年老不任公卿、拝為水衡都尉、議曹王生為水衡丞、以褒顕遂云。

『史記』巻一二六滑稽列伝褚少孫補

武帝時、徴北海太守詣行在所。有文学卒史王先生者。自請与太守倶、吾有益於君。君許之。諸府掾功曹白云、王先生嗜酒、多言少実、恐不可与倶。太守曰、先生意欲行、不可逆。遂与倶。

見られるように、『史記』はこれを武帝時代の北海郡のこととしており、太守の名前は忘れられている。しかし文学卒史が属吏として功曹の勤務評定の対象となっていたこと、しかし同時に太守から「先生」と呼ばれ、むげには逆らい難い存在だったことがわかる。『漢書』の議曹もそのような存在と見てよい。

(142) 注164引『漢書』朱博伝参照。

(143) 『後漢書』列伝巻三五袁安伝「(袁)忠子秘、為郡門下議生。黄巾起、秘従太守趙謙撃之、軍敗、秘与功曹封観等七人以身扞刃、皆死於陳、謙以得免。(注)謝承書曰、秘字永寧。封観与主簿陳端・門下督范仲礼・賊曹劉偉徳・主記史丁子嗣・記室史張仲然・議生袁秘等七人、擢刃突陳、与戦並死也」。

(144) 例えば朱儁は後漢延熹年間に会稽上虞県の「門下書佐」であった。『後漢書』列伝巻六一本伝参照。

(145) 注157引『漢書』韓延寿伝参照。

(146) 注164引『漢書』朱博伝参照。

(147) 『後漢書』列伝巻七一独行伝、劉茂、索盧放条参照。

(148) 『後漢書』列伝巻三公孫述伝「哀帝時、以父任為郎。後父仁為河南都尉、而述補清水長。仁以述年少、遣門下掾随之官(注、州郡有掾、皆自辟除之、常居門下、故以為号)。月余、掾辞帰、白仁曰、述非待教者也」。ここの注に見える「門下」の説明は明らかに不十分である。

(149) 『後漢書』列伝巻一五卓茂伝「卓茂字子康、南陽宛人也。……及(王)莽居摂、以病免帰郡、常為門下掾祭酒、不肯作職吏」。王莽時代の門下掾の例はこの他、同列伝巻四二崔篆伝にも見える。なお後漢代、名誉職としての「祭酒」は中央にも見られる。『説文解字』の著者許慎は太尉府の「南閣祭酒」であった(『説文』一五下)。

(150) 注36引『漢書』孫宝伝参照。

(151) 長官が名士を「師友」として招くことは、『後漢書』列伝巻六六循吏任延伝に「更始元年、……拝会稽都尉。……時天下新定、道路未通、避乱江南者、皆未還中土。会稽頗称多士。延到、皆聘請高行如董子儀・厳子陵等、敬待以師友之礼」という例がある他、同巻三隗囂伝の例もある。また属吏の幹部を「師友」として遇した例も知られる。『後漢書』列伝巻一五魯丕伝「丕字叔陵、……遂兼通五経、以魯詩・尚書教授、為当世名儒。後帰郡（＝扶風）、為督郵・功曹、所事之将、無不師友待之」。この他注160、王莽時代の厳詡の例参照。

（152）例えは注143に引いた謝承書に見えるように、太守の本陣を固めた功曹・主簿・門下督・賊曹・主記史・記室史・議生はこのような長官官房のメンバーを中心としている。ここの「賊曹」が「門下賊曹」の省略かどうかは不明。また、江蘇泗洪県曹廟出土の画像石に、県令の側近グループを描いたものがある。全体が左向きの徒歩の行列をなし、中心が県令である。県令の右脇に「鈴下」、以下「主簿」、「門下干」、「小史」、「書佐」四人の順にならび、このうち「鈴下」と「門下干」、「小史」は小さめに描かれる。県令の左脇は「騎吏」二人、以下左に「功曹」、「五白」二人、「賊曹」、「游徼」、「主記」、「門下史」四人、「行亭掾」の順にならび、「騎吏」と「五白」は小さく描かれている。官吏の像に大小の差があるのは、官位の高下を表わしている。この画像石は、長官官房としての「門下」を描く典型的な例である。龍振尭「江蘇泗洪曹廟東漢画像石」（文物一九八六―四）参照。

（153）注125引『漢書』儒林伝参照。儒官は創設当初から「備員」、すなわち名誉職に近い存在であった。

（154）池田雄一「中国古代における郡県属吏制度の展開」（『中国古代史研究』四　一九七六）は、属吏制度の起源が戦国時代に見られた「門下」の「舎人」にあり、漢代になっても長官の私属的な側面を強く残していたとしている。このような「門下」の中に次第に役割分担が生じ、武帝時代以後に功曹以下の諸曹が分化したのだという説である。しかし本章で述べてきたように、属吏の職階はすでに戦国時代から存在しており、長官の私属と未分化な状態にあったとは考えにくい。「某曹」という部局名の体系が定着したのは前漢後期だが、だからといってそれ以前は職務分担が存在しなかったとするのは無理である。「門下」の属吏は諸曹の「職吏」の存在を前提として形成され、しかもその職掌は諸曹に比べて漠然としたままだったと考えたほうがよかろう。名誉ある称号としての「門下」の性格を見落としたまま、「門下」イコール私属という図式で割りきってしまうことには賛成できない。

（155）『漢書』巻八九循吏伝序

及至孝宣、……自霍光薨後、始躬万機、厲精為治、五日一聽事、自丞相已下各奉職而進。及拝刺史・守・相、輒親見問、観其所繇、退而考察所行以質其言、有名実不相応、必知其所以然。常称曰、庶民所以安田里而亡歎息愁恨之心者、政平訟理也。与我共此者、其唯良二千石乎。以為太守吏民之本也。数変易則下不安。民知其将久、不可欺罔、乃服従其教化。故二千石有治理效、輒以璽書勉厲、増秩賜金、或爵至関内侯、公卿欠則選諸所表以次用之。是故漢世良吏、於是為盛、称中興。

(156)『漢書』巻八九循吏黄覇伝
（潁川）太守覇為選択良吏、分部宣布詔令、令民咸知上意。……米塩靡密、初若煩砕、然覇精力能推行之。……吏民不知所出、咸称神明。姦人去入它郡、盗賊日少。覇力行教化、而後誅罰、務在成就全安長吏。許丞老、病聾。督郵白逐之、覇曰「許丞廉吏、雖老、尚能拝起送迎、正頗重聴、何傷。且善助之、毋失賢者意」。或問其故。覇曰「数易長吏、送故迎新之費、及姦吏縁絶簿書、盗財物、公私費耗甚多、皆当出於民。所易新吏、又未必賢、或不如其故、徒相益為乱。凡治道、去其泰甚者耳」。覇以外寛内明、得吏民心、戸口歳増、治為天下第一。

(157)『漢書』巻七六韓延寿伝
数年、徙為東郡太守。……延寿為吏、上礼義、好古教化、所至必聘其賢士、以礼待用、広謀議、納諫争。挙行喪譲財、表孝弟有行。修治学官、春秋郷射、陳鍾鼓管弦、盛升降揖譲。及都試講武、設斧鉞旌旗、習射御之事。治城郭、収賦租、先明布告其日、以期会為大事、吏民敬畏趨郷之。……接待下吏、恩施甚厚、而約誓明。或欺負之者、延寿痛自刻責、「豈其負之。何以至此」。吏聞者自傷悔、其県尉至自刺死。及門下掾自剄、人救不殊、因瘖不能言。延寿聞之、対掾史涕泣、遣吏医治視、厚復其家。……在東郡三歳、令行禁止、断獄大減、為天下最。

左馮翊の時については注100参照。

(158)浜口重国「漢碑に見えたる守令・守長・守丞・守尉等の官に就いて」（『秦漢隋唐史の研究』下巻所収、東大出版会　一九六六）、大庭脩「漢の官吏の兼任」（『秦漢法制史の研究』所収）参照。

(159)この動きは弊害も産んだ。例えば『漢書』巻八九循吏王成伝「王成、不知何郡人也。為膠東相、治甚有声。宣帝最先褒之、地節三年下詔曰、……今膠東相成、労来不怠、流民自占八万余口、治有異等之效。其賜成爵関内侯、秩中二千石。未及徴用、会病卒官。後詔使丞相・御史問郡国上計長吏守丞以政令得失。或対言、前膠東相成偽自増加、以蒙顕賞。是後俗吏多為虚名

云」。また、不適任とされて免職となるにも、内容に区別があった。『漢書』巻九〇酷吏尹賞伝「数年卒官、疾病且死、戒其諸子曰、丈夫為吏、正坐残賊免、追思其功效、則復進用矣。一坐軟弱不勝任免、終身廃棄、無有赦時。其羞辱、甚於貪汚坐臧。慎毋然」。酷吏の経験であるだけに興味深い。

(160)『漢書』巻七七何並伝「徙潁川太守、代陵陽厳詡。詡本以孝行為官、謂掾史為師友、有過輒閉閤自責、終不大言。郡中乱。王莽遣使徵詡。官属数百人為設祖道、詡拠地哭。掾史曰、明府吉徵、不宜若此。詡曰、吾哀潁川士。身豈有憂哉。我以柔弱徵、必選剛猛代。代到、将有僵仆者。故相弔耳」。

(161)『漢書』巻七六王尊伝

以高弟擢為安定太守。到官、出教告属県曰、「令長丞尉、奉法守城、為民父母、抑彊扶弱、宣恩広沢、甚労苦矣。太守以今日至府、願諸君卿勉力正身以率下。故行貪鄙、能変更者、与為治。明慎所職、毋以身試法」。又出教敕掾功曹、「各自底厲、助太守為治。其不中用、趣自避退、毋久妨賢。夫羽翮不修、則不可以致千里。閫内不理、無以整外。府丞悉署吏行能、分別白之。賢為上、毋以富。賈人百万、不足与計事。昔孔子治魯、七日誅少正卯。今太守視事、已一月矣。五官掾張輔、懐虎狼之心、貪汚不軌、一郡之銭、尽入輔家。然適足以葬矣。今将輔送獄。直符史詣閤下、従太守受其事（師古曰、直符史、若今当直佐史也）。丞戒之戒之。相随入獄矣」。輔繋獄数日死、尽得其狡猾不道、百万姦臧。威震郡中、盗賊分散、入傍郡界。豪彊多誅傷伏辜者。坐残賊免。

ここで王尊は、太守の人事権に属する自分の属吏には厳罰で臨むのに対し、人事権の及ばない郡太守府の丞、属県の令・長・丞・尉には警告を発するにとどまっている。両者の扱いの差がわかる。

(162)『漢書』巻九〇酷吏厳延年伝

時郡比得不能太守、涿人畢野白等由是廃乱。大姓西高氏・東高氏、自郡吏以下皆畏避之、莫敢与牾。咸曰、「寧負二千石、無負豪大家」。……延年至、遣掾蠡吾趙繡桉高氏、得其死罪。繡見延年新将、心内懼、即為両劾、欲先白其軽者、観延年意、怒乃出其重劾。延年已知其如此矣。趙掾至、果白其軽者、延年索懐中、得重劾、即収送獄。夜入、晨将至市論殺之。先所桉者死、吏皆股弁。更遣吏分考両高、窮竟其姦、誅殺各数十人。郡中震恐、道不拾遺。

(163)『漢書』巻七六尹翁帰伝「以高第入守右扶風、満歳為真。選用廉平疾姦吏、以為右職。接待以礼、好悪与同之。其負翁帰、罰亦必行。」

(164)『漢書』巻八三朱博伝

斉郡舒緩養名、博新視事、右曹掾史皆移病臥。博問其故、対言、「惶恐。故事、二千石新到、輒遣吏存問致意、乃敢起就職」。博奮髯抵几曰、「観斉児、欲以此為俗邪」。乃召見諸曹史・書佐及県大吏、選視其可用者、出教置之。皆斥罷諸病吏、白巾走出府門。郡中大驚。頃之、門下掾贛遂耆老大儒、教授数百人、拝起舒遅。博出教主簿、「贛老生不習吏礼。主簿且教拝起、閑習乃止」。又敕功曹、「官属多褒衣大袑、不中節度。自今掾史衣皆令去地三寸」。博尤不愛諸生、所至郡輒罷去議曹、曰、「豈可復置謀曹邪」。文学儒吏時有奏記称説云云、博見謂曰、「如太守漢吏、奉三尺律令以従事耳。亡奈生所言聖人道何也。且持此道帰。堯舜君出、為陳説之」。其折逆人如此。視事数年、大改其俗、掾史礼節如楚・趙吏。

また注182参照。

(165)属吏に不正を行なわせなければ、出世はできないとしても、太守の地位を保つことができた。『漢書』巻六六陳咸伝「起家復為南陽太守。……其治放厳延年、其廉不如。所居調発属県所出食物、以自奉養、奢侈玉食。然操持掾史、郡中長吏皆令閉門自斂、不得踰法。公移敕書曰、「即各欲求索自快、是一郡百太守也。何得然哉」。下吏畏之、豪彊執服、令行禁止。然亦以此見廃。咸三公子、少顕名於朝廷、……而咸滞於郡守」。

(166)この傾向は、宮崎市定「中国官制の発達」(歴史教育一三巻六号、一九六五、のち『アジア史論考』中巻所収)がすでに指摘している。

(167)太守との対立については注181参照。病気を称して辞職することは、『漢書』巻七一于定国伝に典型的な例がある。

于定国字曼倩、東海郯人也。其父于公、為県獄史、郡決曹。決獄平、羅文法者、于公所決、皆不恨。……東海有孝婦、少寡亡子、養姑甚謹。姑欲嫁之、終不肯。……其後姑自経死。姑女告吏、「婦殺我母」。吏捕孝婦、孝婦辞不殺姑。吏験治、孝婦自誣服。具獄上府、于公以為此婦養姑十余年、以孝聞、必不殺也。太守不聴、于公争之、弗能得。乃抱其具獄、哭於府上、因辞疾去。太守竟論殺孝婦。郡中枯旱三年。後太守至、卜筮其故。于公曰、「孝婦不当死、前太守彊断之。咎党在是乎」。於是太守殺牛自祭孝婦冢、因表其墓、天立大雨、歳孰。郡中以此大敬重于公。

なお、拙稿「居延漢簡に見える官吏の処罰」(東洋史研究五六巻三号　一九九七)参照。

(168) 注53で、東海太守となった尹翁帰が赴任する前に、東海郡出身の廷尉于定国を訪問したのは、地元出身の大官に仁義を切っておく必要があったからである。その時に早速人事の請託を受けそうになったことは前述のとおり。また注85にあげたように、翟義は中央に強いコネを持つ吏の追放に失敗している。その後翟義が無事に済んだのは、彼自身が時の丞相の子だったからである。後漢末、宦官の請託を拒否した河東太守史弼は凄まじい報復を受けている。『後漢書』列伝巻五四本伝参照。

(169) 後漢代の例をあげる。『後漢書』列伝巻六六循吏秦彭伝「建初元年、遷山陽太守。以礼訓人、不任刑罰。崇好儒雅、敦明庠序。……吏有過咎、罷遣而已、不加恥辱。百姓懐愛、莫有欺犯」。同列伝巻一五魏覇伝「建初中、挙孝廉。八遷、和帝時、為鉅鹿太守。以簡朴寛恕為政。掾史有過、覇先誨其失、不改者乃罷之。吏或相毀訴、覇輒称它吏之長、終不及人短。言者懐慙、譖訟遂息」。同列伝巻五四史弼伝注引謝承書「弼年二十為郡功曹、承前太守宋訢穢濁之後、悉条諸生聚斂姦吏百余人、皆白太守、掃迹還県、高名由此而興」。魏覇伝に見えるように、属吏が功を焦って足の引っ張り合いを演ずることも多かったに違いない。注74にあげた『後漢書』郅惲伝や周景伝は、大事な儀式の席で公然と上司を批判するスタンドプレイの例である。応劭は『風俗通』過誉篇で、この傾向を苦々しく記している。属吏の争いに荷担することなく全体をまとめていくことも、長吏たるものの腕であった。

(170) 大庭脩「漢代における功次による昇進」(『秦漢法制史の研究』所収)参照。

(171) 注164引『漢書』朱博伝参照。

(172) 典型的な例が尹翁帰である。『漢書』巻七六本伝

尹翁帰字子兄、河東平陽人也。徙杜陵。翁帰少孤、与季父居。為獄小吏、暁習文法。喜撃剣、人莫能当。是時大将軍霍光秉政。諸霍在平陽、奴客持刀兵、入市闘変、吏不能禁。及翁帰為市吏、莫敢犯者。公廉不受餽、百賈畏之。後去吏居家。会田延年為河東太守、行県至平陽。悉召故吏五六十人、延年親臨見。令有文者東、有武者西。閲数十人、次到翁帰、独伏不肯起、対曰、「翁帰文武兼備、唯所施設」。功曹以為此吏倨敖不遜。延年曰、「何傷」。遂召上辞問、甚奇其対、除補卒史、便従帰府。案事発姦、窮竟事情、延年大重之、自以能不及翁帰、徙署督郵。河東二十八県、分為両部、閎孺部汾北、翁帰部汾南。所挙応法、得其罪辜、属県長吏雖中傷、莫有怨者。挙廉為緱氏尉、歴守郡中(師古曰、歴於郡中守丞尉之職也)、所居治理。遷補都内令、挙廉為弘農都尉。

(173) 永田英正「漢代の選挙と官僚階級」(東方学報　京都　四一冊　一九七〇)参照。
(174) 注151黄覇伝参照。
(175) 『北堂書抄』巻三八引東観漢記「黄香字文強、遷魏郡太守。俗毎交代、添設儲偫、輒数千万。香未入界移敕、悉出所設什器。及到頗有、即徹去。到官之日、不祭竈求福、閉門絶客」。
(176) 『漢書』巻七七何並伝「徙潁川太守。……郡中清静、表善好士、見紀潁川、名次黄覇。性清廉、妻子不至官舎」。『後漢書』列伝巻一七宣秉伝「(建武二年)遷司隷校尉。……秉性節約、常服布被、蔬食瓦器」。同王良伝「建武六年、代宣秉為大司徒司直。在位恭倹、妻子不入官舎、布被瓦器」。同列伝巻二一羊続伝「(中平三年)拝続為南陽太守。……続妻後与子秘倶往郡舎、続閉門不内。妻自将秘行、其資蔵唯有布衾、祇敝裯、塩麦数斛而已」。
(177) 前章注45参照。
(178) 注97及び100参照。
(179) 『芸文類聚』巻五〇引司馬彪続漢書「胡紹為河内懐令、三日一視事、十日一詣倉受俸米、於閤外炊作乾飯食之、不設釜竈。得一強盗、問其党与、得数百人、皆誅之。政教清平、為三河表」。
(180) 『漢書』巻八三朱博伝
以高弟入守左馮翊、満歳為真。……長陵大姓尚方禁、少時嘗盗人妻見斫、創著其頬。府功曹受賂、白除禁調守尉。博聞知、以它事召見、視其面、果有瘢。……禁自知情得、叩頭服状。……久之、召見功曹、閉閤、数責以禁等事、与筆札使自記、「積受取一銭以上、無得有所匿。欺謾半言、断頭矣」。功曹惶怖、具自疏姦臧、大小不敢隠。博知其対以実、乃令就席、受敕自改而已。
(181) 『後漢書』列伝巻七一独行彭脩伝「後仕(会稽)郡為功曹。時西部都尉宰鼂行太守事、以微過収呉県獄吏、将殺之。主簿鍾離意争諫甚切。鼂怒、使収縛意、欲案之。掾史莫敢諫。脩排閤直入、拝於庭、……。鼂遂原意罰、貰獄吏罪」。同　列伝巻六四袁紹伝注引英雄記「劉子恵、中山人。兗州刺史劉岱与其書、……。封書与馥。馥得此大懼、帰咎子恵、欲斬之。別駕従事耿武等排閤伏子恵上、願并見斬、得不死。作徒、被赭衣、掃除宮門外」。
(182) 書類が閤内に行ったまま決済されない場合も、事実上閤が閉ざされるのと同じようなことになる。『漢書』巻八三朱博伝に

(琅邪郡)姑幕県有郡輩八人、報仇廷中、皆不得。長吏自繫書言府。賊曹掾史自白請至姑幕。事留不出。功曹諸掾即皆自白、復不出。於是府丞詣閣、博乃見丞掾曰、「以為県自有長吏、府未嘗与也。丞掾謂府当与之邪」。閣下書佐入、博口占檄文曰、「府告姑幕令丞。言賊発不得、有書。檄到、令丞就職、游徼王卿力有余、如律令」。王卿得敕惶怖、親属失色、昼夜馳騖、十余日間、捕得五人。……其操持下、皆此類也。

とあり、朱博が部下の申請を握り潰しても、部下はせいぜい閣まで行って催促してみることしかできなかったことがわかる。書類の決済についても、閣は壁となり得る。

(183) 顧炎武は『日知録』巻二四、閤下において、しばしば混同して用いられる閤と閣の原義の違いを述べ、歴代の官衙における閤字の用法の変遷を論じている。その記述の中で、漢代の官衙の閤の機能も紹介されている。

(184) 渡辺信一郎注126所引論文参照。

(185) 鎌田重雄「漢代の門生・故吏」(『秦漢政治制度の研究』所収)参照。

(186) 『後漢書』巻七桓帝紀、建和元年四月「壬辰、詔州郡不得迫脅駆逐長吏。長吏臧満三十万而不糾挙者、刺史・二千石以縦避為罪。若有擅相仮印綬者、与殺人同弃市論」。

(187) 川勝義雄「漢末のレジスタンス運動」(『六朝貴族制社会の研究』所収、岩波書店 一九八二)参照。

図版出典一覧

図1 『和林格爾漢墓壁画』(文物出版社一九七八)三頁図四に基づいて作成
図2 同書一七頁図三四
図3 同書五〇・五一頁に基づいて作成
図4 同書四八・四九・五五頁に基づいて作成
図5 同書五二・五三頁に基づいて作成
図6 同書一〇九頁
図7 同書八二・八四・一三〇・一三一頁に基づいて作成

図8　『望都漢墓壁画』（中国古典芸術出版社　一九五五）
図9　『和林格爾漢墓壁画』九九・一四五頁に基づいて作成
図10　四川徳陽県黄滸鎮出土画像磚、『重慶市博物館蔵四川漢画象磚選集』（文物出版社　一九五七）
図11　四川成都揚子山二号墓出土画象磚、同右
図12　山東諸城県前涼台漢墓出土画象石、任日新「山東諸城漢墓画象石」文物一九八一－一〇
図13　河南淮陽県于荘漢墓出土陶明器、注101参照

第三部　市場と商工業

第一章　漢代の市

はじめに

中国史上、戦国から前漢の数百年間は特に商工業の発展の顕著だった時代である。『史記』貨殖列伝に活写される如く、巨富を積み、王侯に勝るとも劣らぬ豪奢な生活を誇った大商人が各地に輩出し、前代には見られなかった大都市の出現と繁栄が見られたことはよく知られている。

中国古代の商業と貨幣経済の発展は、第二次大戦後のわが国において重要な研究テーマとなり、多くの研究成果が発表されている。まず商品生産の代表としての手工業生産については、佐藤武敏氏[1]、影山剛氏[2]らの研究により、銅器、鉄器、塩、布、漆器などの生産過程が明らかになりつつある。次いで商業と商人の実態については、研究の方向に二つの傾向がある。一つは貨殖列伝などを手掛りに当時の商業の性格を追求する方向で、宇都宮清吉氏[3]や影山剛氏[4]の研究に代表される。他方は主として商人の身分の問題を通じて国家権力と商人の関係の究明を目指す方向であり、美川修一[5]、紙屋正和[6]、山田勝芳[7]の諸氏による市籍論争が記憶に新しい。

このように中国古代の商工業については様々な角度から研究が重ねられているが、なお解明すべき問題は多く残されている。その一つは市の問題である。市は言うまでもなく経済的交換の場であり、農民や手工業者の生産者自身により、あるいは商人の手を経て交換される、流通の出発点である。市は農民や手工業者、商人の経済的活動と利害関係を最も明確に反映する場であると言えよう。また同時に市は交換経済に対する国家の財政的、イデオロギー的政策が具体的に展開される場でもある。これらの点で、中国古代の市の歴史的位置を分析することは、中国古代社会の経済的側面のみならず、国家の支配のあり方の分析にもつながり得る。

このような観点から、本章では中国古代の市について、その種類や立地条件、市制の分析を行ない、その歴史的展開過程を跡づけてみたい。漢代の市制についてはすでに宇都宮清吉(8)、佐藤武敏(9)、劉志遠(10)、渡部武(11)の各氏による業績が発表されており(12)、また、文献史料に加えて秦漢の簡牘資料や後漢代の画像磚など出土資料も充実してきている。これら先学の業績や出土資料などを利用して整理と分析を進めたい。

まず考察の前提として、漢代の様々な市について、性格の分類や立地条件の整理を行なっておかなければならない。最初に漢代随一の大都市である長安の市について分析し、次いでその結果が他の地域にも適合するかどうかを検討していこう。なお、本章では用語の混乱を避けるため、「市」や「市場」を具体的な意味での「イチバ」を指す語として用い、市の国家的制度を指す語としては「市制」の語を用いることとする。

Ⅰ　市の種類と立地

(1) 長安九市

前漢の首都長安の城内とその周辺の市については、後漢末から曹魏にかけて編まれたと思われる『三輔黄図』に有名な記述がある（以下『黄図』と略称）。現行の六巻本、巻二に見える「長安九市」の条がそれである。この条はいささか読みにくく、宇都宮清吉氏や佐藤武敏氏は何らかの脱誤があるのではないかと疑っているが、その点を差し引いても、依然として長安の市に関する最もまとまった記述である。そこでまずこの条を、陳直氏の詳細な校注を施された『三輔黄図校証』のテキストによって引用しよう。

A　『廟記』に云く、「長安の市に九あり、各おの方二百六十六歩。六市は道西に在り、三市は道東に在り。凡そ四里を一市と為す。九州の人を致すは突門に在り。横橋の大道を夾みて、市楼は皆な屋を重ぬ」と。

B　又た曰く、「旗亭楼は杜門の大道の南に在り」と。

C　又た柳市、東市、西市あり。当市楼に令署あり、以て商賈の貨財、買売貿易の事を察す。三輔都尉これを掌る。

D　直市は富平津の西南二十五里にあり。即ち秦の文公造る。物に二価なし。故に直市を以て名と為す。

この記述は前半A、Bが『廟記』からの引用、後半C、Dが具体的な市の名と位置を紹介する構成をとっている。まずAの部分に見える市は、長安城の北、渭水にかかる横橋（または渭橋、後世中渭橋とも呼ばれる）[13]から突門を通る大道の両側に設けられた市である。突門は横門、光門とも呼ばれ、長安城北面西側の門にあたる。[14]この門は「九州の人を致す」とされているから、各地から長安城に至る大きな街道が城中に入る地点である。前文に見える「道西の六市」と「道東の三市」はこの道を規準として見たものだろう。第一部で検討したように、この突門内の市はCに見える東市と西市であると考えられる。西市は恵帝六年（前一八九）に太倉とともに立てられた官設の市である。長安城の城壁はこの前年の九月に完成したばかりだった（ともに『漢書』恵帝紀）から、長安城が都城としての相貌を整えた当初から存在した市である。東市については西市のような所伝がないが、しばしば棄市など公開処刑の行なわれる場となった。[15]長安城の成り立ちから見て、東市の起源が秦代に遡るとしても不思議ではない。考古学的調査によれば、城内の西北にあたるこの地域からは銭範や陶俑が数多く発見されており、官営の手工業や貨幣鋳造と関係の深い地域だったようである。[16]これらの点から、東市・西市は長安城の造営とともに城内に整備された、オフィシャルな性格の強い市だったと考えられる。

次に前引史料Bについて。ここには直接市の存在を示す表現はないが、「旗亭楼」の位置が記されている。これは前文のAに見える「市楼」の記述に関連して『廟記』の別の箇処が引用されたものと思われ、『廟記』の原文はAとは別の市の記述であったと考えてよい。では「杜門の大道の南」とはどこだろうか。杜門は長安城南面東側の門で覆盎門とも呼ばれ、長楽宮に通じていた。[17]「杜門の大道」とは、この門から宣帝の陵県である杜陵に通ずる街道を指す。したがって、この市は杜門から杜陵までの街道沿いのどこかにあり、杜陵の造営以降に発達した市だと考えられる。市の名称は不明だが、かなり大規模な市であろう。以後この市を便宜上「杜門大道の市」と呼ぶことにしよう。

続いて前引史料Cに見える「柳市」は後述のように「細柳倉市」を指す。Dに見える「直市」の位置については、陳直氏が『長安志』を引いて渭橋の北にあたると指摘している。[18]

『黄図』にあげられた市は以上だが、この他にも市のあったことが『太平御覧』巻八二七（以下『御覧』と略称）に引く『漢宮殿疏』によって知られる。[19]以下引用中括弧内は双行注である。

交門市（渭橋の北頭にあるなり）
李里市（雍門の東にあり）
交道亭市（便橋の東にあり）

細柳倉市（細柳倉にあり）

交門市は渭橋（横橋）を北に渡った地点にあった。とすると前述の直市との位置関係が気になるが、恐らく直市が交門市のさらに北にあったと考えたい。両者の距離などは不明である。李里市は長安城の西面北側の門である雍門[20]の東とされるから、城内にあったことになり、前述の西市と位置が重なってしまう。この市の名称や位置については、何らかの誤伝や誤記があると見られる。ここでは一応名称のみあげ、存疑としておく。次いで交道亭市は便橋の東にあったとされている。便橋は便門橋であり、『漢書』武帝紀によれば、武帝の建元三年（前一三八）長安城から茂陵に通じる街道が渭水を渡る地点に作られた橋である。この橋の東側、渭水からは長安城寄りに、この市があったと考えられる。名称から推測すれば、道路の交差点に置かれた亭の付近に発達した市であろう。この市が発達したのは、茂陵の造営と街道の整備の行なわれた武帝時代以後と考えられる。最後に細柳倉市について。この市は名称の如く官設の穀物倉付近に発達した市である。細柳倉は『黄図』巻六によれば「長安の西、渭水の北」にあり、『元和郡県図志』巻一によれば、唐の咸陽県の西郊二〇里の地点にあった。『漢書』文帝紀には、文帝の七年（前一七三）に将軍となった周亜夫がこのあたりに宿営しており、漢初から存在した官倉のようである。

これらの市の他、『漢書』王莽伝上によれば、平帝の元始四年（後四）に

是の歳、莽奏して明堂・辟雍・霊台を起て、学者のために舎万区を築き、市・常満倉を作る。制度甚だ盛んなり。

とある。明堂付近に設けられたこの市は、『黄図』巻五に引く『三輔旧事』に「漢の太学中に市あり獄あり」と記される太学の市であろう。西市と同じく、官倉とともに設けられている点が注目される。この市の成り立ちについては後述する。

以上、長安とその周辺の市を紹介してきたが、ここで得られた知見を整理しておこう。まず市の地理的分布につい

市名	成立時	立地条件
西市	恵帝６年	官営手工業など官の財政と関係
東市	？	同上
杜門大道の市	宣帝時代以後か	杜陵までの街道沿い
李里市	？	？
交門市	？	渭橋の北側、主要な街道沿い
直市	？	？
交道亭市	武帝時代	便橋の東、茂陵との中間点
細柳倉市	漢初？	官倉の付近
太学市	元始４年	常満倉、博士の舎と併置

て大まかに整理してみると、長安城内西北部に東市・西市が、また東南城外に太学の市と杜門大道の市とがある。北の郊外、渭水北岸には交門市、さらに北には直市があり、西の郊外には便橋を挟んで東に交道亭市、西に細柳倉市がある。この分布から見ると、長安城の東部には市が見当たらず、西北方面に多くの市がある。『黄図』所引『廟記』に「道西に六市、道東に三市」があったと記されているが、具体的な数はともかく、長安城の東側よりも西側に市が多かったことは事実だったと思われる。

　次に各市の成立時期と立地条件を簡単に表にまとめると上のようになる。まず成立時期は不明のものが多いが、判明しているものだけでも漢初から前漢末年まで様々であり、街道の開通（杜門大道の市、交道亭市）や官署等の大規模化（太学市）といった条件の変化によって次々に新たな市が発達したことがわかる。また、立地条件について見ると、官署や宮殿、官倉の付近に発達した市は、国家の財政支出や官僚を始めとする住民の消費支出[21]に依存していたと思われるのに対し、交門市や交道亭市は街道沿いの橋の近くに発達しており、交通上の条件に立脚していたと考えられる。特に橋は陸路と水路の交点としても把えられる。漢代の渭水の水運の実態や津の位置はよくわかっていないが、市の交通上の条件に水運の便も加えて考えるべきであろう。

　ところで、ここまで述べてきた長安の市はたまたま九ケ処となったが、これら以外にも市の存在した可能性は十分ある。『漢書』巻一九百官公卿表上によれば、左馮翊の属官には「長安四市長丞」があった。しかし前述の市の中で左馮翊の管轄下に入り得るものは直市だけであり、名称や位置は不明だがさらに複数の市の存在が推定できる。左馮翊の市の長官は、長安城を治める京兆尹の市の長官が「令」であるのと比較して一ランク下の「長」であるから、市の規模も東・西市より小さかったと思われる。

さらに長安周辺には多くの衛星都市とも言うべき中小都市が存在しており、その中には長陵を始め、天下の富豪や高官を移住させて繁栄した陵県が含まれている。これらの都市にも市があったことは間違いない。[22]また周辺の諸都市と長安、または諸都市相互を結ぶ交通路には、距離や交通条件によっては交道亭市のような郊外の市が発達したことも想像できよう。このように様々な規模と立地条件を持った市が、首都圏たる三輔の繁栄を支えていたのである。

(2) 地方の市

次に地方の市についてみてみよう。漢代には各地にその地方の商業の中心地として栄えた都市があったことはよく知られている。まず中原では師史をはじめ多くの商人の出身地として名高い洛陽がある。[23]山東では臨淄、「市租千金」と言われる商都である。[24]河北では趙の邯鄲、南には河南の宛、さらに四川では成都などがあげられる。これらの都市は、司馬遷が『史記』貨殖列伝に記すように、武帝時代にはそれぞれの地方の「都会」として栄えており、王莽時代にも五均司市師が置かれていることから、[25]前漢末までその地位は揺るがなかったと考えられる。

これらの都市で、具体的な市の姿を知り得るのは、わずかに成都だけである。漢代の成都付近の市の地理的な位置は不明だが、後漢代の市の模様を表した画像磚が五点ほど知られており、地方の市の情景を今日に伝えている。これらの画像磚の解釈については次節で論ずることとし、今は成都周辺にも長安に見られるような官の管理する大規模な市が存在していたことを確認しておくにとどめる。

このような大規模な市をはじめとして、成都周辺に点在する市については、宇都宮清吉氏が「僮約研究[26]」の中で周到な考察を行なっている。「僮約」は前漢中ごろに成都郊外に小規模な荘園を営んだ王褒が、買い取った奴隷便了に実に様々な仕事を命じた、証文の体裁で著した戯文である。その仕事の中には、家事や農耕、家畜の世話などに加えて、周辺の聚落や都市に往来して種々の品物を売買する、片手間の商売についても記されている。その部分を宇都宮氏の校訂に係るテキストによって引用しよう。

綿亭にて席を買い、都・洛に往来しては当に婦女の為に脂沢を求め、小市に販れ。都より帰るに枲を担い、旁蹉を転出して犬を牽き鵞を販れ。武陽にては茶を買い、楊氏の池中の荷を担え。市聚に往来するに、慎みて奸偸を護り、市に入りては夷蹲・旁臥・悪言・醜罵するを得ず。

ここに登場する「都・洛」は、宇都宮氏によれば成都・広都・新都の三都を指し、成都周辺の豊かな農業地帯に繁栄した都市である。王褒の奴隷はこれらの都市と荘園を往来しながら、都市の市から化粧品などを仕入れては「小市」で売りさばき、枲や荷を農家から買い入れては都市に売りに行けと命ぜられている。都市の市では座りこんで油を売るのはもっての外、商売に励まなければならない。

「僮約」に記されたこのような商売の様子は、当時の都市と郊外の農業地帯との経済的な関係をよく表している。都市からは化粧品のような都会的な小間物が、逆に農村から都市へは農産物が運ばれて行く。そして都市から運ばれた商品が売られた場所は「小市」であった。恐らくこのような「小市」が都市の郊外に点在して流通の中継地となっていたと思われる。すなわち、成都においても、規模は小さいながら長安周辺と同様、都市の城内や近郊の市と郊外の市が結びついて物資の流通を支えていたのである。

ところで「僮約」に見える「小市」は、都市に見られたような、官の管理する整然たる常設市だったのだろうか。

「僮約」のみからは窺い難いので、他の地方の史料を参考に、農村部の市の様子を探ってみよう。

右扶風美陽県に属する郱亭付近では夜間に市が立った。『説文』六篇下に

郱、周の大王の国、右扶風美陽にあり。邑に从う分の声。豳、美陽の亭即ち豳なり。民の俗、夜をもって市す。

また『初学記』巻二四に引く桓譚の『新論』に

扶風郱亭部は太王の拠る所と言う。其の人に会日ありて以て相ともに夜市す。もし期を為さずんば、則ち重き災害あり。[27]

と記されている。周の大王の伝説の地であるため、この地の特異な民俗が特に注目されたのだろう。ここに見られる「夜市」は、決められた「会日」の夜に人々が集まって交易する定期市であり、都市の常設市とは異なる。「会日」を守らないと災害があると信じられていたことは、何らかの宗教的背景を推測させる。あるいは祭礼の夜などに催されたものか。このひなびた定期市は亭、すなわち交通上の要所となる地点に立った市である点で、長安の交道亭市や前引「僮約」に触れられている「綿亭」の立地条件と共通している。さらに亭が漢代の地方行政において地域の治安を掌る役割を担っていたことを考えあわせれば、この定期市が亭吏による監視と警備の対象となったことも推測されよう。

このような亭における定期市は山東の魯、曲阜にも見られる。『隷釈』巻一、史晨饗孔廟後碑によれば、

史君、孔瀆・顔母井の市を去ること遼遠、百姓酤買すれども香酒・美肉を得る能わざるを念い、昌平亭下において会市を立つ。

とある。この碑は魯国の相史晨の功績を記念して、後漢も末に近い霊帝の建寧二年（一六九）に立てられた碑である。史晨はこの時、孔瀆・顔母井という、孔子ゆかりの地に住む人々が、祭祀に用いる酒や肉を入手し難い現状を見て、

昌平亭下に「会市」を立てたのである。「会市」は郲亭の市と同じく、会日を定めて立つ定期市を意味すると考えられる。この例では、市は官の指導で立てられており、当然亭吏などが立ち会って警備などにあたったと考えられる。(28)またこの定期市の立地条件として、亭を場所とすることに加えて、この地が曲阜の常設市からかなり離れた所にあったこともあげられよう。

さらにこのような農村部の市が、自然発生的に発達した例もある。『後漢書』列伝三四張禹によれば、章帝の元和三年（八六）に下邳の相となった張禹は、徐県（現江蘇省泗洪県の南）の北界の蒲陽坡付近にあった荒蕪地を開墾し、近隣の郡の貧者がここに定着して千余戸に達したという。この条の李賢注に引く『東観漢記』には次のように記されている。

　禹、巡行して守舎するに、大樹の下に止り、糒を食し水を飲むのみ。後年、隣国の貧人のこれに来帰する者、茅屋草廬千戸、屠酤して市を成す。

この開拓地に入植する者が増えるとともに、張禹の宿った大樹を目印に食肉や酒を売る市が立ったのである。このことは、県治を離れた土地にも、人口の増加や農業生産の発展といった条件が整えば、新たな市が発生することがあり得たことを示している。この蒲陽坡付近の市も、恐らくは美陽や曲阜の例と同じく定期市だったと思われる。

このように考えれば、前述の成都周辺の「小市」も、亭など交通上の要地に立った郊外の定期市だった可能性が高い。都市の常設市に頻繁に通うことのできにくい郊外の聚落の中には、交通などの条件から定期市が立って、周辺の農民や行商人、あるいは「僮約」の奴隷便了のような人々に利用されるものもあったと考えられる。

以上の検討から、漢代の地方の市は、各都市の内部あるいは近郊の常設市のみならず、都市からやや離れた聚落に発達した定期市も存在し、互いに結びついていたことがわかる。では、このような定期市から新たな常設市が発展することはないのだろうか。再び長安周辺の市に立ち戻って考えてみよう。

（3）常設市と定期市

『黄図』などから窺われる長安周辺の市は、規模の差こそあれ、すべて官の管理する常設市であったと思われ、成都や曲阜周辺に見られた定期市とは異なっていた。しかし長安に定期市が存在しなかったとはもちろん言い切れない。この点で手掛りとなるのが、前に保留しておいた太学の市である。

太学の市については今本『三輔黄図』に具体的記述は見られないが、様々な類書に引く『黄図』逸文に詳しい記述がある。ただし類書の引用には節略や書き換えが多いので、諸書を校合して用いる必要がある。まず『御覧』巻五三四に引く『黄図』の逸文を基本として、原文を可能な限り復原してみよう。

A　礼、小学は公宮の南にあり、太学は城の南にあり。陽位に就くなり。城を去ること七里、王莽宰衡たりて霊台を起つ。……

B　此の外に博士の舎三十区を為りてこれを周環す。此の東を常満倉と為す。

C　（倉）の北を会市（槐市?）と為す。ただ槐樹数百行を列ねて隧と為し、牆屋なし。諸生朔望に此の市に会し、各おの其の郡の出す所の貨物、及び経書の伝記、笙磬の楽（器）を持ちて相ともに買売す。邕邕として揖譲し、或いは槐下に論議す。

D　其の東を太学の官寺と為す。門の南、出でては令・丞の吏を置きて姦を詰し辞訟を究理す。

引用中の括弧内の文字は『芸文類聚』巻三八によって補った。この市を『御覧』は「会市」に、『類聚』は「槐市」に作るが、どちらが正しいか定めがたい。さらに『黄図』逸文は『御覧』巻八二七にも見られる。

元始四年、明堂・辟雍を長安の南北に起て、会市を為る。ただ槐樹数百行を列ねて隧と為し、牆屋なし。

E　又た方市の闠門・周環・列肆を為り、商賈はこれに居る。都商亭はその外にあり。

この記事は節略が甚しいので、後半部Eの記述が『黄図』原文のどこに入るべきか判断に苦しむ。文脈から見て前引記事のCとDの間に入るかも知れない。

この『黄図』逸文の内容を見ると、Aは太学全体の位置の説明、(29) Bは博士の舎と常満倉の位置の説明である。C、Eは太学の市の記述にあてられている。この内容は前引『漢書』王莽伝の記事で「舍万区」、「市」、「常満倉」を作ったとされる点と対応している。『漢書』の「舍万区」はあまりにも大げさではあるが。またDの内容は今本『黄図』に「太学中に市あり獄あり」とされる獄にあてはまる。したがって『黄図』逸文から復原したAからEの記事は、漢の太学の説明としてほぼ要点を尽していると見てよい。

この太学の市は、月二回、朔と望に諸生が槐樹並木の広場に集う青空定期市である。彼等の多くは各地から長安に遊学していた者たちで、それぞれ出身地の産物や経書の伝や記といった書籍類（自分で筆記したものもあっただろう）、また楽器などを持ち寄って売買したのである。儒生らしく礼儀を正し、時には槐樹の下で議論が始まることもあった。

しかし、この定期市の参加者は太学の学生などに限られたらしく、一般の商人は広場の傍らに別に設けられた「方市」に居た。こちらは対照的に、周囲を牆で囲み、門を設けた中に列肆が並ぶ、典型的な官設の常設市で、その外には「都商亭」が置かれて市の管理にあたっていた。王莽が元始四年に造った市は、恐らくこの「方市」であろう。官が常設市の他に、わざわざ特別に物々交換用のスペースを作ったとは考えにくい。つまり太学の市は、結果的に官設の常設市と、その傍らに自然発生的に出現した定期市の双方を含む、複合的な市となったのだと思われる。これは一見奇異な現象であるが、この定期市の持つ特殊な条件を考慮しなければならない。すなわち定期市では一般の市では手に入れにくい書籍や楽器、各地の特産品が交換、あるいは売買されるという事情に加えて、恐らく儒生ともあろう者が市で商売のまねごとをするわけにはいかぬという一種のプライドも作用していたように思われる。

太学の市の例は、このように特殊な、しかも唯一の事例ではあるが、長安周辺においても、条件によっては定期市が自然発生的に立つこともあったことを示している。翻って考えてみると、長安周辺の市、例えば茂陵と長安の中間点に発達した交道亭市などは、特に大きな聚落にあったのではなく、街道沿いの亭に発達した市である。この市が常設市となる以前の段階で、成都や曲阜の例と同じく、亭に立つ定期市としての前史を持っていたと考えることもできよう。そして郱亭や曲阜などの事例から考えると、小規模な定期市では、亭吏が臨時に警備などにあたる程度の国家の関与しかなかったと思われるのに対し、常設市では国家の関与は飛躍的に強化され、牆壁に囲まれて門を設けた空間に整然と列肆が配置され、官署も置かれるようになる、という顕著な相違に気づく。(30) 長安周辺の市で、交道亭市と同様の起源を持つと考えられる杜門大道の市に、大規模な「旗亭楼」が建てられたことが、その経過を物語っている。すなわち市は、多くの商人や手工業者がそこで生業を営むような常設市において最も顕著に、国家の強い規制を受けるのである。

漢代の常設市が、様々な起源と立地条件を持つにもかかわらず、闤闠や市楼、列肆など共通の行政的枠組を持っていたことは、国家が次々に発展してきた市を、画一的な行政の枠の中に取り込もうとしたことを示している。自然発生的な市は、その発展の過程のある段階、恐らく常設化される段階で、いわば国家による「囲い込み」を受け、その結果として官設の常設市と同じ制度的体系の中に位置づけられたのではないだろうか。それ故に、漢代の常設市の位置が必ずしも城内に限られず、またその地域における分布にも偏りが見られるという現象が生じたと考えられる。さらに都市の城内や近郊の常設市は、比較的離れた聚落などに立つ定期市などと密接に結びつき、これらの市が全体として都市を中心とした小市場圏を形成していたと考えられる。市は常設市を頂点とし、小規模な定期市などを裾野とする地域的広がりの中に位置づけられるのである。

Ⅱ　市の風景

（1）市のプラン

漢代の都市の常設市がどのような場所であったかについては、文献に散見する記事と、成都付近出土の後漢代の画像磚を照合すると、かなり具体的なイメージが得られる。まず市の空間的枠組を、劉志遠氏の有名な研究[31]などによって紹介しよう。

すでに前節でも触れたように、官の管理する常設市は、四方を牆壁で囲まれていた。この牆壁を「闤」という。闤は環に通じ、「とりかこむ」ことである[32]。闤に設けられた市の門を「闠」と呼ぶ。『説文』一二篇上に「闠は市の外門なり」とある。『文選』巻四、蜀都賦に「闤闠の裏は伎巧の家百房を離ち、機杼相和す」と言われるように、闤闠の中が商工の民のなりわいの場であった。市の内部は同じく蜀都賦に「市廛の会する所は万商の淵。隧を列ぬること百重、肆を羅ぶること巨千」とあり、市廛・隧・肆があったことがわかる。市廛とは「市物の邸舎」（『礼記』王制、鄭注）を指し、一種の商品倉庫である。隧は「列肆の道」（『文選』巻二、西都賦薛綜注）、肆は唐代の行にあたる、商品ごとに分かれた店舗の列を指す[33]。

さらに市全体を管理する役所があり、高い楼を設けて市内を監視していた。これが「旗亭」あるいは「市亭」、「市楼」と呼ばれる官署である。旗亭は後述の画像磚に見られるように市の中心に置かれることもあったが、長安の太学の市のように闤闠の外に立つこともあったようである。『文選』巻二、西京賦に「旗亭は五重、百隧を俯察す」とある。

文献に見えるこのような市の様子は、具体的に画像資料によって確かめることができる。劉志遠氏の紹介した成都西郊出土の画像磚がそれである（図1）。この図は四方を牆壁で囲まれ、門が設けられた市の鳥瞰図で、上端の門には「北市門」、左端の門には「東市門」と記されている。門と門を結ぶ大道が市内を十文字に区切り、その中心に市楼がある。二層に分かれた市楼の上層には大鼓がかけられており、恐らく市の開閉の合図に使われたものだろう。[34]市楼と北市門を結ぶ大道上にも小さな建物が見えるが、これが役所なのかどうか判然としない。

大道に区切られた四つの区画には、それぞれ東西に三列の長屋がある。これが列肆である。大道及び列肆の間の道は隧にあたるだろう。市の左下の隅にある二棟の建物は倉庫だろうか。また右上の隅の、列肆とは別種の建物は、内部にいる人物の様子から見て、市楼とは異なる役所のように思われる。

この市井画像磚が、成都付近のどこの市を表したものかは不明だが、『文選』などに見える長安や成都の市の記述と非常によく符合する。このことは、官の管理する市が全国にほぼ共通する画一的なプランを持っていたことを示している。あるいは律に定められた規定があったのかも知れない。以上を確認した上で、次に市における営業形態を探ってみよう。

（2）　市における営業形態

成都付近出土の画像磚には、市における売買の場面を描いたものが四点ほどあるが、中でも彭県で出土した画像磚は描かれた人物の数が最も多く、市内の営業の様子をよく伝えている（図2）。ここに描かれるのは、成都西郊出土のものに描かれる市よりも小規模な市の風景である。画面は三段に分かれ、中段左端には大きな扉をつけた「市門」、中段右端にも同様の門があって「南市門」と記され、入ってくる人物も描かれる。左側の門の上には建物が描かれている。その中にはかまどや壺があり、中に居る人物が外の敷物の上に座る人物に何か差し出している。これは飲食店だろう。右側の門の上下にも同様の建物があって、それぞれ対座する人物がおり、右側の人物が左側の人物に手を伸して何か渡そうとしている。客を敷物に座らせている点、左側の建物と共通するから、これも飲食店の類か。これらの建物は列肆、すなわち図1に見える長屋のような店舗にあたるだろう。

列肆で営業した店舗については、文献にも見出せる。『史記』巻一二七、褚少孫補日者列伝に

司馬季主は楚の人なり。長安の東市に卜す。宋忠は中大夫たり。賈誼は博士たり。日を同じうしてともに洗沐に出づ。……二人即ち輿を同にして市に之き、卜肆の中に游ぶ。天新たに雨ふり、道に人少なし。司馬季主間坐し、弟子三四人侍す。

とあり、長安東市に卜肆のあったこと、これが道に面しており、店舗には司馬季主とともに弟子が三、四人いるスペースのあったことが知られる。また画像磚に見られる飲食店については、司馬相如の例が有名である。『史記』巻一一七の本伝に

相如とともに臨邛に之き、尽くその車騎を売りて一酒舎を買い、酒を酤る。而して（卓）文君をして鑪に当たらしめ、相如は身自ら犢鼻褌を著て保庸と雑作し、器を市中に滌う。

とあり、卓文君と駆け落ちした司馬相如は車騎を売って臨邛の市内の酒舗を手に入れている。[35]また酒舗については、『韓非子』外儲説右上に次のような小話がある。

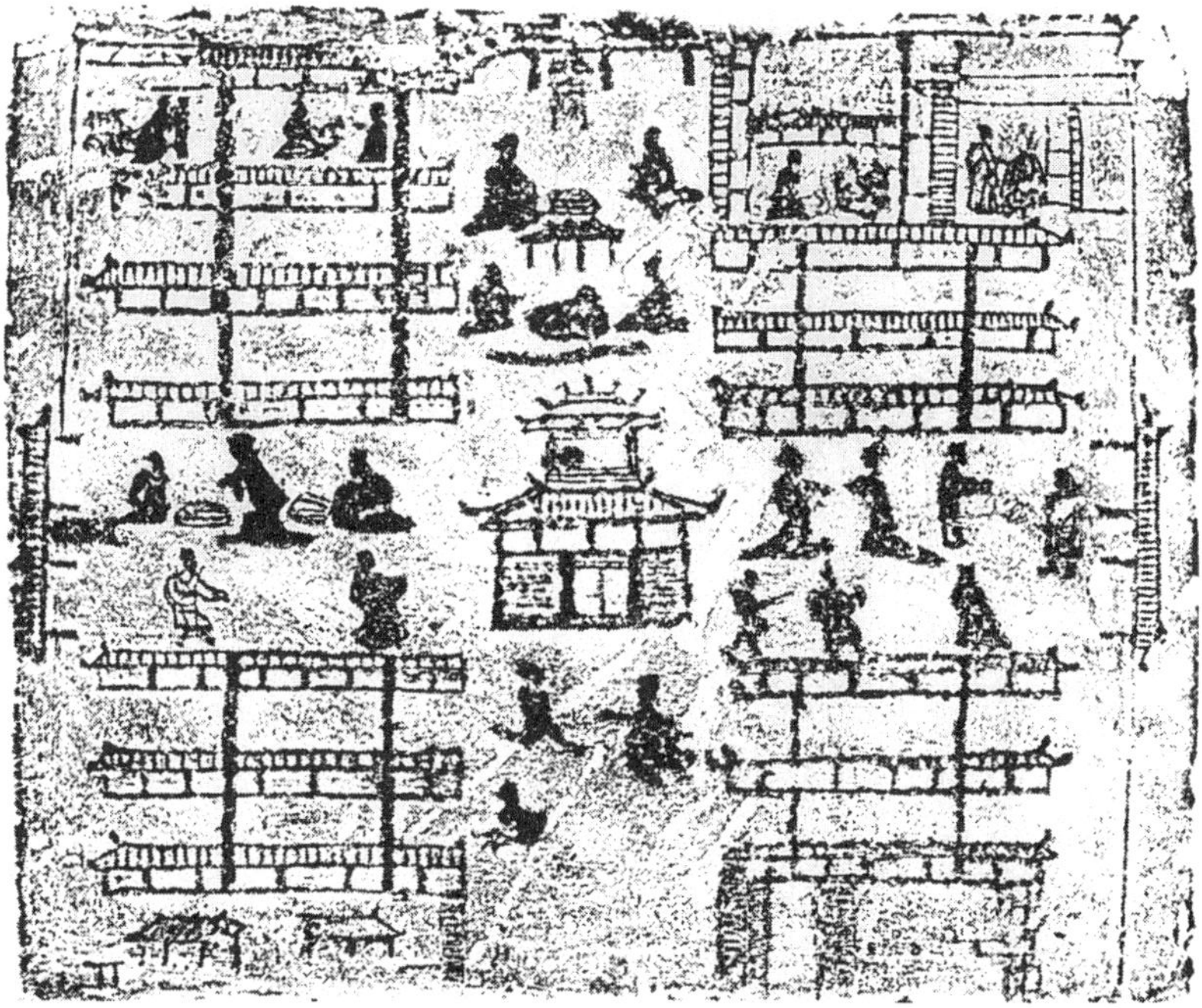

図１　成都市西郊出土画像磚

図２　彭県出土画像磚
高文編『四川漢代画像磚』（上海人民美術出版社　1987）図21、22

宋人に酒を酤る者あり。升概甚だ平、客を遇すること甚だ謹、酒を為ること甚だ美、幟を縣くること甚だ高著。然れども售れず、酒酸し。其の故を怪しみ、その知る所に問い、長者楊倩に問う。[36]倩曰く「汝の狗猛なるか」と。曰く「狗猛なれば則ち何の故にして售れざるか」と。曰く「人畏るればなり。或ひと孺子をして銭を懐にし壺甕を挈えて往きて酤わしむれども、狗迓えてこれを齕む。此れ酒の售れざる所以なり」と。

この話に出てくる宋人の酒舗は、いわば造り酒屋で、小銭と壷を持った子供がお遣いで買いに来るような店である。宣伝ののぼりを立てている点も興味深い。戦国末ごろにはどこの市でも、大小の酒屋が営業していたと考えらる。この話でもう一つ注目される点は、このいささか間の抜けた酒屋が知人に尋ね歩いた末に「長者」の楊倩なる人物に相談に行ったことである。「長者」は寛仁大度を尊敬される人格者だが、この時代しばしば任侠の親分でもあった。[37]長安の細柳倉市を牛耳っていた「城西子夏」こと萬章[38]のように、この楊倩も市を縄張りとした任侠の親分だったのではないだろうか。

さらに酒舗については、最近甘粛省武威で出土した漢簡に、成帝時代の令として、男子のない老夫妻は市での売買はもちろん、酒も無税で売ることを許可する内容のものがある。[39]酒舗に限らず列肆で営業する者には税が課せられたことは当然考えられる。

さて、前引の図1、2の画像磚には、列肆の建物で営業する店舗とは異なった売買のようすが描かれている。すなわち、市内の路上での売買である。まず図2には、建物の外の路上で売買する人物が一三人描かれている。上段の建物の間では、縁台のような足つきの台の上に座った人物が手に長い棒のような物（天秤ばかりか）を持っている。前に立つ人物も手に何か持ち、右手を差し出している。こちらは客だろう。中段左側、市門を入った所には、敷物に座って品物を積み上げ、背後に傘のようなものを立てた人物と、その左側に円盤形の容器を持った人物が見える。この二人に相対して座る人物もいる。この三人は何をしているのかよくわからない。その他は二人ずつが向かいあって、それぞれ手に持った物の値段の交渉でもしているらしく見える。特に下段左から三人目の座った人物は、前に立つ人物にかごに入った鳥を売ろうとしているようである。

このように、路上で品物を持って立ち、あるいは座って道行く人に声をかける物売りのようすは、図1にも多数描かれている。こちらは何を売っているのかまでは見えないが、道の両側に分かれて、人の袖を引いている様子がわかる。これらは市内の路上での営業であり、決まった店舗での営業ではない。前節で検討した「僮約」の中で、市ではすわりこんだり寝そべったりしていてはならぬという部分があったが、これは市内の路上での商いを指していると考えれば納得がいく。

このように、市の中に店舗での営業と路上での営業の二種類の営業形態が見出されることには、恐らく現実的な根拠があったと思われる。市には酒屋のように店舗に定着して商売を営む商人（坐賈）の外、他地から訪れる行商人（客商）や自己の生産物などを売りに来る農民などがおり、後者の場合市に店舗を持っていたとは考えられない。また定着した商人についても、必ずしも店舗を持ったとは限らないだろう。市は売りたい物、買いたい物のある不特定多数の人々の出入りする場所である。特定の建物で営業する店舗に加えて、路上にも様々な物売りが居たのはむしろ当然であろう。

『後漢書』列伝七三、逸民伝によれば、

韓康字は伯休、一名は恬休、京兆覇陵の人。家は世々著姓なれども、常に薬を名山に釆り、長安の市に売る。口に二価せざること三十余年。時に女子の康より薬を買うあり。康価を守りて移らず。女子怒りて曰く、「公はこれ韓伯休か。なんぞ二価せざるや」と。康歎じて曰く、「我本より名を避けんと欲したるに、今小女子すら皆な我あるを知る。何すれぞ薬を用いん」と。乃ち遯げて覇陵の山中に入る。

とある。韓康は覇陵のあたりで自らの採った薬草を、長安まで売りに来ていたのだが、もとより名を避けるためであった。彼は恐らく店舗を持たずに市の片隅で薬を売っていたのだろうが、値引をしないので却って有名になってしまったのである。市は物売りの掛声のみならず、少しでも安く買おうとする客の声もにぎやかな、まさに喧噪の巷であった。

このように、常設市は専門の商人や手工業者のみならず、「僮約」の便了や韓康の例に見られるように農民と言ってよい人々が、自己の販売したい物を携え、また自己の欲する物を求めて、郊外から集まって来る場であった。郊外の農民にとっては、日常手に入れ易い品物は近くの定期市で、手に入れ難い品物は労をいとわずに都市まで出かけていって手に入れる、という撰択がある程度可能であり、逆に売りたい品物がある場合にも同様であったと考えられる。前節で述べた小市場圏は、農民や零細な商人、手工業者たちが、少しでも高く売り、安く買うために活躍する舞台であった。漢代における貨幣経済の発展を底辺において支えていたのは、このような民衆だったのである。本節では直接取り上げられなかったが、司馬遷が活写した様々な貨殖家たちの活動も、このような経済活動の延長上に位置づけられるのではないだろうか。

では、市を中心とした経済活動に対して、国家はどのような規制を加えていたのだろうか。

(3)　国家の規制

都市周辺の常設市が、様々な定期市に比べて、はるかに強い国家の規制を受けていたことは先にも指摘したが、ここでその内容を具体的に検討してみよう。これについては前掲影山剛氏や西嶋定生氏などの様々な視点からの指摘があるが、ここでは本節の主題に沿って、市そのものに対する規制を中心に考察したい。以下、市に対する国家の規制をまとめて列挙する。

① **場所・時間の規制**　前述したように、市を牆壁で囲い込み、商品ごとに分かれた列肆や隧を整然と配置して市楼から監視する漢代の市制は、市に対する場所の規制にあたる。ただし、市の立つ場所は条件によって様々であり、国家が場所を選定して開設した市は、都市の造営などに伴って計画的に設けられた市に典型的に見られるものの、すべての常設市にあてはまるとは限らない。時間の規制は、市楼から市の開閉が告げられ、門が開閉されることに見られる(40)。

② **治安の維持**　財貨の集まる市では治安の維持が重要な問題である。盗難や喧嘩沙汰の取り締りは市吏の重要な任務だったと思われる(41)。定期市ではこの任に亭吏があたったと考えられることは前節で論じたとおり。

③ **価格の管理**　『周礼』天官小宰、「七に曰く、売買を聴すに質剤を以てす」の条の注に、「鄭司農云く、……質剤は市中の平賈を謂う。今時の月平は是なり」とある。「月平」とは、同じく地官質人注の鄭司農の説に「質剤は月ごとの平賈なり」とあるので、月ごとの平価を指すことがわかる。これは西嶋定生氏の指摘する如く、月ごとに官が標準価格を定めたものであろう(42)。特に穀物の価格には為政者の注意が払われていたが(43)、価格の統制が困難だったことは、武帝時代の均輸・平準や宣帝時代の常平倉の例を見れば明らかである。「市に二価なし」が国家の理想であったとしても(44)、前引韓康の事例にあるように、市での具体的な売買の価格は売り手と買い手との交渉で決められるのであり、官の定める標準価格がどこまで守られたかは疑問である。

④ **交換手段と度量衡の管理**　漢代の市における交換手段の代表は国家の発行する貨幣であるが、幣制の変化が市での取引に大混乱をもたらしたことは『史記』平準書や『漢書』食貨志下に多くの例がある。幣制改革は市のみを対

象とするものではもちろんないが、その影響を最も被ったのは市である。しかし漢代に市において交換手段として機能したのは青銅貨幣だけではなく、布帛をもあげなければならない[45]。元帝時代に作られた『急就篇』に「貨に資りて贏りたるを市うに匹幅全し」とあり、売買に用いられる布帛には国家の定める規格があったことがわかる。その規格は幅二尺二寸、長さ四丈を一匹と定められていたらしい[46]。また、同じく『急就篇』の後文に「量丈尺寸斤両銓、取受付予に相い因み縁る」とあり、度量衡の管理が取引の公正を図る上で重要だったことがわかる。

⑤ **徴税と営業登録**　市で行なわれる商行為には税が課せられ、「市租」と呼ばれたが、徴収の方法には二種類あったようである[47]。その一つは販売額に応じてその都度徴収する方法である。前にも引いた武威出土の「玉杖」簡には、玉杖を授けられた老人には「市に賈するも租する毋かれ」という特権が与えられていた[48]。このような老人が皆な商人だったとは考えられないから、ここで免除される租は臨時に市で行なわれる物品の販売額に課せられた税でなければならない。また後漢の和帝、永元六年三月の詔に、流民を対象として「其れ販売する者あれば租税を出さしむる勿れ」（『後漢書』和帝紀）とあるが、この場合は「売り食い」の状態に陥った流民の保護策である。本来の制度としては、市で物品を売買すれば必ず課税されるのが原則であり、例外規定を設けなければ流民にも課税されたのである。いま一つの課税方法は「占租」、すなわち自己の売上げなどを一括して申告、納税する方法である。これについてはすでに平中苓次氏の詳細な研究があり[49]、ここで多くをつけ加える必要はない。この「占租」を行なう商人などは市（恐らくは常設市）の役所に営業登録を行なう定めであり、これが市の戸籍である「市籍」と呼ばれた。このような二種類の課税方法は、前述の画像磚に見られた二種類の営業形態にほぼ対応しているように思われる。すなわち、特定の店舗に定着して営業する商人は市に営業登録を行ない、売上などを一括して申告納税し、路上で臨時に売買する不特定の人々には取引単位の課税が行なわれたのではないだろうか。定期市では後者の方法による徴

税が行なわれたと思われる。また、申告による納税に不正が多く、告緡の制のように密告に頼らなければ商人の脱税を防げなかったことも特記しなければならない。

⑥　**商人の統制**　「占租」と結びついた市籍の制度は、商人に対する身分統制にも利用されたことはよく知られている。[50]この時代の国家と商業の関係を探る上で重要な問題ではあるが、本章では直接扱わない。

最後に、直接国家の規制には属さないが、市が国家によって公開処刑や重要な布告の掲示の場所としても利用されたことを付け加える必要があろう。棄市の刑については鼂錯の例を始め多くの例がある。また、居延や敦煌から出土した木簡にしばしば、官の布告を市などに掲示するよう指示されている。[51]これらの例は、市が都市において公共の広場としての役割を担っていたこと、そして国家もこれを行政的に利用していたことを示している。

以上六項目について市に対する国家の規制を取り上げたが、その多くは国家が公権力として市の秩序の安定を図る市場管理であり、その上に抑商政策が重なり合っていたと言えるだろう。特に準貨幣としての布帛の重視や価格統制の志向は、市に集まる農民への配慮と商人への警戒を示している。しかし現実には、市には不特定多数の農民や商人が絶えず出入りしており、厳格な統制や一方的な法的規制は困難だったように思われる。市の行政を担当する市吏たちは、よほどの廉吏でもない限り、有力な商人や任侠のボスといった民間の勢力との間で、協力と馴れ合いの微妙な一線を揺れ動いていたと見るべきだろう。武帝時代の告緡など、酷吏による露骨な弾圧ともいえる抑商政策の強化は、逆に市の行政のあいまいさや不徹底さを物語っている。

ところで、以上述べてきた漢代の市制については、しばしば唐代の市制との類似が指摘されてきた。確かに、『大唐六典』などに見られる唐代の制度は、こと市の内部に関する限り、漢代のそれと共通する点が多くあり、ここでも唐制を理解の一助としたのであるが、漢代の市制にはこの時代特有の側面はないのだろうか。

前掲の影山剛氏や西嶋定生氏は、漢と唐の市制の違いを、漢代には都市の城外にも市が見られるのに対し、唐代には原則として都市の城内に限られる点に求めている。しかし両氏の論では、結果的に漢代の城外の市は例外的に扱われるにとどまり、漢と唐の市制の持つ行政の論理の違いは不明確なままである。また、両氏の論は常設市に限られ、定期市には及んでいない。そこで、漢代の市制が行政の体系の中にどのように位置づけられるかを次に検討してみたい。

漢代の市制について最初に気づく特色は、常設市と定期市を統轄する官の違いである。前にも指摘したように、都市とその周辺の常設市には専門の機構と市吏が置かれ、一市を行政的に把握、管理していた。これに対して郊外の定期市では亭吏がその任にあたったと考えられる。この点で、漢代の市制は市の性格によって二元的な様相を呈している。しかし定期市が次第に発展して常設化され、その段階で国家の規制が強化されることもあるとすれば、この両者を行政面から統一的に把握することができたと考える必要がある。

ここで再び定期市の立地条件に立ち戻って検討しよう。前述の定期市の事例は、その多くが亭において立つという点で共通していた。これは定期市が交通の便のよい地点に立ち、その目安となるのが亭の存在だったことを示している。ところで地方行政機構において亭は、官設の宿駅であると同時にその地域の治安を掌る役割を担っており、郷や里とは異なる性格を持っていたとされている。(52) 定期市の立地条件として治安の安定をも考慮すれば、亭と定期市の地理的一致は偶然ではないだろう。さらに市はその本質上、不特定多数の人の出入りを前提としており、これを行政的に把握しようとすれば、郷や里のように固定的な住民を把握する機構では不十分である。定期市の管理や警備に亭の機構が関与することは、むしろ自然である。

とすれば、常設市の官制はいかに把えられるだろうか。常設市において市の管理にあたる役所は「旗亭」「都商亭」

など「亭」をもって呼ばれた。これは「市楼」とも呼ばれ、高い望楼を備えた建物である。「亭」字の原義が望楼をもった建物であるから、この命名は理解できる。[53] しかしそれだけでなく、市吏たちの主要な任務の一つが市内の治安の維持であるという点で、この命名は単なる建物の名称以上の共通性があるといえよう。兪偉超氏の研究で名高い漢代の陶器に記された印文、すなわち陶文において、ある市を示す印は「某亭」とも記され、単に「市」や「亭」の一字で表されることもある。[54] 兪氏はこの「亭」が市内の役所である「市亭」を指すと考えている。これは常設市の官署が、広い意味で行政機構としての亭の一種と見なされ得たことを示しているように思われる。つまり、常設市の官署は市場の管理を専門とする亭として、郷－亭－里の行政機構から分化した、特殊な亭だと考えられるのである。

このように考えれば、先に述べた市の行政の二元的な外見は解消される。都市の内外に分布する常設市や定期市は、亭という地方行政機構のもとに一元的にカバーされ、決して都市の城内に限定されていないことが理解される。ここに、漢代の市制と唐代の市制の質的相違を見出すことができる。加藤繁氏の明らかにしたように、唐代の市制は都市内の坊制に立脚しており、坊制の崩壊とともに消滅したのに対し、[55] 漢代のそれは都市の内外を問わず亭の制度に立脚していたのである。この背景には、漢と唐との間に横たわる聚落形態の変遷があることは[56] 改めて指摘するまでもない。

では、亭制に立脚した漢代の市制はどのようにして形成されてきたのだろうか。次に春秋・戦国時代に遡って検討してみなければならない。

Ⅲ　市制の歴史的展開

前節で考察した漢代の様々な市と常設市の国家的規制は、歴史的にどのような過程を経て成立したのだろうか。

原初形態の市は恐らく交易の発生とともに古いと考えられるが、現在それを探ることは不可能である。「市」字の初文は西周時代の金文、宣王期に属するとされる兮甲盤の銘に見られる。[57] 銘文中の「市」は淮夷などの周への貢納の集まる場所のようであるが、詳しいことは判らない。

各地で市についてある程度の具体的史料が得られるのは春秋時代になってからである。『春秋左氏伝』の記述から、各国の市をいくつかあげてみよう。

まず魯では、文公一八年（前六〇九）に文公が薨じた後、斉から嫁していた夫人姜氏が故国に帰された事件があった。その時姜氏は「将に行かんとして、哭して市を過り」、自己の不当な処遇を市人に訴えたと記されている。斉に旅立とうとして市を通ったのであるから、曲阜城内の主要な道路沿いに市があったことになる。市では商人を始め多くの人が居合わせてこの光景を目にしたために、この話が魯国全体に広まったのだろう。

さて、魯は続く宣公八年（前六〇一）に晋とともに秦を攻めたが、この時晋の都絳の市で、秦のスパイが公開処刑され、さらしものとなった。この例を始め屍を市にさらすことは各国でみられ、[58] 市で公開処刑が行なわれることがかなり古くからあったことを示している。

『左伝』では、同じ宣公の一四年（前五九五）に宋が楚の使者を殺したが、この知らせが届くと、荘王は即座に復讐の兵をあげた。この時荘王はあまりに速く飛び出したので、剣や屨を持った従者があわてて後を追いかけ、車は宮殿の外、蒲胥の市でようやく追いついたという。楚都において、宮殿と城門の間の「蒲胥」なる地に市があったことが知られる。

この他、斉では晏子の宅が市の近くにあり、景公がこれを移そうとして果たさなかったことが昭公三年（前五三九）に見える。斉にも人通りの多い市があったことは言うまでもない。

さて、以上触れた春秋時代の市は、いずれもわずかに存在が窺えるのみで、その成り立ちなどはわからないが、鄭の市については比較的史料が多い。まず『左伝』荘公六年（前六六六）によれば、鄭には外城の純門と、懸門を施した内城の間に「逵市」があった。[59]「逵」は道が交差して九達していることを指すから、[60]杜預の注が説くように、郭内の道沿いに発達した市であろう。百余年後のことであるが、襄公三〇年（前五四三）に鄭で伯有らの内乱が起こったが、国人に鎮圧されて伯有は「羊肆」に敗死したという。[61]鄭の市に羊肉を売る肆がすでにあったことがわかる。この市が前述の逵市と同じ市かどうか判断できないが、少なくとも鄭において市の内部がある程度組織化されていたことを示している。

この事件の後、昭公一六年（前五二六）に次のような記事がある。韓宣子は環を持っていたが、これと対をなす環が鄭の商人のもとにあった。宣子はこれを鄭伯に請うたが、子産の反対で与えられず、商人から直接買い取ることにした。値段も決まってから、その商人が「お上に申し上げてからでないと品物は渡せない」と言うので、宣子は再び子産の所へ趣いた。子産はこう言って宣子を諫めた。

昔我が先君桓公は商人とともに皆な周より出づ。次を庸って比耦し、以て此の地を艾殺し、これが蓬蒿藜藋を斬りてともにこれに処る。世々盟誓ありて以て相信にするなり。曰く、「爾我に叛くなかれ。我強いて買うことなからん。匃奪すること或るなからん。爾に利市・宝賄あれども、我与り知るなからん」と。この質誓を恃む。故によく相保ちて以て今に至る。今吾子好を以て来り辱くすれども、弊邑に商人を強奪せよと謂わば、これ弊邑に盟誓に背くを教うるなり。なんぞ不可なるなからんや。

この子産の言は、鄭における市の秩序が鄭の君主と商人の間で結ばれた盟誓によって保たれており、漢代のような法律による画一的な行政ではなかったことを示している。この盟誓の主体となった商人は、『左伝』僖公三三年（前六二七）に秦の侵入を鄭に知らせた商人弦高[62]や、成公三年（前五八八）に荀罃を楚から連れ出そうとした鄭の賈人[63]のように、周や晋、楚、斉を往来して宮殿にも出入りする大商人だったと思われる。各地の都市にあった市も、徴税などがなされはしただろう[64]が、長年にわたる商慣習や伝統が尊重されていたのではないだろうか。

しかし春秋の末年になると、これが権力者の恣意に脅かされるようになったことは、韓宣子の例が証明している。またこのような事態は斉にも見られ、昭公二〇年（前五二二）に晏子の言として、権力者の妻妾が市の品物を勝手な値段で奪うが如く買っていたとされている[65]。政治的混乱が続くにつれて、各地で市の伝統的秩序は次第に乱されていった。しかし逆にこの混乱の中でこそ、斉の田氏が行なった「山木は市に如くも山に加えず、魚塩蜃蛤は海に加えず[66]」という人気取りが功を奏したのかもしれない。

以上、わずかな史料から窺われる春秋時代の市についてまとめてみよう。春秋時代には、各国の都城の郭内に市があり、ある程度組織的に運営されていたようであるが、国家的行政機構といえるものはまだ見られない。また、城外や郊外に市が立ったかどうかは確認できない。各都市間を往来する商人は存在していたが、市場圏といえるものが形成されていたとは言えないようである。漢代の制度とはかなりの径庭がある。

戦国時代の初めになると、韓・魏・趙、田斉のように新たな支配者が各地に割拠するようになるが、そのうち最も強勢を誇ったのは魏の文侯であった。彼はしきりに賢者の登用を図ったが、その中に段干木なる人物がいる。彼は子夏の弟子だった（『史記』儒林列伝）が、『呂氏春秋』尊師篇等によれば「晋国の大駔」であった[67]。許慎によれば「駔」とは「市儈」を指す[68]。「儈」とは「二家の交易を合会する」業務を謂う[69]。つまり段干木は売買の仲立などをする、大物ブローカーだったと見られる。これは「駔儈[70]」の初出事例であり、この時代の商業活動の発展を示している。またこの時期に、陶朱公や計然、白圭といった政商が君主に登用され、自己の営利感覚を積極的に国の財政に生かしている点も注目される。[71] 各国の富国強兵策において、富国の術は農業の振興のみならず商業に対する政策も含んでいた。

このような変化の根抵には、農業生産の発展と人口の増加による商業の発展、さらに大規模な都市の発達があった。各国の政治的拠点となった臨淄や邯鄲を始めとする都市には、官吏や兵士を始め多くの消費人口と財貨が集中し、それに伴って市も発達する。この過程は夙に宮崎市定氏の説いた所である。[72] 支配者にとって、徴発などの手段によらずにもたらされる財貨は、国を富ますことに直結するものであったし、[73] 関市の税収も財政的に重要な位置を占めるようになった。[74] 市を国家が管理し、価格の安定化や治安の維持、徴税を行ない、また良質な貨幣を発行することは、重要な行政的課題となる。『孟子』梁恵王上に言う如く、王が仁政を施せば、「商賈は皆な王の市に蔵せんと欲し、行旅は皆な王の塗に出んと欲す」ることが期待された。この時代の都市と商業の発達が、国家の市制と交通網の整備を促したと言えるだろう。

この過程で、春秋時代には見られなかった市吏たちが文献史料にも登場するようになる。田単は前二八四年ごろに臨淄の市掾であったし、[75]『韓非子』内儲説上によれば、県令であった龐敬は「市者」の不正防止に一計を案じ、[76] 商の太宰は市の南門の外に集まっている牛車の整理を「市吏」に命ずるなど、[77] 戦国時代の後期には、各国で市制の整備と官僚的組織化が進んだことを示している。

また交通網の整備には、道路の整備のみならず通行の安全の確保も含まれなければならない。今や戦国の君主たちにとって、都市のみならず自己の領域全体の効果的秩序維持が課題となる。ここに、行政機構としての亭制の整備と富国策の一環としての市制の整備が結びつく必然性が見出される。史料的には確かめられないが、このころには街道筋の亭に市が立つことも当然あったと思われる。

しかし、戦国時代の亭は単なる行政機構ではなかった。敵軍の襲来を察知すれば、速やかに的確な情報を後方に伝達して防禦体制を整える、軍事的監哨基地としての役割を担っており、[78] 韓では全兵力のかなりの部分はこのような「亭鄣」の守備兵だったとされている。[79] 軍事的に見れば、亭は前線から後方の拠点となる都市へと求心的に収束する通信網でもあった。亭制の整備は国家の強兵策とも強く結びついていた。

さらに戦国後期には、都市の軍事的評価において、城壁や軍備のみならず、市に代表される経済的条件が重視されるようになっていった。有名な長平の戦い（前二六〇）の発端となった韓の上党郡の帰属問題で、韓の上党郡守馮亭の使者は、上党郡に「城市の邑十七」があるとしている[80]し、趙が斉に済水の東の領地を割譲した際にも、その内訳は「済東の三城、令廬・高唐・平原の陵地の城市の邑五十七」であった。[81] ここに見える「城市の邑」は、城壁と市をもった邑を意味している。特に後者の例では、令廬・高唐・平原の三大県と、その周辺の小都市とが分けて記されており、都市の格付けがなされている。

このことをもっと明確に表しているのが、馬王堆帛書の「戦国縦横家書」に見える次のような記述である。秦が鄢陵を攻め落とそうとしていた時、魏では楚に救援を求める動きがあったが、一人の遊説家がそれに反対し、魏が自力で秦に抵抗することを勧めた。

曰く、「梁の東地は尚お方五百余里、而して梁の千丈の城、万家の邑とともに、大県十七、小県の市ある者卅有余。将軍皆な県をして急々に守備を為し、賢者を譔択してこれをして堅守せしめ、将に以て亡ぶるを救わん。……」と。[82]

ここでは首都大梁とともに大県、小県の市のあるもの、という格付けがなされている。城の評価を市の有無が左右していたことがわかる。さらに、『墨子』雑守篇によれば、市が城外の遠くにある場合は、包囲攻撃に耐えられないとされていた。[83] このことは、軍事的な条件から造られる城壁と、経済的条件から発達する市とが必ずしも一致しないことを意味している。すなわち、城壁はあっても市のない邑や、市があっても城外の離れた地点にある邑など、様々な邑の中で、特に「城市の邑」が重視されたのである。「城市の邑」とは、軍事的利点と経済的利点を兼ね備えた都市であった。城外に発達した市が、城壁の新造や修築・拡張に伴って、城内に囲い込まれることもあったと考えられる(84)。

このように戦国後期に市の有無が重視されるようになった背景には、戦争の大規模化と長期化、政城戦の激化があった。『戦国策』斉策五に、蘇秦が斉の閔王に、戦争がいかに財貨を浪費するかを説くくだりがある。

戦は国の残なり。而して都県の費なり。残費已に先んずれども、よく諸侯を従える者は寡し。彼の戦なる者の残を為すや、士は戦を聞けば則ち私財を輸して車市を富ます。飲食を輸して死士を待ち、轅を折りてこれを炊き、牛を殺して士を觴せしむ。則ちこれ路君の道なり。……通都小県は社を置き、市あるの邑は事を止めて王に奉ぜざるなし。則ちこれ中を虚しうするの計なり。

ここで注目すべきなのは、戦争の準備に果たす市の役割である。「事を止めて王に奉ずる」とは、通常の業務を中断して王のために臨時の徴税や物資調達を行なうことを意味しよう。その際には、『墨子』雑守篇や号令篇に見られるように、「平価」による強制買上げがなされたと思われる(85)。

第一部で検討したように、戦国後期の都市では、軍事拠点となる都市の内部に府・庫・倉といった財政機構が設けられ、特に府の機構は貨幣経済と強く結びついていた。このような都市の条件として、堅固な城壁と武器、食料の備え、金銭の蓄蔵などの他に、市の存在をつけ加える必要がある。さらに、郊外に散在する小規模な市や定期市が亭の組織によって把握されることによって、都市を中心とする市場圏において流通する物資が、軍事的・財政的に利用される可能性が生ずる。こうして都市は、経済的にも地域の中心として機能するようになる。戦国時代の都市の発展は、専制国家の発展と深く結びついている。では、このような戦国時代の市制は、どのように秦漢に受けつがれたのだろうか。

戦国末から統一秦にかけての市制については、雲夢秦簡の秦律十八種などに資料が散見する。このころの秦では、すでに咸陽や成都などの都市にも城内に市があり、[86]闤闠や列肆の制が敷かれていた。秦簡の司空律によれば

春城旦の出でて繇する者、敢えて市に之き、及び闠の外に留舎するなかれ。当に市中に行くべき者は回りて行くなかれ。[87]

とあり、強制労働に服する刑徒を引率して行く場合、その道すじに市があれば回り道をして避けて通ることが定められている。市には闠があったから、ここで想定されている市は闤闠に囲まれ、官の管理する常設市であると見られる。市中では列肆の商人が「列伍」に編成され、[88]売買する品物には値札のようなものを付けることになっていた。[89]そして市中で用いられる銭は美悪様々であり、[90]布と銭が併用されていたようである。[91]布は幅と長さに規格が設けられ、銭十一が一布にあたるとされていた。[92]秦律に定められた罰金などに十一の倍数が多いことは、貨幣の中心が銭よりもむしろ布だったことを示している。[93]さらに「封診式」によれば、「市の正価で」奴隷を民間から買い上げることになっており、[94]市での価格が官に把握されていたことがわかる。市吏についてははっきりした規定が見出されないが、関市律に

作務及び官府の市を為すに、銭を受くれば必ず輒ち其の銭を缿中に入れ、市者をして其の入を見しめよ。[95]

とあり、収入をチェックする「市者」が市吏の一種ではないかと思われる。

また商人の統制については、秦簡「為吏之道」の中に引用される「魏の戸律」と「魏の奔命律」に、「叚門逆旅・贅胥後父」を一般の農民と差別し、戦場では特に危険な任務につかせることが定められている。[96]「叚門逆旅」とは、一所に定住して農作をしない行商人などを指すと思われるから、[97]この規定は漢代、七科讁などに見られる、市籍にあ

る者への差別と統制につながるものであろう。秦の官吏の心得集である「為吏之道」に魏律が引用され、また始皇帝時代に七科讁に似た懲罰的動員がなされていること[98]から考えて、秦代にはすでに市籍が商賈に対する差別戸籍の役割を果たしていたと考えられる。

以上、断片的な資料を総合すると、統一前後の秦の市制は、ほぼ漢代のそれと変わりないように思われる。少なくとも漢制の直接の源流は秦制にあったとしてよいだろう。したがって、漢代の市制は、戦国時代、恐らく前四世紀ごろから各国で形成され始め、秦の統一前後にはほぼ大枠が固まっていたと考えられる。この市制の整備は、戦国時代の都市と商工業の発達という経済的要因に加えて、徴税や物資調達の必要といった国家の財政的要因、さらに抑商政策のような政治的要因が、様々に絡りあって推し進めてきたものであった。この過程で、都市は政治的・軍事的拠点としての性格に加えて、新たに地域の経済的中心としての役割を担うに至った。都市の防衛網としての亭が、市のネットワークと重なりあうという現象はこのような都市の変貌と結びついているのである。

このような市制の発展過程を巨視的に図式化して把えれば、春秋時代までの、盟誓と伝統に基づく支配から、戦国時代の恐らく前四世紀ごろを画期とする、成文法と官僚機構による専制的支配へ、という流れを見ることができる。すなわち、市制の発展の中にも、専制国家権力の成長期であるこの時代の流れが反映していたのである。

おわりに

以上、漢代の市とその歴史的沿革を論じてきたが、最後に所論を要約しながら、中国古代の市の特色を考えてみたい。

市は官庁や宮殿、官倉など、国家の財政支出や官僚を始めとする都市住民の消費支出の集中する場所、また街道の交差点や橋といった交通の要所などに発達した。それぞれ固有の起源と立地条件を持っており、その場所は必ずしも都市の城内に限られず、城郭の門外や郊外にも発達した。これらの市の中には大小様々な常設市の他、都市から比較的離れた地点に散在する聚落に定期市が立つこともあった。経済的条件の変化によっては、新たな市が発生したり、定期市が常設市に発展したりという変化も見られる。こうして都市と都市、また都市と周辺の農民的聚落が大小の市のネットワークで結ばれ、都市の消費人口が支えられていた。

このような市は、都市造営の際に設けられた官設の市では当初から、また遅れて次第に発達した市では恐らく常設市となった段階で、国家の強い管理と支配を受け、周囲を闤闠で囲み、市亭が設けられるなど、画一的な行政の対象となったと思われる。換言すれば、市が国家によって囲い込まれるのである。この段階で市は国家によって秩序維持、場所や時間の規制、徴税などが行なわれ、都市においては公共の広場として、またしばしば抑商政策の舞台としても機能した。このような市においては、任侠などが一種の世話役として機能することはあったにせよ、商人等の自治組織は見られず、また市場聚落が顕著に発展する例も見あたらない。この点で、市は国家の都市行政に従属的であったと言えよう。また、農村的な定期市も、常設市ほど強くはないが、亭吏などの監視と警備を受けており、やはり行政的把握の対象となっていたと考えられる。市の行政は機構的には亭の制度の上に立脚しており、常設市に置かれた役所も特殊な亭として把えられる。従って漢代の市の機構は、都市の内外を問わず広がり得たのであり、また郡県制行政機構の中に包摂され得るものであった。この点で、都城内の坊制に立脚する唐代の市制と質的に異なっている。

このような市制は、春秋時代にすでに端緒が見られるが、春秋時代には、市や商業の秩序は、君主と大商人たちとの間の盟誓によって維持されていたと思われる。これが成文法に基づく官僚組織による管理と支配に発展したのは、戦国時代に都市と商業の発展が顕著となってからである。列国の富国強兵策の下で、市制は次第に整えられていったが、戦争の大規模化、長期化が進むにつれて、軍事的拠点となる都市の経済的条件、特に市の存在が重視されるに至った。この過程で都市の市を中心とする地域的市場圏は、亭に代表される軍事的哨戒網によってカバーされるようになったと考えられる。戦国時代の市制の発展は、都市を中心とした軍事的行政機構の発展と結びついていた。

また、この過程で市のない邑や市が城外にある邑など、バラエティに富んだ邑が次第に画一化され、城内に市を具えた典型的な地方都市が出現していったと考えられる。秦の全国統一前後には、漢代の市制とほぼ同様の市制が全国的に行なわれたと考えてよい。この過程で、県城に置かれた常設市と、周辺の亭市などが改めて結びつけられ、市のネットワークが再編成されたことは想像に難くない。市の制度の完成は、第一部で検討した城郭の変遷から伺える、郡県制下の地方都市としての県の出現を、経済的側面から物語っている。

このような市の制度は、手工業や財政機構とどのように関わっていたのだろうか。次にこれを検討してみたい。

注

（1）佐藤武敏『中国古代手工業史の研究』（吉川弘文館　一九六二）。
（2）影山剛『中国古代の商工業と専売制』（東大出版会　一九八四）第Ⅲ～Ⅷ章。
（3）宇都宮清吉『漢代社会経済史研究』（弘文堂　一九五五）第三章　西漢時代の都市、第四章　西漢の首都長安、第五章　史記貨殖列伝研究。
（4）影山剛前掲書第Ⅰ、Ⅱ、Ⅹ、Ⅺ章。
（5）美川修一「漢代の市籍について」（古代学一五巻三号　一九六九）。
（6）紙屋正和「前漢時代の商賈と緡銭令」（福岡大学人文論叢一一巻二号　一九七九）。

（7）山田勝芳「中国古代の商人と市籍」（『加賀博士退官記念中国文史哲学論集』所収　講談社　一九七九）。
（8）宇都宮清吉前掲書第四章。
（9）佐藤武敏「漢代長安の市」（中国古代史研究二　一九六五）。
（10）劉志遠「漢代市井考――説東漢画像磚」（文物一九七三―三）。
（11）渡部武「漢代の画像に見える市」東海史学一八号　一九八三。
（12）本章の初稿発表後に公表された研究として、堀敏一「中国古代の市」（栗原益男先生古稀記念論集『中国古代の法と社会』同記念会　一九八八）、重近啓樹「商人とその負担」（同『秦漢税役体系の研究』汲古書院　一九九九）、紙屋正和「両漢時代の商業と市」（東洋史研究五二巻四号　一九九五）参照。
（13）孫徳潤・李纓成・馬建熙「渭河三橋初探」（考古与文物叢刊第三号、陝西省考古学会第一届年会論文集　一九八三）参照。
（14）『黄図』巻一、都城十二門「長安城北出西頭第一門曰横門。『漢書』虒上小女陳持弓走入光門、即此門也。門外有橋曰横橋」。『水経注』巻一九、渭水注「又曰光門、亦曰突門、北出西頭第一門、本名横門」。
（15）例えば『史記巻』一〇一、鼂錯列伝によれば、彼は「朝衣を衣て東市に斬」せられた。
（16）第一部第二章の文献リスト1、20、40、46、47、55参照。
（17）『黄図』巻一、都城十二門「長安城南出東頭第一門曰覆盎門、一号杜門。……又曰端門、北対長楽宮」。
（18）陳直『三輔黄図校証』巻二、長安九市条。注13論文によれば、渭橋と呼ばれる橋は、横橋の他にもあり、景帝五年に陽陵に通ずる橋として作られた「渭橋」もあった（『史記』孝景本紀）。しかし文献に「渭橋」とのみ記されている場合、ほとんどの例が横橋を指しているので、この場合も横橋の北と解釈したい。
（19）『漢宮殿疏』とは諸書に引用される『漢宮闕疏』と同一の書だろう。
（20）『黄図』巻一、都城十二門条。
（21）漢代の官吏は、勤務期間中は官の舎に住み、洗沐などと呼ばれる法定の休暇に外出が許された。宋忠と賈誼の例を参照。また、『漢書』巻六六、楊惲伝によれば、郎官は金銭を出しあい、係を決めて休暇を取って買い出しに行っていた。その係を「山郎」と呼んでいたようである。漢代の官吏の勤務規定については大庭脩「漢代の官吏の勤務と休暇」（『秦漢法制史の研究』

第四篇第七章）参照。
（22）一例をあげれば、『漢書』巻九七、外戚伝上、孝景王皇后条に、彼女の娘の家が「長陵の小市」にあったとされている。
（23）『史記』巻一二九、貨殖列伝「周人既纎、而師史尤甚。転轂以百数、賈郡国無所不至。洛陽街居在斉・秦・楚・趙之中、貧人学事富家、相矜以久賈、数過邑不入門」。
（24）『史記』巻五二、斉悼恵王世家「主父偃方幸於天子用事、因言、斉臨菑十万戸、市租千金。人衆殷富、巨於長安。此非天子親弟愛子、不得王此」。
（25）『漢書』巻二四、食貨志下「遂於長安及五都立五均官、更名長安東西市令及洛陽・邯鄲・臨菑・宛・成都市長皆為五均司市師」。
（26）宇都宮清吉前掲書第九章。
（27）『初学記』は「会曰」に作るが、『御覧』巻八二七、『続漢書』郡国志一扶風郿県条李賢注に引く『新論』はともに「会日」に作る。ここでは後者に従う。
（28）『八瓊室金石補正』巻四「文叔陽食堂題記」に、「行亭市掾」なる官職名が見える。市の規模によっては、このような役職が置かれても不思議ではない。
（29）現行本『黄図』巻五、太学の条では、「漢太学在長安西北七里」とあり、逸文の記述と矛盾する。明堂などの遺蹟は漢長安城の南にあり、逸文の記述の方が正しい。しかしこの位置は唐長安城から見れば西北にあたる。つまり現行本の記述は唐長安城を起点として漢の太学の位置を説明したものである。
（30）『後漢書』列伝一、劉盆子伝に「(光武)帝憐盆子、賞賜甚厚、以為趙王郎中。後病失明、賜滎陽均輸官地、以為列肆、使食其税終身」とあり、官が市を新設する場合に「列肆を為る」ことが伴ったことがわかる。
（31）前掲注10参照。
（32）『説文』一二上、闠字の段玉裁注。例えば太学の市の「周環」は闠を指している。
（33）『漢書』巻二四食貨志上、「開市肆以通之」の顔注に「肆、列也」とあり、同じく「小者坐列販売」の顔注に「列者、若今市中売物行也」とある。

（34）『洛陽伽藍記』巻二、城東龍華寺「陽渠北有建陽里。里有土台、高三丈、上作二精舎。趙逸云、此台是中朝旗亭也。上有二層楼、懸鼓撃之、以罷市」。また『大唐六典』巻二〇、京都諸市令に、「凡市以日午、撃鼓三百声、而衆以会、日入前七刻、撃鉦三百声、而衆以散」とあり、唐制も参考になる。
（35）この場合、相如が手に入れたのが酒舎の不動産などを含むのか、それとも営業権を買いとったにとどまるのかが問題である。官設の市の整然たる区画と建物の並び方から見て、市内の土地と建物は官の管理下にあったと考えるべきだろう。司馬相如は酒舎の営業権を買ったのだと考えたい。
（36）この「問」字を「閭」字に改める説がある。その場合楊倩は同じ里に住む長老ということになるが、陳奇猷の説に従い、「問」字を改めずに読む。
（37）上田早苗「漢初における長者」（史林五五巻三号　一九七二）。
（38）『漢書』巻九二、游侠伝「萬章字子夏、長安人也。長安熾盛、街閭各有豪侠。章在城西柳市、号曰城西子夏」。
（39）武威県博物館「武威新出王杖詔令冊」（『漢簡研究文集』　甘粛人民出版社　一九八四）。
（40）『後漢書』列伝二一、孔奮伝によれば、建武八年（三二）前後に「時天下擾乱、唯河西独安、而姑臧称為富邑。通貨羌胡、市日四合。毎居県者、不盈数月輒致豊積」とある。続々と集まって来る商人たちをさばき切れず、一日四回の入れ換えを行なったのであろう。これは場所と時間の規制の特殊例である。
（41）一例をあげる。『漢書』巻七六、尹翁帰伝「是時大将軍霍光秉政、諸霍在平陽。奴客持刀兵、入市闘変、吏不能禁。及翁帰為市吏、莫敢犯者。公廉不受餽、百賈畏之」。
（42）西嶋定生『中国古代の社会と経済』（東大出版会　一九八一）一四三頁。
（43）佐藤武敏「前漢の穀価」（人文研究一八巻三号　一九六七）参照。また『漢書』巻七六、趙広漢伝に見える「鉤距の法」は、様々な物価の高低を知る方法であるが、それを見極めることが困難だったようである。
（44）『後漢書』列伝六九儒林伝、宋登「由是出為潁川太守。市無二価、道不拾遺」。
（45）漢代の考え方で「食貨」の「貨」とは「布帛の衣るべき、及び金刀亀貝を謂う。財を分ち利を布め有無を通ずる所以の者」（『漢書』食貨志上）を指しており、貨幣とともに布帛が交換手段として重要と見なされていた。第四部参照。

（46）『漢書』巻二四食貨志上に、太公の法として「布帛広二尺二寸為幅、長四丈為匹」とあるが、『儀礼』郷射礼鄭注に「今官布幅広二尺二寸」とあるので、この規格は漢代に行なわれたものであろう。
（47）馬大英『漢代財政史』（中国財政経済出版社　一九八三）八四～八五頁参照。
（48）本章注（39）参照。また、「王杖」簡については大庭脩「漢代の決事比試論」（大庭氏前掲書）、滋賀秀三「武威出土王杖十簡の解釈と漢令の形態」（国家学会雑誌九〇巻三・四号　一九七七）参照。
（49）平中苓次「漢代の営業と『占租』」（『中国古代の田制と税法』東洋史研究会一九六七　所収）。
（50）注2、5～7の諸論文、また堀敏一「漢代の七科謫とその起源」（駿台史学五七号、一九八二）参照。
（51）敦煌県文化館「敦煌酥油土漢代烽燧遺址出土的木簡」（注39所引書）、81・D38・11「写移書到、各明白大扁書市里官所寺舎亭隧候中、令吏民尽訟知之」。このほか、居延漢簡一六・四B、一三九・一三も同例である。
（52）日比野丈夫「郷亭里についての研究」（東洋史研究一四巻一・二号　一九五五）。
（53）『説文』五篇下「亭、民所安定也。亭有楼」。ただしすべての市に高い市楼があったとは限らない。『御覧』巻一六七に引く東観漢記によれば、堂邑令鍾離意は自分の俸銭を出して市の「屋」を新築したという。市において大事なのは、そこに集まる人間の秩序であり、空間的には広場があれば足りると考えるべきだろう。
（54）第三部第二章参照。
（55）加藤繁「唐宋時代の市」（『支那経済史考証』上巻所収）。
（56）宮崎市定「中国における聚落形体の変遷について――邑・国と郷・亭と村とに対する考察――」、「中国における村制の成立――古代帝国崩壊の一側面――」、「漢代の里制と唐代の坊制」（『宮崎市定全集』三、岩波書店、一九九一所収）参照。
（57）白川静『金文通釈』巻三下参照。
（58）『左伝』襄公二八年、斉において「以其棺尸崔抒於市」という例がある。
（59）『左伝』荘公二八年「秋（楚令尹）子元以車六百乗伐鄭、入于桔柣之門。……衆車入自純門、及逵市。懸門不発、楚言而出（杜注、純門、鄭外郭門也。逵市、郭内道上市）」。
（60）『爾雅』釈宮「九達謂之逵」郭璞注「四道交出、復有旁通」

(61)『左伝』襄公三十年七月「癸丑（伯有）自墓門之涜入、因馬師頡、介于襄庫、以伐旧北門。駟帯率国人、以伐之。……伯有死於羊肆」。
(62) 同、僖公三三年「春、秦師過周北門。……及滑。鄭商人弦高将市於周。遇之、以乗韋先牛十二、犒師。……且使遽告于鄭」。
(63) 同、成公三年「荀罃之在楚也、鄭賈人有将寘諸褚中、以出。既謀之未行。而楚人帰之。賈人如晋。荀罃善視、如実出己。賈人曰、吾無其功。敢有其実乎。……遂適斉」。
(64)『左伝』には直接市租に触れた記述がないが、文公一一年に「初宋武公之世、……宋公於是以門賞耏班、使食其征（杜注、「門、関門也。征、税也」）」とあり、関税はすでにあったようである。何らかの市税も存在したと思われる。
(65)『左伝』昭公二〇年「晏子曰、……内寵之妾、肆奪於市、外寵之臣、僭令於鄙」。
(66)『左伝』昭公三年、晏子の言。
(67) この他、『淮南子』氾論訓にも見える。
(68)『御覧』巻八二八引『淮南子』許慎注。
(69)『漢書』巻九一、貨殖伝、顔注。
(70)『史記』巻一二九、貨殖列伝「子貸金銭千貫、節駔会」。
(71) 同
昔者、越王句践困於会稽之上、乃用范蠡、計然。計然曰、……則農末倶利、平糶斉物、関市不乏、治国之道也。……修之十年、国富。范蠡既雪会稽之恥、乃喟然而歎曰、計然之策七、越用其五而得意。既已施於国、吾欲用之家。……之陶為朱公。……故言富者皆称陶朱公。

白圭、周人也。当魏文侯時、李克務尽地力、而白圭楽観時変、故人弃我取、人取我与。

白圭は『孟子』告子下にも登場し、租税の率をめぐって孟子と論争している。白圭も魏の財政に登用されたのだと考えたい。
(72) 宮崎市定「戦国時代の都市」（『宮崎市定全集』三　岩波書店　一九九一所収）。
(73)『管子』小匡「今夫商羣萃而州処、観凶飢、審国変、察其四時、而監其郷之貨、以知其市之賈、負任担荷、服牛輅馬、以周四方。……是以羽旄不求而至、竹箭有余於国」

(74)『墨子』貴義篇「子墨子曰、商人之四方、市賈倍徙。雖有関梁之難、盗賊之危、必為之」。商人にとっては、関税などは盗賊と同様の災難だったことがわかる。

(75)『史記』巻八二、本伝

(76)『韓非子』内儲説上「説五、龐敬、県令也。遣市者行、而召公大夫而還之、立有間、無以詔之、卒遣行。市者以為令与公大夫有言、不相信、以至無姦」。

(77)同「商太宰使小庶子之市、顧反而問之曰、何見於市。……対曰、市南門之外、甚衆牛車、僅可以行耳。太宰……因召市吏而謂之曰、市門之外、何多牛屎。市吏甚怪太宰知之疾也。乃悚懼其所也」。

(78)『墨子』雑守篇第七一「諸外道可要塞以難寇、其甚害者為築三亭、亭三隅、織女之、令能相救。諸距阜・山林・溝涜・丘陵・阡陌・郭門著閻術、可要塞及為徼職、可以迹知往来者少多、及所伏蔵之処」。同「築郵亭者、圜之、高三丈以上、令□倚殺。……亭一鼓、聾竈。寇烽・驚烽・乱烽・伝火、以次応之、至主国止」。このような亭燧のシステムは、漢代では居延付近に典型的に見られるが、戦国時代には広く内地にも分布していたと考えられる。

(79)『戦国策』韓策一「張儀為秦連横説韓王曰、……料大王之卒、悉之不過三十万、而廝徒負養在其中矣。為除守徼亭鄣塞、見卒不過二十万而已矣」。

(80)『史記』巻四三、趙世家、孝成王四年「韓氏上党守馮亭使者至曰、韓不能守上党、入之於秦。其吏民皆安為趙、不欲為秦。有城市邑十七、願再拝入之趙、財王所以賜吏民」。

(81)『戦国策』趙策四「燕封宋人栄蚠為高陽君、使将而攻趙。趙王因割済東三城、令廬・高唐・平原陵地、城市邑五十七、命以与斉」。

(82)『馬王堆帛書』参、戦国縦横家書、二八三～二八八行、「見田并於梁南章」。

(83)『墨子』雑守篇「子墨子曰、凡不守者有五。城大人少、一不守也。城小人衆、二不守也。人衆食寡、三不守也。市去城遠、四不守也。畜積在外、富人在虚、五不守也」。

(84)臨沂銀雀山漢墓出土の木簡に、「守法、要言、庫法、王兵、市法、守令……(中略)……凡十三」と記したものがある。『管子』、『尉繚子』、『墨子』など諸子の兵法を扱った部分を集めた書籍の標題目録である。この中で「市法」篇の残簡と思われるものに次のように記されている（引用中カッコ内は通行字体に直したもの。番号は原簡番号を示す）。

880……吏者具、乃為市之広陜（狭）小大之度、令必再（称）邑。便利其出入之門、百化（貨）財物利之。市必居邑881之中、令諸侯・外邑来者毋□（遠？）□□……

これによれば、邑にはその規模に見合った大きさの市がなければならず、さらにその市は必ず城内に置かれ、門などを設けて官が管理すべきものであった。このような考え方は注（83）に引いた『墨子』雑守篇の内容と表裏をなしている。また「市法」篇が一連の兵書の抜き書きの中に含まれていることは、この書籍が筆写された時期まで、市の存在が都市の軍事的条件を左右すると考えられていたことの証左となろう。銀雀山漢墓竹簡整理小組「銀雀山竹書《守法》《守令》等十三篇」（文物一九八五―四）参照。

（85）『墨子』号令篇「収粟米・布帛・銭金、出内畜産、皆為平直其賈、与主券人書之。事已、皆各以其賈倍償之。又用其賈貴賤多少賜爵、欲為吏者許之」。同、雑守篇「民献粟米・布帛・金銭・牛馬・畜産、皆為直平賈挙主券、書之」。

（86）『史記』巻八五、呂不韋列伝「呂不韋乃使其客人人著所聞、……号曰呂氏春秋。布咸陽市門、懸千金其上、延諸侯游士賓客有能増損一字者、予千金」。『華陽国志』巻三蜀志「（秦）恵王二十七年、（張）儀与若城成都。……脩整里闠、市張列肆、与咸陽同制」。

（87）雲夢秦簡、秦律十八種一四八～一四九簡、『睡虎地秦墓竹簡』（以下釈文と略称）八九～九〇頁。

（88）同、秦律十八種六八簡、釈文五七頁「賈市居列者、及官府之吏、毋敢択行銭・布。択行銭・布者、列伍長弗告、吏循之不謹、皆有。金布」

（89）同六九簡、釈文五七頁「有買及売也、各嬰其賈。小物不能各一銭者、勿嬰。金布」

（90）同六五簡、釈文五五頁「百姓市用銭、美悪雑之、勿敢異。金布」

（91）注（88）参照。

（92）同六六簡、釈文五六頁「布袤八尺、福広二尺五寸。布悪、其広袤不如式者、不行。金布」同六七簡、釈文五六頁「銭十一当一布。其出入銭以当金・布、以律。金布」

（93）趙徳馨・周秀鸞「関于布幣的三個問題」（社会科学戦線一九八〇―四）参照。

（94）雲夢秦簡、封診式四〇～四四簡、釈文二五九頁、告臣「令少内某・佐某以市正賈賈丙丞某前。丙中人、賈若干銭」。
（95）同、秦律十八種九七簡、釈文六八頁。また注（76）参照。
（96）同、為吏之道、釈文二九二～二九五頁「●廿五年閏再十二月丙午朔辛亥、告相邦。……自今以来、叚門逆呂、贅胥後父、勿令為戸、勿鼠田宇。三世之後、欲士士之、乃署其籍曰、故某慮贅壻某叟之乃孫。魂戸律」「●廿五年閏再十二月丙午朔辛亥、告将軍。叚門逆闒、贅胥後父、或衛民不作、不治室屋、寡人不欲。且殺之、不忍其宗族昆弟。今遣従軍、将軍勿恤視。享牛食士、賜之参飯而勿鼠殺。攻城用其不足、将軍以堙豪。魏奔命律」
（97）楊禾丁「〝叚門〟与〝監門〟」（中華文史論叢一九八三－三）参照。
（98）注（50）、堀論文参照。

第二章　秦漢陶文考

はじめに

戦国時代から秦、前漢代の瓦や陶器類の遺物には、しばしばそれを製造した陶工や官署の名が記されている。中国ではこれらをまとめて「陶文」と呼んでいるが、その記入方法や内容にはいくつかの種類がある。記入の方法には刻記と印記の二通りがある。前者はさらに、製造の途中、まだ完全に乾燥していない段階でへら書きされる場合と、完成してから小刀などで刻みつけられる場合がある。印記の場合はもちろん、粘土がまだ柔らかい間に押されたものである。一方記される内容には、製造に関係した陶工名や官署名だけでなく、製品の宮殿などにおける配置場所や所有者を記すこともある。後者の場合、器物完成後に刻記されるから、印記の例はまずない。ここで扱うのは、もっぱら製造に関係する内容を持つ印記陶文である（図1参照）。

瓦や陶器の製造に関する陶文については、一九六三年の兪偉超氏の論文[1]以来、さまざまな業績が発表されている。近年、秦都咸陽城や始皇陵で大量に発掘された陶文を内容によって整理分類した袁仲一氏の一連の業績が、一六〇〇点にのぼる拓本とともに一書にまとめられ、秦代の陶文の概要がようやく明らかになった[2]。袁氏はこの書物の中で、

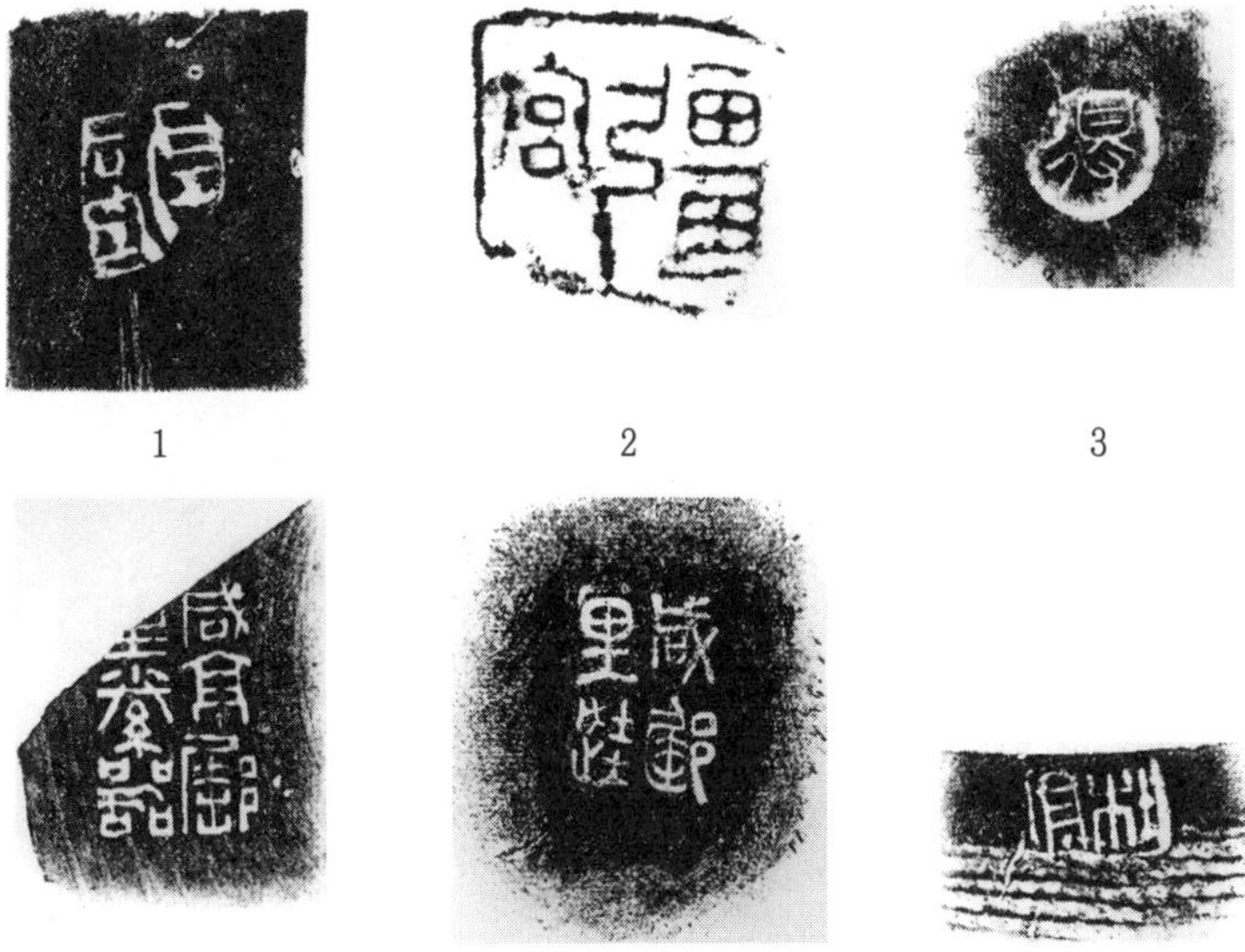

4　　　5　　　6

図１　各種の秦漢陶文

１：左司空（５・238）、２：宮彊（５・206）、３：得（５・430）、
４：咸亭郿軽里桼器（５・７）、５：咸郿里趌（５・30）、６：杜亭：（５・308）
番号は高明編『古陶文彙編』（東方書店　1989）による

兪偉超氏の説を継承発展させ、秦代の製陶工房を、官工の属する中央官署の直轄工房（中央官署制陶作坊）、徭役労働に従事する陶工を集めた官営工房（官営徭役性的制陶作坊）、市の行政機構に属する官営の「市亭」工房、そして民営工房の四種類に区分している。

確かに、製造関係の印記陶文は数種類に分類できる。しかしその分類が、製造した工房の違いと直接対応しているかどうかはまた別問題である。長くても六字ほどという陶工名印記は、工房の経営主体や労働力の性質――例えばなぜ雇用でなく徭役労働だと判断できるのか――を、必ずしも明示してはいないのである。また、このような中国の学者による整理は、陶文の形式と内容からのもので、器物の種類や出土状態、遺跡と陶文内容との関係にはほとんど注意が払われていないように思われる。特に瓦や器物の窯跡から出土する陶文は、工房の性質と陶文の内容を結び付ける決定的な手掛りとなるに違いない。そこで本章では一旦原点に返り、遺跡の性質と器物の種類の面から陶文を整理しなおすことによって、内容の見直しを行なってみたい。

I　咸陽宮殿址・始皇陵周辺の陶文

秦の首都咸陽城の北部、現在の咸陽市牛羊西村から劉家溝村にかけて、巨大な宮殿群の遺構がある。そのうち三つの部分が発掘され、一～三号宮殿址として報告された。ここから出土した板瓦や筒瓦の中には、陶工名や官名を印記したものがかなりたくさんある。また、この宮殿群の周辺から一四基にのぼる秦代の窯址も発掘され、出土した板瓦にやはり陶工名の印記があった(3)。これらの陶文の典型的な例を出土地別にまとめたのが表1である(4)。「著録」の欄の『陶文』は、袁仲一編『秦代陶文』（三秦出版社　一九八七）の図版番号である。以下、この表に従って整理してみよう。

三つの宮殿址から出土した瓦類において、印記の押される場所は一定しないが、印記の種類は基本的に共通しており、大きく三種類に区分することができる。第一に、官名・陶工名を組み合わせたタイプがある。これは袁仲一氏の分類で「中央官署制陶作坊類」に対応する。咸陽宮殿址で、このタイプの代表的な例が「左某」「右某」という印記である（表1、1～4、17～19、28、29）。左・右は土木工事を担当する「左・右司空」の官名の略記、あとの一字は陶工名である。表1－5の「北工」は、「司空」のような官名かと思われるが、正式な名称はわからない。この例を始め、表1－30のように陶工名を伴わない印記も希ではない。また、表1－2・17・28に見られる「左胡」という印記から、「左司空」所属の「胡」という官工の作った瓦類がすべての宮殿址から出土していることがわかる。このことは、三つの宮殿が同時に、あるいはあまり時を置かずに造営され、同じ陶工によって焼かれた瓦が使用されたことを

No	器種	印記	出土地	著録	No	器種	印記	出土地	著録
1	板瓦	左戎	1号宮殿T3-3	『陶文』	17	磚瓦	左胡	2号宮殿	考古与文物
				図573	18	〃	左戌	〃	〃1986-4
2	〃	左胡	同T28-3	同579	19	〃	右斉	〃	〃
3	〃	右嘉	同T21-3	同675	20	〃	更	〃	〃
4	〃	右貿	同T17-4	同682	21	〃	得	〃	〃
5	〃	北工	同T17-4	同986	22	〃	文	〃	〃
6	〃	古	同T18-4	同1179	23	〃	咸成陽申	〃	〃
7	筒瓦	帯	同T22-3	同1171	24	〃	咸重成積	〃	〃
8	板瓦	咸如邑戌	同T18-4	同1294	25	〃	咸ト□戌	〃	〃
9	〃	成如邑頃	同T17-4	同1295	26	〃	右亭	〃	〃
10	〃	咸小原嬰	〃	文物1976-11	27	〃	亭	〃	〃
11	磚	咸成陽申	〃	〃	28	坂瓦	左胡	3号宮殿T8-3	『陶文』
12	〃	咸芮里喜	〃	〃					図585
13	盆	咸故倉□	同T102-H4	『陶文』	29	〃	右禾	同T9-2D	同658
				図1130	30	磚	右	同T9-2-H1	同657
14	?	亭	同T104-3	同1299	31	坂瓦	嘉	同T9-2D	同113
15	瓮	咸□高□	同T103-4	同1456	32	〃	甲	咸陽窯店郷窯址	考古与文物
16	盆	成少原申	同T103-4	同1293	33	〃	天	〃	1986-3
					34	〃	如亡	〃	〃
					35	〃	右亭	〃	〃

表1　咸陽宮殿址・窯址出土陶文

示している。さらに、このタイプの陶文は瓦類のみに見られ、一般の陶製容器には見られない。このことは「左・右司空」などに属する官窯が、宮殿造営などのための瓦類を専門的に生産していたことを物語っている。

第二のタイプは、一字から二字の陶工名だけの印記である（表1－6、7、20～22、31～34）。これは左・右司空のような官に属する陶工かどうかわからないが、その可能性はあろう。「左・右」のような官名の略記と陶工名の組み合わせに、官名のみ、官名プラス陶工名、陶工名のみ、といったバラエティーがあったのかもしれない。整理の便のために、このタイプは上述の第一のタイプと一括して、官名・人名タイプに入れておく（図1－3参照）。

第三のタイプは、四字を田の字形に並べた印記で、地名と人名の組み合わせである。このタイプは、袁仲一氏の分類では「民営作坊類」に属する。表1－12が最も典型的な例で、縦書き二行で「咸芮里喜」と書かれている。「咸芮里」は咸陽の「芮里」という集落名、「喜」がそこに住む陶工名である。表1－25も同様な例。

表1－8～11と13・16・23・24は、「里」字を伴わない地名表記である。8・9は「如邑」、10・16は「小原」または「少原」（小・少はこの時代しばしば通用される）、他にも「成陽」（11・23）「故倉」（13）「重成」（24）の例が知られる。[5]このうち「咸成陽申」（11・23）は一号・二号宮殿の両方に見られ、同じ陶工の焼いた瓦類が複数の宮殿で使用されたことがわかる。袁仲一氏はこれら「里」字のない例を横書き二段に読んでいるが、そうすると地名が「咸邑」「咸陽」といったあいまいな表記となってしまう。咸陽の住人であることは「咸」の一字でわかるのだから、わずか四字の中でこのような書き方がされるとは考え難い。ここではすべて縦書きと見なすことにする。[6]表1－13・15・16は、このタイプの印記が瓦類だけでなく盆や瓮のような陶製容器にも押されたことを示している。

さて、咸陽窯店郷の窯址から出土した瓦類の陶文には、人名のみのタイプに混じって「右亭」（表1－35）というものがある。この印記は二号宮殿址からも出土している（表1－26）から、この窯は明らかに宮殿造営のために瓦類を焼いた窯である。「右亭」という形式は、袁仲一氏の分類上「市亭」陶文に属する。この窯址から、官工らしい人名陶文とともに「市亭」陶文が出土したことは、同じ窯で瓦類を焼く陶工が、同じ形式の印記を押したとは限らないことを示している。

次に、始皇陵周辺の陶文を見てみよう。始皇陵の西部の建築址と窯址出土の陶文を表2、北部の魚池村の建築址出土の陶文を表3にまとめた。[7]まず官名・人名タイプについてみると、咸陽宮殿址と共通する「左・右司空」（表2－1～5、表3－6・7、図1－1参照）「北」（表3－2・3）の他、「大水」（表2－8・9、表3－1）「寺水」（表2－10）「宮（表2－11、表3－5）「都船」（表2－12～14）「船司空」（表3－4）などが見られる。これらの官名にはみな何がしかの省略があって、正式な官名や統属関係は分かりにくいが、いずれも宮廷の土木関係の官ではないかと思われる。咸陽宮殿に比べてその種類の多いことは、始皇陵の造営が宮廷の土木関係の機構を総動員して行なわれたことを示してい

No	器種	印記	出土地	著録
1	板瓦	左司空	西建築址T2-4	『陶文』図493
2	〃	左司高瓦	同T13-30	同543
3	〃	左悁	同T11-7	同547
4	〃	右司空係	同T5-26	同620
5	〃	右尚	同T5-19	同639
6	〃	左水	同T5-48	同689
7	〃	匠	同T12-13	同803
8	〃	大	同T5-35	同788
9	〃	大水	同T5-21	同793
10	〃	寺水	同T5-31	同853
11	筒瓦	宮丁	同T5-30	同971
12	〃	都船	同T5-34	同1007
13	〃	都船工疕	同T5-53	同1010
14	〃	都欧	同T5-19	同1020
15	〃	陽	同T5-23	同1038
16	〃	甘	同T10-14	同1123
17	〃	頻陽工處	同T5-9	同1257
18	〃	鄌反	同T5-10	同1261
19	〃	楊工穨	同T13-25	同1262
20	筒瓦	左司高瓦	趙背戸村 14号窯	考古与文物 1985-5
21	瓦当	大	〃	〃

表2　始皇陵西部建築址・窯址出土陶文

No	器種	印記	著録
1	板瓦	大顛	『陶文』図790
2	筒瓦	北司	同983
3	板瓦	北易	同984
4	〃	船司空□	同1029
5	〃	宮春	考古与文物1983-4
6	〃	左司空尚	〃
7	〃	右司空逹	〃
8	〃	美陽工蒼	『陶文』図1198
9	〃	烏氏工昌	同1267
10	〃	芷陽工発	同1218
11	〃	頻陽工處	同1269
12	筒瓦	頻陽状	同1254
13	板瓦	頻活	同1265
14	〃	新城義渠	同1207
15	〃	新城邦	同1209
16	〃	臨晋翏	同1229
17	〃	宜陽肄	同1230
18	〃	栒邑書	同1241
19	筒瓦	鄖陽具	同1244
20	〃	汧取	同1246
21	板瓦	杜建	同1264
22	筒瓦	藍田	同1228
23	板瓦	西道	同1234
24	筒瓦	櫟市	考古与文物1983-4

表3　始皇陵北部魚池村建築址出土陶文

よう。

窯址が発見された趙背戸村周辺には、石材の加工場や強制労働中に死亡した刑徒の墓もあり[8]、このあたりに始皇陵造営のための労働キャンプのようなものがあったと考えられる。その一四号窯址からは、表2－20・21のような印記をもった瓦類が出土した。「左司高瓦」という印記は表2－2、また表4－24にも見られるから、この窯で作られた瓦類は始皇陵西部の建築だけでなく、一号兵馬俑坑でも使用されたことがわかる。

さて、始皇陵建築址出土の地名・人名タイプの陶文は、「某地工某」という形式で、咸陽以外の各地の県のものである。袁仲一氏はこれを「官営徭役性的制陶作坊類」に分類している。判明する県名のうち、頻陽（表2－17、表3－11～13）・美陽（表3－8）・芷陽（同10）・臨晋（同16）・栒邑（同18）・汧（同20）・杜（同21）は現在の陝西省南部の県で最も多い。また山西省南部の楊（表2－

19）や河南省北部の宜陽（表3－17）、甘粛北方の寧夏回族自治区に属する烏氏（表3－9）のように、かなり離れた地域の県もある。始皇陵の瓦類は、咸陽以外の地元各県を中心に、かなり広い地域の陶工によって作られたことがわかる。これは、咸陽の宮殿の瓦類生産に従事したのが主として咸陽周辺の陶工だったことと対照的な現象である。またこの形式の印記が始皇陵周辺以外では出土していない点にも注意しなければならない。このことは、始皇陵造営にあたって、出身地を異にする多数の陶工を統一的に管理する機構が存在し、独自の形式を持つ印記を押させていたことを示している。しかし、彼等が各官窯に分散配置されたのか、それとも彼等だけで編成された窯があったのか、また彼等が徭役労働者だったのかどうかも、現在判断がつかない。

ところで、表2・3にあげた陶文には、地名だけの印記もある。表2－18「蒲反」は現在山西省に、また表3－22「藍田」は陝西省に属する県名である。これは地名・人名タイプの特殊な例と考えられる。さらに表3－24「櫟市」は、秦の旧都櫟陽の市を意味し、表1－26・35と同様、後述する「市亭」タイプに属する。

最後に、有名な始皇陵一号兵馬俑坑の陶文の例を表4に掲げる(9)。これは兵馬俑自体に刻された陶文と、周囲の構造物に使用された磚瓦類の陶文に分かれる。磚瓦類はすべて印記で、始皇陵建築址などで出土するものと基本的に共通する（表4－24～33）。表4－33「安邑□」は地名・人名タイプで、河東郡の安邑の陶工名であろう。これに対して、兵馬俑自体の陶文は印記と刻記が入り交じっている。官名・人名タイプについて見ると、官名はすべて「宮」である（表4－1～13、図1－2参照）。瓦などと異なり、兵馬俑はすべて「宮」と略称される官で作られたことがわかる。「宮」で作られた瓦類もある（表2－11、表3－5）から、兵馬俑だけを専門に作っていたのではなさそうだが、「宮」がこのような特殊な明器を作っていることは、「左・右司空」のような土木関係の官との相違を感じさせる。

「宮」関係の文字が、印記と刻記を問わず、俑の衣の裾の部分の下側や俑の台座のような、目立たない場所にあるのに対して、地名・人名タイプの陶文はすべて刻記で、背中のように比較的目立つ場所にも見られる。ほとんどのものが「咸陽某」あるいは「咸某」という形式で、咸陽出身の陶工名である。表4―23は例外的に、出身地を異にする四人の陶工名が並べて書かれている。出身地のうち咸陽以外の櫟陽・臨晋・安邑は、始皇陵の建築址の瓦類を焼いた陶工たちの出身地と同じ。この俑は他のものと特に変わった点はないのだが、なぜか四人がかりで作られている。咸陽の陶工を中心とした兵馬俑の製造現場に、他の現場から回されて来た見習い工だろうか。なお、表4－22は唯一確認された朱書で、厳密には陶文とは言えないが、一字の人名の可能性もあると考えてここに入れた。兵馬俑のほとんどに彩色の痕跡があるから、この朱書は彩色担当の工人名かもしれない。

No	器種	位置	文字	俑番号	『陶文』図版
1	甲俑	足踏板	宮（刻文）	T10G5-3	223
2	〃	衣底部	宮（印文）	T19G10-36	226
3	袍俑	〃	宮疆（印文）	T1K-88	227図1-2
4	甲俑	〃	宮得（〃）	T19G10-43	230
5	〃	〃	宮係（〃）	T19G10-38	253
6	〃	〃	宮係（刻文）	T1G3-28	255
7	袍俑	〃	係（印文）	T10K-22	268
8	甲俑	衣角	係（刻文）	T2G3-125	267
9	〃	衣底部	宮臧（印文）	T20G9-62	271
10	袍俑	〃	臧（〃）	T10K-161	287
11	甲俑	〃	宮顇（〃）	T19G1O-32	300
12	〃	〃	宮魏（〃）	T10G5-15	303
13	〃	〃	宮朝（〃）	T19G10-31	304
14	〃	背右側	咸陽衣（刻文）	T1G3-2	312
15	袍俑	右臂内側	咸衣（〃）	T10G7-1	315
16	甲俑	背右側	咸陽危（〃）	T19G10-16	313
17	〃	背甲	咸陽（〃）	T1G2-33	317
18	袍俑	背左側	咸陽賜（〃）	T10K-114	320
19	甲俑	背右側	咸陽午（〃）	T19G9-9	321
20	袍俑	左掖下	咸詡（〃）	T1G3-13	344
21	〃	足踏板	詡（〃）	T10K-170	339
22	〃	?	巳（朱書）	T20G9-58	472
23	甲俑	腕	咸陽高櫟陽重 臨晋□ 安邑□（刻文）	T2G1-33	368
24	磚		左司高瓦（印文）		560
25	〃		左司歆瓦（〃）		556
26	〃		左水疢（〃）		767
27	〃		寺係（〃）		847
28	〃		大摓（〃）		795
29	〃		宮屯（〃）		950
30	〃		都昌（〃）		1018
31	〃		淏邦（〃）		1036
32	〃		安未（〃）		1046
33	筒瓦		安邑□（〃）		1204

表4　始皇陵1号兵馬俑坑出土陶文

　以上、咸陽の宮殿址と始皇陵周辺から出土した陶文の分析から、それぞれの遺跡の瓦類の製造者の構成が推測できるとともに、一部についてはその窯址も確認できた。その内容の豊富さは、これらの印記が監督の役人の検印のようなものではなく、生産に直接従事した陶工によって押されたことを示している。窯址の分布からいって、これらの瓦類は建築現場からさほど遠くない所で焼かれているから[10]、遠方の地名の印記をもった瓦類も、その地の陶工が現場にやって来て作られたと考えられよう。

陶文の内容は、大まかに官名・人名タイプと地名・人名タイプに分けることができる。官名・人名タイプの陶文は、瓦類と兵馬俑にのみ見られ、各遺跡で共通した形式と内容を持っている。宮殿などの土木を担当する中央官庁直属の官工の印記と考えてよい。これに対して地名・人名タイプの陶文は、瓦類だけでなく一般的な容器類にも見られ、遺跡によって形式に違いがある。このことは、地名・人名タイプの陶文が製造現場や陶工の出身地によって異なり得ることを示している。しかも窯址の陶文から明らかなように、ひとつの窯で働く陶工が同じ形式の印記を持つとは限らない。印記の形式の違いは、必ずしも工房の制度的な区別と対応していないのである。ここまでの分析で確かなことは、官名・人名タイプの印記を持つ陶工と、地名・人名あるいは「市亭」タイプの印記を持つ陶工に違いがある、ということだけである。では後者はどのような陶工だろうか。この問題を、咸陽周辺の墓や器物窯から出土した陶文に視野を広げて分析してみたい。

Ⅱ　咸陽周辺の墓葬・器物窯出土の陶文

咸陽宮殿址で出土した陶製容器類の陶文は、すでに表1－13～16にも紹介した。それ以外の代表的な例を表5として掲げる。

まず始皇陵周辺の墓葬から見ていこう。表5－1～4は臨潼上焦村の始皇陵陪葬墓[11]の例で、いずれも袁氏の分類では「市亭」タイプに属する。「櫟市」（表5－4）は櫟陽の市、「欐」（同3）は始皇陵の陵邑である「驪邑」の市の印記である。「焦亭」（同1）の「亭」は、市の役所である「市亭」の表記。「亭」（同2）のように、一字だけで地名を伴わない例も多い。「焦」という地名は、現在の「上焦村」の地名にも見られるように、この付近の地名あるいはその略記だろうとされている。この地域で「焦」字を含んだ県名は知られていないが、前章で論じたように、秦漢時代の市は必ずしも各県城内に一つずつしかなく、県名を冠して呼ばれたとは限らないから、無理に県名と一致させて考える必要はない。

No	器種	印記	出土地	著録
1	罐	焦亭	臨潼上焦村始皇陵陪葬	『陶文』図1305
2	〃	亭	〃	考古与文物1980-2
3	鉢	欐	〃	『陶文』図1308
4	罐	櫟市	〃	考古与文物1980-2
5	灯	焦亭	同馬厩坑	『陶文』図1307
6	罐	欐	〃	同1309
7	盆	麗器	〃	同1310
8	罐	麗亭	〃	同1314
9	鉢	芷	〃	同1323
10	罐	咸亭当柳昌器	〃	同1421
11	〃	咸東里□	咸陽黄家溝戦国墓M37	考古与文物1982-6
12	〃	咸亭右里道器	同M49	〃
13	〃	平市	同M48	〃
14	壺	□（記号）	同M50	〃
15	罐	咸□里□	西安半坡戦国墓M2	考古学報1957-3
16	盆	芷	藍田泄湖M11	考古1988-12
17	罐	〃	〃	〃
18	釜	□亭	〃	〃
19	罐	亭	鳳翔高荘M1	文物1980-9
20	?	咸亭陽安騂器	咸陽灘毛村窯址	文物1964-7
21	?	咸亭郦里紊器	〃	『陶文』図1331、図1-4
22	?	咸郦里赽	〃	同1339第1図5
23	?	咸郦里蕃	〃	同1355
24	釜	咸郦里宦	〃	同1345
25	塾	咸郦里駔	〃	同1353
26	〃	咸酈里彊	〃	同1349
27	?	咸郦里貝	〃	同1357
28	?	成郦小有	〃	同1335
29	板瓦	咸郑里奢	〃	同1411
30	?	成隊陽便	〃	文物1964-7
31	?	咸市□于	〃	〃
32	釜	杜亭	〃	『陶文』図1279、図1-6
33	?	公	〃	同1446
34	印	咸郦里□	〃	考古1974-1
35	印模	咸新安盼	〃	『陶文』図1393

表5　咸陽周辺の墓葬・窯址出土陶文

表5－5～10は、同じく上焦村の馬厩坑、すなわち馬の殉葬墓[12]の例である。ここからはさらに芷陽県の市を表す「芷」（同9）の他、「咸亭当柳昌器」という地名・人名タイプの例も知られる。これは縦書き三字二行の印記で、咸陽の市亭に属する陶工で「当柳里」に

住む「昌」という人物の製造にかかる器物である。

一般の墓葬に目を転ずると、咸陽黄家溝の戦国墓[13]では、「咸亭右里道器」（同12）、「咸東里□」（同11）の例がある。四字のものは六字のものを省略した形式と考えられ、ともに地名・人名タイプに属する。表1に見られる咸陽宮殿址の瓦類や陶器類で、咸陽の陶工の四字の印記も、この省略形と同じ形式である。また「平市」（同13）は上述の「焦亭」と同様、県名に比定できない市の印記である。さらに文字としては釈し難い記号の例（同14）もある点が注目される。この他西安半坡・藍田泄湖・鳳翔高荘の戦国〜秦墓[14]出土の陶文（同15〜19）も大体咸陽と同じ種類に属する。

出土状態がはっきりしないため表にはあげなかったが、陝西淳化県では、「雲亭」「雲市」の印記を持つ陶製容器類が五〇点以上も発見されている。[15]「雲」は雲陽県の省略である。発表された二〇数点の図版で見ると、印記は縦書きと横書き、また陽文と陰文があり、「雲」字に至っては一点ごとに異なるといってもよい。記された文字は同じでも、実にたくさんの印が使われていたのである。これは文書の封印に用いる官印では考えられないことである。陶器に押された「市亭」印は明らかに官印ではないことになろう。中には「咸直里繚」というものもあり、咸陽の陶工名印記としては、現在知られている出土例の北限にあたる点も注目される。

これらの陶器類は、明器ではなく実用品で、印記の有無は器物の種類や出来具合とあまり関係がなさそうである。印記の位置は、器物の外側面や内壁・内底の一、二個所が普通で、壺のように口がすぼまって胴のふくらんだ形の器では外側面に、盆のように平たくて口の広がった形の器では内側に、印記されることが多い。しかもかなりの場合、文字が斜めになっており、目立つ場所に押される割合には、美観に無神経な印象を与える。また印記の種類についても、「市亭」タイプと地名・人名タイプが混じっており、両者に特に区別はない。次にその副葬状況をみると、咸陽黄家溝では戦国墓四八基のうち四基にとどまり、他の墓葬群ではいずれも一基の墓でしか出土していない。その中で藍田泄湖では二号墓だけに三点が集中している。つまり、墓に副葬された陶器の中でこの種の印記を帯びたものは、絶対数が少ない上に、特定の墓に集中する傾向さえある。これは「市亭」などの印記を帯びた陶器が、どこの市場でも売っているような、一般に手に入れ易いものではなかったことを物語っている。

では地上の世界で、このような印記を持つ陶器はどのように作られていたのだろうか。表5－20以下は、秦咸陽城の西北部にあたる長陵車站付近、灘毛村の窯址[16]から出土した陶文である。ここは四基の窯址と灰や陶器片などを廃棄した窖穴が固まっており、ひとつのグループをなす窯址である。出土した盆・罐などの中には、高さが六センチに満たない小型のものもあり、明器も作っていたのではないかと考えられる。残念なことに陶文と器物の種類の関係が報告されていないため、器種は一部しかわからないが、ほとんどが咸陽の陶工名印記である。

その多くは「屈里」の陶工名で、六字、四字の二種類の印記がある（表5－21～28、図1－4・5参照）。「屈里」の陶工名印記は、ここだけでなく、咸陽周辺の陶文全体の中でも非常に事例が豊富で、人名の種類も多い。この里がどこにあったのか不明だが、多くの陶工が集まって住んでいた里だったことは間違いない[17]。このような里の住民構成が、住人の職業や血縁によって生じたのか、行政的に集住させられたのか、興味深いところである。

この他「陽安」（同20）「郘里」（同29）「隊陽」（同30）も知られる。「咸市□于」（同31）は「咸陽の市の□于」ではなく、「市□」里の「于」ではないだろうか。「公」（同33）は官名か陶工名か判断できないが、「杜亭」（同32、図1－6）は明らかに二字の「市亭」タイプである。地名・人名タイプの印記と「市亭」印記は、器物の生産現場の段階ですでに入りまじっている。これは墓葬出土陶文の傾向とも一致する。またここで作られた器物には、陶製容器だけでなく板瓦もあり、同様な「市亭」印記がなされている。このような印記と生産物の構成は、咸陽の宮殿などの「市亭」印記を持った容器・瓦類とも一致している。

この遺跡にほど近い長陵車站では、青銅の廃品を入れた陶瓮が発見され、表5－20と同じ「咸亭陽安騂器」という印記があった。さらにその周辺からは大量の青銅兵器・容器・車馬具・貨幣残片に混じって、始皇帝の度量衡統一の詔勅銅板の断片も出土している。これは官用の銅器鋳造のための廃材を貯蔵したものと見られる。このふたつの遺跡の地理的位置と陶文の一致は、鋳造関連遺跡と陶窯址の密接な関係を示している。

この窯では、一種の高級建築資材としての瓦類と、誰もが日常用いる陶器類という異質なものが同時に生産されていた。このような窯は、前節で見た瓦類専門の官窯と補完的な関係にある。しかも青銅器の官営工房との関連が認められることは、これらの窯が役所や宮殿、あるいは他の官営工房で必要とされる瓦や器物などを生産した、別のタイプの官窯だったことを示している。これは官用の器物の自給的生産であり、「市亭」印記があるからといってこれを商品生産と即断することはできない。

ところで表5－25・26は、陶器の成型に用いる墊という工具の例である。このような工具類はもちろんよそに出荷されるものではなく、陶工が用途に応じて自分で使うために作ったと考えられる。このような生産手段にも、製品と同様の印記がなされたのである。さらに注目すべきは、「咸郿里□」（同34）という印と、「咸新安盼」（同35）という印模が出土していることである。この窯で実際に印記がなされたばかりでなく、印そのものもここで作られることがあったことを示している。

以上から、地名・人名タイプと「市亭」タイプの陶文の性格を考えてみよう。「市亭」タイプの印記は、地名のわからない「亭」一字の例を除いて、すべて咸陽以外の県に属すると思われる市場名で、里名・陶工名まで細かく記すものはない。一方地名・人名タイプは、すべて「咸亭」あるいはその省略形「咸」の後に里名・陶工名まで書かれ、「咸亭」「咸市」といった二字だけのものはない[18]。これは表5にあげたわずかな例ばかりでなく、採集品を含めた陶文のすべてに当てはまる現象である。このことは、印記の内容に咸陽とそれ以外にはっきり分かれた地域的差異が存在することを示している。両者に共通して見られる要素である「某亭」は、市の行政機構としての「市亭」を意味しており、これらの印記が市の行政と何らかの関係を持っていることは確かだろう。その点で陶工名・里名の有無は本質的な問題ではない。同一の制度に基づく印記の表現に、六字から最少限「亭」一字に至るまでの繁簡の差があり、首都咸陽では個人名まで記されるのに対して、地方の県では「市亭」の機関名だけが記されたのである。したがって、咸陽独自の形式である地名・人名タイプの陶文は、他の県の「市亭」タイプと一括して、広義の「市亭」陶文として扱うことができる。

しかしこの種の印記は官印ではなく、作業の現場で適宜作られることもある。とはいえ、これを純粋な私印とみなすこともできない。咸陽に特徴的な「咸某里某」印記の人名で、必ず姓が省かれていることは、この印記が姓の機能しない世界、すなわち皇帝との君臣関係がすべてに優先する場でなされたものであることを示している。(19) また咸陽以外の「市亭」印記では、雲陽の例にみられるように、多数の陶工が同様な印を持っており、個人の人名よりも彼等を統轄する機構の方が重視されている。したがって広義の「市亭」印記は、官窯の労働力として官僚的規制を受けた陶工の類別的な印記だと考えることができる。

咸陽周辺には、前節で述べたように、中央官庁直轄の瓦類専門の官窯が多数あっただけでなく、官用の器物の自給的生産を行なう、また別の種類の官窯もあった。咸陽独自の印記形式である地名・人名タイプは、後者に特徴的に見られる。そして地方から咸陽に集められた陶工が、これらさまざまな官窯に配置されたために、咸陽周辺の印記陶文の構成はさらに複雑になっている。しかし咸陽から出土する各地の「市亭」印記は、中央官庁直轄の窯が首都ならではのものであるのに対して、「市亭」印記を特徴とする官窯が首都だけでなく、全国的な広がりを持っていたことを示している。そこで、さらに時代と地域を広げて「市亭」印記の事例を検討しながら、これが何を意味するのかを考えてみたい。

Ⅲ　その他の地域の秦漢陶文

咸陽以外の地域で、漢代を含めた遺跡・墓葬から出土した陶文の代表例を、表6として地域別にまとめた。まず、咸陽との比較のために宮殿建築の瓦類からみてみよう。

山海関の東北一五キロ、遼寧省綏中県内に、海中からそそり立つ奇岩がある。これを眺望する海岸の高台で、秦漢時期の建築遺跡が六ケ所ほど発見された[20]。ここから出土した巨大な瓦当は始皇陵のものとよく似ており、秦から漢初にかけての皇帝の離宮址と推定されている。表6－1～5は、ここから出土した瓦類の陶文の例である。すべて一字の印記で、1～4は人名、5は「市亭」印記。官名印記は現在のところみつかっていない。これらの陶文は咸陽の宮殿で見られた一字の人名印記と「市亭」印記に相当する。咸陽から遥かに離れたこの地においても、咸陽と同じようにして瓦類が焼かれていたと考えてよいだろう。

一方陝西淳化県では、漢の甘泉宮址の一部が調査されている[21]。ここから出土した陶文が表6－6～11である。こちらは字体の趣きが秦代のものとかなり異なるが、印記の内容はやはり官名と陶工名である。「北司」（表6－6）は咸陽でも見られた官名。「大匠」（同8）は『漢書』百官公卿表に見える「将作大匠」で、宮中の土木工事を担当する。西安三橋鎮の建築址からは「大匠」の他、「大四」「大廿九」のように窯の番号を印記した瓦も出土しており、将作大匠に多数の窯があったことが判明している[22]。「甘居」（同7）は同じく『漢書』百官公卿表に少府の属として見える

「甘泉居室」の省略である。さらに「甘」とか「居」のように一字に縮めてしまう例もある。「甘居」の印記を持つ罐もある（同11）から、甘泉居室に属する官窯では瓦類だけでなく容器類も焼かれていたことがわかる。「本」「嘉」（同9・10）は一字の陶工名印記である。

このように、官名・陶工名印記の習慣は、秦から漢に引き継がれ、一部の官名についてはその省略の仕方まで共通している。また表にはあげなかったが、福建や広州のような辺境地帯の宮殿や官署の建築からも同様な形式の印記陶

No.	器種	印記	出土地	時代	著録
1	瓦	其	遼寧綏中県秦漢建築址	秦～前漢	文物1986-8
2	〃	直	〃	〃	〃
3	〃	同	〃	〃	〃
4	〃	楽	〃	〃	〃
5	〃	市	〃	〃	〃
6	〃	北司	陝西淳化県甘泉宮址	秦？～前漢	考古与文物1980-2
7	〃	甘居	〃	〃	〃
8	〃	大匠	〃	〃	〃
9	〃	本	〃	〃	〃
10	〃	嘉	〃	〃	〃
11	罐	甘居	〃	〃	〃
12	盆	河亭	漢河南県城房基	前漢早期	『洛陽中州路』37頁
13	罐	陝市	陝県M4003	前漢初期	考古通訊1958-11
14	〃	夾亭	同M4011（２件）	〃	〃
15	壺	亭司市	山西朔県６M476	秦～漢初	文物1987-6
16	〃	馬邑市	同６M124	前漢前期	〃
17	〃	〃	同６M148	〃	〃
18	〃	〃	同６M147	〃	〃
19	〃	市	同７M51	〃	〃
20	罐	市	孝義県張家荘M８	前漢早期	考古1960-7
21	罐	亭	成都洪家包M221	前漢初期	考古通訊1957-2
22	?	亭	理蕃県石板墓		H.J.A.S,vol.9
23	小壺	安陸市亭	雲夢睡虎地M49	戦国晩期	考古学報1986-4
24	小口瓮	〃	同M11（２件）	統一秦	『雲夢睡虎地秦墓』
25	小罐	〃	〃	〃	〃
26	小壺	〃	〃	〃	〃
27	小口瓮	〃	同M14	〃	〃
28	〃	〃	同M33	〃	考古1981-1
29	釜	〃	同M36	〃	〃
30	小口瓮	〃	同M44	〃	考古学報1986-4
31	小壺	〃	〃	〃	〃
32	小口瓮	〃	同M45	〃	〃
33	〃	〃	同M47（５件）	前漢初期	〃
34	盆	河市	東周洛陽城内窯址	前漢	考古与文物1983-3
35	豆盤	河亭	〃	〃	〃
36	残片	耶亭	河北武安午汲古城窯址	戦国～漢初	考古1959-7
37	〃	文牛淘	〃	〃	〃
38	〃	栗疾己	〃	〃	〃
39	〃	陳陲	〃	〃	〃

表６　他地域の秦漢陶文

文が数多く見つかっている。[23] さらにこの習慣は後漢以降まで続いており、漢魏洛陽城の瓦にも「師某」という形式の官工名印記が見られる。[24] 官窯で焼かれた瓦や器物に、官名や官工名を印記することは、秦漢時代の全国で普遍的に行なわれていたのである。ただし今のところ、漢代の瓦類に咸陽のような広義の「市亭」印記の事例は確認できないようである。これについては、漢代の瓦類陶文の報告が相対的にまだ少ないので、事例の増加を待つしかあるまい。

次に、「市亭」印記を持つ器物類を見てみよう。各地の秦漢代墓葬のうち、ひとつの墓葬群で各時期の陶文が確認できる例として、湖北雲夢県睡虎地と山西朔県の秦漢墓群の例をあげた。まず雲夢睡虎地[25]では、戦国晩期から前漢初期まで一貫して「安陸市亭」印記が見出される（表6－23～33）。ほとんどが小型の壷と瓮の実用品である。このうち雲夢秦簡の出土した一一号墓と前漢初期に編年される四七号墓からの出土例が全体の半数以上を占める。またこの一一号墓の東側の三三・三六号墓、西側の四四・四五号墓はそれぞれ隣接しており、一点ずつ印記陶文が出ている。「安陸市亭」印記を持った陶器は、五三基を数えるこの墓葬群の、一部の墓に集中する傾向がある。

山西朔県[26]では、五つの墓から各一点ずつ、「市亭」印記を帯びた壷が出土している（同15～19）。印記内容は、秦漢交替期のものが「亭司市」（同15）、前漢前期のものが「馬邑市」（同16～18）と「市」（同19）である。「馬邑」は前漢の雁門郡の県名、武帝が冒頓単于に待ち伏せ攻撃を仕掛けた所として知られる。ここで調査された墓は、秦から前漢の全時期、一二八五基にのぼるが、印記陶文の出土はわずかで、前漢前期までしかない。

この他、河南陝県（同13・14）、山西孝義（同20）、四川成都（同21）でも、前漢前期の墓から「市亭」印記陶文が出土しているが、[27] やはり数は少ない。四川の理番県の石板墓（同22）は、いわゆる「理蕃文化」に属する辺境の少数民族の墓[28]であり、珍しい例といえる。これらの印記の中で地名のわかるものは、すべて地元の県名である。「市亭」印記を持った陶器は地元で消費され、他地にはほとんど広まっていない。

以上のような秦漢の墓葬の事例から、「市亭」印記は、秦の六国統一とともに全国に広まったと考えられる。しかし「某亭某里某器」という地名・人名タイプの印記は、やはり戦国から統一秦の時代の咸陽にしか見られない。この形式は、戦国斉の臨淄から大量に出土する「王卒某里某」または「某里人某」といった形式[29]と平行する、むしろ戦国時代に特有の形式だったと考えられる。統一前後に「市亭」印記の地方型として始まった略式の「市亭」印記だけが、漢代に受け継がれたのである。しかしそれもさほど長続きせず、前漢後期にはもはや見あたらない。これは宮殿の瓦類の官名・人名印記がずっと後まで残ったことと対照的な事実である。また全国を通じて、墓への副葬例は少なく、特定の墓あるいは墓群に集中する傾向が認められる。「市亭」印記を持った陶器は、やはり誰もが手に入れられる品物ではなかったのである。

次に墓以外の出土例を見てみよう。洛陽の漢代河南県城の西南部では前漢初期の建築址が発掘され[30]、ここから出土した盆および盆の破片四点には、「河亭」の印記があった（同12）。また、「河南」「伝舎」「兼」といった刻記を帯びた罐や碗などとともに、「洛陽丞印」の封泥も出ており、この建築が河南県の役所に属する建物であることがわかる。さらにこの周辺からは「河市」印記を持つ碗の破片が八点ほど見つかっている。わずか一部屋分の建築址からまとまった量が出土したことは、墓葬の副葬品の傾向と大いに異なる。

河南県城の東北域外、東周洛陽城の内側にあたる金谷園路付近では、戦国から漢代に至る窯址が二二基発掘されている[31]。このうち前漢前期が瓦窯・陶窯・半両銭範窯・焼俑窯各一、前漢後期が瓦窯・陶窯あわせて一二基あった。後者に属する三号窯からは口沿に「河亭」印記を持った盆の残片（表6－35）が、また一〇号窯からは前漢後期の円瓦当とともに「河市」印記を持った豆の台座（同34）が出土している。普通、瓦と一般的な器物が一緒に焼かれることはないから、この豆が一〇号窯で焼かれたとは限らない。三号窯は詳細不明。したがってこれらの印記陶片を窯の年代と直接結び付けることは困難だが、このような印記を帯びた陶器がこの窯址群で焼かれたことは確かである。またここで出土した前漢前期の円瓦当は、上述の河南県城内の役所址のものとよく似ている。

この窯址で焼かれたと思われる瓦類、陶製容器類が河南県城の役所址で多数みつかったこと、またここで半両銭の鋳型も焼かれたことは、これが咸陽灘毛村の窯址と同様の官窯だったことを示している。銭範と俑という奇妙な製品の取り合わせは、漢長安城の西北角、前漢の西市に比定される地域から大量の銭範と俑が出土すること[32]を思い出させる。この窯址付近に市があったかどうかはわからないが、この種の官窯がやはり市と何らかの結びつきを持っていたことは推測できる。

このような窯址は、河北武安県の午汲古城の城内西部からもみつかっている[33]。ここでは戦国から後漢までの二一基の窯址が調査され、うち戦国末から前漢前期の陶窯と瓦窯あわせて一〇基が密集していた。この陶窯付近の灰坑から多数の印記陶片が発見されている（表6－36～39）。37～39は人名印記だが、字体は戦国のもの[34]。しかし「邯亭」（同36）は明らかに秦以後の小篆に属し、邯鄲の市亭を意味する「市亭」印記である。この印記は瓦窯の灰坑からも出ており、偶然混入したものではない。この窯群では戦国末期から前漢前期まで、切れ目なく瓦や陶器の生産が続いていた。窯の切り合いが随所に見られるから、比較的狭い場所で、古い窯を壊しては新しい窯を築いていたことがわかる。この点、河南県城の窯址に似ている。また、漢代の武安県に属するこの地から、近隣の大都市である邯鄲の「市亭」印記が出土したことは、咸陽の窯でよその県の「市亭」印記がみつかることと対応する。さらに、この遺跡の前漢後期以後の窯址から、「市亭」印記の類が出土していないことは、墓の副葬品の傾向とも一致する。

以上から、前節で紹介した咸陽灘毛村の窯址と同様、官用の器物の生産にあたる官窯が、県レベルの地方都市に漢代以前から存在し、ここで「市亭」印記がなされたことがわかる。「市亭」印記を持つ陶器が役所に集中的に見られること、墓に副葬されたものの分布に偏りがあり、数量も少ないことは、これが本来官用の器物の自給的生産であり、商品生産ではなかったことを示している。[35] 仮に墓の副葬品が販売されたものだったとしても、その流通範囲はごく限られており、実態としては地元民への払い下げに近いだろう。印記の文字が極限まで省略されると「市」「亭」の一字になってしまうのは、もともと他地の「市亭」との区別を表す必要がなかったからではないだろうか。

商品流通が活発化したこの時代にも、官用の器物の自給的生産が県レベルの地方行政機構で広く行なわれ、何の変哲もない日用品までが作られていた。このこと自体、新しい知見に属し、興味深い。しかしこのような商品流通との関係の希薄な自給的生産に、なぜ「市亭」が関与するのだろうか。両者の関係を直接示す唯一の証拠である「市亭」印記の性格から考えてみよう。

咸陽や武安の窯址で他地の「市亭」印記がしばしば見られるように、この印記は製品を焼いた窯やその経営主体を表すためではなく、それを作った陶工がどこに帰属するかを表すためのものである。当然ながらそれが窯の経営主体と一致するとは限らない。したがってこの種の官窯に対する「市亭」の関与は、製品の販売や生産手段の管理を通じてではなく、労働力の編成を通じてなされたと考えなければならない。

では、「市亭」に属する陶工はどのような人々だったのか。咸陽の地名・人名タイプの「市亭」印記で、「某里」という居住地が記されること、また「居訾」のような服役の種別がないことから、彼等は官有奴隷や刑徒ではなかったと考えられる。[36] さらに咸陽以外の「市亭」印記で、個人名が落ちてしまうことから明らかなように、彼等は各地の「市亭」に集団として把握された、員数としての労働力であった。これは、しばしば個人名だけの印記を残した中央直轄の官窯の陶工と最も異なる点である。

前章で述べたように、市の行政機構としての「市亭」の役割は、市で行なわれる交易の秩序維持と徴税だけではなく、「市籍」と呼ばれる商工業者の戸籍を通じて、彼等を農民と区別して把握・支配することである。官用の器物を自給するために必要な専門技術者は、手工業者の中にしか存在しない。その動員方法が雇用であれ、力役などの強制手段であれ、これを「市亭」が行なうのは当然である。したがって各地の官窯で「市亭」印記を残した陶工たちは、「市亭」によって動員された民間の手工業者だった可能性が高い。「市亭」印記は、市の行政機構が手工業者を単に把握するだけでなく、農民からは得られない社会的資源として、その労働力を積極的に利用していたことを、簡潔に物語っていたのである。

おわりに

以上、秦漢時代の各地の印記陶文を分析してきたが、ここで論点を整理しておこう。印記陶文の出土する遺跡と器物の種類からその内容を検討した結果、印記の各形式を各種の工房に機械的に割り振った袁仲一氏の説には、かなり問題があることがわかる。

秦代の印記陶文の内容は大まかに官名・人名印記と「市亭」印記に分けることができる。官名・人名印記は、首都咸陽に置かれた土木関係の中央官庁直属の官窯の陶工の印記である。咸陽の宮殿や始皇陵の造営には、瓦類を専門的に生産するこの種の官窯の製品が多く用いられた。袁仲一氏の説はこの点についてのみ妥当である。このような官名・陶工名印記陶文は秦代の咸陽だけでなく、漢魏洛陽城に至るまで、通時代的に見出すことができる。これは官営工房の製品に製造者名を明記する「物勒工名」[37]の伝統の強さを物語っている。

一方「市亭」印記は官名・人名印記と異なり、瓦類だけでなく一般的な陶製容器類にも見られる。その形式は、咸陽だけに見られる「咸亭某里某器」およびその省略形と、その他の県で広く用いられた「某亭」「某市」だけの形式に分かれる。この形式の違いは同一の制度の表現の地域差であり、袁仲一氏のように工房の経営方法の違いと見ることはできない。広義の「市亭」印記は、官用の器物や瓦などを自給的に生産する、上述の中央官庁直属の官窯とは別の種類の官窯から特徴的に見出される。漢代にも各地にこのような官窯を確認することができるが、「市亭」印記は前漢前期で消滅したようである。

このような県レベルの官窯が、「市亭」によって管理運営されたかどうかは確認できない。しかし、ここで働く陶工たちが「市亭」を通じて把握・編成されたことは確かである。市場の取り引きの規制とともに商工業者の人頭的把握・支配を行なう「市亭」は、管轄下の民間手工業者を何らかの手段によって動員し、官営手工業に労働力を提供していたのである。その動員が雇用によるのか、それとも力役などの強制労働によるのか、などは現在明らかではない。しかしそのような手工業者の中で、官営工房に丸抱えされた者は、官工として「工」の印記を用いるようになるだろう。これらの官工たちと市井の手工業者たちとの違いは、決して本質的なものではない。

陶文の示す秦漢の官営工房は、市の機構を前提として成り立っていながら、商品生産や販売といった流通経済とは本質的な関係を持たない、一種奇妙な位置にある。国家的市場管理や官営工房の運営が、県を完結した単位として行なわれていたことは、戦国以来の都市の機構を引きずっていたことを示している。またそれが商品生産や流通を通じてではなく、あくまでもその県に住む人間の管理を通じて行なわれたことは、きわめて興味深い。このような市や工房の仕組みは、次第に流通経済が発達し、県を越えたレベルの人と物の動きが活溌になるとともに、いずれ不十分さや不合理さを露呈していかざるを得ないだろう。その点で、「市亭」印記が前漢前期いっぱいで一斉に姿を消していることが注目される。「市亭」印記は秦代から五銖銭の発行まで、すなわち半両銭の時代特有の遺物であるといってよい。これが五銖銭の登場とともに消滅したことは、貨幣制度の改革に代表される武帝の財政改革との関係を疑わせる。

そこで次に、武帝時代の財政改革の柱の一つであり、国家が商品生産と販売を支配した専売政策を詳しく分析しながら、漢代の商品生産・流通と国家の関わりを考えてみたい。

注

（1）兪偉超「漢代的〝亭〟〝市〟陶文」（文物一九六三―二）。

（2）袁仲一『秦代陶文』（三秦出版社　一九八七）。このもとになった袁仲一氏の研究は以下のとおり。「秦代的市、亭陶文」（考古与文物一九八〇―一）、「秦代中央官署制陶業的陶文」（同一九八〇―三）、「秦民営制陶作坊的陶文」（同一九八一―一）、「秦代徭役性的官営制陶作坊的陶文」（考古与文物叢刊第三号『陝西省考古学会第一届年会論文集』所収　一九八三）。

（3）秦都咸陽考古工作站「秦都咸陽第一号宮殿建築遺址簡報」（文物一九七六―一一）、同「秦咸陽宮第二号建築遺址発掘簡報」（考古与文物一九八六―四）、咸陽市文物管理委員会等「秦都咸陽第三号宮殿建築遺址発掘簡報」（同一九八〇―二）参照。窯店郷の窯址出土の陶文については、呉梓林「秦都咸陽遺址新発現的陶文」（文物一九六四―七）および秦都咸陽考古工作站「秦都咸陽古窯址調査与試掘簡報」（考古与文物一九八六―三）参照。

（4）上記の建築遺跡から発掘された陶文のうち、一号と三号の宮殿址から出土したものについては、すでに同様の表が作られている。劉慶柱・李毓芳「秦都咸陽遺址陶文叢考」（考古与文物叢刊第二号『古文字論集』（一）所収、一九八三）参照。

（5）このような里名を集成した業績として、王学理「亭里陶文的解読与秦都咸陽的行政区画」（古文字研究一四輯　一九八六）参照。

（6）秦代の印には様々な文字の配列があり、必ずしもすべて縦書ではない。牛済普「秦印瑣記」（中原文物一九八八―四）参照。

（7）始皇陵西部の建築址については発掘報告が未発表。窯址については、秦俑考古隊「秦代陶窯遺址調査清理簡報」（考古与文物一九八五―五）参照。魚池村建築址については、始皇陵秦俑坑考古発掘隊「陝西臨潼魚池遺址調査簡報」（考古与文物一九八三－四）参照。なお、このような印記のついた磚を墓室に再利用した墓も発見されている。臨潼県文化館「陝西臨潼発現秦墓」（考古一九六五－五）参照。

（８）秦俑坑考古隊「臨潼鄭荘秦石料加工場遺址調査簡報」（考古与文物一九八一－一）、始皇陵秦俑坑考古発掘隊「秦始皇陵西側趙背戸村秦刑徒墓」（文物一九八二－三）。

（９）表の作成にあたっては、袁仲一『秦代陶文』とともに、陝西省考古研究所等『秦始皇陵兵馬俑坑一号坑発掘報告　一九七四－一九八四』（文物出版社　一九八八）付録四の諸表を用いた。俑の番号について両者に食い違いがある場合は発掘報告に従った。なお、袁仲一「秦陵兵馬俑的作者」（文博一九八六－四）参照。

（10）『後漢書』列伝四四楊彪伝には、「明年、関東兵起。董卓懼、欲遷都以遠其難。……卓曰、関中肥饒、故秦得并呑六国。且隴右材木自出、致之甚易。又杜陵南山下有武帝故瓦陶竈数千所、并功営之、可使一朝而弁。百姓何足与議」とある。杜陵の窯址が武帝時代のものかどうかはともかく、宮殿の造営に瓦類の調達が重視されたこと、またこれを焼く窯が多数密集していたことがわかる。

（11）秦俑考古隊「臨潼上焦村秦墓清理簡報」（考古与文物一九八〇－二）。

（12）秦俑坑考古隊「秦始皇陵東側馬厩坑鑽探清理簡報」（考古与文物一九八〇－四）。

（13）秦都咸陽考古隊「咸陽市黄家溝戦国墓発掘簡報」（考古与文物一九八二－六）。

（14）金学山「西安半坡的戦国墓葬」（考古学報一九五七－三）、社会科学院考古研陝西六隊「陝西藍田泄湖戦国墓発掘簡報」（考古一九八八－一二）、雍城考古工作隊「鳳翔県高荘戦国秦墓発掘簡報」（文物一九八〇－九）。

（15）姚生民「淳化県出土秦、漢〝市〟〝亭〟陶文陶器」（考古与文物一九八四－三）。

（16）長陵車站付近の窯址と鋳銅遺跡については、陝西省博物館・文管会勘査小組「秦都咸陽故城遺址発現的窯址和銅器」（考古一九七四－一）参照。

（17）岳起「咸陽塔児坡秦墓新出陶文」（文博一九九八－一）は、このような陶工の住んだ里によって、製品に偏りがあると指摘する。咸陽の陶器生産に、里による分業があったことになるが、現段階でそこまで断定するのは無理がある。

（18）ただし採集品には「咸陽亭久」のような印記もある。高明編『古陶文彙編』（東方書店　一九八九）四二六頁参照。また同時代の漆器に押された烙印には「咸亭」「咸市」印がある。烙印の性格などについては、佐藤武敏「秦・漢初の漆器の生産について」（古史春秋　第四号　一九八七）参照。
(19) 尾形勇『中国古代の「家」と国家』（岩波書店　一九七九）一一七頁以下参照。
(20) 遼寧省文物考古研究所「遼寧綏中県〝美女墳〟秦漢建築遺址発掘簡報」（文物一九八六―八）。
(21) 姚生民「漢甘泉宮遺址勘査記」（考古与文物一九八〇―二）。
(22) 西安市文物管理委員会「西安三橋鎮高窯村出土的西漢銅器群」（考古一九六三―二）。
(23) 福建の事例は、福建省博物館「崇安城村漢城探掘簡報」（文物一九八五―一一）及び張其海・林忠干「福建崇安漢城遺址出土文字符号」（考古与文物一九八八―四）参照。広州の事例としては、広州市文物管理処等「広州秦漢造船工場遺址試掘」（文物一九七七―四）参照。
(24) 黄士斌「漢魏洛陽城出土的有文的瓦」（考古一九六二―九）。
(25) 『雲夢睡虎地秦墓』編写組『雲夢睡虎地秦墓』（文物出版社　一九八一）、雲夢県文物工作組「湖北雲夢睡虎地秦漢墓発掘簡報」（考古一九八一―一）、湖北省博物館「一九七八年雲夢秦漢墓発掘報告」（考古学報一九八六―四）。
(26) 平朔考古隊「山西朔県秦漢墓発掘簡報」（文物一九八七―六）。
(27) 黄河水庫考古工作隊「一九五七年河南陝県発掘簡報」（考古通訊一九五八―一一）、山西省考古研究所・文物管理委員会「山西孝義張家荘漢墓発掘記」（考古一九六〇―七）、四川省文物管理委員会「成都北郊洪家包西漢墓清理簡報」（考古通訊一九五七―二）。
(28) Cheng, T. K., "The Slate Tomb Culture of Li-fan", *Harvard Journal of Asiatic Studies*, vol.9, Cambridge, Mass.,1945~47.
(29) 孫敬明「斉陶新探」（古文字研究一四輯　一九八六）、孫敬明・李剣・張龍海「臨淄斉故城内外新発現的陶文」（文物一九八八―二）。伝世品については高明編『古陶文彙編』にまとめられている。
(30) 中国科学院考古研究所『洛陽中州路』（科学出版社　一九五九）一〇～一二頁、三七～三八頁。
(31) 洛陽市文物工作隊「洛陽東周王城内的古窯址」（考古与文物一九八三―三）。

（32）第一部第二章の文献一覧1、20、26参照。
（33）河北省文物管理委員会「河北武安県午汲古城中的窯址」（考古一九五九―七）。
（34）河北邢台の戦国窯址からも、同様な人名印記陶文が出土している。河北省文物管理委員会「邢台曹演荘遺址発掘報告」（考古学報一九五八―四）。
（35）李学勤氏は、「市亭」印記を帯びた陶器を、民間の業者が市亭の許可を得て生産したものと考えている。しかし「市亭」印記が営業許可の鑑札のような役割を果たしたのだとすると、その絶対数があまりにも少ないように思われる。同氏「秦国文物的新認識」（文物一九八〇―九）参照。
（36）刑徒の人名表記については、注8に引いた趙背戸村の刑徒墓の例参照。ただし『漢書』巻三六楚元王伝に「(申公・白生)二人諫不聴、胥靡之、衣之赭衣、使杵臼雅春於市」とあるように、漢代の市において刑徒が強制労働（ただし単純作業）に従事した例はある。
（37）『呂氏春秋』孟冬紀「是月也、工師効功、陳祭器、按度程、無或作為淫巧、以蕩上心、必功致為上、物勒工名、以考其誠」。これは本来官営工房の製品に関する原則であり、民間にまで適用されたかどうかは疑問とすべきである。

第三章　漢代鉄専売制の再検討

はじめに

塩鉄専売は、均輸・平準などとともに、前漢武帝時代に創設された財政制度としてよく知られている。その歴史的背景と制度の詳細、社会的影響などに関する研究は、一九六〇年代から影山剛氏によって精力的に進められてきた。(1) 専売制度を、単なる財政政策としてではなく、古代の商工業の発展過程とその特質に規定されながら展開した、専制国家の施策として位置づけようとする氏の問題意識は、高く評価さるべきだろう。しかしその制度の具体的あり方、特に鉄の生産については、完全な官営生産を主張する影山氏と、民営生産を主張する藤井宏氏、(2) 伊藤徳男氏(3)との間で解釈が食い違い、論争が繰り広げられてきた。この論争は『史記』平準書の断句と解釈の問題に始まり、非常に多岐にわたる問題の検討を経て、再び平準書の解釈に収斂するという、『塩鉄論』もさながらの複雑な展開を辿った。しかしその反面で論点が拡散し、専売制下の鉄生産が官営か民営かを問うことが、専売制の全体像を理解する上でいかなる意義を持つのかが、当事者以外には判然としにくくなっている。

他方、一九七〇年代から中国で進められた考古学的発掘の成果は、文献史料のみからは窺い難い、多くの同時代資料を提供した。その結果、角谷定俊氏による戦国秦の鉄生産の研究[4]や、影山氏の視点を継承しつつ、漢代の鉄器生産と流通に時代の変化を読み取ろうとする大櫛敦弘氏の研究[5]のような、新たな傾向の研究も登場している。特に中国では七〇年代の後半から、漢代の製鉄技術の研究が画期的な成果をあげつつある。[6]さらに湖北大冶の銅緑山をはじめ、各地で銅・鉄の鉱山の遺跡も発掘され、古代の採鉱技術の検討も進んでいる。中国古代の鉄に関する資料は、ここ二〇年ほどの間にかなり充実してきている。

本章では、このような新たな資料を踏まえて、従来検討の不十分だった、鉄器の生産過程と生産力、需給関係の分析を通じて、中国古代における鉄生産の歴史的位置を見定め、そこから鉄の専売制を見直してみたい。もちろんその過程で文献史料の整理と従来の学説の吟味もなされなければならない。「再検討」と題する所以である。ではまず、漢代の鉄器生産と流通に関する前提的考察として、戦国時代以来の鉄器の普及過程における、生産技術の特色と需給関係からまとめてみよう。

Ⅰ　戦国―漢代における鉄器生産の位置

（1）採鉱の立地と規模

古代中国で、採鉱の実態を示す文献史料はわずかしかない。従来の説では、鉱山は「塩冶の処、大傲皆な山川に依り、鉄炭に近し」（『塩鉄論』禁耕篇）、「鼓金煮塩は、其の勢必ず深く幽谷に居りて、人民罕に至る所」（同、刺権篇）といわれるように、僻遠の地にあり、そこで「今漢家の鋳銭及び諸鉄官、皆な吏卒徒を置きて、山を攻めて銅鉄を取ること、一歳の功十万人已上。……地を鑿つこと数百丈、……林木を斬伐するに、時禁有るなし」（『漢書』巻七二貢禹伝）と記されるような大規模な採鉱が行なわれたと理解されてきた。この立地条件が、専売制以前に大商人による鉄器生産と流通の独占を招き、その暴利を国家に回収することが専売制の目的となった、という影山剛氏の説は、この理解に立脚する通説である。(7) そこで、まず採鉱と製錬の立地条件から検討を始めよう。

少し時代が降るが、南斉の永明八年（四九〇）、寧州南広郡で、次のような銅鉱山の再開発が行なわれ、銭千余万が鋳造された。

南広郡界蒙山下、城有り蒙城と名づく。二頃ばかりの地に、焼鑪四所有り、高一丈、広一丈五尺。蒙城より水を渡りて南すること百許歩、平地に土を掘ること深さ二尺にして、銅を得。又た古掘の銅坑有り、深さ二丈。並びに居宅の処猶お存す。……

（『南斉書』巻三七劉悛伝）(8)

この記事は漢六朝期の銅鉱山の様子を伝える貴重な史料である。蒙山山麓の川沿いの地に銅の採掘坑があり、対岸の蒙城で製錬鋳造が行なわれるという立地条件は、前述の『塩鉄論』に見える鉄鉱山とはかなり異なっている。これは特殊な例に過ぎないのかどうか、各地の鉱山遺跡から検討してみよう。

まず銅鉱山について。中国では一九七〇年代以来、各地で古代の採銅坑が発掘されている。最古の例は江西瑞昌県銅嶺の遺跡で、商代中期まで遡るとされる。(9) 遼寧林西県大井には、夏家店上層文化の時期の採鉱・製錬遺跡がある。興安嶺南端の低山帯で、地上に露出した鉱脈に沿って露天掘りや直径一メートルほどの浅い竪坑、その周囲に建てられた掘っ立て小屋や製錬炉の跡もある。(10) 湖北陽新県港下では、長江に注ぐ小河川に沿った低山地で、西周末から春秋初期の鉱井が見つかっている。四×三メートルの日の字形の竪井を中心として一メートル四方、深さ二メートルくらいの竪井二本があり、底から水平に、幅と高さ各一メートルほどの坑道が三本掘られていた。坑井と坑道は丸太で支柱と梁を組み、板で壁を作っている。周辺からは、選鉱作業の結果廃棄された大量の鉱石や製錬滓も発見された[11]。

湖北大冶県銅緑山の銅坑遺跡は、この種の遺跡の代表例である。春秋時代の坑井と坑道が二ケ所、戦国時代のものが一ケ所でそれぞれ密集しており、製錬遺跡もある。ここでは、まず何ケ所かに竪井を掘り、うまく鉱脈を探しあてた竪井の底から鉱脈を追って坑道が掘り進められる。その結果戦国時代の坑道では、水平の坑道と竪坑、斜坑が複雑に入り組みながら、当時の地表面から数十メートルの深さに達している。坑井と坑道は幅・高さ各一メートルほどで、やはり丸太と板で補強されていた。内部からはハンマーやくさびのような採鉱用具や、かご・轆轤のような運搬用具、地下水を溜める水槽やバケツも出土している[12]。一方湖南麻陽県九曲湾の戦国時代の銅坑は、銅緑山と異なり、地表に露出した鉱脈に沿って高さ一メートルほどの斜坑が掘られ、坑道全体を左右に掘り拡げている。ここでは坑壁を火で加熱してから水をかけて岩を脆くし、掘り崩す「加熱法」で採鉱されたようである[13]。

さらに安徽銅陵県金牛洞では、小河川に沿った丘陵で、木組みの竪井と水平な坑道、斜坑が組み合わされた、前漢時代の銅坑遺跡が発見された。竪井は一辺二メートル弱の方形、坑道は高さ・幅ともに一・六メートルほどで、銅緑山よりも大きい。全体の長さは二四メートル、深さは一八メートルに及ぶが、洪水で埋没した形跡がある。付近で大規模な製錬跡も見つかった[14]。同様に河北承徳では、前漢時代に属すると思われる銅坑がある。梯子をかけた竪井の四周に坑道が延び、選鉱場や製錬場も確認されたが、詳細は不明[15]。山西運城県洞溝では、洞窟状に掘り込まれた銅坑があり、先の方に直径一メートルほどの細い坑道が数本延びていた。採鉱には、麻陽県の例を同じく加熱法が用いられた。洞窟の外側の数ケ所に摩崖の題記があり、「光和二年」「中平二年」といった後漢末の紀年が読み取れる[16]。

鉄鉱山の遺跡は、残念ながら銅鉱山ほど詳しい調査がないが、製鉄遺跡との関連で数ケ所の報告がある。戦国燕時代の鉄範の出土で知られる河北興隆では、一・五キロほど離れた台地から二ケ所の鉄坑が発見された。そのうちの一つは坑口の高さ一メートル、内部はかなり掘り拡げてあったらしい[17]。河南鞏県鉄生溝の漢代製鉄遺跡では、遺跡の北七キロほどにある青龍山の麓で、坑道二ケ所、直径一メートルほどの円形・方形の坑井が見つかった。内部の調査は行なわれなかったが、深さ一〇メートルくらいの所から褐鉄鉱の鉱脈に沿って水平に掘り進められたようである。周辺には鉱夫が住んだと見られる窰洞もあった。遺跡の南四キロ、嵩岳少室山の北麓にも漢代の斜坑がある[18]。同じく河南桐柏県毛集では、川を挟んで二ケ所の坑道跡と製錬の跡が発見され、直径二・五メートルの竪井が確認されたが、現代の採鉱作業による破壊で原形をとどめない[19]。同じ山系の毛集鉄炉村、張畈村にも後漢代の製錬遺跡がある[20]。江蘇利国駅の漢代製鉄遺跡では、四百メートルほど離れた山で露天掘りの跡と、口径一・五メートル、深さ一〇メートルの竪坑が発見された[21]。この他、河南の舞陽県から西平県にかけての地域[22]、また山東莱蕪市周辺[23]でも、多数の鉄坑跡と漢代～明代に及ぶ製錬遺跡が確認されている。

これらの銅・鉄の鉱山遺跡は、川沿いの低山や大きな山系の麓にあることが多く、浸食によって露出した鉱脈や、現在ならば露天掘りの可能な浅い鉱床を選んで採掘されている。この条件に合えば、現代では顧みられないような小規模な鉱脈まで、小まめに探して採掘されただろう。鉱石は選鉱作業を経て、付近の開けた場所まで運んで製錬される。漢代の鉄製錬がしばしば都市の城内や近郊でも行なわれているように[24]、このような採鉱場は必ずしも人里離れた「深山窮沢」（『塩鉄論』復古篇）ばかりにあったわけではない。むしろ『塩鉄論』に見える鉱山の立地条件の方が、富商大賈を攻撃する桑弘羊と、専売制を攻撃する賢良文学の両方によって、意図的に誇張されていると考えるべきだろう。

このような鉱山において、坑井や坑道は木材で補強されてはいるが、内部で働く人間は立ち上がることもできない。さらに通風の問題もあるから、一本の坑道で同時に多数の人間が働くことは困難である。加熱法の採用によって採鉱の効率が多少上がったとしても、この生産条件は春秋時代から後漢代まで基本的に変わっていない。「地を鑿つこと数百丈」という『漢書』貢禹伝の記述は、単一の坑道ではなく、同一の鉱脈に分散して掘られた、小規模で浅い坑道の合計だろう。鉱山で働かされた「卒・徒」の「一歳の功十万人已上」という数字も、一ケ月ごとに交代する「卒」[25]の延べ人数を含むと見られるから、仮に全国約五〇ケ所の鉄官に割り振れば、一ケ所あたり延べ二千人、実働数はその何分の一かになる。これがさらに採鉱・運搬・選鉱の他、山林の伐採・炭焼きなどの部門に分かれるから、この数字もさほど極端ではないことになる。ではその生産量はどうだろうか。例えば銅緑山では、通算四～一〇万トンの銅地金が生産されたと推定されるが[26]、年平均に換算すれば一～二百トンとなる。鉄の場合でも、地金の年産が数百トンもあれば、当時としては最大級の鉱山だったと考えてよい。このような、現在の基準から見ればごく小規模な銅・鉄の鉱山が、各地に「碁のごとく」[27]点在していたのである。

（2）製鉄技術

次に戦国時代から漢代までの製鉄技術――この言葉で製錬・鉄器製造の両方をまとめて表すことにする――を整理しておこう。周知のごとく中国ではヨーロッパより二千年も早く、春秋末期ごろすでに鉄器の鋳造技術が実用化されていたが、この事実ばかりが過大評価されてきたことも否定できない。近年の冶金学者を中心とする新しい研究によって、このような一面的な理解は乗り越えられつつある。そのリーダーの一人である華覚明氏によれば、中国古代の製鉄史は前漢中期と後期の間で大きく区切られる。前漢中期までは、鋳鉄と鋼鉄が併用され、両者の技術が平行発展した「早期鉄器時代」、そして前漢後期から魏晋南北朝にかけて「完全鉄器時代」に入り、特に製鋼技術が大発展を遂げる。この時期区分は潮見浩氏とも一致するが、鉄の実用段階における二つの顔――鋼鉄と鋳鉄――に即して、それ

ぞれの技術に正当な位置づけを与えた見解として評価できる。(28)

早期鉄器時代において鋼鉄は、鉱石を木炭燃料で加熱・還元して、炭素をほとんど含まない鉄を、スラッグと一緒に固体のままで取り出し、以後スラッグ除去から成形、焼き入れなどの熱処理に至るまで、一貫して鍛打によって加工される（固体製錬・鍛造系の技術）。一方鋳鉄は、高熱によってスラッグを融解滴下させて除去するとともに、鉄に炭素を吸収させて融点を下げ、液体となった銑鉄を取り出す。以後器物の鋳造から脱炭焼きなましのような熱処理まで、鍛打することなく加工される（液体製錬・鋳造系の技術）。つまり早期鉄器時代において、鋼鉄と鋳鉄に共通するのは鉱石と燃料の種類だけで、全く異なる技術体系を持っていたのである。

もちろん初期の段階では、製錬炉の性能から鋼鉄と鋳鉄の両方ができる――作り分けるというよりも、できてしまう――ということは起こり得る。しかし戦国から前漢代にかけて、銑鉄専用炉として大型の高炉が登場した結果、両者の技術は明確に分化し、量的な面で鋳造品が鍛造品を圧倒したと思われる。しかし含有炭素量を操作する熱処理技術が未完成だったため、鋳造品はある程度大量に生産できるものの、堅くて脆いという欠点を克服できなかった。中国における鉄器の本格的普及は、この段階で始まった現象である。

これを次の時代に導いたのが、鋳鉄の熱処理技術の完成、端的に言えば鋳鉄を鋼鉄に変える技術の登場であった。鋳鉄製品を固体のまま加熱脱炭する熱処理は戦国前期ごろにはすでに始まっており、戦国末には全体を鋼材化した「鋳鉄脱炭鋼」が出現し、前漢後期には鋳鉄を液体の状態で撹拌、脱炭する「炒鋼」法が普及する。これらの技術は従来の二つの技術体系を有機的に結び付けて、前近代中国の伝統的製鉄技術の基礎となった。鉄器の普及と生産技術の革新は、鉄の専売制下を含めて、一貫した流れとして継続している。

しかし製錬炉や熔炉に用いられる炉材の耐火性能は、鋳鉄の融解温度とあまり大きな差がなかったため、当時の炉はかなり頻繁に補修や新造を必要とした。例えば南陽瓦房荘の製鉄遺跡出土の熔炉は、二回から五回に及ぶ補修の末、結局は操業中に熱による炉壁の変形破壊事故を起こし、廃棄されている。明清時代でも熔炉の耐用日数が九〇日とされているように[29]、炉の寿命は長くなかった。鉄器生産設備の中心である炉の類は、恒久的な設備ではなく、むしろ消耗品であった。また鋳造品の熱処理は、薄手の鋳物しか処理できず、その仕上がりにもかなりのばらつきがあったから、すべての製品を鋳鉄脱炭鋼に変えられたわけではない。さらに炒鋼を作るための炉はごく小型で、一度に生産できる炒鋼の量も当然わずかであったと考えられる。製鋼技術の発展も、生産量の面でいきなり鋼鉄の鍛造製品の優位をもたらしたわけではないし、伝統的な固体製錬法を駆逐したわけでもなかった。それには宋代までの長い時間を必要としたことはいうまでもない[30]。

このような技術の発展とその限界を踏まえて、漢代の鉄器生産量を考えてみよう。前漢代の鉄官は約五〇ケ所、これがそれぞれ前述のような年産数百トン規模の鉱山を押さえていたとして単純計算すると、全国で一年に一万から一万五千トンとなる。鉱山の規模を考えれば、これを生産量の上限と見なしてよいかもしれない。この数字は、現代の巨大な製鉄量に慣れた我々にとって、あまりにも少なく感じられる。しかし、石炭燃料の利用によって鉄生産量が劇的に増えたといわれる宋代でも、その年産量は三〜四万トンに過ぎなかった[31]。これと比べれば、ここに試算した漢代の鉄生産量も、決して過少とはいえないだろう。鉄器時代の到来は、鉄の大量生産・大量消費の開始を意味するものではないのである。

（3） 鉄器の需要と普及

漢代、鉄器は農工具、兵器から、車馬器、鍋釜のような日用品に至るまで広く使われたが、その中で最も重要だったのは鉄製農具である。戦国から漢代にかけて、鉄製農具による耕起深度の増大、中耕除草の効率化と入念化、施肥の出現は、年一作方式の農業経営を可能にし、「五口百畝」の小農民を産み出していった[32]。『管子』軽重乙篇に「一農の事、必ず一耜一銚一鎌一鎒一椎一銍ありて、然る後に農たるを成す」とあるように、彼らの用いた農具は小型の手労働農具である。鉄製農具は従来の木石器や骨角器などと比べて耐久性があり、青銅器よりも安価だったことはいうまでもないが、そのもう一つの特色は小ささである。例えば耒耜や鍤のような耕起具は、幅一〇センチメートルほどの先端部に鉄製の刃部がはめ込まれ、鉄製部分はわずかである。钁や鏟でも、幅五～一〇センチメートル、長さ二〇センチメートル、厚さ三ミリメートル程度である。農具に使われる鉄は、その重要性にも関わらず、実は意外なほど少ない。

鉄製農具の意義は、鉄でしか作れない新しい種類の農具の出現ではなく、従来の農具の素材の改良にある。鉄器がないと営農が不可能というわけではないから、農民たちは主要な農具から一つずつ、鉄製農具に転換していくことができる。鉄製農具の普及とは、この過程が何世代にもわたって、全社会的に進行することを意味する。また鉄製農具は、一旦揃えてしまえば毎年新調する必要はなく、長年使った末に傷んだものから、順次一つずつ取り替えていけばよい。古い鉄器は、屑鉄として農民から放出され、再利用される。こうして、個々の農民の保有する鉄の全体量はほとんど変わらぬままで、鉄器が更新されていく。前述のように漢代の鉄生産量が一～一万五千トン、当時の人口が千～千二百万戸とすれば、一戸あたり毎年一キログラムほどの鉄製品が新規に供給されることになるが、これだけあれば、農具だけでなくすべての鉄器がまかなえたと考えられる[33]。

このように鉄製農具を普及させ、これを維持するために必要な鉄器生産力は、さほど巨大でなくてもよい。鉱山から新しい鉄が徐々に供給されていれば、耐久性の高い鉄器は累積的に増加し、ごくゆっくりと消費されて、一部は屑鉄として再利用される。鉱産地から離れた都市は製品の流通と消費の拠点となるだけでなく、屑鉄を交えた鉄素材の集荷によって、新たな鉄器生産地ともなる[34]。鉱山から供給される鉄に顕著な増加がなくても、鉄器の生産と流通は量的・空間的に、拡大していくのである。このように考えれば、前述の影山剛氏の見解は、あまりにも不確かな図式だとしなければならない。この説は大商人の発生だけを仮説的に説明することはできても、鉄器の使用が全社会的に普及したという、この時代のより根源的な事実を合理的に説明できないのである。

ただし、鉄器の普及が進んだ地域とまだ普及過程にある地域の間では、鉄器の需要や生産と流通のあり方に違いがあったことは容易に予想できる。またすでに鉄器が普及した地域であっても、入植者の増加によって鉄器の新規需要が増え、需要と供給のアンバランスが起こることもあり得る。戦国以来漢民族の入植が進められた四川地方や南陽以南の地方[35]のように、少数民族への鉄器普及と漢民族の入植活動が平行して進んだ地域が、これに当てはまるだろう。しかも前漢武帝の外征によって、このような辺境領域は急激に拡大したから、鉄器の生産流通の地域差はむしろ拡大したかもしれない。前漢時代は、広大な版図全体としては、まだ鉄器の普及過程が完了しておらず、その生産流通に大きな地域差を抱えていた。また帝国と外部の少数民族との間ではさらに大きな落差があり、内部ではありふれた鉄製品が、外部に対しては戦略物資にさえなっていた[36]ことも忘れてはならない。

以上のような前提的考察を踏まえて、次に専売制以前の段階で国家と商人が、それぞれ鉄器の生産と流通にどのように関わったのかを、具体的に整理してみよう。

Ⅱ　専売制以前の鉄器生産

（1）秦―前漢前期の官営工房と鉄器生産

専売制以前の時代に鉄器生産がどのように行なわれたのか、まず漢代の諸制度の直接の淵源として、秦代の官営工房から見てみよう。青銅兵器の銘文の研究から明らかなように、戦国秦では郡の管理下で県ごとに工房が置かれ、工師や工が官吏の厳重な監督の下で兵器の生産に当たっていた。(37) また前章で述べたように、陶器の印記である陶文資料から、陶器など官用の器物も県単位に自給的に生産されていたことがわかる。別に「工室」と呼ばれる特殊な工房もあったが、(38) 秦代の官営工業は、基本的には県レベルに展開した各種の工房を基礎としていたと考えられる。鉄生産については、角谷定俊氏の研究があり、秦代にも「鉄官」が置かれて民間業者を強い規制下に置き、徴税するとともに、兵器・農工具の生産も行なっていた。そして漢代の鉄官には、このような秦代の「鉄官」を起源とするものがあったとされる。(39) 角谷氏が指摘するように、雲夢秦簡には鉱産資源の採取に関する規定が見える。

采山重ねて殿なれば、嗇夫を貲すること一甲、佐は一盾。三歳比びに殿なれば、嗇夫を貲すること二甲にして廃す。殿なれども費を負わざれば、貲することなかれ。歳紅を賦するに、未だ省を取らずしてこれを亡くすと、及び備わらざるとは、其の曹長を貲すること一盾。大官・右府・左府・右采鉄・左采鉄の課殿なれば、嗇夫を貲すること一盾。（雲夢秦簡三四九～五一、秦律雑抄二一～二三簡）(40)

これは県レベルで行なわれる「采山」の校課が最下位だった時の処罰規定で、歳紅（＝功）、すなわち年間ノルマが課せられたことがわかる。この他に中央の太官や左右府、左右采鉄の命令による「采山」もあったが、県レベルのものよりも罰が軽く、「歳功」とは別の臨時に課せられた作業であろう。[41] 秦の鉱山では、地元の県レベルの機関による採鉱が中心で、これに中央への上供分が臨時に加えられたものと考えられる。

一方司空律の官有車両の管理規定には、「鉄攻」と呼ばれる鉄専門の工房が見え、車両の修理などを行なっている。[42] 県によっては鉄専門の官営工房が置かれたらしい。鉱山付近の県では、このような工房で製錬や鉄器製造も行なわれ、中央への上供分も、ここで地金にして送られたと考えられる。青銅器や陶器と同様に、鉄器生産が県レベルの官営工房によって行なわれていたことは間違いない。

前漢の半ばごろまで、秦代と同様の陶文が見られるように、前漢前期の地方官営工房には秦のそれを直接受け継いだものが多く、皇帝や諸侯王に献上する青銅器が県の工房で作られた例も見られる。[43] しかしその一方で、郡レベルに大規模で専門的な工房も見られるようになる。例えば河南工官では、武帝による年号の制度化以前の段階で、天子の御物となる狩猟用弓類を作っているし、[44] 同じ時期に「銅官」の作った青銅器が安邑の離宮に納められている。[45] また漆器で有名な蜀郡工官は、秦代の成都の工房を起源として前漢代に発展したものと考えられている。[46] こうして武帝時代を経て前漢後期には、従来の県レベルの工房に加えて、各地の郡に「工官」や「銅官」、「服官」などの大きな専門工房が見られるに至った。[47] さらに銅銭も、「県官往々銅多き山に即きて銭を鋳る」（『史記』平準書）といわれるように、前漢前期には銅山付近の地方工房で鋳造されていたが、[48] 武帝時代に上林三官によって五銖銭鋳造が独占されたことは周知の事実である。

このように漢代の地方官営工房は、秦代の制度に基づく県レベルの工房を土台として次第に大規模化、専門化し、郡国レベルから中央所属まで発展していったものが多く見られる。この沿革から考えて、鉄の専売制下で鉱産地に置かれた鉄官にも、このような地方官営工房から発展したものがあった可能性は大いにあると考えられる。ただし鉄官の前身にあたる工房は、その性質上専ら官用の器物の自給的生産を行なったと見られ、この機構で商品生産まで行なったとは考えにくい。また角谷定俊氏のように、鉄器生産と同時に民間業者からの徴税も担当したとは考えられない[49]。本来鉄資源は山林藪沢に産する多くの資源の一つに過ぎず、専売制以前の段階で鉄だけが別に扱われる理由はない。同様に鉄器の売上に対する課税も、他の商品と同じく市で行なわれたはずである。

(2) 民間業者の性格

前漢前期の官営工房における鉄器生産が、官用の器物の自給的生産に限られたとすれば、民間に流通した鉄器は、商品として民間で生産されたと考えられる。当時鉄器を生産、販売した者の中に、『史記』貨殖列伝に列挙される蜀の卓氏、程鄭、南陽の孔氏、曹の邴氏のような大商人も現れたことは、改めて指摘するまでもない[50]。このうち蜀の卓氏については、まだしも史料が豊富である。

蜀卓氏の先は趙人なり。鉄冶をもって富む。秦趙を破り、卓氏を遷す。卓氏虜略せられ、独り夫妻のみ輦を推して遷処に行詣す。……これを臨邛に致せば、大いに喜び、鉄山に即きて鼓鋳し、籌策を運らして滇蜀の民を傾く。富は僮千人に至り、田池射猟の楽、人君に擬す。（『史記』巻一二九貨殖列伝）

蜀郡臨邛県には卓氏のほかに「亦た冶鋳し、椎髻の民に賈して、富は卓氏に埒し」といわれる程鄭も居を構えた。ここには優良な鉄鉱山があったようである。

臨邛県、……古石山あり。石鉱ありて、大いなること蒜子の如し。火焼してこれを合すれば、流支鉄を成し、甚だ剛し。因りて鉄官を置き、鉄祖廟祠あり。漢の文帝の時、鉄銅をもって侍郎鄧通に賜う[51]。通は民の卓王孫に仮して、歳ごとに千匹を取る。故に王孫の貨は巨万億を累ね、鄧通の銭も亦た天下を尽くす。

（『華陽国志』巻三蜀志）

「流支鉄」がどのような鉄だったのかわからないが、この鉱山は後世まで採掘が続いた。鄧通が卓王孫に鉱山を「仮」し、毎年千匹の仮税を収めたことが、君主の家産としての山林藪沢経営のあり方を示すとした増淵龍夫氏の説は、あまりにも有名である。[52]

このような大商人が鉄の生産と流通を独占していたとする従来の通説的見解に対して、角谷定俊氏は、卓氏や孔氏、程鄭が秦の征服によって辺境に遷徙されていることに着目し、彼らが辺境地帯の開発に従事する「拓殖的性格」を持っていたとする。[53]確かに四川や南陽は、前漢時代にも入植と開拓が続いていた地域であるから、彼らの鉱山開発と鉄器の生産販売が有利な事業となるだけでなく、国家的地域開発を先導、補完する役割をも果たしたことは十分考えられる。彼らが辺境地帯の特殊な事例であるとすれば、鉄の生産と流通は、一般的にはどのような人々によって行なわれていたのだろうか。

鉄器は鉱石の採掘、加工と製錬、鉄器製造と熱処理といった一連の過程を経て生産されるが、その各段階できわめて専門的な技術が要求される。文献で「工匠」「工」と呼ばれるこのような技術者が、鉄器生産の労働力の中核となるとともに、さまざまな単純労働力（専売制下では「卒徒」がこれにあたる）をその指揮下に置くことによって、労働過程全体を組織する役割を果たすことになる。[54]また前節で述べたように、鉄器の生産設備には恒久的なものがほとんどなかったから、必然的に鉄器の生産過程には生産手段そのものの生産と再生産が組み込まれる。つまり鉄に関するすべてが、工人の手で、土と火と石から作られるのである。彼らの技術は恐らく父から子へと伝えられ、臨邛の古石山の「鉄祖廟」の祭祀のような、特殊な宗教的伝統を持った集団を形成していた可能性もある。

したがって鉄器生産の経営形態は、このような工人を中核とした生産組織をどのように編成するかによって、いくつかのタイプに分けられる。まず採鉱から製品まで一貫生産する場合。生産組織には多くの種類の分業と協業が含まれており、さまざまな技能を持った工人と単純労働者のチームを編成して各過程に配置しなければならない。単身蜀に乗り込み、鉄器生産を行なった卓氏も、もとはこのような工人のリーダーだったかもしれない。経営が成功すれば、彼は「一家衆を聚めて、或いは千余人に至り、大抵は盡く放流の人民を収むるなり」（『塩鉄論』復古篇）といわれるほどの大製鉄場も出現する。またこのような工人と単純労働者のチーム編成を国家が行なえば、官営生産となるのは自明である。

このような鉄器生産は、採鉱と製錬、鉄器製造の各部門、さらに製錬における固体製錬と液体製錬、これに応じて鉄器製造における鍛造と鋳造の分業化など、多様な分業関係を内部に含んでいるから、各部門の工人がそれぞれ独立した経営を行なうことも可能である。ただし漢代の製鉄産業全体の規模からいって、このような経営の分化は必然的に、経営規模の零細化と地域的分散化を招く。そして地域的市場の小ささから、多くの場合生産と販売とが未分化な形で行なわれたと考えられる。影山剛氏が比喩的に語った「村の鍛冶屋」[55]とは、このような零細な経営を指す。『塩鉄論』水旱篇で、賢良たちは鉄の専売化以前の零細な生産者について、次のような姿を語っている。

故と民占租して鼓鋳・煮塩するを得るの時、塩は五穀と賈を同じうし、器は和利にして用に中る。……家人相い一に、父子力を戮せて、各おの務めて善器を為り、器善からざれば集（＝售）れず。農事急なれば、輓運してこれを阡陌の間に衍く。民相い与に市買し、財貨五穀新幣をもって貨に易うるを得。或いは時に民に貰して、作業を棄てしめず。田器を置けば、各おの欲する所を得。

家族で力を合わせて良い鉄器を作り、農繁期には農耕地まで出向いて、物々交換や掛け売りにも親切に応ずる。このような零細な業者は実際に数多くいたと考えられる。

ではこのような大小さまざまな鉄器生産者を、国家はどのように把握していたか。前引『塩鉄論』復古篇で、専売制以前には民が「占租して鼓鋳・煮塩するを得」たとされる。同様な事例は、「天下をして公けに顧租して銅錫を鋳て銭を為るを得」しめた、前漢文帝の四銖銭私鋳許可にも見られる。[56]つとに平中苓次氏が明らかにした如く、「占租」「顧租」とは、山川・園池・市井の租税を、採取・製造・加工・販売した物品の数量の申告に基づいて、律に定める税率で納めることを意味する。[57]この申告納税制度は、商業や手工業など農業以外のさまざまな生業を営む者に、営業登録を義務づける「市籍」の制度と密接に結びついている。[58]この制度によって山林藪沢は、「公私利を共にする」公共の資源として管理されるとともに、帝室財政の有力な財源ともなった。山林藪沢資源の一つである鉄鉱石を採取加工して鉄器を作り、販売した人々の多くは市籍に登録され、「占租」して租税を負担することによって、国家に把握された小規模手工業者だったのである。

（3）　商品としての鉄器

漢代の農民が商品として購入する鉄器は、遠隔地からもたらされる希少で高価なものだったか、それとも実際に広く普及した以上さほど高価ではなかったはずだと考えるか。商品としての鉄器のイメージは分裂している。『史記』貨殖列伝に列挙された商品の中には「素木鉄器若しくは卮茜千石」とある。宮崎市定氏はこれらの商品を、年間百万銭相当の資本を運転して純益二〇万銭、すなわち総額一二〇万銭の売上を得られるものと解釈している。[59]宮崎式計算でいえば、鉄器は一年間に重さ千石を商って、一二〇万銭の売上、二〇万銭の純益を出すことになる。一石は一二〇斤だから、鉄器の小売り価格は一斤（約二五〇グラム）あたり一〇銭、農具一点あたりの価格は数十銭程度となる。穀物の価格一石あたり百銭前後と比較しても、鉄器はさほど高価な商品ではなかったことになる。一年間に売り上げる鉄器の量千石（約三〇トン）は、当時の鉱山の規模から考えて、単一の大規模な業者の生産量として不自然ではない。この量は、農民一戸あたりの年間需要を一キログラム程度とすれば三万戸分、数県から一郡の需要をまかなうに足る量である。

ここから、漢代の鉄器市場の特色が明らかになる。鉄器の市場は、鉱山の規模と分布、鉄器の需要からみて、大体年産数百トン程度の鉱産地を中心に、数県から一郡、場合によっては隣接する数郡にまたがる範囲で形成されたと考えられる。この範囲で鉄器が流通するだけでなく、鉄器生産におけるさまざまな分業や、それを媒介する鉄素材・屑鉄などの流通が、薄く広く展開することになる。[60] もちろん市場の規模は、鉄鉱資源の分布や人口密度、交通条件によって大きく左右されるが、鉄器の市場の展開と空間的規模は、当時の手工業製品の中では恐らく例外的に大きかっただろう。

このような市場において、年産数十トン規模の生産能力を持つ大規模な経営者が出現すれば、条件によっては地域的な市場を独占し、普通の農民などには及びもつかぬ利益を上げることができる。とはいえ、「高下口吻にありて貴賤常無し」（『塩鉄論』禁耕篇）「貴きこと数倍と雖も買わざるを得ず」（『漢書』食貨志下）といわれるほどの価格操作ができたかどうか。[61] 鉄器は確かに農民には自給できないが、本来さほど高価な商品ではなく、一般的には狭い地域で、短期間に大量の需要は見込めない。従って地域的な市場を独占したとしても、鉄器を対象とした投機は成り立ちにくいと考えられる。

とすれば、『史記』貨殖列伝に登場する大商人の富はどこから生まれたか。一般的に鉄器の需要は広い範囲に分散して、散発的にしか現れない。大規模経営は当然その広い販途をカバーする流通網、具体的には製品を各県レベルの市に出荷する輸送力を備えていなければ成り立たない。ここに鉄生産の大規模経営が大商人の経営と結びつく契機がある。大商人たちはその輸送力を鉄器の輸送以外の用途にも活用した――あるいは自己の商品輸送ルートに鉄器も乗せた――に違いない。さまざまな商品の取引や土地への投資、投機行為など、一連の経済活動を展開したからこそ、彼らは「貨殖」家たり得た。鉄器の生産と流通は、彼らの致富のきっかけとはなっても、それだけで途方もない財産を産み出すほど、巨大な産業ではなかったとすべきだろう。しかし鉄が致富のきっかけとなり得ること自体、鉄器の普及過程が産み出した時代の一面であり、その頂点に位置する大商人を、特殊な例外として無視することはできない。[62]とはいえ、あくまでも時代の一面という以上には評価できない。

以上の前史を踏まえて、鉄の専売制の実態を分析してみよう。

Ⅲ　専売制の実施

（1）　思想的背景

武帝時代の元光年間に始まる本格的な外征と、相い次ぐ土木工事や黄河の決壊は、漢初以来の蓄積をたちまち枯渇させ、漢王朝は未曾有の財政危機に直面した。塩鉄専売や均輸平準といった財政改革は、この危機を抜本的に打開しようとしたものである。これを推し進めたのは、酷吏張湯を始め、「南陽の大冶」孔僅、「斉の大煮塩」東郭咸陽、「洛陽の賈人の子」桑弘羊ら「興利の臣」と非難される人々であった。[63]このような大商人から、なぜ塩鉄専売化政策が提案されたのか。最初に彼らの思想的背景を考えておこう。

『塩鉄論』では桑弘羊が「太公・桓・管の術」を修めたとされ[64]、御史大夫側の発言にしばしば『管子』が引かれる。司馬遷も「管氏の牧民・山高・乗馬・軽重・九府」を読んでおり、現行の軽重諸篇には塩鉄専売論も見られる。金谷治氏によれば、現行の『管子』軽重諸篇は司馬遷の読んだテキストを祖本として、武帝の末年ごろまでにわたって作られた。これは「軽重家」ともいうべき一派の手になるもので、その中には桑弘羊に連なる者もあったとされる[65]。武帝時代の財政改革と『管子』軽重諸篇の間には、「軽重家」を介して直接の関係があったことになる。その実例として、元狩四年（前一一九）に制定された皮幣があげられる。皮幣は禁苑の白鹿の皮を一尺四方に切って縁取りをし、これを諸侯王などが朝覲の折に献上する璧の敷物に指定して、四〇万銭の価値の「貨幣」としたものである[66]。恐らく皮の敷物を強制的に売りつけたのだろうが、これは現行の『管子』軽重丁篇に見える、本来無価値なものを天子への献上品に指定して高く売るという「石璧の謀」や「青茅の謀」と符合する[67]。この種の行為が大真面目に実行され、『管子』にも書かれている――どちらが先かは不明だが――ことは、当事者としての「軽重家」の存在を示している。

軽重策は「賢人の富む所以」であり、その実例が『史記』貨殖列伝に登場する大商人であった[68]。節倹に努めて「奉禄賞賜は一二これを籌策」して財を成した桑弘羊も、同様の例に数えてよい[69]。桑弘羊や孔僅、東郭咸陽といった財政改革の担い手たちは、軽重諸篇の著作に直接関わったか否かは別として、管仲の軽重策を奉じて富を致すだけでなく、これを国家財政の再建にも活かそうとした「軽重派」官僚のリーダーだったと考えられる。

現行『管子』軽重諸篇は、民への直接課税によらず、山海の資源を含む物資の流通を調節することで、諸侯や大商人の占める利益を君主の下に集中し、経済を安定させることを強調している。塩や鉄の専売化はその方策の一つだが、その記述は「いくらで売れればいくら儲かる」式の胸算用でしかない[70]。また中には前述の詐欺まがいの術策もあり、一貫した体系を持ってはいない。『管子』が塩鉄専売や均輸平準の制度に、ヒント以上の影響を与えたとは考えにくい。

確かに「軽重派」官僚は、従来の黄老的自由放任論や、「民と利を争う」ことを嫌う儒家の消極論とは異なる、新しい財政運営を目指してはいただろう。しかしそれは、彼らが体系的な財政改革のプログラムを持っていたことを意味しない。桑弘羊・孔僅・東郭咸陽の三人が「利事を言うこと秋豪をも析つ」と言われるように、軽重派は皮幣の類から始まって、財政収入を上げられそうな策は何でも提案してみたに違いない。塩鉄専売も本来はそのような提案の一つだったのかもしれない。

（2） 専売制分析の視座

元狩三年（前一二〇）、時の大農鄭当時の進言で大農の塩鉄丞に登用された孔僅と東郭咸陽は、翌元狩四年（前一一九）、大農を通じて次のような塩鉄専売化提案を行なった。

a山海は天地の蔵なり。皆な宜しく少府に属すべし。陛下私せずして、以て大農に属せしめて賦を佐く。

b願わくは民を募りて自ら費を給し、官器に因りて煮塩を作さしめ、官は牢盆を与えん。

［官器に因りて作らしめ、煮塩は官牢盆を与えん。］

c浮食の奇民、山海の貨を擅管して、以て富羨を致し、細民を役利せんと欲す。其の事を沮むの議は、勝げて聴くべからず。敢て私に鉄器を鋳、塩を煮る者は、左趾を釱して其の器物を没入せん。

d郡の鉄を出さざる者は、小鉄官を置き、便ち在所の県に属せしめん。（『史記』巻三〇平準書）

aは前文で、本来少府に属する山海の税が大農に移管されたことを述べる。この移管に伴って大農に新設された「塩鉄丞」となったのが、孔僅と東郭咸陽だと考えられている。[71]『塩鉄論』復古篇は、御史大夫の発言としてaの部分をやや詳しく述べ、続けてcの前半部の、山海の資源や産品を独占する大商人への非難を載せる。[72]後半部は許可なく塩鉄を製造した者への罰則である。

dには、専売管理機構があげられるが、鉄資源のない郡に置かれた「小鉄官」しか書かれていない。塩や鉄の資源を持つ場所に置かれる機構の名称――『漢書』地理志に見える塩官と鉄官がそれにあたることは間違いない――とその役割が、前の部分のどこかに書かれていたはずだが、この文章では省略されていると見るしかない。

bに見える生産方式の記述については、周知の如く解釈が分かれている。始めにあげた訓読は影山剛氏の主張する伝統的な解釈、かっこ内が藤井宏氏と伊藤徳男氏の主張する解釈である。(73) 両者ともこの記述が、塩と鉄を明確に区別していないという認識から出発する。影山氏はb全体を塩の生産の記述とし、鉄については省略か脱落があると考える。そして塩は民間での生産が認められたのに対し、鉄は官による独占生産だったとする。かたや藤井氏と伊藤氏は、bに鉄の生産の記述が含まれるはずだという観点から、原文を「官器に因りて作る」と読んで、そこまでを塩と鉄の両方に関する記述と捉え、そこから鉄生産も民営だったとする。他方南宋の呂祖謙は『大事記解題』で、この部分を影山氏と同じ句切りで読み、「但だ榷塩の法を言うのみにして、榷鉄の法を言わざるは、蓋し官、人を募りて冶鋳せしむること、其の法煮塩と同じければなり(74)」と解釈する。影山氏の読み方から、藤井・伊藤両氏と同様の民営論を導き出したことになる。とすれば官営か民営かの議論は、b自体の解釈と切り離して考える必要がある。

これらの説は、結論は異なるが、民間に存在した特殊な技術者である工匠を、直接生産者として重視する点で一致している。彼らを中心とする鉄器の生産過程の編成を国家が直接行なったか否かが、官営・民営両説の分かれめである。前述の専売化提案において、塩鉄を「民を募り」「官器に因りて」生産することが規定されているように、その生産は民間で自由に行なえたわけではなく、国家は生産者を限定して人頭的に把握し、かつ一部の生産手段を官給化することによって、生産過程にも直接介入している。さらに国家が製品を独占的に買上げて販売する以上、製品の種類や生産量にも国家の規制が必須である。このように、塩鉄の生産過程の編成が民間で行なわれたとしても、その経営全体は国家の強い規制下に置かれることになる。この規制こそが、富商大賈の経営を排除する手段となるだろう。[75]一方影山氏のように、鉄を別に考えれば、もちろん生産過程全体が国家によって編成されることになる。従って両説の違いは、共に国家の強い規制下にある塩鉄生産において、鉄器の生産過程への国家の関与が、塩よりも強いと見るか否かにある。とすれば専売制下の鉄器生産が官営か民営かを、明証を欠くまま一義的に決めてしまうよりも、両者に共通する前提である、民間の生産者に対して加えられた強い国家的規制が、どのようにして可能となったのかを分析することが必要である。この観点から、官営か民営かの二者択一論を離れて、鉄専売制の樹立過程を改めて検討してみたい。

（3）鉄専売制の具体施策

元狩四年（前一一九）に提案された専売制は、二年後の元狩六年（前一一七）ごろに全国的な体制で稼働し始め、元鼎二年（前一一五）孔僅の大農就任に示されるような、初期的成果を収めたと考えられている。ここまでの時期を専売制の創設過程として、その具体的施策を検討してみよう。孔僅と東郭咸陽による専売制提案が認められると、「僅・咸陽をして伝に乗りて天下の塩鉄を挙行せしめ、官府を作り、故の塩鉄家の富める者を除して吏と為す」（『史記』巻三〇平準書）とあるように、提案者自身が実行責任者となって全国を巡り、専売化の体制作りを行なった。出自からいって、孔僅が鉄を、東郭咸陽が塩を担当したと思われる。「官府」とは、各生産地に置かれた塩官・鉄官と、「郡の鉄を出さざる者」に置かれて「故鉄を鋳る」[76]とされる「小鉄官」を指す。そこでの実務担当者として官吏に採用されたのが、「故の塩鉄家の富める者」であった。一方『塩鉄論』水旱篇で御史大夫は、専売制が「塩鉄を総べ、其の用を一にし、其の賈を平に」したと述べる。[77]これは専売制が、資源の国家独占、製品の規格化を伴う生産の規制、流通の国家独占という三つの側面を持っていたことを示している。これら各側面について、検討していこう。

①　資源の国家独占

前節で述べたように、山林藪沢の資源の一つである鉄鉱資源は、仮税収取を条件として民間人の採取が許されていた。鉄資源を国家が独占するためには、資源採取許可を受けている者を把握した上で、それを取り消す手続きが必要である。後漢代に桂陽郡太守衛颯が、鉄鉱山のある耒陽県に「鉄官を起てて私鋳を罷斥」したように、[78]管内に鉄鉱山のある郡では、郡単位に鉄の私的な採鉱と製錬が禁止されたと考えられる。従来採掘されていた鉱井や坑道は収公され、技術者は鉄官の支配下で働くこととなっただろう。各地の製鉄遺跡で製錬から製品までの一貫生産が行なわれていることから見て、[79]鉱山を押さえた鉄官は多くの場合、鉄器製造まで行なう設備を持っていたと考えてよい。仮に民間の業者による採鉱や鉄器生産が続いたとしても、実質的には鉄官の管理下での請負生産とならざるを得ない。こうして富商大賈の鉄生産は、採鉱部門から解体されていくことになる。

②　生産者の人的規制

生産管理の大前提となるのが、民間の生産者を人頭的に把握することである。前述のように、従来国家は市籍を通じて民間の生産者を把握し、占租を義務づけていたから、鉄の生産者の規制は、商工業者を統制する市籍の制度を基礎としたに違いない。実際、専売制度の施行が始まる元狩四年（前一一九）冬には算緡の制が布かれ、徐々に地域を拡大して施行される専売制に先行する形で、商工業者への統制と課税が強化されている。[80]その中で手工業者は「諸作有租及び鋳」と記される。「鋳」は銅や鉄の加工に従事する者を指すが、これは本来「諸作有租」の範疇に含まれるはずであり、金属加工業者が手工業者から括り出されている。ここに当時社会問題化していた銭の盗鋳取り締まりや、鉄の専売化が反映している。このように算緡令は財政増収策であるとともに、市籍の制度の強化を通じて、専売制の基礎となる生産者の人頭的把握にも役立ったと考えられる。

富商大賈の経営の排除は、このような商工業全体への規制強化を背景として行なわれた。もとより鉄器生産は彼らの莫大な収入のごく一部をなすに過ぎず、それとて専売化によって利益のほとんどを国家に奪われることになる。彼らにしてみれば、国策に逆らってまで経営に固執する理由はない。彼らの一部が経営を放棄して鉄官の官吏となったのは、強制的な排除の結果というよりも、経営の自主的放棄と生産施設の捐納の見返りだったと考えられる。[81] そして彼らの配下の工匠などは、官営化された工房に技術者として吸収されるが、結局は同じ生産施設で、元の経営者の指図に従って生産を続けることになる。一方零細な独立業者である「鋳」たちは、市籍を通じて新たに鉄官による管理の対象となる。彼らは官営工房に雇われるか、鉄官の下請け生産者となったと思われる。

③　生産管理機構と生産の規制

専売制の前提となる民間の生産活動は、もともと行政区域によって機械的に分割されていたわけではない。鉱山を中心に、そこから鉄材の供給を受け、屑鉄を集荷して鉄器生産を行なう都市が交通路に沿って点在していたのであるから、これを郡ごとに区切れば、鉱山のない郡に鉄器の生産拠点となる都市があったり、鉱山を抱えた郡にも鉄材供給が必要な都市が含まれたりといった現象が生ずる。またここには従来の郡県レベルの大小の官営工房も分布している。従って鉱産地の郡の鉄官は、鉱山だけでなく管内の県にも必要に応じて小鉄官のような出先機関を設け、大小様々な生産機構を含んだ複合的な機構となる。その実例が南陽郡である。[82] そして非鉱産地の郡の小鉄官は、鉄官の出先機関クラスの機構が独立した、一級格下の機構として「在所の県に属」したと考えられる。従って鉄官は、専売化以前の生産の質や空間的広がりに即して、県を単位とする組織配置を持ち、これが官制上郡ごとに運営されたと考えることができる。

この組織によって、燃料・鉄材・屑鉄の管理、各県の市籍を通じて把握された生産者、また郡県から配分される卒徒の労働力の管理、また製品規格の統一、器種と数量の割り当てなどが行なわれる。ただし鉄器の生産手段は各種の炉や鋳型など、いずれも随時その場で作られる消耗品である。塩のように官給の生産用具があったとすれば、鋳造品の鋳型の原型など、ごく限られたものしか考えられない。[83]

こうして、「卒徒工匠、県官を以て日に公事を作し」、箇条書きにされた施行細則である「令品」に基づいて、「吏は其の教を明らかにし、工は其の事を致」して、「務めて員程に応じ」（『塩鉄論』復古篇・水旱篇）た鉄器が生産される。成帝の河平二年（前二七）に沛郡の鉄官で炉の爆発事故が起きた時、「工十三人驚き走」ったように（『漢書』五行志上）、炉を中心とした生産過程にはかなりの数の技術者を必要とした。鉱産地で製錬から鉄器まで一貫生産した鞏県鉄生溝や鄭州古滎鎮の遺跡、屑鉄を交えた鉄材から専ら鉄器生産にあたった南陽瓦房荘の遺跡は、このような鉄官の生産施設の代表である。また小鉄官クラスの小規模なものを含めて、これら大小の生産拠点は、採鉱量の変動や燃料となる森林の状況によって、縮小・閉鎖されたり、新設されたりする可能性がある。『漢書』地理志に見える鉄官は、固定的なものではなかったかもしれない。

これらの生産施設には、「県官に衣食」する卒徒の単純労働力が配置される。陽朔三年（前二二）に潁川鉄官の徒一八〇人、永始三年（前一四）に山陽鉄官の徒二二八人が反乱を起こした（『漢書』成帝紀）ように、各鉄官の生産拠点には、数百人の徒刑囚が配置されたことがわかる。これらの徒は、それぞれの県の鬼薪・白粲・鉗・釱・髠といった刑徒の中から「詔作」として山谷に「輸属」され、監督の役人から鞭や笛の合図を受けながら、ノルマを課せられて働いていた(84)。また郡中から集められた卒にもかなりきつい「呈」が課せられ、経済的余裕のある者は人を雇って代理を立てることもあった。また製品の出荷などの輸送には、道筋の「良家」が僦運費用を負担することもあったという(85)。

このように、専売制度下の鉄器生産はかなり権力的色彩の強いものであった。

④　流通の規制

流通の規制は専売制度の最も重要な側面だが、初期段階での流通管理についての史料はほとんどない。ただ均輸平準の施行後は、「吏をして市列肆に坐し、物を販り利を求めしむ」（『史記』平準書）とされるように、鉄器の販売は市において吏が行なったようである。また前述のように輸送の労働力や僦運費用も郡県民の負担とされており、輸送販売も官僚機構によって行なわれたと考えられる。

専売制度が全国的に稼働した元狩六年（前一一七）から元鼎初年にかけて、郡国に派遣された使者の一人である徐偃は、独断で膠東・魯国の専売を廃止した。これを糾弾する終軍は、「……且つ塩鉄は郡ごとに余臧あり。……膠東は南は琅邪に近く、北は北海に接す。魯国は西のかた泰山に枕し、東に東海ありて、其の塩鉄を受く。偃、四郡の口数田地を度り、其の用器食塩を率いて、以て并びに二郡に給するに足らざるか」と詰問している(86)。鉄器は地域の人口や耕地面積から必要量を見積って、鉄官によって生産・貯蔵され、近隣の非鉱産地の郡の小鉄官にも鉄材や製品が送られたと考えられる。これは従来の鉄器市場の範囲に応じて適宜行なわれ、一々中央の許可を得る必要がなかったのだろう。

以上の検討から、鉄の専売制とは、従来個別に行なわれてきた山林資源・手工業生産・商品流通の統制管理の諸制度と官営手工業から、鉄に関するものを括りだし、一元的に統合運営するシステムだったことがわかる。鉄の専売組織は、県を単位に行なわれる市の行政や官営工房、卒徒の強制労働力管理を直接の基盤として、それ以前の鉄器生産や市場をカバーする形で配置・運営され、これを郡の鉄官が上部専門組織として管理した[87]。この組織は、生産者を直接把握することによって、生産規模の大小、鋳造と鍛造、官営と民営といった様々な区別を超えて、それぞれの地域の鉄器生産と流通を全体として管理することができた。この制度は、実体として捉えることのできない商品流通を、商工業者の人頭的把握と取引場所の制限によって規制しようとした、漢代の市制の申し子だったのである。

（4）調整局面

こうして鉄の専売制は元狩六年（前一一七）ごろには全国的に稼働し始め、二年後の元鼎二年（前一一五）には孔僅がその功績によって大農令に昇進した[88]。同時に桑弘羊が丞となって会計全般を掌りながら「稍稍均輸を置きて以て貨物を通」じたように、財政改革は次の段階に入り、元封元年（前一一〇）の均輸・平準設置をもって一応の完結を見る。この過程で表面化した専売制の初期段階の不備や矛盾も、一連の動きの中で対応が図られることになる。ここで均輸などのすべてを分析することはできないが、専売制度を中心に、その調整局面として他の政策との関わりを考えてみたい。

まず鉄の専売制の初期段階における成果をまとめておこう。第一に専売収入について。『史記』平準書によれば、元鼎二年（前一一五）に新設された水衡都尉は、当初は塩鉄専売によって大農に多量の「官布」が集まったため、専売収入の管理機構として設置が計画された。しかし専売制が稼働した元狩六年（前一一七）に始まった、悪名高い楊可の告緡によって没収された財物が上林に大量に集積されており、計画を変更して水衡都尉に上林を管轄させることになったとされる。[89] 一方酷吏列伝によれば、御史大夫張湯の下で「県官の興す所、未だ其の利を獲ず、姦吏並びに侵漁」する状態だったという。「塩鉄緡銭有るの故に用益々饒か」と伝えられる財政収入の、かなりの部分は告緡によるものだと思われる。前述のように、鉄の生産流通はさほど巨大な産業ではなく、仮に一万五千トンの生産総量を従来の価格一斤一〇銭で売っても、総収益は一億銭ほど、専売化によって鉄器を値上げしたとしても、国庫に入り得る収益は数億銭が限度である。専売収入の内訳は恐らく塩の方が多かったと思われる。

また専売収入の「官布」自体も問題である。当時貨幣制度は果てしない混乱の渦中にあった。元狩四年（前一一九）から発行された白金・皮幣・三銖銭の制度は失敗し、郡国で五銖銭が発行されたが、盗鋳の大流行を招いただけであった。[90] このような状況で、専売制の柱の一つである価格統一は恐らくまともに機能せず、専売収入には大量の偽造・変造貨幣が混じっていただろう。[91] 貨幣制度がようやく安定に向かうのは、元鼎四年（前一一三）に上林三官によって五銖銭鋳造が独占鋳造されるようになってからであった。[92]

元鼎六年（前一一一）、御史大夫卜式は「県官塩鉄を作るに、鉄器苦悪にして賈貴く、或いは強いて民をしてこれを売買」せしめており、また「船に算有りて商う者少なく、物貴き」現状を憂慮していた（『史記』平準書）。このような専売制度に関する不満は『塩鉄論』に散見する。塩鉄の生産や輸送の労役負担が過重である。鉄器に大型のものが多く、品質が悪い。価格が高く、遠くまで買いに行っても官吏が不在で手に入らない。鉄器をむりやり売りつけたり、県によっては鉄（屑鉄か）を戸口に割り当てて、不当に安い値段で買上げることがある、等々。[93] 鉄器の品質については、技術的にやむを得ない面もあるが、[94] これらの制度的欠陥や官僚的な運用の不備などは、武帝時代に限ったことではない。

むしろ元鼎年間のこととして注目されるのは、卜式も指摘する算緡とその密告規定「告緡」の影響である。増税に加えて「中家以上は大抵皆な告に遇」い、「商賈中家以上は大率破る」と伝えられる告緡の乱用[95]によって、良かれ悪しかれ流通の担い手であった商人は壊滅的な打撃を受けた。鉄官の官吏となった大商人や、専売制の枠内で鉄の生産や流通に携わる商人や製鉄業者がいたとしても、その数は減っていったと思われる[96]。

元鼎六年（前一一一）、西南夷の地に初郡一七が置かれ、この地で断続的に行なわれる軍事行動の費用を負担した大農は、「均輸を以て塩鉄を調して賦を助け」てこれをまかなった[97]。従来生産地を中心とする近隣郡国を単位として調整されていた塩鉄の生産流通に、大農が直接介入し、かなり広い地域を対象とした塩鉄輸送の合理化や、場合によっては販売価格の値上げによって、経費の削減や専売収入の増加が図られたと思われる。かくして専売制度はより大きな財政政策の一部として位置づけられることとなった。

翌元封元年（前一一〇）、治粟都尉として「大農を領し、尽く（孔）僅に代りて天下の塩鉄を筦」した桑弘羊は、次のような均輸・平準の制度を立案実行した。

> 諸官各自市して相い与に争い、物故に騰躍す。而して天下の賦輸或いは其の僦費を償わず。乃ち請うらくは、大農に部丞数十人を置きて、部を分かちて郡国を主らしめ、各おの往往県ごとに均輸塩鉄官を置き、遠方をして各おの其の物の貴き時商賈の転販する所の者を以て賦と為して、相い潅輸せしめんことを。平準を京師に置き、都べて天下の委輸を受け、工官を召して車諸器を治め、皆な給を大農に仰がしめん。大農の諸官は盡く天下の貨物を籠して、貴ければ即ちこれを売り、賤ければ則ちこれを買わん。此の如くすれば、富商大賈は大利を牟る所なく、則ち本に反りて、万物騰踊するを得ざらん。故に天下の物を抑うるを、名づけて平準と曰う。
>
> （『史記』平準書）

京師の平準を頂点として、大農部丞の管轄する郡国単位の機構、さらに末端には県単位に均輸塩鉄官の機構が置かれ、「天下の委輸」が管理された。この制度の意義は、「委輸」（地方から中央への垂直的物流）と「調均」（地方間の水平的物流）を大農が指揮・調整する財政的物流システムの完成にある。[98]これによって大量の穀物や布帛が調達・輸送され、「民に賦を益さずして天下の用饒か」となったのは周知の事実である。[99]

ここで注目されるのは、地方の工官や、「均輸塩鉄官」の官名が示すように塩鉄専売機構にも大農の直接管理が加えられた点である。それまで生産地の郡を中心として近隣の郡国に供給されていた鉄は、大農の管理下で全国的な調整の対象となった。その結果、鉄器の普及や生産・流通の地域格差は、大農による行政的な調整によって、武帝時代に急激に拡大した辺境地帯をも含めて解消されていったと思われる。[100]鉄の専売化は、先進地域の農民にとっては迷惑だったかもしれないが、相対的に開発の遅れた地域では、むしろ恩恵となった可能性がある。また鉄の生産が他の官営手工業とも関連づけられ、全国共通の制度的枠組みで行なわれるようになったことは、直接生産者である工匠の父子相伝の技術を開放し、製鉄技術の新たな展開をもたらす環境ともなったと考えられる。このように鉄の専売制度は、財政改革の総仕上げとして均輸・平準の体制に包摂されることによって、制度的に安定しただけでなく、中国における早期鉄器時代の最終段階として、この時代に初めて可能となり、この時代にのみ有効な、歴史的役割を果たしたのである。

おわりに

以上の所論を要約しておこう。戦国時代から漢代にかけて、鉄鉱石は川沿いの丘陵地や低山帯に分布する、現代と比べればごく小規模な坑井・坑道で採掘された。大きな鉱山にはこのような坑井や坑道が何組か掘られるが、それでも地金にして年産数百トン程度だったと考えてよい。採掘された鉱石は付近の開けた場所で製錬され、多くの場合そこで鉄器まで一貫生産された。この時代の都市でしばしば製鉄遺跡が発見されるように、鉱山や鉄器生産地は必ずしも僻遠の地ばかりにあったわけではない。鉄器の生産技術は戦国後期から前漢末にかけて確実な発展を遂げ、技術的な完成を見たが、耐火材料の性能や製品の品質には限界があり、その総生産量は大体全国で年産一〜一万五千トン程度にとどまったと見られる。しかしこれは、当時の農民の使用した小型の鉄製手労働農具を普及させ、更新していくに十分な生産量であった。

専売制以前の国家は山林藪沢資源として鉄資源を管理し、各地の県レベルの官営工房で官用の器物を自給的に生産する他、資源採取に対する仮税収取や生産物の売上の占租を条件として、民間での鉄生産を認めていた。鉄器の普及につれて、鉱産地から供給される鉄素材や屑鉄の流通も広がり、民間での鉄生産は年産数十トンにのぼる大規模な業者から零細な職人層に至るまで、地域的・階層的に拡大し、鉱産地を中心に近隣郡国を含む、当時としては例外的に広い市場が形成された。こうして農民の必需品である鉄器は比較的安価に提供され、鉄器の製造販売をきっかけとして様々な商業活動を展開する大商人も出現した。しかし鉄器の生産流通にはまだ大きな地域差が残っており、先進地の市場もこれを自動的に調整し得るほど大規模ではなかったと考えられる。

未曾有の財政危機に見舞われた漢王朝は、管子の軽重策を奉ずる財務官僚を登用し、元狩四年（前一一九）から塩とともに鉄を専売化した。鉱産資源の分布に応じて郡単位に置かれた鉄官は、県レベルに出先機関を配置し、従来の官・民の鉄器生産と市場の広がりに対応した組織を持っていた。鉄器の生産流通の官僚的支配は、山林資源の国家独占と、市籍を通じて人頭的に把握された生産者、卒徒の強制労働力の統合管理によって実現した。これは戦国時代以来の山林藪沢管理と、郡県制の基本的枠組みである人間の人頭的支配を組み合わせて強化し、大商人層の「不正な」利潤を国家に集中することを目指すものであった。このような理解に立てば、専売制下の鉄器生産が官営か民営かを峻別する必要はない。富商大賈を排除した上で、生産の末端に下請け的な民間生産者がいても不思議はないし、それが専売制自体を相対化、あるいは否定する根拠にはならないからである。

このような専売制度は、国家にある程度の財政収入をもたらしたが、財政危機を一気に好転させるほどではなく、一連の財政改革の総仕上げとして国家的物流システムを確立した、均輸平準の制度に包摂されることによって、ようやく安定した。その結果鉄器の生産流通の地域差が行政的に調整されて平準化され、国家の画一的な生産管理がむしろ様々な製鉄技術を普及・混淆させ、新たな技術的成果を産み出していったと考えられる。

しかしその反面、このような財政改革が、告緡のような露骨な商人層の弾圧と平行して実行されたことに注意する必要がある。商人の弾圧と郡県民の間接的負担強化こそ、「民に賦を益さずして天下の用饒か」という財政改革の政治的正当性の実態であった。塩鉄専売制度や均輸平準の特色とも言える、生産流通への国家の直接的介入は、国家財政の極端な膨張によって生じた経済的混乱と、商人層の壊滅によって最終的には麻痺状態に陥った手工業生産と流通に、次々に権力的介入を余儀なくされていった結果でもある。これは古代の国家権力の強さよりも、後世と比べて遙かに未熟な段階にあった商品生産と流通の脆弱さを示すものだろう。遂に体系化されることなく終わった、『管子』軽重諸篇の描いた財政主導型市場経済のイメージは、漢代において夢想、あるいは詐術に過ぎなかったのである。ここに『塩鉄論』に見られる賢良文学の財政改革批判が、思想闘争の様相さえ呈したことの一つの原因がある。

均輸の機構は、塩鉄専売機構をはじめ、各地の工官を含めた官営工房の一元的管理を行なったとされる。その前提となるのは、各郡県における「卒・徒・工匠」の労働力の把握と効率的動員であることはいうまでもない。前章で指摘したように、この財政改革の時期を境として「市亭」陶文が消滅していくことは、各県の「市亭」を通じた手工業者の把握と動員が、県レベルでは成り立たなくなったことの結果ではないかと考えられる。このことは、県を単位としてそれぞれに完結していた戦国的都市が、互いに有機的に結びつけられる半面、次第に郡や中央諸機関の行政的末端となっていくことを意味する。

この過程は、役所の改編や法制の整備によって押し進められたとはいえ、それだけで一挙に実現されたわけではない。武帝の財政改革は、むしろ右往左往を繰り返しながら、あくまでも結果的に、一定の成果をあげたのだと考える方がふさわしい。そしてその過程で為政者がもっとも手を焼いたのが、貨幣制度と貨幣経済のシステムの問題であった。そこで次に、貨幣経済と財政の関わりについて、章を改めて見てみたい。

注

（1）一連の業績は、影山剛『中国古代の商工業と専売制』（東大出版会　一九八四）にまとめられている。
（2）藤井宏a「漢代製塩業の問題点――「牢盆」の解釈をめぐって――」（『鈴木俊教授還暦記念東洋史論叢』一九六四　所収）、b「漢代塩鉄専売の実態――史記平準書の記載をめぐる諸問題――」（史学雑誌七九編二、三号分載　一九七〇）
（3）伊藤徳男a「漢代の塩鉄専売制について――『史記』平準書の記載に関する一考察――」（東北大学教養部紀要二五号　一九七七）、b「漢代塩鉄専売制の実施について」（東北学院大学論集　歴史学・地理学　一〇号　一九八〇）、c「再び漢代の塩鉄専売制について――影山氏の新著を読んで――」（古代文化三八巻六号　一九八六）
（4）角谷定俊「秦における製鉄業の一考察」（駿台史学六二号　一九八四）
（5）大櫛敦弘a「漢代の鉄専売と鉄器生産――「徐偃矯制」事件より見た――」（東方学七八輯　一九八九）、b「中国古代における鉄製農具の生産と流通」（東洋史研究四九巻四号　一九九一）
（6）本章付論1、2参照。

（7）注（1）前掲書、及び同氏「均輸・平準と塩鉄専売」（『岩波講座世界歴史』四所収　一九七〇）参照。

（8）『南斉書』巻三七劉悛伝

永明八年、悛啓世祖曰、「南広郡界蒙山下、有城名蒙城、可二頃地、有焼鑪四所、高一丈、広一丈五尺。従蒙城渡水南百許歩、平地掘土深二尺、得銅。又有古掘銅坑、深二丈、並居宅処猶存。鄧通、南安人、漢文帝賜厳道県銅山鋳銭。今蒙山近青衣水南、……且蒙山去南安二百里、案此必是通所鋳。……此議若立、潤利無極」。并献蒙山銅一片、又銅石一片、平州鉄刀一口。上従之、遣使入蜀、鋳銭得千余万、功費多乃止。

（9）劉詩中・盧本珊「江西銅嶺銅礦遺址的発掘与研究」（考古学報一九九八－四）参照。

（10）遼寧省博物館文物工作隊「遼寧林西県大井古銅鉱一九七六年試掘簡報」（文物資料叢刊七　一九八三）参照。

（11）港下古銅鉱遺址発掘小組「湖北陽新港下古鉱井遺址発掘簡報」（考古一九八八－一）参照。

（12）a銅緑山考古発掘隊「湖北銅緑山春秋戦国古鉱井遺址発掘簡報」（文物一九七五－二）、b黄石市博物館「湖北銅緑山春秋時期煉鉄銅遺址発掘簡報」（文物一九八一－八）、c中国社会科学院考古研究所銅緑山工作隊「湖北銅緑山古銅鉱再次発掘」（考古一九八二－一）、d夏鼐・殷瑋璋「湖北銅緑山古銅鉱」（考古学報一九八二－一）、e黄石市博物館・中国金属学会・北京鋼鉄学院冶金史組『銅緑山――中国古鉱冶遺址』（文物出版社　一九八〇）参照。

（13）湖南省博物館・麻陽銅鉱「湖南麻陽戦国時期古銅鉱清理簡報」（考古一九八五－二）参照。

（14）安徽省文物考古研究所・銅陵市文物管理所「安徽銅陵金牛洞銅鉱古採鉱遺址清理簡報」（考古一九八九－一〇）参照。

（15）羅平「河北承徳専区漢代鉱冶遺址的調査」（考古通訊一九五七－一）参照。

（16）安志敏・陳存洗「山西運城洞溝的東漢銅鉱和題記」（考古一九六二－一〇）参照。

（17）本章付論2の文献一覧27ａ参照。

（18）同1ａ参照。

（19）同18参照。

（20）同19参照。

（21）同38参照。

(22) 同20・21参照。
(23) 同36a参照。
(24) 本章付論1、2、及び第一部第一章参照。
(25) 漢代の徭役労働については、渡辺信一郎「漢代更卒制度の再検討——服虔－浜口説批判——」(東洋史研究五一巻一号　一九九二) 参照。
(26) 注 (12) d、e論文参照。
(27) 『史記』巻一二九貨殖列伝「銅鉄則千里往往山出棊置(索隠、言如置棊子、往往有之)。」
(28) 華覚明「中国古代鋼鉄技術的特色及其形成」(科技史文集三　一九八〇原載、『中国冶鋳史論集』文物出版社　一九八六所収)、潮見浩「中国の初期鉄器文化」(同氏著『東アジアの初期鉄器文化』吉川弘文館　一九八二所収) 参照。
(29) 吉田光邦「宋代の鉄について」(東洋史研究二四巻四号　一九六六) 参照。
(30) 以上、中国古代の製鉄技術について、詳しくは付論1、2参照。
(31) 注29吉田論文参照。
(32) 渡辺信一郎「古代中国における小農民経営の形成」(同氏著『中国古代社会論』青木書店　一九八六　所収) 参照。
(33) 吉田光邦「中国古代の金属技術」(東方学報　京都二九冊　一九五九) は異なる方法で漢代の鉄生産量を二万トン程度と推定し、以後明代に至るまで、一戸あたりの鉄生産量は二キログラムほどでほとんど変化が見られないとしている。彭曦「戦国秦漢鉄業数量的比較」(考古与文物一九九三－三) は、生産量を四万トンとしているが、この生産量では明代と変わらないことになる。
(34) 典型的な例は、南陽郡宛県の鉄工場である。本章付論2参照。
(35) 久村因「古代四川に土着せる漢民族の来歴について」(歴史学研究二〇四号　一九五七)、宇都宮清吉「僮約研究」「劉秀と南陽」(ともに同氏『漢代社会経済史研究』弘文堂　一九五五所収) 参照。
(36) 例えば高后五年 (前一八三)、南越王尉佗が自立して帝号を称したが、そのきっかけは漢からの鉄器輸出禁止措置にあった。『史記』巻一一三南越列伝参照。

（37）角谷定俊「秦における青銅工業の一考察——工官を中心に——」（駿台史学五五号　一九八二）参照。

（38）雲夢秦簡一六七簡（秦律十八種一〇〇簡）に「県及工室聴官為正衡石贏、……」とあり、県とは別に「工室」があった。ただしこれが中央の機構か、郡県に属する特殊なものかは不明。なお、秦簡の引用は、正式発掘報告である『雲夢睡虎地秦墓』（同編写組編、文物出版社　一九八一）の番号に従い、内容の分類番号を付記する。図版と釈文、注釈は、睡虎地秦墓竹簡整理小組編『睡虎地秦墓竹簡』（文物出版社　一九九〇）に、日書を含めたすべての竹簡がまとめられている。

（39）注4前掲論文参照。

（40）この条文は何律に属するのか不明だが、三四八簡から始まる「漆園」の校課と一緒に書かれており、山林資源の採取に関する律の一部であることは間違いない。

（41）このことは、雲夢秦簡三四六簡に見える県の工師のノルマが「歳功」と「命書」によるものに分かれていることと対応している。第二部第一章参照。

（42）雲夢秦簡一九五～六簡（秦律十八種一二八～九簡）
官長及吏、以公車牛稟其月食及公牛乗馬之稟、可殹。官有金銭者、自為買脂膠、毋金銭者、乃月為言脂膠、期蹳。為鉄攻、以攻公大車。　司空

（43）一九六一年、西安三橋鎮高窯村出土の一一号鼎の銘文に「昆陽乗輿銅鼎一、……三年、陽翟守令当時、守丞千秋、佐楽、工国造」とあり、昆陽県から皇帝への献上品が陽翟県の工房で作られている。なお陽翟には潁川郡工官が置かれたが、これとの関係はわからない。第一部付論参照。また河北満城陵山一号墓出土の銅灯（一－四一一三）に「中山宦者常浴銅錠、重三斤十二両、卅二年第廿五、盧奴造」とあり、中山王の器物が領内の盧奴県で作られている。中国社会科学院考古研究所・河北省文物管理処『満城漢墓』（文物出版社　一九八〇）、上七三～四頁参照。

（44）第一部付論参照。

（45）一九七五年、山西洪洞県で出土した鼎銘に「安邑宮銅鼎一、……四年三月甲子、銅官守丞調、令史徳、佐奉常、工楽造、第卅一」とある。朱華「西漢安邑宮銅鼎」（文物一九八二－九）参照。

（46）兪偉超・李家浩「馬王堆一号漢墓出土漆器制地問題——従成都市府作坊到蜀郡工官作坊的歴史変化」（考古一九七五－六。

増補版―兪偉超『先秦両漢考古学論集』文物出版社　一九八五所収)、方詩銘「従出土文物看漢代工官的一些問題」(上海博物館集刊　総二期　一九八二)参照。

(47)『漢書』地理志に見える工官の場所は、河内懐県、河南郡(県不明)、潁川陽翟、南陽宛県、済南東平陵、泰山奉高、広漢雒県、蜀郡成都の八ケ所。銅官は丹揚郡、服官は斉郡に見える。

(48)紙屋正和「前漢前半期の貨幣制度と郡県支配体制」(福岡大学人文論叢一六巻四号　一九八五)は、このような地方の貨幣鋳造が、直接には銅山の地元の県の工房で行なわれたとしている。

(49)『史記』太史公自序に、秦始皇時代の「主鉄官」司馬昌が見える。官名からいえば、漢代大司農に属する鉄市との関係が考えられるが、この官が具体的に鉄に関する何を扱ったのかは不明である。

(50)『史記』巻一二九貨殖列伝
蜀卓氏之先、趙人也。用鉄冶富。秦破趙、遷卓氏。卓氏見虜略、独夫妻推輦、行詣遷処。諸遷虜少有余財、争与吏、求近処、処葭萌。唯卓氏曰、「此地狭薄。吾聞汶山之下沃野、下有蹲鴟、至死不飢。民工於市易賈。」乃求遠遷。致之臨邛、大喜、即鉄山鼓鋳、運籌策、傾滇蜀之民。富至僮千人、田池射猟之楽、擬於人君。

程鄭、山東遷虜也。亦冶鋳、賈椎髻之民、富埒卓氏、倶居臨邛。

宛孔氏之先、梁人也。用鉄冶為業。秦伐魏、遷孔氏南陽。大鼓鋳、規陂池、連車騎、游諸侯、因通商賈之利、有游閑公子之賜与名。然其贏得過当、愈於纖嗇、家致富数千金。故南陽行賈尽法孔氏之雍容。

魯人俗倹嗇、而曹邴氏尤甚。以鉄冶起、富至巨万。然家自父兄子孫約、俛有拾、仰有取、貰貸行賈徧郡国。鄒魯以其故多去文学而趨利者、以曹邴氏也。

(51)『史記』佞幸列伝では、文帝は鄧通に蜀郡厳道の銅山を賜わったことになっており、『華陽国志』の臨邛の「銅鉄」については記載がない。『元和郡県図志』巻三一には「臨渓県、本秦臨邛県地。……孤石山、在県東十九里。有鉄鉱、大如蒜子、焼合之成流支鉄、甚剛、因置鉄官。」とあり、『華陽国志』の記述を引くが、その一方で同巻臨邛県の条には「銅官山、在県南二里。鄧通所封、後卓王孫買為陶鋳之所」、また巻三二栄経県(漢の厳道県)の条には「銅山、在県北三里。即文帝賜鄧通鋳銭之所、後以山仮与卓王孫、取布千疋。其山今出銅鉱。」とあり、銅山を臨邛と厳道に分けて記している。

(52) 増淵龍夫「先秦時代の山林藪沢と秦の公田」(同氏『中国古代の社会と国家』弘文堂　一九六〇所収)参照。
(53) 前掲注4、角谷定俊論文参照。「拓殖的性格」という用語は注35久村論文に見える。
(54) このような工匠の重要性については、注1藤井宏論文bが強調している。
(55) 影山剛「中国古代の製鉄手工業と専売制」(注1前掲書所収)参照。
(56) 『漢書』巻二四食貨志下「孝文五年、為銭益多而軽、乃更鋳四銖銭、其文為半両。除盗鋳銭令、使民放鋳。賈誼諫曰、法使天下公得顧租鋳銅錫為銭、敢雑以鉛鉄為它巧者、其罪黥。……」
(57) 平中苓次「漢代の営業と『占租』」(同氏『中国古代の田制と税法』東洋史研究会　一九六七所収)参照。
(58) 詳しくは前章参照。
(59) 宮崎市定「史記貨殖伝物価考証」(同氏『アジア史論考』中巻　朝日新聞社　一九七六所収)参照。
(60) 注5大櫛敦弘論文bは、鉄素材の流通が前漢後期から始まるとしているが、付論2で論じたように、それはあり得ない。
(61) このような言説は、いずれも商人を警戒し、取り締まろうとする為政者から発せられたものであり、額面どおりに受け取ってよいかどうかは検討を要する。
(62) 前掲注4角谷定俊論文は、秦が統一の過程で卓氏や孔氏を辺境に遷徙し、三晋地方の製鉄場や鉄山を独占して、国家が主体となって生産した鉄器を農民に貸与支給したとする。この説に従えば、大商人の経営は辺境地帯にしか見られないことになるが、魯の邴氏のように辺境に遷徙されずに同様の経営を行なう例もあることが無視されている。確かに雲夢秦簡には鉄器貸与の条項が見られるが、これを全国に一般化して考えることができるかどうかは疑問である。
(63) 『史記』巻三〇平準書「於是以東郭咸陽・孔僅為大農丞、領塩鉄事。桑弘羊以計算用事、侍中。咸陽、斉之大煮塩、孔僅、南陽大冶、皆致生累千金。故鄭当時進言之。弘羊、雒陽賈人子、以心計、年十三侍中。故三人言利事、析秋豪矣」。
(64) 『塩鉄論』軽重篇第十四「御史進曰、……今大夫君修太公・桓・管之術、総一塩鉄、通山川之利、而万物殖。是以県官用饒足、民不困乏、本末並利。此籌計之所致、非独耕桑農業也」。
(65) 金谷治「『管子』軽重篇の成立」(東洋史研究四三巻一号　一九八四)参照。
(66) 『史記』巻三〇平準書「於是天子与公卿議、更銭造幣以贍用、而摧浮淫并兼之徒。是時禁苑有白鹿而少府多銀錫。……乃以白鹿皮方尺、縁以藻繢、為皮幣、直四十万。王侯宗室朝覲聘享、必以皮幣薦璧、然后得行」。

(67) 馬非百『管子軽重篇新詮』(中華書局　一九七九)は、ここから軽重丁篇が武帝時代以後に書かれたとするが、もちろんそうとは限らないだろう。

(68)『史記』巻一二九貨殖列伝「請略道当世千里之中、賢人所以富者、令後世得以観択焉。……此其章章尤異者也。皆非有爵邑奉禄弄法犯姦而富、盡椎埋去就、与時俯仰、獲其贏利、以末致財、用本守之、以武一切、用文持之、変化有概、故足術也」。

(69)『塩鉄論』貧富篇第一七「大夫曰、余結髪束脩、年十三幸得宿衛、給事輦轂之下、以至卿大夫之位、獲禄受賜、六十有余年矣。車馬衣服之用、妻子僕養之費、量入為出、倹節以居之。奉禄賞賜、一二籌策之、積浸以致富成業」。稲葉一郎「桑弘羊の財政策」(立命館文学四一八～二一合併号　一九八〇)、「桑弘羊『政治経済論』管窺」(人文論究三〇巻三号　一九八〇)は、桑弘羊が一連の財政改革を企画立案した中心人物だったとしているが、これに対しては影山剛氏の反論もある。注1前掲書三八四～七頁参照。ここで影山氏は、桑弘羊が『管子』軽重諸篇とも関係する財政改革の政策スタッフの中で次第に頭角を現したのではないかと述べている。注65の金谷治氏と軌を一にする考え方である。

(70)『管子』海王篇。しかし軽重乙篇には、鉄を専売化して強制的に作らせるのは下策だとする議論も見える。塩鉄専売は軽重諸篇の統一見解とはいえないようである。

(71) 加藤繁「漢代に於ける国家財政と帝室財政との区別並に帝室財政一斑」(『支那経済史考証』上巻所収　一九五二)参照。

(72)『塩鉄論』復古篇第六「大夫曰、……古者、名山大沢不以封、為下之専利也。山海之利、広沢之畜、天地之蔵也。皆宜属少府、陛下不私、以属大司農、以佐助百姓。浮食奇民、好欲擅山海之貨、以致富業、役利細民、故沮事議者衆。鉄器兵刃、天下之大用也。非衆庶所宜事也。……」同、刺権篇「大夫曰、「……大農塩鉄丞咸陽・孔僅等上請、願募民自給費、因県官器、煮塩予用、以杜浮偽之路。……」

(73) 注1～3にあげた諸論文参照。

(74) 呂祖謙『大事記解題』(金華叢書本)巻一二。なお山田勝芳『秦漢代税役制の研究』(昭和六三～平成二年度科学研究費報告書　一九九一)は、bに文字を加えて、「願わくは、民を募りて、自ら費を給し、[県]官に因って、器作、煮塩せしめ、[煮塩には]官、牢盆を与えん」と読む。bの句読と訓読にはまだ他の新説が生まれる余地がありそうだが、もはや筆者の想像力を超えている。

(75) 藤井宏氏はこれには否定的で、専売制度がなれあいの産物とするのに対し、伊藤徳男氏（注3c論文）はこれを批判して、専売制下の生産が国営の一部に民営を導入した「民営即国営」の形態で行なわれたとしており、民営論の中で評価が分かれる。

(76) 『史記』巻三〇平準書、集解に引く鄧展の説。

(77) 『塩鉄論』水旱篇第三六「大夫曰、卒徒工匠、以県官日作公事、財用饒、器用備。家人合会、編於日而勤於用、鉄力不銷錬、堅柔不和。故有司請総塩鉄、一其用、平其賈、以便百姓公私」。これに対して賢良は「今総其原、壹其賈、器多堅䃘、善悪無所択」と応じており、大夫の意味するところがより明確にされている。

(78) 『後漢書』列伝六六循吏列伝、衛颯「遷桂陽太守。……又耒陽県出鉄石、佗郡民庶常依因聚会、私為冶鋳、遂招来亡命、多致姦盗。颯乃上起鉄官、罷斥私鋳、歳所増入五百余万」。

(79) 本章付論1参照。

(80) 『史記』巻三〇平準書「商賈以幣之変、多積貨逐利。於是公卿言、……異時算軺車・賈人緡銭、皆有差。請算如故。諸賈人末作貰貸売買、居邑稽諸物、及商以取利者、雖無市籍、各以其物自占、率緡銭二千而一算。諸作有租及鋳、率緡銭四千一算。非吏比者三老北辺騎士、軺車以一算、商賈人軺車二算、船五丈以上一算。匿不自占、占不悉、戍辺一歳、没入緡銭。有能告者、以其半畀之。賈人有市籍者、及其家属、皆無得籍名田、以便農。敢犯令、没入田僮」。

(81) 注2b論文は、民間の業者への補償が必要だったはずだとするが、私財を捐納して武帝に重んじられた卜式の例もあるので、塩鉄家の場合も同様だと思われる。

(82) 南陽郡については本章付論2参照。前漢末期ごろの東海郡の鉄官について、尹湾漢墓の簡牘に記載がある。これによれば、下邳鉄官には長（三百石）、丞（二百石）各一、令史三、官嗇夫五、尉史九、亭長一の計二〇名の官吏が配置されていた。他に同郡内に「□鉄官」があり、丞（二百石）、令史、官嗇夫各一、尉史二の計五名がいた。このような出先機関は「別作」と呼ばれている。連雲港市博物館他『尹湾漢墓簡牘』（中華書局　一九九七）、謝桂華「尹湾漢墓所見東海郡行政文書考述」（『尹湾漢墓簡牘総論』　科学出版社　一九九九）参照。ここに見える鉄官の組織は、純然たる管理業務だけを行なったと見られる。

(83) 注2b論文は官給の生産用具として鉄範をあげるが、付論1で述べたように、畳鋳の場合は鉄範が使えない。また鉄範の鋳型も多数生産現場で発見されている。鋳造の場合、鋳型を作るための型が支給されたと考える方が、生産過程と遺物の出土状況に適合する。しかし鍛造品に対しては、仕様書のようなもので製品規格を指定するしかない。

(84) 『急就篇』(天壌閣叢書本) 巻四「鬼薪白粲鉗鈦髠(顔師古注、此謂軽罰非重罪者也)、不肯謹慎自令然。輸属詔作谿谷山(注、輸属言配入其処也。詔勅別有所輸作也。一曰、詔書処罰令其輸作也……配於谿谷及山徒之役也)、箛簌起居課先後(注、箛、吹鞭也。簌、吹箭也。起居謂晨起夜臥、及休食時也。言督作之司、吹鞭及竹箭、為起居之節度、又校其程、課先者免罰、後者懲責也)、斬伐材木斫株根(注、言徒役之人給此事也)」。

(85) 注93参照。

(86) 『漢書』巻六四下、終軍伝。注5a論文が指摘するように、膠東・魯の両諸侯王国では当初鉄官が立てられなかったと考えられる。『史記』巻一二二酷吏張湯伝に「趙国以冶鋳為業、王数訟鉄官事、湯常排趙王。」とあるように、諸侯王国における塩鉄専売化は当初順調には行かなかったのかもしれない。山田勝芳「漢代財政制度に関する一考察」(北海道教育大学紀要第一部B　二三巻一号　一九七二)は塩鉄専売化が諸侯王国への規制の強化として機能したとする。

(87) 紙屋正和「武帝の財政増収策と郡・国・県」(東洋史研究四八巻二号　一九八九)は鉄官の機構が郡県とは別個に運営されたとしているが、県の行政機構を基礎としなければ専売機構は成り立たない。しかし専売収入は本来山林・関市の税収に属するから、もちろん郡県の地方財政収入とはならない。この点を分けて考えるべきである。注86山田論文参照。

(88) 『史記』巻三〇平準書「而孔僅之使天下鋳作器、三年中拝為大農、列於九卿。而桑弘羊為大農丞、筦諸会計事、稍稍置均輸、以通貨物矣」。なおこの間の年代考証については、影山剛「塩鉄専売制施行の時期、その他専売制初期の諸事情」(注1前掲書所収)参照。

(89) 『史記』巻三〇平準書「初、大農筦塩鉄官布多、置水衡欲以主塩鉄。及楊可告緡銭、上林財物衆。乃令水衡主上林。上林既充満、益広」。告緡の開始が元狩六年からであることは、吉田虎雄『両漢租税の研究』(大阪屋号書店　一九四二)五四～五五頁に考証されている。

(90)『史記』巻三〇平準書（皮幣については注66参照）「又造銀錫為白金。以為天用莫如龍、地用莫如馬、人用莫如亀、故白金三品。……礼県官銷半両銭、更鋳三銖銭、文如其重。盗鋳諸金銭、罪皆死、而吏民之盗鋳白金者、不可勝数。……有司言三銖銭軽、易姦詐、乃更請諸郡国鋳五銖銭、周郭其下、令不可磨取鋊焉。……自造白金五銖銭後五歳、赦吏民之坐盗鋳金銭死者数十万人。其不発覚相殺者、不可勝計。赦自出者百余万人。然不能半自出、天下大抵無慮皆鋳金銭矣」。

(91)当時市場では準貨幣として布帛も流通していたから、専売収入は銅銭だけとは限らない。第三部第一章および第四部第一章参照。

(92)『史記』巻三〇平準書「郡国多姦鋳銭、銭多軽。而公卿請令京師鋳鍾官赤側、一当五、賦官用非赤側不得行。白金稍賤、民不宝用、県官以令禁之、無益。歳余、白金終廃不行。是歳也、張湯死而民不思。其後二歳、赤側銭賤、民巧法用之、不便、又廃。於是悉禁郡国無鋳銭、専令上林三官鋳、銭既多、而令天下非三官銭不得行。諸郡国所前鋳銭皆廃銷之、輸其銅三官。而民之鋳銭益少、計其費不能相当、唯真工大姦乃為之」。

(93)『塩鉄論』禁耕篇第五「文学曰、……故塩冶之処、大傲皆依山川、近鉄炭、其勢咸遠而作劇。郡中卒践更者、多不勘違、責取庸代。県邑或以戸口賦鉄、而賤平其準。良家以道次発僦運、塩鉄煩費、百姓病苦之」。同、水旱篇第三六「賢良曰、……県官鼓鋳鉄器、大抵多為大器、務応員程、不給民用。……今県官作鉄器、多苦悪、用費不省、卒徒煩而力作不盡。……今総其原、壹其賈、器多堅𥐻、善悪無所択。吏数不在、器難得。家人不能多儲、多儲則鎮生。棄膏腴之日、遠市田器、則後良時。塩鉄賈貴、百姓不便。貧民或木耕手耨、土耰淡食。鉄官売器不售、或頗賦与民。卒徒作不中呈、時命助之。発徴無限、更繇以均劇、故百姓疾苦之」。

(94)本章付論1参照。

(95)『史記』巻三〇平準書「卜式相斉、而楊可告緡徧天下。中家以上大抵皆遇告。杜周治之、獄少反者。乃遣御史廷尉正監分曹往、即治郡国緡銭。得民財物以億計、奴婢以千万数、田大県数百頃、小県百余頃、宅亦如之。於是商賈中家以上大率破、民偸甘食好衣、不事畜蔵之産業。而県官有塩鉄緡銭之故、用益饒矣」。

(96)注74山田論文も同様の見通しを述べる。

(97)『史記』巻三〇平準書「漢連兵三歳、誅羌滅南越、番禺以西至蜀南者、置初郡十七、且以其故俗治、毋賦税。南陽・漢中以往郡、各以地比給初郡、吏卒奉食幣物、伝車馬被具。而初郡時時小反殺吏、漢発南方吏卒往誅之、間歳万余人、費皆仰給大農。大農以均輸調塩鉄助賦、故能贍之。然兵所過県、為以訾給毋乏而已、不敢言擅賦法矣」。

(98)　渡辺信一郎「漢代の財政運営と国家的物流」（京都府立大学学術報告　人文四一号　一九八九）参照。

(99)　『史記』巻三〇平準書「於是天子北至朔方、東到太山、巡海上並北辺以帰。所過賞賜、用帛百余万匹、銭金以巨万計、皆取足大農。弘羊又請令吏得入粟補官、及罪人贖罪。令民能入粟甘泉各有差、以復終身、不告緡。他郡各輸急処、而諸農各致粟、山東漕益歳六百万石。一歳之中、太倉甘泉倉満、辺余穀諸物、均輸帛五百万匹。民不益賦而天下用饒」。

(100)　『塩鉄論』復古篇第六の大夫の言に、「故扇水都尉彭祖寧帰言、塩鉄令品、令品甚明。卒徒衣食県官、作鋳鉄器、給用甚衆、無妨於民。而吏或不良、禁令不行」という。「扇水都尉」は労榦『居延漢簡考証』が指摘するように、居延漢簡で知られる「肩水都尉」の誤りだろう。彭祖なる人物の、毒にも薬にもならない発言がわざわざ引用されるのは、専売制度が辺郡でも安定していることを示すためではないかと思われる。

付論1　漢代の製鉄技術について

はじめに

春秋戦国時代、中国は東アジアで最初に鉄器時代を迎え、しかもその初期の段階で、世界に先駆けて鉄器の鋳造技術が実用化されたことは、今日すでに常識となっている。[1] 一九五〇年代から六〇年代にかけて各地で発掘された製鉄遺跡のうち、河南鞏県鉄生溝の漢代製鉄遺跡は、古代製鉄技術の輝かしい証明と見なされ、その発掘報告で展開された、各種の炉や遺物の技術的解釈は、以後長い間定説として受け入れられてきた。

しかし一九七〇年代になると、河南澠池の漢魏鉄器窖蔵や、同じく温県の烘範窯、鄭州古滎鎮の製鉄遺跡など、重要な発見が相次いで報告され、漢代の製鉄技術に関する考古学的資料は著しく増加した。[2] さらに北京鋼鉄学院（現北京科技大学）を中心に、冶金学者による鉄器の化学組成や金属組織の分析が続々と報告され、鉄そのものから製鉄技術を分析する、新たな製鉄史研究の領域が開拓された。[3] その結果、研究の情況は大きく変化しつつある。

ただし現状では、鉄の考古学に関する調査と研究に、非常な地域差とレベル差があることも否定できない。現在さかんに調査研究がなされているのは、事実上河南省だけで、他の地域では、いくつかの例外を除けば、辛うじて遺跡の存在が確認されるにとどまっている。この限界を踏まえた上で、最近の研究の傾向と課題を大まかに整理すると、次の三点を指摘することができる。

第一に、中国の製鉄技術の起源が鍛造技術にあるのか、それとも鋳造技術にあるのかという、古典的な問題が棚上げされたこと。これは、隕鉄利用にとどまっていた商代と、すでに鉱石製錬による鋳造鉄器と鍛造鉄器の両方が見られる春秋晩期の間をつなぐ資料が発見されていないことに起因する。(4)

第二点は、主として冶金学者によって、鋳鉄の熱処理技術を中心とした、漢代製鉄技術の見直しが行なわれていることである。鞏県鉄生溝遺跡の発掘報告が全面的に書き換えられ、旧報告が事実上葬り去られたことは、その最も顕著な成果である。

第三点として、鉄器の鋳造技術と鍛造技術の関係が問い直されていることが挙げられる。中国古代の鉄器は必ずしも鋳鉄製品だけではなく、春秋晩期から漢代に至るまで、一貫して鍛造製品が併用されている。この事実を合理的に説明するためには、どちらの技術が古いかとか、どちらが進歩しているか、といった起源論や優劣論では不十分である。ふたつの製鉄技術が、同時代において如何なる役割を果たしたかを明らかにすることが求められている。(5)

もはや、鋳鉄技術の誕生を素朴に強調するだけでは、何も論じたことにならない段階に到達している。本付論では、最近の研究成果に基づいて、鉄器の鋳造技術を中心に漢代の製鉄技術を再構成し、その歴史的位置づけを考えてみたい。主たる材料は、製鉄遺跡の考古学的調査と鉄器の冶金学的分析の報告である。報告の引用はすべて第三部末尾の文献リストの番号による。また冶金関係の用語については、日本語の表記を優先し、中国語の表記は適宜括弧で補うことにする。

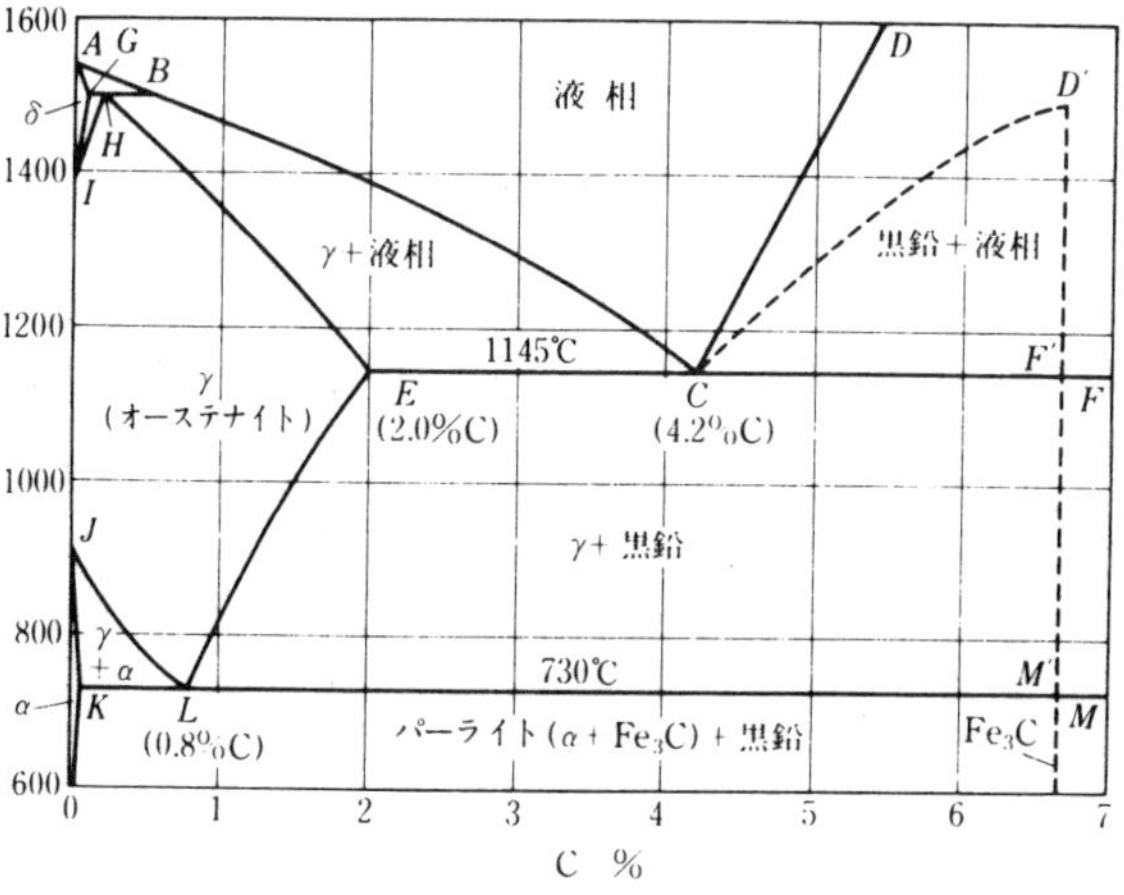

図1　鉄ー炭素平衡状態

I　ふたつの技術体系

細かい議論に入る前に、用語法の説明を兼ねて、若干の前提を明らかにしておく必要がある。鉄の性質は、結晶中に含まれる炭素の量によって大きく変化する。実用の範囲では、含まれる炭素が少ないほど柔らかく、多いほど硬く（一面では脆く）なると考えてよい。図1は温度と炭素の量によって鉄の状態がどのように変化するかを示した簡略な鉄ー炭素平衡状態図である。[6] 線ABCDは液相線で、これより上では鉄は完全に液体である。その温度は、炭素四・二パーセントにあたる点Cにおいて、一一四五度ぐらいで最も低い。これが、最も低い温度で鉄を溶かすための条件となる。

線AGHECFは固相線で、これより下では完全に固体である。凝固の過程で、鉄の結晶に含みきれない炭素は吐き出され、黒鉛の結晶が形成される。その分布や大きさ、形状を制御することによって、性能の異なる様々な鋳鉄が作られる。また、含有される硅素が少ないか、あるいは急冷する、という条件の下では、炭素はすべて鉄の結晶に取り込まれ、黒鉛結晶が現れない。それによって得られ

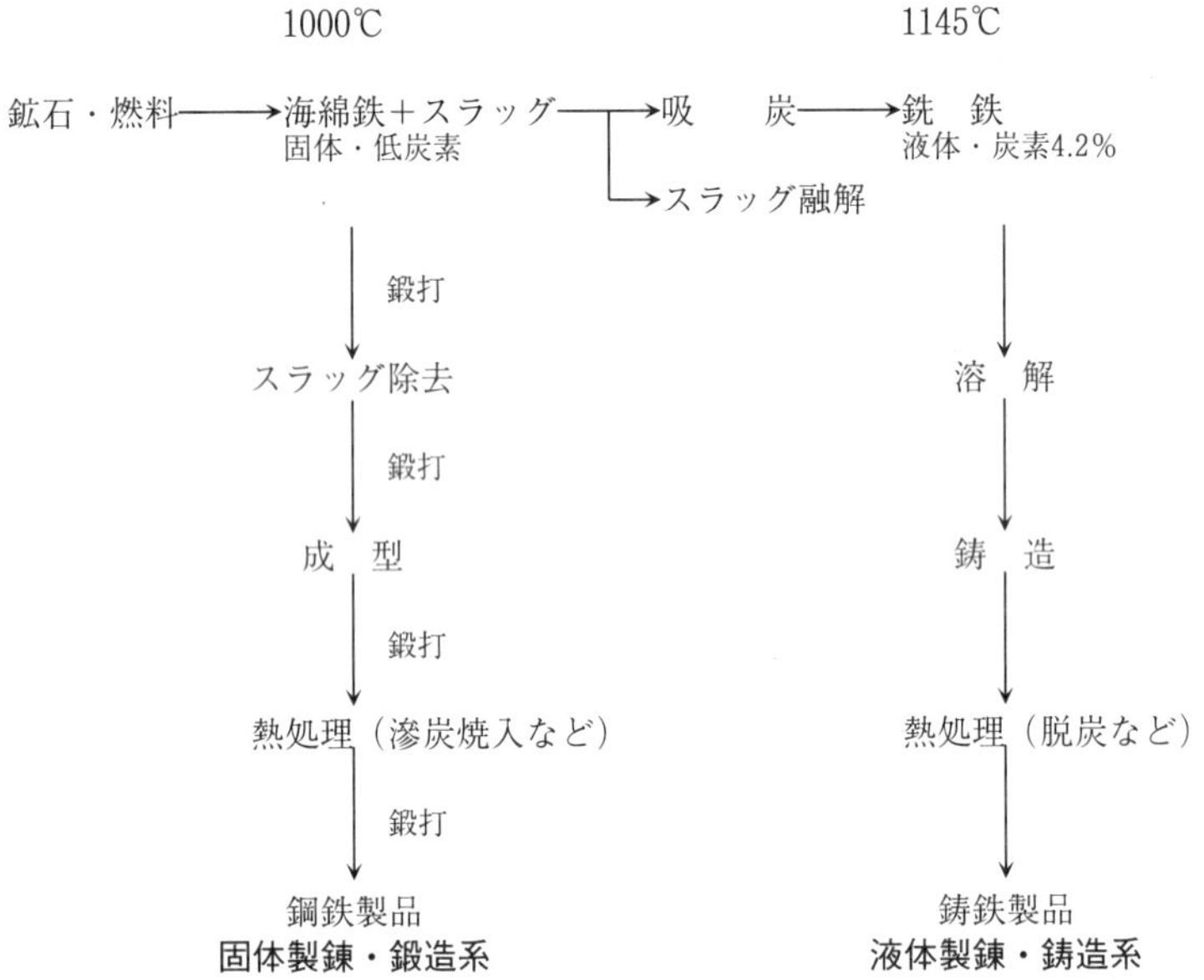

図2　二つの技術体系の流れ

るのが白銑鉄（白口鉄）である。さて、固相線は点E（炭素二・〇パーセント、一一四五度）で大きく変化し、これより右では一定となる。この点Eを境として、炭素二パーセント以上の鉄を鋳鉄、それ以下を鋼鉄と見なすことができる。さらに鋼鉄を、点Lを境に低炭鋼と高炭鋼に分けることも可能である。

ところで、鉄は固体のままで結晶構造を変化させる（変態）性質がある。その変態点を示す線KLMは炭素の量に関わりなくほぼ一定で、温度は七三〇度ぐらいである。これが鋼鉄の焼き入れや鋳鉄の脱炭処理など、熱処理を施す場合の温度の目安となる。

以上のような鉄の基本的な性質を踏まえて、古代の製鉄技術を整理してみよう。一般に、鉄鉱石から鉄を取り出す製錬の方法には二種類あり、これがその後の加工方法をも規定する。これを模式的に表したのが図2である。鉱石中の酸化鉄は、燃料から発生する高温（目安として一〇〇〇度前後）と一酸化炭素によって還元され、鉄の粒状の結晶が脈石（鉱石中の鉄以外の部分）

中に散在する状態となる。この状態の鉄を海綿鉄で代表させることにする。ここに含まれる鉄は炭素をほとんど含まない軟鋼だが、これを溶かすには一六〇〇度近い高温が要求される。したがって海綿鉄は固体のままでスラッグごと取り出され、スラッグ除去から製品に至るまで、ひたすら鍛打することによって加工される。しかしそのままでは柔らか過ぎるため、最後の段階で表面部分に炭素を加え、焼き入れを施して表面を硬化させることが多い。このような、鉄を固体状態で製錬し、専ら鍛打によって加工して鋼鉄製品を製造する一連の技術を、「固体製錬－鍛造系」の製鉄技術としてまとめることができる。

いまひとつの製錬方法では、固体状態で還元された海綿鉄をさらに加熱していく。この過程でまずスラッグが融解、滴下して分離される。固体製錬でスラッグは鍛打によって物理的に除去されるのに対して、この製錬法ではスラッグの分離が、鉄との融点の差を利用して化学的に行なわれることになる。一方、鉄は次第に炭素を吸収し、それにしたがって融点が降下する。炭素が四・二パーセント位になると、一一四五度前後で完全に液体となって炉底に溜まり、これを流し出して銑鉄（材質としては鋳鉄に属する）が得られる。さらに再び融解されて鋳型に流し込まれ、器物の形に成型される。現代の鋳物工業においては、この段階で炭素量の調整や添加剤の投入、冷却条件の操作などが行なわれ、目的に応じた性能の鋳鉄が作り分けられる。また製品に熱処理を施して炭素の量と形態を調節することもある。固体製錬－鍛造系の技術においては、足りない炭素を補う必要があるのに対して、この技術体系においては、多すぎる炭素を相対的に減らす方向の加工が必要である。このように多くの点で固体製錬－鍛造系と対照的なこの技術を、「液体製錬－鋳造系」の製鉄技術と呼ぶことができよう。

「固体製錬－鍛造系」は本来鋼鉄を作るための技術であり、「液体製錬－鋳造系」は、第一義的には鋳鉄を作るための技術である。古代中国において、目的の異なる両者の技術が一貫して併用されてきたことは、両者の間に何らかの役割分担が存在したことを示している。二つの技術体系の歴史的関係を問うことは、鋼鉄と鋳鉄とがどのように作り分けられてきたかを問うことにほかならない。この観点からすれば、「固体製錬だから原始的だ」といった議論は偏見に過ぎない。日本の玉鋼やインドのウーツ鋼のように、一見「原始的」な方法によって、現代では真似のできないような優秀な鉄が産み出された例はいくらもあるからである。以上の予備的考察を踏まえて、漢代の製鉄技術を、液体製錬—鋳造系の技術を中心に整理してみよう。

Ⅱ　製錬技術

（1）鉱石の採掘と加工

漢代に鉄鉱石の採掘が行なわれたことが確実な遺跡は、鞏県鉄生溝付近の三ケ所で確認されている（文献1a）。このうち鉄生溝の北にあたる北荘村では、一×〇・九メートルの方形と、直径一メートルほどの円形の竪坑（深さ不明）、及び鉱夫の居住したと見られる窰洞が発見されている。また鉄生溝の西南の羅漢寺付近には斜坑の跡があった。採掘技術は明らかでないが、湖北銅緑山の銅山のような大規模な坑道[7]は見当たらず、鉱山としてはごく小規模なものである。ここで採掘された赤鉄鉱や褐鉄鉱は鉄生溝に運ばれ、三センチメートルほどの大きさに砕かれ、さらに篩にかけられた。羅漢寺の斜坑から出た赤鉄鉱の酸化鉄含有量は三九パーセントほどであるが、鉄生溝で加工された後の鉱石粒はこれが六四～七六パーセントという価を示す。鉱石加工の際に、鉄をより豊富に含んだ部分が選別され、これが製錬に回された可能性がある。鉄生溝（1）や鄭州古滎鎮（2a）の製鉄遺跡で、鉱石の加工施設がかなりの面積を占め、膨大な量の鉱石や鉱石粉の堆積が見られることは、製錬の準備段階としての選鉱作業の重要性を物語っている。なお、鄭州古滎鎮の製鉄遺跡から出土した加工済みの鉱石も、鉄の含有量四八パーセント以上、硫黄や燐をごく微量しか含まない、良好な赤鉄鉱である。

（2）燃料

かつて鞏県鉄生溝の旧報告（1a）において、出土した石炭及び石炭末を固めた練炭が、製錬の燃料とされたことがある[8]。しかしこの見解は新報告（1b）で訂正され、現在では石炭は鋳型焼成や耐火煉瓦の材料として用いられたに過ぎないと考えられている。したがって鉱石製錬の燃料は、木炭に限定されると見てよい。木炭は石炭に比べて硫黄分が少なく、コークス以前の段階では最も優れた燃料であった。高炉の燃料として使用する場合、炉の下部では相当な重量が木炭にかかってくるから、かなり硬い炭を用いる必要がある。製鉄に用いられた木炭の分析はまだほとんどないが、鄭州古滎鎮で出土した木炭には櫟（クヌギ）が使われたようである（2b）。なお、どの遺跡についても、燃料の集積場は発見されていない。

（3）製錬炉

［炉の種類］　製錬炉の構造と形態は、前記のような固体製錬法と液体製錬法で大きく異なるはずである。しかし、鉄生溝旧報告（1a）で「海綿鉄炉」とされた炉跡が烘範窯の誤認であることが判明した現在、固体製錬炉の実例は一例もない状態である[9]。したがってここでは液体製錬炉に限定せざるを得ない。液体製錬法は、現在まで脈脈と受け継がれてきた高炉式製錬である。鉄生溝（1）では内径一～二メートルの円形炉が六基、長方形炉が二基確認された

が、その構造はほとんどわからない。このように、ほとんどの遺跡で高炉の跡はみつかるものの、いずれも放棄されて埋没した跡で、破壊が著しいのが常である。鄭州古滎鎮の大型の楕円形炉は、復原が可能な珍しい例といえる。

［炉の構造］　鄭州古滎鎮で発掘された二基の高炉跡のうち、一号炉は炉底部分が楕円形をなしており、大型の楕円形炉であることが確認された。楕円形炉は、円形炉に比べて送風効率がよく、進歩した形態だとされている。一号炉の前には、この炉から取り出して廃棄されたと思われる巨大な鉄の塊（一号積鉄）があった。この炉は何らかの事情（恐らく炉壁の破壊）で操業を中止し、内部が冷えてから中身を取り出したものらしい。[10]したがってこの鉄塊は、炉内で還元された鉄が次第に液化して流れ落ち、炉底に溜まるまでの一連の過程を化石的にとどめているだけでなく、炉底の形状、炉壁下部の傾斜角、さらにふいごの羽口の位置など、炉の構造に関する貴重な資料を提供している。一号積鉄を図3に、そこから復原された一号炉の復原図を図4に示す。これによれば一号炉は、底部が長径三一〇〇センチメートル・短径二四〇〇センチメートルの楕円形、上部が長径三九五〇センチメートル・短径三二五〇センチメートルの楕円形をなし、高さ一メートル位のところから下すぼまりの傾斜がつけられている。四基のふいごの羽口はこのあたりに付けられていたらしい。炉の高さは、炉内の温度が最高になるのが全体の高さの四割程度の位置になることから、四五〇〇センチメートルと推測される。炉の外周は耐火煉瓦で囲まれ、外形は六七五〇×五一五〇センチメートルの長方形をなす。[11]

［送　風］　図4に見えるふいごは、山東滕県宏道院の後漢代の画像石（図5）に見える手動の鼓形ふいごを大きくしたものである。[12]漢代のふいごの形態を示す資料は、現在のところこの画像石しかないから、このような復原には一定の根拠がある。しかし、画像中のふいごは鍛造用の小型炉に用いられたものである。多少大型化し、台数を増やしても、これで古滎鎮のような大型の高炉を運転できるだけの送風量が得られたかどうかは、いささか疑問が残る。送

風作業は、製鉄場の激しい労働の中でも最もきつい仕事である。漢代に、力のロスの多いこのようなふいごしかなかったのかどうか、今後の大きな問題である。

［耐火材料］　炉を構築する耐火材料は、使用する部位によって異なるが、大まかには木炭や石炭を細かく砕いて加えた黒色系のものと、粘土系のものとに分かれる。黒色のものは外気に触れにくい壁や炉底の内側などによく用いられる。[13]色の白っぽい粘土系のものは炉の内部表面に多い。その化学組成と性能については、鉄生溝（1b）や鄭州古滎鎮（2c）、南陽瓦房荘[14]の遺物について検査されている。成分にはもちろんばらつきがあるが、どの遺跡のものも共通して、二酸化硅素を主成分（六〇～八〇パーセント弱）とし、酸化アルミニウムを一一～一五パーセント前後含んでいる。現在の耐火材料と比較してアルミナ分が非常に少なく、黄土よりわずかに多い程度である。ただし、耐火材料がただの黄土の塊だったわけではなく、鉄生溝ではアルミナを多量に含んだ粘土の集積も見られることは強調しておいてよい。これらの材料の耐えられる温度は現在のものよりもはるかに低く、鉄生溝と古滎鎮では一二三〇～四〇〇度で溶融してしまう。瓦房荘では一五〇〇度近い数値が出ているが、試料の焼失量が四～六割に達するから、変形を始める温度はもっと低かったに違いない。このような耐火材料で築かれた炉の耐えられる温度は、一二〇〇度を大きく上回ることはないと考えられる。

（4）炉　滓

スラッグの成分は、鄭州古滎鎮の例が詳しく報告されている（2a）。検査された四つの試料の成分の大体の平均値（単位はパーセント）は、二酸化硅素五二・二、酸化アルミニウム一二・一、酸化カルシウム二五、酸化マグネシウム二、酸化鉄二・九などである。スラッグの溶解温度は平均一〇八〇度、流動化したガラス質になっている。酸化カ

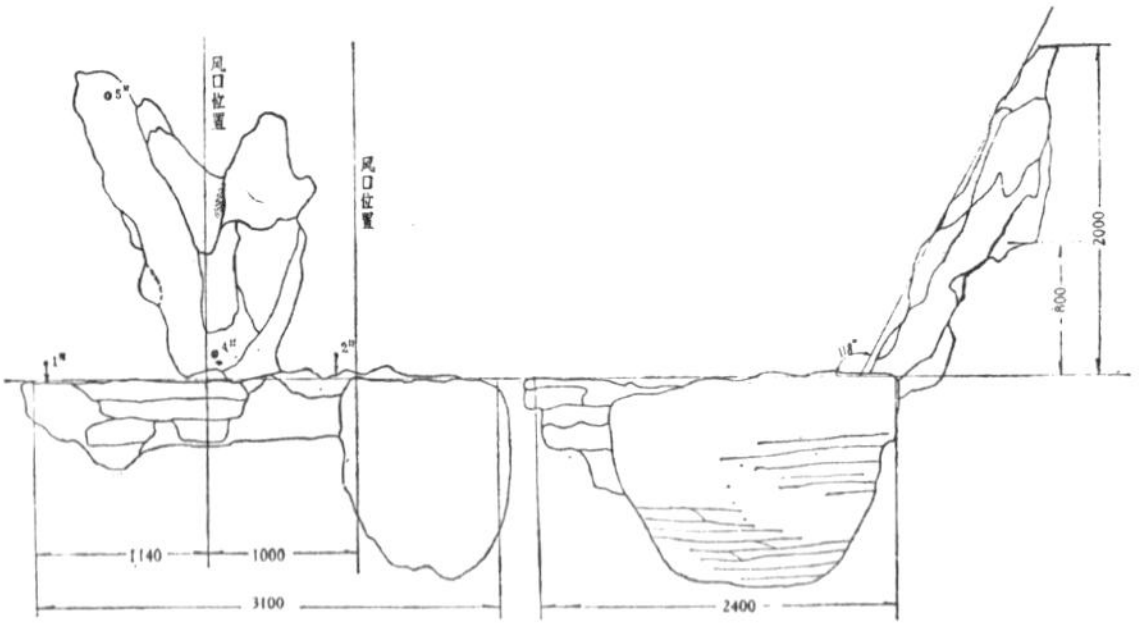

図 3　鄭州古滎鎮 1 号積鉄

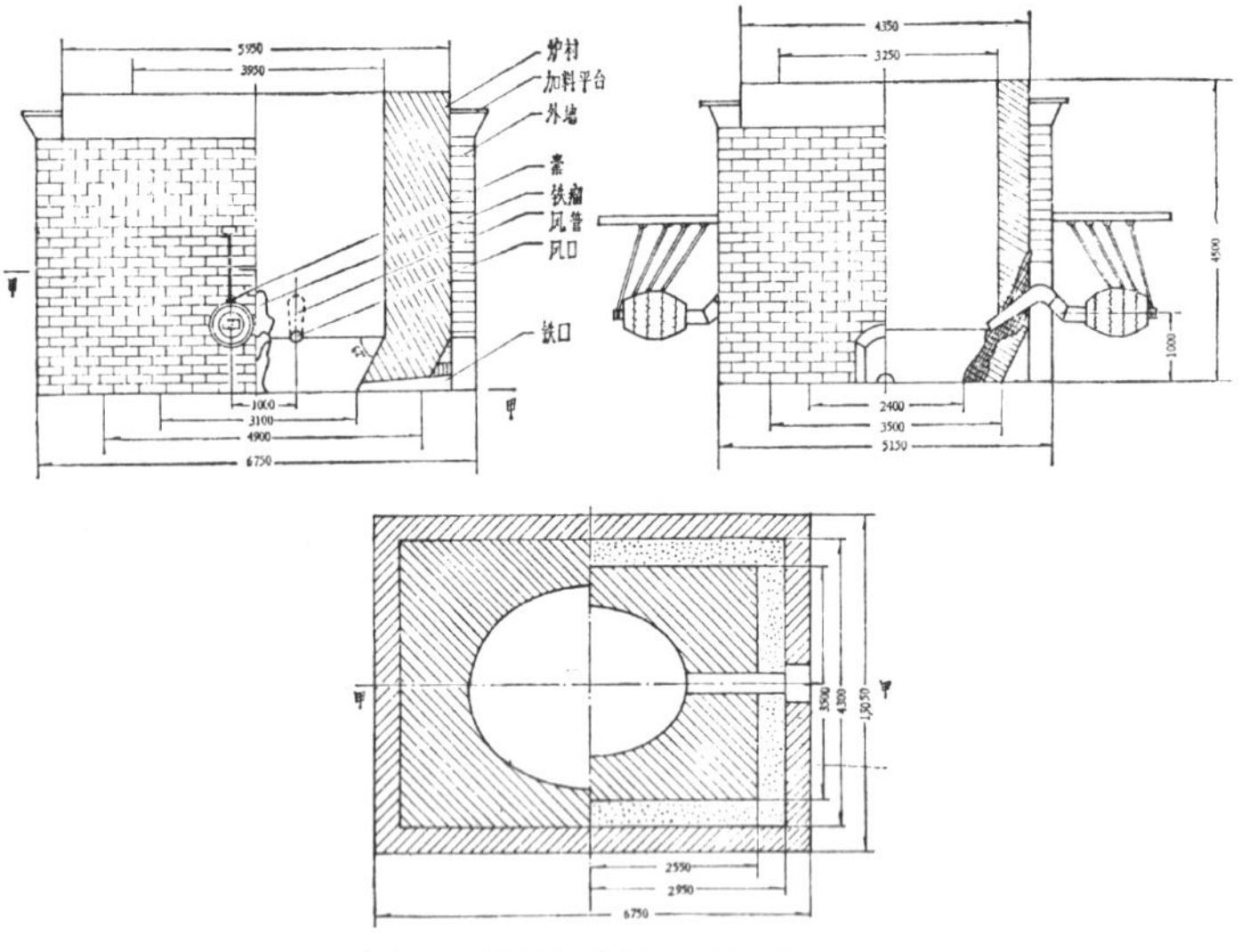

図 4　鄭州古滎鎮 1 号炉復元図

図 5　滕県宏道院画像石（部分）

ルシウムと酸化鉄の数値は、河南鶴壁市の製鉄遺跡の分析とも一致する（6）。酸化鉄が三パーセント弱しかないことは、鉱石中の鉄分がかなりの効率で還元されたことを示している。[15]また酸化カルシウムが二五パーセントも含まれることは、明らかに溶剤として石灰が加えられたことを意味する。

（5）製品

製錬された銑鉄の成分は、前記の古滎鎮一号積鉄から分析される（2a）。一号積鉄の上部には、枝状に上に伸びた部分（鉄瘤）がある。その上端付近では、炭素が〇・七三パーセントと低く、還元された鉄はまだあまり炭素を吸収していない。枝の下の方では炭素が一・四六パーセントに増加しているから、固体状態で還元された鉄が、炭素を吸収するにしたがって流動化し、下へ降りていったことがよくわかる。こうして融解して炉底に溜まった部分の化学組成は、炭素三・九七～四・五二、硅素〇・一九～〇・二八、マンガン〇・二～〇・三、燐〇・二四～〇・二六、硫黄〇・〇八～〇・一一パーセントほどである。燐や硫黄の少ないのは、きれいな鉱石と木炭燃料を使っていることによる。炭素の価を図1の平衡状態図に照らしてみると、この鉄が融解する温度は一一四五～一二〇〇度前後となる。成分の最大の特色は、含まれる硅素が非常に少ないことである。現代のねずみ鋳鉄（灰口鉄）を中心とした鋳物では、白銑化を防ぐために、通常低くても一パーセント以上の硅素を加える。硅素の含有量の少ないこの鉄は、もともと白銑鉄になりやすい性質を持っているといえる。こうして炉底に溜まった銑鉄は炉外に流し出されるが、流れ出て板状に固まったままの鋳鉄塊とされたり（1b）、板状材や断面三角形の棒材に成型された（4a）。

（6）製錬技術の特色

以上から漢代の、高炉法を中心とした液体製錬技術の特色をまとめてみよう。古滎鎮に見られるように、前漢後期にはかなり大型の楕円形高炉が築かれ、木炭を燃料とし、石灰を溶剤としてかなり効率よく鉱石を製錬していた。生産された銑鉄の炭素量は現代と同様、鉄が最も低温で融解する共晶点（図1の点C、炭素四・二パーセント）付近の価を示し、融点は一一四五度～一二〇〇度前後と見られる。硅素を始めとするその他の成分はいずれも非常に少ない。「きれいな」反面、白銑鉄になりやすい鉄である。

ところで、炉に用いられた耐火材料の性能の限界は一二〇〇度付近にあり、鉄の融解温度に対してほとんど余裕がない。このような耐火材料を用いた高炉は、常に炉の耐火能力の限界付近で操業されていたことになる。鉄を融解するために発生させた熱が、炉材を消耗させ、いわば炉を食い潰していくのである。鄭州古滎鎮の二基の高炉のうち、一号炉が製錬の途中で操業を打ち切って廃棄され、二号炉には炉を新たに築き直した痕跡が認められる（2ａ）ことは、炉の寿命の短さを示唆している。もちろん、現代の高炉のように長期間の連続操業はできなかったに違いない。漢代の高炉は、かなりの頻度で補修や新造が必要だった。各地の遺跡で、廃棄された耐火材料や予備の耐火煉瓦が大量にみつかっていることが、これを裏書している。また、ふいごの構造にも疑問が残る。送風能力は高炉の規模と生産能力を大きく左右する要素である。漢代の高炉から当時の鉄の生産高を見積ることは、いまのところ困難である。

Ⅲ　鋳造技術

（1）溶　解

鋳造原料を溶解する溶解炉については、鉄生溝（1ab）と瓦房荘（3c）に資料がある。鉄生溝からは内径一〇〇、外径一二五センチメートルの円形炉の炉壁残片が出土しているが、炉の基底部分は確認されておらず、遺跡における溶解炉の位置と炉底の構造は不明である。瓦房荘の前漢代の地層では、炉底を浮かせた円形の筒型炉が発掘され、図6のような特殊な形の溶解炉が復原されている。明らかに現代のキューポラ（図7）に似た構造である。図6の溶解炉は、上面を通る送風管内の空気が炉の熱によって予熱される、空気予熱式になっている。これは、出土した送風管の外側が高熱（一二八〇度程度）にさらされて溶け、管と直角の方向に滴り落ちた形跡があることから推測されたものである。しかし、この構造では炉の上面からの地金と燃料の挿入に不便なように思われる。また、ふいごから送風管に送り込まれた空気が、炉の直径分の長さを一度通過するだけで、十分な予熱効果が得られたかどうか。したがって、ここでは漢代にキューポラ式の溶解炉が存在したという事実を確認できるに過ぎない。

（2）鋳　型

鉄器鋳造に用いる鋳型には、材質によって陶範と鉄範の二種類がある（図8）。また陶範には単品鋳造用の鋳型と、同形鋳型を重ねて一度に多くの製品を鋳造する畳鋳用の鋳型がある。青銅器鋳造によく用いられる石範や青銅範が鉄器にも使われたかどうかは、現在まだ確認されていない。陶範には一般に、鋳物の表面に接する内側に細かくふるった土を、外側には砂まじりの土を用いる。範芯には「すさ」を混ぜて焼成し、鋳造の際のガス抜きと、鋳物が凝固する際の収縮への対策が施されている。組み合わせた鋳型は「すさ」まじりの粘土で全体を覆い、烘範窯で焼成される。

これらの材質や窯の構造などは、基本的に青銅器の場合と共通する。畳鋳範は、河南温県の烘範窯で各種軸受けや銜などの車馬具範などの一括遺物が出ている（5a）。溶解した鉄液（湯）を鋳型に導く湯道の太さがわずか二ミリ程度のものもあり、復原実験から最低六〇〇度以上まで予熱しておかないと湯まわりが悪くなるという（5b）。畳鋳法は一度の鋳造で同種の製品を大量に生産できる方法だが、そのためには非常に繊細な技術の蓄積が必要であった。青銅銭の畳鋳技術との関連が注目される。[16] このように、陶範による鉄器鋳造技術は、明らかに青銅器の鋳造技術の延長線上にあった。鉄器独自の鋳型といえるのは、次に見る鉄範である。

鉄範は興隆の戦国燕のもの（27ac）、漢代に属する山東莱蕪（36b）と河南鎮平（15）の例、また漢代以降の例として河南澠池（4）の各時代の遺物がある。また南陽瓦房荘（3b）や鄭州古滎鎮（2a）からは鉄範の陶製鋳型が出土している。鉄範は陶範に比べてずっと長持ちし、相当な回数の反復使用ができるから、鋳造作業の能率を高めることができる。ただし、ある器物が常に鉄範で鋳造されるわけではないし、畳鋳の場合は製品を取り出す際に鋳型を破壊する必要があるから、鉄範の使用には不向きである。したがって鉄範の利用範囲は限定的に捉えるべきだろう。鉄範の最大の技術的特色は、陶範よりも熱伝導率が高く、それだけ鋳物を冷却する速度が高いことである。鋳鉄を急冷すると、白銑凝固を起こしやすくなる。現代の鉄鋳物では、鉄製鋳型は製品の表面を白銑化する目的で使用される。漢代の鉄範の使用は、製品の材質とも深い関係を持っているようである。

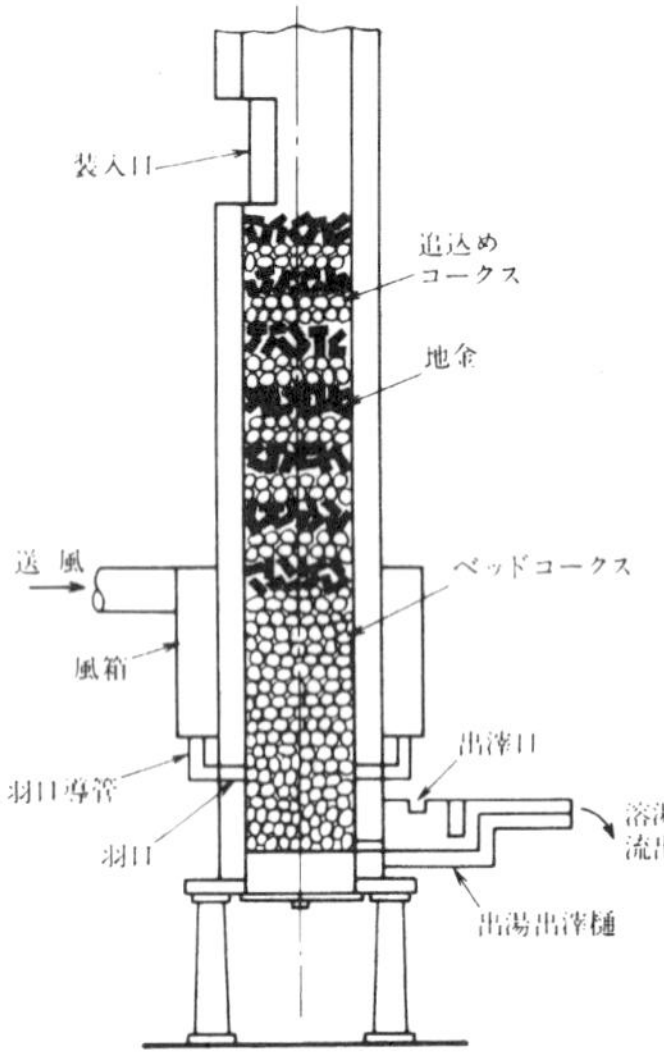

図7　現代のキューポラ

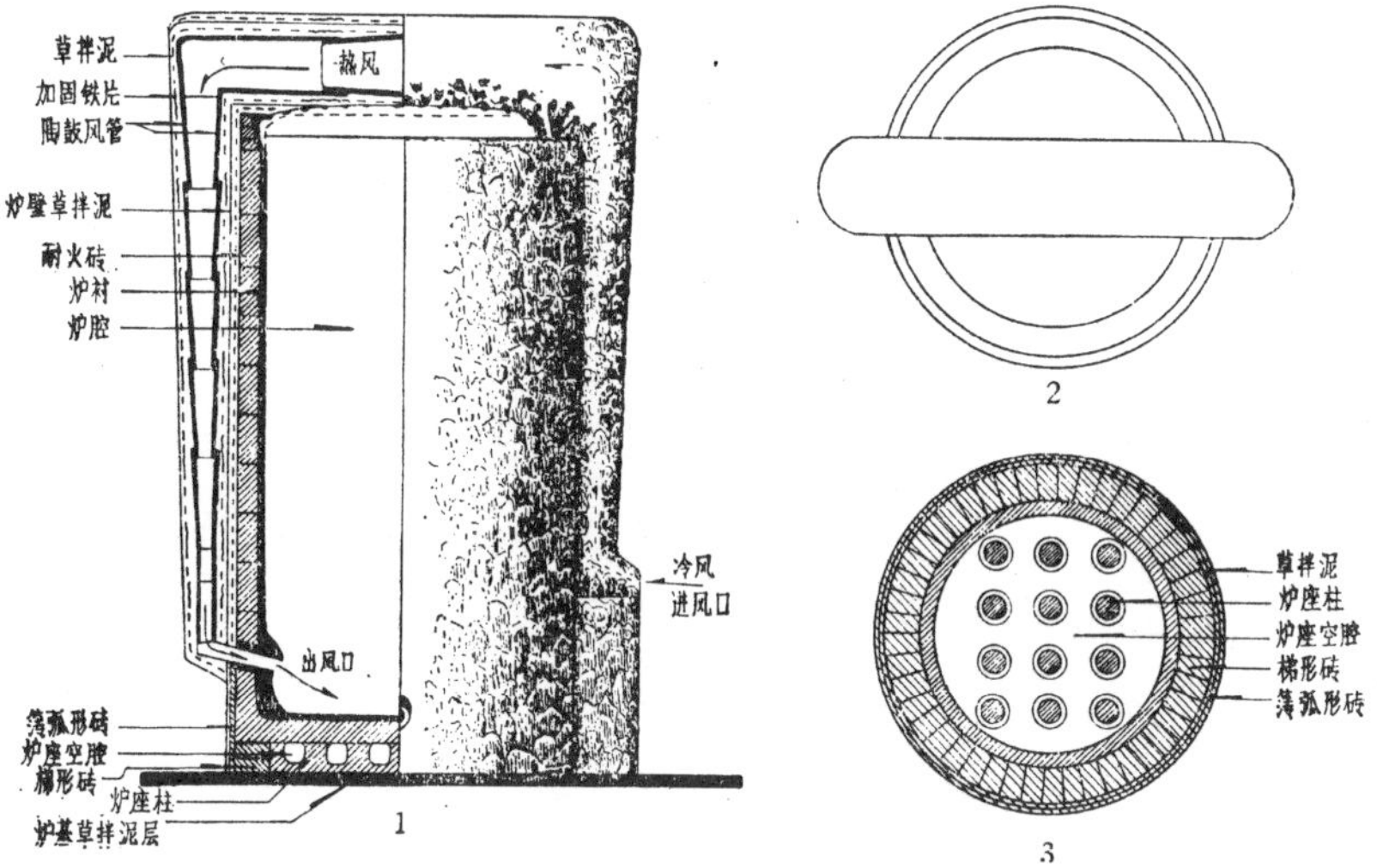

図６　南陽瓦房荘溶解炉復元図

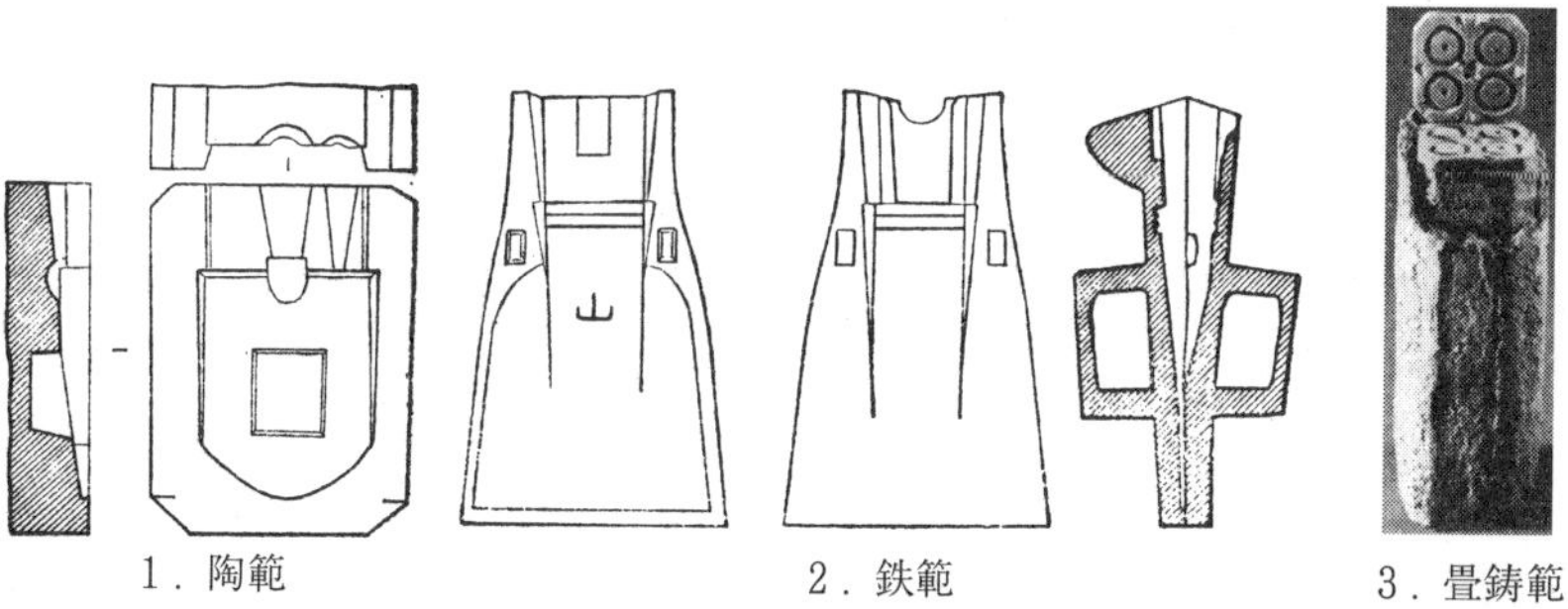

１．陶範　　２．鉄範　　３．畳鋳範

図８　各種の鋳型

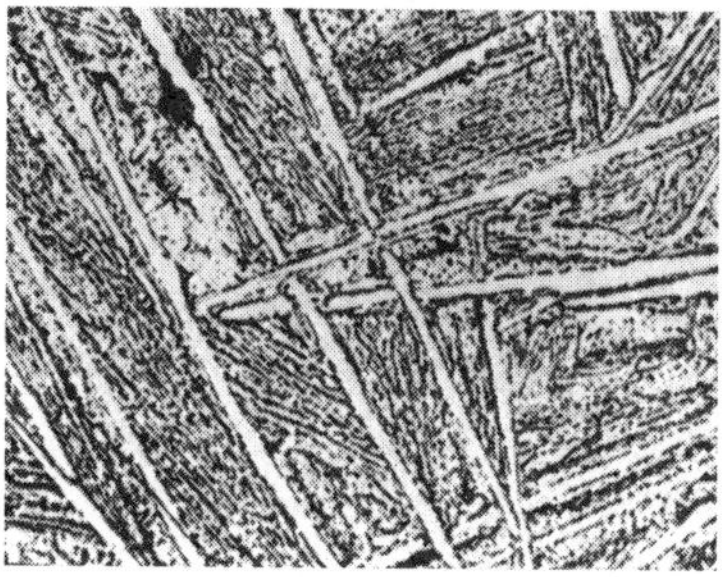

１．白銑鉄（×100）

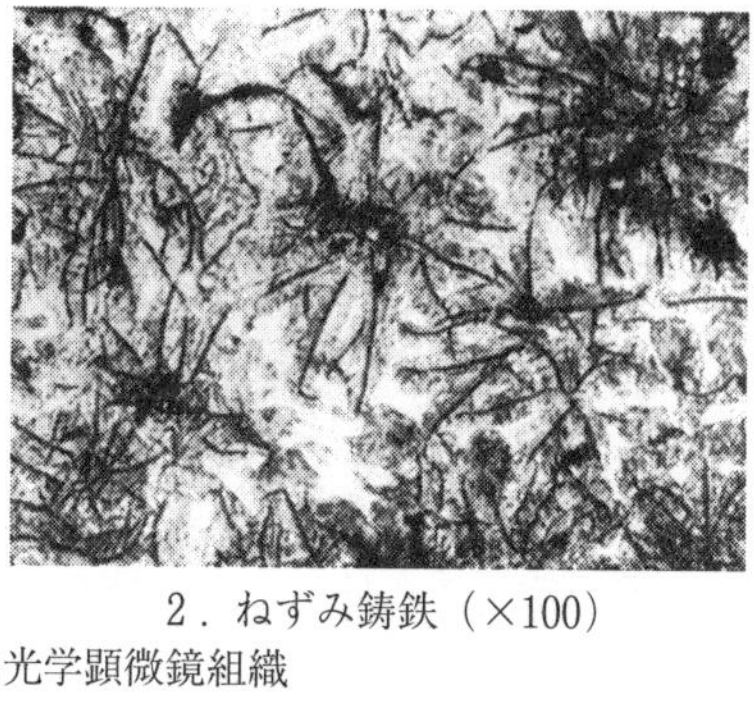

２．ねずみ鋳鉄（×100）

図９　鋳放しの鋳鉄の光学顕微鏡組織

（3）製　品

鋳造によって生産された鉄器の種類は農具、工具、容器や調度類、帯鈎のような装身具、また鏃のような武器類など、多岐にわたる。[17]このうちほとんどどこの遺跡からも鋳型が出土するのが、鍤・鋤・钁など手労働用農具や牛耕用犁の鏵（すきさき）・鐴（撥土板）など各種農具類である。ただし、すべての鉄器が鋳造されるわけではなく、器種によって鍛造品しか発見されないものや、鋳造品と鍛造品の両方が見られるものもある。鋳造品のうち、特に鍤や鏵のように刃先部分だけが鉄で作られる農具などは、一般に厚さが三ミリ以下で意外に薄いことが大きな特色である。鉄で薄手の鋳物を安定的に鋳造することができたことは、鋳造技術のひとつの成果として注目される。

製品が鋳放しの状態でどのような材質を持っていたかは、意外に調べるのが難しい。表面が白銑鉄に見えたとしても、鋳造後に熱処理によって表面を白銑化したものかもしれないからである。確実に鋳放しの状態でみつかるものとしては、鋳型の湯口や湯道の形状を持つもの（澆口鉄）があげられる。この部分は鋳型をはずした後、鋳つぶされるか廃棄されるかのどちらかであり、熱処理が施されることはない。したがって、鋳放しの製品の化学組成や結晶の状態は、澆口鉄から推測される。まず化学組成から見てみよう。鄭州古滎鎮では二件の澆口鉄の組成が検査されている。その組成は、一件が炭素三・八パーセント、硅素〇・一二パーセント、燐〇・二九パーセントで、マンガンや硫黄は〇・〇五パーセント未満。もう一件は炭素四・二パーセント、硅素を始め他の成分はいずれも〇・一パーセントに満たない（2d）。これらの数値は、澠池窖蔵出土の鉄器のうち、鋳放しの状態と見られるものとも共通している（4c）。また、このような化学組成が鉱石製錬によって得られた銑鉄と基本的に変わらないという点が注目される。鉄器鋳造にあたって、現代の鋳物工業では当たり前ともいえる、炭素量の調節や硅素など他の物質の添加が行なわれていないのである。

次に澆口鉄の金属組織を見てみよう。澆口鉄は鉄生溝で三件出土しており、いずれも畳鋳範の湯口と湯道の部分である。うち一件は金属組織検査の結果白銑鉄（白口鉄、図9－1参照）であった（1b）。古滎鎮では三件の澆口鉄（形状不明）について検査され、金属組織はそれぞれ、黒鉛の晶出しない白銑鉄（白口鉄）、片状の黒鉛が晶出したねずみ鋳鉄（灰口鉄、図9－2参照）、両者の組織が入り交じったまだら鋳鉄（麻口鉄）とされる（2d）。前述のように、製錬されたままの銑鉄は硅素含有量が極めて少なく、また鋳造にあたって硅素の添加もなかったと考えられるから、鋳造原料はもともと白銑鉄になりやすい鉄である。現代の技術から見れば、むしろこのような鉄からねずみ鋳鉄ができることの方が、不可解な現象ともいえる（2b）。しかし従来知られている漢代の鉄器のうち、ねずみ鋳鉄製品は鉄範の一部（4c）や車轄・釜の残片（2d）などに若干見られるだけで、ねずみ鋳鉄がどの程度意識的に作り分けられていたのか、疑問なしとしない。したがって鋳造の際は、基本的には製品を白銑化することが目指されており、冷却条件の違いからねずみ鋳鉄やまだら鋳鉄ができることもあったのだと考えられる[18]。また鉄生溝の畳鋳範の澆口鉄から、明らかに陶範が用いられた場合でも製品が白銑化されていることがわかる。製品を白銑化するのに、鉄範の使用が必須の条件だったわけではない。鉄範を使えば製品をより確実に白銑化できるという、程度の問題だったと考えるべきだろう[19]。

河南澠池の窖蔵からは、表面が白銑鉄、中心部がねずみ鋳鉄で、中間部が両者のまじったまだら鋳鉄の軸受けが出土している（4c）。表面は急冷されて白銑化したが、中心部は徐々に冷却されてねずみ鋳鉄になったのである。表面の白銑鉄は硬くて脆いかわりに磨耗には極めて強く、中心部は白銑鉄に比べて耐衝撃性が高く割れにくい。偶然かもしれないが、この材質は軸受けには好適である。このように特別な用途については、白銑鉄も一定の有効性を持っている。しかし一般的な用途については、その硬さと脆さは致命的な欠陥となる。白銑鉄の鋳物を使用に堪える各種の材質に変えることが、次に見る熱処理技術の目的である。

Ⅳ　熱処理技術

（1）鋳鉄の脱炭焼きなまし技術

鋳鉄の器物鋳造後に行なわれる熱処理は、硬すぎて脆い鋳鉄に柔軟性を持たせること、すなわち鋳鉄を鋼鉄の性能に近づけることを目的として行なわれる。これは、鉄の硬さを決定する要因となる炭素の量と形態を制御する、「焼きなまし」（退火）の技術である。炭素の量の制御は、要は多すぎる炭素を酸化して取り去ること（脱炭）によって、また形態の制御は晶出した黒鉛結晶の形と大きさ、分布を調節することによって行なわれる。ところで鋳鉄に含まれる炭素は一般に、鉄の結晶中に取り込まれた状態か、あるいは黒鉛として炭素だけが結晶した状態で存在する。しかしこのような熱処理を施す素材は、白銑化させて黒鉛の結晶をなくしておく必要がある。粗大な片状の黒鉛結晶を持つねずみ鋳鉄（灰口鉄）のような素材にこの処理を施した場合、却って材質が劣化するからである。漢代の鉄器の多くが鋳造過程で意識的に白銑化されたことは、すでにこの知識が存在していたこと、また鋳造工程そのものが熱処理を前提として組み立てられていたことを示している。

漢代の鋳鉄製品の焼きなまし用の設備として、鉄生溝の「退火脱炭炉」が知られている（1b）。旧報告（1a）ではこの炉は「反射煉炉」とされていたが、一連の見直し作業の結果、このように評価が変えられた。この炉の基本的構造は烘範窯など陶器用の炉と共通するが、加工される材料を置く場所が皿状になって炉底から浮いており、窯口からの炎やガスが材料の下にも通うようになった、奇妙な炉である（図10）。熱やガスが炉内にまんべんなく行き渡る効果があるとされているが、他に比較の対象がないので、この比定が正しいかどうかの判断は困難である。

熱処理の設備に関する資料が乏しいのに対して、処理を施された鉄器の実例は比較的豊富である。遺跡ごとの報告としては鉄生溝（1b）、古滎鎮（2d）、澠池窖蔵（4c）が特に詳しく、これらの資料を総合した華覚明氏の研究[20]もある。これらの研究をもとに、鉄そのものの側から熱処理技術を整理してみよう。熱処理を施された鋳鉄は、その金属組織から以下の五種類に分類される。

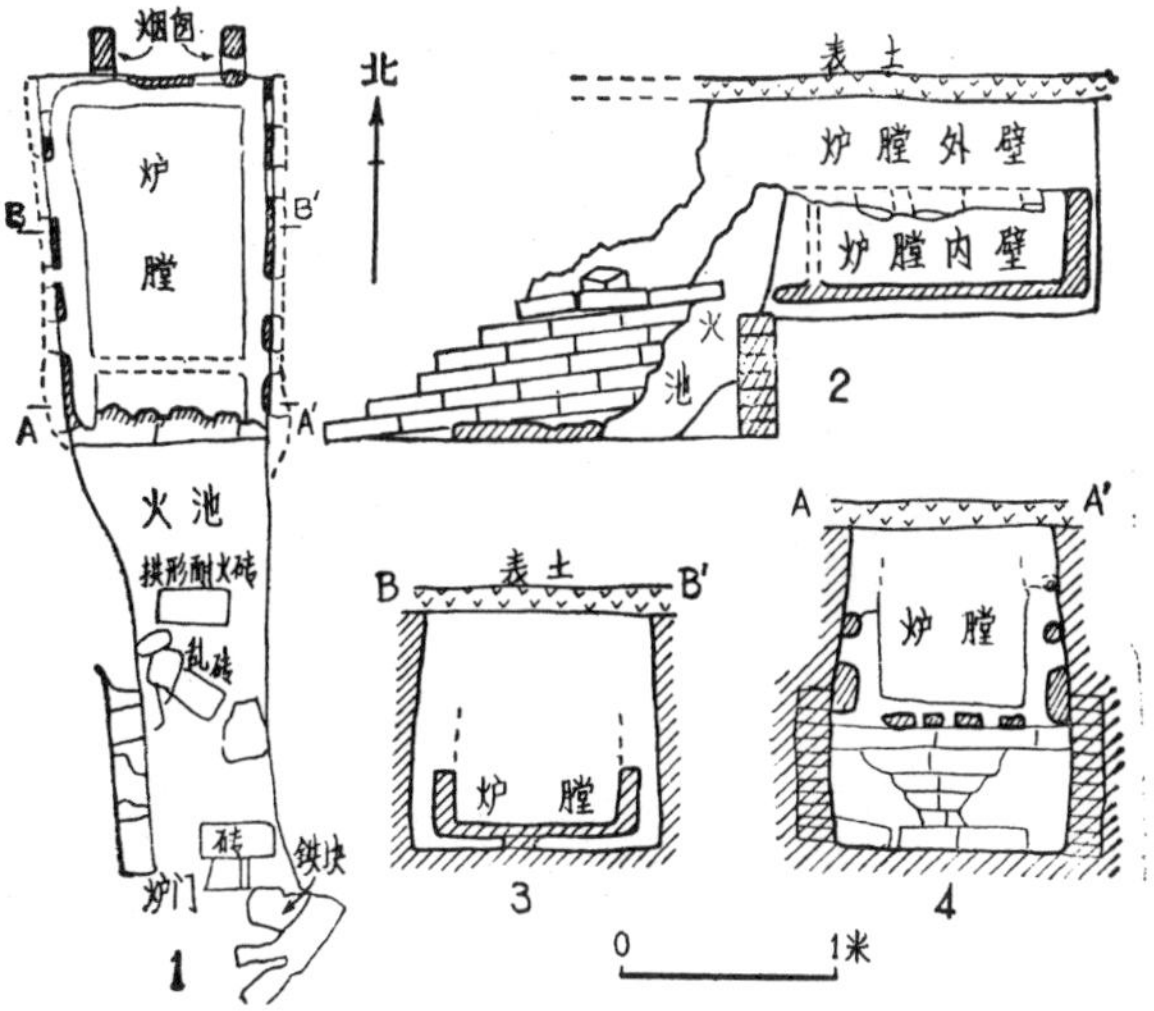

図10　鞏県鉄生溝の退火脱炭炉

［脱炭鋳鉄］　表面は強く脱炭されて鋼鉄の組織になっているが、内部は白銑鉄の結晶組織が分解されず、黒鉛も析出していない（図11―1）。明らかに熱処理の不十分な状態。

［黒心可鍛鋳鉄[21]］　白銑鉄の結晶組織が熱で分解され、黒鉛の結晶が析出している（図11―2はその過渡的組織）。ねずみ鋳鉄と異なり、結晶は細かい団塊状となる（図11―3）。現代の技術で黒心可鍛鋳鉄は、白銑鉄に二段階の焼きなまし（約九五〇度で二〇時間、さらに七一〇度前後で三〇～四〇時間）を施すことによって得られる。ただし酸化脱炭はなされず、炭素の量は変化しな

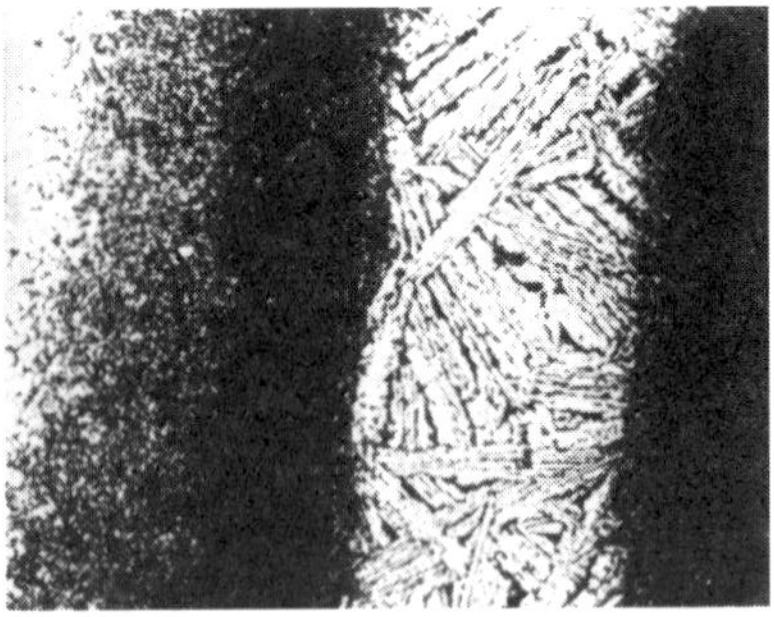

1．脱炭鋳鉄（×100）
中心部に残る白銑鉄組織

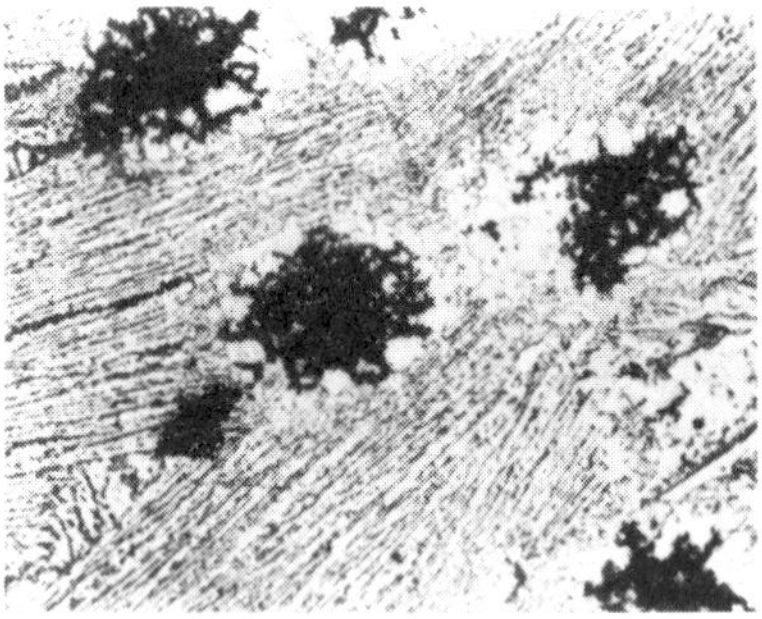

2．可鍛鋳鉄への過渡的組織（×100）
白銑鉄組織と晶出した団絮状の黒鉛結晶

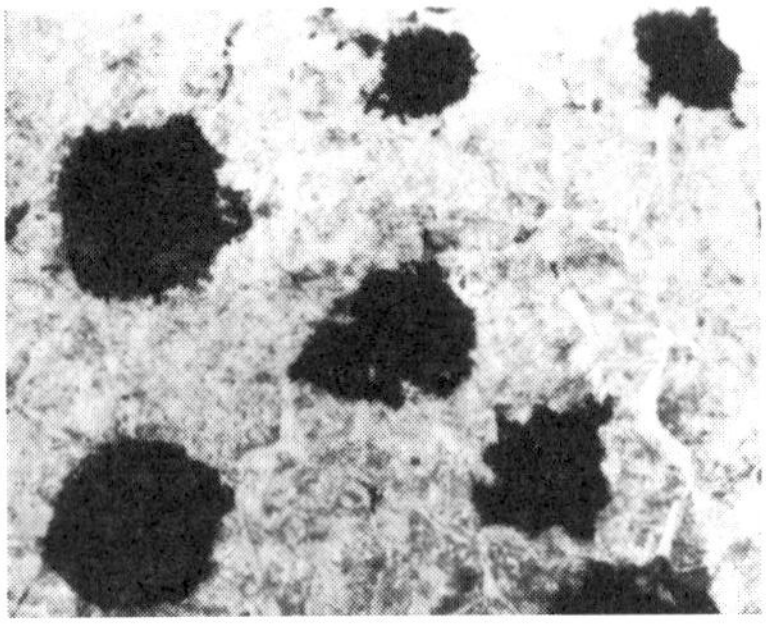

3．黒心可鍛鋳鉄（×200）
黒：団塊状の黒鉛　　濃色：パーライト
淡色：フェライト

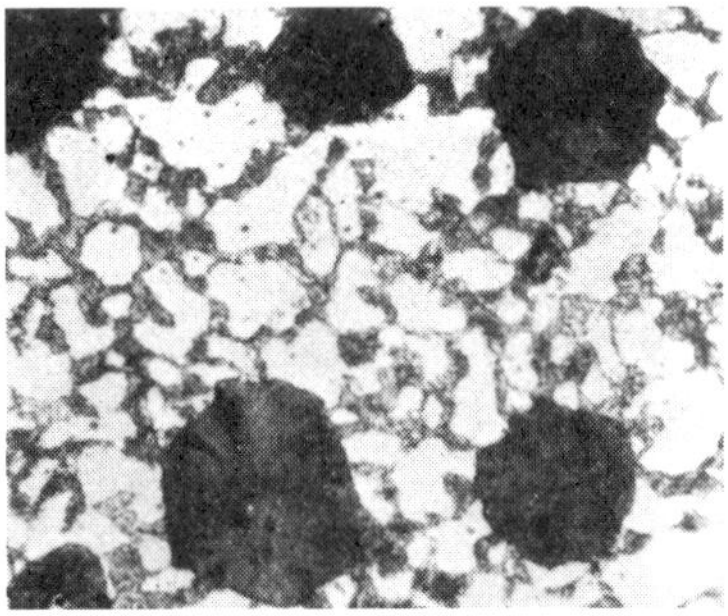

4.黒鉛の球状化した白心可鍛鋳鉄(×400)
黒：団塊状の黒鉛　　濃色：パーライト
淡色：フェライト

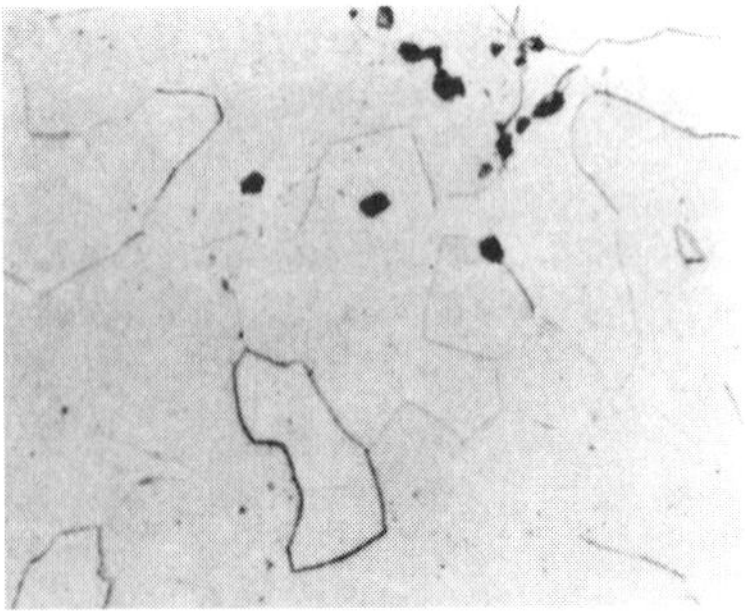

5．鋳鉄脱炭鋼（×250）
フェライト地に粒状の珪酸塩夾雑物

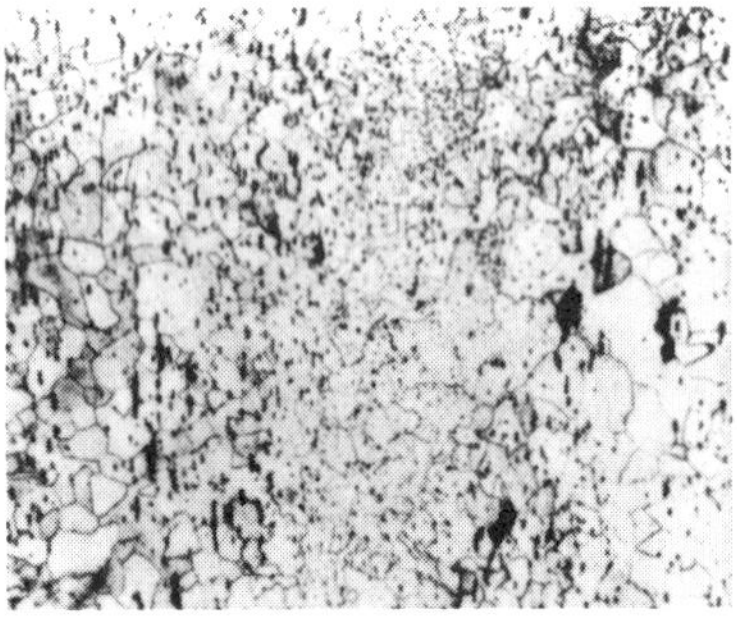

6．炒鋼鍛造品（×100）
一定方向に並んだ珪酸塩夾雑物

図11　熱処理された鋳鉄の光学顕微鏡組織

い。

［白心可鍛鋳鉄］　組織の状態は基本的には黒心可鍛鋳鉄と同じ。現代の技術では、鋳造品を酸化鉄で包んで長時間加熱し（一〇〇〇～一〇五〇度で四〇～七〇時間）、表面から徐々に炭素を酸化して除去していく。この点で黒心可鍛鋳鉄と異なるが、性能の面では両者に特に差はない。漢代において、この両者が異なる製法で作り分けられたかどうかわからないので、両者の違いを、酸化脱炭の程度の差に過ぎないと考えることも可能だろう。現段階では両者をまとめて「展性鋳鉄」としておく方がよいのかもしれない。なお、漢代にも酸化剤として酸化鉄が使われたかどうかは不明。

［球状黒鉛鋳鉄］　この特殊な鋳鉄の存在が、近年中国の学界で特に強調されている。名称の示すように、この鋳鉄では黒鉛の結晶が微細な球状となる。現代の技術では、鋳造の段階でマグネシウムを添加して黒鉛結晶を球状化する。前記二種類の可鍛鋳鉄と異なり、白銑鉄の熱処理によってではなく、鋳放しの状態で得られる。しかし漢代のいわゆる「球状黒鉛鋳鉄」には、表面が鋼鉄化し、内部に球状化した黒鉛結晶の残っているもの（２ｄ）、また白心可鍛鋳鉄の黒鉛が顕著に球状化していることからこの分類に入れられたもの（図11－４）がある。[22] 漢代の「球状黒鉛鋳鉄」は明らかに白銑鉄を酸化脱炭していく過程の産物である。[23] したがって漢代の「球状黒鉛鋳鉄」は、白心可鍛鋳鉄からさらに脱炭が進んだ状態と考えておくのが無難ではないだろうか。

［鋳鉄脱炭鋼］　酸化脱炭が最後まで進み、黒鉛の結晶が消失して全部が鋼鉄の組織となった状態（図11－５）。中心部にごく微量の黒鉛が残る場合もここに分類される（４ｃ）。この段階まで来れば、もちろん鍛造加工も可能で、鋳鉄脱炭鋼の棒材から鍛造された鋏も発見されている（14・17）。古滎鎮では鋳鉄脱炭鋼の板材も出土している（２ａ）。

以上、さまざまな漢代の熱処理製品を紹介してきたが、実際にはすべてがこの五種類に分類されるわけではなく、それぞれの間の過渡的形態を示すものも多い。このような漢代の熱処理製品を現代の各種鋳鉄と対照してみると、現代の特殊な鋳鉄がそれぞれ異なった製法で作り分けられるのに対して、漢代のそれは、白銑鉄から鋳鉄脱炭鋼に至る一連の脱炭焼きなまし過程の、各段階で産み出された中間産品として位置づけることができる。技術的には、現代の白心可鍛鋳鉄の製法の延長線上にあると考えてよい。

白心可鍛鋳鉄を作るには、現代でも高温で非常に長時間加熱し続けなければならず、肉厚の鋳造品の場合は中心部まで均質に脱炭することが困難である。もちろん漢代にもこの事情は変わらない。漢代の鋳造農具に薄手のものが多いのは、製品の重さもさることながら、熱処理のしやすさが考慮されたからだといわれている[24]。加熱温度と時間については、漢代の白銑鉄を棒状に加工して、電気炉で実際に脱炭焼きなましを行なった実験結果が発表されている（2d)。これによれば、九二〇度で数時間保温すると、次第に白銑鉄の組織が分解されて「団絮状」の黒鉛が晶出し始め、二〇～二四時間たつと中心部に少し白銑鉄の組織が残る程度となる。四一時間で保温を停止した結果、黒鉛結晶が完全に消失したもの、黒鉛が球状化したものや団塊状のもの、あるいはまだ中心部に白銑鉄組織の残ったものなど、さまざまな状態が認められた。この実験では酸化剤が使われていないし、すべての試料が中心部まで鋳鉄脱炭鋼となるのに何時間かかるかも確かめられていない。しかし、それでも九〇〇度以上の高温で数十時間の加熱が必要なことは理解できる。さらに、同一の条件で加熱しても、脱炭の進行の仕方は試料によってかなり異なり、一律に進行するわけではないという傾向も指摘できよう。

上述の様々な種類の熱処理製品はいずれも製鉄遺跡の出土品であり、完成品なのか、それとも加工途中の半製品あるいは失敗作なのか、判然としない。漢代の農民が実際に使用していたことが確実な鉄製農具の調査によれば、鋳造品の多くが熱処理されたものだが、その中にかなりの割合で未分解の白銑鉄組織の残留したものが認められる[25]。このことは、明らかに熱処理の不十分な製品が実際に多く出回っていたことを示すだろう。また、一つの器物でも部分によって脱炭の程度が異なる例もある。(26) これは脱炭炉内で鋳造品が積み重なっていたために、炉内ガスや熱が均等に当たらず、脱炭むらを生じたのだと考えられている。上述のように、実験室の環境においても脱炭が均等に進むとは限らない。実際の作業において、すべての製品を均一に脱炭することは、技術的に困難だったと思われる。しかも、このようにして熱処理された製品は、少なくとも表面だけは脱炭されて鋼鉄になっており、外見から内部の材質を判断することができない。(27) 表面は鋼鉄でも、中心部は上述のような様々な状態になった鉄器が、すべてそのまま製品として使用されたのである。

熱処理された鋳鉄製品の実例は、少なくとも戦国後期からは確実に存在し（43・28ｂ）、登封告成鎮（７ｂ）では鋳鉄脱炭鋼の段階まで脱炭されたものも見られる。この技術は戦国時代にすでに実用化されていたと考えられる。品質にばらつきの生ずることが避けられなかったとはいえ、鋳鉄を固体状態で鋼鉄に変えてしまう技術が誕生したのである。これは、鋼鉄を直接溶かして鋳造することができないという歴史的条件の下で、なお敢て鋼鉄あるいはそれに近い材質の鋳物を作ろうとする、ユニークな技術であった。この鋳物へのこだわりの強さこそ、先行する高度な青銅器文化の遺産だったのかもしれない。

(2) 炒鋼技術

鋳鉄を鋼鉄に変えるいま一つの方法に、「炒鋼法」と呼ばれる技術がある。白銑鉄の鋳造品の焼きなましが固体状態で行なわれるのに対し、炒鋼法では銑鉄を溶解して液体状態で酸化脱炭が行なわれる。本付論ではこの対比に着目して、この技術を熱処理技術の一環として扱うことにする。鉄生溝（1）と瓦房荘（3）の遺跡からは炒鋼に用いら

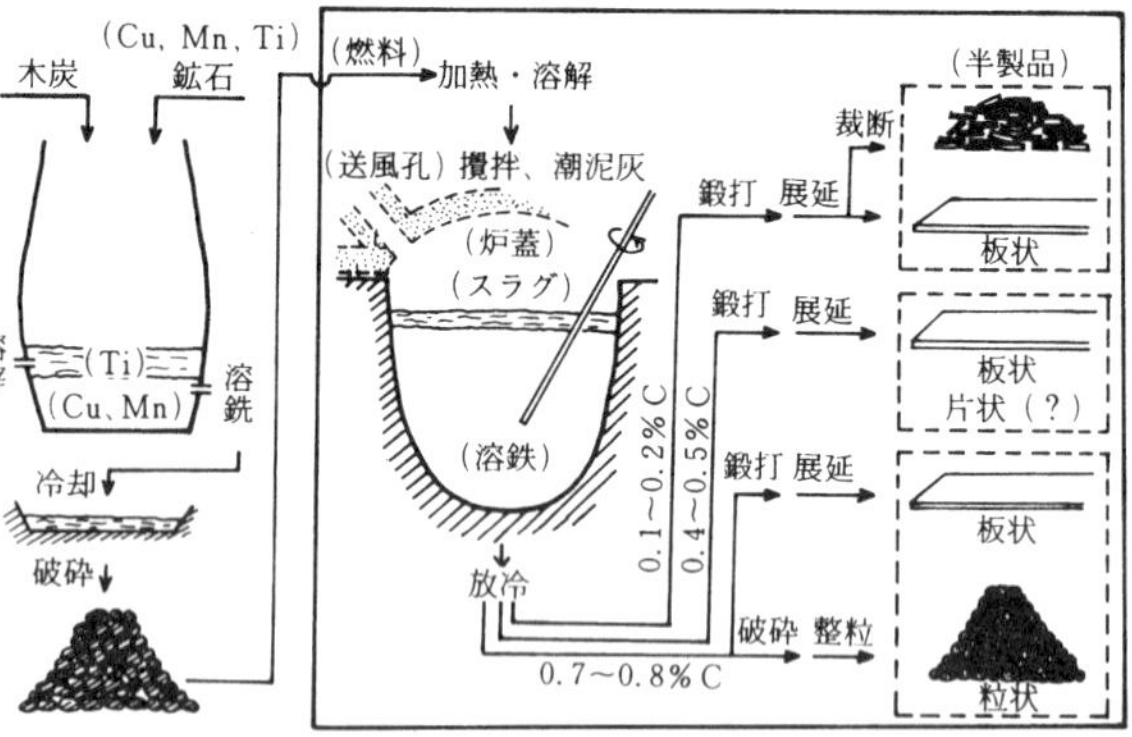

図12　炒鋼法の流れ図

れた半地下式小型炉が出土している。[28]これと『天工開物』に見える明代の技術、さらにはいわゆる土法炒鋼炉の構造を参考に、この作業の流れを復原した研究もあるので[29]、これによって炒鋼技術を簡単に紹介しよう。図12は炒鋼法の流れ図である。炉を加熱してから粒状に砕いた銑鉄を投入する。造滓剤によって形成されたスラッグを取り除きながら[30]、溶解した銑鉄を撹拌する。その過程で、炉内に送り込まれた空気によって銑鉄中の炭素が酸化除去され、良好な鋼鉄が得られる。

この技術は、液体状態の銑鉄に空気を吹き付けることによって一気に脱炭し、鋼鉄にするという点で、現代の転炉法に似ている。現代の技術では、空気の代わりに酸素を注入し、また高温で加熱するため脱炭後も液体のままである。銑鉄は脱炭が進むにつれて融点が上がっていくから、鋼鉄を溶かす高温の得られない段階での炒鋼法では、撹拌するうちに次第に粘りを増し、ついには固体となる。これはちょうど、製錬炉で還元された鉄が吸炭するにつれて流動化し、ついには完全に融解した銑鉄となる過程を、逆にたどることになる。炒鋼法で得られた鋼鉄は鋳造原料とはなり得ず、鍛造用の鋼材とされる。

炒鋼材料から鍛造された鉄器の実例は、最近調査された前漢長安城内の武庫出土の武器（47）や、鉄生溝で出土した釘・刀子・鍤・鋤に見られる（図11―6）。しかし前漢半ば頃に属する満城漢墓にはその例がない。炒鋼法は鋳造品の脱炭焼きなまし技術よりも遅れて前漢後期に実用化され、後漢初期にはかなり普及していたと考えられる。この新

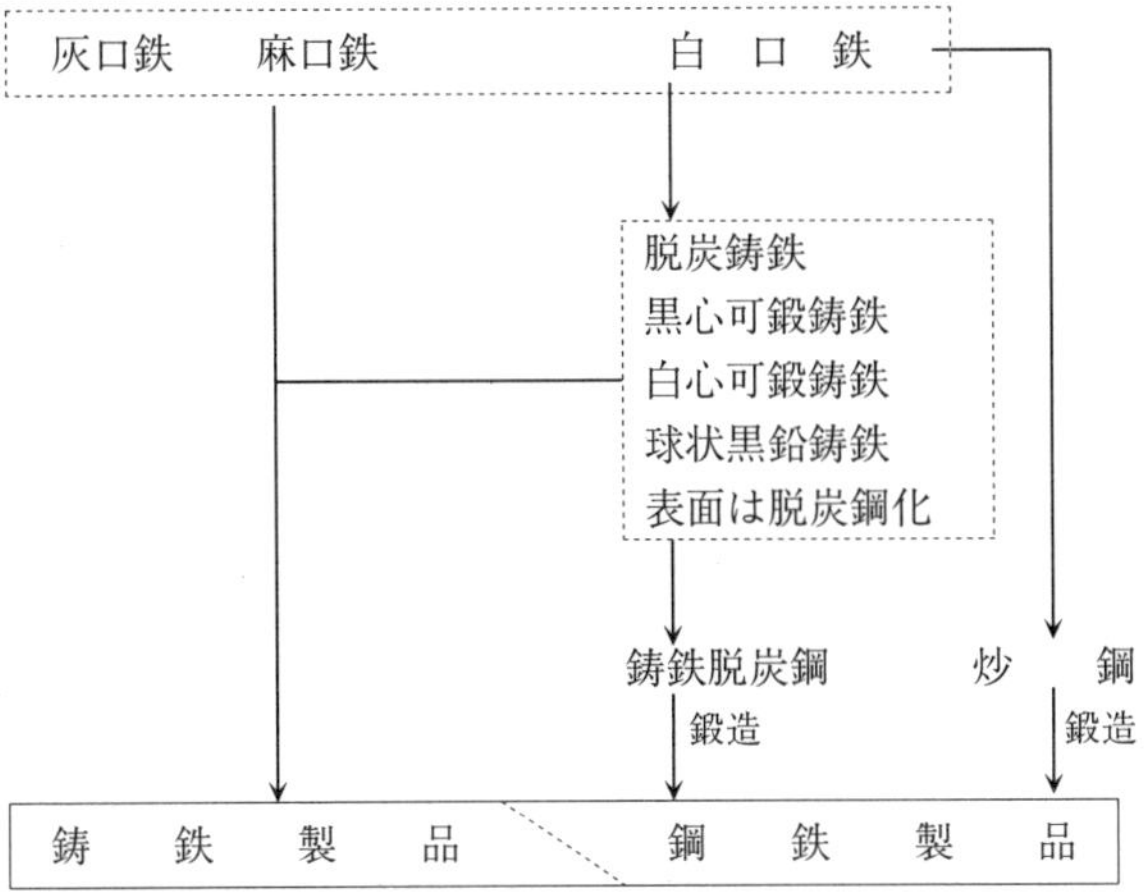

図13　鋳鉄熱処理技術の流れ

たな技術の意義については、後述する鍛造技術の検討を踏まえて、改めて考察することにしたい。

以上に検討してきた二つの鋳鉄熱処理技術の流れをまとめると、図13のように整理できる。白銑鉄（白口鉄）と鋳鉄脱炭鋼の間に位置する様々な鋳鉄の製品は、形式的に鋳鉄製品に分類したが、表面が鋼鉄になっている点からいえば、鋼鉄製品の一種であるともいえよう。したがって鋳鉄製品と鋼鉄製品の区別はあいまいなものとならざるを得ない。またこの図において、鋳鉄脱炭鋼と炒鋼の段階で、加工方法に初めて鍛造が加わることが理解されよう。では、鍛造の技術はどのように発展してきたか。これが次の課題である。

Ⅴ　固体製錬－鍛造系の技術

ここまで論じてきた製鉄技術は液体製錬－鋳造系の技術に属する。ここでもう一つの技術体系として固体製錬－鍛造系を取り上げ、両者を比較してみたいのだが、後者の資料は現在あまりにも少なく、体系的に整理することは困難である。前述のように固体製錬炉の遺跡は報告されておらず、利用できるのは鍛造品の実物以外にない。

したがってここでは固体製錬の技術を直接取り上げることは不可能であり、鍛造品自体からわかること、すなわち鍛造技術だけを整理してみるにとどまる。

図2で説明したように、固体製錬法（塊煉法）においては、鉄は炭素をほとんど含まない固体状態で製錬炉から取り出され、スラッグも除去されていない。鍛造鉄器の材料である軟鋼を得るには、まず鍛打によってスラッグを、文字どおり叩き出さなければならない。この技術においては、鉄器の成形だけでなく、鋼材の品質自体が、鍛打という人間の腕力による労働に依存しているのである。そしてスラッグ除去の際には、どうしてもスラッグとともに鉄も幾分かずつ失われていくから、実際に鋼材として利用できる鉄の量は、製錬炉で還元された鉄の量に比べてかなり目減りする。それでもなおスラッグを完全に除去することはできず、液体製錬の製品に比べてかなり粗大なスラッグが鋼材中に残留してしまう。こうして、固体製錬－鍛造系の技術によって生産された鉄器には、鍛打の結果細長く変形された粗大な残留スラッグが特徴的に見出されることになる（図14）。

このようにして鋳造品と区別される固体製錬鍛造品のうち、順序として最も単純なもの、すなわち炭素量の操作を行なわない軟鋼製品の加工技術から整理していこう。現在最古の例としてよく知られているのは、江蘇六合程橋二号墓出土の春秋晩期の「鉄条」である。これは器物の形をなしていないので、何に用いられたのかわからないが、ほとんど炭素を含まない（〇・〇四パーセント以下）鉄で鍛造されている。引き伸ばされた残留スラッグは体積にして一〇パーセントを占め、厚さ〇・三〜〇・四ミリに達するものもある。明らかにスラッグ除去が不十分だが、少なくとも固体製錬された柔らかい鉄を鍛造して利用する技術が、春秋に遡ることは確かである。[31]

戦国中期以降になると、各地で軟鋼製品が確認される。湖北銅緑山の銅坑址では、軟鋼製の耙と鑽が出土している。いずれも炭素〇・一パーセント程度で、滲炭や焼き入れの形跡はないが、耙の一部には炭素〇・六パーセントに達す

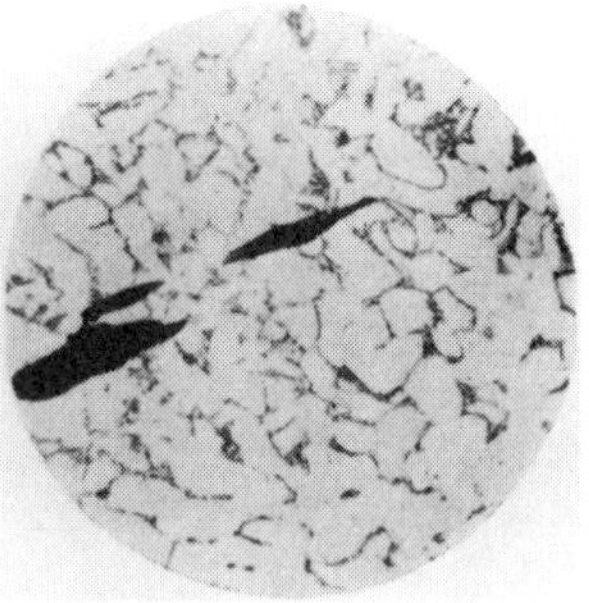

図14　軟鋼鍛造品の光学顕微鏡組織(×250)
黒：夾雑物　濃色：パーライト
淡色：フェライト

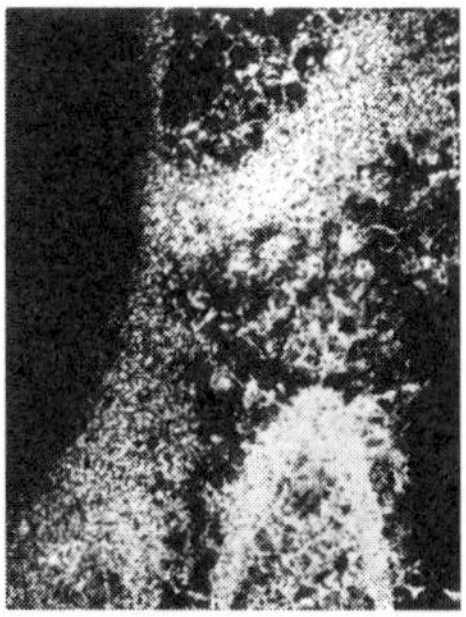

図15　合わせ鍛え製品の光学顕微鏡組織(×50)
低炭層(淡色)と高炭層の折り畳まれた部分

る部分もあった(43)。西安半坡戦国墓では、三一号墓出土の鉄鋤と九八号墓出土の鑿が検査され、炭素分布の不均一な個所や、繰り返し加熱鍛打されたために生じた焼きなまし組織が見られる(32)。北方の易県燕下都四四号墓からは、滲炭や焼き入れの行なわれていない鉄剣も出土している(28b)。これらの軟鋼製品は、海綿鉄に比べれば炭素含有量が多く、ある程度吸炭させた鋼材から作られている。しかし部分によって炭素の量を変えるといった意識的な操作の形跡がなく、鑽の先端や剣の刃のように、本来滲炭や焼き入れ硬化が必要なはずの個所も軟鋼のままである。鋳放しの鋳造品が硬すぎて不便であるのと対照的に、これらの軟鋼製品は柔らかすぎて、鈍ったり曲ったりしやすいという難点を免れない。漢代に入ると、主要な農工具や兵器には、さすがに頼りない軟鋼製品は見られなくなるが、鎧の小札には軟鋼が用いられている(53・29a)。薄く延ばしやすいという軟鋼の特性を活かした例である。

さて、軟鋼を硬くするには、炭素の含有量を増やせばよいのだが、反面硬い鋼鉄は折損しやすいという欠点を持つ。特に剣や戟のような長い刃物には、鋭利なだけでなく、折れず、且つ曲らず、という一種矛盾した強靭さが要求される。これを解決したのが、日本では「合わせ鍛え」と呼ばれる技術である。これは炭素を多く含んだ鋼と少ない鋼を重ねて鍛打し、延ばしては折り畳むという作業を繰り返して、高炭素と低炭素の薄い層を交互に積み重ね、最後に表面に滲炭焼き入れを施す、という高度な鍛造技術である。中国では、実例による限り戦国後期から、この技術によって作られた鋼鉄製品が見出される。

燕下都四四号墓では、固体製錬された鋼鉄から鍛造された剣や戟が出土している。全体の残った剣（M44－12）は長さ九八五ミリ、幅四〇ミリの長剣で、炭素〇・五、六パーセントの中炭鋼と〇・二パーセント弱の低炭鋼の合わせ鍛えで作られていた。同様の作りになった剣の残片の調査によれば、全断面中に高炭層と低炭層が折り畳まれた所が一〇個所以上認められたが、折り畳む方向は一定せず、整然と重層してはいない（図15）。表面には焼き入れ組織が残存していた。鋼戟（M44－9）では、低炭層の炭素含有量が〇・一パーセントとやや低めで、高炭層との分層が顕著だが、折り畳んだ個所は確認されなかった。表面はやはり焼き入れされている。この戟は低炭鋼の心金に中炭鋼の皮金を被せた形になっているようである。これらの鋼鉄製兵器は、いずれも高炭・低炭の二枚の鋼片を重ねるか、あるいは一枚の鋼片の一部に滲炭して折り畳む、という技法で作られており、合わせ鍛えの初期の形態を示している。[33]

前漢代の資料としては、満城漢墓で出土した、保存状態のよい鋼剣と錯金書刀、墓主劉勝の佩剣が詳しく調査されている。鋼剣では炭素〇・六～七パーセントの高炭層と〇・三パーセント前後の低炭層があり、刀身部分で五層、刃の部分で四層の重層が認められた。劉勝の佩剣では低炭層の炭素が〇・一～二パーセント、各層の厚さは燕下都のものよりもかなり薄くなっている。どれも表面に滲炭焼き入れが施されているが、錯金書刀は刃のみに焼き入れされていた。これら前漢半ばの事例を燕下都の戦国後期の事例と比較すると、残留スラッグが少なく、小さくなっていること、反復鍛打の結果高炭・低炭の各層が薄くなり、境界がはっきりしなくなっていることがあげられる。高炭層に夾雑物が多いのは、鋼材が滲炭鍛打されたことを物語るが、その成分にはカルシウム分が多く、滲炭促進剤として骨粉などが使用されたと考えられる（29b）。

ところで、前項で述べた鋳鉄脱炭鋼も、当然鍛造が可能である。河南永城県の前漢前期の梁王陵およびその寝園で出土した鉄器、また同じく前漢前期の楚王陵である徐州獅子山で出土した鉄器には、鋳鉄脱炭鋼と屑鉄あるいは固体精錬された鉄素材を合わせて鍛造したものがある（22・41）。含有炭素量の違う素材を組み合わせることは、当然考えられる技法である。合わせ鍛えに、鋳鉄起源の素材も用いられることは、製錬法の違いがもはや決定的な意味を持たなくなっていることを示している。

さて、前漢後期に普及した炒鋼は、鋼鉄製鍛造品に新たな材料を提供することになった。前述のように炒鋼は、あらかじめスラッグを除去された銑鉄を脱炭して作られるから、固体製錬の製品のような粗大な残留スラッグがなく、炭素の分布にも偏りのない、均質な鋼材となる。このような炒鋼材料を用いた高度な鍛造品として、後漢代に登場したいわゆる「百煉鋼」の刀剣類があげられる。徐州銅山県の小型磚室墓から出土した剣はその最古の事例である。この剣は全長一〇九センチメートル（刃渡り八八・五センチメートル）、幅三・一センチメートル、厚さ〇・八センチメートルの細身の長剣で、把の部分に錯金で「建初二年蜀郡西工官王愔造五十湅□□□孫剣□」の銘があり、章帝の建初二年（後七七）に蜀郡の工官で作られたものであることがわかる。検査結果によれば、剣は炒鋼の鍛造品で、炭素量の異なる層に分かれている。中心部分では炭素含有量が〇・七パーセント前後、最も低い所で〇・四パーセントであった。同じ墓から出た戟や刀、棺の釘といった鉄製品も炒鋼の鍛造品とされている（40）。この例は、一世紀の後半にはすでに炒鋼鍛造品がかなり普及していたこと、特に刀剣類には炒鋼を用いた高級品も登場したことを示している。このような高級刀剣類には、山東蒼山出土の永初六年（一一二）の「卅湅大刀」などの例もある。[34] 永初の大刀も炭素〇・六、七パーセントの炒鋼を鍛造したもので、実際に三〇近い層の重なりが観察されるという。[35] これらの「百煉鋼」

製品は、炭素〇・七パーセント前後の炒鋼材を焼きなまして低炭層を作り、これを一定方向に繰り返し折り畳んで鍛打するという技法で作られている[36]。

このような「百煉鋼」の技術は、戦国以来の鍛造技術や焼き入れ、焼きなましの技術の蓄積の上に、炒鋼材という新たな鋼材が加わって形成された、高度な刀鍛冶の技術である。一方、前漢から後漢代を通じて、さほど高級でない刀剣類でも、最低限の焼き入れは普通に行なわれており[37]、技術的な底辺も確実に向上していったと思われる。こうして、軟鋼から中炭鋼までの様々な鋼材を使い分けながら、庶民の道具から高級工芸品に至るまで、様々な鋼鉄製品が鍛造されるようになったのである。鋼鉄の鍛造技術は、鋳造品の技術と同様、前漢後期から後漢初期にかけて、その完成をみたといってよい。

Ⅵ　漢代製鉄技術の位相

（1）　前漢後期の技術史的位置

以上、中国古代の製鉄技術を整理してきた。ここで改めて当初の問題に返り、当時の人々が鋼鉄と鋳鉄をどのように作り分け、また使い分けてきたのか、という観点からまとめてみよう。

固体製錬－鍛造品と液体製錬－鋳造品は、ともに春秋晩期には存在する。この時期にはすでに、鋼鉄と鋳鉄の両方を作ることができたことは間違いないが、どのように使い分けたのかについて、はっきりしたことはわからない。両者の関係が幾分なりとも明らかになるのは、戦国後期からである。この時期には、鍛造品の滲炭、焼き入れと、鋳造品の脱炭焼きなましがすでに実用化されている。柔らか過ぎる軟鋼と硬すぎる鋳鉄の間が、両方から埋められ始めたのである。その過程で、より鋭利かつ強靭な材質の要求される剣や戟などには合わせ鍛えされた鋼鉄が用いられ、さほどでもない農具類などには焼きなました鋳鉄が用いられるという傾向が強まったように思われる。ただしこれは製造する器物の種類によって機械的に分かれていたのではない。例えば燕下都四四号墓の出土品で、戟の先端部は合わせ鍛えされた鋼鉄になっているが、反対側の端、すなわち鐏（いしづき）の部分は焼きなましを施した鋳造品である（28b）。このように同じ器物にも、部分によって鋼鉄と鋳鉄の細かい使い分けが見られることに注目しなければならない。鋼鉄と鋳鉄とは、そもそも鉱石の製錬の段階からその加工方法を異にするが、それぞれの技術は決して別個に発展したのではなかった。

　しかし戦国から漢代にかけて、現代ならば当然鋼鉄を用いるはずだと思われる器物が、なぜか鋳鉄で作られていることは否定できない。鋼鉄の鍛造品しか見つからないのは剣と戟くらいで、ほとんどのものが鋼鉄と鋳鉄の両方で作られるか、あるいは鋳鉄だけで作られる傾向を持っている。例えば最も一般的な農具の一つである鍤は、刃先だけを鉄で作り、木の柄にはめ込んで使われた。これには本来鋼鉄こそふさわしく、硬すぎて脆い鋳鉄はむしろ不向きなのだが、圧倒的に鋳鉄製品が多い。だから当時の農民は粗悪な農具しか持てなかったなどとは言うまい。それは後世と比較しての話であって、彼らにしてみれば、青銅より耐衝撃性の低い鋳鉄製品でも、石器や骨器よりましならば十分だったかもしれないからである。とはいえ、このような鋳造品の優位は、恐らく品質の良さよりも生産量の多さによるものだという推測は可能である。その背景には、銑鉄用の高炉の発展と、熱処理技術の一定の発展によって鋳鉄の応用範囲が拡がっていったことがあるだろう。漢代の製鉄技術で最も顕著な発展が、鋳鉄の加工技術の範疇で起こったことは偶然ではなかったといえる。

戦国から漢代の製鉄技術の最大の特色は、液体製錬された鋳鉄に、鋼鉄の領域の性能を与えた熱処理技術にある。その第一の成果は、戦国以来持続的に発展してきた脱炭焼きなまし技術の普及によって、鋳物の材質を鋼鉄に変えることが可能になったことである。薄手のものしか加工できず、処理後の品質にも大きなばらつきがある、といった限界はあったが[38]、表面は鋼鉄に、内部は鋼鉄、あるいは従来よりも優れた材質の鋳鉄にすることができるようになった。表面には滲炭焼き入れを施すことも可能である。これによって鋳造品の品質向上がもたらされたことは勿論だが、技術的な面で、鋳鉄の技術が鋼鉄の技術に初めて接続されたことも見逃せない。

いま一つの大きな成果は、鋳鉄を液体の状態で鋼鉄に変える炒鋼技術である。この技術によって初めて、優良な鍛造用鋼材を、固体製錬によらずに作ることができるようになった。つまり液体製錬のみによって、鋳鉄と鋼鉄の両方を作り分けることが可能になったのである。炒鋼は、鋼鉄の鍛造技術をより洗練し、百煉鋼の刀剣のような工芸品を産み出す土台となっただけでなく、優れた鋼材の供給量を増加させることによって、それまで鋳造されていたものを鍛造品に置き換えていく端緒ともなる。炒鋼の登場は、固体製錬法の占めていた位置を相対的に低下させるとともに、鋳造品の優位をも揺るがしたという点で、古代製鉄技術を大きく組み替えた。前漢後期は、鋳鉄脱炭鋼と炒鋼という二つの技術的成果が融合して普及した、古代製鉄技術史上のクライマックスとなったのである。

このように整理してみると、中国古代の製鉄技術の意義を、鋳鉄の技術の早熟性にのみ求めるのは片手落ちであることに気付く。中国古代の製鉄技術は、硬すぎる鋳鉄と柔らか過ぎる軟鋼の両方から、強靭な鋼鉄を目指して改良されていった。鉄という厄介な金属を飼い馴らすのに、炭素の多い側と少ない側の両面からのアプローチを同時に企て得たことにこそ、その独自の意義を見出すことができる。この過程を推し進めたのは、何よりも鉄という新しい金属への社会的要求だろう。鉄器の普及が社会を変えていったとすれば、それは社会が鉄器を変えていったからなのである。

（２）鉄器専売制の技術的側面

製鉄技術の発展の社会的条件を考える際に、一つ大きな問題がある。それは、古代製鉄技術が完成した前漢の後半期に、鉄器の専売制が施行されていたことである。もちろん純技術的な変化と財政制度の改革を、直接の因果関係で結び付けることなどできはしない。ここでは、専売制下で鉄器の生産を管理した鉄官に属すると見られる製鉄遺跡の資料から、その技術的位置づけを考えてみたい。

鞏県鉄生溝（１）遺跡から出土した未使用の鋳造鉄器には「河三」という銘が、また鄭州古滎鎮（２）の遺跡から出土した鉄範の母範には「河一」という銘があった。これらの銘文はそれぞれ河南郡の鉄官所属の「第一製鉄所」と「第三製鉄所」といった意味に解釈できる。同様な銘文は他の郡についても発見されているから[39]、一般に専売制下の鉄器生産は郡単位に管理され、条件によっては複数の官営製鉄所が郡内の各地に置かれたと考えられる。その立地は、「河一」の古滎鎮が漢代の滎陽県城の城壁のすぐ外側[40]、「河三」の鉄生溝が鉱山の付近にあたる。このことから、鉱山付近の製鉄所は鉱石の製錬に、都市の工場は鉄器の生産にあたるという分業関係を想定する研究がある[41]。その根拠となったのは鉄生溝の旧報告（１ａ）だが、新報告（１ｂ）によって多数の烘範窯や脱炭炉が確認された現在、鉄生溝遺跡の性格を鉱石製錬中心と考えてよいかどうか。鉄官に限らず、漢代の製鉄遺跡には、鉱石製錬から製品の最終加工に至るまでの一貫生産が行なわれたと見られる場合が多い。今のところ鉱山と都市の分業は、あったとしてもかなり曖昧なものだったと考えざるを得ないようである。

次にその生産物について。鉄生溝では各種農工具類と、鏃や剣、弩の部品といった武器類が鋳造品、他に炒鋼鍛造品の農工具類も見られる。遺物は確認されていないが、大型の単体鋳物を鋳造したと思われる鋳造坑もある。古滎鎮では農工具類、軸受けなどの車馬器の他、鼎のような鋳物製容器も鋳造されていた。鍛造品としては、矛や鏨、釜や灯盤も見られる。このように鉄官の管轄下の製鉄所では、鋳造・鍛造を問わず非常に多様な製品が作られており、器物の種類や材質、加工方法による専門分化が見られない。またその品質の面でも、鋳鉄脱炭鋼の領域に至る脱炭焼きなましや炒鋼のように、恐らく当時の製鉄技術の最先端に位置したと思われる技術が応用されている。文献史料から想像されるような、使用に堪えない農具の粗製濫造とは、いささか様子が違う[42]。

さらに、同一の遺跡でしばしば異なる形式の製錬炉が共存していることは、戦国以来の発展の過程で製鉄技術に地域差が生じたこと、異なる技術の伝承を持った工匠が、同じ作業場でそれぞれの技術を活かしていたことを物語っている。こうした環境が技術の選択や混交の場となり、炒鋼法のような新しい技術が普及し、洗練されていったのかもしれない。いずれにせよ、鉄器の専売制下で漢代製鉄技術が新たな段階に達したことは、鉄官管理下の鉄器生産が、生産量と品質の両面で、それ以前とは異なるものとなったことを意味している。

言うまでもなく、このような鉄官の技術的な評価は一面的なものに過ぎない。戦国から後漢代までの時代について、問い直すべき多くの問題が残されている。鉱石の製錬と鉄器の製造はどの程度に切り離されていたか。さらに製造部門では、鍛造専門の鍛冶師と鋳造専門の鋳物師、または刀鍛冶と農具鍛冶、といった専門化と分業化がどの程度に進んでいたか。それらを媒介する銑鉄や鋼鉄素材の流通はどうだったか[43]。さらに、消費から生産へフィードバックされることによって、もう一つの重要な鉄資源となる屑鉄の回収と利用はどのように行なわれたか[44]。これらはすべて、鉄器の生産と流通が社会の中でどのように組み立てられていたか、という問題に集約される。このような産業史的な角度からの分析を前提に、鉄器専売制の歴史的条件も明らかになっていくだろう。

注

（1）　鋳鉄技術を中心に古代の製鉄技術を整理した業績として、a楊寛『中国古代冶鉄技術的発明和発展』（上海人民出版社　一九五六）がある。b同『中国古代冶鉄技術発展史』（上海人民出版社　一九八二）はその改訂増補版だが、中国語の冶金学用語がまとめて解説されており、便利である。

（2）　主要な論文は以下の通り。

a黄展岳「近年出土的戦国両漢鉄器」（考古学報一九五七―三）
b李衆「中国封建社会前期鋼鉄冶煉技術発展的探討」（考古学報一九七五―二）
c劉雲彩「中国古代高炉的起源和演変」（文物一九七八―二）
d北京鋼鉄学院編写小組『中国冶金簡史』（科学出版社　一九七八）
e河南省博〈中国冶金史〉編写組他「河南漢代冶鉄技術初探」（考古学報一九七八―一）
f夏湘蓉・李仲均・王根元『中周古代鉱業開発史』（地質出版社　一九八〇）

このほか、第三部末尾の文献リストには、各地の製鉄遺跡の報告を地域別にあげた。また日本の研究者による整理と研究には以下のような論文がある。

g吉田光邦「中国古代の金属技術」（東方学報京都　二九　一九五九）
h潮見浩「漢代における製鉄遺跡とその技術的問題」（たたら研究七　一九六一）
i佐藤武敏「漢代における鉄の生産」（人文研究（大阪市大）一五―五　一九六四）
j井口喜晴「漢代の製鉄遺跡について」（『日本製鉄史論』　たたら研究会　一九七〇
k橋口達也「中国（戦国～漢代）における鉄器――とくに鉄製武器を中心として」（たたら研究一七　一九七三）
l潮見浩「中国の初期鉄器文化」（『東アジアの初期鉄器文化』　吉川弘文館　一九八二）

（3）　斉藤大吉「南満洲貔子窩より発掘されたる古鉄片に就て」（『貔子窩』東方考古学叢刊一　一九二九）が、極めて早い検査例である。中国における鉄器の金属組織報告は、孫廷烈「輝県出土的幾件鉄器底金相学考察」（考古学報一九五六―二）が最初である。しかしその結果は、鋳造品にのみ見られる組織を見落とすなど、信頼できるものではない。華覚明・楊根・劉恩珠「戦国両漢鉄器的金相学考査初歩報告」（考古学報一九六〇－一）から、ようやく本格的な研究が始まったと見てよい。なお、ここでは中国語の「金相」という表現に代えて、日本の金属研究者になじみやすい「金属組織」という用語を用いる。

（4）河北藁城台出土の商代鉄刃については、注21論文に簡略に紹介されている。春秋晩期の鉄器については、黄展岳「関于中国開始冶鉄和使用鉄器的問題」（文物一九七六－八）、雷従雲「戦国鉄農具的考古発現及其意義」（考古一九八〇－三）、同「三十年来春秋戦国鉄器発現述略」（歴史博物館館刊二　一九八〇）参照。一例をあげれば、長沙楊家山六五号墓からは春秋晩期の鍛造鋼鉄製の剣が、また同じく一五号墓からは春秋・戦国の交に編年される鋳鉄製鼎が出土している。長沙鉄路車站建設工程文物発掘隊「長沙新発現春秋晩期的鋼剣和鉄器」（文物一九七八－一〇）参照。なお、白崇斌「宝鶏市益門村M2出土春秋鉄剣残塊分析鑑定報告」（文物一九九四－九）参照。

（5）七〇年代までは、古代中国の製鉄技術の主流はあくまでも鋳鉄技術とされ、固体還元（塊煉）による鋼鉄製品の鍛造技術は、原始的な技術の残存と考えられていた（例えば注1b論文）。しかし近年、華覚明「中国古代鋼鉄技術的特色及其形成」（『中国冶鋳史論集』文物出版社　一九八六所収）は、春秋戦国から前漢中期までを、鋳鉄の鋳造技術と固体還元による鋼鉄の鍛造技術が併行して発展した早期鉄器時代としており、固体還元法の評価は変わってきている。漢代に至るまでの技術発展の流れについては、韓汝玢「中国早期鉄器（公元前5世紀以前）的金相学研究」（文物一九九八－二）参照。

（6）平衡状態図など冶金学の初歩的知識は、加山延太郎『鋳物のおはなし』（日本規格協会　一九八五）、大和久重雄『鋼のおはなし』（同　一九八四）、『熱処理のおはなし』（同　一九八二）による。なお本付論では、論旨を分かりやすくするために、パーライト、フェライトを始めとする「何とかイト」という用語をできるだけ省いた。また日本の専門家の間では、鉱石から鉄を取り出す「製錬」と、その鉄から不純物を除くなどの「精錬」が区別して用いられるので、本付論もこれに従う。

（7）とりあえず夏鼐・殷瑋璋「湖北銅緑山古銅砿」（考古学報一九八二－一）参照。

（8）村上英之助「古代東方の鉄冶金」（『鉄』社会思想社　日本古代文化の探求　一九七四）は、すでにこの石炭燃料説に疑義を唱えている。

（9）古代中国にるつぼ製錬があり得ることは、注2g論文が早くに指摘しており、注1b論文にはるつぼ式製錬炉の想定復元図も見られる。るつぼの実物は北京清河鎮（30）、洛陽で発掘された前漢後期の「冶鉄工匠」墓（13）からも出土している。しかし確実な炉の跡は発見されていない。付論2の注12参照。

（10）鉄生溝の旧報告（1a）で「海綿鉄」とか「優質鉄」とされていた巨大な鉄塊は、新報告（39）によって、古滎鎮と同様の「積鉄塊」、すなわち操業を中止した炉から取り出された廃品であることが確認された。したがってこれらの鉄塊を埋めた坑についても、その評価が「蔵鉄坑」から「廃鉄坑」へと逆転している。

（11）注2f論文および文献45参照。

（12）葉照涵「漢代石刻冶鉄鼓風炉図」（文物一九五九—一）、王振鋒「漢代冶鉄鼓風機的復原」（文物一九五九—五）参照。

（13）耐火材料に可燃物が用いられるのは一見奇異だが、外気に触れないという条件の下では、液化した鉄の侵食に強く、優れた耐火材料となる。

（14）注2d九八頁参照。

（15）利国駅の製鉄遺跡（38）で「炉滓」として調査されたものは、酸化鉄を四九パーセントも含んでいた。これは還元に失敗して炉内で焼結した鉱石ではないだろうか。

（16）注2e論文および韓士元「王莽時代的鋳幣工芸探討」（考古一九六五—五）参照。

（17）注2l論文に、各時代と地域の鉄器鋳型と製品の種類が整理されている。

（18）したがって、白口鉄が春秋後期、麻口鉄が戦国中～後期、灰口鉄が戦国末～漢代に生産されるようになったとする、注1b、注2b論文の発展段階論は単純に過ぎよう。

（19）注1b、注2bなどに見られるように、中国の研究者はいずれも鉄範の意義を、製品の白鉄化という観点から強調しているが、少し相対化して考える必要があろう。日本では、鉄範を鉄器の生産手段の中心として評価する見解があるが、そこまで言えるかどうかはもちろん疑問である。藤井宏「漢代塩鉄専売の実態——史記平準書の記載をめぐる諸問題——（一）（二）」（史学雑誌七九—一・三、一九七〇）参照。

（20）華覚明「漢魏高強度鋳鉄的探討」（『中国冶鋳史論集』文物出版社　一九八六所収）参照。

（21）「可鍛鋳鉄」は「ねずみ鋳鉄に比べて靭性の高い鋳鉄」という意味であり、字面から想像されるような、鋼鉄と同様に「鍛造可能」という意味ではない。日本ではこの用語が定着しているため、ここではそのまま用いることにする。中国の研究者には、語感の紛らわしさを嫌って「展性鋳鉄」という語を使う人が増えている。
(22) 文献1b、華覚明・李京華他「両千年前有球状石墨的鋳鉄」(『中国冶鋳史論集』文物出版社　一九八六所収)、また注20華覚明論文参照。
(23) 現代の球状黒鉛鋳鉄の組織では、黒鉛の周囲を、炭素をほとんど含まないフェライトの層が取り囲む「ブルズアイ」組織が特徴的に見られる。漢代の「球状黒鉛鋳鉄」には、脱炭が進んで全体がフェライト地になっているせいか、この組織は見当たらない。現代の球状黒鉛鋳鉄とは製法が異なると考えなければならないだろう。
(24) 注20華覚明論文参照。
(25) 注3華覚明論文参照。
(26) 同右、および文献29b参照。
(27) 文献2dがこれを強調している。文献1bの金相分類表の「表面脱炭及び鋳鉄脱炭鋼」という奇妙な項目は、表面しか検査されていないものも一括しているらしい。
(28) 鉄生溝の炒鋼炉は、遺跡の中心から一五〇メートルも離れた地点から孤立的に発見され、伴出遺物の報告もない。この炉址が漢代のもので、遺跡の中心部と同一の製鉄場に属したのかどうか、疑問が残る。瓦房荘の例については、付論2参照。
(29) 佐々木稔・村田朋美・伊藤叡「古代における炒鋼法とその製品」(『日本製鉄史論集』たたら研究会　一九八三)参照。
(30) 造滓剤として「潮泥灰」を加えることは、『天工開物』による。漢代にもそうだったかどうかは、今のところわからない。
(31) 注4にあげた長沙出土の春秋晩期の鋼剣には、炭素〇・五パーセントほどの中炭鋼の焼きなまし組織が認められた。この剣がどのように作られたのかはわからないが、春秋時代には軟鋼しか作れなかったわけではないことは明らかである。
(32) 注3華覚明論文参照。
(33) 以上は注2b論文および文献28bによる。
(34) 劉心健・陳自経「山東蒼山発現東漢永初紀年鉄刀」(文物一九七四―一二)。この他の「百煉鋼」の出土例については、注2k論文にまとめられている。

(35) 「卅煉」「五十煉」という表現は、明らかに鍛錬の回数と関係がありそうである。建初の剣と同時代の人王充は『論衡』率性篇の中で「どんな名剣も工人の鍛錬の産物であり、一金の剣でも繰り返し鍛錬すれば千金の剣となる」と述べている。これは当時もてはやされていた「百煉鋼」の本質を的確に言い当てている。

(36) 注29参照。

(37) 注3華覚明論文参照。

(38) この限界は、弩機の生産に典型的に現れている。鉄生溝では脱炭鋳鉄の弩の部品が（1b）、また漢長安城の未央宮三号建築址からは鉄製の弩がみつかっている（第一部付論参照）から、弩を鉄で作ることは前漢後期に一部で行なわれたことがわかる。しかしその後三国時代に至るまで、弩は圧倒的に青銅製品が多く、鉄製品に置き換えられていった形跡がない。その原因は、鉄鋳物の熱処理技術の限界にあったと考えられる。

(39) 李京華「漢代鉄農器銘文試釈」（考古一九七四―一）、同「新発現的三件漢鉄官銘器小考」（考古一九九九―一〇）参照。

(40) 遺跡の位置関係は、秦文生「滎陽故城新考」（中原文物特刊　一九八三）参照。

(41) 注2e、i、j、l論文参照。

(42) 第三部第三章で述べたように、鉄の専売制下で製品に対する苦情は、値段が高いこと以外に、「大器」が多いこと、品質が「苦悪」なことなどがある。「大器が多い」というのは、製品のサイズの種類が少なく、画一的だったことをいう。「苦悪」とは、具体的には材質が硬すぎ、品質に善悪の差が大きいということだったようである（『塩鉄論』水旱篇）。これを実際に出土する鉄器と比較してみると、白銑鉄のままの製品がしばしば見出される点、また熱処理のばらつきが多い点で、ある程度当てはまっている。特に熱処理された製品は、外見だけでは内部の品質がわからないから、当たり外れの大きい買い物になったことは想像できる。

(43) これは周辺諸民族への製鉄技術の伝播を考える際にも、重要な問題である。

(44) 専売制下では、鉄鉱資源のない郡に置かれた「小鉄官」が屑鉄の再生を行なったとされている（『史記』平準書、集解に引く鄧展の説）。これが事実であれば、鉄の専売制にはあらかじめ屑鉄のリサイクルが組み込まれていたことになる。

図版出典一覧

図1　加山延太郎『鋳物のおはなし』（日本規格協会　一九八五）一七一頁、図四・一
図3　河南省博〈中国冶金史〉編写組他「河南漢代冶鉄技術初探」（考古学報一九七八－一）図二
図4　同、図三
図5　山東省博物館他『山東漢画像石選集』（斉魯書社　一九八二）図三四一、部分
図6　河南省博〈中国冶金史〉編写組他「河南漢代冶鉄技術初探」（考古学報一九七八－一）、図四
図7　加山延太郎『鋳物のおはなし』二〇四頁、図四・四
図8－1　鄭州古滎鎮、窰9出土凹型鍤上外模、文献45、図六－八
　2　山東萊蕪出土、大鏟鉄範（前漢代）、文献78、図七
　3　河南温県烘範窰出土、Ⅰ式円環畳鋳範、文献50、図版八－二
図9－1　鞏県鉄生溝出土、鉄鏟（T12：16）、文献39、図版二－三
　2　同、鉄片（T13：7）、文献39、図版二－五
図10　文献39、図六
図11－1　鞏県鉄生溝出土、鉄鏵（T12：13）、文献39、図版四－四
　2　同、鉄鏵（T6：10）、同、図版三－三
　3　同、鉄钁歯（T8：26）、同、図版四－一
　4　同、鉄钁（T4：1）、同、図版三－五
　5　同、弩機板（T16：18）、同、図版四－六

6　同、残鉄器（T11：8）、同、図版四－五
図12　佐々木稔・村田朋美・伊藤叡「古代における炒鋼法とその製品」（『日本製鉄史論集』たたら研究会　一九八三）第二図
図14　呼和浩特二十家子出土、鎧甲片、李衆「中国封建社会前期鋼鉄冶煉技術発展的探討」（考古学報一九七五－二）図版六－三三
図15　燕下都四四号墓出土、鋼剣（M四四：一〇〇）、同、図版二－一一

付論2　南陽瓦房荘漢代製鉄遺跡の技術史的検討

はじめに

南陽瓦房荘製鉄遺跡は、鞏県鉄生溝や鄭州古滎鎮とならんで、漢代を代表する製鉄遺跡の一つである。しかし『文物』一九六〇年一期に簡報が発表されただけで[1]、正式な発掘報告の公表は著しく遅れ、『華夏考古』誌一九九一年一期のほぼ全冊を費やして、ようやく陽の目を見た[2]。その間、一九七〇年代の後半以来、中国古代の製鉄技術の分析は飛躍的に深まり、遺跡や遺物の性格の再検討が精力的に進められた。その結果、鞏県鉄生溝の発掘報告が全面的に書き換えられるなど、中国における製鉄史研究は新たな時代を迎えつつある[3]。南陽瓦房荘製鉄遺跡の正式発掘報告は、このような最新の研究成果を踏まえた内容となっており、むしろ公表の遅れが幸いしたものといえる。

この遺跡の最大の特色は、規模の大きさや遺物の豊富さもさることながら、前漢代の製鉄遺跡と後漢代のそれとが、はっきり異なる地層で重なり合っている点にある。従来、この種の遺跡は年代判定が難しく、他の遺跡との相対的前後関係を割り出せないため、前漢と後漢の相違を分析することが困難であった。南陽瓦房荘の事例は、この制約を突破する有力な糸口となり得る。本付論2では、この遺跡の概要を紹介しながら、付論1の続稿として、未解明のまま積み残してきたいくつかの技術史的な問題を検討してみたい。

Ⅰ　前漢代の遺跡の概要

南陽瓦房荘製鉄遺跡は、河南省南陽市の北郊一キロほどのところにある。漢代の南陽郡治である宛県城の城内北辺部にあたり、付近には製陶遺跡や鋳銅遺跡もある。一九五九年にこれらの遺跡の発掘調査が行なわれ、製鉄遺跡では八つのトレンチが入れられた。一九六〇年の発掘簡報はこの時の調査報告である。六〇年には第二次調査が行なわれ、発掘の範囲が東と北とに拡大されて、一辺一〇メートルの正方形に区切って二千平方メートル余りが発掘された。地層は地表から耕土、擾土、ⅠＡ層、ⅠＢ層、Ⅱ層に分かれていたが、遺跡が確認された個所では、保存のためそれ以下の地層が発掘されなかった。このためⅠＡ層に比べてⅠＢ層の発掘面積が少なく、Ⅱ層は四ケ所で発掘されるに留まっている。Ⅱ層には製鉄関係の遺物が含まれていなかったので、紹介を略し、まずⅠＢ層の発掘の成果を概観してみよう。

(1) 遺　跡

ⅠＢ層は、遺跡の東部のトレンチＴ18を中心とした区域、遺跡北端のトレンチＴ42の周辺、さらに遺跡中部のトレンチＴ2の一部で発掘された。この地層では五銖銭と王莽の大泉五十が出ており、前漢後期に属する地層である。図1はそのうちＴ18を中心とした区域の平面図である。見易くするため、ⅠＢ層から出土した遺跡だけをあげてある。この区域では溶炉の基部が四つ（Ｌ20、21、31、32）、「水池」が二つ（ＣＨ2、3）、「勺形坑」、井戸三つ（Ｊ4、5、6）、

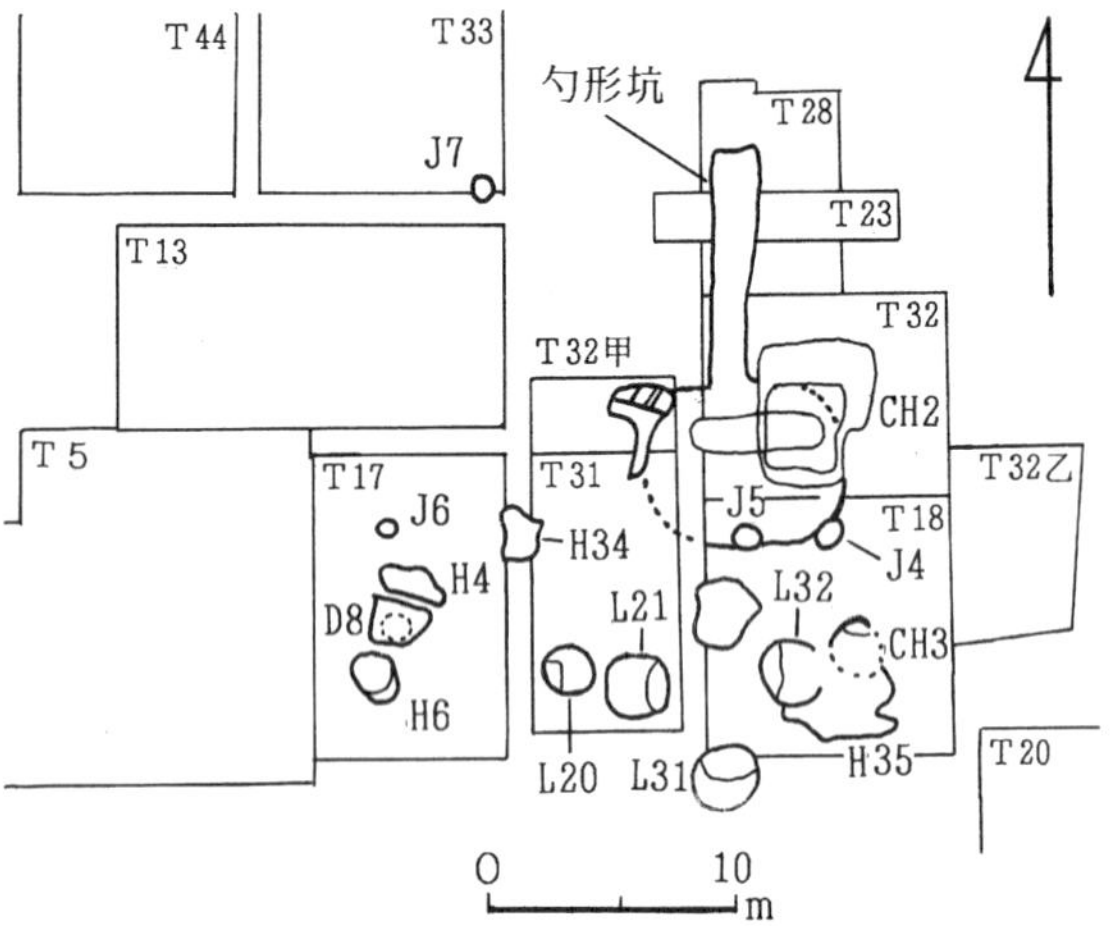

図１　ＩＢ層の遺跡（部分）

さらに地面に大型の鋳型を据え付けて鋳造した跡（地面範、Ｄ８）などが確認された。四つの溶炉基はほぼ東西に接近して並び、地面を整地した上に「すさ」を混ぜた粘土が、円形に厚さ五センチメートルほど塗り付けられている。直径は最小のＬ20が二・五メートル、Ｌ31が最大で四メートル。ただしこれは炉の基礎部分の寸法であり、この上に築かれた炉の大きさを直接示すものではない。

Ｔ18の北側からＴ28にかけて、「勺形坑」と呼ばれる細長いひしゃく形の坑がある。南部の円形部分は口径八メートルほど、北に延びた方形部分は長さ九メートルあまり、幅一・五メートルほどで、深さは最も深いところで二・六メートル。壁面はほぼ垂直で、上り降りする階段が設けられている。この「勺形坑」は「水池」ＣＨ２や井戸Ｊ４、５に切られており、これらよりも古い施設だったことは確かだが、坑内に遺物はなく、用途は不明。鄭州古滎鎮の製鉄遺跡でも、用途不明の半地下構造物として、煉瓦畳みになった「船形坑」が発見されており[4]、前漢代の製鉄遺跡に特有の施設といえるかもしれない。

「水池」と井戸はセットで炉の周辺に設けられる設備だったようである。遺跡の中部、Ｔ２のＩＢ層でも、「水池」ＣＨ１と二つの井戸Ｊ12、13が発掘されている。ＣＨ１は三メートル四方の正方形で、長期間水の溜まった痕跡があり、熔渣や陶範、耐火煉瓦などで満たされていた。これは、操業中に発生する高熱を帯びた廃棄物の、一時的プールだったと考えられる。このような井戸と「水池」は鄭州古滎鎮でも見つかっているほか、鞏県鉄生溝で「配料池」とされる方形坑も同様の施設だったと思われる。(5) 施設の配置から考えて、瓦房荘のＣＨ１の付近には、未発掘の熔炉があったと考えてよいだろう。

遺跡北部のＴ42の周辺では、地面範七基（Ｄ１〜７）が確認され、このうちＤ１はＤ４を切っている。このほかＴ42では大量の耐火煉瓦や送風管が出土している。図１にあげた区域で、地面範Ｄ８は熔炉から五、六メートルしか離れていないから、北部で発見された地面範も恐らく熔炉の近くに設けられたと考えられる。Ｔ42のさらに北側の未発掘の区域に、何基かの熔炉が存在したものと推測される。耐火煉瓦や送風管はその名残だろう。

（２） 熔炉の炉材と送風管

熔炉を構築した耐火煉瓦は、廃棄・堆積した状態で大量に発見されている。まず炉口部分は、煉瓦の本体が細かく砕いた石英を多く含む粘土で作られ、厚さ一〇センチメートル。その外側を厚さ五センチメートルの「すさ」入り粘土が、また内側は「すさ」と石英砂を混ぜた粘土が覆っている。煉瓦本体で炉を構築した後、その内外を組成の異なる粘土で覆ったものと思われる。このように意識的に石英を加えた耐火材料は他の遺跡でも発見されており、当時一般的なものであった。(6) 内側の粘土は三層に分かれ、熱で一部溶融していた。これは高温に直接さらされる炉の内側が、最低二度の補修を施されたことを物語っている。次に炉腹部分の耐火煉瓦。作りは炉口部分と共通するが、少し薄手である。内側の層は溶融してガラス化し、最も高温になる部分では、煉瓦の本体も溶けかかっていた。炉底部分の耐火煉瓦は「すさ」とやや粒の大きい自然砂を混ぜた粘土でできている。さらにその下には短い支柱があった。炉底を浮かせた、現在のキューポラに似た炉だったことがわかる（付論1、図6参照）。

ふいごの送風管はT31や42、43から出土している。管の本体は瓦と同様の製法で作られ、外側を「すさ」と砂を入れた粘土で覆っているが、外側には溶融滴下の痕跡があった。また炉内への吹き出しノズルである羽口も発見されている。

（3）原料と燃料

この遺跡では、鉱石や鉱石粉が見当たらない。鉱石製錬は行なわれず、溶解と鋳造のみが行なわれたと考えられる。鋳造原料としては、長さ二〇センチメートル、幅一〇センチメートル、厚さ三～六ミリメートルほどの鋳鉄延板が一六枚発見されている。(7)また使用痕のある古い鉄器も破砕して鋳つぶされたらしく、表面が溶けかかった状態のものも見られる。この遺跡では鉱石製錬地から供給された鋳鉄延板に、屑鉄を混ぜて使っていたことになる。屑鉄が使われたことは、この遺跡で初めて確認された事実である。なお、燃料は木炭以外に発見されていない。

（4）鋳型と鉄器

前漢代の地層からは、前述の地面範のほかは耬鏵鉄範芯二件と帯鈎範一件が出土しただけだが、多数の鋳型を重ねて鋳造する畳鋳範の湯道の形をした澆口鉄も出土しており、大小様々な鋳物が製造されていたことは確かである。発掘の範囲が狭いため、鋳型を焼く烘範窯や鋳型の堆積が発見されていないと考えられる。地面範からは直径一～一・八メートル、厚さ五～一二ミリメートルの、大型肉厚の盆状容器の鋳造痕が確認された。

鉄器はIA層と比較すると少量ではあるが、農具として耬鏵、鍤、钁、鏟、工具として斧、鑿、錛、錐、刀子、車馬器として釘、武器として剣、弩機の懸刀、その他権、鼎、熨斗などかなりの種類にのぼる。ただし鋳型の出土が少ないため、ここで鋳造された新品と判断できるものはほとんどない。大多数は鋳造材料として集められた、摩滅や研ぎ減りが顕著な中古品を破砕したものか、鋳造後の不良品とされている。

鉄器の材質は、いくつかのサンプルについて検査されたが、鋳造品の鍤、鏟、鏵には黒心可鍛鋳鉄や白心可鍛鋳鉄の組織が、また斧には鋳鉄脱炭鋼の組織が見られ、鋳造後熱処理されている。鍛造品には、鋳鉄脱炭鋼から鍛打成形された鑿がある。さらに車の軸受けである釭の材質は、鋳放しで摩滅に強い白銑鉄（白口鉄）であった。このような傾向から見て、前漢段階の南陽瓦房荘にも熱処理炉や鍛造用小型炉が存在した可能性は極めて高い。ただし炒鋼については推測する材料がない。

Ⅱ　後漢代の遺跡と遺物

（1）遺　跡

南陽瓦房荘のⅠA層は、ⅠB層の上に直接重なるが、両者は堅固に踏み固められた活動面で区切られている。ⅠA層から出土する五銖銭は、後漢最末期に発行された「四出五銖」や周郭を削り取った変造五銖が三分の二を占める。また日用の陶器類にも、後漢末期の陶罐が含まれており、ⅠA層は後漢も末期に偏った時期まで下がると考えられる。

ⅠA層の遺跡は、発掘範囲の北寄りを東西に貫通する道路で二つに区切られ、道路の両脇には煉瓦を縦に埋め込んだ縁取りがある。道路の南側は、トレンチT2を中心に熔炉基五（L2、4、6、7、11）[8]、鍛造炉一（L9）、炒鋼炉一（L19）、烘範窯二（Y2、21）が分布し、周囲に廃棄物の堆積がある（図2）。道路の北側は、道路沿いに七基の鍛造炉（L20、24～27、29、30）、北東のはずれに烘範窯二（Y17、19）がある（図3）。一見したところ、道路を挟んで鋳造工程と鍛造工程の分業関係がありそうだが、北側のT42では熔炉の炉材や送風管が多数出土しており、烘範窯もある以上、北側の未発掘の区域にも熔炉が存在した可能性が高い。分業関係を想定するのは早計かもしれない。[9]

（2）熔炉の構造と炉材

熔炉基はT2の南部に三基ずつ固まり、炉の周囲には炉渣が平らに敷かれていた。炉基部は、整地した地面に焼土塊を敷き詰めた基壇を築き、その上に丸く「すさ」入り粘土を塗ってある。基壇は最もよく残ったL4で三・五×二・七メートルの長方形、粘土層の直径二メートル、他も方形や楕円形の基壇を持っている。L6の粘土層の中心部には、直径一・一四メートルの円形に白く変色した部分があり、耐火煉瓦の色に近いことから、基壇の上に築かれた炉の規模が窺える。熔炉の周辺には、前漢層で炉とセットで見出される「水池」や井戸が見当たらない。操業中に出た廃棄物は、少し離れた場所の坑に入れたり、地表に積み上げたようである。炉の基礎部分の作りや作業施設の配置には、前漢代との違いが見られる。

廃棄された熔炉の耐火材料は、西部のT1、北部のT38、42、南部のT10から大量に出土した。その種類は大まかに炉口部、炉腹部、炉底部に分けらる。前漢代のものと同じく煉瓦本体で炉を築き、内外を「すさ」入り粘土で覆う方式で作られているが、全体として少し薄手になっているようである。煉瓦本体は石英砂七〇パーセント、これにつなぎとして粘土を加え、焼成されていた。炉の内側の粘土層はいずれも熱で溶け落ちているが、炉口から下へ行くにつれてその程度が増す。内側の粘土層に、二回から五回に及ぶ補修の跡をとどめたものもあり、小まめに上塗りされたらしい。しかし中には煉瓦本体まで溶融変形してしまったものもある。熔炉のサイズは、耐火煉瓦の湾曲の度合い

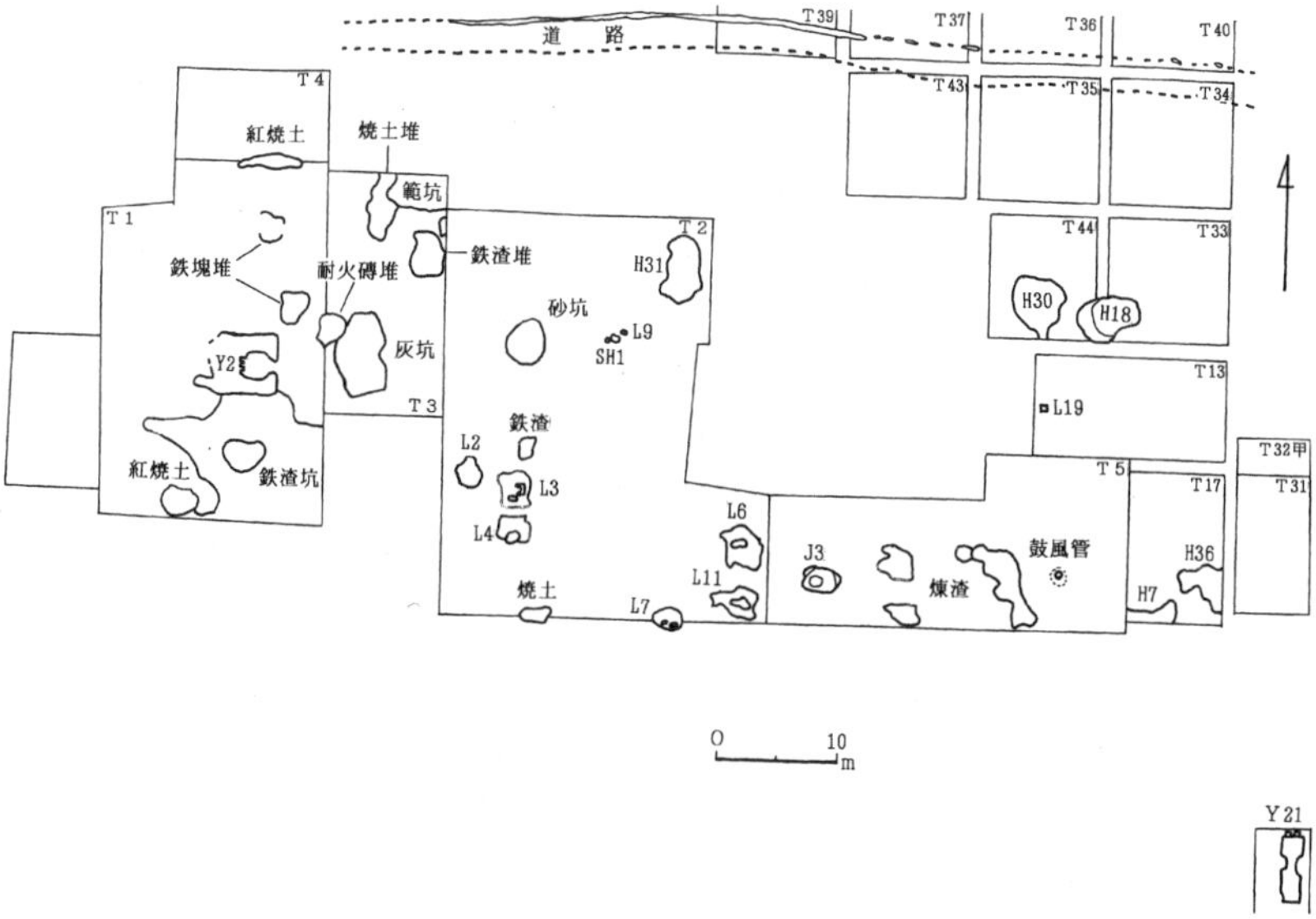

図２　ＩＡ層の遺跡（南部）

と現代の炉の熱分布から計算して、外径の平均一・五メートル、高さ三メートル前後と推定される。

ふいごの送風管は内径二〇センチメートルから一五センチメートルほどで、直角に曲がったものばかりが出土した。周囲は「すさ」入り粘土で覆われているが、補強用に鉄板を入れたものもある。また管の下面が、支柱を介して炉口部の耐火煉瓦の上につながったものも見られる。管の外被は熱で溶け落ち、管の向きと直角に流れていた（温度は一二五〇～八〇度）。これらの事実からこの遺跡の熔炉は、炉口の上に送風管を通して空気を予め加熱する、空気予熱式の熔炉だったとされる。[10] また炉内への空気の吹き出し口（羽口、内径五センチメートル前後）も多数見つかったが、前漢のものと比べて焼損が著しい。これは羽口付近の温度が非常に高くなったためだともいう。このような特徴を持つ送風管は鄭州古滎鎮からも出土しており、[11] この種の熔炉が前漢から存在した可能性もある。なお、一九六〇年の簡報で「るつぼ」として紹介されたものは、送風管の誤認だったことが確認された。

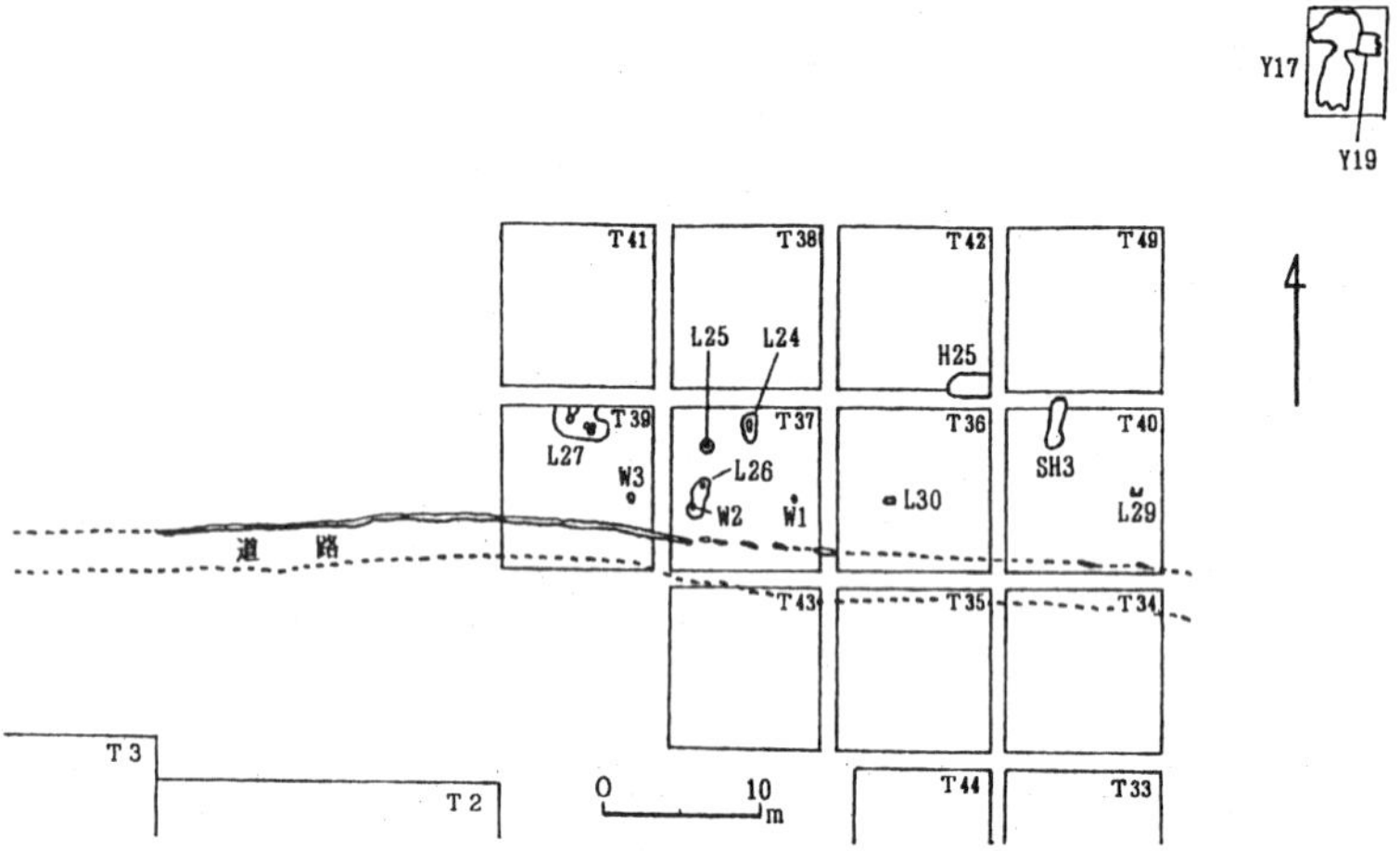

図３　ＩＡ層の遺跡（北部）

（３）　原料と燃料

鋳造原料は前漢代と同じく、破砕した台形の鋳鉄板を主とし、これに使用後回収された屑鉄が混ざっている。屑鉄の多くは農具で、工具類は相対的に少ない。燃料はもちろん木炭だが、その特徴から南陽北部に多い栗材を用いたものとされている。

（４）　烘範窯と鋳型、鋳造鉄器

四つの烘範窯のうち、北部のＹ19はＹ17に切られており、同じ場所で窯が築き直されている。西部のＹ２は、一九六〇年の簡報で「炉１」とされていたが、新たな発掘報告で訂正された。[12] 窯は地山まで掘り込んで作られ、火の焚き口（窯門）の内側をさらに深く掘って燃料を入れる「火池」を設け、その奥に焼成する鋳型を置く「窯膛」（長さ一・七×幅一・九メートル）、三本に分かれた煙出しがある。他の窯はやや小さいが、それでも鞏県鉄生溝よりもかなり大型である。

鋳型は柔らかい陶質の「泥範」六〇二件が中心で、鉄範芯や石範[13]もわずかに見られる。とはいえ泥範の多くは、鉄範を鋳造するための鋳型（範模）であるから、実際には鉄範も相当使われたはずである。範模は犂鏵、鍤、耬鏵、钁、錛、六角釭、臼の鉄範用のものがあり、犂鏵や六角釭には「陽一」という銘が見られる。これは「南陽郡鉄官第一鉄工廠」といった意味あいの略号である。範模の構造は、器種別に詳細な記述と復元が行なわれているが、これについては早くから犂鏵を例として紹介されているので、ここで改めて述べる必要はないだろう。[14] 実際に器物を鋳造した鋳型には、錘範一一二件、車轄の畳鋳範一三三件、円形釭、釜、鼎の足、鋪首、熨斗などがある。鋳型の種類から見て、主要な農工具の鋳造には、反復使用のできる鉄範が多く使われたと推測できる。

出土した鋳造鉄器は、前漢のものと同じく新品（ただし出荷されなかった不良品）と、鋳造原料として集められた中古品に分かれる。はっきり新品とわかるものは、犂鏵一九件、耬鏵六件、これに「陽一」銘の入った钁が加えられるくらいで、ごくわずかである。耬鏵には白心可鍛鋳鉄の組織も見られるので、この遺跡で鋳鉄の熱処理が行なわれた可能性が高い。中には鋳放しの白鋳鉄の犂鏵や鏨もあるが、これは熱処理工程に至る前の中間産品だろう。中古品は、破砕されて完形品が少なく、しばしば表面に溶融した痕跡をとどめている。種類は犂鏵、鍤、耬鏵、钁、鋤、鏟といった農具が多く、錛、斧のような工具類がこれに次ぎ、鼎、釜、熨斗など容器類、釭や轄など車馬器も見られる。農具の中には、同じ器種同士を積み重ねた状態で出土したものもある。中古品は器種や材質によって分類されたのかもしれない。少数のサンプルについて材質が鑑定されているが、犂鏵、鍤、耬鏵、钁には白心可鍛鋳鉄の組織が見られ、酸化脱炭を伴う熱処理が加えられたことがわかる。

（5）炒鋼炉・鍛造炉と鍛造鉄器

炒鋼炉L19は遺跡の中部東よりのT13から、鍛造炉は一基を除いて漢代の道路の北側から見つかった（図3）。まず炒鋼炉は、幅三〇、奥行き五〇センチメートルほどの楕円形で、前半分が火池、後ろ半分が炉腔になっている。炉壁の高さは不明だが、内側には砂混じりの粘土が、また火池には「すさ」入り粘土が塗られている。炉底には炒鋼を取り出した後に残った、不純物の多い鉄の塊が放置されていた。[15]

八基の鍛造炉の周囲には、大型の板瓦を敷いた坑や、四角い坑の内部を焼き固めた焼土槽（SH1～4）や筒瓦で作った瓦洞（W1～3）が特徴的に見られるが、何に使ったのかはわからない。[16] 炉の本体は再利用品の耐火煉瓦や普通の煉瓦で炉底と炉壁を作り、表面に「すさ」入り粘土を塗ってある。大きさは大体幅二～三〇センチメートル、奥行き八～九〇センチメートルの細長い楕円形で、炉膛は炉門より少し窪んでいる。炒鋼炉、鍛造炉ともに、炉底部分に送風管がなく、有名な山東滕県宏道院出土の画像石に見られるように、上から空気を吹きつける形式の炉だったと思われる。[17]

鍛造鉄器は钁、鐮、刀子、鏨といった農工具、剣、矛、鏃といった武器類などのほか、棒材を様々に加工した鈎類も多い。このうち鐮が九六点で最も多いが、すべて屑鉄として回収された中古品であった。材質は、鐮に鋳鉄脱炭鋼や黒心可鍛鋳鉄、鏨に鋳鉄脱炭鋼と炒鋼のものが見られる。鍛造材料としては、炒鋼やT36で出土した鋳鉄脱炭鋼の鉄板、様々な棒材があげられる。またここからは、固体製錬された鋼鉄製の矛が見つかっている点が注目される。

以上、南陽瓦房荘の遺跡と遺物について簡単に概観してきた。これを踏まえて、次にこの遺跡の技術史的位置づけを検討してみよう。

Ⅲ　南陽瓦房荘製鉄遺跡の意義

（1）南陽瓦房荘遺跡の性格

南陽瓦房荘の後漢層からは、「陽一」という銘を持つ鋳型や钁が出土した。これは鄭州古滎鎮の鉄器に見られる「河一」銘や、鞏県鉄生溝の「河三」銘と同様、漢代の官営製鉄施設である鉄官の略号と考えられる。[18] 前漢層は発掘が不十分なため、銘文のついた遺物が見当たらないが、同じ性格の施設だろう。したがってこの遺跡は、『漢書』地理志上、南陽郡宛県に「工官・鉄官あり」と記される南陽郡鉄官の、「第一鉄工廠」の跡と考えられる。遺跡は漢代の宛県城内の手工業区域にあるから、同じく宛県に置かれた工官とも密接な関係を持っていた可能性がある。

前漢層の熔炉を中心とした生産施設は、鄭州古滎鎮や鞏県鉄生溝と共通しており、遺物の豊富な後漢層について比較してみても、熔炉・烘範窯・炒鋼炉・鍛造炉という主要な設備、また農工具・車馬器・兵器・容器類など製品の種類が、ともに前記二つの遺跡と共通する。このことは、前漢後期に鉄器専売制下で生産に従事した鉄官の設備や製品が、郡の違いを越えて共通するだけでなく、専売制が廃止された後漢代にも同様な生産活動が行なわれたことを示している。さらにこのような後漢代の官営生産施設は、河南澠池の鉄器窖蔵[19]に示される六朝期のそれへと、系譜的につながることが予想される。この点でも、瓦房荘の後漢代の遺跡は重要な位置を占めるといえよう。これらの点を踏まえて、次に鉄器の製造技術の面から、瓦房荘の遺跡と遺物を検討してみよう。

（2）生産技術と製品

瓦房荘から出土した鉄器の多くは、鋳造原料として集められた中古品であった。これらの鉄器はもちろんここで製造されたものとは限らないが、農民などが実際に、屑鉄になるまで使い込んだ鉄器であり、当時の実用品の水準を示す資料となり得る。主要な農具のうち、犂鏵・錨・鏟・鋤・钁は鋳造品が多いが、鐮はほとんどが鍛造品で、一部に鋳造品もある。工具類では、斧や錛が鋳造品、鑿や刀子が鍛造品だが、一部の鑿は鋳造されている。容器類や車馬器のほとんどはもちろん鋳造品で、馬の「はみ」は鍛造されている。剣や矛のような武器は鍛造品ばかりである。このように当時の鉄器は、一般的には、刃物や柔軟性の必要なものが鋼鉄で鍛造され、それ以外は鋳鉄で鋳造される傾向が認められる。鋳造には畳鋳法や鉄範が効率的に使用された。

しかし鍛造品は、鋳鉄脱炭鋼や炒鋼のように鋳鉄を熱処理した鋼材で作られたものが多く、また鋳造品もさまざまな程度に熱処理されている。前漢後期に画期的な発展を遂げた鋳鉄の熱処理技術は、鋳造品と鍛造品を問わず、実用の鉄器に活かされていた。熔炉や烘範窯、炒鋼炉や熱処理炉、鍛造炉といった設備が有機的に結びついた、鞏県鉄生溝や南陽瓦房荘の生産施設は、このような技術革新の成果であった。前漢後期以来、鉄官では、農工具から車馬器・兵器、日用の容器類までほとんどすべての種類の鉄器を、それぞれにふさわしい材質で生産しており、その製品は実際に広く使われたと見てよい[20]。

しかし前述のように、瓦房荘においては熔炉が頻繁に補修されながら、なお炉壁破壊事故を免れなかった。これは鉄生溝や古滎鎮の製錬炉と同様、炉の操業温度が炉材の耐火性能の限界付近にあったためである。このような限界は、両漢を通じて乗り越えられることがなかった。後漢代における空気予熱式熔炉の採用も、この点では部分的改良に過ぎない。また付論1で指摘したような、鋳造品の熱処理にばらつきが多いという欠点も、克服されたようには思えない。後漢代の製鉄技術は、前漢後期に発展した技術を、さらに大きく飛躍させることはなかったようである。

ところで、瓦房荘の後漢層からは、固体製錬された鋼鉄を鍛造した矛が一点出土した。鉱石を固体のまま製錬して鋼鉄を取り出す、というこの伝統的な技術は、前漢後期の技術革新の後も依然として健在だった。朝鮮や日本に伝えられた製鉄技術が固体製錬法だったことを考え合わせれば、これは単なる古い技術の残存としてではなく、生産条件の地域差や製品の需要など、幅広い観点から今後検討されなければならない。

（3）屑鉄の利用と鉄官の立地条件

従来の研究では、『史記』平準書に基づき、前漢武帝時代に施行された鉄の専売制度において、鉄鉱資源を有する地域には郡単位に鉄官が置かれ、鉱石製錬と鉄器生産を行なったのに対し、資源のない地域には「小鉄官」が置かれ、それぞれ地元の県に所属して屑鉄の再生などにあたったとされる。また『漢書』地理志に記される鉄官の所在地は、鉱産地に置かれた鉄官を示しており、資源の分布によっては、同一の郡内に複数の鉄官が置かれることもあったと理解されてきた[21]。一方考古学資料からは、製鉄遺跡に鉱産地で製錬を行なう「深山型」と、都市で鉄器製造を行なう「都市型」の二つのタイプがあり、分業関係があったとする説も立てられている[22]。これらの説を、新しい知見から検討してみよう。

南陽瓦房荘では、鉱石製錬から鉄器製造まで一貫生産が行なわれた鉄生溝や古滎鎮と異なり、専ら鉄器の製造だけが行なわれていた。またその原料として、製錬地からもたらされる鉄材だけでなく、屑鉄も大量に使われていた。とはいえ、この鉄工廠を「小鉄官」と見なす必要はない。屑鉄は鉄鉱資源の有無にかかわらず、全国どこでも発生する以上、屑鉄の再生が、鉄鉱資源のない地域の「小鉄官」でのみ行なわれたと考えるのは図式的に過ぎよう。鉱産地の郡の鉄官は、鉱山や製錬施設だけでなく、都市で屑鉄の再生や鉄器生産にあたる施設も含んだ複合的な組織だったと考えるべきである。「陽一」鉄工廠も、南陽郡鉄官に属する様々な生産施設の一つだったとするのが妥当だろう。「小鉄官」という名称は、鉄鉱資源のない地域の鉄官組織が、官僚機構の中で一つ格の低い組織として位置づけられたことを示すに過ぎないのである。

ではこのような生産施設は、実際の遺跡において「深山型」と「都市型」に分類できるだろうか。この説は、鉱産地の鞏県鉄生溝で鋳型の出土が少ないのに対して、都市の南陽瓦房荘では鉄器製造だけが行なわれたことを主たる根拠としている。しかし現在、鉄生溝では新報告で鋳造関係の遺物が大量に確認されている。またその他の製錬遺跡でも、川沿いのなだらかな傾斜地で、鉄器製造まで行なっていたものが多く、多少人里を離れていたとしても、深山とは言い難い。一方都市の遺跡では、鉄生溝と並ぶ製錬遺跡である鄭州古滎鎮が漢代の滎陽故城のすぐ外側に、また山東滕県の漢代製錬遺跡が薛城址の真ん中にあるように(23)、鉄器製造だけが行なわれたわけではない。上記の分類は名称が適切でないだけでなく、例外が多すぎるように思われる。二、三の主要な遺跡以外は、表面採集か試掘程度の調査しかない現在、遺跡の性格を強引に分類し、特定の型に当てはめる必要はない(24)。

今は次の点が指摘できるだけである。すなわち採鉱・製錬は深山の彼方で行なわれるとは限らず、条件が整えば都市を含めてどこでも行なわれるが、鉱山都市といえるものはない。製錬地では多くの場合、鉄器まで一貫生産され、もちろん鉄素材を他地に供給することも可能である(25)。瓦房荘のような都市の施設では、鉱産地から供給される鉄素材と、都市に集荷される屑鉄も利用して鉄器生産が行なわれる。つまり漢代の鉄官においては、多様な立地条件を持つ生産地が同一の郡内で、あるいは他郡との間で、その置かれた条件に応じたゆるやかな分業関係を展開させていたのである。

おわりに

以上、南陽瓦房荘の漢代製鉄遺跡の発掘成果を概観しながら、二、三の問題を検討してきた。改めて強調するまでもなく、この遺跡は地味ながら、漢代を代表するユニークで重要な遺跡の一つであり、いくつかの点で中国古代製鉄史研究の視野を拡げる、貴重な資料的価値を持っている。これで前漢後期以後については、鞏県鉄生溝・鄭州古滎鎮－南陽瓦房荘－澠池窖蔵と、各時期を代表する遺跡の基本ラインができたといえよう。今後はこれを前後の時代に拡げていく必要がある。特に戦国・漢初時期の遺跡——あちこちにあることだけはわかっている——の調査と綿密な報告が待たれる。また従来ほとんど河南省に限定されていた鉄の考古学研究を、他の地域にも拡げる必要があるだろう。

注

(1) 本章末文献リスト3a。
(2) 同3b。その後、付近の銅器鋳造遺跡も調査されている。河南省文物考古研究所「南陽瓦房荘漢代制陶、鋳銅遺址的発掘」(華夏考古一九九四－一)参照。
(3) 本章付論1参照。
(4) 文献2a。
(5) 同右、及び文献1b参照。
(6) 文献2a、1b、2c参照。ただし鄭州古滎鎮と鞏県鉄生溝の製錬炉の耐火材料には、石英だけでなく木炭や、場合によっては鉄鉱石粉を混ぜた「黒色耐火材料」が用いられており、熔炉の炉材との相違が注目される。

（7）報告者は、この種の鉄板が今まで鋤と誤認されてきたと指摘する。とすれば、従来の他の遺跡の発掘報告の記述も見直す必要があるかもしれない。

（8）図2でL4の北側に位置するL3については、発掘報告のどこにも記述がない。

（9）ただしL20は遺跡の平面図に記されておらず、番号もⅠB層の熔炉とダブッている。この他、トレンチT9の位置、T1〜5の灰坑の整理番号の記述が落ちている。

（10）この炉については、復元図だけが発表されていた。本章付論1、注2e論文参照。

（11）注4参照。

（12）同様の誤認は鞏県鉄生溝の旧報告（文献1a）にも見られ、後に訂正されている。一九六〇年代の他の遺跡の報告にも、この種の間違いが多いかもしれない。なお楊寛氏は、南陽瓦房荘の一九六〇年の簡報に紹介された「炉1」と「るつぼ」から、この遺跡でるつぼ式製錬が行なわれたとしているが、これで根拠がなくなった。本章付論1、注1b論文、また同じく注9参照。

（13）石範は何の鋳型か判明しない。ただしこの遺跡のⅠA層では青銅器の鋳型も一部で出土しているから、必ずしも鉄器の鋳型とは限らないかもしれない。

（14）文献3b参照。

（15）この炒鋼炉の存在は、本章付論1、注2e論文に紹介されていた。鞏県鉄生溝でも炒鋼炉が発掘されているが、漢代のものかどうか疑問である。

（16）焼土槽について報告者は、烘範窯の一種かもしれないという説も載せている。

（17）本章付論1、注12参照。

（18）本章付論1、注39参照。

（19）文献4a参照。

（20）大櫛敦弘「漢代の鉄専売と鉄器生産――『徐偃矯制』事件より見た――」（東方学七八輯　一九八九）は、鍛造品は国家の規制が困難なため、農具のうち鎌だけは専売の対象とならなかったとしている。しかしその根拠とされる史料は、収穫前に鎌の手入れをするという内容で、自給的生産とはいえない。鉄鉱資源と鉄材・鉄器の流通販売統制が実現すれば、生産の一部に民間の業者が加わったとしても、それは大枠として専売制下の生産と見なされる。

(21) とりあえず影山剛「均輸・平準と塩鉄専売」(岩波講座世界歴史四　一九七〇)参照。

(22) 井口喜晴「漢代の製鉄遺跡について」(たたら研究会編『日本製鉄史論』一九七〇)参照。また潮見浩「中国の初期鉄器文化」(『東アジアの初期鉄器文化』吉川弘文館　一九八二)は、一貫生産から分業関係へという時代的変化を説く。

(23) 文献33ａｂ参照。

(24) 大櫛敦弘「中国古代における鉄製農具の生産と流通」(東洋史研究四九巻四号　一九九一)は、「深山型」と「城市型」の対照表を作り、例外的なものは同一の遺跡での時期的変化としている。発掘調査の質を無視した恣意的な説明である。

(25) 右に引いた大櫛論文は、前漢後期から製鉄遺跡で鉄素材が出現することから、この時期以後製錬と鉄器生産の分業化が進み、鉄素材が広く流通するようになったとする。しかし実際には、鉱石の製錬炉から流れ出した銑鉄をいきなり鋳型に流し込むことはなされず、一旦鉄材としてから改めて熔炉でこれを溶かし、鋳造される。中間産品としての鉄素材は、遺物の出土の有無に関わらず、常に存在したはずである。

製鉄関係文献一覧

〔河南〕
1　ａ河南省文化局文物工作隊『鞏県鉄生溝』文物出版社　一九六二
ｂ趙青雲・李京華・韓汝玢・丘亮輝・柯俊「鞏県鉄生溝漢代冶鋳遺址再探討」考古学報一九八五―二
ｃ河南省博・中国冶金史編写組「関于〝河三〟遺址的鉄器分析」河南文博通訊一九八〇―四
2　ａ鄭州市博物館「鄭州古滎鎮漢代冶鉄遺址発掘簡報」文物一九七八―二
ｂ《中国冶金史》編写組「従古滎遺址看漢代生鉄冶煉技術」同
ｃ林育煉・于暁興「鄭州古滎漢代冶鉄炉的耐火材料」中原文物特刊　一九八三

d丘亮輝・于暁興「鄭州古滎鎮冶鉄遺址出土鉄器的初歩研究」同
3 a河南省文化局文物工作隊「南陽漢代鉄工廠発掘簡報」文物一九六〇－一
b同「従南陽宛城遺址出土漢代犂鏵模和鋳範看犂鏵的鋳造工芸過程」文物一九六五－七
c河南省文物研究所「南陽北関瓦房荘漢代冶鉄遺址発掘報告」華夏考古一九九一－一
d李京華・陳長山『南陽漢代冶鉄』中州古籍出版社　一九九五
4 a河南省博物館他「澠池県発現的古代窖蔵鉄器」文物一九七六－八
b李衆「従澠池鉄器看我国古代冶金技術的成就」同
c北京鋼鉄学院金属材料系中心化験室「河南澠池窖蔵鉄器検験報告」同
5 a河南省博他「河南省温県漢代烘範窯発掘簡報」文物一九七六－九
b同『漢代畳鋳――温県烘範窯的発掘和研究』文物出版社　一九七八
6 a河南省文化局文物工作隊「河南鶴壁市漢代冶鋳遺址」考古一九六三－一〇
b鶴壁市文物工作隊『鶴壁鹿楼冶鉄遺址』中州古籍出版社　一九九四
7 a歴博考古組他「河南登封陽城遺址的調査与鋳鉄遺址的試掘」文物一九七七－一二
b河南省文物研究所・中国歴史博物館考古部『登封王城崗与陽城』文物出版社　一九九二
8 倪自励「河南臨汝夏店発現漢代煉鉄遺址一処」文物一九六五－七
9 河南省文化局文物工作隊「河南南召発現漢代冶鉄遺址」文物一九五九－一
10 鍾華邦「河南権山漢代朗陵古城冶鉄遺址的新発現」考古与文物一九八七－五
11 a劉東亜「河南新鄭倉城発現戦国鋳鉄器範」考古一九六二－三
b河南省博他「河南新鄭鄭韓故城的鑽探和試掘」文物資料叢刊三　一九八〇
12 商水県文管会「河南商水県戦国城址調査記」考古一九八三－九
13 市文物工作隊「洛陽吉利発現西漢冶鉄工匠墓葬」考古与文物一九八二－三
14 鄭州市博物館「鄭州近年発現的窖蔵銅・鉄器」考古学集刊一　一九八一

15　a河南省文物研他「河南鎮平出土的漢代窖蔵鉄範和鉄器」考古一九八二―三
b鄭州工学院機械系　河南鎮平出土的漢代鉄器金相分析」同
16　河南省文物研「河南長葛漢墓出土的鉄器」同
17　韓汝玢・于暁興「鄭州東史馬東漢剪刀与鋳鉄脱炭鋼」中原文物特刊　一九八三
18　河南省文物研究所・信陽地区文物科「信陽毛集古鉱冶遺址調査簡報」華夏考古一九八八―四
19　河南省文物研究所・中国冶金史研究室「河南省五県古代鉄鉱冶遺址調査」華夏考古一九九二―一
20　黄克映「西平県楊荘村戦国冶鉄遺址」『中国考古学年鑑　一九八八』文物出版社　一九八九
21　李京華「舞陽鋼区古冶鉄遺址」『中国考古学年鑑　一九八九』文物出版社　一九九〇
22　河南省文物考古研究所『永城西漢梁国王陵与寝園』中州古籍出版社　一九九六
23　柯俊・呉坤儀・韓汝玢・苗長興「河南古代一批鉄器的初歩研究」中原文物一九九三―一
24　苗長興・呉坤儀・李京華「従鉄器鑑定論河南古代鋼鉄技術的発展」中原文物一九九三―四
25　新郷市文管会他「河南輝県市古共城戦国鋳鉄遺址発掘簡報」華夏考古一九九六―一
26　河南省文物考古研究所他「河南省西平県酒店冶鉄遺址試掘簡報」華夏考古一九九八―四

〔河北〕

27　a鄭紹宗「熱河興隆発現的戦国生産工具鋳範」考古通訊一九五六―一
b楊根「興隆鉄範的科学考査」文物一九六〇―二
c張子高・楊根「従侯馬陶範和興隆鉄範看戦国時代的冶鋳技術」文物一九七三―六
28　a河北省文化局「河北易県燕下都故城勘察和試掘」考古学報一九六五―一
b北京鋼鉄学院圧力加工専業「易県燕下都四四号墓葬鉄器金相考察初歩報告」考古一九七五―四
c河北省文物研究所『燕下都』（文物出版社　一九九六）
29　a北京鋼鉄学院金相実験室「満城漢墓部分金属器的金相分析報告」『満城漢墓発掘報告』文物出版社　一九八〇
b考古研究所実験室「満城漢墓出土鉄鏃的金相鑑定」考古一九八一―一

30　蘇天鈞「十年来北京市所発現的重要古代墓葬和遺址」考古一九五九―三
31　河北省文管会他「趙都邯鄲故城調査報告」考古学集刊四　一九八四
32　河北省文物研「河北平山三汲古城調査与墓葬発掘」考古学集刊五　一九八七
〔山東〕
33　a李歩青「山東滕県発現鉄範」考古一九六〇―七
b考古研「山東鄒県滕県古城址調査」考古一九六五―一二
34　群力「臨淄斉国故城勘探紀要」文物一九七二―五
35　山東省文物考古研他『曲阜魯国故城』斉魯書社　一九八二
36　a泰安市文物考古研究室他「山東萊蕪市古鉄鉱冶遺址調査」考古一九八九―二
b山東省博物館「山東省萊蕪県西漢農具鉄範」文物一九七七―七
37　楊恵卿他「山東師範学院歴史系同学赴東平陵城進行考古実習」考古通訊一九五五―四
〔江蘇〕
38　南京博物院「利国駅古代煉鉄炉調査及清理」文物一九六〇―四
39　尹煥章・趙青芳「淮陰地区考古調査」考古一九六三―一
40　徐州市博物館「徐州発現東漢建初二年五十湅鋼剣」文物一九七九―七
41　北京科技大学冶金与材料史研究所他「徐州獅子山西漢楚王陵出土鉄器的金相実験研究」文物一九九九―七
〔湖北〕
42　大冶県博「鄂王城遺址調査簡報」江漢考古一九八三―三
43　冶軍「銅緑山古砿井遺址出土鉄製及銅製工具的初歩鑑定」文物一九七五―二
〔陝西〕
44　a華倉考古隊「韓城芝川鎮漢代冶鉄遺址調査簡報」考古与文物一九八三―四
b呼林貴「陝西韓城秦漢夏陽故城遺址勘査記」同一九八七―六

45　秦晋「鳳翔南古城遺址的鑽探和試掘」同一九八〇―四
46　考古研究所「秦都櫟陽城遺址的勘探与試掘」考古学報一九八五―三
47　杜弗運・韓汝玢「漢長安城武庫遺址出土部分鉄器的鑑定」考古学集刊三　一九八三
48　中国社会科学院考古研究所漢城工作隊「一九九六年漢長安城冶鋳遺址発掘簡報」考古一九九七―七
49　路迪民「扶風漢代鋼剣的科技分析」考古与文物一九九九―三
〔その他〕
50　山西省考古研究所「山西夏県禹王城漢代鋳鉄遺址試掘簡報」考古一九九四―八
51　内蒙古自治区文物工作隊「一九五七年以来内蒙古自治区古代文化遺址及墓葬的発現情況簡報」文物一九六一―九
52　候仁之・兪偉超「烏蘭布和沙漠的考古発現和地理環境的変遷」考古一九七三―二
53　内蒙古自治区文物工作隊「呼和浩特二十家子古城出土的西漢鉄甲」考古一九七五―四
54　史樹青「新疆文物調査随筆」文物一九六〇―六
55　福建省博「崇安城村漢城探掘簡報」文物一九八五―一一
56　広州市文物管理委員会他『西漢南越王墓』文物出版社　一九九一

第四部　貨幣経済

第一章　居延漢簡月俸考

はじめに

一九三〇年に発見された居延漢簡は、漢代辺境地帯の軍事と行政に関する貴重な同時代資料として、過去五〇年以上にわたって研究されてきた。居延漢簡の研究は、いまや少数の専門家によるパイオニアワークの時代を脱し、漢代史研究の重要な一分野となりつつある。

幾多の困難を経て進められた研究の結果、漢簡の出土した遺跡のいくつかについて、その性格と官制上の位置づけが明らかになっている。辺郡における軍隊の指揮系統は、次頁の表にあげるように、郡太守府―都尉府―候官―候―燧という機構になっている。具体的には、後掲の地図の北部、K七一〇地点が居延都尉府の置かれた居延県城であると推測されているが、簡牘は出土していない。これに属する候官としては、A8地点が甲渠候官、P9地点が卅井候官に比定されている。また南部では、A35地点が肩水都尉府、A32地点が肩水金関、A33地点が肩水候官に比定されている。そしてこれらの候官において、毎日膨大な量の書類や帳簿が書かれ、都尉府の厳重な監査を受けていた[1]。

居延漢簡に含まれる多数の帳簿の中で、官僚と兵士の給与に関する帳簿類はかなりな量にのぼる。これらについて

官府	人　　員
太守府	太守（二千石） 丞・長史（六百石） 諸曹掾属など
都尉府	都尉（比二千石）・丞 司馬・千人 諸曹掾・属・卒史・令史・書佐など
候官	候（鄣候、比六百石）・丞 尉（塞尉、二百石） 士吏（百石） 尉史・令史（斗食）
候	候長（百石） 候史（斗食）
燧	燧長（斗食） 戍卒（無給）

はすでに陳夢家、森鹿三、藤枝晃、米田賢次郎の各氏の研究があり[2]、兵士やその家族に対する食糧の配給や、燧長以上の軍人・官僚の給与の額などが解明されている。また、永田英正氏[3]、M. Lowe 氏[4]によって、各種帳簿の書式による分類整理がなされ、様々な帳簿が一覧できるまでになった。

　これらの成果を踏まえて、本章では、燧長以上に現銭や布帛で支給される月俸に限って、その支給の実態を検討してみたい。もとより官僚の給与と軍事費は国家の財政支出の一半を占めるといわれている。辺境の軍事基地におけるその支出の具体的な分析を通じて、文献史料にはほとんど現れない、最末端の財政の状況を明らかにし、そこから文献史料の足許を照らし直すことが期待される。このような展望に立って、月俸関係の帳簿がどのように作成されたかを検討し、それに基づいて支給される銭などが補給・輸送され、実際に各人に給付されるまでの一連の流れを明らかにしたい。

　なお、居延一九三〇年出土簡の引用については、出土地、原簡番号とともに、最も鮮明な図版の出典を掲げることにする。「労」は労榦『居延漢簡考釈図版之部』（中央研究院歴史語言研究所　一九七七再版本）、「甲」は『居延漢簡甲編』（科学出版社　一九五九）、「乙」は『居延漢簡甲乙編』（中華書局　一九八二）の略称である。釈文は『居延漢簡釈文合校』（文物出版社　一九八七）を基準とするが、改めたところもある。同様に一九七三年出土簡については、甘粛省博物館ほか編『居延新簡　甲渠候官』（中華書局　一九九四）に準拠する。

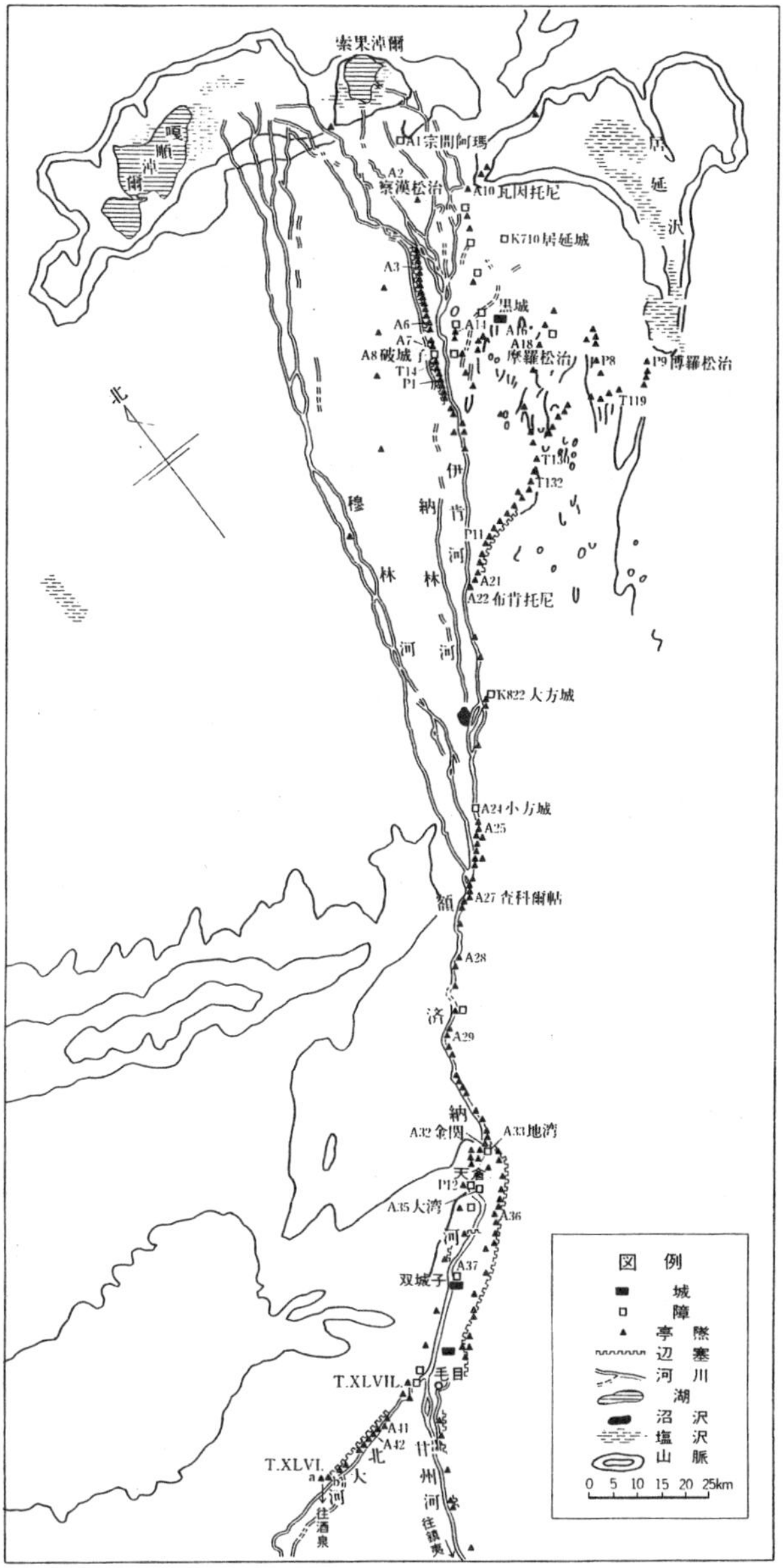

エチナ河流域の漢代烽燧遺址の分布

Ⅰ　月俸支給のルーティンワーク

まず居延漢簡中の月俸関係の帳簿を、その性格と作成の手順にしたがって整理してみよう。これらの帳簿類は、すでに永田英正氏によって「吏受奉名籍」a～fとして分類されている。それぞれの内容は次のように区分される。

a　個人別に官職名と姓名と一月の俸銭の金額を記したもの
b　俸銭を支給した記録
c　俸銭の受取り
d　未払の俸銭を後日支給した記録
e　未払の俸銭の受取り
f　俸銭の総額および余銭を記したもの

本章では基本的にこの分類に準拠しながら、『乙編』によって新たに出土地の判明した例を加え、さらに細かく分けて考えてみたい。

給与関係の末端の事務は、都尉府の下に属する候官で処理されるが、その際に作られる帳簿は、書式によって大きく二系列に分けられる。ひとつは、簡のはじめに官職・姓名を記す個人別の帳簿、これは広い意味で名籍に属する。前記の分類のa、cがこれにあたる。いまひとつは「出銭（金額）」ではじまるもの、候官における金銭出納簿の系列で、前記のbがこれにあてはまる。d、eは月俸の支給が遅れた場合に作られる特別な帳簿である。以下、甲渠候官が置かれたA8地点、破城子出土の簡を中心に、候官における通常の事務処理から整理していくことにする。

（1）個人別帳簿

前記分類のaは、個人別の給与支給台帳である。破城子出土簡からいくつか例をあげよう。[5]

1　第廿八燧長程豊　十月奉九百　（二八六・一七　甲一五六一）

2　第廿三候史淳于良　十一月奉銭九百〼　（二六七・二七　労二六九）

3　呑遠燧長東郭赦之　□月奉用銭六百　（EPT五〇：八四）

4　〼十二月奉□□□直九百　〼　（一三九・二三　労二〇七）

5　第廿二燧長史豊　八月禄銭九百　（二一四・二五　労三五八）

6　〼九月禄用帛一匹四寸　〼　（二六六・一五　労三一三）

これらはいずれも上段に官職・姓名、中段に各月の俸銭額を記し、下段は空いている。各月の個人別俸銭支給台帳にあたる名籍である。5、6のように「奉」を「禄」と書くのは王莽時代に多い。[6] また、銭で支給される場合と布帛で支給される場合があったようである。官職別の標準的な俸銭額をまとめた表を次頁に掲げる。[7] 同じ官職でも多少の差があるのは、給与の改訂によるのか、経験などによって差がつけられたのか、現在のところ判断する材料に欠ける。なお、以後の行論において、銭で支給される場合を俸銭、布帛の場合を俸布・俸帛とよび、総称としては月俸という用語を用いることにする。

a類の中でやや特殊な例では、下段に特記事項を小さな字で書き込むものもある。

7　候史靳望　正月奉二匹直九百　其一匹顧茭 定受一匹　（八九・一二　労二三三）

8　第四候史鄧□　十二月奉銭九百　十一月尽十二月小畜銭未出　（二八六・五　乙二八六）

	官職	俸銭額
長吏	候	6,000
		3,000
	尉	2,000
百石	士吏	1,200
	候長	1,200
斗食	候史	900
	尉史	900
		600
	燧長	900
		600
	令史	480
	書佐	360

7は私馬のまぐさ代を差し引くという注記[8]。おそらく官用のまぐさを譲ってもらう形で、実費が月俸から引き落とされたのだろう。半月分の月俸がまぐさ代に消えるのだから、私馬を持つのは高くつくといわねばならない。8はおそらく、月々銭を出し合って購入する肉用の家畜の代金未納という注記だろう[9]。この台帳は各月の月俸を機械的に記すだけでなく、個人別の細かい事項まで記入しておくことができた。永田氏が指摘したように、候官ではこのような給与の天引き事務に至るまで、非常に繁雑な会計帳簿が作られていた[10]。

さて、この台帳に基づいて実際に月俸が支給されると、前記c類の月俸受領簿が作られる。これはa類の下段に支給の日付などを加えた形式で、次のように書かれる。

9　□□□守嗇夫王光　十一月奉銭七百廿　十二月辛酉自取□〼　（三・一八　労五二八）

10　不侵燧長高仁　柒月禄帛三丈三尺　八月甲寅自取　燧長孫昌取　卩　（九五・七　労二八〇）

11　夏侯譚　二月禄　布三丈六尺　帛二丈六尺　三月壬午自取　卩　（EPT二七：一〇）

12　尉史李崇　十月祿大黄布十三枚　十二月辛未自取　卩　（EPT五九：一九四）

13　〼十月奉銭六百　十一月庚申母細君取居延尉史辟兵賦卩　（EPT五〇：八六）

14　次呑燧長時尚　桼月禄帛三丈三尺　八月戊申母□取　卩　（EPT六：七五）

15　〼□月禄帛三丈三尺　八月癸卯妻取　卩　（EPT六：六）

16　臨桐燧長趙仁　九月奉銭六百以償朱子二文二自取　（六・一七　労一九三）

17　〼　元年十二月尽二年正月積二月奉銭千四百　十二月丙辰自取　卩　（九五・一〇　労二八一）

18　第四候長夏侯放　乙　三月奉銭千八百　已前出　（不明　甲、付二）

下段には支給の日付とともに、受領記録が書かれる。「自取」は自分で受け取ったということ、「卩」は確認のチェックである。10の例は高仁と孫昌のどちらが受け取ったのかわからない。13〜15は、本人の母や妻が受け取っている。16は趙仁の俸銭がそのまま債権者である朱子文なる人物の手に渡ったという記録である。借金のために俸銭を差し押さえられることは、しばしばあったらしい[11]。17の例では、一二月と正月の二ケ月分の俸銭を一二月のうちにまとめて支給されている。18は簡番号が失われているが、おそらくA8地点から出土したものだろう[12]。「已前出」は「前払い済み」という意味かもしれない。16、17のような例はあるものの、通常はある月の月俸が翌月に支給されることが多かったようである。各月の決まった日が給料日になっていたかどうかは確認できない。

　こうして各月の月俸支給は、一人に一簡を用いて記録された。これを綴った冊書の帳尻には、支給された俸銭や俸帛の合計を記した次のような簡があったと思われる。

19　■右庶士＝吏候長十三人　禄用帛十八匹二尺一半寸　直万四千四百四十三　（二一〇・二七　労二九三）

20　●凡吏十人　用帛廿二匹　其二匹顧茭 定受廿匹　（一三七・二一　労一九九）

21　●右第十部士吏以下吏十一人用大黄布百四十三枚　（ＥＰＴ五九：二二〇）

19は王莽時代の例である。20の小字の書き込みは、前引7のような特記事項をまとめたものだろう。21は恐らく12と同じ冊書に属するもの。

　このようにaタイプからcタイプへと順を追って作られる個人別の帳簿は、月ごとの「吏受奉名籍」と題してまとめられ、都尉府に報告された[13]。布帛が支給される場合は「建平三年三月所受吏帛名」（二六七・二四　労二六九）のように区別されたと思われる。

（2）部局別出納簿

前項の「吏受奉名籍」は月俸の受領簿、すなわち月俸をもらう側の記録である。これと対応する形で、月俸を支払う側の記録、すなわち月俸の出納簿も存在する。これが前記分類のbである。この帳簿は記載する内容からさらに二つに分けることができる。いま仮にこれをb−1、b−2と呼ぶことにしよう。b−1タイプは次のように書かれる。[14]

22　出銭六百　給止害隊長李潭十二月奉　十二月戊午令史敞付誼⧄　（A8破城子二二〇・二＋一一　労二八六）

23　出銭千　給臨木候長楽博六月壬子□□廿五日奉　八月己酉自取　（A8破城子二六・七　労四一五）[15]

24　出銭九百　以給令史□□九月奉　八月丙戌□□□取　（EPT五〇：一五七）

25　出賦銭六百
　以給広谷燧長安世元康三年三月奉　元⧄　（A33地湾四三三・三三＋四八　労八）

26　出賦銭千二百
　以給安農燧長李貽之四月五月奉　⧄　（A33地湾五八五・七　労五二）

27　出十二月吏奉銭五千四百　候長一人　候史一人　燧長六人　五鳳五年正月丙子尉史寿王付第廿八燧長商奉世卒弘孫辟非　（A8破城子三一一・三四　労四五一）

28　出銭二千四百　其千二百第六燧長徐遷十月十一月奉　千二百第十七燧長鄭彊十月十一月奉　十二月丙申令史弘取付尉史彊　（A8破城子三三・一＋一〇三・二　労一八四）

見られるようにこの書式は「出銭若干」または「出賦銭若干」で始まる銭の支出記録である。22〜26は個人別、27・28は複数の人物についてまとめて記録している。さらに個人別の記録でも、破城子出土の22〜24と地湾出土の25・26には書式に違いがあるが、これが出土地によるのか、書かれた時期によるのかはわからない。[16] 22では一二月の奉銭がその月のうちに支給され、候官の令史を通じて本人以外の人物に「付」、すなわち手渡されている。23では日割り計算された俸銭が翌々月に支給され、こちらは「自取」、本人が直接受け取っている。25・26は下半分が欠けているが、ここには支給の日付や受け取った人名などが記録されていたと思われる。27はおそらくある候に属する候長以下燧長までを一括して燧長に預けている。28は燧長二人分を候官の尉史が預かったのだろう。

b－1タイプは細かい点でバラエティーがあるが、全体としては、支出金額に始まって支給の日付と受領者を記録したものといえる。支出側の記録としてのb－1と、受領側の記録としての前記cは、一対で各月の月俸の支給記録となる。おそらく各月の合計の締めの際には両者を突き合わせて検査することができたに違いない。

b－2タイプの書式は、基本的にはb－1タイプと変わらないが、記載内容が少し異なる。破城子出土簡から例をあげれば、

29　出銭四千　　給尉一人四月五月奉　　（一八・二〇　労五三一）

30　出賦銭二千七百　　給令史三人七月積三月奉　　（一〇四・三五＋三二六・一二　労三三〇）

31　出賦銭八万一百　　給佐史八十九人十月奉　　（一六一・五　労二九三）

のように、支給した俸銭額を官秩別に整理した記録で、もはや個人名や支給の日付などは現れない。これは前記cタイプやb－1タイプのように、各個人への月俸支給事務と密接に関係した帳簿ではなく、候官全体に関する会計帳簿の一種である。これはおそらく前記aタイプの個人別俸銭台帳と対をなし、両者あいまって候官の月俸支給を縦横に整理することができる。こうして候官における月俸の支給は、二重三重にチェックされていたのである。永田氏の分類のf類はb－2タイプのような全体の締めに関わる記録である。例えば

32　斗食吏三人　　一月奉用銭二千七百　　一歳奉用銭三万二千四百　　（A8破城子四・一一　労三八〇）

33　出銭十五万四千二百　　給佐史八十九人積二百五十七月禄　　（EPT五九：一八一）

のように、b－2の延長として官秩別の年間俸銭総額が計算されたり、のべ数百ヶ月分にのぼる月俸の支給額が累計されることになる。

ところで、bタイプの帳簿はいずれも金銭出納簿のうちの支出の項目に属する。当然、この支出を可能にする入金がなければならない。入金に関する例をあげれば、

34　入奉用銭七千□　　（A33地湾一四六・八八　労五三七）

のように、俸銭としてまとまった額が候官に入金される。あるいは

35　入秋賦銭千二百　元鳳三年九月乙卯□□　　（同　二八〇・一五　労一八）

のように、俸銭と明記はされないが、俸銭相当額の入金が記録されることが多い。このような候官への入金は、都尉府から送られる銭によってなされたに違いない。

36　金曹調庫賦銭万四千三□　　（A8破城子一三九・二八　労二〇六）

は、候官への現銭補給について都尉府の金曹が関わっていたことを示している。さらに都尉府以下で消費される銭が内地から補給されていたことは言うまでもない。河南の滎陽で徴収された「秋賦銭」の袋が、そのままはるばる居延まで運ばれ、そのつけ札が破城子で出土したことはあまりにも有名な事実である[17]。

（3）月俸支給の実態

b－1に見られたように、実際に月俸が支給される際は、本人が直接受け取る場合と、人を介して間接的に受け取る場合があった。いずれにせよ、支給される者が候官に出頭して受け取るのが原則であり、候官から各部署に配達されることはなかったようである。この点、食糧などと共通する。候官に出頭する際には、門のところで到着時刻や出

頭の理由が記録される。永田氏の名付けた「詣官簿」である。(18) その中には、月俸を受け取るために出頭した記録が含まれている。破城子出土簡から二、三の例をあげよう。

37　第廿三候史良詣官受部吏奉三月乙酉平旦入　（一六八・五＋二二四・一三　労三三一）

38　第廿三候史良詣廷受部吏奉十一月庚子平旦入　（一七四・六＋一〇　労一六六）

39　餅庭候長□詣官受部禄八月□〼　（三一二・一八　労二五六）

40　第十守候長歆詣官受吏奉十一月〼　（一七四・九　労一六七）

これらはいずれも、候長あるいは候史が、自分の候の分の月俸をまとめて受け取りに来たという記録である。ただし40は個人の分なのか候全体の分なのかわからない。37・38に見える第廿三候史の良は、前引2に見える候史淳于良ではないだろうか。このように候単位にまとめて支給する際には、前引27、28のような記録が残されただろう。これと関連して次のような簡も出土している。

41　出銭三千六百　万歳燧長刑斉自取第一燧長王万年自取
却敵燧長寿自取第三燧長願之自取
臨之燧長王紋自取候史李奉自取　初元年三月乙卯＝

＝令史延年付第三部吏六人二月奉銭三千六百　（EPT五一：一九三　左上に刻歯）

42　出二月三月奉銭八千□百　候長□□三月千二百
候史□□三月九百
不侵燧長□□二月三月六百
当曲燧長□□二月三月千二百
止害燧長赦之二月三月千
駟望燧長□二月三月千二百
止北燧長革二月三月千二百
察微燧長破奴二月三月千二百　＝

＝建昭三年五月丁亥朔己丑尉史弘付
不侵候長政／候君臨　（EPT五一：二三四　左中に刻歯）

43　出臨木部吏九月奉銭六千　＝

候長呂憲銭千二百　終古燧長東郭昌奉銭六百
臨木燧長徐忠奉銭六百　□□燧長六禹奉銭六百
窮虜燧長張武奉銭六百　候史徐輔奉銭六百
木中燧長徐忠奉銭六百　武賢燧長陳通奉銭六百

＝望虜燧長晏望奉銭六百　建昭五年十月丙寅甲渠尉史彊付終古燧長昌守閣卒建知付状

●凡吏九人銭六千　（EPT五一：四〇九　上右に刻歯）

43では、尉史が受け取りに来た燧長の一人に、総額六千銭を手渡している。金庫の番である「守閣」の卒が「付するの状を知る」とは、俸銭の受け渡しを見届けた証人となったことを意味する。42では、これを候官の長である鄣候が勤めている。これらの簡はいずれも側面に刻み目を伴っている。おそらく払い出しと受け取りの簡が作られ、刻み目をつけて、その記録の同一性が保証されたのだろう。

16のように、債務などによって月俸が他人の手に渡る場合は、あらかじめ

44　陽朔元年七月戊午当曲燧長譚敢言之負故止害燧
長寧常交銭六百願以七月奉銭六百償常以印為信敢言之（A）
甲渠官（B）　（EPT五二：八八　側面に刻歯）

のように、本人からその旨を申し出て、やはり割り符を証明として、月俸の差し押さえが行なわれたと思われる。月俸として支給される銭は、ひとまとめに袋に入れられていたようである。

45　呑遠部　候史吏已取
呑北燧長為已取
万年燧長已取　今取三千六百　（A8破城子一三・二九　労二〇二）

はそのような袋にくくりつけられたつけ札であろう。呑遠候に属する吏員のうち、候史と燧長二人は別途支給済みで、

差引き三千六百銭在中、という意味である。この袋を持ち帰り、個人個人の分を銭貫で束ねて手渡したに違いない。「呑遠部銭貫八枚」（A8破城子四八四・一　労二七八）というつけ札も出土している。

月俸支給の事務処理は、その流れのあらゆる段階が記録ずくめであり、現代の我々から見ても実に厳重である。しかし実際には、それでもなお手違いやトラブルが発生していた。大庭脩氏の紹介した尉史李鳳の爰書（A8破城子一七八・三〇　労二九〇）がその一例である。[19] 彼は居延県に属する亭長として觻得県に囚人を護送して行き、出張先で正月の俸銭を受け取った。二月分以後は通常の手続きで受け取ったのだが、おそらく事務上の手違いで、正月分の俸銭を二重取りしたことにされてしまい、その釈明のため供述書を書くはめになったのである。居延県でこのことが問題になった時に、李鳳はすでに甲渠候官の尉史に転出しており、居延県から甲渠候官へ実情調査の依頼があって、この爰書が書かれたのだと思われる。月俸の二重取りの例はほかにもある。

46　不侵候長柏詡所還重取奉銭一千六☐（A8破城子五〇七・一一　労一一六）

この例は、実際に二重取りした俸銭を返還させたという記録だろう。このような月俸の二重取りの原因は、受け取った本人よりも、事務処理のミスにあるように思う。逆に、当然支給されるはずの俸銭がもらえないという例もある。

47　奏　　伏地再拝
皇掾　　次君足下□（表）
第卅一隧長誼報□皇掾前部遣第卅二隧長賢
迎四月奉不得誼奉銭賢言掾□誼家誼家不取銭今不
迎奉到在張掖□誼要所在（裏）
（不明　甲付一二）

ある候の四月の俸銭を第卅二燧長の賢がまとめて受け取りに行ったところ、第卅一燧長の誼の俸銭が出ていなかった。賢の申し立てによって掾が誼の家族に問い合わせたが（?）、誼の家族も受け取っていなかった。誼は張掖に行かなければならないが、俸銭はそのために是非とも必要である（?）。書簡の常としてたいへん読みにくいが、一応このように解釈しておく。やはり何かの手違いで、あてにしていた俸銭が支給されなかったために、私信で掾の皇某に訴えたのだろう。

このようなトラブルは、月俸が候官から個人に支給される段階で起きた、どちらかといえば個人的なトラブルである。これに対して、組織的なトラブルというべきものもあった。財源の不足などによる月俸の遅配である。永田氏の分類でｄ、ｅの帳簿はこのような場合に作られた特殊な帳簿だと思われる。このような一種の異常事態の記録を分析することによって、通常の記録には現れないことがわかるかもしれない。そこで次に、月俸の遅配に関する帳簿を取り上げよう。

Ⅱ　月俸遅配関係の帳簿

前節で論じた月俸支給のルーティンワークは、いうまでもなく支給すべき銭や布帛が必要なだけ補給されていることを前提として成り立つ。漢帝国の財政にとって、辺郡への補給物資の輸送は、軍事費の調達と同様に頭痛の種であった。補給が円滑にいかなかった場合、その影響は末端の軍吏や兵士に直接及んでいく。ここで取り上げる月俸の遅配はその一例である。永田氏の分類のｄ、ｅ類は、そのような時に作られる帳簿である。以下前節と同様に、帳簿作成と事務処理の流れに沿って、これをさらに細かく整理してみよう。

（1）未払い状況の把握と報告

組織的な原因で月俸の遅配が発生した場合、まず誰がいくらもらっていないかを把握することが必要である。永田氏の分類のdのうち、肩水都尉府の置かれた大湾A35地点から出土したものは、昭帝の始元六年（前八一）に生じた都尉府の属吏に対する月俸の未払い状況を記した帳簿である。[20] これを仮にd－1と呼ぶことにしよう。d－1タイプは次のように書かれる。

48　書佐樊奉始元三年六月丁丑除　未得始元六年八月奉用銭三百六十　（三〇三・二一　労一一）
49　書佐孫臨国始元四年六月丙寅除　未得始元六年正月奉用銭三百六十　（三〇三・四九　労一二）
50　司馬令史行備始元六年七月甲子除　未得始元六年十月奉用銭四百八十⧄　（九〇・一二＋二＋六〇　甲五三六）
51　●令史覃嬴始元二年三月乙丑除　未得始元六年九月奉用銭四百⧄　（三〇三・四五　労一二）
52　候李定国始元四年十月庚寅除　未得始元六年六月奉用銭□⧄　（九〇・三二＋三＋二一　甲五四〇）
53　属王広始元三年六月丁丑除　未得始元六年五月⧄　（一九・五〇　労四五）
54　属王広始元三年六月丁丑除　未⧄　（一九・二一　労五）

このようにd－1タイプは、官職・姓名、現職任命の日付を記したあとに、「未得」として未払いの俸銭額を書く書式になっている。昭帝の始元六年（前八一）は共通するが、未払いの月はばらばらである。48～53は筆跡もよく似ている。これが一編の冊書になっていたとすれば、肩水都尉府における一年間の未払い状況をまとめた帳簿ということになろう。51には黒丸がついているが、これは官秩別に並べられた冊書で令史の欄の筆頭にあたる簡ではないだろうか。このような冊書の帳尻には、

55　右属令史寿光廿五人　未得積廿三月廿九日奉用銭万一千六百十銭　（A35大湾二一六・六　甲一一九五）

のように総計を記した簡がつけられたと思われる。54は53と同じ人物についての記録だが、筆跡は明らかに異なる。これは、俸銭の未払いという事態が、同じ人物についてたびたび起こり得たことを示している。このような簡は少数ながら他の地点でも出土している。

56　〼候長酈音　　未得七月尽九月積三月奉用銭〼　（EPT五九：一一六）

57　広昌候史敦煌富貴里孫毋憂未得二月尽五月積四月奉銭二千四百　（T.VI.b.i.253 Ch.62, pl Ⅲ）[21]

56は破城子の例、57は敦煌の例である。57では現職任命の日付の代わりに本貫を記し、年号を記さない点で、大湾のものと記載内容が少し異なるが、同じ種類のものと見てよい。年号を記さないのは、冊書の先頭に年号を記してあるために、一簡ごとの記載からは省かれたのだろう。このような帳簿は、俸銭の未払いが生じた時にはどこでも作られていたに違いない。

ところで、d－1タイプの未払い者リストは、肩水都尉府において始元六年の一年間、毎月のように月俸の未払いが発生したことを示している。前節で紹介したような事務の手違いが、都尉のお膝元でこれほど頻繁に起きたとは考えにくい。毎月全員に月俸を支給するだけの財源が確保できず、毎月何人かずつ月俸をもらえない属吏が出てしまったのではないだろうか[22]。

d－1タイプは、月俸の未払い状況を個人別に把握し、後日支給する際の台帳となる名籍である。その点で前節のaタイプと共通した役割を果たすものといえる。ところで、前節では個人別の記録と対応して官秩別の記録が作られることを指摘した。月俸の未払いについても、未払い状況を官秩別に整理したと思われる簡がある。これをd－2と呼ぶことにする。

58　候一人　　未得七月尽九月積三月奉用銭九千　　　　（A8破城子　二一七・二八　労一二七）

これは「右」や「凡」のような、そこまでの記載をまとめた簡であることを示す語がなく、明らかに帳簿の本文の中の一簡である。このような書式は現在のところほかには知られておらず、ほとんど唯一の事例だが、d－1と記載の観点が異なるので、独立の分類を立てておく。

（2）遅配月俸の支出

未払い状況の報告に基づいて、財源の手当てがつけば、順次支給の運びとなる。これは前記bタイプと同様、銭や布帛の出納簿の中に現れる。例えば、

59　都内賦銭五千一百卌
入給甲渠候史利上里高何商
地節二年正月尽九月積九月奉　〼　　　（A14　二一一・七　労一〇二）

という例がある。居延県利上里の甲渠候史高何商の地節二年（前六八）一～九月分の俸銭として、「都内賦銭」五一四〇銭が入金されたという内容である。この数字は候史の月俸額としては半端だが、すでに一部が支給されていたか、何かの費目が差引かれているのかもしれない。この簡の出土したA14地点は、甲渠候官の置かれたA8破城子の北東一〇キロほどにあたる。甲渠候官所属の候の一つであるかもしれない。とすれば、候官の下の候でも、簡単な金銭出納簿がつけられていた可能性もある。

A35大湾の肩水都尉府では、次のような遅配月俸の支出記録が出土している。

60　出河内廿両帛八匹一丈三尺四寸大半寸直二千九百七十八給佐史一人元鳳三年正月尽九月積八月少半日奉
（三〇三・五　労一〇）

61　出広漢八稯布十九匹八寸大半寸直四千三百廿給吏秩百一人元鳳三年正月尽六月積六月▨

（三〇三・三〇＋九〇・五六　労九）

62　▨給吏秩百石二人元鳳三年四月尽十月積十四月奉

（五〇九・九　甲二〇五七）

63　出都内第一七稯布廿八▨

（五二〇・一九　甲二二八三）

64　入都内第十□両廿□帛▨

（五一六・二　労三七六）

60・61はいずれも昭帝の元鳳三年（前七八）の未払い月俸を布帛で支給する支出簿である。62は上半が欠けているが、同じ年のもの。ただし60の「少半日」は「少半月」の書き間違い、61の「秩百一人」は「秩百石一人」の「石」字を脱す。これらはいずれも支給対象者の姓名を記さず、官秩だけを記している。その点で前節にあげたb－2タイプに似た書き方である。未払い状況の報告との関係からいえば、60～62はd－2に対応するかもしれない。63・64は年代などの不明な断簡だが、内容からいってここに分類することができそうな例である。64は帛の収入を、63は布の支出を記録している。

60～62の支出記録の前段階として、前記b－1のような書き方の、個人別支出記録がありそうに思うが、現在のところ明らかな事例はないようである。ただし大湾からは、未払い月俸を帛などで支給する際の書式見本が出土している。

65　始元三年九月辛酉以□受物給長甲帛若干匹直若干以給始元三年正月尽八月積八月奉

（五〇九・一九　甲二〇四八）

これにはよく読めない所もあるが、数字の入るところが「若干」となっていることから、一種の書式見本であることがわかる。昭帝の始元三年（前八四）九月に、その年の一～八月までの分の未払い月俸を、銭の代わりに現物で支給するという内容。支給対象者「長甲」は「候長あるいは燧長の某甲」か、人名の見本としての「張甲」の省略かもしれない。「帛若干匹」以下は60・61の例に似ている。「以給」というように「以」字を加える点は、前記b－1に属する24～26の例がある。この書式で遅配月俸の支出が記録された場合は当然、姓名を明記した個人別の記録となるだろう。したがって、遅配月俸の支出についても、前記b－1のような記録は残されたと考えられる。なお、65は居延漢簡に見える遅配月俸関係の簡のうち、年代のはっきりする最古の事例である。

（3）遅配月俸の受領報告

待望の未払い月俸が支給されると、当然受領の帳簿が作られる。現在、未払い報告と対応する書式を持った受領簿は三種類が知られている。永田氏の分類でdの一部とe類がそれにあたる。d類の中で未払い月俸の受領簿にあたる帳簿は、A8破城子でまとまって出土している。これをd－3と呼ぶことにする。

65　居延甲渠候長張忠　未得正月尽三月積三月奉用銭三千六百已賦畢　（三五・五　労五〇九）
66　居延甲渠候史王武　未得正月尽三月積三月奉用銭千八百已賦畢　（五〇七・四　労一一五）
67　居延甲渠第二燧長任尊　未得十月尽十二月積三月奉用銭千八百已賦畢　（二六・一九＋三〇　甲一九八）
68　☐　未得四月尽六月積三月奉用銭二千七百已賦畢　（四・二〇　労三七八）

これは、前記d－1のような未払い報告の下に、「已に賦し畢んぬ」という三字を加えた書式で、未払い月俸がすでに支給済みであることを表す。ただし上の未払い報告は現職任命の日付や本貫、年号といった項目を省いた、簡略な書き方になっている。未払い状況が三ケ月単位にまとめられている点は、未払い報告を季節ごとにまとめた「四時簿」

の体裁で、前記d－1のような月々の報告が季節ごとにまとめられたと考えられる。これは、月ごと、季節ごと、年度末という通常の帳簿の報告サイクルと一致する。ただしこの帳簿は、実際に受領した日付などの記録を伴わない。実際の受領にあたっては、前記cのような記録があったはずだと考えたい。

永田氏のe類は、書式からさらに二つに分けられる。これを例によってe－1、e－2と呼ぶことにする。e－1は次のような書式である。

69　第卅三燧長梁当時　已得九月奉用銭六百　☐　（A8破城子一〇四・一七＋一〇一・一五　乙八一）

70　☐　已得七月尽九月積三月奉☐　（同　六八・一三　労一八三）

71　☐　已得三月癸亥尽丁丑積十五日奉用銭六百自取☐　（同　四・二六　労三七八）

72　東望燧長卜益寿已得☐　（A33地湾一一八・六　労九四）

これには支払われた月俸の内容に開きがあるが、70は三ケ月分をまとめて支給されており、前記d－3と対応している。71は半月分で六百銭であるから、士吏か候長の俸銭だろう。最後に「自取」とあるが、受領の日付はない。cのような受領簿の記載が、書写の際に紛れ込んだのかもしれない。とすれば、e－1はd－3と同様、cのような受領簿を承けて書かれたまとめの帳簿だということになろう。未払い報告で「未得」とされた月俸が、「已得」、つまり支給済みであることを示している。このようにして個人別に書かれた受領済みの報告は、やはり官秩の順に並べられ、冊書に編まれたと思われる。

73　●右塞尉一人秩二百石　已得七月尽九月奉用銭六千　（A8破城子二八二・一五　労二六二）

この簡は、e－1の帳簿の中で官秩の仕切りにあたるものではないだろうか。

e－2は、d－1のような未払いの報告とd－3やe－1のような受領済みの報告とを組み合わせ、一件書類のようにした帳簿である。

74　居延甲渠次呑燧長徐当時　未得七月尽九月積三月奉用銭千八百
神爵二年正月庚午除　已得賦銭千八百　(A8破城子五七・八　労一三四)

75　☐安世
除　未得正月奉用銭六百　乙
已得奉六百自取　(同　四〇・一九　労二六七)

76　☐　未得四月尽六月積三月奉用銭千八百
已得賦銭千八百　(同　八二・三三　労三一六)

77　□賞燧長觻得富□里牛慶　未得元康四年三月十四日用銭三百八十
元康四年正月己亥除　已得三月十四日奉　(A33地湾五六〇・四　労五五二)

78　肩水破胡燧長觻得成漢里朱千秋
地節二年七月己酉除
未得地節☐
已得賦☐☐
己得□☐
□已得☐　(同　三八七・四　労七)

79　☐□里邴種巳
月壬戌除
已得河南☐
已得都内第☐
凡并直千☐　(同　二三九・一五　労二九)

80　広谷燧長薛昌　未得本始三年正月尽三月積三月奉用銭千八百
元鳳元年六月辛丑除　已得河内賦銭千八百　(A35大湾四九八・八　労八五)

81　☐☐元年四月尽六月積三月奉用銭千八百
☐☐銭千八百　(同　五一五・一二＋一三＋一八　甲二一一一)

82　☐☐　已得両月廿奉帛一匹三丈三尺三寸直七百……　☐　(同　一八七・二二　甲一〇八七)

83　居延甲渠第卌八燧長王承明　未得五鳳元年十月尽二年正月辛酉積三月八日奉用銭千九百六十=
已得賦銭千九百六十

＝●凡未得積十二月十九日奉用銭七千五百八十
已得賦銭七千五百八十　（EPT五一：二三八）

書式は出土地を問わず一定で、やや幅の広い簡に細かい字で書かれている。年代のわかるものはすべて宣帝時代で、ほとんどが燧長クラスの未払い月俸の支給を記す。簡の上部には官職・姓名と現職任命の日付が二行に分けて書かれているが、書き方には繁簡の差がある。78が最も丁寧な書き方、80が必要事項だけにしぼった書き方といえる。

簡の下半はやはり二行分かち書きで、右の行に前記d－1、d－3上部に見られた月俸の未払い報告を写している。75は一ケ月分、74・76・80・81は三ケ月単位になっている。77の例の三月十四日は日付ではなく、三ケ月と十四日分ということだろう。これは「奉用銭」の「奉」字を脱しており、金額も半端な点が気になるが、全額未払いではなかったのかもしれない。左の行は、前記e－1タイプの受領記録が書かれる。ほとんどは未払い分の全額が銭で支給されているが、82のように帛で支給されることもある。ここには受領の日付や受領者を記さないが、75には「自取」、「乙」（おそらく「卩」と同様のチェックの印）が書かれている。これは前引18や71にも例があり、やはりこの記録が前記cタイプの受領簿を承けることを示している。83では、このような個人単位の記録の下に、冊書の帳尻のような内容の総計が書かれている。

このようにe－2タイプの帳簿は、個人別に未払い報告と支給記録とを突き合わせて書かれたもので、月俸の遅配に関する総まとめの帳簿という性格を持っている。このような帳簿の表題は明らかでないが、地湾から次のようなつけ札が出土している。

84　⊠元康三年十月尽四年
九月吏已得奉一歳集（表）

☒元康三年十月尽四年九月
吏已得奉一歳集賦（裏）　（一二六・四二　甲七〇五）

表と裏で違いがある上に、「集賦」という語がよくわからないが、おそらく元康三年一〇月から翌年九月までの一会計年度について「已得奉」をまとめた帳簿につけられたつけ札と考えてよい。この表題が帳簿本文の「已得」と対応しているとすれば、e－1やe－2がこれに当てはまるだろう。たまたま77の例は元康三年一〇月から翌九月までの年度に入っている。

ところで、e－2の中で、78・79の例は二行に納まらない特殊な例である。78の下段右端の行は未払い報告を承けた記録だが、実際の支給は数次に分かれたか、あるいは支給手段がいろいろだったかで、記録が複雑になったのだろう。通常の月俸支給でも、11のように二種類の物品で支給される例がある。79は未払い報告の引用がなく、いきなり支給記録が書かれている。左端の行の「凡并直……」は、「合計……銭相当」という意味であるから、銭以外の手段で二度に分けて、あるいは二種類の物品で、支給されている。(23)

以上、月俸の遅配に関する事務処理の流れを帳簿によって整理してきた。資料の語る限り、少なくとも昭帝、宣帝の時代には相当な月俸の遅配が発生していたようである。居延戦線の軍吏たちは、ひどい場合には一年のうち半年以上も月俸のもらえない状態に置かれた。この事実と前節で紹介した厳密なルーティンワークの間には、かなりの落差があるといわねばならない。月俸の帳簿はあきれるほど厳密でも、実際に支給されるかどうか、また何が支給されるかは別問題だったのである。次にこのことをもう少し掘り下げ、辺郡への補給の問題と、銭・布帛など月俸の支給手段の問題にしぼって考えてみよう。

Ⅲ　月俸と財政

（1）　月俸を通じて見た辺郡への補給

居延漢簡の圧倒的多数は、文書行政の末端にあたる候官以下のレベルで作られる帳簿や書類である。そのため内地から張掖郡までどのように補給物資が運ばれたかについて、直接言及する帳簿や文書は、現在のところみつかっていない。また、銭や布帛、穀物の出納簿では普通、それがどこから送られたものかを記すことはない。銭の場合はただ「銭いくら」と書くか、「賦銭」、「秋賦銭」というように、銭納人頭税であることを記す程度である。ところが、前節で整理した月俸遅配関係の帳簿には、銭や布帛がどこから送られたものかを明記している場合がある。これを時代を追ってみてみよう。

昭帝時代の例は、前引60・61に見られる。60は「河内廿両帛」、61は「広漢八稯布」で、いずれも肩水都尉府で元鳳三年（前七八）の遅配月俸として支出されている。63・64は年代や用途は不明だが、63では「都内第一七稯布」が支出され、64では「都内第十□両廿□帛」の収入が記録されている。「都内」は大司農に属する中央の財庫である。「第一」「第十」は、その一番倉庫、一〇番倉庫ということかもしれない。また79の例では、銭以外の物で「河南……」「都内第……」が支給されている。これが布帛類であるとすれば、河内の帛や広漢の布、都内の布帛と同様な例となろう。都内は財庫の名称であるから、河内・広漢・河南という地名も、布帛の産地名というより、それが収められていた郡庫を示していると考えられる。

宣帝時代の例では、59に「都内賦銭」が見え、地節二年（前六八）の遅配月俸として入金されている。また80の例では、「河内賦銭」が本始三年（前七一）の遅配月俸として支出されている。こちらは中央の都内と河内郡の郡庫から送られた賦銭である。

このように銭や布帛の来源を明記する例は、現在のところ月俸遅配関係の帳簿にのみ見られ、またこの種の帳簿でも、すべての銭や布帛について来源を記すわけではない。これらの数少ない例は何を物語るだろうか。

A35大湾では、河内の賦銭や帛について記した次のような簡が出土している（f類）。

85　受六月余河内廿両帛卅六匹二丈二尺二寸少半寸直□□□千五十八　（五〇九・八　甲二〇三六）

86　今毋余河内廿両帛　▨　（五一三・二四　労七〇）

87　今余河内賦銭□□□□七十　▨　（五二〇・六　労四三）

これらはいずれも河内の帛や賦銭を支出した上で余った数量を記録した簡である。布帛の場合、材質によって銭に換算した単価が異なるから、材質別に収支を記すことは不思議ではないかもしれない。しかし賦銭は、どこから送られようと質に変わりはないはずである。肩水都尉府において、河内の帛や賦銭は、通常の銭や布帛とは別に扱われたと考えなければならない。80のように燧長に月俸として支給される際にも、わざわざ「河内賦銭」という限定がつけられているのは、「河内の賦銭」については末端での用途に至るまで別枠で扱われたことを示すだろう。79は肩水候官での例だが、「河南」「都内」という限定がつけられている。59は居延都尉に属する甲渠候官管内の事例だが、末端の候のレベルでさえ、「都内の賦銭」は別扱いであった。これらの財貨は、最末端での支出に至るまで、区別して記帳されているのである。

ここに現れる河内郡や都内の銭・布帛は、かなり特殊な財源だったといえそうである。しかもこれが月俸遅配関係の帳簿だけに現れることは、その用途の特殊性をも表している。河内や都内の銭・布帛は、辺郡で財源が不足した際に——だからこそ月俸の長期の遅配が起こる——、通常の補給とは別の、臨時の補給物資として送られたのではないだろうか。そのような特別な補給については、通常の会計とは別枠で決算報告を出さなければならなかったために、末端の支出まで他と区別して記帳されたのだと思われる。

ではそのような臨時の補給の際、中央からだけでなく各地の郡庫からも物資が送られていることは、いかに解釈できるだろうか。『史記』平準書には、武帝の元封元年に均輸・平準の制度が全国に施行された結果、各地で集められた穀物が長安の太倉や甘泉宮の倉などに送られ、また各郡がそれぞれ緊急な必要のあるところへ穀物を送ったために、辺郡では穀物が余るほどになったと記されている[24]。均輸・平準のシステムによって、不足した物資は中央から補給されるだけでなく、郡単位に融通しあうことが可能になったのである。この制度が昭帝以後どのように運営されたかは明らかでないが、居延漢簡に見出される臨時の物資補給の例は、前漢後期にも似たようなシステムが働いていたのではないか、という推測を可能にする[25]。

通常の補給がどのように行なわれていたかがほとんどわからない段階で、特別な補給などといってみても始まらないかもしれない。しかしここで取り上げた帳簿類が、偶然に補給物資の来源を書きとめたのでないことだけは、多分確かだろう。それを根拠とした一つの試論として提出しておきたい。

(2)　銭と布帛

居延漢簡に見える軍吏の月俸に、銭で支給される場合と布帛で支給される場合があることは、すでにたびたび指摘した。これはもちろん、内地から銭と布帛の両方が送られて来るからだが、ではなぜ、運搬の容易な銭だけでなく、かさばる上に傷み易い布帛がわざわざ送られたのだろうか。この問題を考えてみよう。

居延漢簡において、月俸額は常に銭で計算されている。また実際の支給状況をみても、銭で支給される場合が多い。布帛で支給される場合は必ず銭に換算した価格が書かれる。このことは、月俸が原則として銭で支給される建て前であったことを物語る。一方布帛は、月俸の遅配が続く場合だけでなく、通常どおりに支給される場合にも、時として用いられている。ちなみに兵士に支給される衣服はすべて既製品で、布地の形で支給されることはなかったようである[26]から、吏卒の衣服用の布帛が月俸に転用されたのではなさそうである。布帛は明らかに銭の代替手段として用いられていた。全員に支給するだけの銭が確保できない場合、適宜布帛で支給したのではないだろうか。とすれば、辺郡の財庫には、常に銭とともに布帛が納められていたことになる。前項で論じたように、中央の財庫である都内や河内郡の財庫には、賦銭だけでなく布帛の蓄蔵もあった。辺郡への補給が割り当てられた場合、銭で送るか布帛で送るかは、その時々の事情によって選択が可能だったに違いない。

『漢書』巻七六韓延寿伝によれば、宣帝時代に東郡太守だった彼は、三年間で抜群の治績をあげたが、半面派手好きでもあった。彼は官の「銅物」で尚方の真似をして刀剣を作らせたり、「官の銭帛」を支払って吏を私用に使ったり、さらに軍事演習の際には車や武具を飾りたてるなど、官銭を三百万銭以上も不当に支出したという[27]。宣帝時代の東郡でも、官の財庫には銭と帛が貯蔵され、同等に用いられていた。しかもその総額は銭で計算されている。銭の代替物としての布帛の貯蔵と使用は、辺郡ゆえの特殊な事態ではなかったのである。

このような布帛はどのようにして官の財庫に入ったのだろうか。漢代の税制では、布帛を徴収する税目は知られていない。田租とならんで、あるいはそれ以上に重視された人頭税は、原則として銭納であり、布帛による折納が認められたという明証はない。また、帝室財政の大きな収入源であったといわれる市租にしても、布帛による折納が許されたかどうか不明である。少なくとも、武帝の前半までの財政において、布帛がどのような位置を占めていたのかについては、推測する手掛かりさえないのが現状である。

布帛が財政的に大きな役割を演ずるようになったのは、文献で確認できる限り、武帝の財政改革の時期からである。『史記』平準書によれば、塩と鉄の専売制、均輸・平準制が施行された結果、国家の財政は大いに豊かになった。元封元年（前一一〇）、武帝の巡行の際に行く先々で賜わった賞賜は帛百余万匹、黄金と銭併せて数億を用いたが、これはすべて大農が負担した。また均輸によって帛五百万匹が調達されたともいう[28]。武帝の財政改革以前に、これほど多くの帛が財政的に利用された例を知らない。武帝の改革は国家財政に、布帛による巨大な収入をもたらした。

ところで、武帝の財政改革の柱となった塩鉄専売や均輸・平準は、いずれも国家が物資の流通に直接関与することを特色とする。「官吏に市場で商売をさせている」という卜式の批判[29]は、その国営商業的な側面を言い当てている。第三部第一章で論じたように、当時の市場では交換手段として、銭以外にも準貨幣として布帛が広く流通していた。塩や鉄の売り上げには、かなりの割合で布帛が混じっていたに違いない。昭帝以後の財政において、専売制度は強い批判にさらされながらも、常に大きな財政収入源であり続けた。流通に直接関与することによって得られる財政収入は、必然的に当時の流通のありかたに規定されるだろう。前漢後期の財政が、銭で運営されることを建て前としながら、実際には銭とともに布帛がかなり大きな役割を果たしていることは、まさに当時の経済における交換手段のありかたを忠実に反映しているのである。

元帝時代、御史大夫貢禹が、銭を廃止して布帛のみを用いるよう進言したことがある。民が末業にはしるのは銭が原因だというのである。しかし、布帛を尺や寸に裂いて使うわけにはいかないという反論があって、彼の進言は沙汰やみとなった。この議論は、『漢書』食貨志下にやや唐突に出てくる、前漢後期のエピソードである[30]。確かに、銭が諸悪の根源だという貢禹の議論は、迂儒の妄言に近いかもしれない。しかし布帛が社会的に、また財政的にも、銭の補助手段として機能していたことを背景として見直してみれば、彼の発想がまったく現実離れしていたわけではないことは明らかである。ただ彼は、布帛を銭の補助手段にとどめるべきだという、より現実的な反論に敗れ去ったに過ぎない。銭で運営されることを建て前とする財政において、布帛はあくまでも水面下の存在であった。

しかし王莽の六筦制度において、塩・鉄・銭とならんで布帛の統制があげられること、また納税手段として布帛が登場することは(31)、布帛の位置づけが次第に変わっていったことを予想させる。このことと貨幣制度の暴走はどのように関連するのだろうか。これらの問題を踏まえて、布帛の存在を考慮にいれた上で、漢代の貨幣経済全体を再評価してみることも必要ではないだろうか。

おわりに

以上、居延漢簡に見える月俸支給に関するさまざまな問題を論じてきたが、最後に論点をまとめてみたい。

月俸の支給に関する帳簿は主として候官で作成され、個人別の帳簿と機関ごとの出納簿に大別される。個人別の帳簿は「吏受奉名籍」などと題される。これは月俸支給台帳にあたる名籍（aタイプ）と、これに受領の日付などを加えた月俸受領簿（cタイプ）に分けることができる。一方月俸の支出記録としては、「銭出入簿」の一部を構成する出納簿がある。これは、個人別の支出額、支給の日付、誰が受け取ったかといった記録（b－1）と、これを踏まえて月俸の支出を月別・官秩別に整理した記録（b－2）の二種類に分かれる。これをもとに人件費総額なども計算される（fタイプ）。このようにして月俸の支給は常に観点を異にする複数の帳簿によって把握され、厳重なチェックを受けていた。

しかし実際には月俸は必ずしも月々きまって支給されるとは限らず、かなり長期にわたる遅配が発生することも多かった。その場合には、通常のものとは異なる帳簿が作られたが、その場合にも、個人別の未払い月俸台帳（d－1）をもとに支給される。支給済みの分については、台帳と対照できる形で、新たな個人別の帳簿（d－3、e－1、e－2）が作られ、別途報告された。支出状況については、b－2タイプの出納簿やfタイプのような総額計算の記録が知られている。このような月俸遅配関係の帳簿も、互いに突き合わせてチェックできるようになっていたことはいうまでもない。

このような帳簿の中で、特に遅配関係の帳簿には、支給された銭や布帛の来源が記録されることがある。これは辺郡で長期にわたる財源不足が生じた際、中央や内郡から臨時の補給があり、これが特別財源として区別して記帳されたことを示していると思われる。このような補給は均輸のシステムと関係するかもしれない。しかしこの点は、辺郡への補給全体を分析する中で考えていかなければならないだろう。

月俸は銭で支給されるのが原則だが、布帛で支給されることも多い。銭と布帛が併用されることは、辺郡に限らず、中央の財庫である都内や、内郡の財庫にも普遍的に見られる。このことは前漢後期において、財政が銭で運営されることを建て前としながら、実際にはかなりの量の布帛が銭の代替手段として使用されていたことを示す。この傾向がいつから生じたかは明らかにできないが、遅くとも武帝の財政改革以後にははっきりと認められる。従来の貨幣経済と財政の研究において、いわば水面下の存在である布帛には、あまり注意が払われてこなかった。少なくとも漢代の貨幣経済を、銅銭の経済と自動的に同義であると見なしてよいかどうかは、検討の余地がありそうである。

この点に留意しながら、次に漢代の貨幣の沿革を見直してみよう。

注

（1）居延漢簡の研究史とその成果については、大庭脩『木簡学入門』（講談社学術文庫　一九八四）参照。

（2）陳夢家「漢簡所見奉例」（『漢簡綴述』　中華書局　一九八〇所収）

森鹿三「居延漢簡の集成――とくに第二亭食簿について――」「居延出土の卒家属廩名籍について」（ともに『東洋学研究　居延漢簡篇』同朋舎　一九七五所収）

藤枝晃「長城のまもり――河西出土の漢代木簡の内容の概観――」（自然と文化別編Ⅱ『遊牧民族の研究』京都　一九五五）

米田賢次郎「漢代辺境兵士の給与について」（東方学報　京都　第二五冊　一九五四）「秦漢帝国の軍事組織」（『古代史講座』五　学生社　一九六二）

（3）永田英正「居延漢簡の集成一～二」（『居延漢簡の研究』同朋舎　一九八九　所収）参照。

（4）Michael Lowe: *Records of Han Administration*, 2vols. Cambridge UP. 1967.

（5）Lowe 前掲書はＭＤ12として集成している。

（6）森鹿三「居延出土の王莽簡」（森前掲書所収）参照。なお、居延新簡ＥＰＦ二二五：一四簡には、哀帝の綏和二年（前七）一一月の日付で「受禄銭名籍」の名が見える。「奉」を「禄」と呼ぶことは、厳密には王莽が政権を取る少し前から行なわれていた。

（7）このような表はすでに米田賢次郎前掲論文に見えるが、居延漢簡の図版が発表される以前の整理であり、修正を要するところがある。

（8）森鹿三「居延漢簡に見える馬について」（森前掲書所収）参照。

（9）Ａ8破城子出土の銭出入簿に次の例がある。

入銭六千一百五十　其二千四百受掾□　九百部吏社銭

二千八百五十受吏三月小畜計（二五四・一　労二九九）

ここには候官において所属の吏から徴収した「小畜銭」の合計額が記されている。「社銭」も同様にして集められた祭祀費だろう。このほか、吏が銭を出し合う例として「祖道銭」（A8破城子一〇四・九＋一四五・一四　労三二二）が知られている。

（10）永田英正「居延漢簡にみる候官についての一試論――破城子出土の〈詣官簿〉を中心として――」（注3前掲書史所収）参照。

（11）李均明「居延漢簡債務文書述略」（文物一九八六―一一）、連劭名「漢簡中的債務文書及〝貰売名籍〞」（考古与文物一九八七―三）参照。

（12）「第四候長夏侯放」はA8破城子出土の一二二・一四簡（労一五〇）に見える。

（13）都尉府からさらに郡太守府に報告されることはいうまでもない。

本始三年八月戊寅朔癸巳張掖肩水都尉▨（A35大湾五一一・四〇　労九六）
受奉賦名籍一編敢言之

断簡だが、肩水都尉府から張掖郡大守府に「吏受奉名籍」が送られたことがわかる。

（14）Lowe 前掲書、MD11。

（15）この簡について、『乙編』は「失照」としているが、乙付一二と同一の簡である。労図では番号が不明になっており、両者に混乱がある。

（16）25・26の書式は現在のところ地湾出土のものしか知られていない。

（17）四五・一（A8破城子　労四七〇）。藤枝晃前掲論文、守屋美都雄「父老」（『中国古代の家族と国家』同朋舎　一九六八所収）参照。

（18）永田英正注10論文参照。

（19）第二部第二章、また大庭脩前掲書二四九頁以下参照。

（20）Lowe 前掲書、TD5。

（21）出土地点であるTⅥは、大煎都候官の所在地と推定される。図版はÉ.Chavannes: *Les documents Chinois découverts par Aurel Stein dans les sables du Turkestan Oriental*. Oxford. 1913. による。

（22）この年、中央では塩鉄会議が開かれた。武帝時代の政策の見直しにともなって、辺郡への補給が滞った可能性もある。藤枝晃前掲論文参照。

(23) A10地点で出土した三〇八・七簡（甲一六一七）には、始元四年（前八三）三月四月の月俸として、四百銭相当の帛と四百銭相当の真綿、都合八百銭相当の収入が記録されている。

(24) 『史記』巻三〇平準書

（元封元年）於是天子北至朔方、東到太山、巡海上並北辺以帰。所過賞賜、用帛百余万匹、銭金以巨万計、皆取足大農。（桑）弘羊又請、令吏得入粟補官、及罪人贖罪。令民能入粟甘泉各有差、以復終身、不告緡。他郡各輸急処、而諸農各致粟、山東漕益歳六百万石。一歳之中、太倉・甘泉倉満、辺余穀諸物、均輸帛五百万匹。民不益賦而天下用饒。

(25) 大櫛敦弘「秦漢国家の陸運組織に関する一考察――居延漢簡の事例の検討から――」（東洋文化六八号　一九八八）は、居延漢簡の中の「車父名籍」を均輸と結びつけて解釈しているが、強引な仮説というべきである。拙稿「居延漢簡に見える物資の輸送について」（東洋史研究五〇巻一号　一九九一）参照。

(26) A33地湾出土、四一・一七簡（労三四）に、

襲八千四百領　・右六月甲辰遣□□□□□□□

□袴八千四百両　常韋万六千八百

□　□□□□

とある。上半部が欠けているが、数の多さからいって、吏卒に支給される官給の衣服であるとみてよい。上着やズボン、履はいずれも既製品である。

(27) 『漢書』巻七六韓延寿伝

而（御史大夫蕭）望之遣御史案東郡、具得其事。延寿在東郡時、……延寿又取官銅物、候月蝕鋳作刀剣鉤鐔、放效尚方事。及取官銭帛、私仮繇使吏。及治飾車甲、三百万以上。……

(28) 前掲注24『史記』平準書参照。

(29) 『史記』巻三〇平準書

是歳（元封元年）小旱、上令官求雨。卜式言曰、「県官当食租衣税而已。今（桑）弘羊令吏坐市列肆、販物求利。亨弘羊、天

乃雨。」

（30）『漢書』巻二四、食貨志下

元帝時、嘗罷塩鉄官、三年復之。貢禹言、「鋳銭采銅、一歳十万人不耕、民坐盗鋳陥刑者多。富人臧銭満室、猶無厭足。民心動揺、棄本逐末、耕者不能半。姦邪不可禁、原起於銭。疾其末者、絶其本。宜罷采珠玉金銀鋳銭之官、毋復以為幣。除其販売租銖之律、租税禄賜皆以布帛及穀、使百姓壹意農桑。」議者以為交易待銭、布帛不可尺寸分裂。禹議亦寝。

ここに見える貢禹の言は、『漢書』巻七二本伝の記事を要約したもの。

（31）同

又以周官税民。凡田不耕、為不殖、出三夫之税。城郭中宅不樹芸者、為不毛、出三夫之布。民浮游無事、出夫布一匹。其不能出布者、冗作、県官衣食之。……義和魯匡言、「名山大沢、塩・鉄・銭・布帛、五均賖貸、斡在県官。唯酒酤独未斡。……」

第二章　漢代貨幣史再考

はじめに

中国古代、特に戦国から漢代にかけての時期、貨幣経済が画期的な発展を遂げ、巨大な専制統一国家の下で繁栄の絶頂を迎えた後、衰退過程をたどったとされている。これは、五〇年に及ぶ日本の戦後中国史学の中で、経済史・財政史研究の最も基本的な成果のひとつとして継承され、財政制度や商工業の実証的な研究も、一貫してこの枠組みの中で行なわれてきた。まさに通説中の通説といってよい。

しかし近年、この枠組みそのものが批判的に検討されつつある。口火を切った足立啓二氏は、専制国家と経済の相互関係を巨視的に捉え直す立場から、中国前近代の貨幣の性格を、近代的な一般的交換手段ではなく、国家的支払手段、すなわちマックス・ウェーバーの説く「内部貨幣」に近いものと考える(1)。貨幣＝一般的交換手段という、貨幣に関する骨がらみの常識が、問い直されつつある。

一方、旧来の枠組みでの貨幣経済論の中にも、常に研究者を悩ませてきた問題がある。それは漢代の貨幣制度が武帝時代の五銖銭発行によって最終的に安定したという事実と、貨幣経済がその五銖銭発行と同時に衰退に向かったという仮説との整合性の問題である。貨幣経済の繁栄を安定した貨幣制度が支えていたのならば、話がわかりやすいのだが、ここでは逆に、漢代の貨幣経済が貨幣制度の混乱の中で繁栄の絶頂を迎え、貨幣制度の安定とともに衰退したことになる。従来の学説はこの奇妙なギャップを埋めるために、銅資源の枯渇と黄金の国外流出による貨幣原材料の不足を想定して、一応の説明としてきた。しかし五銖銭の時代に、貨幣の絶対量の決定的な不足という状況が存在したとすれば、貨幣の品位低下や貨幣代替物の出現が容易に予想される。つまり今度は、五銖銭の制度がなぜ安定したのかがひどく説明しにくくなる。

どうやら、従来の学説を批判するにせよ継承するにせよ、漢代の貨幣そのものをもう一度見直してみる必要がありそうである。そこで本章では、漢代の貨幣の歴史を、銅銭そのものに即して検証しなおしてみたい。

Ⅰ　青銅器としての銅銭

そもそも漢代の銅銭はいかなるものであったか。銅銭には、貨幣としての制度的側面や社会的に付与された属性が、必然的についてまわる。しかしここではより即物的に、青銅器の一種としての銅銭の特色を明らかにしておきたい。そのための恰好の資料として、満城漢墓から出土した多数の五銖銭のデータがある。周知のごとくこの墓は武帝時代の中山靖王劉勝夫妻の墓で、一号墓に葬られた劉勝の没年が元鼎四年（前一一三）、二号墓に埋葬された夫人の没年が太初元年（前一〇四）以前と考えられる。したがってこの墓に副葬された五銖銭は、元狩五年（前一一八）の鋳造開始直後の様相をとどめていることになる。発掘報告書もこの点を重視して、銅銭に関する各種の細かい計測値を報告している。(2) この報告をもとに、中国古代を代表する青銅貨幣である五銖銭を、青銅器として詳細に観察してみよう。

(1) 形　態

満城漢墓では、一号墓から二三一六枚、二号墓から一八九〇枚にのぼる五銖銭が出土した。全体に共通して、「五銖」の文字とともに、表裏の外周と裏面の孔の周囲に輪郭線が「周郭」として鋳出される。銘文のうち「五」の字形に違いが見られ、そこから次の三つの型式に分類される。Ⅰ型は直径二・五五センチメートル、「五」字の縦画が直線的になっている点に特色がある。一号墓から三六五枚、二号墓から二九三枚が出土した。Ⅱ型は直径二・五五センチメートル、銘文の「五」字の縦画がやや湾曲する。一号墓から一七〇二枚、二号墓から一〇八四枚が出土。Ⅲ型は直径二・六センチメートル、「五」字の縦画の湾曲が強まる。一号墓から二四九枚、二号墓から五一三枚が出土した。三型式とも、銭の表面の四角い孔の周囲に幾種類かの記号が見られ、そこからさらに細かい分類も可能である。

一号墓出土の五銖銭には、使用痕とみられる磨滅を伴うもの（どの型式かは報告されていない）もあるが、多くは新品に近い状態で副葬され、中には外周にやすりの痕が残るものもあった。報告者はその特徴から、五銖銭は鋳型をはずして一枚ずつ切り離された後、まとめて孔に棒を通し、これを轆轤で回しながら仕上げのやすりをかけたのではないかと想像している。一種の旋盤加工ということになるが、この加工法は後世の『天工開物』に見える銭の加工法とは異なっており(3)、今後の検討が待たれる。

(2) 重　量

五銖銭は銘文として重量を明記しており、その実際の重量と誤差の範囲を測定することが重要である。満城漢墓ではすべての五銖銭の重量が計測され、各型式ごとに〇・一グラム刻みの度数分布グラフとして報告されている。これによると、一号墓の場合全体の平均重量が四・〇グラムで標準偏差が〇・五、すなわち約七割が三・五～四・五グラムの範囲に集中する。最も軽いものは二・五～六グラム、最も重いものは六グラムを超える。二号墓の場合、平均重量が三・七グラムで標準偏差が〇・五、したがって約七割が三・二～四・二グラムの範囲に集中する。最も軽いものはやはり二・六グラム、最も重いものは六グラムを超える。重量の度数分布の傾向はⅠ～Ⅲの各型式ともに大差ない。

前漢代の度量衡において、重さ一斤が一六両で約二五〇グラム、一両が二四銖にあたる。したがって五銖銭の計算上の重さは約三・三グラムとなる。これに対して満城漢墓の五銖銭は平均値で一～二割重く、実際の重量にして五・五～六・〇銖あったことになる。また、実重量が三・三グラムを下回るものは、一号墓で約八パーセント、二号墓で六・五パーセントに過ぎない。

（3）金属成分

満城漢墓では総数四千点を超える五銖銭のうち、各型式を含む一六点について、化学組成が測定された。平均値を取ると、銅が約八一パーセント、錫が三・四パーセント、鉛が一一・四パーセント、そのほか亜鉛や鉄が若干含まれている。それぞれの成分のばらつきを見ると、銅の場合六七～八九パーセントの幅があるが、七五パーセントを切るものは三点だけである。錫は一・七～八・七パーセントの幅があり、四パーセントを超えるものは二点に過ぎない。鉛は三・四～一九・五パーセントの幅を持ち、五パーセントを切るものは一点だけである。

一般に錫は、現代の青銅製品で普通三～四パーセント含まれるが、これが多いほど硬度が高くなる。満城漢墓の青銅器のうち、特別な硬さの要求される兵器類は、錫の含有量が一六パーセントに達するが、生活用具の類では三～四パーセントにとどまる。また鉛は青銅の融点を降下させ、流動性を増して気泡の発生を抑える働きがある。満城漢墓の青銅器のうち、車馬具、生活用具では鉛の含有量が平均六パーセントほどだが、一〇パーセントを超えるものも珍しくない。特に精巧な文様の入った銅灯で鉛が二〇パーセント近くに達するのは、鋳造の際の湯まわりのよさを狙ったものといえる。他方、鉛は安価な増量剤としても用いられ、満城漢墓出土の青銅明器では、鉛が二〇パーセントを超える。

五銖銭の場合、刃物のように硬い必要はないから、錫の含有量が一般的な生活用具と変わらないのも不思議ではない。一方鉛の含有量は、一般的な器物よりも少し多めになっている。銭は元来薄くて小さな青銅器であり、かつ文字や周郭が正確に鋳出されなければならない。良好な製品を鋳造するためには、気泡が少なく湯まわりのよい材料を用いる必要がある。したがって鉛を一〇パーセントほど入れるのは、製造上の合理的要求として理解できよう。つまり五銖銭には、銭にのみ見出される特殊な成分や、特別な合金比率は認められず、材質から言えばごく普通の青銅器であった。

（4）前提的考察

以上のデータから得られた知見を整理しておこう。まず形態の問題。満城漢墓の三型式の五銖銭は、いずれも鋳造発行が始まって十年ほどの間に相次いで生まれている。この発見以前の段階の研究では、洛陽焼溝漢墓の出土品から満城のⅡ型が昭帝時代、Ⅲ型が宣帝時代以後の前漢後期のものとされてきた(4)。したがって従来の五銖銭の型式編年は崩れ去ったのだが、まだ基本的知識として定着していないようである(5)。また満城の三型式を、文献に見える郡国五銖、赤側五銖、上林五銖に当てはめようとする見解も見られるが、思いつきの域を出ていないように思われる(6)。つまり漢代の遺物としてごく当たり前に見出される五銖銭も、実は編年観が完全に確立しているわけではないことに注意しなければならない。

次に重量について。従来五銖銭は、『漢書』食貨志の記述から、銘文と実際の重量を一致させる、厳密な規格を守って作られたと考えられてきた。しかし実際に出土する五銖銭の重量にはかなりのばらつきがあり、個々の五銖銭はもちろん全体の平均重量さえも、五銖ちょうどには決してなっていない。漢代の鋳造技術では、銭の大きさをそろえることはできても、微妙な厚さまで均一化することができず、重量の誤差を一銖以内までしぼりこむことは困難だったと考えられる。精巧をもって知られる五銖銭も、正確に重さ五銖で作られたのではなく、五銖を目指して作られていたに過ぎない(7)。

さらに平均重量が五銖をかなり上回ること、また重量のばらつきの範囲が重い側に広く、軽い側に狭いことは、五銖銭が「なるべく五銖よりも軽くならないように」作られたことを示している。これには鋳造技術だけでなく、どこまでを不良品として排除するかという、鋳造後の規格管理も強く作用していると考えられる。こうして作られた五銖銭は、個々の重量には大きな誤差を含みつつ、ほとんどの場合において、それ以前に用いられていた四銖銭よりもはっきりと重い、という形でその制度的使命を果たすことになる。重さ六銖の五銖銭という形容矛盾的存在は、むしろ五銖銭がまじめに作られた証拠である。

このことは、国家の法制として示される銅銭の規格と、実際に鋳造される銅銭との間に隔たりがあることを示すだけではない。上述のような、五銖銭における名目と重量の「一致」の持つ、具体的な――ひどく官僚的でさえある――中味にこそ意味がある。これは単に銅銭の制度が技術的な側面を持つというだけではなく、その制度がどのように解釈され、いかなる観点から実現されたのか、というすぐれて政治的な問題なのである。銅銭の制度的規格を、ＪＩＳ規格のような現代の工業規格と混同してはならない。

最後に五銖銭の金属成分について考えてみよう。手工業製品として見た場合、五銖銭は上述のように何の変哲もない青銅器であり、銅と錫、鉛が製品の材質や加工方法に応じて合理的に配合されていた。ところがこれを貨幣として見た途端、成分の評価が変わってしまう。銅の含有量が多いほど良質な貨幣とされ、鉛は意図的に加えられた不純物とされる。しかも錫の存在はなぜか捨象される。従来の貨幣史において、理想の銅銭は純銅製ということになるらしい。これは明らかに、黄金や銀の純度を問題とし、その他の成分を不純物として一括する貴金属貨幣の考え方を、そのまま青銅貨幣に持ち込んだものである。

しかし言うまでもなく、青銅は銅を薄めたものではない。青銅という合金の不可欠の要素を無視あるいは軽視しなければ成り立たない貨幣論には、本来無理がある。青銅貨幣の価値が銅の希少性によって生ずるとすれば、錫の希少性による価値も同等に発生し得るからである。また、古代中国で金や銀が存在しなかったわけではないのに、なぜ貴金属をさしおいて青銅貨幣が主要な貨幣となったのか、という貨幣史上の大きな問題もある。これも、銅と青銅を同一視した上で、青銅貨幣を貴金属のみじめな代用品と見なすという、不確かな仮定を重ねた「法則」を持ち出すだけでは、答えられそうもない。

青銅貨幣は、ありふれた金属で作られる点で、貴金属貨幣とは本質的に異なる属性を持った貨幣だと考える必要がある。ではその属性とは何だろうか。銅銭の青銅器としての性格を踏まえて、貨幣としての銅銭へと視野を広げ、漢代の貨幣史を見なおしてみよう。

Ⅱ　半両銭の再検討

（1）秦半両銭と貨幣統一

漢初に流通した半両銭の起源は秦にある。しかし戦国から統一後にいたるまで、秦の貨幣について記した文献史料は三種類しかない。まず『史記』始皇本紀、恵文王二年（前三三六）に「初めて銭を行う」という記事。これは戦国秦において、初めて貨幣が発行されたことを示すと解される。次いで『史記』平準書の「太史公曰く」の部分に、黄金を上幣、銅銭を下幣とし、このほかの珠玉・亀貝などは貨幣としないこと、銅銭には「半両」の文字を記し、銭の重さと一致させたこと、しかし実際には銅銭の重さが変化し、一定しなかったこと、などが書かれている。[8]さらに『史記』六国年表の始皇三七年（前二一〇）に「復た銭を行う」とある記事。これは始皇帝による統一政策の一環として行なわれた、貨幣統一の実施年代を示すとされている。

近年の研究は、これらの記事と、ようやく充実してきた出土資料を重ね合わせて検討し、以下のような成果をあげている。すなわち、半両銭は始皇帝の貨幣統一によって初めて出現したわけではなく、それ以前——恵文王時代まで遡るかどうかは疑問だが——から存在したと考えられる。しかし秦半両銭は、戦国秦の領域以外からはほとんど出土しない。始皇帝の貨幣統一によって、半両銭の使用が全国にすぐに広まったわけではなかった。[9]

秦代の遺跡や墓葬から出土する半両銭には、直径三・一～三・三センチメートルの大ぶりなものと、二・六～二・八センチメートルほどのやや小ぶりなものとが見られ、多くの場合両者が混在している。この直径の違いが、発行された時期や地域の違いに対応するかどうかは、まだ判明していない。他方、その重量は非常に多様である（表1）[10]。重いものは一〇グラム近くあるが、軽いものは二グラムを下回り、重さ半両の基準を満たすものはわずかしかない。秦半両銭は、寸法こそある程度そろっていたが、重量については、平均値を出す意味がないほどばらばらであった。

重量分布(g)	青川M50	広衍故城	始皇陵周辺	長安張堡
1.5～2.0	1			16
～2.5			7	36
～3.0		1	17	113
～3.5		1	12	160
～4.0	1		4	204
～4.5	2		6	141
～5.0		2	2	121
～5.5		3	1	56
～6.0	1	1		46
～6.5			1	39
～7.0	1			13
～7.5				17
～8.0		2		6
～8.5				6
～9.0				
～9.5				1
～10.0	1			1
総個数	7	10	50	976
平均重量(g)	5.25	5.29	3.32	4.36

表1　秦半両銭の重量分布

ところで表1にあげた、陝西長安県張堡出土の半両銭には、恐ろしく粗悪な銭が多いという、顕著な特色がある。輪郭のゆがみなど鋳造欠陥が目立つだけでなく、鋳型から切り離したままの状態のものが多い。ここでは仕上げのやすりもかけない、不良品だらけの半両銭が出回っていたようである。秦における銅銭の鋳造発行が、どのように行なわれていたのか自体が不明な現在、その具体的な事情は知るべくもないが。

戦国末から統一期にかけての秦の貨幣政策については、雲夢秦簡の金布律などから、その一端を窺うことができる。官府の財政においては銭・布・黄金が併用され、銭と布の間には、長さ八尺×幅二尺五寸の布＝銭一一という換算率が律で定められている。銭の質については、官府では「銭の善不善は雑えてこれを実た」し、市場においても「百姓市用の銭は、美悪これを雑え、敢えて異とする勿れ」とされている。官吏や商人は、「銭布を択行する」ことが許されない。日本で言う「撰り銭」の禁止である。ただし銭の私鋳は犯罪として取り締まられる。(11)

秦律における銅銭の価値は、法定規格の布との比価として決定されていた。布対銅銭＝一：一一という半端な換算率は、両者を独立した貨幣として結びつけた結果ではあろう。しかし銅銭は、重量の規格がさっぱり守られないまま、「美悪これを雑え」て用いられた。しかも銅銭は秤量貨幣として重量を計って使われたのではなく、枚数を基準として使われている。ここで銅銭一枚の価値として機能しているのは、銅銭の重さや含有する金属の価値ではなく、律で定められた、布への換算と交換の可能性だけである。このことは、秦代の銅銭が布に対する従属的下位貨幣であったことを意味する。貨幣に関する律が「金布律」であり、その名称に銭が現れないことには然るべき理由があった。

このような事例から、始皇帝の貨幣統一の実態が浮かび上がってくる。始皇は、すでに存在した秦の半両銭を全国に広めようとしたが、全国規模での実効はあげられなかった。しかも秦の故地においてさえ、半両銭は、円形方孔で表面に「半両」の文字を鋳込むという、銭の形態と寸法の規格をかろうじてクリアしていただけで、実際には布に対する下位貨幣として用いられていたに過ぎない。つまり始皇の貨幣統一は、銅銭のあるべき姿を提示するにとどまり、現実に流通する貨幣を統一すること——何をどうすれば統一したことになるのかという問題も含む——は、そっくり漢王朝に引き継がれたのである。

（2）漢代の半両銭

秦末の戦乱を経て、漢王朝は秦の巨大な版図とともに、未完成の貨幣制度を受け継いだ。『史記』平準書は高祖時代のこととして、秦の銭が重くて使いにくいため、「更めて民をして銭を鋳しめ」たと記す。『漢書』食貨志はこの銭を「莢銭」、すなわち楡莢銭と呼ばれる軽小粗悪な銭だったとする。半両銭の鋳造がルーズな民間委託の形で行なわれたのだと思われる。もともと秦半両銭のすべてが重かったわけではないし、しばしば粗悪でもあったことを考えれば、楡莢銭の登場は当然ともいえる。しかし秦代にはどうにか守られていた銭の寸法の規格も、ここで事実上消滅したことは間違いない。

『漢書』高后紀によれば、続く高后二年（前一八六）に八銖銭が行なわれ、次いで六年（前一八二）には「五分銭」が行なわれて、短期間に半両銭の重量の基準が変更されている。前者は半両の三分の二で約五・三グラム、後者は半両の五分の一として一・六グラムになる。制度の詳細が伝えられておらず、銭の実物も確かなものがないため、踏み込んだ分析は不可能だが、この政策は、軽重さまざまな半両銭のどこかに標準を置こうと試みたものだったと考えられる。しかしどこを標準にしようと、それだけでは現実の半両銭の持つあまりに大きな誤差の中に吸収されてしまっただろう。

文帝五年（前一七五）、楡莢銭が増えすぎているとして、法定重量を四銖（約二・七グラム）と定められた四銖半両銭が新規に発行され、合わせて盗鋳銭令が廃止されて、「民をして縦いままに銭を鋳るを得しめ」たとされる。実際には、官に届け出て税を負担すれば銭の鋳造が許可されるが、不正な銅銭を鋳造すると厳罰に処せられる、という制度だったようである。従来の銭の私鋳禁止規定は、この新しい制度との関連で改廃されたものと思われる。この四銖銭を大量に鋳造したのが、文帝の寵臣で蜀の厳道の銅山を賜わった鄧通と、有力な諸侯王であった呉王濞である。彼らの鋳造した銭は、法の規定に準拠した良好なもので、「呉鄧の銭天下に布ねし」とも伝えられる。文帝のこのような政策は、賈山、賈誼らの強硬な反対を排して維持された。(12)

賈誼の諫言には、銅銭流通の現状が「又た民の用銭、郡県ごとに同じからず。或いは軽銭を用いて、百に若干を加え、或いは重銭を用いて、平称して受けず」と述べられている。流通している銅銭に地域差が見られたのは、四銖銭の発行によって初めて生じた現象ではあるまい。ここで注目されるのは、軽重様々な半両銭の実際の使用法である。「平称」とは秤量することを示し、軽い銭百枚を用いると量目の不足によって若干枚を付け足さねばならず、重い銭では量目が超過してそのままでは受け取れない、ということになる。文帝一三年（前一六七）ごろに作られた江陵鳳凰山一六八号墓では、当時用いられた銭衡が出土している。銭衡には律の規定を踏まえて、銭の重さの基準が四銖であること、銭衡を使わなかったり、不正使用した場合は処罰されるという注意書きが墨書されている[13]。

これらの手がかりを重ね合わせてみると、文帝の政策の特色が以下のようにまとめられる。まず、四銖銭の鋳造発行の側面については、全国の鋳造者に法定の規格を守らせることによって、新規に供給される銅銭の品質をある程度均一化したことがあげられる。呉王濞や鄧通は、食いつめた無法者が銭の盗鋳に手を出すのとは異なり、このような法規を遵守してはじめて、その大規模な鋳銭事業を継続し得たことを忘れてはならない。

次に銅銭の具体的な使用の側面については、四銖銭を基準としたはかりの使用を義務づけることによって、重すぎる銭や軽すぎる銭を使いにくくしたことが指摘できる。これは、個々の銭の重量の誤差は防ぎようがないとしても、百個ずつにならして、一個当たり平均を四銖に近づけていくという、いわば統計的均一化である。これを長期間繰り返すことによって、統計分布上の軽重両端に位置する銭は、次第に排除され、消えていくことになる。ただしこれには時間がかかるし、均一化がどこまでも進むわけではない。特に秤量の調節のために、粗悪な軽銭にも一定の用途が残った可能性が高い。しかし賈誼がいみじくも指摘するように、貨幣政策は急に進めれば弊害を引き起こし、かといって現状を野放しにもできないという、微妙なバランスを要求されるものである。文帝は敢えて微温的な方法を採ったのだと考えられる。

呉楚七国の乱に勝利した景帝は、中六年（前一四四）に「鋳銭偽黄金棄死の律」を定めた（『漢書』景帝紀）。この律について、一般的には文帝以来の政策を改め、銅銭の私鋳を厳禁したものと考えられている。この時から武帝時代まで、四銖銭は「県官往々銅多き山に即きて銭を鋳る」という体制で鋳造されるようになった[14]。銅山を基準とした鋳造拠点がどのように分布したのか、またその管理がどのような機関で行なわれたかは明らかでない。しかし従来全国に大小の民間鋳造者が散らばっていたことと比較すれば、その数はかなりしぼられたと考えられる。その限りでは、銅銭鋳造の国家管理はかなり強化されたと見てよいだろう。

最後の半両銭としての四銖銭は、こうして大きな政策転換を経ながら、文・景二代の約三〇年間にわたって鋳造され続けた。その結果、始皇帝以来の課題ともいえる銅銭の規格化と均一化が、完了はしないとしても、顕著に進んだように見える。例えば徐州獅子山の楚王陵では、半両銭一七万六〇〇〇余が出土したが、その八五パーセントは楡莢銭、あとは四銖銭であった。他方、江蘇塩城市では武帝時代前半と考えられる窖蔵銭が見つかっているが、約一万枚の銅銭のほとんどは四銖銭に分類され、これ以外は「秦半両銭」とされるもの（極端に薄くて軽い粗悪品を含む）が五六枚、武帝の三銖銭が五枚あっただけである[15]。四銖銭は、従来雲のようにとらえどころのなかった半両銭に、事実上の標準として確実に浸透していったことがわかる。もちろん四銖銭の中での差異については、漢代の当局者と同様、あまり目くじらを立てない方がよさそうだが。

（3）　半両銭の意義

従来の学説において、秦漢の半両銭の沿革は、始皇帝の貨幣統一と武帝の五銖銭の間に位置する長い過渡期として把握されている。そして秦の貨幣統一が不十分なものだったことを背景として、漢初における軽小な半両銭が、刀銭・布銭など戦国時代の銅銭を駆逐する役割を果たした一方、通貨流通量の激増による極度のインフレーションを引き起こしたと考えられてきた[16]。この説について、ここでいま一歩考察を進めよう。

まず漢初の半両銭が戦国時代の銅銭を駆逐したという点について。秦から漢初にかけての銅銭の出土例において、戦国の銅銭と半両銭が混じって出土することは極めて希である。前者の中に後者が浸透し、次第に凌駕していったという漸進的な過程を窺わせる資料は存在せず、両者はごく短期間に交代したように見える。また半両銭の時代になってから、銅銭が副葬品として次第に一般化する。これらの点に特に地域差は見られない。半両銭は漢代になって急速に全国に普及し、社会のほぼ全階層にわたって使用されたと考えてよい。

しかし半両銭の軽小化がインフレーションを引き起こしたという点については、少なからず問題がある。まず漢初の物価高が銅銭の変化によってもたらされたのかどうか。前述のようにこの時期には、秦の苛政と戦乱の後を承けて、社会全体が疲弊していた。必然的に起こる生産の低下と物流の停滞が、局地的に非常な物価高を招くことは容易に理解されよう。この状況では、貨幣よりも食料などの現物を持っていることの方が遙かに重要であり、当然貨幣価値も低下せざるを得ない。ここではもともと、いかなる貨幣制度も円滑に機能し得ないのである。もちろん軽い半両銭が好んで使われるわけもなく、この環境で半両銭が全国に普及することはあり得ない。

では、社会が安定化して生産活動が回復し、物流も活発になっていく時期のこととして考えてみよう。軽小な半両銭の増加はインフレーションをもたらすか。前述のように、秦代の貨幣制度においては銅銭と布、黄金が並列的に用いられていた。黄金についてはよくわからないが、銅銭と布の関係は法定比価によって決定され、銅銭の価値は布に従属していた。このシステムにおいて銅銭が激増すれば、秦代の法定比価があくまでも守られるのでない限り、銅銭に対する黄金や布の価値は相対的に上昇する。つまり銭安に対する布高や黄金高がもたらされるだけで、貨幣全体の価値は特に低下しないことになる。

漢初の貨幣経済に起こっていた事態は、軽小な半両銭を重要な要素とする、新たな価格体系の形成過程として捉えるべきであり、これこそが「貨幣統一」という政策が引き起こした経済的プロセスにほかならない。「貨幣統一」を銅銭鋳造の問題に限定し、その複雑な影響と展開を「インフレ」の一語で片づけてしまうべきではあるまい。財政当局が通貨政策を武器としてインフレーションに立ち向かう姿を想像すること自体が、もともと時代錯誤なのである。

しかし半両銭は、四銖銭による標準化を待って、おもむろに全国に普及したのではなく、漢王朝の成立とともに急速に使われるようになっている。政治的統一が成ったとはいえ、全国共通の貨幣がなければ立ち行かぬような、巨大な市場が急に現れたわけではない。この現象の原因は、高祖による「賦」の制定、すなわち全国一律の銭納人頭税を大きな柱とする財政制度の成立に求められよう。[17] できたばかりの王朝の少々怪しげな半両銭が早速に使われたのは、納税手段として強制されたからである。民の側では、納税手段をなるべく安く手に入れようとし、官の側では秦代以来、銭の品質に目をつぶって財政を運営する仕組みを備えている。半両銭の軽小化は、一種の社会的合意だったのかもしれない。

とはいえ、このような変動が続く限り、銅銭は布など他の現物的交換手段に対して、絶えず暫定的で従属的な貨幣とならざるを得ない。半両銭の段階では、銅銭は納税など財政手段として、布を交換手段の代表とする現物経済にぶらさがっていたに過ぎない。現物経済の無限の地域差を越えて、銅銭が統一国家の普遍的な価値の尺度として自らを確立するには、貨幣制度の多難な試行錯誤とともに、財政機構も変化する必要があった。

Ⅲ　五銖銭の登場

（1）皮幣・白金と三銖銭

武帝時代になると、漢の貨幣制度は、従来と一変して目まぐるしく変更される。この時期の貨幣政策を動かした最大の要因は、元光年間に始まる対匈奴戦争などによる財政の急激な悪化である。「貫朽ちて校うべからず」とも言われた豊富な財政的蓄積も、この過程でどん底の窮乏状態に陥った。『史記』平準書によれば、元狩四年（前一一九）の貨幣制度改革は、「銭を更め幣を造りて以て用を贍らわす」こと、すなわち財政収支の改善を明確な目的としていた。

まず作られたのが皮幣と白金である。皮幣とは、禁苑の白鹿の皮一尺四方に縁取りをして、諸侯王や宗室が朝観の際に奉る璧の敷物に指定し、その儀式の後、四〇万銭に相当する貨幣として流通させようとしたもの。これが「皮貨」でなく「皮幣」と呼ばれたことは、「たてまつりもの」としての「幣」の原義を反映しているが、実際には諸侯王などに法外な値段の敷物を買わせたに過ぎなかったと思われる。いま一つの白金は、少府保有の銀に錫を混ぜ、三千銭、五百銭、三百銭の価値を持つ三種類の重さの銀貨を作ったもの。要は少府に蓄えられていた、宮廷向け工芸品の原材料を貨幣として放出したのだろう。どれくらいの銀が放出されたのか不明だが、白金の発行は爆発的な盗鋳の流行を招き、価値が低下して三年ほどで廃止された。これらはいずれも、帝室財政を預かる少府が、手持ちの材料を高く売るための方便として、貨幣制度を悪用したに過ぎない(18)。

『史記』平準書の記述では、このような皮幣・白金とほぼ同時に三銖銭が登場する。一方『漢書』武帝紀は三銖銭の発行年代を、建元元年（前一四〇）から同五年（前一三六）までとしており[19]、両者は大きく食い違う。困ったことに『漢書』食貨志は『史記』平準書の記述を踏襲しており、三銖銭の位置づけは『漢書』の中でも食い違ったままである。これらの史料の解釈には多様な説があるが[20]、建元年間に三銖銭が存在したか否かの確証が得られない以上、はっきりした結論は出せない。ここでは、三銖銭が白金などとは別に単独で発行された可能性を考慮しつつ、『史記』平準書の記述に沿って考えてみたい。

平準書は「県官をして半両銭を銷かし、更めて三銖銭を鋳しめ、文は其の重さの如くす」と記す。重量三銖で銭面に「三銖」の文字を鋳込んだ新たな銅銭が鋳造されたことは、実物や鋳型の出土から確認できる。しかし実際に出土する三銖銭は半両銭と伴出しており、明らかに両者を混ぜて用いられているし、もちろん従来の半両銭がすべて鋳潰された形跡もない。平準書の解釈には一工夫が必要である。

まず三銖銭の政策的背景に疑問が残る。すなわち、四銖銭よりも軽いことをわざわざ明示した銅銭を出したのでは、「銭益々多くして軽し」という当時の貨幣事情に対処できないのである。とすれば、三銖銭の発行には別の動機があったはずである。おそらく官府に保有されていた半両銭を鋳潰して、三銖銭に作りなおすことによって枚数を稼ぎ、半両銭と同じ価値で通用させようとしたのだろう。あえて「半両」銭としなかったのは、四銖銭を標準として長年流通してきた半両銭を動揺させずに、新たな銅銭を付加するためではないだろうか。したがって三銖銭は、目先の財政収入を目論んだ貨幣だった点で、皮幣・白金と同列の存在であり、平準書がこれらを一括して記述するのも十分に理解できよう。しかし同時に、三銖銭は半両銭からの離脱を目指した最初の銅銭でもあった。

（2）郡国五銖と赤仄銭

元狩年間から元封年間にかけて、漢王朝の財政政策は目先の増収策から次第に本格的な財政機構改革へと展開する。その代表が塩鉄専売と均輸平準だが、これらの施策は大農を中心とする、中央集権的国家財政機構の整備と確立として捉えられる。[21]だが貨幣制度の改革は、この流れの中でなお試行錯誤が続いていた。

三銖銭や白金の失敗を承けて、元狩五年（前一一八）には郡国において五銖銭の鋳造が始まった。[22]銅山付近で鋳造されていた従来の銅銭と異なり、この銅銭は郡国を単位とする鋳造管理体制において鋳造された点が注目される。つまり貨幣政策の遂行が、初めて一律に郡国という地方行政機構の責務として位置づけられたことになる。第三部で論じたように、あい前後して発足した塩鉄専売も郡国を単位として運営されており、このころ郡国という枠組みが広域的財政ユニットとして機能し始めたことがわかる。

また郡国五銖では初めて銭の裏側にも周郭が施され、削り取りによる変造を防止する措置が取られている。三銖銭・四銖銭よりもはっきりと重く、変造しにくい銅銭を鋳造したことは、武帝の貨幣政策が目先の増収よりも、混乱に陥った貨幣制度の安定化を目指したことを物語っている。しかし度重なる貨幣の改鋳は、それ自体が貨幣流通の混乱要因であり、盗鋳などを誘発することになる。しかも郡国で鋳造された五銖銭は、必ずしも中央の指示通りには作られていなかったらしい。

例えば一九八〇年に陝西澄城県坡頭村で発掘された銅銭鋳造遺跡では、四基の烘範窯とともに五銖銭の銅範四一件、陶製の背範百余件などが出土している。[23]しかし銭の裏側の鋳型にあたる背範には周郭が見当たらず、この鋳型で鋳造された五銖銭は半両銭と同様、裏面がただの平面になってしまう。この地は左内史に属する臨晋県付近にあたり、ここで鋳造された五銖銭は郡国五銖の段階のものと考えられる。五銖銭の売り物であった変造防止措置は、鋳造の現場まで徹底していなかったようである。おそらくこのような行政的不手際も手伝って、五銖銭の盗鋳は白金と同様に大流行し、事実上取り締まりようのない状態になっていった。

ところで『漢書』武帝紀では、元狩五年（前一一八）に「半両銭を罷め、五銖銭を行う」とあり、郡国五銖の新規鋳造とともに従来の半両銭が廃止されている。前述のように武帝紀の記述では、建元五年（前一三六）の三銖銭廃止後、四銖銭が復活しているから、この記述も理解できる。一方『史記』平準書において、半両銭の廃止について触れた記述は、元狩四年（前一一九）に繫年される三銖銭の新規発行の時だけである。いずれにせよ郡国五銖の発行と前後して、従来の半両銭の使用が禁ぜられたと考えてよい。五銖銭盗鋳の爆発的流行には、半両銭が使えないという状況も大きく影響していただろう。(24)逆に盗鋳の流行によって、半両銭が少し怪しげな郡国五銖と私鋳五銖銭に置き換えられていったとも言える。五銖銭は、半両銭が全国に普及する過程と相似した状況に直面していた。

郡国五銖の混乱ぶりに業を煮やした朝廷は、元鼎二年（前一一五）に京師の鍾官において「赤仄」銭を鋳造させ、郡国五銖銭に対して「一当五」の価値を与え、「賦」と「官用」には必ずこの銭を用いることを命じた。(25)この銭は、郡国五銖銭とは違うことが一目でわかるような特徴を持っていたはずだが、確実な実物は現存しない。この特殊な銅銭は、朝廷の期待通りには機能しなかった。例えば汝南郡では民が賦として赤仄銭を用いないという理由で太守が罰せられ、中央でも赤仄銭より通常の五銖銭を使いたがったとして太常が罰せられている。(26)わずか二年余りの間に、民は「法を巧みにしてこれを用い」、赤仄銭は五銖銭の五倍の価値ではとても通用しなくなったようである。

赤仄銭は、中央政府が独自に発行する貨幣である点で、皮幣や白金と共通するが、納税と財政支出という用途からも明らかなように、帝室財政ではなく国家財政機構の必要から生まれた銅銭である。ここで漢の貨幣制度は、一般的取引に限って用いられる郡国五銖の上に、特別な価値を持ち、財政に特化した用途を持つ赤仄銭が位置するという、銅銭流通の重層構造化を目指したことになる。これは、広域財政ユニットとしての郡国の上に中央政府が乗り、後者が前者を統制管理するシステムを目指していた点で、同時期に進行していた財政機構改革の動きと平行している。しかし漢王朝にはもはや、銅銭の標準化に数十年を費やすような時間的余裕はなかった。

(3)　上林五銖

元鼎四年（前一一三）、漢王朝は赤仄銭を廃止し、「郡国に禁じて銭を鋳ることなからしめ、専ら上林三官をして鋳しむ」る措置を取った。郡国の五銖銭鋳造を「禁じた」のは、諸侯王国から貨幣鋳造権を取り上げる意味合いも含んでいるだろう。[27]「三官」とは、均輸・弁銅・鍾官の三令を指すとされ、均輸の代わりに「技巧」を当てる説もある。いずれにせよ、従来赤仄銭の鋳造に当たっていた鍾官を中心に、銅銭鋳造の機構が拡充されたのだと思われる。

上林で作られた五銖銭がある程度出回ると、次の段階として「天下をして三官の銭に非ざれば行なうを得ざらしめ、諸郡国の前に鋳るところの銭は皆なこれを廃銷し、其の銅を三官に輸せしむ」る措置が取られた。上林五銖以外の使用を禁止するとともに、おそらく郡国の責任において以前の郡国五銖を回収させ、銅材として上林に輸送させたわけである。その結果、「民の鋳銭益ます少なく、其の費を計れば相い当る能わず。唯だ真工大姦のみすなわち盗みてこれを為る」とあるように、さしもの盗鋳流行も終息したらしい。そして上林五銖銭は、前漢末までに二八〇億銭が鋳造されたという。[28]

また実際に出土する銅銭について見ても、三銖銭までは半両銭と混在して出土するが、五銖銭と半両銭あるいは三銖銭が混じることはまずない。また五銖銭の中でも、郡国五銖銭や赤仄銭を判別することは困難であり、これらの回収と改鋳が相当徹底したものだったことを窺わせる。上林五銖銭は、貨幣史を明瞭に区切る、まさに画期的な銅銭であった。これらはすでにあまりにも有名な事実ではある。しかしその影で見過ごされている基本的な問題もある。例えば、上林五銖銭はいったいどのようにして、かくも短期間のうちに民間に出回ることができたのだろうか。不思議といえば不思議なこの問題を、鋳造の舞台となった上林の位置づけから考えてみよう。

塩鉄の専売や告緡の運用に伴って、上林は次第に単なる禁苑ではなくなっていった。『史記』平準書はその事情を次のように記す。

初め、大農塩鉄を筦して官布多ければ、水衡を置きて、以て塩鉄を主さどらしめんと欲す。楊可緡銭を告すに及び、上林に財物衆し。乃ち水衡をして上林を主さどらしむ。上林既に充満し、益ます広し。

大農が水衡都尉を新設した当初の動機は、塩鉄専売による収入の管理であった。この収入には銅銭以外にも、布帛などの実物が大量に含まれるため、従来の「ぜにぐら」では捌ききれなくなったのだろう。一方上林には、告緡によって没収された様々な「財物」が、全国から集められていた。水衡都尉の職掌は塩鉄担当から上林担当へと変更されたが、大量の現物を財政的に管理するという基本的機能は変わっていない。

この時期、塩鉄・緡銭によって豊かになったと伝えられる漢の財政は、その手段のゆえに、大量の荷厄介な現物を抱え込むことになった。例えば遠方の県で、告緡によって没収された商人の財産を、すべてそのまま長安まで輸送するか、別のものに交換してから運ぶか、それとも値打ちのあるものだけを選ぶか。輸送の方法はどうするのか。上林に「充満」した財物を、いかにして他のものと交換し、財源化するか。均輸・平準の設置に見られる財政的物資輸送の合理化は、すでに財政運営の最も重要な課題となりつつあった。

このような流れの背景に、貨幣制度の混乱が作用していたことも忘れてはならない。特に、郡国五銖の混乱を放置したまま、新たな財政手段を作ろうとした赤仄銭の失敗は、財政手段と民間の交換手段を切り離すことの困難さを示している。例えば上林にかき集めた財物を売り払ったり、塩や鉄を販売して財政収入を得る場合、郡国五銖と赤仄銭が混在する市場から、赤仄銭だけを選択的に入手することが必要である。これには常に、単なる売買とは別の困難がつきまとうことになる。もちろん全国の民が、納税手段として赤仄銭を手に入れる場合も同様である。漢王朝が、全国の銅銭を上林五銖に入れ替えてしまうという荒療治に踏み切ったのは、このままでは財政改革の遂行はもとより、銅銭を媒介とする財政自体が成り立たないからであった。

必然的に、均輸・平準の財政システムの完成と上林五銖の発行・普及とは、互いに表裏して進められることになる。上林三官から地方への新銭の輸送、第二段階での郡国から上林への銅材輸送に、均輸のシステムが利用されたことは想像に難くない。もちろん上林の鋳造工房への燃料補給なども必要だろう。

それ以上に重要なのは、財政支出の形での上林五銖銭の投入である。大量の新銭を、いかにして全国にばらまいたのか。ここで注目されるのが、元封元年（前一一〇）に全国で施行された均輸の成果として、五百万匹にのぼる大量の帛が調達されたことである。これは、『塩鉄論』本議篇で賢良文学が訴えるように、各地で恣意的な「平価」による布帛類の強制買い付けが行なわれた結果であると考えてよい(29)。このような物資調達は、郡国を分担する数十人の大農の部丞と、その配下に属する地方出先機関によって行なわれたが、その際の支払い手段は、もちろん上林五銖銭だったはずである。おそらく総額で何十億銭にも達する新しい五銖銭が、大農によって直接に、各地方で放出されただろう。

一方郡国は、郡国五銖の発行禁止とともに銅銭の供給能力を奪われたが、算賦や市租など従来の税目で納税される銅銭の中から、郡国五銖を回収する役割を果たした。これは、大農の直轄機関を入口とし、郡国の役所を出口とする、いわば銅銭の交換輸血が行なわれたことを意味する。最終的に郡国五銖の使用が禁止されたのがいつかはわからないが、遅くとも司馬遷が生きている間のことである。

こうして考古学的な時期区分が難しいほどの短期間に、上林五銖が行き渡ったのは、従来いわれてきたように、五銖銭自体の優秀さだけに由来するわけではない。むしろ新たに完成した財政機構による財政的物流システムと、国家を起点とする銅銭の強制的循環流通システムとが、補完的に機能するようになった結果、初めてこれが可能になったのだと考えられる。この過程で五銖銭は、布帛などの現物貨幣に従属した半両銭とは、明らかに一線を画する銅銭となった。巨大な財政的物流を支配する国家が、漢王朝の権威において独占的に発行し、その名の通り重さが五銖（を下回ることが希）であるという、自己の属性に信用の根拠を持つ、国家的な統一貨幣となったのである。

おわりに

以上、秦半両銭から前漢武帝の五銖銭に至るまでの銅銭の歴史をたどりなおしてきた。最後に所論を要約しておこう。

本論でも論じたように、始皇帝の「貨幣統一」は極めて不十分なものだった。にもかかわらず、秦半両銭がその後二千年に及ぶ銅銭の基本的なデザインを確立したことは、後世への影響の大きさという点で、「皇帝」の称号と並んで、統一国家の出現という事実の重みを端的に物語っている。だがこのことは必然的に、「貨幣統一」が、新たに出現した専制統一国家による上からの貨幣統一であるという、権力的な本質を持っていることを示している。秦漢時代の貨幣史を十全に分析するためには、一九世紀的な「経済法則」を持ち出して、近代国家の中央銀行の通貨政策を論評するがごとくに論ずる、既存の「経済史」の枠組みだけでは不十分――あるいはミスリーディング――なのである。

漢王朝は、秦の貨幣制度を負の遺産として受け継ぎ、王朝草創期につきものの初期的混乱を抜け出した時点で、四銖半両銭というユニークな貨幣制度を打ち出した。これは銅銭の鋳造に対する国家的規制が比較的弱いという政治的条件の下で、銅銭を実質的に統一していく方策として始まったが、次第に鋳造に対する規制を強めた結果、多種多様な半両銭に、初めて事実上の標準を確立した。賈誼ら政論家の切歯扼腕をよそに、この政策は結果的には成功したと考えられる。

賈誼は「民の用銭、郡県ごとに同じからず」という現状を、王朝の危機として訴えたが、取り上げられていない。文帝の個性もさることながら、このことは当時の県が、経済的・財政的に完結した唯一の地域的ユニットをなしており、それぞれに適合する貨幣の使い方があったこと、その限りにおいては、他地との不整合も特に問題とはならなかったことを示している。中央政府がうるさいことを言わぬことが、賢明な判断であり得た背景には、このような戦国以来の都市のあり方が横たわっていた。

しかし四銖銭の成功は、秦漢の半両銭が布帛などの現物貨幣に対して、従属的な貨幣として機能していたこと、むしろそれ故に、銅銭の規格におけるルーズさが許容されたことによって支えられていた。もちろん、現物貨幣につきものともいえる地域的多様性を、このシステムは超えることができない。このことは、国家が銅銭を財政手段として社会に強制しながら、その一方で統一国家の財政機構と社会的な物資流通とが、構造的にリンクしていないという、半両銭の時代の限界を表している。

武帝時代の一連の貨幣政策は、財政危機の中で苦し紛れに打ち出された性格が強い。その結果、それまでどうにか落ち着いていた四銖銭の制度に、へたな手出しをすることとなり、かえって大混乱を惹起した。この過程で、塩鉄専売や均輸・平準など社会的物流に着目した新たな財政政策が展開されるが、次第に貨幣制度の混乱が、財政改革の足を引っ張りかねない状況となっていく。武帝は、すべての銅銭を上林五銖銭に切り替えさせることで、これを強引に切り抜けた。漢王朝はここで遂に、新しい銅銭を有力な手段として、巨大な財政的物流管理のシステムを確立する。専売制度や均輸平準と五銖銭とは、漢王朝が、従来の「県官はまさに租に食し、税に衣るべきのみ」(『史記』平準書)だった財政機構から、はっきりと脱皮を遂げたことの証しであった。

五銖銭によって、漢王朝は初めて真に国家的統一貨幣といえる貨幣を手に入れた。しかし上からの貨幣統一は、あくまでも国家にとっての銅銭の形態的・機能的統一として完結したのであり、社会全体の貨幣をすべて統一したわけではない。すなわち社会全体として見れば、五銖銭は布帛など現物貨幣とともに、複数の貨幣的交換手段の一つであり続け、わずかに国家的な価値の尺度として機能することによって、他の手段の優位に立ち得たに過ぎない。また前章で論じたように、武帝以後の国家の財政においても、布帛類が補助的な貨幣として併用されており、五銖銭が実際に唯一の貨幣的財政手段となっていたわけでもない。

このような現象は、貨幣経済の段階に至っても、一部に現物的な貨幣が残存したといった紋切型の見方には収まりきれない。むしろ遙か昔から複数の現物的交換手段を用いてきた社会が、統一国家の強制する五銖銭を新たな要素として受け入れ、自らのシステムに組み込んだのだと考える方が、理解しやすいだろう。たまたまこれが、従来の制度史的用語で「貨幣統一」と呼び慣わされてきたに過ぎない。これ以後唐代に至るまで、様々な王朝の発行した銅銭が、なぜか常に五銖銭だったことは、五銖銭が国制というよりも社会的な伝統として定着していたことを示している。

このように、秦漢の貨幣史を貨幣統一のプロセスとして見直してみると、いわゆる貨幣統一という概念自体が、幾多の限定の上に辛うじて成り立つに過ぎないこと、すなわちこの言葉は幾重にも括弧をつけて使う必要のあることに気づく。当然、貨幣経済なる用語も、少し内容に用心して使った方がよさそうである。中国古代に実在した貨幣は、現代の我々がわかっているつもりの常識だけでは扱いきれない、複雑な歴史的履歴を持っている。このことを踏まえて、最後に漢代の貨幣経済について考えてみたい。

注

（1）足立啓二「専制国家と財政・貨幣」（中国史研究会編『中国専制国家と社会統合――中国史像の再構成Ⅱ』所収　文理閣　一九九〇）

（2）中国社会科学院考古研究所・河北省文物管理処『満城漢墓発掘報告』（文物出版社　一九八〇）

（3）関野雄「円体方孔銭について」（同著『中国考古学研究』所収　東大出版会　一九五六）参照。

（4）中国科学院考古研究所洛陽区考古発掘隊『洛陽焼溝漢墓』（科学出版社　一九五九）

（5）岡内三真「漢代五銖銭の研究」（朝鮮学報一〇二輯　一九八二）参照。

（6）蔣若是「郡国・赤仄三官五銖之考古学験証」（文物一九八九―四、『秦漢銭幣研究』中華書局　一九九七所収）、汪有民「論赤仄五銖」（考古与文物一九九四―五）など。

（7）『塩鉄論』錯幣篇に「於是廃天下諸銭、而専命水衡三官作。吏匠侵利、或不中式、故有薄厚軽重」とあるのは、実際に出回った五銖銭に見られる誤差を大げさに言い立てたものだろう。

（8）『史記』巻三〇平準書「太史公曰、……及秦中、一国之幣為二等、黄金以溢名、為上幣、銅銭識曰半両、重如其文、為下幣。而珠玉亀貝銀錫之属、為器飾宝蔵、不為幣。然各随時而軽重無常。」

（9）稲葉一郎「秦始皇の貨幣統一について」（東洋史研究三七巻一号　一九七八）

（10）蔣若是「論秦半両銭」（華夏考古一九九四―二）、および陳尊祥・銭嶼「陝西長安張堡秦窖蔵銭」（考古与文物一九八七―五）のデータより作成。

（11）詳しくは第三部第一章参照。

（12）『史記』巻三〇平準書「至孝文時、莢銭益多軽、乃更鋳四銖銭、其文為半両、令民縦得自鋳銭。故呉、諸侯也。以即山鋳銭、富埒天子、其後卒以叛逆。鄧通、大夫也、以鋳銭財過王者。故呉・鄧銭布天下、而鋳銭之禁生焉。」

『西京雑記』巻三「漢文帝時、鄧通得賜蜀銅山、聴得鋳銭。文字肉好、皆与天子銭同。故富埒人主。時呉王亦有銅山鋳銭、故有呉銭微重、文字肉好、与漢銭不異。」

『漢書』巻二四食貨志下「孝文五年、為銭益多而軽、乃更鋳四銖銭、其文為半両。除盗鋳銭令、使民放鋳。賈誼諫曰、『法使天下公得顧租鋳銅錫為銭、敢雑以鉛鉄為它巧者、其罪黥。然鋳銭之情、非殺雑為巧、則不可得贏。而殺之甚微、為利甚厚。……又民用銭、郡県不同、或用軽銭、百加若干、或用重銭、平称不受。法銭不立、吏急而壹之虖、則大為煩苛、而力不能勝。縦而弗呵虖、則市肆異用、銭文大乱。……』」

賈山の上書は『漢書』巻五一本伝に見える。

（13）湖北省文物考古研究所「江陵鳳凰山一六八号漢墓」（考古学報一九九三―四）参照。墨書の釈読については諸説あるが、ここでは大意を取る。

（14）注18参照。紙屋正和「前漢前半期の貨幣制度と郡県支配体制」（福岡大学人文論叢一六巻四号　一九八五）は、四銖銭の鋳造が、銅山の地元の県の工房で行なわれたとしている。

（15）獅子山楚王陵考古発掘隊「徐州獅子山西漢楚王陵発掘簡報」（文物一九九八―八）、兪洪順「江蘇塩城出土窖蔵半両銭」（考古一九九三―一）参照。

（16）例えば関野雄「中国青銅器文化の一性格」（同著『中国考古学研究』所収　東大出版会　一九五六）、「中国の古代貨幣」（『古代史講座』九　学生社　一九六三）参照。

（17）『漢書』巻一高祖本紀上、高祖四年「八月、初為算賦」。

（18）『漢書』巻六武帝紀元狩四年「冬、有司言、関東貧民徙隴西・北地……凡七十二万五千口、県官衣食振業、用度不足。請収銀錫造白金及皮幣以足用。初算緡銭。」

『史記』巻三〇平準書「於是天子与公卿議、更銭造幣以贍用、而摧浮淫并兼之徒。是時禁苑有白鹿、而少府多銀錫。自孝文更造四銖銭、至是四十余年、従建元以来用少、県官往往即多銅山而鋳銭、民亦間盗鋳銭、不可勝数。銭益多而軽、物益少而貴。有司言曰「古者皮幣、諸侯以聘享。金有三等、黄金為上、白金為中、赤金為下。今半両銭法重四銖、而姦或盗摩銭裏而取鋊、銭益軽薄而物貴、則遠方用幣煩費不省。」乃以白鹿皮方尺、縁以藻繢、為皮幣、直四十万。王侯宗室朝覲聘享、必以皮幣薦璧、然后得行。又造銀錫為白金。以為天用莫如龍、地用莫如馬、人用莫如亀、故白金三品。其一曰重八両、圜之、其文龍、名曰白選、直三千。二曰以重差小、方之、其文馬、直五百。三曰復小、楕之、其文亀、直三百。令県官銷半両銭、鋳三銖銭、文如其重。盗鋳諸金銭罪皆死、而吏民之盗鋳白金者不可勝数。」

（19）『漢書』巻六武帝紀、建元元年二月「行三銖銭」、同五年春「罷三銖銭、行半両銭」。

（20）山田勝芳「前漢武帝代の三銖銭の発行をめぐって」（古代文化四〇巻九号　一九八八）参照。

（21）渡辺信一郎「漢代の財政運営と国家的物流」（京都府立大学学術報告　人文四一号　一九八九）参照。

（22）『史記』巻三〇平準書「有司言、三銖銭軽、易姦詐。乃更請諸郡国鋳五銖銭、周郭其下、令不可磨取鋊焉。」

（23）陝西省文管会・澄城県文化館連合発掘隊「陝西坡頭村西漢鋳銭遺址発掘簡報」（文物一九八二―一）、呉鎮烽「澄城坡頭西漢鋳銭遺址之我見」（考古与文物一九九四―五）。

（24）『漢書』巻六武帝紀、元狩六年六月「詔曰、日者有司以幣軽多姦、農傷而末衆、又禁兼并之徒、故改幣以約之。稽諸往古、制宜於今、廃期有月。……今遣博士大等六人、分循行天下。」とある。五銖銭発行直後の混乱を示す記事である。なお、洛陽付近で、郡国五銖の不良品と半両銭、三銖銭が一緒になった窖蔵がみつかっている。他の廃銅も伴出しているので、明らかに鋳つぶし用の材料である。郡国五銖鋳造が、半両銭の鋳つぶしを伴ったことがわかる。程永建「洛陽澗西西漢銭幣窖蔵」（考古与文物二〇〇一―二）参照。

（25）『史記』巻三〇平準書「郡国多姦鋳銭、銭多軽、而公卿請京師鋳鍾官赤側、一当五、賦官用非赤側不得行。」赤仄銭は伝統的な古銭学において、「赤仄五銖」とされているが、この銭に「五銖」の銘文があったかどうか、実は確実ではない。

（26）『漢書』巻一六高恵高后文功臣表、曲成圉侯蟲皇柔「元鼎二年、坐為汝南太守知民不用赤側銭為賦、為鬼薪」同巻一九百官公卿表、元鼎三年「酇侯周仲居、為太常、坐不収赤側収行銭論」

（27）山田勝芳「漢代財政制度に関する一考察」（北海道教育大学紀要　第一部B　二三巻一号　一九七二）参照。

（28）『史記』巻三〇平準書「其後二歳、赤側銭賤、民巧法用之、不便又廃。於是悉禁郡国無鋳銭、専令上林三官鋳（集解、漢書百官表、水衡都尉、武帝元鼎二年初置、掌上林苑、属官有上林均輸・鍾官・弁銅令。然則上林三官、其是此三令乎）。銭既多、而令天下非三官銭不得行。諸郡国所前鋳銭、皆廃銷之、輸其銅三官。而民之鋳銭益少、計其費不能相当、唯真工大姦乃盗為之」

『漢書』巻二四食貨志下「自孝武元狩五年三官初鋳五銖銭、至平帝元始中、成銭二百八十億万余云。」

上林三官については陳直『漢書新証』（天津人民出版社　一九七九）一一七頁参照。なお、陝西戸県兆倫で発掘された大規模な銅銭鋳造遺跡では、「上林」の文字瓦当や、「元康元年十月」の銘のある銭範の残塊などが出土している。上林三官の鋳銭施設の遺跡と考えてよい。陝西省文保中心兆倫鋳銭遺址調査組「陝西戸県兆倫漢代鋳銭遺址調査報告」（文博一九九八―三）参照。

（29）『史記』巻三〇平準書「於是天子北至朔方、東到太山、巡海上並北辺以帰。所過賞賜、用帛百余万匹、銭金以巨万計、皆取足大農。……他郡各輸急処、而諸農各致粟、山東漕益歳六百万石。一歳之中、太倉甘泉倉満、辺余穀諸物、均輸帛五百万匹。民不益賦而天下用饒。」

『塩鉄論』本議篇「文学曰、古者之賦税於民也、因其所工、不求所拙。農人納其穫、女工效其功。今釈其所有、責其所無。百姓賤売貨物、以便上求。間者、郡国或令民作布絮、吏恣留難、与之為市。吏之所入、非独斉阿之縑、蜀漢之布也。亦民間之所為耳。行姦売平、農民重苦、女工再税、未見輸之均也。」

第三章　漢代の貨幣経済と社会

はじめに

太古の昔、人々は子安貝の貝殻を貨幣として交易を行ない、その遠い記憶が「貝へん」の漢字に封じ込められている。これは、我々が漢字の読み書きを習う際に、その筆画とともに教えられてきた常識の一つである。しかし漢字を生み出した当の古代中国の、社会と経済の歴史を考えようとする時、我々が日ごろ疑ってもみない「貝へん」の常識が、そのまま歴史認識として通用するとは限らない。

例えば「昔はお金の代わりに貝殻が使われた」という場合、貨幣が形態の違いや、地域・時代の差を問わず、常に現代の貨幣と同様な機能と用途を持っていることを、大前提としている。確かに、古代人がある種の貨幣のようなもの（例えば貝殻）を持って、一種の商店や市場のような場所で、買い物のようなことをしただろうと想像することは可能である。だが困ったことに、この想像にいくら「一種の」や「のような」を付加してみても、この大前提を共有する限り、巨大な石の貨幣を持った「原始人」が、スーパーマーケットへマンモスの肉を買いに来る、といった漫画と本質的な差はない。前近代の貨幣経済を主題とする歴史学の領域でも、似たようなことは容易に起こり得る。

二〇世紀の社会科学は、いわゆる「未開」社会に関する知見に基づいて、非市場的な社会の中に、実に多様な「貨幣」現象を見出してきた。そして「貨幣」や「経済」自体の概念が拡張され、精緻化されるとともに、近代の市場経済社会の歴史的特殊性が、逆照射されてきた。つまり我々が普通に持っている経済や貨幣のイメージは、人間の歴史全体の中では、よほど特殊なものである可能性が高いことになる(1)。

さて、中国古代、特に戦国・秦漢期の歴史的特色の一つとして、「貨幣経済の発達」が挙げられる。これは高校の世界史教科書を含むあらゆる概説書に記される、中国史の常識の一つである。では、中国古代において「貨幣」とは何か。当時の「貨幣経済」とは如何なるものだったのか。またその「発達」の指標は何か。実は現在、これらの当然の疑問に明快に答えることは意外に難しい。例えばこの分野の代表的研究者の一人である影山剛氏によれば、中国の古代商業は、都市の発達や商人の活動に見られるように一定の発展を遂げたが、後世と比べれば依然未熟な段階にあった。したがって生産力的な限界から多様な商品や広い市場を産み出し得ず、大商人は結局専制国家に寄生する存在とならざるを得なかった、とされる(2)。しかし貨幣経済の性格が、その発達の程度の差の問題に還元されている限り、前近代のどの時代の経済も結局「未熟な近代経済」でしかなくなってしまう。その前提には、「貨幣経済」がいつの時代にも質的に同一だとする考え方が横たわっている。本当にそうだろうか。

本章では、この素朴な疑問を足がかりとして、漢代の貨幣経済に関する学説史を批判的に検討し、その実態の解明に見通しを立ててみたい。

Ⅰ　貨幣経済の発達と衰退をめぐる諸学説

（1）古代資本主義論

戦後五〇年におよぶ、中国古代の貨幣経済史研究の出発点となったのが、牧野巽氏の古典的研究である。[3] ここでは『漢書』食貨志上に見える、戦国魏の李悝の「地力を尽くすの教」[4] が紹介され、この経済・財政論の根拠となる農民の家計収支が、①五人家族の農民を標準とし、②農民の生産した穀物の六割は自家消費され、残りの三割が売却される、③共同祭祀費、衣服費が貨幣で支出される、などの特色を持っていたとする。そして年毎の収穫に大差があるために穀価の変動が大きく、政府が大量の貨幣を用いて穀価調節を行なう必要があったと指摘する。特に農民が衣料品を貨幣で購入することは重要で、戦国時代にはすでに各種衣料品生産の分業化が展開しており、漢代には奢侈化が進んだことが史料的に確認される。のみならず売却を目的とした各種農産物の集中的大量生産、また都市における活発な商品生産が見られ、地方的分業化も進んでいた。このような貨幣経済の発展に対応して、穀物と貨幣の国家的蓄積と価格操作を重視する軽重策が現れ、漢代には実際に農民から人頭税などが貨幣で徴収されるほど、貨幣流通は活発だったのである。

一方これとは別個に、宮崎市定氏の議論にも注目しなければならない。[5] これは西アジアからヨーロッパをも視野に入れた「世界史」観に基づいて、中国の戦国秦漢時代を「好景気の時代」、魏晋南北朝から唐代までを「不景気の時代」、さらに宋代を中国版ルネッサンスととらえる、独自の中国史論である。この議論によれば、戦国秦漢時代には

「古代資本主義」が存在し、資本の蓄積と商取引の活発化によって、生産と消費がともに拡大していったとされる。この時代をリードした大商人は、「自由経済主義」の担い手、国家権力に対抗する「自由主義の旗手」とも評される。[6]

これらの見解を支えているのは、貨幣経済史の基本史料ともいえる『史記』貨殖列伝と平準書の評価である。司馬遷は貨殖列伝において、歴代の大商人の略伝を紹介しながら、経済的利益を追求する行為を人間の本性ととらえる経済論を展開し、さらに平準書においては、経済統制と財政収入の確保に狂奔する財務官僚の動きを批判的に記述している。このような司馬遷の立場は、宇都宮清吉氏によって、商業資本の立場に立つ経済的自由放任論であると考えられている。[7]前述の宮崎氏の見解はこれをさらに押し進めて、司馬遷の経済思想を、市場経済の自律性を擁護し、経済活動に対する政府の干渉を嫌う、経済的自由主義として評価したものである。端的に言えば、司馬遷は中国古代のアダム・スミスだったことになる。

（2）貨幣経済の衰退論

いうまでもなく、中国古代社会は近代資本主義を産み出しはしなかった。上述の牧野・宮崎両説は、必然的な要請として「古代資本主義」の挫折を語っている。まず牧野説によれば、戦国から前漢の前半期にかけて発展を遂げた貨幣経済は、貨幣の原材料である銅資源の枯渇により、貨幣の絶対量の不足に直面した。このことが、貨幣価値の高騰と物価の下落を招き、貨幣の退蔵と生産の低下をもたらして、貨幣経済全体が危機的状況に陥った。前漢末における王莽の貨幣制度改革の失敗を経て、後漢末には貨幣制度そのものが廃止され、中国は中世的自然経済の時代を迎えることとなった。[8]

宮崎説も牧野説と同様、貨幣の量的不足が不況を招いたとする観点を持つが、不足したのは、貿易によって西アジア方面へ流出した黄金だったとされる点が異なる。さらに塩鉄専売や均輸平準に代表される、政府の官僚的統制主義に対する古代資本主義の敗北、資本が土地に逃避したことによる投資活動全体の沈滞化といった要因が複合的に作用したと指摘する。その結果が、「不景気の時代」の自給自足的荘園経済であった[9]。

牧野・宮崎両説は、古代帝国で繁栄した貨幣経済が、何らかの要因で凋落し、その結果社会全体が自給自足的な経済体制に移行したとしている。この考え方は、ヨーロッパ史において、ローマ帝国の崩壊とイスラム勢力の地中海制覇による貨幣経済の衰退、その結果としての西ヨーロッパ封建社会の形成という、アンリ・ピレンヌの有名な学説と、よく似た骨組みを持っている[10]。すなわち中国版ピレンヌ学説である。

ただし宮崎説にはもう一つの重要な要素として、一九世紀的な自由主義経済論に基づく「古代資本主義」論が付け加えられている。この「古代資本主義」の成長こそが、統一国家の出現を促したとされる点を重視すれば、むしろこの学説は、古代資本主義論にピレンヌ学説を接ぎ木したものと考えた方がよいかもしれない。同様な傾向は、宇都宮清吉氏の研究にも認められよう。

さらに牧野説と宮崎説を、漢代の財政機構の分析から実証しようとした研究として、山田勝芳氏の研究があげられる。山田氏は、前漢後半期からの商業の衰退が、帝室財政の縮小と国家財政への一元化を促したとする。そして商業の衰退を招いたのは、黄金の流出と銅銭の不足による貨幣の量的制約、武帝の抑商政策に代表される政治の介入であった。王莽時代の貨幣経済の混乱を経て、後漢期の財政に見られる布帛金粟の併用は、銅貨の絶対的不足を示す。また前漢・王莽期に宮廷に集中された黄金や財宝も、略奪や賞賜などで四散して退蔵され、あるいは貿易によって西域に流出してしまう。その結果黄金と銅貨の両方が不足し、貨幣総量は著しく減少したと考えられる[11]。

他方、専制国家と商工業の関係を一貫して研究してきた影山剛氏は、貨幣経済の発展の仕方に内在した限界を指摘している。この時代、確かに都市や商工業に一定の発展が見られはする。しかし古代社会の生産力の限界から、多様な商品や市場は産み出されず、大商人も結局は専制国家に寄生する存在となる。したがって国家が商工業への統制を強め、大商人の利益が国家の手に回収されるとともに、貨幣経済も「一時的沈滞」に向かわざるを得なかったのである。(12)

しかし大商人の没落イコール貨幣経済の衰退と決めつけるのは、いささか短絡的である。多田狷介氏はこの時期の商業に見られる変化を、都市の大商人から地方豪族への、主体の変化だったとしている。(13)この説によれば、武帝時代までの大商人には、財政的需要を見越した投機のように、政治権力への寄生的性格を持つ者がいた一方で、都市の上層住民を対象とした奢侈的商品の販売を手がける者も見られる。しかし彼らの没落の後に成長してきた地方の豪族たちは、自らの生産物を地方的市場に出荷し、周辺の小農民を対象とした「地方商業」の担い手となり、それによってますます自らの経済力と小農民への支配力を強めていったと考えられる。また紙屋正和氏の研究もこの論点を踏まえて、前漢後半期以後に、大商人の活動は目立たなくなりはするが、商業自体が一挙に衰退したとは言えず、むしろ小農民を対象とした「健全な」発展を遂げつつあったとしている。(14)

Ⅱ　貨幣経済論の定位

以上、従来の貨幣経済研究を急ぎ足で概観してきた。諸学説の結論だけを対比すれば、貨幣経済が非常に発展していた―それほどでもなかった、貨幣経済がひどく衰退した―それほどでもなかったという、少々とりとめのない図式になる。実際はどうだったのか、結局よくわからないのである。

牧野説は、戦国期農民の家計に関する李悝の説を引き、さまざまな支出が銭額で記されることから、当時の「全農家経済の三割は明らかに貨幣経済化」し、「農家経済中に貨幣が大いに進入」していたとする。しかし李悝の議論は、農民の収入を穀物だけに限定し、蔬菜や家畜、繊維用作物による衣料生産を無視している点、また祭祀費や衣料費がすべて貨幣で支出されることにしている点で、意図的に単純化されている。例えば野良着として家族の婦人が織った布を用い、祭祀には自家製の酒や今年生まれた豚を供える、といった可能性を考えれば、李悝の挙げた数字をそのまま信用できるかどうかは疑問である。

むしろここで重要なのは個々の数字の妥当性ではなく、李悝の議論が貨幣を価値の尺度とすることによって、農民の家計収支の計量化――意図的な単純化さえも――を可能としたことである。貨幣の価値の尺度としての機能は、貨幣がその場になくても果たされる。つまり農民の家計において、実際には貨幣がほとんど使われていなくても、都市の商工業や国家の財政において貨幣がある程度定着していれば、この議論は政策論として十分成り立つのである。「貨幣にして何銭」という記述を額面通り受け取るか否かだけで、「貨幣経済」の量と質の全体像は大きく変わってしまう。交換価値が貨幣を尺度として計量されることと、実際に貨幣がやり取りされることとは、貨幣の機能から見れば別の次元の問題である。このことに留意しながら、具体的に問題点を拾ってみよう。

（1）商品生産・商人・国家

まず商品生産から考えてみよう。周知のように『史記』貨殖列伝には、各地の農林漁業生産物や畜産、「通邑大都」における手工業製品や加工食品などが列挙され、封君の家に等しい収入を上げるための販売量が記されている。ここから牧野説は、衣料品生産を重視しながら、「商業が盛んな結果として」の「集中的大量生産」と「分業の展開」を指摘する。富の集中する大都市に、遠方の物産が運ばれて珍重されることは、いつの時代にも起こり得るし、そこから地方的特産品を専門に生産して大いに富む才覚の持ち主が現れることも理解できる。しかし地方的特産品の生産が、専ら遠方の大都市の奢侈的消費に依存するのか、それとも全国での大量消費を前提にするのかで、「大量生産」の意味は全く異なる。また各種の特産品が、他地の生産物と有機的関連を持たず、孤立的に供給されるに止まるとすれば、それは地域間分業の展開とは見なし難い。さらに手工業における分業の展開も、宮廷向けの特殊な工房を例にあげて、「工場制」の発展とするなど、商品生産に関する牧野説の評価は、言葉の独り歩きによる過大評価の危険を伴っている。

ところで前述の「貨幣経済化」された農民の経営は、このような商品生産や流通とどのように関わったのだろうか。牧野説が指摘するように、都市における奢侈が農民にも波及し、衣服や食料が贅沢になる、といった現象はあっただろう。しかし農民が「百里に薪を販らず、千里に糴を販らず」(『史記』貨殖列伝)といわれる小地域市場で、「粟を負うて往き、肉を挈げて帰る」(『塩鉄論』散不足篇)程度の交易を行なうに止まっていたとすれば、農民が貨幣を獲得し、消費する機会はきわめて限定されてしまう。農民の生活の場に含まれるこのような小地域市場と、大都市のきらびやかな消費市場との構造的関連、わずかな穀物や自家製の布の外は特に売る物とてない「五口百畝」の農民への「貨幣経済の進入」の契機が何だったかは、現在まで明らかにされていない。

次に貨幣経済の担い手の問題。従来の学説で、武帝時代を分水嶺とする貨幣経済の変化は、都市的大商人から地方豪族への、主人公の変化とされている。大商人の経営が進歩的な商業資本主義だったのに対して、豪族の経営は「どろくさい」「退嬰的な」自給自足主義と評される。ここで大商人と豪族は、進んだ貨幣経済－遅れた自然経済という図式に沿って、新旧の対照的な役割を与えられている。

しかしすでに諸家が指摘するように、『史記』貨殖列伝に登場する大商人たちは、必ずしも純粋な商業資本家ではなく、手に入れた利益を土地につぎ込んで、大農場主となることが多い。また地方豪族の経営は、必ずしも自給自足的な農業経営ではなく、価格の季節変動などに機敏に対応して、自己の生産物を中心にさまざまな物資を売買していた。貨殖列伝で「大なるものは郡を傾け、中なるものは県を傾け、下なるものは郷里を傾く」とされるように、貨殖家たちの多くの部分は地方の新興豪族だったと考えてよい。武帝時代の商人抑圧によって、貨殖列伝に名を残すような大物は没落したとしても、中小規模の貨殖家＝豪族がその後むしろ増えていったことは明らかである。都市的大商人と地方豪族とを厳密に区別することは、実際には困難である。

農業史の分野では、前漢後期以降、大土地経営に牛犂の利用を必須とする大農法が普及し、手労働に頼る小農経営に生産力の面で優越していったことが知られている。(15) このような農業技術の発展に裏付けられた豪族の経営を、自給自足的であるがゆえに後ろ向きなものと考えるのは、いささか乱暴だとしなければならない。むしろ前漢後期以降、進歩した大土地経営こそが、貨殖術の真打ちとなったと考えるべきだろう。とすれば、いわゆる自然経済と貨幣経済の対比をことさらに強調する、従来の『史記』貨殖列伝解釈も問い直す必要があろう。

また、貨幣経済の衰退過程で登場したとされる豪族の「地方商業」にも問題がある。豪族の経営が本質的には自給自足的なものであり、また都市の商業がすでに衰退していたとすれば、「地方商業」における商品流通を媒介する貨幣は、どこからもたらされるのだろうか。豪族が大都市を含む商業圏を形成して、そこから貨幣を手に入れたとすれば、それは「地方商業」とはいえないし、都市の商業活動も必ずしも衰退しないはずである。都市と地方を漠然と区別するだけでは不十分であり、貨幣経済を成り立たせる貨幣流通のあり方を再検討すべきだろう。

一方、大商人の商業経営については、国家権力への寄生的性格が指摘されている。しかし奢侈的商品の取引などを通じて権力者に取り入り、これと結託して甘い汁を吸う大商人の類は、もともとどんな時代にも存在し得る。彼らは、貨幣経済の盛衰の如何を問わず、権力者の富のあるところに絶えず発生し、その勢力の消長ももっぱら政治情勢の変転に左右される。彼らの存在が前漢前半期に特に目立つとすれば、それは一般的な貨幣経済の発展の結果としてではなく、国家権力と商人の、この時期に固有な相互関係の問題として考えるべきである。この問題は、大商人を「自由主義の旗手」とする宮崎説においても変わらない。大商人たちも、結局は国家権力の統制や介入に屈服せざるを得なかった。つまり「古代資本主義」も、国家のお目こぼしによって束の間の繁栄を享受したに過ぎないことになる。突出した「古代資本主義」と政治的に対立しつつ、農民からは貨幣の形で税金を徴収し続けた国家と、貨幣経済の関係を問わねばならない。

牧野説は、貨幣経済の発展によって、莫大な物資と貨幣が国家に蓄積され、国家はこれを手段として大規模な物資の価格調整を行なうに至ったとする。このような政策を「軽重策」と呼ぶ。これが可能ならば、当時の貨幣経済は国家の財政の動きによって、大きな経済的影響を受けるだろう。現に塩鉄の専売や均輸平準といった、明らかに「軽重」的な財政政策が実行され、貨幣経済の衰退のきっかけとなったと考えられている。しかし牧野説は、漢代の国家が農民から人頭税などの銭納税を徴収したことを、貨幣経済が発達していた証拠とするにとどまり、国家の財政と貨幣経済の相互関係についての分析を欠いている。一方で軽重策の意義を強調しながら、結局は財政を民間における貨幣経済の素朴な反映としてしか見ていないことになる。

（2）　貨幣の量的不足説

次に貨幣の量的不足が貨幣経済を衰退させたとする説を、黄金と銅銭の二つの側面に分けて考えてみよう。黄金は現代の意味における貨幣だったか。これが第一の問題である。秦始皇は黄金を「上幣」、銅銭を「下幣」とした（『史記』平準書）。しかし漢代の史料に登場する黄金は、ほとんどが皇帝から功臣などへの、斤単位の金塊の賞賜である。一方諸侯王・列侯からは、「酎金」として毎年領地の人口から割り当てられた両単位の黄金が献上されていた[16]。これは実際に出土する漢代の金塊が、概ね一斤（約二五〇グラム）前後の大型の金餅と、一両（一六グラム）前後の小型の金餅の二種類に分かれることと対応している[17]。この規則性は、びっしりと刻印が打たれ、不規則な重さで切り分けられて、明らかに秤量貨幣として使われた形跡のある戦国楚の金版とは対照的である。これは、黄金が退蔵されやすいというだけでは説明できない。

皇帝からの賞賜と封君からの献上は、単なる支払いや納税ではなく、与える者と与えられる者の双方にとって名誉となるような、特殊な儀礼的贈与である。黄金は、この贈与の媒介となることによって、皇帝を中心とした「封建」的儀礼の場で機能する特殊な貨幣――皇帝の威信を帯びた貨幣としての「上幣」――となっている。ここでは賞賜に黄金が用いられるか、同額の銭が用いられるかで、価値が異なるのである[18]。一方この「場」の外、すなわち郡県制の世界における貨幣は「下幣」としての銅銭である。黄金はこちらの世界では、「黄金一斤＝一万銭」という等価関係を設定された貴金属商品として売買されるが[19]、この価格は銅銭の制度が変わっても、建て前として維持された[20]。これらの点は、黄金を銅銭と同様な流通手段と見なし、両者の和が貨幣総量だったと単純に断定することをためらわせる。

黄金の国外流出は、前漢代の史料には頻繁に登場する黄金が、後の時代には見当たらなくなること、また西域貿易の史料に、しばしば中国からの黄金の持ち出しが記されることから想定されている。確かに、前漢代の黄金の賞賜額を積算すると、巨大な量の黄金が存在したように見える[21]。しかし実際には、酎金などの手段によって黄金は絶えず皇帝のもとに還流しており、黄金の量は見かけほど多くはなかったはずである。逆に、後漢代に黄金の賞賜が見られなくなったからといって、黄金が物理的に消滅したと考える必要もない。さらに黄金の国外持ち出しは、西域で交易に金貨が用いられること、また携帯が容易なことから選択されたのであり、そこから黄金が絹とならぶ輸出品だったとまで言えるかどうかは疑問である。

山田勝芳論文は、後漢代の黄金の欠乏を、宮廷の黄金が民間に流出して退蔵された結果とも考えている。だが宮廷に退蔵されていた黄金が、民間に分散して退蔵されても、「貨幣総量」は変わらないはずである。後漢代、民間で黄金が前漢より活溌に使われたとする説もある。(22) また「黄金一斤＝一万銭」という比率について、山田論文は、後漢代にはこの比率は単なる計算上の位取りに過ぎず、黄金の実勢価格はこれと無関係に高騰したとする。その場合、より少量の黄金がより大きな価値を担うことになるから、黄金の総量が減少しても、銅銭を基準とした「貨幣総量」は結局変わらない。(23) つまり黄金の絶対量の減少による「貨幣総量の減少」は、宮崎説のように黄金の対銅銭比価を固定して考えなければ、実現しそうにないのである。このあたり、「貨幣総量の減少」説には論理的混乱が見られる。

続いて銅銭の不足について。牧野説では、前漢の五銖銭鋳造量が年平均二・二億銭、人口一人当たり三、四銭にとどまることから、その背景として銅資源の枯渇が推定される。周知の如く、前漢代の貨幣制度は、秦の半両銭から幾多の試行錯誤を経て、名目と重量の一致した五銖銭を、中央政府が独占発行することによって初めて安定した。しかしこの銅銭の銘文「五銖」は、銅の含有量とは無関係に全体の重量を表示しており、したがってその素材価値は何ら保障されていない。この事実は、五銖銭の価値が銅の素材価値との関係においてのみ決定されるという、牧野説の前提に疑問を抱かせる。(24)

また、仮に銅資源が貨幣発行をまかなえないほど不足していたとすると、当然銅器の鋳潰しなどが始まるだろう。しかし実際には、例えば上林苑の工房では前漢後期にも盛んに、宮廷向けの青銅器鋳造が行なわれている。(25) もちろん銅の産出量は時期によって増減があっただろうが、前漢一代を通じての銅飢饉まで想定するのは無理である。さらに牧野論文は、後漢代の銅銭過剰による物価高について、貨幣の流通範囲の縮小による表面的な現象とするが、貨幣価値が暴騰するほど貨幣の社会的需要が大きいという環境で、なぜそのような現象が発生するのか、後継諸説を含めて明確な説明がない。

山田論文が主張するように、前漢後期に商業取引の必要が増大するという環境で、銅銭の絶対量が不足したとすれば、ある程度貨幣価値の上昇（物価の低落）が起こるのは理解できる。しかし、貨幣価値がそのままとめどなく上昇し続けるとは限らない。貨幣供給が少ない中で貨幣需要が大きければ、低品位の銅銭が出回ったり、あるいは布帛のように銅銭以外のものが貨幣化して、その需要を満たす可能性があるからである。このような事態は、確かに貨幣制度の混乱や実物貨幣の復活ではあろう。しかしそれを一概に「自然経済への退行」として片づけてしまうべきではない。[26]貨幣が存在せず、必要ともされなかった大昔に逆戻りするわけではないからである。では、そもそも中国古代の「貨幣経済の衰退」とは何を意味するのだろうか。新たな定義が求められる。

ちなみに五銖銭の偽造や変造は、前漢時代には比較的希で、後漢末以後激増することが知られている。[27]一方布帛は、前漢後期の財政において銅銭の代替手段として使われたことが確認されている。つまり前漢後期には、安定した貨幣制度の下で、実物貨幣が公式に使われていたことになる。この現象は、前述の「貨幣経済の衰退」論では説明し難いように思われる。いずれにせよ、現在まで貨幣の量的制約による貨幣経済の衰退は実証済みとはいえないし、その概念も不明確なままである。

以上から明らかなように、中国古代の貨幣経済を積極的に評価する学説には、貨幣、商品、市場、国家財政との関係の各側面で、かなり議論の余地がある。この学説は、国家と農民の間に、相互関係を曖昧にしたまま大都市を中心とした商品生産と流通をはめ込み、その全体を農民からの銭納税徴収という事実だけが支えているという、意外に危うい論理構造を持っている。ここから、貨幣経済論の具体的な課題が整理できる。すなわち、古代専制国家の財政と貨幣経済の関係を検討すること、貨幣経済を支える貨幣の流通を見なおすこと、そして大商人と豪族の位置づけをめぐる『史記』貨殖列伝の読みなおしである。次にこれらの問題への見通しを立ててみたい。

Ⅲ　漢代の財政機構と貨幣経済

（1）租税制度と貨幣

従来の貨幣経済論において、貨幣経済の発展を示す最大の証拠と見なされてきたのが、農民から銭納人頭税が徴収されたという事実である。またこの事実は、豪族による小農民兼併の要因としても数えられている。しかし重農抑商を標榜する国家が、なぜ最後まで農民から貨幣で税金を徴収し続けたのだろうか。この疑問を念頭において、まず漢代の租税制度と財政機構を簡単に整理しておこう。

漢代の農民が負担した租税は、田租、算賦、力役に大別される。田租は収穫の三〇分の一を穀物で納める現物税で、前漢初期には一五分の一、文帝時代の後半にはこれが全免されていたことが知られている。算賦は銭納の人頭税で、一五歳から五六歳の成年男女一人あたり年間一二〇銭、未成年者には口算として二〇銭程度が課税された。田租と異なり、この税が全国一律に免除されたことはなく、農産物など他の手段での納税も、飢饉などの際の特例として認められたに過ぎない。力役は労働力の徴発で、公共的土木工事や官府の雑役を始め、徴兵制による軍務負担が成年男子に課せられた。前漢後期からは、これが「更賦」として銭納化されていった[28]。

これらの租税収入は中央の大司農が管轄し、支出の半ばを占めたとされる官吏の俸禄をはじめ、各種の用途にあてられた。このシステムを国家財政と呼ぶ。郡県で徴収された租税は、地方官府に集積されて諸経費にあてられるほか、一定の部分が首都に送られて、中央官府の財源となる。中央への上供分の規模は、穀物で年間数百万石（最盛期には六〇〇万石）、銭で四〇億銭に達した[29]。

この他、商工業者が負担した租税として、申告された売上額に定率の税が課せられる「市租」がある。商工業者は「市籍」と呼ばれる特別な戸籍によって把握され、仕官禁止などの身分差別を受けた。また山林、湖沼、河川、海などは皇帝の家産とされ、塩鉄を始めとする各種の資源に課税されたほか、新たに開墾された農地も「公田」とされる。これらは帝室財政、すなわち皇帝の私的財政の財源として区別され、少府がこれを管轄したが、前漢後期から次第に縮小され、後漢時代には国家財政に一元化された[30]。

このような財政制度の根幹となるのが、全領民の年齢、性別、土地を始めとする家産額などを詳細に記録した戸籍制度である。家産には土地のほか、家屋や奴隷、牛馬や車両などが含まれ、その評価額が合計される。このような漢代の行財政機構は、土地を含む財の価値が貨幣によって計量され、貧富の差が自明の事実として存在する社会を前提としている。しかし漢代の財政において、貨幣経済の活溌さ（いわゆる「景気」）に左右される税収は、市租など一部分を占めるに過ぎず、財政は基本的には農耕地の面積と人間の数に依存していた。したがって財政の動向は、貨幣経済の盛衰を単純に反映し、これに規定されるものではない。問題は、貨幣が財政運営の主要な手段として用いられることを、どのように考えるかにある。

前章まで論じてきたように、漢初の半両銭が急速に全国に普及したのは、全国を覆う広大な統一市場の出現や、商業の発展によるものではなく、算賦の制定を始めとする財政機構の樹立によって、半両銭の使用が全国に強制されたことが大きな要因だったと考えられる。しかし半両銭の鋳造と流通の規制の緩やかさは、半両銭の制度が、布のような実物貨幣の流通を前提として成り立っていたことを示している。このことは五銖銭についても当てはまる。前漢後期に、官吏の俸給が布帛などで支給された例があるように、財政機構の中では五銖銭とともに他の実物貨幣も併用されていた。当然社会的な貨幣流通も、かなりの部分を実物貨幣に依存していたと考えられる。その中で、人頭税などの租税がもっぱら銅銭で徴収されたという事実は、銅銭が国家の財政の側に偏った形で流通していたことを物語る。

漢代の貨幣流通は、このように実物貨幣の流通を背景とした銅銭の流通として考えなければならない。しかも漢代の財政は、社会における貨幣経済の発展の結果、銅銭を用いるようになったのではなく、むしろ銅銭自体が本質的に財政と結びついているように見える。このことをどのように考えればよいだろうか。

（2）　財政と貨幣経済の規模

周知のように、前漢の五銖銭の鋳造量は、武帝の元狩五年（前一一八）から平帝の元始年間（後一～五）までの約一二〇年間に総額「二百八十億万余」にのぼったと伝えられる（『漢書』食貨志下）。これは年平均二・二億銭（二二万貫）、宋代には及ばないとしても、唐の最盛期の鋳造量にあまり遜色のない額だとされる。[31]ところがこれを人口一人あたりに換算すると、年間一人あたり三～四銭となり、いかにも少なく感じられることになる。一体、五銖銭は多かったのか、少なかったのか。またそれをどこから判断できるだろうか。

貨幣流通は、国家の発行した貨幣が財政支出によって社会に放出され、農民からの銭納税徴収などによって再び国家に還ってくる循環過程として考えることができる。その循環の中で展開する貨幣と商品の交換が、いわゆる貨幣経済の過程となり、ここから商税などが徴収されることになる。これは前述の牧野説の論理構造に見られるような貨幣経済の枠組みを、貨幣の循環回路として考えてみることになる。そこで、この回路に貨幣を実際に循環させてみるという、一種の思考実験を試みることによって、漢代の財政と貨幣経済の特色を考えてみよう。

漢代の財政と貨幣流通の全体像をそのまま捉えるのは、当然のことながら不可能である。しかし前漢後半期については、農民の人口と税負担、財政規模、また五銖銭の総発行量といった数字の大枠が断片的に判明しており、漢代の財政の収支構造を、近似的な数値計算から解明しようとした研究もある(32)。

前漢末の戸籍上の総人口は約六〇〇〇万人（一二〇〇万戸）、全国の「定墾田」は約八三〇万頃（ともに『漢書』地理志）である。また畝あたり収量は大体三石前後、この時期の穀物価格はほぼ一石一〇〇銭と考えられる。周知のように前漢後期の中央財政機構は、大司農を中心とする国家財政と少府を中心とする帝室財政に区分されるが、このうち国家財政収入の基幹としてあげられるのは、田租（収穫の三〇分の一）八三〇〇万石、算賦（一五～五六歳の成年男女、各年額一二〇銭）四〇数億銭である。また兵役を含む労役負担を、更賦（労役代納銭）の額で銭に換算すると約三五〇億銭前後となる(33)。山田勝芳氏はさらに、塩鉄専売収入三八億銭、帝室財政収入三三億銭などを加え、財政収入の総計五七〇億銭相当、うち貨幣による収入九三億銭弱と推計している。

次にこの財政を支える貨幣経済の規模を考えてみよう。前述のような耕地面積と単位収量、穀物価格をもとにして農業生産総量を計算し、李悝の説のように農民が収穫の三割を売却したとすると、

八三〇〇〇万畝 × 三石 × 三／一〇 × 一〇〇銭 ＝ 七四七億銭

となる。これに、この食料を購入する側の生産として、山林・漁業・手工業などの生産が加わる。したがって漢代の

貨幣経済の規模は、少なめに見積もっても年間一〇〇〇億銭を軽く上回り、財政の貨幣部分に十数倍する規模となる。もちろん単位収量や、農産物の商品化率を全国に一般化できるかどうかには議論の余地があろう。この数値は計算上の可能性の上限を示すものと考えておこう。

これを媒介する貨幣の量は、五銖銭二八〇億銭である。これに、仮に黄金を加えるとしても、その性格上退蔵されやすく、かつ社会階層の上に厚く下に薄い流通となるだろう。農民の経済を中心として考えた場合、黄金の貨幣としての役割は非常に僅かなものでしかないと考えられる。そして五銖銭の量は、貨幣経済全体の規模に対してはるかに少ない。これを、貨幣の流通速度が補っていたとすると、どうなるだろうか。一二〇年間に発行された五銖銭がすべて同時に出回っていたとしても、すべての五銖銭が一年間に平均三～四回、持ち主を変えなければならない。さらに流通から引き上げられ、財政などに長期間死蔵される五銖銭もかなりな量となるから、実際に出回る五銖銭の量はずっと少なく、その流通速度は遙かに早くなる。これは現実には考えにくい事態である。

ではこれを、貨幣価値の上昇が補ったとするとどうだろうか。貨幣価値が四倍、物価が四分の一になった場合を仮定する。その場合、貨幣経済全体が見かけ上四分の一に縮小し、貨幣量に対して釣り合いがとれそうに見える。ただしこれは財政もそれに見合って縮小した場合、すなわち官吏の俸給や租税も四分の一になった場合の話である。現実にそのようなことは起こらなかったのだが、その場合今度は流通している貨幣の半分近くを、毎年財政が吸い上げてしまうことになる。(34) したがって貨幣価値の上昇も、この規模の貨幣経済と財政を支えることができないと考えた方がよい。また、流通速度の増大と貨幣価値の上昇が同時に起こることは、インフレーションとデフレーションを同時に想定することになり、不合理である。つまり五銖銭の時代、貨幣経済はそのままの形では成り立たない。

では、五銖銭以前の時代はどうだろうか。牧野説では、五銖銭に先行する四銖銭は、銅を倹約した小型の銭で、これが大量に発行された結果、貨幣経済が活況を呈したとされる。前章で見たように、五銖銭の新規発行の際、ある程度の量の五銖銭が出回ると、従来の銅銭は使用が禁じられ、鋳潰されて五銖銭の材料となっている。四銖銭が十分に存在したとすれば、五銖銭の発行が、重くなった分だけ総発行量を減らしたとしてもなお、上記のような極端な貨幣不足状況を招いたとは考えられない。逆に四銖銭は、粗悪な私鋳銭を含めて考えても、一二〇年間に及ぶ五銖銭の総発行量を上回るほどの量が同時に出回るほど、大量に存在したとは考えられない。つまり貨幣の量だけを見れば、漢代の貨幣経済は初めから成り立たないのである。

ここに、漢代貨幣経済論の直面するジレンマが示されている。すなわち、貨幣経済の規模を大きく見積もると貨幣が足りなくなり、貨幣量に見合う規模を想定――総商品量を少なく考える場合と、貨幣価値を上げることで見かけ上の規模を小さくする場合の二通りの方法があるだろうが――すると、今度は貨幣財政の規模が大きすぎることになってしまうのである。実は貨幣の量的制約による貨幣経済の衰退という考え方は、このジレンマを歴史的過程として時間軸上に展開したものにほかならない。言うまでもないが、それによってジレンマ自体が消滅するわけではない。このような、貨幣経済の規模と貨幣量、貨幣財政の規模の把握の仕方には、どこかに勘違いがあると考えた方がよい。三者は「貨幣」を共通項とし、「貨幣量＝銅銭量」という等式の上に成り立っている。とすれば、この大前提を疑ってみなければならない。

漢代の「貨幣経済」における交換手段は、銅銭（黄金を加えて考えても同じことだが）だけでなく、相当な部分が布帛などのいわゆる「実物貨幣」によって担われていたと考える必要がある。もちろん財政の「貨幣」部分も、実際には銅銭以外の実物をかなりの割合で含んでいたはずである。(35) 例えば雲夢秦簡から明らかなように、秦は市場における商品価格を監視しながら、「百姓市用の銭」に対しては積極的な規制を行なわず、偽造だけを取り締まった。また銅銭の価値を金布律で一布＝一一銭と定めて、布の大きさに規格を設けるとともに、罰金などの金額も一一の倍数を採用し、銅銭と布を相互に代替可能な財政手段として使用した。布帛の規格については、漢代にも何らかの規制があったことは確かである。このように銅銭と諸々の商品の間、また財政と市場の間に、実物貨幣としての布帛が介在しており、布帛なども広義の「貨幣」に含めて考えなければならない。

そこで、漢代の「貨幣経済」を、銅銭に加えて布帛など多様な実物貨幣を交換手段とする交易システムとして考えてみよう。そこでは銅銭が価値の尺度としてさまざまな「貨幣」を統合しているが、交換手段としてすべての交易を媒介できるほど、実際に行き渡ってはいない。実物貨幣は、銅銭に対しては商品として、また他の商品に対しては貨幣として振る舞うことによって、銅銭を補完する機能を果たす。こうして、見かけ上すべてが銅銭を価値の尺度として計量され、記述されながら、他の交換手段も決して排除されず、むしろ銅銭は複数の交換手段の一つに止まる、という「貨幣」経済のシステムが成立する。

このように考えることによって、例えば前漢後期の財政が銭建てで運営されながら、実際には官吏の俸給がしばしば布帛などの現物で支給されるといった現象が、単なる逸脱として例外化することなく、このシステムの具体例として明瞭に理解されよう。また王莽政権崩壊後の河西地域では、穀物価格が銅銭で表示される一方で、日雇い労働者の賃金は穀物量で表示され、実物貨幣としての穀物が相対的に前面に出てきている[36]。しかし同時期の債務をめぐる訴訟の中で、未払い賃金が穀物の時価で銭に換算されたように、銅銭と実物貨幣の境界は容易に乗り越えることができた。これは上記のような貨幣経済システムが、貨幣制度の崩壊と王朝権力の不在という状況にあってなお生き残る、柔軟性を備えていたことを示している[37]。

諸家が説くように、「貨幣経済の衰退」の結果として、後漢代には布帛などの現物が財政手段などとして前面に登場したとされる。しかし五銖銭の制度とそれを前提とした人頭税など銭納税の制度が、大枠として最後まで維持されたことも否定し難い事実である。王莽の失敗によって決定的な破局を迎えたはずの体制が、なぜその後二〇〇年近くも長々と続いたのか。これは貨幣経済の「衰退」だけでは説明できず、実物貨幣を取り込んだ柔構造の経済システムの緩やかな変化の過程として考えてみる必要がある。

（3）財政運営と貨幣

従来の貨幣経済論が一致して指摘するように、前漢武帝時代の塩鉄専売、均輸平準などの財政改革が、貨幣経済全体に大きな影響を与えたとされている。塩や鉄器の製造販売によって巨利を得ていた大商人は専売化によって排除され、告緡と呼ばれる脱税の密告奨励によって、多数の商人の財産が没収されて、貨殖列伝に登場する大商人たちの多くが没落したと伝えられる。塩鉄専売と均輸平準の制度が、その後政治的な非難を浴びながらも、前漢末まで維持されたことは、武帝の財政改革が一時的な財政増収策や政治的弾圧に終わったのではなく、この時期に漢帝国の財政運営システムが完成したことを示している。

この改革の根幹をなしたのが、均輸平準の制度である。均輸は、全国の財政的物資調達と輸送を、中央の大司農が合理的に管理する、財政的物流管理システムである。たとえば首都への物資輸送や北辺防備にあたる軍隊への補給、大規模な自然災害を受けた地域への救済物資などが、調達費用や輸送費用などを勘案して各郡に割り当てられ、負担の平均化が図られる。[38] 専売化された塩と鉄の流通管理も、均輸に組み込まれた。平準は、大司農が物資の買い付けと売却を通じて価格を平均化する制度とされるが、詳細はよくわからない。前漢後期には、穀物の価格管理のために常平倉が設置され、一時的には成功したと伝えられている。そしてこれらの制度の基盤を支えたのが、中央政府が独占発行する五銖銭だったことはいうまでもない。

「軽重」と呼ばれる独特の経済思想は、このような国家的物流管理の理論的支柱であった。たとえば『管子』国蓄篇には、

それ物多ければ則ち賤く、寡ければ則ち貴し。散ずれば則ち軽く、聚れば則ち重し。人君その然るを知る。故に国の羨不足を視てその財物を御す。穀賤ければ則ち幣をもって食を予え、布帛賤ければ則ち幣をもって衣を予う。物の軽重を視てこれを御するに準をもってす。故に貴賤調うべく、君その利を得。

とある。君主が貨幣を用いて物流を適切に制御すれば、価格を安定化するとともに利益を得ることができるとするアイデアは、まさに平準の制度が目指していたものといえる。しかしここで注目すべきは、あくどい官営商業といった側面よりも、財政を通じた物流管理の手段としての貨幣の役割である。

足立啓二氏は貨幣のこのような側面に注目し、中国前近代の専制国家の財政における銅銭の性格を、国家的支払い手段ととらえている(39)。財政はそれ自体が巨大な物流であり、社会的な物流全体の中で決定的に大きな比重を持つ。すなわち財政的な物資の集中と再分配とが、社会を統合し、再生産していく機能を担うことになる。その重要な手段となる銅銭は、第一義的には国家的支払い手段であり、その結果として市場流通の手段としても機能したと考えられる。つまり銅銭という貨幣自体が、近代の貨幣のような一般的交換手段とは異なるものだったと考える必要がある。

『管子』国蓄篇に、次のような記述がある。

人君の銭を鋳て幣を立つるは、民庶の通施なり。人に若干百千の数あり。然れども人事及ばず、用の足りざるは何ぞや。利に并蔵するところあればなり。然れば則ち人君能く積聚を散じ、羨不足を鈞しくし、財利を分并して、民事を調うるにあらざるなり。則ち君、本を強め耕に趣くといえども、自ら鋳幣を為して已むことなく、乃ち民

をして相い役せしむるのみ。いずくんぞ治を為さんや。

社会に存在する財貨や人間の数には限りがあるにもかかわらず、君主は絶えず新たに貨幣を鋳造し続けなければならない。それは物資や貨幣が民間で滞り、商人などのもとに蓄積されるからである。君主が貨幣を鋳造することが、社会の階層分化を招く結果となっているという、この危機の認識は、軽重策に反対するのではなく、逆にその重要性を主張する論拠となっている。ここで理想とされているのは、社会と国家の間で常に一定量の貨幣が循環し、国家がこれを制御することによって社会的物流を組織し、農業的な社会を安定的に維持していくことである。この文脈においては、漢代の国家が耕地と農民に基盤を置き、重農抑商主義を掲げたことと、農民に銭納人頭税を課したこととは矛盾しない。

以上のような漢代の貨幣と財政のあり方は、現代の我々の常識的な貨幣経済観に、大きな変更を迫っている。社会は自然経済から貨幣経済の段階へと進歩し、金属貨幣が実物貨幣を排除する、という単系進化論的な枠組みは、古代中国については成り立たない。また貨幣は必ずしも現代と同様な一般的交換手段であるとは限らず、いかなる貨幣であるのかを、時代の文脈の中で常に問わねばならない。とすれば、中国古代に生きた人々の経済的営為も、商品と貨幣の交換という既存の枠組みを離れて、検討してみる必要があるだろう。当時の社会にあって、富とはどういうものだったのだろうか。

Ⅳ　富と社会、そして貨幣経済

（1）貨殖と徳

『史記』貨殖列伝は、利益の追求を人間の本性とし、「天下壌壌として皆な利のために往く」さまを伝える。商業活動や大土地経営を通じて、個人の才覚次第で巨万の富を手に入れることができた時代であった。そこに描かれる富者たちの姿、「富貴の容」は、「游閑公子、冠剣を飾り、車騎を連ねる」ことである。上流の貴公子然として、派手な衣装を着、立派な馬車に乗って、供回りを従えて行進することが、富貴を誇示する類型的な手段であった。漢代の人々は、馬車に非常な執着を持っており、特に「軺車」と呼ばれる二輪の小型乗用馬車は富貴のシンボルと見なされた。

富者たちがその富を獲得する手段は多様だが、それを維持する最も安定した手段は土地経営である。貨殖列伝は土地経営について次のように論ずる。

これに居ること一歳ならば、これに種うるに穀をもってし、十歳ならばこれに樹うるに木をもってし、百歳ならばこれを来たすに徳をもってす。徳は人物の謂なり。

これを総論として、千戸の封侯に等しい収入を得ることのできる産物などが列挙されるが、百年長久の道は、結局は徳の問題ということになる。しかし貨殖列伝で「人物の謂」とされる「徳」は、陳腐な倫理道徳ではない。「人物」という言葉は現在の日本語とは意味を異にし、人と物とを連称した言葉である。徳は物心両面におよぶものであった。

貨殖列伝は、仁義や礼節も富あってこそという議論に続けて、「故に君子富めば好んでその徳を行なう」とする。

その実例が、貨殖家の元祖である陶朱公范蠡である。越王勾践の相として活躍した後、彼は「十九年の中に三たび千金を致し」、その全財産を二度までも、親族や貧しい知人に分け与えた。これこそが「好んでその徳を行なう」ものだという。「徳を行なう」とは、具体的には財貨を気前よく分け与える行動を指す。「徳は施与する所あるの名なり」（『礼記』玉藻の疏に引く賀氏の説）、「その恩を荷なう者、これを徳と謂う」（『左伝』僖公二四年の疏）という定義があるように、徳とは施与によって発生する価値であり、与える側には名誉として、受け取る側には恩義として意識される。「徳を積む」「徳が薄い」と表現されるように、徳は算術的に積み重なるものと観念されていた[40]。

　ところで施与とは、見返りを求めないことを強調した贈与の形式である。与える者はあくまでも気前よく、返礼を求めてはならない。しかし受け取った者は、いずれ返礼をすべきであり、それまでは心理的負債として恩義の感情を持つ。これは与える義務、受け取る義務、返礼する義務によって結びつく、互酬的贈与の世界における交換の原理である[41]。ここで最も有力な人間は、気前のよい贈与によって、最も多くの心理的債務者を獲得した者である。貨殖列伝に見られる施与の徳とは、このような互酬性の世界における社会的威信の論理であった。君子はこの行動を好んで社会的威信を獲得し、逆に吝嗇な金持ちは恨みを買うばかりになる。互酬的贈与の規範は、こうして貧者に対する富の再分配を求めるメカニズムとして働く。気前のよさは人間の個性である以前に、富の再分配をめぐる社会的行動規範であった。

　貨殖列伝に活写される、富の獲得と誇示に奔走する人間の姿は、このような互酬的贈与交換によって結びついた社会との緊張関係を背景として見なければならない。それが当時の社会の中で具体的にどのように現れるのか、次にその点を検討してみよう。

（2） 社会的強者の論理

司馬遷は、士たる者の備えるべき五つの徳をあげ、「愛施は仁の端なり、取予は義の符なり」と述べる（『漢書』司馬遷伝）。施与を端緒とする「仁」が、与える側にとっての互酬的贈与の規範であるのに対して、物や行為のやりとりにおいて証明される「義」は、約束は必ず守る、借りは必ず返すといった、受け取る側の互酬的規範である。前漢前半期に用いられた「長者」という言葉は、財力や社会的地位を持った人間だけでなく、このような規範を体現した「重厚自尊」の理想的な人格者を表している。漢の高祖劉邦自身、「仁にして人を愛し、施を喜み、意は豁如たり」という「寛大の長者」であった[42]。

しかし高祖をはじめ当時の「長者」には、しばしば任侠的集団のリーダーが見られる。司馬遷は游侠列伝で、人の危難を救い、経済的困窮者を援助して、言ったことは必ず命がけで実行する、任侠たちの姿を描いている。増淵龍夫氏は、当時の社会のあらゆる側面についてまわった「任侠的習俗」を、家父長的な人格的結合関係としてとらえている[43]。この信義の世界では、「借りは必ず返す」という点で、報恩と復讐は等価である。「怨讐相残」が民の「七死」の一つに数えられる（『漢書』鮑宣伝）ように、漢代は血で血を洗う私闘の絶えない時代でもあった。「長者」の理想像においては、富貴なる者と、信義に命を賭ける任侠とが、士の仁という倫理の上で重なりあっている。その全体が、社会的威信という価値、すなわち社会的富を構成していた。漢代の人々の富に関する意識と行動の軌跡は、富貴と互酬性という二つの中心をめぐって、行きつ戻りつする楕円形を描いていたのである。

武帝時代の任侠として知られる郭解が、経済的には貧しかったにも関わらず、「豪富」の一人として特別に茂陵への移住を命ぜられたように、当時の富には、単なる経済力には還元されない、社会的富の次元が存在する。経済力が車騎を連ねることで表されるとすれば、この社会的富は、その力の下に集まる人間の数、また火急の際に命がけの援助が期待できる人間の数で示される。その点では、「食客三千人」のボスと「門弟数千人」の学者に区別はない。車騎を連ねるという行為自体、供回りの数を誇示することである。人徳や学徳であれ、また財力や官位であれ、人を集める力こそが社会的富であった。

前述の任侠郭解は、自分を無視する男を見て、それを自分の徳が足りぬからだとし、役人に掛け合ってその男の力役を免除させた。その男が郭解に二度と無礼なまねができなかったのは言うまでもない。施与の徳は、恩義によって相手を強く拘束するだけでなく、相容れぬ者を排除することにも結びついていた。貨殖列伝は「人富みて仁義これに付す。富者は勢を得て益ます彰れ、勢を失えば則ち客ゆくところなし」と述べる。施与の仁徳を武器として「勢」を得た富者が「豪」にほかならない。「賢豪」「暴豪」「豪富」「豪猾」といった表現に共通する「豪」は、富、気前のよさ、磊落さ、派手さ、頼もしさ、恐ろしさ等々、多くのニュアンスを持った「大物」を指す。

このような大物の代表が「豪」族である。土地を集積し、没落農民を自らの経営に取り込んでいった彼らが、郷挙里選によって孝廉にあげられ、儒雅なるエリートとして官界で出世を遂げることは、必ずしも偽善の産物ではない。彼らが物心両面におよぶ徳を実践することは、すなわち郷党の輿望を担うことであり、同時に兼併を事として「郷曲に武断」することなのである。その対極に、自らの命のほかに施与すべきものを持たぬ、多くの悲壮な貧士が存在する。これが「人富みて仁義これに付」した社会の偽らざる姿であり、互酬的交換の論理が社会的強者を産み出す、矛盾した過程を示すものである。

戦国・秦漢時代の社会は、端的に言えば、耕戦の士、すなわち戦国以来の専制国家の成長を物的・人的に支えた自営小農民の社会である。「王侯将相なんぞ種あらんや」といわれるごとく、この時代、誰もが士たり得たといってもよい。前漢後期以来進行した社会の階層分化は、一面では「士」の分裂過程であった。やがて六朝時代、士・庶の身分が厳密に区別され、豪族は六朝的士大夫の階層へと成熟を遂げる。

渡辺信一郎氏によれば、後漢から六朝隋唐期にかけて、士人・富豪層の実践的倫理規範として、「仁孝」なる徳目が重視された[44]。親族への孝とともに、周囲の非血縁者への財物の施与を実践することにより、士人・富豪層は地域社会の再生産を保障する機能を果たすことが期待される。このような「仁孝」は、漢代の士の互酬的規範である「仁義」を、儒教的な枠組みの中で読み換えたものである。任侠的なこわもてぶりはさすがに影を潜めているが、兼併の当事者が同時に地域社会のリーダーでもある、という矛盾は基本的に変わっていない。

前漢後期に発展し始めた大土地経営は、高い生産力で自営小農民の経営に優越し、豪族は流通過程からよりも、自らの生産力によって富を獲得するようになる。彼らは互酬的交換と再分配の回路を支配し、地域社会の再生産を左右するに至る。豪族の経営は、「地方商業」だけでなく、互酬性の世界に根を張っていた。互酬的交換の経済は、物と物との経済的関係ではなく、まず人間と人間の紐帯として機能する。これが、従来漠然と「自給自足」や「習俗」と呼ばれてきた、非市場的社会における人間の経済なのである。

（3）　貨幣経済の「衰退」

貨殖列伝の再検討から見えてきた中国古代社会は、士の倫理に集約される互酬的交換の論理と、商業や大土地経営に代表される貨殖の論理とが重なり合う、複雑な動きをしている。互酬的交換は、非市場的社会の経済に普遍的に見られる現象であり、中国の古代社会の基層にこのような交換のシステムが見出されたとしても不思議ではない。しかしこの時代は、互酬的交換によって社会が定常的に保たれた、国家なき時代ではなく、貧富の差によって社会が階級分裂を起こし、その上に強大な専制国家が誕生した時代である。社会的富の概念が、富貴と互酬性の二つの中心を持つ楕円構造として把握されることは、このような分裂しつつ統合された社会の緊張関係を示している。

ここに、貨幣経済の観点から前節の分析を重ね合わせてみよう。単純に図式化すれば、非市場的な互酬的交換経済の上に、実物貨幣を用いる商品交換の経済が乗り、これと重なりながら国家との間に銅銭が循環しているという、重層的に絡み合ったモデルが描けよう。国家は巨大な財政的物流と銅銭とによって、極端な変動を抑止しながら、社会を維持しようとする。しかし財政的物流管理は、商品交換のレベルでの社会的フローの制御であり、互酬的交換まで及んではいないし、特定の専売品を除き、農業などの生産活動を直接統制するものでもない。また均輸のように、財政内部での物流管理はある程度成功したが、対照的に平準による価格管理は有名無実に近かった。前述の『管子』国蓄篇が危惧した事態、すなわち民間における富の蓄積と階層分化は徐々に進行し、国家は経済政策ではなく、懲罰的な弾圧によって商人層や豪族を抑圧するしかない。この過程で軽重策は次第に後退し、帝室財政の縮小と消滅に見られるように、財政の縮小均衡が図られる。

後漢代には、五銖銭の鋳造自体が活溌には行なわれなかった。漢王朝最後の五銖銭は「四出五銖」と呼ばれ、四角い孔の角に斜めの突起を持っているが、識者が案じたごとく、王朝末期の暴政の下で、この銭は四方に流出したまま還ってこなかった（『後漢書』宦者張譲伝）という。後漢王朝の崩壊とともに、ついに国家的銅銭発行は停止された。このころ曹操の幕下にあった荀悦は、銅銭を復活させるなら五銖銭が適当であり、民間で流通する銭が不足したら、官が鋳造して適宜補う程度でよいとして、民間で蓄蔵された五銖銭を強制的に徴発すべしという意見を斥けた（『申鑒』時事篇）。これは、結果的に三国六朝期の各王朝の貨幣政策と一致している。ここにはもはや軽重策の面影はない。

このように整理してみると、軽重策を典型とする国家的物流管理は、前漢後期の約百年間、強力な国家権力の下でどうにか成り立っていたに過ぎないことがわかる。国家にとって「利の并蔵するところ」であった民間の富者が、地域社会の再生産の鍵を握るにつれて、国家の強制する銅銭の重要性は薄れていかざるを得ない。従来、貨幣経済の衰退や社会の自給自足化とされる現象は、このような国家と社会の関係の変化として考えることができる。そして六朝期に始まる開発により、江南の富が経済的に、また国家的に重要度を増していくにつれて、交換経済と国家財政も新たな展開を遂げることになる。(45)

おわりに

以上四節にわたって、中国古代の貨幣経済を検討してきた。最後に所論を要約しておこう。最初に行なった学説史の検討によって、従来の学説が自然経済から貨幣経済への「発展」と、貨幣経済の衰退による自然経済への「退行」という進化論的な図式に則り、中国版ピレンヌ学説ともいうべき学説体系を形成してきたことがわかる。しかしその中で、専制国家と貨幣経済の関係の分析は曖昧であり、また貨幣経済の「浸透」の対象となった社会の考察は、「遅れた」「自給自足的」農業社会という、前近代すべてに当てはまるレッテルを貼るだけに終わっている。

そこで中国古代の貨幣と専制国家の財政を考察し、当時の貨幣流通が、布帛などの実物貨幣の流通を背景とした銅銭の流通であり、銅銭には国家の財政手段としての性格が強いことが明らかになった。このような「貨幣経済」は、銅銭が価値の尺度として他の交換手段を統合しながら、実際の交換においては銅銭と実物貨幣が相互補完的に用いられる柔軟な交換システムである。ここから漢代の貨幣流通を、より立体的に捉え直す糸口が開けよう。例えば商業取引の中心となる大都市周辺とその他の地域とでは、「貨幣」流通の質に大きな差異があってよいし、その中で銅銭の流通に構造的な偏りや、社会階層差が生ずる可能性もある。貨幣経済が衰退したとされる時期に、銅臭紛々たる豪族が目立つことを忘れてはならない。

さらに、中国古代社会における富の形態を、富貴と互酬性をキーワードとして考察し、当時の富は単なる財力ではなく、互酬的交換の範疇において、人を集める力としての社会的側面を持っていたことを指摘した。このように考えることによって、従来社会的習俗として片づけられてきた「任侠的習俗」や、儒教的ニュアンスの強い「徳」を、社会的富をめぐる広義の経済の問題として位置づけることが可能になる。ここから、豪族による小農民兼併のメカニズムと社会的階層分化の「経済的」プロセス、また次の時代の支配階層としての儒教的士大夫の成長過程を再検討する余地が生まれるだろう。

従来の貨幣経済研究を支えてきたのは、貨幣が存在すれば必ず商品が存在し、両者の存在するところ必ず価格形成市場が存在するという、いわば貨幣・商品・市場の三位一体説であり、さらに貨幣はいつの時代にも常に近代と同様な一般的交換手段であったとする、近代主義的通念であった[46]。この通念に基づいて、自然経済から貨幣経済へという単系進化論的な枠組みに準拠しつつ、「貨幣経済」の「発展」と「衰退」とが語られてきた。しかしこれを越えるためには、「貨幣」とは何かという難問を突破口として、狭義の商品交換から広義の交換の概念へ、さらにヨーロッパの近代社会をモデルとした進化論的経済史から、非市場社会における経済を視野に入れた多様性の社会経済史へと、方法論的枠組みの拡張が求められているのである。

注

（1）二〇世紀の、主として社会人類学、経済人類学で展開された非市場社会論について、簡便に読める書物として、次のものを参照されたい。
a山内昶『経済人類学への招待』（ちくま新書　一九九四）
bマーシャル・サーリンズ『石器時代の経済学』（山内昶訳　法政大学出版会　一九八四）
cエドマンド・リーチ『社会人類学案内』（長島信弘訳　岩波書店　一九八五）特に第五章「負債、関係、力」
dマルセル・モース「贈与論――太古の社会における交換の諸形態と契機」（有地亨・伊藤昌司・山口俊夫訳『社会学と人類学』Ⅰ　弘文堂　一九七三所収）
eカール・ポランニー『人間の経済――市場社会の虚構性』Ⅰ、Ⅱ（玉野井芳郎・栗本慎一郎・中野忠訳　岩波書店　一九八〇）
f吉沢英成『貨幣と象徴』（ちくま学芸文庫　一九九四）
g岩井克人『貨幣論』（筑摩書房　一九九三）
（2）影山剛「中国古代の商業と商人」（『中国古代の商工業と専売制』　東大出版会　一九八四）参照。
（3）牧野巽「中国古代の家族は経済的自給自足体に非ず――中国古代貨幣経済の発展」（『社会科学評論』第五集　一九五〇）参照。
（4）『漢書』巻二四　食貨志上
是時、李悝為魏文侯作尽地力之教。……今一夫挟五口、治田百畝、歳収畝一石半、為粟百五十石、除十一之税十五石、余百三十五石。食、人月一石半、五人終歳為粟九十石、余有四十五石。石三十、為銭千三百五十、除社閭嘗新春秋之祠、用銭三百、余千五十。衣、人率用銭三百、五人終歳用千五百、不足四百五十。不幸疾病死喪之費、及上賦斂、又未与此。此農夫所以常困、有不勧耕之心、而令糴至於甚貴者也。是故善平糴者、必謹観歳有上中下孰。……故雖遇饑饉水旱、糴不貴而民不散、取有余以補不足也。行之魏国、国以富強。
（5）宮崎市定「六朝隋唐の社会」（原著一九六四『中国文明論集』岩波文庫　一九九五所収）参照。
（6）宮崎市定『史記を語る』（原著一九七九　岩波文庫　一九九六）参照。
（7）宇都宮清吉「史記貨殖列伝研究」（『漢代社会経済史研究』弘文堂　一九五五所収）参照。

（8）牧野巽「中国古代貨幣経済の衰退過程」（一橋大学社会学部論文集『社会と文化の諸相』如水書房　一九五三）参照。
（9）注5論文参照。
（10）ピレンヌ『ヨーロッパ世界の誕生』（創文社　一九六〇）、佐々木克己編訳『古代から中世へ——ピレンヌ学説とその検討——』（創文社　一九七五）参照。
（11）山田勝芳「漢代財政制度変革の経済的要因について」（集刊東洋学三一号　一九七四）、同「後漢財政制度の創設について」（上：北海道教育大学紀要　第一部B二七巻2号　一九七七、下：人文論究三八号　一九七八）参照。
（12）注2前掲書参照。
（13）多田狷介「漢代の地方商業について——豪族と小農民の関係を中心に——」（史潮九二　一九六五）参照。
（14）紙屋正和「前漢後半期以降の貨幣経済について」（『東アジアにおける生産と流通の歴史社会学的研究』所収　中国書店　一九九三）参照。
（15）渡辺信一郎「漢六朝期における大土地経営」（『中国古代社会論』青木書店　一九八六所収）参照。
（16）『続漢書』礼儀志上、上陵条、劉昭注引漢律金布令「諸侯列侯各以民口数、率千口奉金四両、奇不満千口至五百口、亦四両。皆会酎、少府受」。
（17）安志敏「金版与金餅」（考古学報一九七三—一）参照。
（18）前漢代の賞賜は「黄金～斤」と書かれる場合は黄金が、「～金」と書かれる場合は相当額の銭が支給され、両者は截然と分かれている。王莽が娘を平帝の皇后とした時、皇帝から贈られる二万斤の黄金を銭に換算し、銭四千万を受け取ったのは、単なる減額以上の意味があったと考えられる。労榦「漢代黄金及銅銭的使用問題」（中央研究院歴史語言研究所集刊四二本三分　一九七一）参照。
（19）例えば疏広は、賞賜の黄金を「売」って引退後の生活資金としている（『漢書』巻七一本伝）。二つの場における黄金の機能の違いを示している。
（20）山田勝芳「王莽代の財政」（集刊東洋学三三号　一九七五）は王莽の貨幣政策を、黄金の国家独占による流出防止と、銅銭の対黄金比価の五倍にのぼる切り上げとして捉えている。しかし王莽の各種銅銭は、素材の比価をもともと無視して価値が設定されている。例えば重さ一両の銅銭「大布」の価値は千銭で、重さ八両の銀貨、一・六両の黄金と等価である（『漢書』食貨志下）。

(21)　葉小燕「西漢時期的黄金」（『慶祝蘇秉琦考古五十五年論文集』文物出版社　一九八九）は、この額が当時アジア全域で存在した黄金のほとんどを占めてしまうとして疑義を呈している。

(22)　加藤繁『唐宋時代金銀の研究』（東洋文庫論叢六　一九二五）参照。

(23)　影山剛前掲書54～56頁参照。

(24)　古い資料だが、加藤繁「西漢前期の貨幣特に四銖銭に就いて」（『山下先生還暦紀念東洋史論集』六盟館　一九三七）によれば、四銖銭は八銖半両銭よりも銅の成分比が高く、五銖銭よりもやや劣る程度だったとされる。五銖銭が少々「重くて良質」だったとしても、それだけで牧野説が主張するような劇的な貨幣不足は起こらない。

(25)　西安市文管会「西安三橋鎮高窰村出土的西漢銅器群」（考古一九六三－二）参照。

(26)　これについては西欧中世史の研究が参考になる。Marc Bloch, "Economie-nature ou economie-argent:un pseudo-dilemme", *Annales d'histoire sociale*, I, 1939. 邦訳『西欧中世の自然経済と貨幣経済』（森本芳樹訳　創文社　一九八二）参照。

(27)　五銖銭の考古学的編年と沿革については、岡内三真「漢代五銖銭の研究」（朝鮮学報一〇二号　一九八二）参照。

(28)　平中苓次『中国古代の田制と税法』（東洋史研究会　一九六七）参照。

(29)　山田勝芳『秦漢財政収入の研究』（汲古書院　一九九三）参照。

(30)　加藤繁「漢代に於ける国家財政と帝室財政の区別並に帝室財政一斑」（『支那経済史考証』上巻　東洋文庫　一九五二所収）参照。

(31)　西嶋定生『中国古代の社会と経済』（東大出版会　一九八一）一七二～三頁参照。

(32)　山田勝芳注29前掲書、渡辺信一郎「漢代の財政運営と国家的物流」（京都府立大学学術報告　人文四一号　一九八九）がその代表である。

(33)　実はこの点について、注32の二論文では推計の根拠が大きく食い違うのだが、結果として出た数値はなぜか接近している。

(34) このことは注29山田論文も指摘している（六五八頁）が、一方で前漢後期において貨幣経済が「まだ強力であった」（六五九頁）ともいう。銅資源の枯渇による貨幣価値の上昇という環境において、農民から銭納税徴収などを行なう財政が成り立つとすれば、それは確かに強力な——農民が貨幣を獲得することの可能な——商品貨幣経済の存在を前提とする。しかし流通貨幣の半分を財政が吸収してしまうという現象は、「貨幣経済を一挙に衰退させ」た王莽時代を経た後漢代の貨幣経済の特色、すなわち貨幣流通量が「少ない中で首都洛陽などに銭が集中するといういびつな」（五五一頁）姿そのものである。貨幣経済の衰退論と、発達した貨幣経済を前提とした財政論との整合性が問われよう。

(35) 注32前掲渡辺論文は、漢代の貨幣財政の収支には、銭に換算された現物がかなり含まれたとしている。

(36) 大庭脩「居延新出『候粟君所責寇恩事』冊書」（『秦漢法制史の研究』所収　創文社　一九八二）参照。

(37) これは秦漢鼎革期にも当てはまる。『史記』貨殖列伝には「宣曲任氏之先、為秦督道倉吏。秦之敗也、豪傑皆争取金玉、而任氏独窖倉粟。楚漢相距滎陽也、民不得耕種、米石至万。而豪傑金玉尽帰任氏。任氏以此起富。」とあるが、近年発掘された江陵張家山二四七号漢墓から出土した「奏讞書」には、高祖七年（前二〇〇）、醴陽令恢なる者が「県官の米」二六三・八石を売り飛ばし、黄金六斤三両と銭一五〇五〇を得たという犯罪の報告がある。貨幣制度が混乱した秦漢鼎革期にも、銅銭が全く使われなくなったわけではないことがわかる。またこの事例と貨殖列伝を総合して考えれば、黄金が玉などと同様、一種の実物貨幣として機能していると考えることができる。江陵張家山漢簡整理小組「江陵張家山漢簡《奏讞書》釈文（一）」、李学勤「《奏讞書》解説（上）」（ともに文物一九八三年八期）参照。

(38) 注32前掲渡辺論文参照。

(39) 足立啓二「専制国家と財政・貨幣」（『中国専制国家と社会統合』所収　文理閣　一九九〇）参照。足立論文は、このような貨幣の性格を踏まえて、中国前近代の貨幣を「内部貨幣」と規定する。これはマックス・ウェーバーが貨幣の歴史について、一般的交換手段に先行する形態として指摘する「欽定的支払手段」の概念を承けるものである。マックス・ウェーバー『一般社会経済史要論』（黒正・青山訳、岩波書店、一九五五）参照。

(40) このような「徳」の性格は、M・モースが「贈与論」で指摘する贈与の精霊のような呪術的、あるいは人格的な性格とは異なる。

(41) 注1a、c、d文献参照。
(42) 上田早苗「漢初における長者」(史林五五巻三号　一九七二) 参照。
(43) 増淵龍夫「漢代における民間秩序の構造と任侠的習俗」(『中国古代の社会と国家』、弘文堂、一九六〇所収) 参照。
(44) 渡辺信一郎「仁孝——六朝隋唐期の社会救済論と国家——」(『中国古代国家の思想構造』校倉書房　一九九四所収) 参照。
(45) 六朝隋唐期の貨幣経済については、注39前掲の足立論文では直接位置づけがなされておらず、理論的・実証的に今後の大きな課題となっている。具体的には伝統的に用いられた五銖銭から年号銭への変化、私鋳銭の問題をどのようにとらえるか、といった課題があげられよう。
(46) 注1e文献がこれを強く批判している。

結論

最後に本研究の締めくくりとして、漢代の都市機構の変遷についてまとめておこう。各論それぞれの結論はここで繰り返さず、様々な変化を時代順に重ね合わせて整理してみたい。

都市の外枠を形成する城郭は、戦国時代に、国都の巨大な城郭と中小規模の城郭とに二極化し、中小規模の城郭の数が激増した。軍事的観点から人口や財貨などの社会的資源が集中された城郭には、それぞれに府・庫・倉といった財政機構が置かれ、また城郭内に国家的に管理された市の機構が整備されて、単なる軍事基地ではなく、財政と地域の商工業の中核となる都市として機能するようになっていった。こうして形成された戦国時代の大小の都市は、秦の全国統一に伴って、県－郷－亭－里という階層化された集落単位として再編成され、漢代の県城クラスの都市に代表される、郡県制下の都市が出現したと考えられる。従来指摘されてきた、この時期における軍事的都市の衰退は、このような都市の再編成の結果であり、統一国家の出現がもたらした平和の配当でもあった。

しかし前漢前半期の都市は、多くの点で戦国時代の都市の様相を引き継いでいる。たとえば首都長安は、秦咸陽城を拡張する始皇帝の構想を下敷きとして形成され、これを「漢家の都」として換骨奪胎したものであった。また地方においても、都市を中心とするさまざまな交易市場のネットワークが、亭のシステムと重なっていること、多くの県が官営の各種工房を備えており、官用の器物を自給的に生産していたことは、県がそれぞれに完結した財政的・経済的ユニットとして機能する、戦国時代の都市の構造を受け継いでいたことを示している。漢代の都市に置かれた官府は、中央と地方、権限や規模の大小を問わず、それぞれの長官をあるじとするミニ朝廷ともいうべき構造を持ち、また規模の大小以外には質的に差のない財政機構を備えていた。もとより統一国家とはいえ、初期の漢王朝は皇帝と強大な諸侯王国の緩やかな連合体に過ぎず、それぞれが大小の朝廷として相似形をなしていた。このように漢代の都市と官僚機構に見られる顕著な相似性は、戦国以来の都市の様相を色濃くとどめたものといえるだろう。

このことをよく表しているのが、貨幣制度の沿革である。秦から前漢前半期にかけて流通した半両銭は、実際には布帛などの実物貨幣に従属的であり、緩やかな貨幣統一に向かっていた四銖銭の時代においても、その使われ方は「郡県ごとに同じからず」という状況であった。この状況が事実上放置され、かつそれが政策として有効でもあったことは、小規模で分散した市場の孤立性とともに、国家の財政がこのような市場を越えたレベルでの機能を果たしておらず、その必要性も少なかったことを示している。そしてこのような地域的市場の分散性を前提として、地域と地域の間を、また場合によっては財政と社会の間をつなぐ物流の担い手となっていたのが、前漢前期に活躍して「郡国を周流」した、富商大賈を代表とする商人たちであった。

この時期を代表する商品として、鉄器があげられる。各地の鉱産地で生産された鉄素材や製品に、屑鉄の流通も加わって、製鉄産業は鉱産地を中心に一郡から数郡にまたがる規模の、当時としては例外的に広い市場を発達させていた。当時の鉄器は農民の必需品であるが故に、その需要は広い範囲で薄く広く発生し、価格も決して高くはなかった。大規模な鉄器生産をきっかけに大いに富んだ大商人も出現する。鉄器のように高度な技術を要する手工業製品が、広く安価に提供され、その生産販売が致富のきっかけとなり得たことは、当時の貨幣経済の一定の発展を物語っている。とはいえ鉄器は、末端においてはごく小規模な鍛冶屋の手から、物々交換や掛け売りを含む、多様でほそぼそとした手段で農民の手に渡っており、農民の生活を強引に貨幣経済に巻き込んでいくだけの力を持っていたとはいえない。もちろん分散的な小地域市場を解体し、より大規模な市場を形成したり、貨幣流通の地域差を解消していくだけの、巨大な動きとはほど遠かったと考えられる。

さて、呉楚七国の乱を契機に実行された中央集権化を経て、武帝時代になって初めて、中央対地方一般という政治の図式が成り立つ。武帝の財政改革は、この図式を制度として定着させていく、多難な試行錯誤でもあった。外征などによる急激な財政支出の拡大と、大規模で急速な物資調達の必要は、経済全体を混乱させ、場合によっては物資調達の行なわれる地域に破壊的影響さえ及ぼした。次々に打ち出される新たな財政政策や貨幣制度は、塩鉄専売制度や各地の大規模な官営工房を組み込み、財政的物流の一元的調整管理を行なう、均輸の機構に集約される。この過程は、一国の物資の需要と供給が価格変動によって自律的に調整されるような、大規模な価格形成市場の不在を前提としている。巨大な漢帝国の富を集中する手段は、孤立分散的な市場経済ではなく、一元的な財政的物流管理しかあり得なかった。この物流管理の重要な手段となったのが、中央政府が独占発行する五銖銭である。

この政策は、明らかに「軽重」と呼ばれる経済・財政思想にヒントを得て立案されている。ここでは君主が発行する貨幣に、独特の役割が与えられている。すなわち国家が貨幣を制御することによって、社会と国家の間で常に一定量の貨幣が循環し、社会的物流が組織されて、農業的な社会の安定がもたらされるとされている。これは、本質的に非市場的な社会を支配する、巨大な専制国家における「貨幣経済」の一つの理念型であり、我々がなじんでいる近代の貨幣経済とは大きく異なる。必然的に、この時期を境に貨幣経済が衰退していくという、従来の貨幣経済論も再検討の必要がある。

秦から前漢時代は、中国史上最初に貨幣統一がなされた時代だが、その内実は極めてユニークである。秦から漢初にかけての半両銭と武帝時代における五銖銭の、普及の速やかさと徹底ぶりは、中国の貨幣史上、他の時代に例を見ない。この特異な現象を理解するためには、没時代的な経済法則を適用するよりも、この時代の「貨幣」の特殊な位相をこそ追究すべきなのである。

ところで、従来経済的・財政的に完結したユニットとして機能していた県の機構は、武帝の財政改革と前後して、集権的な行政機構の末端に位置づけられ、戦国的都市から脱却していった。その一方、中央政府と県の間で、広域行財政ブロックとして郡の独自の役割が強化されていく。この流れは前漢後期、郡と県の地方行政において、諸曹の機構に分かれた官衙の機構整備を促した。また郡県において長官官房として「門下」が形成され、その地の知識人や人格者が集められたことは、官僚機構とその運営に儒教イデオロギーが浸透していったことを物語る。

この動きは、「郷曲に武断する」各地の在地有力者が地方官府に食い込み、あるいは取り込まれていく過程として見ることもできよう。前述の中央対地方という図式は、郡県の官衙という微視的現実の中で、よそ者の長官対地元の属吏という微妙な構図を描く。こうして漢代の官僚制的郡県支配は、巨大な中央政府の成立に伴って、その対極に郡治や県城を中心とする政治経済的地域社会を生み出していった。これこそが、「貨幣経済」の変動や豪族の兼併といった現象が具体的に展開する、在地社会の枠組みにほかならない。

ここで問題となるのが、「経済」という言葉の中身である。従来の研究において、漢代の在地社会のありさまは、商品経済と自給自足的農業経済、富商大賈と豪族、任侠的習俗と郷里共同体など、さまざまな観点で性格規定がなされてきた。そこに色濃く反映されているのが、中国古代の貨幣経済を、古代資本主義の発展と衰退という枠組みで説明する学説である。そのバイブルともいえる、『史記』貨殖列伝に登場する人間たちは必然的に、貨幣的利潤を合理的に追求する、「経済人」として描写されることになる。

しかし、このような貨幣的富の追求――それ自体はいつの時代にも存在し得る――の世界のもう一つ外側に、社会的富ともいうべき次元が存在する。財物などの気前のよい施与が仁徳となり、それが恩義の感情を呼び起こすことによって、貨幣的な富以上の価値を持つ社会的威信が形成される。ここでは、富は単なる財力ではなく、人を集める力として作用して初めて意味を持つ。このような互酬的交換の世界において、経済的関係は人格的紐帯として意識され、行動規範として機能している。漢代の在地社会のダイナミズムは、このような広義の「経済」を視野に入れて考察する必要がある。

前漢の半ばごろから目立ち始める「豪族」は、このような互酬的交換の世界における「大物」という性格を顕著に持っている。「郷曲に武断」したと伝えられる彼らは、富者による経済的兼併が、むき出しの暴力ではなく、互酬的な仁徳の実践の一側面として結果的に現れるような、社会的強者だったと考えられる。やがて彼らは互酬的交換と再分配の回路の支配によって、地域社会全体の再生産に大きな力を振るうに至る。このことが、貨幣を手段とする財政的物流管理によって社会の安定を保つという、「軽重」的な国家の政策を掘り崩していく結果となった。従来言われてきた「貨幣経済の衰退」は、このような変化の見かけ上の結果なのである。

貨幣経済の浸透による郷里社会の解体、豪族の兼併がとめどなく進行するように見えながら、自営小農民の共同体的な関係も常に強固であり続ける。豪族の自給自足的な土地経営が、商品価格の変化に抜け目なく敏感でもある。儒教的徳義の実践がなぜか任侠的色彩を帯びる、等々。これら、考えようによっては支離滅裂な現象を、このような観点から改めて解釈しなおすことができないだろうか。翻って考えれば、従来のいわゆる「在地社会」論は、ほとんど自動的に非都市的な、自給自足的「農村」のイメージを前提にしてきたように思われる。このイメージにおける都市の「遠さ」が、とりもなおさず都市論や貨幣経済論、財政を含む国家機構論との間の懸隔を示している。

しかし、本書の冒頭で取り上げた宮崎市定氏の都市論が、中国古代の都市を、何よりも農民的集落として語っていることを忘れてはなるまい。ここまで論じてきた漢代の都市機構が実際に機能し、また相互に変化していく場としての地域社会を視野に入れてこそ、当時の社会の動きを豊かに認識することができるだろう。本研究は、漢代の都市機構として様々な要素を取り上げてきたが、その過程で、例えば巨大な城郭に対する県レベルの中小城郭、銅銭に対する現物貨幣、また合理的貨殖術に対する互酬的心性のように、従来の研究では視野に入って来にくかった要素の存在を指摘してきた。このような水面下の存在は、しばしば水面上の要素よりも巨大である。やっと水際に降り立ったところ。これが本研究の到達点なのかもしれない。その意味でこの研究は、漢代史の本体というよりも、むしろ舞台装置の研究に終始している。この舞台の上で、『史記』や『漢書』の登場人物たちを、もう一度生き生きと動かしてみたいように思う。

あとがき

本書は、京都大学大学院文学研究科に提出された、著者の博士論文である。各章は以下のような、個別に発表された著者の論考をもとにしている。博士論文としてまとめなおすにあたって、資料などを補充して文章を大幅に加筆訂正したが、個別の論旨に変更はない。

第一部　城郭都市の形態

「春秋戦国時代の城郭について」（古史春秋　三号　一九八六）

「漢長安城再考」（日本中国考古学会会報　五号　一九九五）

「漢長安城の空間構造と都城制度」（礪波護編『中国歴代王朝の都市管理に関する総合的研究』平成八～一〇年度科研費　基盤研究Ａ１報告　一九九九）

「漢長安城未央宮3号建築遺址について」（史林　七四巻一号　一九九一）

第二部　都市の財政と官僚機構

「戦国時代の府・庫について」（東洋史研究　四三巻一号　一九八四）

「漢代郡県の財政機構について」（東方学報　京都第六二冊　一九九〇）

「漢代の官衙と属吏について」（東方学報　京都第六一冊　一九八九）

第三部　市場と商工業

「漢代の市について」（史林　六八巻五号　一九八五）
「秦漢陶文考」（古代文化　四一巻一一号　一九八九）
「漢代鉄専売制の再検討」（礪波護編『中国中世の文物』京都大学人文科学研究所　一九九三）
「漢代の製鉄技術について」（古史春秋　六号　一九九〇）
「南陽瓦房荘漢代製鉄遺跡の技術史的検討」（史林　七六巻一号　一九九三）

第四部　貨幣経済

「居延漢簡月俸考」（古史春秋　五号　一九八九）
「漢代貨幣史再考」（松丸道雄ほか編『殷周秦漢時代史の基本問題』汲古書院　二〇〇一）
「漢代貨幣経済論の再検討」（中国史学　第四巻　一九九四）
「中国古代の貨幣経済と社会」（岩波講座世界歴史3『中華の形成と東方世界』岩波書店　一九九八）

このような出土文物を多用した研究は、次々に増加する新しい資料を取り込んで、柔軟に変化し続けなければならない。今次の公刊に当たって、できるだけ新しい成果の吸収に努めたつもりではあるが、もとより完璧は期しがたい。際限のない仕事にならないうちに、ここで一旦ピリオドを打つことにした。本書をもって一応の定稿とし、以後の修正や改訂は、新しい研究として展開したいと思う。

本書の元になった論考の多くは、京都大学人文科学研究所のさまざまな共同研究班において、発表の機会を与えられ、そこで多くの刺激と助言を得て書かれたものである。最後になったが、研究班を主催された林巳奈夫氏、礪波護氏、永田英正氏をはじめ、名前をあげきれぬほど多くの先学、同学諸氏の学恩に、心から感謝したい。

なお、本書の出版にあたって、平成一三年度科学研究費補助金、研究成果公開促進費の交付を受けることができた。関係各位、特に困難な出版を引き受けていただいた、汲古書院の坂本健彦氏のご尽力に感謝する。

二〇〇二年一月

著者識す

汲古叢書

1	秦漢財政収入の研究	山田勝芳著	16505円
2	宋代税政史研究	島居一康著	12621円
3	中国近代製糸業史の研究	曾田三郎著	12621円
4	明清華北定期市の研究	山根幸夫著	7282円
5	明清史論集	中山八郎著	12621円
6	明朝専制支配の史的構造	檀上　寛著	13592円
7	唐代両税法研究	船越泰次著	12621円
8	中国小説史研究－水滸伝を中心として－	中鉢雅量著	8252円
9	唐宋変革期農業社会史研究	大澤正昭著	8500円
10	中国古代の家と集落	堀　敏一著	14000円
11	元代江南政治社会史研究	植松　正著	13000円
12	明代建文朝史の研究	川越泰博著	13000円
13	司馬遷の研究	佐藤武敏著	12000円
14	唐の北方問題と国際秩序	石見清裕著	14000円
15	宋代兵制史の研究	小岩井弘光著	10000円
16	魏晋南北朝時代の民族問題	川本芳昭著	14000円
17	秦漢税役体系の研究	重近啓樹著	8000円
18	清代農業商業化の研究	田尻　利著	9000円
19	明代異国情報の研究	川越泰博著	5000円
20	明清江南市鎮社会史研究	川勝　守著	15000円
21	漢魏晋史の研究	多田狷介著	9000円
22	春秋戦国秦漢時代出土文字資料の研究	江村治樹著	22000円
23	明王朝中央統治機構の研究	阪倉篤秀著	7000円
24	漢帝国の成立と劉邦集団	李　開元著	9000円
25	宋元仏教文化史研究	竺沙雅章著	15000円
26	アヘン貿易論争－イギリスと中国－	新村容子著	8500円
27	明末の流賊反乱と地域社会	吉尾　寛著	10000円
28	宋代の皇帝権力と士大夫政治	王　瑞来著	12000円
29	明代北辺防衛体制の研究	松本隆晴著	6500円
30	中国工業合作運動史の研究	菊池一隆著	15000円
31	漢代都市機構の研究	佐原康夫著	13000円
32	中国近代江南の地主制研究	夏井春喜著	20000円
33	中国古代の聚落と地方行政	池田雄一著	(予)15000円
34	周代国制の研究	松井嘉徳著	(予) 9000円
35	清代財政史研究	山本　進著	(予) 7000円
36	明代郷村の紛争と秩序	中島楽章著	(予)10000円
37	明清時代華南地域史研究	松田吉郎著	(予)15000円
38	明清官僚制の研究	和田正広著	(予)22000円

汲古書院刊　　（表示価格は2002年２月現在の本体価格）

著者紹介

佐原康夫（さはら　やすお）

京都大学文学博士

1958年　長野県に生まれる

1986年　京都大学大学院文学研究科博士後期課程研究指導認定退学

1986年　京都大学人文科学研究所助手

1990年　滋賀大学教育学部講師

1991年　同　助教授

2000年　同　教授

2001年　奈良女子大学文学部教授　現在に至る

主要論文

「漢代の官衙と属吏について」（東方学報　京都61冊、1989年）、「漢代祠堂画像考」（東方学報　京都63冊、1991年）、「居延漢簡に見える物資の輸送について」（東洋史研究50巻１号、1991年）、「漢代鉄専売制の再検討」（『中国中世の文物』、1993年）、「漢代貨幣経済論の再検討」（中国史学４巻、1994年）、「居延漢簡に見える官吏の処罰」（東洋史研究56巻３号、1997年）、「中国古代の貨幣経済と社会」（『岩波講座世界歴史』３、岩波書店、1998年）、「漢代貨幣史再考」（『殷周秦漢時代史の基本問題』、汲古書院、2001年）

汲古叢書31

漢代都市機構の研究

二〇〇二年二月一五日　発行

著　者　佐　原　康　夫

発行者　石　坂　叡　志

整版印刷　富　士　リ　プ　ロ

発行所　汲　古　書　院

〒102-0072 東京都千代田区飯田橋二-五-四

電　話　〇三（三二六五）九七六四

ＦＡＸ　〇三（三二二二）一八四五

ISBN4-7629-2530-6　C3322

索　　引

凡　例

1．本索引には、主要な語句、資料、研究者の人名を主として採録したが、必ずしも網羅的な語句索引ではない。

2．文献史料については、『史記』『漢書』などの正史は挙げず、その他の文献で論旨に関わるものに限る。

3．遺跡・遺物名については、検索の便宜のため、ごく有名なもの以外は、項目が省別に並ぶように配列した。

お

か

ま

み

む

め

も

や

ゆ

よ

ら